2009

中国市场消费与对外经贸分析报告

国家统计局贸易外经统计司 编

中国统计出版社
China Statistics Press

(京)新登字 041 号

图书在版编目(CIP)数据

中国市场消费与对外经贸分析报告.2009/国家统计局贸易外经统计司编.—北京:中国统计出版社,2010.1

ISBN 978-7-5037-5897-3

Ⅰ.①中… Ⅱ.①国… Ⅲ.①消费-市场-研究报告-中国-2009②对外贸易-研究报告-中国-2009 Ⅳ.①F723②F752

中国版本图书馆 CIP 数据核字(2009)第 240728 号

中国市场消费与对外经贸分析报告—2009

作　　者/国家统计局贸易外经统计司
责任编辑/马　平
装帧设计/杨　超
出版发行/中国统计出版社
通信地址/北京市西城区月坛南街 57 号　邮政编码/100826
办公地址/北京市丰台区西三环南路甲 6 号
电　　话/邮购(010)63376907　书店(010)68783172
印　　刷/河北天普润印刷厂
开　　本/787×1092mm　1/16
字　　数/620 千字
印　　张/26.25
版　　别/2010 年 3 月第 2 版
版　　次/2010 年 3 月第 2 次印刷
书　　号/ISBN 978-7-5037-5897-3/F·2888
定　　价/68.00 元

《中国市场消费与对外经贸分析报告—2009》

编辑成员

顾　　问：徐一帆

主　　编：宋跃征

副 主 编：王克臣　蔺　涛

编辑人员：（以姓氏笔画为序）

方国根　毛小美　王贵銮　王　智　龙　玲
卢　山　叶　盛　刘晓燕　刘旭玲　陈群林
杜　燕　李　敏　严先溥　张　敏　罗卫华
孟　好　杨　壮　胡春霖　赵则勇　袁　彦
崔晓红

前言

近年来，全国贸易外经统计系统进一步强化对消费品市场和进出口等经济运行情况的跟踪监测，针对经济运行中的新情况、新问题，围绕热点和难点问题，加强调研，深入分析。尤其是2008年下半年全球金融危机以来，面对复杂多变的国际国内大环境对我国经济运行的影响，各级贸易外经统计工作者努力发挥统计职能作用，加强了对市场运行的统计分析，及时反映市场、消费、外经外贸变化动态，撰写了大量进度和专题性统计分析报告，统计服务能力进一步提高，得到了各级领导的肯定，产生了较好的效果与社会反响。

近两年撰写的分析报告，内容涉及消费品市场运行情况、居民消费需求和结构变化、行业发展状况、进出口贸易、利用外资和旅游发展情况等诸多方面。现择选其中部分成果编辑成册，供社会各界参考。

本书分为《市场与消费篇》、《外经外贸篇》、《行业发展篇》和《专题分析篇》，共收录国家统计局贸易外经司和各省、自治区、直辖市统计局贸易外经处和调查总队商业（投资）处撰写的研究报告56篇。

编　者

目录

一、市场与消费篇

二、外经外贸篇

一、市场与消费篇

对消费需求增长态势和可持续性的分析与判断

十七大报告指出，今后几年要坚持扩大国内需求特别是消费需求的方针，促进经济增长由主要依靠投资、出口拉动，向依靠消费、投资、出口协调拉动转变。近几年来，由于实施了提高居民收入、促进消费等一系列宏观调控措施，国内消费市场呈现较快增长态势。但与投资、出口的高速增长相比，消费需求增速仍显不高。扩大内需，促进并保持消费的可持续增长，已成为我国经济又好又快发展的战略性问题。2007 年，伴随着经济的持续快速发展，居民消费能力得到了进一步提升，消费需求保持了旺盛的增长势头，社会消费品零售总额实际增长速度创下近 10 年来的新高。消费需求对经济增长的贡献提高，逐渐成为拉动经济增长的重要引擎，这是多年来宏观调控所期盼的结果。

驱动消费需求快速增长的因素是多方面、深层次的。从中长期分析，消费需求仍具有一定的可持续性，消费潜力依然可观。要进一步深化收入分配体制和社保体制改革，壮大中低收入群体的消费能力，充分释放城乡居民的潜在购买力，才能实现消费、投资和出口协调拉动经济增长的目标。

一、消费需求趋于正常偏旺的几点判断

长期以来，我国经济增长由投资、出口、消费"三驾马车"拉动，其中以消费为最弱，投资最强，但 2007 年消费需求增速呈加速增长态势，初步显现"三驾马车"共同拉动经济增长的局面。主要表现在以下几方面：

(一)商品性消费继续快速增长，处于正常偏旺状态

2007 年，作为衡量居民和社会集团实物性消费规模和水平的重要指标—社会消费品零售总额实现 8.9 万亿元，比上年增长 16.8%，增幅提高 3.1 个百分点，这是 1997 年亚洲金融危机以来我国消费品零售额名义增长的最快速度。从趋势看，呈加快态势，其增幅不仅高于 1998—2006 年的年平均增幅 6.4 百分点，也高于近些年 2003—2006 年的平均增幅 4.6 个百分点。

考虑到 2007 年商品零售物价涨幅较大，

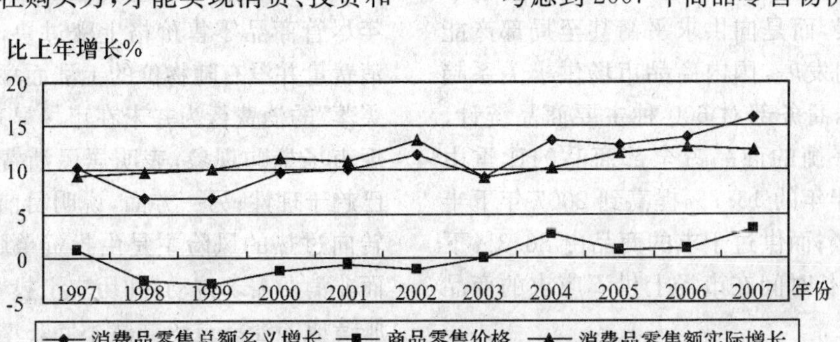

社会消费品零售总额名义与实际增长

扣除物价上涨因素后，实物消费量增幅达到12.5%，高于上年0.2个百分点，成为13年以来实物性消费增长最快的第二个年份(2005年为12.6%)。其实际增幅也分别比“九五”和“十五”时期的平均增幅高出1.8个和1.4个百分点。

根据历史数据测算的结果表明，改革开放以来，与10%的GDP潜在增速相匹配的消费实际增速为12%左右。与其他国家比较，我国消费增速处于国际领先水平，其他国家高于10%的很少。由此可看出，2007年商品性消费需求增速已经不低，属于正常偏旺状态。消费品零售额名义增长和实际增长双双呈现快速增长，一方面预示消费品市场已摆脱消费低迷状态，步入偏旺的态势，另一方面表明实施多年的扩大内需，促进消费的政策措施已初见成效。

(二)市场供求关系趋于协调，经济运行并未出现“高增长、高需求、高通胀”的“三高”局面

从2003年开始，宏观经济政策的重点是控制投资需求过快增长，并取得了积极成效；2006年以来，通过实施控制出口，特别是“两高一资”产品出口的增长，稳定外部需求等一系列措施，开始取得成效。从总体看，总需求中的投资与出口需求增长受到一定抑制。在市场需求拉动下，国内各类商品供给和进口供给加快增长。因此，在经济持续较快增长的过程中，供求总量关系并不是向供不应求的方向发展，而是向供求平衡甚至局部产能过剩的方向发展，国内商品市场供求关系趋于协调。据商务部对600种主要商品统计，供求基本平衡的商品占全部商品的比重由2002年下半年的13.7%提高到2007年下半年的18.1%；而供过于求的商品由86.3%下降到81%，长时间在市场上供不应求的商品已基本消失。

从我国经济运行的历史经验来看，自从1985年以来，凡是社会消费品零售总额增速超过15%的年份，居民消费价格涨幅都是比较高的。同时，发生严重通货膨胀的年份都是投资和消费双膨胀的年份，最典型的是1988年和1994年。1988年全社会固定资产投资和社会消费品零售总额分别增长25.4%和27.8%，当年居民消费价格上涨18.8%，成为当时改革开放以来的第一次价格上涨高峰；1994年全社会固定资产投资和社会消费品零售总额均增长30.4%，当年居民消费价格上涨24.1%，再次创出改革开放以来居民消费价格涨幅的新高。但是在2003—2006年，虽然全社会固定资产投资增幅均在20%以上，平均增幅超过25%，但由于消费增长相对平稳，各年的增长幅度均在14%以下，平均增长幅度低于12.5%，没有出现与固定资产投资相应的高速增长，因此这几年没有出现明显的通货膨胀。

从近三年的市场运行与物价变动看，2005—2007年虽然社会商品零售总额的名义增长率持续维持在高位，但扣除物价上涨因素，实际年增长率基本稳定在12%左右。在此期间，2005—2006年商品零售价格在较低水平上运行(0.8%—1%)，直到2006年年底才出现较大幅度的上涨。

需要指出的是，2007年，宏观经济高度景气，GDP和CPI创下12年来的新高，但价格的大幅度上涨与实物销售量的基本稳定同时并存，社会消费品零售总额扣除物价上涨因素后，实物消费量增幅还低于上年0.1个百分点。出现这一反差现象一方面表明2007年尽管商品零售价格上涨过快，但居民实物消费量并没有随物价的上涨而猛增，“买涨不买落”的消费行为并未在市场显现，更没有出现市场抢购现象，表明居民消费心理和行为已趋于理性；另一方面，说明目前经济由偏快转向过热的风险主是由投资单膨胀造成的，而非消费需求拉动，和历史上投资、消费双膨胀造成的经济过热截然不同。增幅还低于上年0.1个百分点。

从总体上看，经济运行中并没有再现我

们不愿意看到的“高增长、高需求、高通胀”的局面。CPI创近年来的新高，主要是由于供给面的结构性缺失，少数商品的供应紧张以及投资造成的成本推动形成的，并非需求膨胀的拉动。受众多因素影响，今后直接由需求拉动通胀的可能性也不大。

(三)消费需求对经济增长的贡献率有所提高

2007年以来，投资需求对经济增长的拉动作用有所减弱，但消费需求的贡献率却有所加大。据核算司初步核算，2007年拉动经济增长的“三驾马车”中，最终消费功不可没，对GDP的贡献7年来首次超过投资。在11.4%的GDP增长中，消费、投资、净出口对增长的贡献率分别为38.6%、37.7%和23.7%，分别拉动4.4、4.3、2.7个百分点。2007年社会消费品零售总额实际增长12.5%，继续高于经济增长速度，对经济增长的贡献率在稳步提高。这表明我国经济高增长成功地由生产领域转向消费领域，从外贸拉动型向内需推动型转换。稳步攀升的新一轮消费增长，逐渐成为引领经济持续增长最重要的因素，显示出消费拉动的强大动力。

(四)消费与投资增长率差距缩小，“三驾马车”协同拉动的局面初步显现

近几年来，消费占GDP的比重逐年下降，最根本的原因是相对于投资、出口增速过快，消费增速偏低，造成三者比例关系的失衡。加上居民消费能力和抗风险能力增强，消费比较理性，按需消费、适度消费比较普遍，不容易出现过热现象，而投资、出口则受众多因素影响，出现过热现象的机率偏高。

2007年，消费与投资增长关系趋于协调，差距缩小。在国家“有保有压”投资调控政策的作用下，投资结构趋于优化，速度有所减慢。全社会固定资产投资比上年增长24.8%，增速仅比上年加快0.9个百分点。而消费需求稳中趋旺，消费品零售总额增速呈现了逐月加快的态势。

2004—2006年连续三年社会消费品零售总额实际增长高于GDP增幅，2007年消费品零售总额名义增速比上年加快3.1个百分点，实际增速加快0.2个百分点，并继续高于经济增长1个百分点左右。

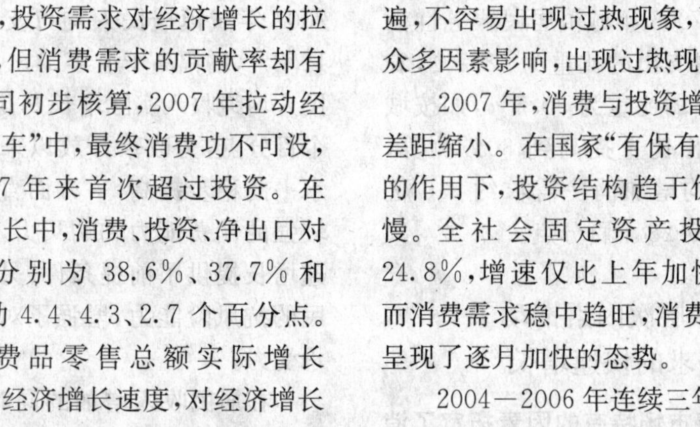

社会消费品零售总额与相关指标比较

可见，消费、投资的增长速度差距正在缩小，消费对经济的拉动力明显增强，经济增长已从过去主要依赖投资和出口拉动，逐渐转向“三驾马车”协同拉动的局面。

(五)服务性消费比重迅速提高，拓展了消费需求的空间

居民消费包括实物性消费和服务性消费。2007年，城乡居民除商品性消费支出快速增长外，消费开始从满足于基本的生存需

求向重视提高生活质量的方向转变，从追求物质消费向追求精神消费和服务消费转变，花钱买享受、买时尚、买轻松、买健康等正成为城镇居民消费的新趋势。消费结构的变化越来越体现生活质量的提升，各种高档消费品如住房、汽车等需求增长的同时，也随之提高了对服务消费的需求，消费热点集中在教育、信息、旅游、医疗保健、文化等发展和享受方面

据调查统计，2006年城镇居民服务性消费支出占全部消费支出的比重为28.1%，农村居民服务性支出的比重为30.6%，如按城乡居民服务性支出比重提高到30%测算，2002—2007年年均增加消费需求约210亿元，拉动经济增长0.28个百分点。

二、众多深层次因素推动了消费需求的快速增长

(一)国内消费市场特有的因素拓宽了消费需求的空间

与其它国家相比，近几年国内消费市场的繁荣与活跃，有其固有的推动因素和独特的拉动力，这些因素在2007年表现更为突出。

1.政策因素—提升了消费能力，改善了消费环境

调整投资和消费的关系，一直成为近年来我国宏观调控的一个重点目标。2007年，为推动消费，创造好的消费预期，国家在提升居民收入方面做出了诸多努力，尤其在增加社保投入，降低居民生活压力等方面出台了众多政策措施，效果不断显现。如实施"四减免、四补贴"等支农惠农政策，促进农民增收；中央财政安排补助资金30亿元在全国普遍建立农村最低生活保障制度；在2006年29个省(区、市)调整最低工资标准的基础上，再次在部分地区提高了最低工资标准，促进了低收入劳动者工资水平的有效增长。

大力支持地方做好低保工作，切实保障困难群众基本生活。近年来中央财政不断加大城市低保资金补助力度，由2000年的8亿元增加到2007年的151亿元，覆盖人数由2000年的400多万人增加到目前的2200多万人，基本实现了城市居民最低生活保障对象应保尽保，使城镇低收入人员基本生活得到了较好保障。

应该说，国家出台的一系列增收富民措施，对消费的拉动作用明显增大。据统计，2007年城镇居民人均可支配收入实际增长12.2%，增幅高于上年1.8个百分点；农村居民人均纯收入实际增长9.5%，高于上年2.1个百分点，为改革开放以来最高增幅。收入水平的稳步提高，一方面直接对市场形成了较强的消费能力和购买力，为消费需求的快速增长提供了前提条件；另一方面提高了居民的抗风险能力，增强了对市场变化的经济承受力。

在居民收入增加的同时，为营造良好的消费环境，有关部门重点培育农村消费，大力促进城市消费，继续做好城市商业网点规划，整顿和规范市场秩序，并鼓励支持有条件的地区大型流通企业和中心商业街区展开消费和品牌推广活动。

另外，还扩大服务消费，培育消费热点，注重扩大住与行带动家具、家电、家装、家纺、家饰的相关消费；推动二手车消费，引导汽车消费升级。并推动循环消费，大力发展旧货流通，建立旧货从城市富裕家庭向贫困农民和城市低收入者流动的畅通渠道，形成梯次消费。

2.人口及城市化进程加快促进了消费的增长

人口规模决定市场容量和消费潜力。一般来说，在不考虑收入状况的条件下，人口多的国家，其消费规模也较大。我国每年新增人口750万人左右，约增加消费需求500亿元。从现实情况来看，也基本符合这一规律。中国是世界第一大人口国家，拥有13.1亿人口，虽然人均收入水平较低，但消费规模却是

世界第一。据总部位于华盛顿的环境调查集团地球政策研究所的报告称，尽管中国的人口是美国人口的4.5倍，人均年收入仅仅是美国的七分之一，但目前中国已超过美国成为最大的食品和工业品消费国。例如中国2004年消费了3.82亿吨谷物，相比之下美国为2.78亿吨，同时，中国消费了6300万吨肉制品，美国则为3700万吨。

此外，近几年我国城市化进程加快，也带动了消费增长。自1996年以来，人口增长方式发生根本转变，农村人口呈现负增长，城镇人口每年净增加约2000万人，如按城乡居民消费水平的差额计算，每年约新增消费1500亿元。2006年城镇人口比重达到43.9%，预计在2010年，城镇人口将超过农村人口。随着城市人口的增加，城市消费逐渐占据了主导地位，并逐渐得到稳固和加强。据测算，城市化率提高1个百分点，约拉动最终消费增长1.6个百分点。随着城市化进程的逐步推进，新增城市人口将进一步创造新的消费需求。

3. 社会集团消费对市场的助推力不断加大

从购买对象看，消费市场主要由居民个人和社会集团组成。改革开放以来，经济增长的加快，往往伴随着集团消费的快速增长。尤其是近几年，集团消费骤增，消费档次不断提高，办公用品更新换代速度大大加快。主要表现为行政机关、事业单位和社会团体加快了办公自动化建设步伐，添置和更新了大批量的计算机、复印机等办公设备和交通工具。不少单位还改善了办公条件和办公环境，加大了对装修、装潢等建材商品的需求。这些因素造成了社会集团消费在社会消费品零售总额的比重不断扩大，集团购买力对市场的快速发展起到重要的助推作用。

根据有关资料初步测算，1990—2002年，社会集团累计购买消费品的数量约占社会消费品零售总量的10.9%，但在增量中则占到14.1%。也就是说在社会消费品零售总量平均每年递增的9.2%中，有1.3个百分点是由于社会集团增加购买而带来的。初步测算，2003～2007年，集团消费品零售额约占社会消费品零售总额的比重为17%左右，约拉动零售总额增长2.3个百分点。

另据财政部资料显示，1990～2006年，在财政支出中，行政管理费支出额年均增长17.4%，比社会消费品零售总额平均增速高出1.4个百分点，从中可看出集团购买力的强盛。

4. 财富效应在消费市场有所显现

如果其他条件不变，多数居民在预计资产增值的情况下将会扩大消费。作为宏观经济晴雨表的证券市场所表现出的财富效应，成为促进消费的重要推动力之一。从一些国家的股市发展规律看，股市由盛转衰周期的程度和持续时间对消费周期的起伏有着重要的影响，财富效应会从一个市场渗透至其他市场。如果股市的估值停留在当前水平附近，积极的财富效应会逐步渗透到消费领域。美国和日本以往的经验表明，股票价格和房地产价格存在高度(70%左右)的正相关联系，因为二者可能受相同宏观因素(如低利率和强劲的经济增长)的推动。

始于2006年下半年的牛市，2007年上证指数一度超过6000点，给大多数股民增加了财富效应，其对消费的刺激作用比历史上的任何一次都要明显，无论是家庭持股的数量还是流通股所占GDP比重，都达到了历史最高水平。财富效应的前期影响已经在各种市场(如房地产、汽车、奢侈品、古董和艺术品)得到初步显现。据专家估算，在今后两年内，当股市资产价格每增加100元，中国居民就会相应增加大约1—1.5元的家庭消费。股市的大幅回升所积累的财富效应，有力地支撑了消费需求增长，尤其推动了高收入群体的消费与投资。

(二)结构升级产品销售增幅仍居高位，继续推动消费增长

在本轮消费加速增长周期中，引导城市

消费高位增长的是与消费结构升级相关的住行类产品，汽车、住房以及相关消费需求大幅度增加延长了城市消费持续快速增长的周期，也拓展了城市消费大幅增长的空间。

2007年，住、行等用类商品销售增幅明显快于吃、穿类商品销售增幅。限额以上批发零售业吃、穿、用商品类零售额同比分别增长25.9%、25.5%和25.3%，扣除价格因素，食品类销量增长12.5%，与上年基本持平。在用类商品中零售额增长最快的前5位依次是：建筑及装潢材料类增长43.6%，家具类增长43.2%，金银珠宝类增长41.7%，汽车类增长36.9%，家用电器和音像器材类增长23.4%。从目前市场销售情况看，以汽车、家用电器、化妆品和金银珠宝等为代表的现代生活用品销售快速增长，在消费品零售额中的比重明显上升，对零售总额的贡献率提高。

(三)居民消费信心指数走高对消费起到一定作用

经济持续高增长、收入水平提高、人民币升值以及中国在世界经济中的地位提高，居民对未来预期看好，成为消费者信心持续走高的主要支撑因素；各级政府加大了社会保障的投入，更加致力于解决教育、医疗、住房等民生问题，消费信心增强，消费需求不断增长。这些因素促进了我国消费者信心的持续走高。

2007年以来，消费者信心指数逐季提高，并创下近三年来最高水平。从目前来看，消费者信心指数2007年第三季度为97.0，比二季度提高0.2点。消费者信心指数连续几个季度处于高位并持续增长，反映消费者对经济增长的信心与日俱增，对消费需求的快速增长功不可没。

(四)农村市场的升温对新增消费的贡献不断扩大

多年来，我国消费需求增长缓慢，与农村市场启而不动密切相关。最近几年消费需求持续快速增长，在很大程度上缘于农村消费增速不断加快，2007年农村消费增幅加快尤为突出，推动了整体消费的快速增长。

2007年城市消费品零售额比上年增长17.2%，加快2.9个百分点；县及县以下零售额增长15.8%，加快3.2个百分点。城乡居民消费增幅进一步缩小，增速差距由2005年的2.1个百分点，2006年的1.7个百分点，缩小到2007年的1.4个百分点。农村市场对社会消费品零售总额增长的贡献率，由2005年的29.7%提高到2007年的30.7%，拉动消费品零售总额增长由3.8个百分点提高到5.2个百分点。

(五)人民币升值和进口商品增加对国内消费市场的影响加大

自2005年人民币实行汇改以来，人民币一直呈现升值态势，2007年以来，人民币汇率总体呈现“加速升值”的特征，人民币对美元汇率升值幅度超过6%，人民币升值以后，表明同等数量的货币单位的购买力相应提高，有助于提高国民的整体购买能力。一方面提高国内金融资产的相对市场价格，使国内居民获得更大的财富效应，提升购买力，进而刺激国内的消费需求；另一方面使进口商品的价格相对下降，出境旅游、购买进口商品等变得相对地便宜，这些都会刺激居民的消费。

近几年，国内商品市场逐渐转向全面开放，居民消费渐趋国际化，主要表现在对商品的品种、质量、价格和服务等方面的需求增加，消费档次提高。据海关统计，2007年我国食品及活动物进口额比上年增长15%，饮料及烟类增长34.7%。其中食用植物油增长97.9%，大豆增长53.2%；机电产品进口额增长16.7%，其中电器及电子产品进口额增长17.3%。一些高档商品进口量大增，小轿车进口量与上年同期相比，增幅达25.3%。进口商品的快速增长，表明居民消费已渐趋国际化，消费档次快速提升。

三、消费需求继续快速增长具有可持续性

20多年来，我国经历了三次消费高峰，第一次在1984—1989年，第二次消费高峰在1992—1997年，而目前正处在第三次的上行阶段。起始于2002年第三季度的本轮经济景气周期，距今已有近6年的时间，而居民消费需求在2004年以后才启动并升温。这表明消费需求增长要滞后于经济增长一年左右。从我国经济的运行规律和发展趋势分析，消费需求将逐渐充当推动经济发展的主要动力，中长期快速增长具有可持续性。伴随着经济持续增长，消费增长的空间会进一步扩展。城乡居民购买力和抗风险能力的增强，必将带动消费结构升级和消费热点转换，未来几年消费需求非但不会减弱，反而还会持续保持较快的增长态势。

支撑2008年和今后几年消费需求可持续增长有几大因素：

1. 国家长期坚持扩大内需，鼓励消费的方针政策不会改变，消费有望在经济增长中发挥更大的作用

2006年以来，我国经济持续高速增长，为了预防经济增长由偏快转向过热，也为了减少外贸摩擦，国家出台了一系列控制投资过快增长，抑制贸易顺差激增的政策措施，投资需求和出口需求的增长或多或少会受到影响。但对于消费需求始终采取鼓励、扩大、支持的政策导向，调整投资和消费关系，增强消费对经济增长的拉动作用是宏观调控的主基调。中央经济工作会议在部署2008年经济工作时，强调要坚持扩大国内需求特别是消费需求的方针，努力实现由主要依靠投资、出口拉动向依靠消费、投资、出口协调拉动转变，显示出国家扩大消费的政策基本面短期内不会发生变化，因而消费需求持续增长的势头不会逆转。

2008年，宏观调控将进一步加强，加息、提高存款准备金率以及发行特别国债、对房地产业的调控等一系列宏观调控措施，将会使得投资增速减缓。从外需看，人民币的持续升值，美国经济受到次贷危机影响可能出现衰退，将影响到全球经济的增长，对我国出口影响将逐步显现。因此，在投资和出口增速放缓的同时，推动消费升级，拉动消费增长，将成为今后我国经济保持高速发展的关键因素。

2. 宏观调控政策将有效地提高居民购买力，支撑消费需求的持续增长

中央经济工作会议强调，2008年要合理调整国民收入分配，提高城乡居民收入水平，提高劳动报酬在初次分配中的比重，增加低收入者收入，建立企业职工工资正常增长机制和支付保障机制。各种迹象表明，2008年国民经济持续快速增长的势头不会改变，企业盈利仍将保持较高水平，速度快、效益好的经济运行环境有助于生产和消费形成良性循环，支持消费扩大。

一方面，城乡居民收入前景依然乐观。提高离退休人员养老金标准、最低工资标准和失业保险金标准，增发低保对象临时补贴以及上调个人所得税起征点，都将提高居民实际可支配收入。另一方面，消费心理将大为改善，从而将促使居民提高消费率。2008年中央财政的转移支付将比上年增加，随着全国范围内免收学费、医疗保障、保障性住房等社会保障性措施的逐步到位，后顾之忧将得到缓解。

此外，农民在政策倾斜和农副产品涨价的双重作用下，收入增长有望超过前两年。城乡居民收入水平的不断提升，将有力推动消费的快速增长。

3. 人口结构决定了消费潜力的空间

人口是推动消费需求增长的重要因素。中国是人口大国，巨大的人口红利，将使消费从2008年开始进入黄金时代。根据国际经验，个人消费支出的高峰期一般在40—50岁左右，这也意味着，2010年前后10年将是我

国消费增长最快的时期，现阶段的消费增长正处于高峰期的开端。上世纪60年代的高生育率，使从90年代开始就逐渐迎来了人口增加带来的需求扩张。这一年龄段的人口目前正逐渐度过高储蓄期，消费需求将呈快速增长态势。

据预测，未来一段时期，我国即将步入第三波消费高峰，而人口出生率和人口结构是影响消费结构的关键。1981年之前出生的独生子女有9000万人，目前正处于收入和消费的上升期，而1992—1998年出生的独生子女约有3亿多人，也将逐步进入消费年龄，这两代人的消费倾向要远高于储蓄倾向。

4. 与消费结构升级相关的热点消费仍将持续。

目前，我国已经进入新的自主性经济增长周期，其动力源于居民消费结构的进一步升级，从发展趋势看，汽车和住房等消费升级产品仍将保持较快增长。

一是汽车与住房对经济的拉动力方兴未艾。随着消费升级，汽车进入家庭已经成为一个不可逆转的趋势。目前我国千人拥有汽车大约为30辆，远低于世界平均水平（120辆/千人）。预计到2020年，我国汽车销量的年均增速将在12%左右，私人汽车将达到9000万辆，轿车年销量将突破1000万辆。

二是房地产业能否健康发展，对整个经济增长的影响越来越大。未来住房将是消费结构升级的重点。此外住房、轿车带动的消费升级力度带动对家电、纺织品、家具、五金电料等商品的需求扩张。

三是中国经济正处于城市化、工业化发展初期，未来10—15年将是我国经济重要的发展机遇期，这一阶段，整个经济总量和规模将上一个新的台阶。因此，未来10多年将是消费的黄金时期，发展空间十分巨大。目前医疗、文化、体育、娱乐、旅游、餐饮、家政、物业管理等消费，不仅所占比重偏低，而且产品与市场十分狭小，也预示着居民消费在这方面具有巨大的增长空间。

5. 农产品涨价对农民增收促进较大，有利于农村市场的繁荣

受多种因素的影响，农副产品价格仍将维持在高位，农民从涨价中将继续获得一定的收益。此外，2008年财政对农业补贴数量增大、进度提前，有利于农民消化农资涨价因素，而国家继续实行农产品最低保护价收购政策，有利于农民务农收入的增长。农民增收前景看好，将有力促进农民消费的增长。

6. 加快城市化进程将成为消费扩张的动力

据测算，目前1个城镇居民的消费水平大体相当于3个农民的消费；城市化率提高1个百分点，就会有100～120万人口从农村到城市，由于城市人口的消费是农村的2.7～3倍，约拉动最终消费增长1.6个百分点。今后几年我国城市化将会进一步加快，将带动周边农村消费品市场的发展。此外，农民进城打工将进一步推动农村人口向城镇地区转移，这将促进部分农村居民消费观念和消费方式的转变，推动其消费增长和消费结构变化。

7. 举办奥运会将促进相关消费的大幅增长

从其他举办过奥运会的国家经验显示，举办奥运会将对该国发展经济和扩大消费具有很大的拉动作用。据专家测算，奥运会将拉动中国经济当年增长0.3个百分点。除了对投资有拉动作用外，奥运会还具有对旅游业、餐饮业、商业等服务消费增长的拉动作用。

8. 消费国际化的潜力巨大

经济全球化必然带来消费全球化。随着我国对外开放不断扩大，“引进来”与“走出去”不断增加，国外主要是发达国家的消费理念、消费方式和消费文化快速地传递到我国，对我国消费产生直接间接的影响，包括商品消费、服务消费、文化消费。发达国家的节能消费、环保消费也会对我国消费的影响日益增大。这些都加快了国内消费与国外消费的融合，消费国际化已经成为扩大、提升国内消费的重要引擎和途径，蕴涵的消费潜力不可低估。

从以上分析可看出，我国消费需求仍将保持快速增长趋势，2008年消费的实际增长速度仍将保持在12%以上，仍维持正常偏旺。相对于投资需求而言，我国消费需求的增长还有巨大的上升空间，城乡居民的消费潜力仍然十分可观；相对于政府消费而言，居民消费有很大的增长潜力；相对于城市而言，农村消费市场有很大的发展空间。然而，在全面建设小康社会，以人为本，努力构建和谐社会的时期，大力提升消费需求的拉动作用，仍然有经济发展不平衡、收入差距拉大、社会保障体制不健全等制约因素，需要采取措施，从根本上加以解决。

四、努力营造可持续消费的氛围，保持消费需求的快速增长

我国经济连续几年高速增长，并将这种高增长成功地由从生产领域扩大到消费领域，城乡居民分享到经济快速增长的成果，这是我们发展经济的目的，也是多年来宏观调控的目标。但这只是阶段性成果，目前我国消费率依然偏低，消费对经济增长的贡献率仍然低于投资的贡献率，农村消费全面升温的基础还不稳定。

因此，今后一个时期，消费领域宏观调控的重点，应巩固来之不易的消费上涨势头，注意维护消费者特别是低收入基层的利益，强化收入预期和弱化支出预期，确定灵活的价格机制，给消费者创造敢于消费、愿意消费和可持续消费的良好环境。扩大内需已成为我国经济又好又快发展的战略性问题，虽然要保持消费持续快速增长非一日之功，但必须采取措施，从根本上促进经济增长方式的转变。

具体说，在政策调控上应关注以下几方面：

（一）加大收入分配的改革力度，努力提高中低收入居民的消费能力

1. 要提升消费能力，就要把“富民优先”的理念直接体现到提高居民的货币收入上，继续想方设法大力增加居民收入，增强低收入居民的购买力和抗风险力。在财政收入大幅度增长的情况下，一方面要考虑降低相关税收的税负以“藏富于民”，重视建立保护弱势群体的收入再分配政策。另一方面通过增加社会福利支出的方式，从经济建设型向公共服务型转变，更多地关注教育、社会保障、公共卫生等民生问题，从而提高社会弱势群体的消费能力。

2. 完善社会保障制度要优先考虑低收入群体。由于低收入群体的数量庞大，消除他们消费的后顾之忧，将有利于刺激和扩大我国的消费增长。应考虑建立对低收入阶层补贴的长效保障机制，把补贴制度长期化、规范化，让那些真正需要帮助的低收入者能及时得到政府的补贴资助。这是在扩大消费，创建和谐社会时需要考虑的一个问题。

3. 增加农民收入、加大扩大农村消费力度。不仅要进一步提高农民的收入水平，而且还要拓展农村的消费力度。尤其是要将适合于农村消费的产品送到农村，以此来有效地刺激和扩大农民的潜在消费欲望，并提升农民的即时消费水平。

（二）提倡可持续消费、理性消费、科学消费

为了促进经济可持续发展，必须实现消费的可持续发展，关注消费方式的变革，而要实现消费可持续发展，就必须对消费进行调控与引导、对现行消费模式进行改变或转换。下一步应将继续扩大内需、鼓励消费的政策与可持续发展战略结合起来，鼓励可持续消费。从人口、资源、环境可持续发展的角度来鼓励消费，使消费规模的快速增长不会构成对人口、资源、环境的损害。因此，提倡可持

续消费、理性消费、科学消费，实现消费与人口、资源、环境的协调发展，才能实现可持续消费，促进经济可持续发展。

总体来看，调整经济结构、拉动消费、扩大内需是保持经济又好又快发展的长久之策和立足之本。尤其是在全球经济不确定因素增多的大背景下，坚持扩大内需的战略具有极其重要的意义。尽管促进经济增长由主要依靠投资、出口拉动向依靠消费、投资、出口协调拉动转变，非一日之功，还有许多工作要做，但这是确保经济健康快速可持续发展的根本之路，必须想方设法使消费这驾马车跑起来，与投资、出口一起跑得更快更好。

（国家统计局贸易外经司　宋跃征　严先溥）

消费品市场实现由紧缺向繁荣的重大跨越

新中国建立以来，我国流通领域发生了历史性巨变，消费品市场蓬勃发展，实现了由紧缺向繁荣的重大跨越。尤其是改革开放以来，国家一系列扩大内需、促进消费的宏观调控措施，在流通领域产生了显著效应，市场供求格局和流通主体发生了重大转变，并朝着优化方向发展。商品供应不断充裕，市场规模不断扩大，新型流通方式快速发展。随着城乡居民收入水平的不断提高，购买力增强，消费结构升级明显加快，消费品市场进入了持续、稳定、快速增长时期，跨上了新台阶，呈现出前所未有的繁荣活跃景象。

一、市场发展经历了四个不同时期

建国60年来，在国民经济持续、稳定、快速发展的大环境下，消费品市场经历了逐步发展壮大的历史过程，呈现繁荣、活跃、兴旺、平稳的运行态势。消费品市场大致经历了四个不同的发展时期。

1. 对资本主义旧商业进行社会主义改造时期(1949—1957年)

半封建、半殖民地的旧中国留下了一个混乱不堪、生产力低下，贸易极不发达，商品极度匮乏的市场，无法满足国民经济快速发展和人民改善生活的强大需求。对旧市场进行改造，建立适应新体制要求的新市场，是摆在新中国建设者面前的一项十分重要而又紧迫的任务。

新中国成立伊始，党和政府着手对资本主义工商业进行社会主义改造，把私营工商业，逐步改造成为国营工商业，变生产资料私有制为公有制，对资本主义工商业实行了利用、限制与改造的政策，使其逐步转化成为社会主义工商业。到1957年底，全国接受改造的商业达到188.9万户，占当时私营商业户数的比重达到82%，这标志着我国社会主义工商业改造的基本完成和新中国商业发展的第一个历史时期的结束。

2. 社会主义公有制商业的建立与发展时期(1958—1978年)

伴随着国民经济的快速发展，以计划经济为主导的社会主义公有制商业与市场获得了较大的发展。这一历史时期一直延续到1978年。在这一期间，虽然经历过“大跃进”和“文化大革命”的非常时期，对商业改革和市场的发展起到一定的阻碍作用，尤其是个体商业的发展，基本上处于被遏制状态，但总体上看，以计划经济为主导的社会主义公有制商业和市场的发展仍然是快速的和稳步的。据统计，从1957年到1978年底，在全国商业机构(网点)和人员相对减少的情况下，商业销售商品总量大幅度增加，1957年社会商品零售总额仅有474.2亿元，到1978年增加到1558.6亿元，增长2.3倍。公有制经济占居这一时期的主导地位。1978年在社会商品零售总额中，通过全民和集体所有制商业销售的商品零售额占到了98%，形成了公有制商业“一统天下”的格局。

3. 市场快速发展时期(1978—2000年)

改革开放以来，特别是1992年邓小平同志南巡讲话以后，消费品市场发展速度空前加快。社会消费品零售总额由1978年的1558.6亿元，扩大到2000年的39105.7亿元,增长24倍,年均增长15.9%。在市场发展中,计划经济体制下的流通格局被逐步打破,新的适应社会主义市场经济发展需要的流通格局在不断建设之中。非国有经济成份的异军突起,打破了公有制商业的"一统天下"。这一历史时期市场发展的特点,一是国有商业改革不断深化。改革重点是转机建制,搞活经营,并逐步建立现代企业制度;二是商品流通的市场化水平不断提高。95%左右的商品资源通过市场配置,国家定价的商品不到5%;三是流通领域多种经济成份同时并存,共同发展。

4. 新世纪市场加速扩张期(2001—2008年)

进入21世纪,消费品市场加快发展。尤其是党的十六大以来,全国上下共同努力,保持了消费品市场的繁荣活跃。社会消费品零售总额由2001年的43055.4亿元增加到2008年的108487.7亿元,年均增长14.1%,超过"九五"时期3.5个百分点。

二、商品供给实现由紧转松的"三步跨越"

在计划经济时期,经济发展缺乏活力,商品生产的能力不能满足市场的需求,大众日用商品短缺。自80年代到90年代初,在努力增加商品供应的同时,逐步取消了票证,结束商品供应的匮乏状态。改革初期实施优先发展农业、轻工业的政策,使我国在农产品、轻工产品的供给能力迅速改善,鲜鱼、蔬菜、烟酒、单车、手表、缝纫机及家用电器等的供应票证首先取消。1983年,我国取消了30年之久的布匹定量供应,布票进入"历史博物馆"。紧接着食油、粮食的定量供应也于1985年和1992年前后取消,粮、棉、油定量供应的废除和这类票证的取消,标志着中国居民的基本生活品供应已告别了短缺。经过60多年国民经济高速增长的量变积累,市场供求格局发生了根本性的变化,消费品实现了从供不应求到供大于求,由卖方市场到买方市场的历史转变,大致经历了三个不同的阶段:

1. 紧缺阶段

解放初期满目疮痍、商品极度匮乏。1952年全国社会商品零售总额仅实现277亿元。1978年,党的十一届三中全会的胜利召开,为我国经济与社会发展树立了一个新的里程碑。1989年社会商品零售总额为8101.4亿元,比1978年增长4.2倍,年均增长16.1%。但由于长期在计划经济条件下,市场运行僵滞,流通渠道单一,供应仍显短缺。不少重要商品仍实行有计划的凭票证限量供应。买电风扇要买票预约,买彩电得千方百计找"门路",买自行车需托各种各样的"关系"。在商品匮乏的时期,只要一传出"涨价"的风声,各大商场立刻就会涌起抢购狂潮。彩电、冰箱、电风扇,不问好坏,一买而空,连粮食和洗衣粉,都成袋成箱往家搬。这种因商品短缺造成的特殊现象一直持续到80年代末期。

2. 由紧缺到相对宽松时期

90年代以来,随着社会主义市场经济的进一步发展,有效供给能力显著增强,社会商品大为丰富,由"卖方市场"进入了"买方市场",长期存在的短缺状态宣告结束,经济发展进入了一个全新的阶段。到90年代中后期,一般性消费品供不应求的状况基本结束,买方市场格局初步形成。到2000年我国社会消费品零售总额达39105.7亿元,比1979年增长20.7倍,年均增幅高达15.8%。

3. 由宽松到相对过剩

进入新时期,伴随着经济的快速发展,买方市场占主导地位的市场格局进一步得到确立。尤其是近几年,国内商品市场供求关系趋于协调。供求基本平衡的商品占全部商品的比重由2000年下半年的18.4%提高到2008年下半年的28.7%;供过于求的商品由79.6%下降到71.3%。市场供求状况的根本改变,决定了由生产销售者占主导地位的卖方市场,已经转向了由消费者占主导地位的买方市场。

三、城乡市场共同繁荣，市场总体运行平稳

我国消费品市场经历了快速发展，市场规模不断扩大的过程。社会消费品零售总额由1952年的277亿元增加到2008年的108487.7亿元，增长390.7倍，年均增长11.3%。其中"六五"时期增长15%，"七五"时期增长14%，"八五"时期增长23.3%，"九五"时期增长10.6%，"十五"时期增长11.4%。

1. 城乡市场共同繁荣，拉动消费品零售总额增长

长期以来，不论是城市市场还是农村市场都表现出持续兴旺活跃的运行态势。特别是80年代，农民收入的增加，农村市场迅速发展，到1989年，县及县以下消费品零售额达到4434.6亿元，比1952年的137亿元，增长31.4倍。1990年以后，随着经济体制改革的重点由农村转移到城市，城市市场增速开始加快，在规模上迅速扩大并超过农村市场。1998年农村实现消费品零售额13084亿元，比1952年增长94.5倍；城市实现消费品零售额20294.1亿元，比1952年增长144倍。

近几年来，随着党中央、国务院一系列支农惠农政策的贯彻落实，增强了农民的购买能力，尤其是城乡统筹、以工补农、以城促乡等一系列新农村建设政策措施的出台，使农村经济迅速发展，特别是"万村千乡市场工程"和"双百市场工程"的实施，极大地改善了农村流通状况，为农村消费品市场发展创造了良好的外部条件，农村消费品市场发展明显加快，城乡之间消费增幅的差距不断缩小。2008年，城市消费品零售额实现73734.9亿元，县及县以下消费品零售额34752.8亿元，分别比2002年增长1.3倍和1.1倍，年均增速分别为15.3%和12.9%。农村市场对社会消费品零售总额增长的贡献率，由2002年的21.3%提高到2008年的30.9%，拉动消费品零售总额增长由2.5个百分点提高到6.7个百分点。

农村市场贡献率提高，主要是由于连续几年农民收入水平提高、农村消费环境改善和消费结构变化的结果。从农民消费结构看，已向更广泛的领域扩展和延伸，尤其是一些发达地区的农村居民消费已开始由温饱型消费向小康型消费转变，以居住、交通通讯为代表的住、行类消费，已逐渐成为农民消费升级后的市场热点。

2. 市场运行基本平稳，导向作用增强

一是居民消费心理趋于成熟，消费行为更加理性。尤其是近几年，尽管住房、医疗、教育等多项改革措施，强化了居民的支出预期，但由于收入水平的稳步提高，提高了居民的抗风险能力和对市场变化的经济承受力，在一定程度上化解了各项改革带来的支出压力，量入为出，理性消费，对商品的消费量稳步提高。

二是政府调控及时，短期结构性矛盾不断化解。由于国内市场供求总体稳定，政府有关部门市场的调控能力和消费者的承受能力不断增强，保证了市场总体运行的活跃和稳定。近几年来，也曾先后出现过粮食、油料、猪肉等重要商品个别时期供应偏紧、价格上涨的状况，但由于政府及时有效的宏观调控，没有对社会经济生活造成较长时期或较大程度的危害。

三是市场对生产的导向作用增强。建国60年来，我国消费品市场作为联结生产与消费的桥梁和纽带，在经济与社会发展中发挥着重要的职能作用。一是调节供需，保障人民不断增长的物质生活需要。60多年来，我国居民购买力每年均以较高速度增长，居民消费占国内最终消费的比重约为75%左右。面对不断增长的消费需求，国内市场通过购销活动源源不断地将各种商品输送到不同消费者手中。特别是在计划经济时期，通过组织工业品下乡、农副产品进城，使城乡居民的

消费需求不断得到满足。二是支持和促进了工农业生产的发展。工农业生产的发展，一方面需要大量的原材料供应，另一方面又需要将产品不断地输送出去，市场正是在这方面有着不可替代的职能作用。据测算，在我国轻工业生产中有70%的原料来自于农副产品，而这些农副产品中的绝大部分是通过市场采购的。流通体制改革以后，通过市场流通供应的生产原料的比重进一步加大。市场在为工农业生产提供原料的同时销售其产品，并为生产者提供需求变化信息，促进了工农业生产结构调整和产品优化。三是积累和上缴了大量资金，在自身不断壮大的同时，有力地支援了国家经济建设，成为国家经济建设资金来源不可缺少的组成部分。

四、流通体制改革不断深入，市场建设步伐加快

1.商业体制改革不断深化，流通主体发生重大转变

从1978年开始的商业改革，逐步打破了计划经济体制下单一的流通格局。消费品市场经营主体得到迅速扩充，经营主体所有制性质的多元化，形成了多种经济成分并存发展，竞争有序、互为补充的经济结构。改革开放前，城乡市场国营商业一统天下，商品供应渠道单一，1978年，社会商品零售总额中全民、集体经济所占份额高达99%以上。党的十一届三中全会允许多种经济成分共同参与市场流通，非公有制经济获得良好的发展机遇，成为公有制经济的“有益补充”。1983年，国家确立了集体所有制商业与国营商业在政治、经济上平等的地位，有力地促进了集体和个体商业的蓬勃发展，改变了过去国营商业独家经营垄断消费品市场的局面。从不承认市场到积极发展市场，从只允许适度的市场调节到明确计划经济与市场调节共生共荣，共同发展。党的十五大又在总结历史经验的基础上明确指出，非公有制经济是社会主义市场经济的“重要组成部分”，在思想认识上有了质的飞跃，非公有制经济在流通这个竞争性的领域中得到迅猛发展。

在鼓励发展非公有制经济的同时，国家加大了对国有大中小型商贸企业的“国有民营”改革力度。根据所有权与经营权分离的原则，在全面推行经营、价格、用工、分配“四放开”改革的基础上，积极推行以“资产国有、设备租赁、自筹资金、自负盈亏、集体或个人经营”为主要内容的“国有民营”改革，有计划、有步骤地使国有经济有序退出商贸领域。目前，消费品市场已形成了国有经济、集体经济、个体经济、私营经济、股份经济、混合经济、外商投资经济、港澳台投资经济互相并存、共同发展的局面；多种经济成分、多种流通渠道、多种经营方式、多种经营业态并存的商品市场格局和遍布城乡的流通网络已经形成。新的商品市场体系和新的流通格局迅速发展壮大。

经过60年的发展，特别是改革开放20年来的快速发展，我国商品市场规模不断扩大，从业人员大量增加，商业网点遍及全国。现在，不论在城市还是在农村，四通八达的商品流通网络都能够为顾客提供方便的服务。各类商品市场的空前发展，成为改革开放以来商品流通网络建设的一道亮丽的风景线。到2008年底，全国拥有各类消费品市场61535个，其中消费品综合市场26902个，农副产品市场26280个，工业消费品市场7042个。

2.流通各行业齐头并进，大中型企业领跑市场

从行业结构看，批发和零售业零售额由1952年的211.3亿元增加到2008年的91198.5亿元，年均增长11.4%；住宿和餐饮业零售额由14.1亿元增加到15403.9亿元，年均增长13.3%。2008年批发和零售业对社会消费品零售总额增长的贡献率率达到83.8%，拉动零售总额增长11.5个百分点，成为市场商品销售的主体。

大中型企业商品销售增长仍居领先地位。在几年的市场竞争中，涌现出一批规模大、市场竞争能力强的骨干企业，它们充分发挥规模大、环境优、信誉好的优势，成为城乡居民特别是城镇居民的首选消费场所，在竞争中领跑消费品市场。2008年，限额以上批发零售企业实现商品销售额155946亿元，占批发零售业商品销售总额的比重由2002年的49.3%提高到51.9%，在市场中仍居于领先地位。

3. 商业经营业态与经营方式发生重大变革，实现了质的创新

改革开放前，我国商业业态单一，经营方式传统。零售企业主要为单一百货店、副食店和粮店。城乡集贸市场也被当作资本主义的“尾巴”割掉。经过60年的发展，中国商业建立了发达国家商业100多年发展所形成的各种零售业态。除大型百货商城、商品批发市场以外，以连锁经营为基本特征的大型超市，购物中心、便利店、专卖店、大卖场、尾货调剂中心、折扣店、特许加盟店以及网上购物、电视购物、直销等无店铺销售方式等，呈现出百花齐放、百业竞呈的态势。产销结合、科工贸结合、国际国内市场相对接、品牌经营等先进营销方式在中国商业领域已经普遍实现。由分布在全国城乡的商品市场组成的商品流通网络，以及餐饮、住宿、各类居民生活服务业和各类新型服务业网点，既为全国商品货畅其流提供了强有力的物质基础，也为消费者提供了便捷的购物与消费环境。

4. 商业对外开放从零起步，不断扩大，发展迅速

商品流通领域对外开放，是中国对外开放的重要组成部分。我国商业利用外资的历程，从1991年上海第一百货商店与日本八佰伴合资开始试点，经过几个阶段的试点和实践，现已进入后WTO时代。据国家统计局资料，仅2007年外资投资中国商业（包括批发、零售、住宿餐饮与其他生活服务业）新增企业7546家，实际使用外资金额44.4亿美元，分别占当年全国新增外资企业总数和实际利用外资总额的19.9%和5.9%。2007年进入中国零售业100强的外资商业企业为17家，占零售100强销售额的22.9%。目前，外资零售商业成为流通领域一支不可忽视的力量，在市场份额，业态创新，技术升级，促进竞争和社会影响等方面，发挥着越来越重要的作用，促进了流通业的发展。一方面带来了先进的经营理念，促进了国内商业向市场化、现代化的方向加速演变；另一方面带来了丰富的国际货源，提高了国内企业的竞争力，促使中国产品大跨步走向国际市场。

（国家统计局贸易外经司　严先溥）

国内市场实现了商品由短缺向总量基本平衡的根本性转变

改革开放以来，国内市场商品供应总量持续扩大，品种明显增多，质量不断提高，供应方式明显完善便利，新型业态不断涌现，实现了商品由短缺向总量基本平衡的根本性转变，实现了供应方式由单一落后向多样方便现代的重大变化。

一、市场商品供应由短缺转为总量基本平衡

经过近30年经济增长的量变积累，国内市场供求格局发生了根本性的变化。长期以来存在的短缺经济的束缚被彻底打破，买方市场特征日益明显。主要表现在：

1. 商品供应量持续扩大

改革开放给国内市场的发展开辟了前所未有的广阔空间，在国家一系列扩大内需、促进消费的宏观调控措施的积极作用下，国内市场经历了快速发展，规模不断扩大的过程。反映消费品市场发展水平与规模的统计指标——社会消费品零售总额，由1978年的1559亿元增加到2007年的89210亿元，增长56倍，年均增长15%。其中"六五"时期增长15%，"七五"时期增长14%，"八五"时期增长23.3%，"九五"时期增长10.6%，"十五"时期增长11.4%。国内市场消费需求强劲，购销活跃，呈现出持续、稳定、快速增长的态势，保持着繁荣活跃的景象。

2. 市场对生产的导向作用增强

经济发展步入新阶段之后，"有没有"的问题退居次要位置，"好不好"的问题提升到显著位置。面对买方市场，消费者的选择余地增大，需求向多元化、高质量方面发展。市场对生产者起着重要的导向作用，适应市场经济需要的新型的生产与消费之间的关系逐渐形成。按需生产、市场主导，成为农业和企业产品生产的方向。市场上名、优、特、新商品逐渐占居主导地位，高质量、高档次、高营养、新口味、新用途、高技术的商品层出不穷，消费者地位逐步提高，生活质量明显改善。

3. 利用国际市场平衡供求的能力继续提升

1978年以来，我国商品出口规模的持续扩大，对缓解国内消费品市场供给压力发挥了重要的市场调节作用；进口规模的扩大，对丰富我国居民生活和繁荣国内市场也起到了重要的补充作用。通过进口使各种国内生产相对落后、供给偏紧但又关系国计民生的商品大幅增加，如高新技术产品、自动数据处理设备、飞机等。而我国具备进口替代能力的商品，进口增幅则有所回落，甚至出现了负增长，如机电产品、大豆、自动数据处理设备零件、汽车零件等。

二、升级换代不断加快成为国内市场的主旋律

30年来，居民购买力的不断增强，加快了商品的升级换代，进而对国内市场的持续繁荣活跃起到重要的支撑作用。从三次消费升级的购买力强弱看，每一次升级所实现的购买力水平均大幅度提高。在较短的时间内，城乡居民实现了从几十元、千元和万元级消费，向十万元甚至百万元级的消费升级转型。商品升级换代主要表现两个方面：

1. 从基本生活品到发展、享受消费品，从以吃、穿为主到住、行为主

在计划经济条件下，由于商品短缺消费者没有选择的余地。改革开放以后，伴随着经济的快速发展，经济结构的不断优化，供应市场的商品品种、数量增多，质量档次明显提高。尤其是随着消费升级换代速度的加快，供应市场上吃、穿、用等各类商品琳琅满目，品种更加丰富多彩。消费者在购物消费方面的自由度和选择空间达到了前所未有的高度。从基本生活品到发展、享受消费品，从以吃、穿为主到住、行为主，消费结构由衣、食消费在向住、行消费转移，并步入快速转型期。特别是以手机、计算机为代表的IT商品，方便居民出行的汽车，用于改善人们居住条件和生活质量的住房装饰商品、家用电器等商品大量增加，极大地满足了居民多层次、多样化的消费需求。

2. 从低技术含量的简单消费品到较高技术含量的消费品

消费升级通过衣食—耐用消费品—住宅、交通、通讯、文化教育、娱乐、医疗和旅游等产业链不断演化，从低技术含量的简单消费品到较高技术含量的消费品。目前，多功能、智能型等耐用消费品成为城镇居民更新家电时的首选，移动电话、家用影碟机、家用电脑消费持续升温，升级换代加快。数字电视、平板电视等家电也大跨步进入居民家庭。2007年底，城镇居民移动电话平均每百户拥有量达165.2部，比1997年增加163.5部，更新速度之快居其它消费品之首。家用汽车成为高、中收入户家庭消费追逐的目标，2007年底城镇居民每百户汽车拥有量达6.1部，比1997年增加5.9部。

二、市场由单一的商品供应为主转为商品供应和服务共同发展

1. 商品双向流通渠道基本畅通，繁荣了城乡市场

为解决农村市场体系建设滞后，不适应经济和社会发展需要的状况，国家和有关部门推行了一系列政策措施，畅通流通渠道，活跃城乡市场。尤其是近几年积极实施了工业反哺农业、城乡统筹发展、“万村千乡工程”、“双百市场工程”和“村村通公路工程”、电网改造等多项措施，加快了工业品进入农村市场的速度，也促进了更多的农产品进入城市市场，为工业品以稳定的质量和合理的价格进入农村，为农产品以比较合理的价格走向城市搭建了一个桥梁，实现了工业品和农产品、城市和农村的双向交流，有效拓宽了农民的增收渠道。据统计，自“万村千乡市场工程”实施以来，全国已累计建设连锁化的农家店12万个，使1.4亿农民受益，扩大农村消费400亿元左右。

2. 旅游市场迅猛发展

经过30年的发展，旅游业从无到有，从小到大，保持了快速、稳定、健康的发展势头，已发展为我国第三产业中最具活力与潜力的新兴产业。入境旅游者人数由1978年的181万人次增加到2007年的13187万人次，年均增长15.9%；国际旅游外汇收入由2.6亿美元增加到419.2亿美元，年均增长19.2%。旅游产业在国民经济中的地位不断得到巩固和提高，在国际交流交往中扮演着越来越重要的角色，实现了从旅游资源大国向世界旅游大国的历史性跨越。

3. 餐饮市场方兴未艾

伴随着生活水平的提高、生活方式的创新，居民外出就餐、亲友团聚的次数增加。加之社会上各种类型的公务、商务活动频繁，国内旅游市场的快速发展等因素的共同作用，繁荣了餐饮市场。餐饮业零售额一路走高，保持持续快速增长的格局，在零售总额中的份额不断扩大，呈现淡季不淡、旺季更旺的局面。住宿和餐饮业实现零售额由1978年的55亿元，增加到2007年的12352亿元，年均增长20.5%，高于社会消费品零售总额增速5.5百分点，占社会消费品零售总额的比重由

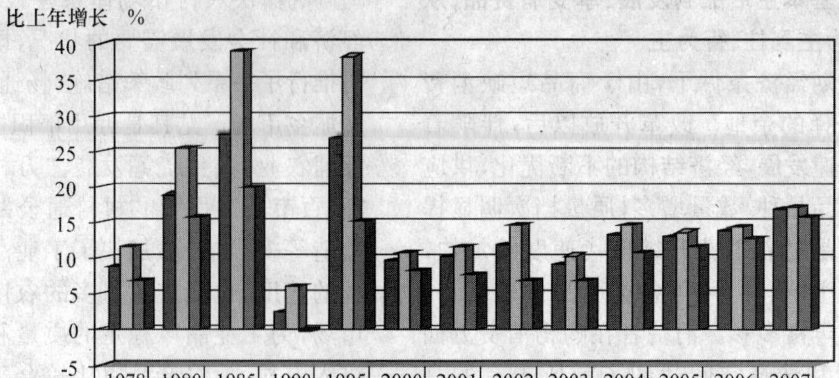

	1978	1980	1985	1990	1995	2000	2001	2002	2003	2004	2005	2006	2007
■零售总额	8.8	18.9	27.5	2.5	26.8	9.7	10.1	11.8	9.1	13.3	12.9	13.7	16.8
■城市	11.6	25.5	39	6	38.3	10.6	11.5	14.6	10.3	14.7	13.6	14.3	17.2
■县及县以下	6.9	15.7	19.9	-0.5	15.2	8.2	7.7	6.9	6.9	10.6	11.5	12.6	15.8

1978－2007年社会消费品零售总额变化情况

1978年的3.5%上升到2007年的13.8%，提高了10.3个百分点。

4. 家政服务市场快速兴起

随着人们工作和生活节奏的普遍加快，对家政服务提出了更多的需求，促进了家政服务业的快速发展。2007年底，全国共有各类家政服务企业和网点已有近50万家，从业人员1500多万人，年营业额近1600亿元。投资500万元以上的大中型沐浴有近万家，年营业额逾1500亿元。目前，家政服务已由简单的家庭服务延伸到日常生活的方方面面。

四、区域市场协调发展，共同繁荣

改革开放以来，国家一系列三农政策、西部大开发、中部崛起和振兴东北老工业基地发展战略的不断推进，城乡之间、不同区域之间的社会消费品零售总额的发展速度和结构发生重大变化，区域市场呈现出均衡、协调发展的良好态势。

1. 城乡市场同步增长，共同繁荣

30年来，不论是城市市场还是农村市场，都表现出持续稳定增长的运行态势。

从城市市场看，城市消费品零售额由1978年的505亿元，增加到2007年的60411亿元，年均增长17.9%，高于社会消费品零售总额增速2.9个百分点。

从农村市场看，随着党中央、国务院一系列支农、惠农政策的贯彻落实，增强了农民的购买能力，农村消费品市场发展明显加快，城乡之间消费增幅的差距不断缩小。县及县以下消费品零售额由1978年的1053亿元，增加到2007年的28799亿元，年均增长12.1%。

近5年来，城乡市场消费品零售额的差距也逐渐缩小，由2002年的7.7个百分点缩小到2007年的1.4个百分点，农村市场对社会消费品零售总额增长的贡献率，由2002年的21.3%提高到2007年的30.7%，拉动消费品零售总额增长由2.5个百分点提高到5.2个百分点。表明城市消费一头热的状况正在逐步改变，呈现出城乡市场同步增长，共同繁荣的可喜局面。

2. 中、西部市场销售增速快于东部地区

中、西部地区消费保持较快增长，各省区消费品市场增长差距进一步减小。2007年东部地区社会消费品零售额比上年增长17.1%，比上年加快2.0个百分点；在零售总额中所占比重为58.6%，比上年下降0.2个百分点；中、西部地区零售额分别增长18.2%和18.0%，均比上年加快3.2个百分点，增幅分别高于东部地区 1.1 和 0.9 个百分点;在零售总额中所占比重分别为 24.3%和 17.1%,均比上年提高 0.1 个百分点。

五、流通体制改革与市场建设步伐加快

改革开放以来,特别是在建立和完善社会主义市场经济体制过程中,我国商品流通产业发生了巨大变化。不论在城市还是在农村,基本形成了四通八达的商品流通网络,各类商品市场空前发展,成为改革开放以来商品流通网络建设的一道亮丽的风景线。彻底改变了过去经营模式比较单一的状况,形成了多层次、少环节、开放式的竞争发展新格局。

1. 新兴业态蓬勃发展

改革开放以来,在购物环境不断改善的同时,商业经营形式也发生了巨大变革,原有的商业业态逐渐摆脱旧的经营模式,焕发出新的生机,新的业态如专卖店、专业店、超级市场、便利店、百货店、折扣店等蓬勃发展,显示了强大的生命力。其中专卖店和专业店保持较强的增长势头,大卖场已成为国内零售市场的主力业态。作为现代流通手段之一的连锁经营成为商业企业采用的主要经营组织方式,连锁商业从少到多、从小到大,逐步发展壮大起来。2007 年,限额以上连锁零售业和餐饮业零售额占社会消费品零售总额的比重由 2002 年的 5%提高到 14.6%。营销手段的多样化,零售业态的日益完善,极大地方便了居民生活,消费者购物更加方便、快捷。

2. 市场建设加快,规模不断扩大

改革开放以来,商品市场规模不断扩大,从业人员大量增加,商业网点遍及全国。据统计,2007 年底全国批发零售贸易业产业活动单位达到 15.7 万个,从业人员达到 604.9 万人;住宿和餐饮业产业活动单位 3.7 万个,从业人员 341.8 万人。

经过多年的培育和发展,商品交易市场已成为日用消费品和生产资料的重要集散地,在活跃商品流通、方便居民生活、扩大城乡就业、推动国民经济发展等方面发挥了积极的作用。2007 年底,全国亿元以上商品交易市场数量达 4121 个,比 2002 年增加 863 个。消费品交易市场蓬勃发展。2007 年底,全国拥有各类消费品交易市场 61913 个,其中城市消费品交易市场 24150 个,占 39%;农村消费品交易市场 37763 个,占 61%。

3. 大中型企业领跑市场,小企业和个体户保持活力

在多年的市场竞争中,涌现出一批规模大、市场竞争能力强的骨干企业,它们充分发挥规模大、环境优、信誉好的优势,成为城乡居民特别是城镇居民的首选消费场所,在竞争中领跑消费品市场。2007 年,限额以上批发和零售业企业零售额 2.7 万亿元,比上年增长 26.2%,加快 4.9 个百分点,在全部批发和零售业中所占比重由上年的 33.5%提高到 36.3%;限额以下批发和零售业企业和个体户零售额 4.8 万亿元,比上年增长 11.8%,加快 1.6 个百分点,在全部批发和零售业中所占比重为 63.7%。表明限额以下小企业及个体户在活跃市场、方便居民生活等方面继续发挥着重要作用。

4. 流通各行业齐头并进

从行业结构看,批发和零售业零售额由 1978 年的 1364 亿元增加到 2007 年的 75040 亿元,年均增长 14.8%;住宿和餐饮业零售额由 54.8 亿元增加到 12352 亿元,年均增长 20.5%。从所占比重看,批发和零售业零售额所占比重由 87.5 下降为 84.1%,下降 3.4 个百分点,但仍为市场商品销售的主体;住宿和餐饮业零售额占消费品零售总额的比重由 1978 年的 3.5%提高到 2007 年的 13.8%,提高 10.3 个百分点,成为国内市场的重要推动力量之一。

(国家统计局贸易外经司　严先溥)

多管齐下力促我国居民消费水平稳步协调与均衡地提高

——对我国居民消费现状与消费潜力的初步分析

2008年以来，我国经济持续下行的趋势已得到遏制，目前正处在企稳回升的基本状态和关键时期，宏观经济正逐步走出衰退的阴影，宏观调控的政策效应已初步显现。这其中消费的作用不可低估，如上半年社会消费品零售总额比2007年同期增长15%，扣除价格因素实际增长16.6%。增幅虽比2007年有所回落，但在全球经济低迷、消费萎缩的大环境下，这个增速来之不易。上半年在GDP比2007年同期增长7.1%中，消费的贡献达3.8个百分点，上半年最终消费对经济增长的贡献率达53.4%，消费"马车"表现抢眼。上半年直接影响居民消费的城乡居民收入也保持了难得的增长态势(上半年城镇居民人均可支配收入和农村居民人均现金收入扣除价格因素后，分别增长11.2%和8.1%)。然而，我认为目前消费市场的提振尚欠火候，表现为代表消费品市场的综合指标——社会消费品零售总额2008年以来环比增速持续降低，国内大部分城乡居民仍不敢放心大胆和尚无后顾之忧地进行消费，意味着居民的消费欲望仍然没有得到有效激励，居民的消费潜力远未得到发挥，而这些才是实现经济持续稳定增长的关键所在；换言之，目前尽管经济出现回暖征兆，但消费尤其是居民消费现状并不乐观，加上与此相关的就业形势依然严峻、大量民营企业经营困难、出口企业依然订单缺少等因素，现在就对经济形势表现乐观为时尚早，也就是说到了绝大多数居民肯花钱了，放心大胆的消费了，居民的消费结构和层次明显迈上了新的台阶后，才是我国经济真正的复苏。种种迹象表明，目前我国提振居民消费任重道远，扩大和刺激居民消费还有很长的路要走。因此2008年下半年和今后相当长时期内，应继续采取多种措施和多管齐下来推动我国消费尤其是居民消费在经济回升和经济结构调整格局中的主导作用。而当前稳定、提高并改善我国居民消费预期迫在眉睫。

居民消费增长作为社会总需求的重要组成部分，直接影响整个国民经济增长的速度和质量。改革开放以来尤其是近十年来，随着居民收入的快速增长和经济与社会日益融入国际社会，我国居民的消费水平、消费倾向以及消费行为也在发生着急剧而深刻的变化，对我国产业结构的调整和优化产生了重大影响。在当前国际金融危机蔓延并对我国经济发生严重影响的今天，消费需求尤其是居民消费需求已成为党和政府以及社会各界倍加关注的热点问题之一。在当前特殊的国际经济背景下，扩大居民消费还有着特殊的意义，即人们期望居民消费在拉动经济增长方面发挥更大的作用。胡锦涛总书记在党的十七大报告中指出："要坚持走中国特色新型工业化道路，坚持扩大国内需求的方针，促进经济增长主要依靠投资、出口拉动向依靠消费、投资、出口协调拉动转变……"。这充分说明在当前我国经济实力显著增强的新时期，尤其是在当前金融危机影响下，扩大消费需求，不仅不是权宜之计，而是加速转变经济发展方式，构建“内需驱动、消费支撑”发展模式的客观要求，也是促进经济社会协调发展的必然选择。

从经济发展周期和消费市场发展规律上看，目前我国人均GDP已超过2000美元，消费市场正进入一条明显的升级通道，其巨大惯性不会因为短期经济波动所遏制，加之近年来经济高速增长下居民积累的相当可观的消费潜力将得到不断释放。那么如何加快延续这种上升势头和充分挖掘居民的消费潜力，应该是当前和今后经济和民生工作的重中之重。当前随着中央“保增长、扩内需、调结构、惠民生”一揽子计划措施的实施，投资需求呈现加快之势，但从经济循环和对经济拉动及影响程度看，要保持内需持续快速增长，从根本上还是要促进消费需求尤其是居民消费需求的快速增长。所以当前除要研究对现有收入分配格局进行调整以防止收入分配差距继续扩大外，还要深入研究在现有收入分配格局下如何促进居民消费的政策措施，目前实施的诸如发放消费券、家电下乡、购买农机补贴、家电和汽车以旧换新等刺激居民即期消费政策均收到了一定效果。我认为，我国目前居民消费市场走势良好，但居民消费潜力仍然很大，要进一步启动居民消费，必须对我国目前居民消费现状、消费倾向、消费水平、消费结构以及消费潜力有一个深入的了解，并适时出台有针对性的刺激或扩大居民消费的政策措施，以保持、延续和扩大目前良好的居民消费势头。本文利用统计部门丰富的信息资源，搜集整理了近十年来有关居民消费的相关资料，主要采用定量和回归分析的方法，试图对目前我国居民消费现状和消费潜力作初步分析和研究。同时我国居民消费在规模、水平和结构上与发达国家和世界平均水平比较，也存在较大差距，同样说明提高我国居民消费的空间和潜力仍然很大。

一、我国居民消费现状不容乐观

改革开放以来，我国经济高速增长。1979—2007年GDP年均增长9.8%，近十年(1998—2007年，下同)更是保持11.8%的年均增长速度。投资、消费和净出口是拉动经济发展的“三驾马车”，但长期以来我国经济快速增长主要依靠投资和出口拉动，而消费尤其是居民消费对经济的拉动作用呈不断减弱态势(详见表1、表2、表3)。

表1　近十年国内生产总值及其构成变化情况

年份	国内生产总值(亿元)	最终消费支出	资本形成总额	货物和服务净出口	资本形成率(投资率)(%)	最终消费率(消费率)(%)
1998	86531.6	51588.2	31314.2	3629.2	36.2	59.6
1999	91125.0	55636.9	32951.5	2536.6	36.2	61.1
2000	98749.0	61516.0	34842.8	2390.2	35.3	62.3
2001	108972.4	66878.3	39769.4	2324.7	36.5	61.4
2002	120350.3	71691.3	45565.0	3094.1	37.9	59.6
2003	136398.8	77449.5	55963.0	2986.3	41.0	56.8
2004	160280.4	87032.9	69168.4	4079.1	43.2	54.3
2005	188692.1	97822.7	80646.3	10223.1	42.7	51.8
2006	221651.3	110595.3	94402.0	16654.0	42.6	49.9
2007	263242.5	128444.6	111417.4	23380.5	42.3	48.8

注：资本形成率指资本形成总额占国内生产总值的比重；最终消费率指最终消费支出占国内生产总值的比重。

表2　近十年三大需求对国内生产总值增长的贡献率和拉动变化情况

年　份	最终消费支出		资本形成总额		货物和服务净出口	
	贡献率（%）	拉　动（百分点）	贡献率（%）	拉　动（百分点）	贡献率（%）	拉　动（百分点）
1998	57.1	4.4	26.4	2.1	16.5	1.3
1999	74.7	5.7	23.7	1.8	1.6	0.1
2000	65.1	5.5	22.4	1.9	12.5	1.0
2001	50.0	4.1	50.1	4.2	−0.1	
2002	43.6	4.0	48.8	4.4	7.6	0.7
2003	35.3	3.5	63.7	6.4	1.0	0.1
2004	38.7	3.9	55.3	5.6	6.0	0.6
2005	38.2	4.0	37.7	3.9	24.1	2.5
2006	38.7	4.5	42.0	4.9	19.3	2.2
2007	39.4	4.7	40.9	4.9	19.7	2.3

注：贡献率指三大需求增量与国内生产总值增量之比；拉动指国内生产总值增长速度与三大需求贡献率的乘积。

表3　近十年最终消费支出及其构成变化情况

年份	绝对数（亿元）				构　成			
					最终消费支出＝100		居民消费支出＝100	
	居民消费支　出	农村	城镇	政府消费支　出	居民消费	政府消费	农村	城镇
1998	39229.3	14472.0	24757.3	12358.9	76.0	24.0	36.9	63.1
1999	41920.4	14584.1	27336.3	13716.5	75.3	24.7	34.8	65.2
2000	45854.6	15147.4	30707.2	15661.4	74.5	25.5	33.0	67.0
2001	49213.2	15791.0	33422.2	17665.1	73.6	26.4	32.1	67.9
2002	52571.3	16271.7	36299.6	19119.9	73.3	26.7	31.0	69.0
2003	56834.4	16305.7	40528.7	20615.1	73.4	26.6	28.7	71.3
2004	63833.5	17550.6	46282.9	23199.4	73.3	26.7	27.5	72.5
2005	71217.5	19228.2	51989.3	26605.2	72.8	27.2	27.0	73.0
2006	80476.9	21106.7	59370.2	30118.4	72.8	27.2	26.2	73.8
2007	93317.2	23913.7	69403.5	35127.4	72.7	27.3	25.6	74.4

改革开放三十年尤其是近十年来，我国的经济规模急剧扩大。2008年GDP总量已超过30万亿元，居世界第三位。经济蛋糕做大了，但国内居民享用的份额却在不断下降，其突出的特征是投资率和消费率的变化。如表1所示，我国投资率由1998年的36.2%上升至2007年的42.3%，十年的平均投资率在40%以上，比世界平均投资率（20%左右）高出近20个百分点；最终消费率则由59.6%下降到48.8%，十年平均消费率为56.6%，比世界平均消费率（78%左右）低20多个百分点。我国的消费率不仅大大低于世界平均水平，并长期呈下降趋势。最终消费由居民消费和政府消费组成，其中居民消费是主体，一般占最终消费的70%以上。目前我国最终消费率过低，在很大程度上是由于居民消费持续走低造成的。如表3所示，我国居民消费率从1998年的76%下降到2007年的72.7%，达到历史最低水平，而同期政府消费由24%上升到27.3%；与此同时，城乡居民

消费差距持续扩大。在居民消费支出构成中，2007年城镇居民和农村居民分别为74.4%和25.6%，城镇居民和农村居民的消费比重比1998年分别提高和下降11.3个百分点。由于最终消费率长期偏低，国内居民消费需求增长缓慢，经济增长过分依赖投资和出口。如表2所示，三大需求对GDP增长的贡献率，近十年投资的贡献率由1998年的26.4%上升到2007年的40.9%，而消费的贡献率则由57.1%下降到39.4%，投资对GDP增长的拉动作用明显增强，而消费的拉动作用相对弱化。我国投资与消费的长期失衡孕育着经济运行的巨大风险。消费率偏低，投资率过高，往往造成产能过剩，产品供过于求矛盾突出，导致企业效益滑坡，失业增加；还造成内需不足后，国内企业为寻找出路只能到海外市场寻求外需，从而导致出口压力增大，因此引起贸易摩擦增多，人民币升值压力增强，外部风险加大；更为严重的是，居民消费率持续过低，不但使投资行为有可能偏离目标，即投资为了创造财富，最终为了消费，而且终将使投资行为缺乏最终消费的强力支持而难以为继，进而造成经济的大起大落。这个结果应该是我们不愿看到和着力去避免形成的。回顾改革开放三十年的历程，我国在这方面是有过教训的。

二、消费品买方市场基本形成但城乡与地区差距明显

改革开放给我国居民消费品市场发展开辟了前所未有的广阔空间，消费品市场经历了快速发展、规模不断扩大的过程。目前的市场实现了商品供应由短缺向总量基本平衡的根本性转变，供应方式由单一落后向多样方便现代的重大变化，买方市场特征日益明显并基本形成。反映消费品市场发展水平与规模的统计指标——社会消费品零售总额由1978年的1559亿元增加到2007年的89210亿元，增长56倍，年平均增长15%。近十年消费品市场在前二十年飞速发展的规模和水平基础上继续高速发展，2007年社会消费品零售总额比1998年增长1.9倍，年平均增长10.3%。但城乡与地区差距持续扩大（详见表4）。

表4　近十年社会消费品零售总额变动情况及构成

年份	总额（亿元）				总额变动（%）	（上年=100）			构成（%）		
		市	县	县以下		市	县	县以下	市	县	县以下
1998	33378	20294	4220	8864	6.8	9.7	5.2	1.4	60.8	12.6	26.6
1999	35648	22202	4461	8985	6.8	9.4	5.7	1.4	62.3	12.5	25.2
2000	39106	24555	4831	9719	9.7	10.6	8.3	8.2	62.8	12.4	24.8
2001	43055	27379	5251	10425	10.1	11.5	8.7	7.3	63.6	12.2	24.2
2002	48136	31377	5567	11192	11.8	14.6	6.0	7.4	65.2	11.6	23.2
2003	52516	34608	6012	11896	9.1	10.3	8.0	6.3	65.9	11.4	22.7
2004	59501	39696	6636	13169	13.3	14.7	10.4	10.7	66.7	11.2	22.1
2005	67176	45094	7485	14597	12.9	13.6	12.8	10.8	67.1	11.2	21.7
2006	76410	51543	8478	16389	13.7	14.3	13.3	12.3	67.5	11.1	21.4
2007	89210	60411	9944	18855	16.8	17.2	17.3	15.0	67.7	11.2	21.1

注：社会消费品零售总额中不含居民购买住房。

从表4可以看出，近十年我国消费品市场总量增长1.9倍，但城镇居民购买消费品的增长幅度明显快于农村居民，使得城镇居民购买的消费品占社会消费品零售总额的比重持续上升，而农村居民购买比重持续下降。2007年我国城镇居民购买的消费品零售总额70355亿元（表4中市和县两部分），比1998年增长2.9倍，而农村居民购买18855亿元

(表4中县以下部分),仅增长2.1倍,占全部社会消费品零售总额的比重,城镇居民和农村居民则分别上升和下降了5.5个百分点。我国目前有近8亿农民居住在农村,按人口计算的人均消费品购买量则更低。分地区看,2007年东部及沿海经济较为发达的10个地区(北京、天津、河北、上海、江苏、浙江、福建、山东、广东和海南)社会消费品零售总额达49875亿元,占同期全国社会消费品零售总额的56%,而西部经济欠发达的12个地区(内蒙古、广西、重庆、四川、贵州、云南、西藏、陕西、甘肃、青海、宁夏和新疆)社会消费品零售总额仅为15728亿元,占同期全国社会消费品零售总额的17.6%。

三、城乡居民消费水平和消费结构差距不断扩大

1. 城乡居民收入与消费支出的对比,居民收入是影响居民消费支出的最主要的因素

排除其他影响居民消费支出的因素,居民消费支出必然随着居民收入的变化而变化。近十年来,我国在经济高速增长的同时,城乡居民的收入水平也在逐年提高;与此同时,城乡居民消费支出亦逐年得到增加。但由于主要受农村居民收入增长慢于城镇居民收入增长的影响,使得原有的城乡消费差距不仅没有缩小,而且越来越大(详见表5、表6)。

表5　近十年城镇居民人均收入和消费变化情况

单位:元

年份	城镇居民人均可支配收入	农村居民人均纯收入	城镇居民人均消费支出	农村居民人均消费支出	消费支出比例(农村居民为1)
1998	5425	2162	6109	1730	3.5
1999	5854	2210	6405	1766	3.6
2000	6280	2253	6850	1860	3.7
2001	6860	2366	7113	1969	3.6
2002	7703	2476	7387	2062	3.6
2003	8472	2622	7901	2103	3.8
2004	9422	2936	8679	2301	3.8
2005	10493	3255	9410	2560	3.7
2006	11760	3587	10423	2847	3.6
2007	13786	4140	11855	3265	3.6

表6　近十年城乡居民消费水平变化情况

年份	绝对数(元/人)			城乡消费水平对比(农村居民为1)	指数(上年=100)		
	全体居民	农村居民	城镇居民		全体居民	农村居民	城镇居民
1998	3159	1730	6109	3.5	105.9	101.2	105.9
1999	3346	1766	6405	3.6	105.9	102.1	104.9
2000	3632	1860	6850	3.7	108.6	105.3	107.0
2001	3869	1969	7113	3.6	106.5	105.9	103.8
2002	4106	2062	7387	3.6	106.1	104.7	103.9
2003	4411	2103	7901	3.8	107.4	102.0	107.0
2004	4925	2301	8679	3.8	111.7	109.4	109.9
2005	5463	2560	9410	3.7	110.9	111.3	108.4
2006	6138	2847	10423	3.6	112.4	111.2	110.8
2007	7081	3265	11855	3.6	115.4	114.7	113.7

从表5可以看出，近十年我国城乡居民人均收入均呈现逐年增长的趋势，但城镇居民可支配收入增长的幅度明显高于同期农村居民纯收入的增长。2007年城镇居民人均可支配收入达13786元，比1998年增长1.54倍，而同期农村居民人均纯收入为4140元，仅比1998年增长94.7%；城乡居民收入水平增长的不同步，必然导致城乡居民消费水平增长的不同步。2007年，城镇居民人均消费支出11855元，比1998年增长94.1%，而同期农村居民消费支出3265元，仅比1998年增长88.7%。城乡居民消费支出不仅绝对额相差较大（2007年农村居民人均消费支出额仅占城镇居民人均消费支出额的27.5%），而且从消费支出比例上看，我国城乡居民的消费支出差距呈不断扩大态势。从表6可以看出，近十年农村居民消费支出的历年环比增长速度虽然大多数年份略高于同期城镇居民消费支出的增长速度，但均低于历年同期全体居民平均消费支出的增长速度，直接导致城乡居民消费水平差距逐年扩大，表6中城乡消费水平对比项的比值虽起伏不大，但其消费的绝对值持续拉大。

2. 城乡居民平均消费倾向的对比

居民消费需求作为有支付能力的需求，在既定时期内只取决于居民收入水平和消费倾向。而且收入水平上升下降，只是构成了需求增加或减少的上限，其对需求总量的实际影响，则是由消费倾向决定的。因此，对消费需求宏观调控的着力点主要是消费倾向。所谓消费倾向，即居民收入用于消费支出的比例。西方经济学认为，居民的平均消费倾向，随着居民收入的增加呈下降趋势；一般而言，高收入者具有较高的平均消费倾向，低收入者平均消费倾向也较低，平均消费倾向可能大于、等于或小于1；消费倾向由多种因素共同决定，在不同条件下，各种因素所起作用大小差异极大。发展中国家随着经济发展和居民收入的增长，会出现一个居民消费倾向递减的趋势。改革开放前和改革开放前十余年间，我国商品供应短缺，居民也大多数处于低收入阶段，居民平均消费倾向较高，若不适时地抑制消费，将会加剧商品供应短缺程度，而且也难以实现高积累率和高投资率，进而保持经济持续高速增长；但我国目前市场经济体制基本形成，商品供应短缺时代已成为历史，国家实行的是鼓励居民消费的政策，所以会逐渐出现居民平均消费倾向递减的趋势，那么我们实行消费战略转移的目的并不是提高居民消费倾向而是尽可能使居民消费倾向递减的趋势放缓。应该说目前通过采取一些鼓励居民消费的政策措施，取得了一定的成效（详见表7）。

表7 近十年城乡居民平均消费倾向变化情况

年　份	城镇居民平均消费倾向	农村居民平均消费倾向
1998	1.13	0.80
1999	1.09	0.80
2000	1.09	0.83
2001	1.04	0.83
2002	0.96	0.83
2003	0.93	0.80
2004	0.92	0.78
2005	0.90	0.79
2006	0.89	0.79
2007	0.86	0.79

从表7可以看出，我国城镇居民的平均消费倾向普遍高于农村居民的平均消费倾向，而且近年来两者的差距明显缩小。

3. 城乡居民消费结构差距对比

（1）城乡居民消费结构整体差距

我国目前城镇居民与农村居民由于各自所处消费环境、收入水平、消费观念及消费偏好不同，因而在消费结构上存在显著差异。农村居民目前偏向于满足吃、住等基本生存条件的消费，而城镇居民则偏向于衣着、精神文化等高质量生活的消费（详见表8）。

表8　近十年城乡居民消费结构及其变化情况

单位:%

年份	食品支出			居住支出			衣着支出			用及服务性支出		
	城镇居民	农村居民	绝对差距	城镇居民	农村居民	绝对差距	城镇居民	农村居民	绝对差距	城镇居民	农村居民	绝对差距
1998	44.5	53.4	8.9	9.4	15.1	5.7	11.1	6.2	—4.9	35.0	23.3	—11.7
1999	41.9	52.6	10.7	9.8	14.8	5.0	10.5	5.8	—4.7	41.1	24.7	—16.4
2000	39.4	49.1	9.7	11.3	15.5	4.2	10.0	5.7	—4.3	35.8	26.5	—9.3
2001	38.2	47.7	9.5	11.5	16.0	4.5	10.0	5.7	—4.3	36.8	27.3	—9.5
2002	37.7	46.2	8.5	10.4	16.4	6.0	9.8	5.7	—4.1	39.0	28.6	—10.4
2003	37.1	45.6	8.5	10.7	15.9	5.2	9.8	5.7	—4.1	39.1	30.7	—8.4
2004	37.7	47.2	9.5	10.2	14.8	4.6	9.6	5.5	—4.1	39.2	30.2	—9.0
2005	36.7	45.5	8.8	10.2	14.5	4.3	10.1	5.8	—4.3	39.6	32.2	—7.4
2006	35.8	43.0	7.2	10.4	16.6	6.2	10.4	5.9	—4.5	39.8	32.3	—7.5
2007	36.3	43.1	6.8	9.8	17.8	8.0	10.4	6.0	—4.4	39.9	30.8	—9.1

注:绝对差距=农村—城镇,下表同。

从表8可以看出,在我们选定的四类居民主要消费品中,近十年农村居民的食品消费支出(恩格尔系数)和居住消费支出比重普遍高于城镇居民,农村居民的恩格尔系数整体上虽逐年降低,但目前仍有近一半的消费支出用在了食品消费上面;而城镇居民的衣着消费支出和用及服务性支出比重普遍高于农村居民,其比重变化的绝对差距起伏不大。

恩格尔系数指一定时期内居民食品消费支出占居民全部生活消费支出的比重。恩格尔系数具有判断居民消费水平、判断居民生活富裕或贫穷水平的功能。恩格尔系数的变化与居民生活水平的变化呈反比状态。我国目前居民消费的恩格尔系数大大高于发达国家(详见表9)。

表9　近十年城乡居民家庭恩格尔系数及其变化情况

单位:%

年　份	1998	1999	2000	2001	2002	2003	2004	2005	2006	2007
城镇居民	44.7	42.1	39.4	38.2	37.7	37.1	37.7	36.7	35.8	36.3
农村居民	53.4	52.6	49.1	47.7	46.2	45.6	47.2	45.5	43.0	43.1
绝对差距	8.7	10.5	9.7	9.5	8.5	8.5	9.5	8.8	7.2	6.8

从表9可以看出,近十年我国城乡居民家庭的恩格尔系数总体呈下降趋势,充分说明我国城乡居民的收入水平和消费水平都有显著的提高。居民消费结构逐渐从以生存为主的温饱型转向小康型的消费模式。其中城镇居民家庭恩格尔系数由1998年的44.7%下降到2007年的36.3%,依照我国目前实际,已由小康型逐步过渡到了富裕型。与此同时,农村居民家庭恩格尔系数虽然逐年有所下降,但一直高于城镇居民,2007年为43.1%,整体上虽达到小康标准,但其消费水平大体只是城镇居民十年前的水平。近十年来,党和政府加大了对"三农"发展的支持力度,农民生活改善速度有所加快。从表9的数据可以看出,2004年以后,我国城乡居民家庭恩格尔系数的绝对差距正逐年缩小,2007年绝对差距为6.8个百分点,为历史最低水平。如果与发达国家比较,我国的居民消费结构中,吃、穿的比重相对较高,整体上具有显著的小康型消费结构特征。2007年我国城

镇居民家庭恩格尔系数为36.3%，而美国为13.7%；英国和德国为12.2%；法国、日本、韩国为20%左右。同期我国城镇居民的衣着消费支出比重为10.4%，而主要发达国家在3.7%－6.4%之间。我国农村居民的差距则更大。

(2)城乡居民消费质量差距对比

为了进一步分析研究我国城乡居民在消费结构上的差距，我们选取了2007年城乡居民人均主要食品消费量的统计数据进行对比，从而从消费质量上比较城乡居民消费结构上的差距(详见表10)。

表10　城乡居民人均主要食品消费情况(2007年)

单位：千克/人

消费品种	城镇居民	农村居民	消费比(农村为1)
粮食	77.6	199.5	0.39
猪牛羊肉	22.1	14.9	1.48
蔬菜	117.8	99.0	1.19
家禽	9.7	3.9	2.49
禽蛋及制品	10.3	4.7	2.19
水产品	14.2	5.4	2.63
奶及制品	17.8	3.5	5.09
食用油	9.6	6.0	1.60
酒	9.1	10.2	0.89

注：城镇居民为购买的主要食品数量。

从表10可以看出，目前我国农村居民食品消费主要以粮食和蔬菜为主，奶及制品消费量最少，主要解决的是吃饱的问题；虽然城镇居民的食品消费结构也以粮食和蔬菜为主，但从消费比上看，其消费数量明显少于农村居民，而城镇居民消费的奶及制品、猪牛羊肉、水产品和禽蛋及制品的数量明显多于农村居民。这说明我国目前城乡居民的食品消费质量存在很大差距，城镇居民在解决温饱的基础上，更加注意饮食的营养搭配，其消费质量明显高于农村。

(3)城乡居民家庭耐用消费品拥有量差距明显

居民家庭拥有的耐用消费品数量多少，也是衡量居民家庭富裕与贫穷程度的重要参考依据。目前我国城乡居民家庭因收入水平和消费环境的差异，拥有的耐用消费品数量差距明显。我们选取了2007年城乡居民家庭有代表性的12种耐用消费品进行对比(详见表11)。

表11　城乡居民平均百户年底

品　种	单位	城　镇	农　村	绝对差距
摩托车	辆	24.8	48.5	23.7
洗衣机	台	96.8	45.9	－50.9
电冰箱	台	95	26.1	－68.9
彩电	台	137.8	94.4	－43.4
照相机	架	45.1	4.3	－40.8
空调器	台	95.1	8.5	－86.6
热水器	台	79.5	17.9	－61.6
家用电脑	台	53.8	3.7	－50.1
摄像机	架	6.2	0.9	－5.3
微波炉	台	53.4	6	－47.4
移动电话	部	165.2	77.8	－87.4
家用汽车	辆	6.1	1.2	－4.9

从表11可以看出，2007年，在选取的12种耐用消费品年底拥有量中，农村居民仅摩托车的拥有量高于城镇居民，其余11种耐用消费品的拥有量均低于城镇居民。城镇居民摩托车拥有量较低主要还受使用方面的限制。除了一些传统的耐用消费品(如彩电、冰箱、洗衣机、照相机、热水器、微波炉等)，城乡居民家庭的拥有量仍存在不小的差距外，近年来陆续走进居民家庭的新兴耐用消费品(如空调器、家用电脑、摄像机、移动电话、家用汽车等)，其城乡居民家庭的拥有量差距更为明显。这也同时说明我国农村市场的消费潜力很大。

四、地区经济发展不平衡导致地区间居民消费水平差距显著

居民消费行为是由居民消费意愿支配的，而消费意愿的形成不仅由居民收入决定，还同时受消费环境和相应消费模式的制约。

我国地域辽阔，人口众多，长期以来经济发展不平衡，不仅形成城乡之间居民消费水平的差距显著，还同时形成地区之间居民消费水平的差距显著。除居民收入水平外，还有诸如基础与公共设施、消费倾向、消费内容、消费规模和环境等都有很大不同，多种因素共同作用后，造成了我国居民消费水平在不同地区之间的差异(详见表12)。

表12　各地区居民平均消费水平(2007年)

年份	绝对数(元)			城乡消费水平对比(农村居民为1)	指数(上年=100)		
	全体居民	农村居民	城镇居民		全体居民	农村居民	城镇居民
北京	18911	9063	20729	2.3	107.1	112.5	106.3
天津	11957	5334	14140	2.7	109.7	107.3	109.3
河北	5674	3090	9941	3.2	111.0	108.4	107.5
山西	5525	2864	8979	3.1	109.2	110.7	106.9
内蒙古	7062	3286	10930	3.3	116.5	110.9	115.9
辽宁	7965	3634	10950	3.0	110.8	99.8	113.2
吉林	6675	3369	9598	2.8	110.9	107.0	111.7
黑龙江	5986	3053	8515	2.8	110.6	112.8	109.3
上海	24260	11235	25919	2.3	111.3	105.6	111.8
江苏	9659	5775	13165	2.3	112.3	113.1	110.4
浙江	12569	7077	17486	2.5	110.3	109.8	108.0
安徽	5278	2880	9208	3.2	113.0	111.9	110.3
福建	8772	4808	13006	2.7	106.7	106.9	105.7
江西	4702	3061	9200	3.0	109.2	106.4	111.3
山东	8075	4126	12633	3.1	113.4	114.1	111.8
河南	5141	2833	9743	3.4	109.1	107.3	105.8
湖北	6513	3300	10593	3.2	111.0	112.0	109.7
湖南	6240	3426	10532	3.1	109.7	105.8	108.4
广东	12663	4490	17448	3.9	113.7	102.1	114.0
广西	4987	2746	9069	3.3	107.8	101.6	108.6
海南	5552	3185	8888	2.8	113.0	107.4	112.8
重庆	6545	2784	10698	3.8	115.3	110.6	113.8
四川	5269	2949	9559	3.2	110.2	108.4	108.5
贵州	4057	1895	9662	5.1	108.9	105.8	108.3
云南	4553	2547	9010	3.5	104.9	110.9	98.9
西藏	3215	1950	7888	4.0	107.3	107.0	102.0
陕西	5272	2559	9362	3.7	111.1	114.6	106.2
甘肃	4274	2049	9150	4.5	106.3	102.4	106.2
青海	4978	2453	8819	3.6	110.8	108.0	111.2
宁夏	5816	2755	9793	3.6	111.7	106.5	112.1
新疆	4890	2320	8986	3.9	110.8	108.0	109.8

从表12可以看出：

一是地区之间居民人均消费水平差距明显。2007年我国居民人均消费水平最高的地区是上海市，达24260元，高于全国平均水平(7081元)的2.4倍，比同期人均消费水平最低的地区西藏(3215元)高出6.5倍。人均消费超过或接近万元的地区还有北京、天津、浙江、广东、江苏和福建，人均消费不足5000元的地区还有贵州、甘肃、云南、江西、青海、广西和新疆。

二是农村居民的地区人均消费差距比城镇居民的地区差距要大得多。2007年农村居民人均消费最高地区与最低地区的差异系数达5.8(即高消费地区与低消费地区人均消费水平的比值,下同),而城镇居民人均消费的地区差异系数为3.3。

三是不同地区居民的城乡消费差距也不尽相同。2007年全国居民的城乡消费差异系数为3.63,其中城乡消费差距最大的地区是贵州省,其城乡居民消费差异系数高达5.1(表12中城乡消费对比项),其他差距较大的地区还有甘肃(4.47)、西藏(4.05)、广东(3.89)、新疆(3.87)和重庆(3.84);城乡居民消费差距最小的地区是江苏省,其差异系数仅2.28,其他差距较小地区还有北京(2.29)、上海(2.31)、浙江(2.47)、天津(2.65)、福建(2.71)、海南(2.79)、黑龙江(2.79)和吉林(2.85)。

五、基本结论与政策建议

在对我国城乡居民消费现状与消费潜力的初步定量分析后,我们可以得出以下基本结论:

一是30年的改革开放,使我国经济社会进入了快速发展的黄金时期,我国已成为世界第三大经济体,物质财富日渐丰富,综合国力大大增强,人民生活总体达到小康水平并呈上升趋势,城乡居民收入和消费水平均迈上了新的台阶。但我国居民消费率持续走低,国内居民消费需求增长相对缓慢,消费对经济拉动作用相对弱化,我国居民的消费现状整体上不容乐观;

二是从居民消费角度考察,无论是与发达国家和世界平均水平比较,还是从我国城乡和地区以及不同收入消费群体的居民之间进行比较,均存在很大差距,也就是说,我国目前扩大居民消费,具有巨大的市场潜力和发展空间;

三是我国农村居民平均消费水平、消费倾向以及消费环境等普遍低于城镇居民,城乡居民的消费结构亦呈明显的二元状态,城乡居民消费水平差距巨大并呈进一步扩大的趋势,提高农村居民消费水平潜力很大,但难度也很大;四是主要受地区经济发展不平衡因素的影响,我国地区之间居民消费水平差距显著。

目前我国居民消费水平在城乡之间、地区之间和不同收入消费群体的居民之间均存在明显差异,其巨大的消费潜力有待挖掘。那么如何提高我国居民的消费水平和消费能力,尤其是如何提高农村居民和经济欠发达地区居民以及低收入群体居民的消费能力,已经成为我国各级党政领导和经济工作的重中之重。换个角度看,我国的居民消费率与发达国家和世界平均水平比较,确实处于很低的水平,应该是到了"谷底"。如何做到触底上升呢?我以为必须抓住经济快速发展的有力时机,相应地快速提高我国居民的消费水平和消费能力,使我国居民消费水平稳步协调和均衡地提高,以便与世界接轨,快速融入国际社会,从而也使我国经济增长和社会进步得到协调统一和均衡地发展。

目前,许多有识人士纷纷在为提高居民消费水平和能力敬言献策,其中不少"高见"被各级政府决策时采纳。我认为要扩大或提高居民消费水平和能力,充分挖掘目前的居民消费潜力,除了继续提高城乡居民收入外,必须或主要从转变居民消费观念、树立现代消费观和建立促进居民消费持续稳定提高(或增长)的长效机制、营造一个有利于居民消费持续稳定增长的政策环境和社会环境两个方向入手,力争做到双管齐下,齐头并进。主要有以下几个方面:

1. 转变消费观念,突破传统消费观的束缚,逐步形成科学的现代消费观,实现消费观念的现代化

消费作为人类的一种生产、生活行为,潜在受制于人们的消费观念、消费心理等,而消费观念的形成又受人们所处的社会环境、经济形态、文化传统等因素的综合影响。消费观的本质是对消费的认识问题，是对消费的科学、理性认知，是形成科学的现代消费观的基本前提。目前我国出现的居民消费不足的问题，固然有收入水平不高、社会保障体系不健全等因素的影响，使得许多居民在消费上有后顾之忧，不敢消费，也不愿消费。这些也确实在制约着居民的消费，但这并不是问题的全部，更不是问题的实质。我国持续的消费不足在很大程度上受制于传统的落后的消费观念。近年来我国在刺激消费的政策措施实施上往往事倍功半，很重要的原因是我们的消费观念尚未实现由传统的消费观念向适应市场经济发展要求的现代消费观念转变，尚未形成现代消费观念，因此许多消费行为均受制于传统消费观念。

长期以来我们把消费与浪费相混淆，把消费与奢侈腐化相联系，甚至把鼓励消费与提倡勤俭节约对立起来。这些模糊观点和错误认识的转变有一个长期和渐变的过程。但这些传统观念对当前居民日常消费行为、消费心理和消费方式有较大影响，进而制约着市场活力，导致消费不足和内需拉动不到位。因此必须从现在开始，要大力宣传消费尤其是居民消费在经济发展中的作用和地位，形成居民稳定和健康的消费心理，积极去满足而不是抑制居民的消费需求，在全社会形成鼓励消费的社会氛围，从而树立健康、积极和科学的现代消费观；在经济发展、收入增加和消费环境改善的基础上，提倡居民适应现代消费方式，鼓励居民增加消费投入，加快改善和提高其物质生活和精神文化生活水平的步伐。与此同时，由于促进居民消费的重点在于恢复居民的消费信心，保证居民较好的消费预期，所以在宏观政策取向上，要体现鼓励居民消费的政策，而不是采用行政手段人为地限制居民的正当消费，如目前有些城市对某些商品限购、对汽车限行的做法值得探讨。有些措施看似为了维护公共利益、节约资源和保护环境等，但实际上是在用行政办法抑制居民的正当需求，虽然短期内可能奏效，但它干扰了社会再生产的环节和流通规律，违背了市场经济发展要求；而且限制居民的正当消费需求，也是对居民消费权利的不尊重。如对汽车限行只能提倡，而不应当限制其上路和对“违规者”进行处罚。

2. 建立和完善促进居民消费稳定增长的长效机制和努力营造有利于居民消费增长的政策环境和社会环境

从宏观上讲，应加快调整国民收入分配格局，透过财政机制优化初次分配与再分配，实现“藏富于民”，让居民“有钱可花”，并在扩大消费尤其是居民消费需求的同时统筹解决影响居民即期消费的体制性障碍，建立覆盖全民、统筹城乡的社会保障体制，让居民“有钱敢花”，减轻或消除广大城乡居民消费的后顾之忧。针对目前我国居民消费在城乡、地区和不同收入群体之间的差距，有针对性地、适时地加快制定和出台鼓励其消费的政策措施，不断缩小它们的差距，加快挖掘居民的消费潜力，努力做到促进我国居民消费水平稳步协调与均衡地增长和提高。

(1)努力缩小城乡居民消费差距

我国的城乡二元经济结构决定了城乡居民的二元消费结构特征。目前我国农村居民的收入和消费水平要滞后于城镇居民10—15年。城乡居民收入和消费的巨大差距，只能说明扩大农村消费的潜力巨大。而要将这种潜力转化为现实的消费需求，则难度很大。因为在短期内农村居民收入和消费水平都不可能赶上城镇居民，甚至城乡居民收入差距还在继续扩大，加之农村市场体系不健全、消费环境较差、消费观念陈旧等因素，在短期内要将扩大内需的重点放在农村，可谓“远水不解近渴”。我国城乡居民消费的巨大差距，只能通过建立促进农村居民消费增长的长效机制，通过党和政府及社会各界的大力扶持，去逐步缩小这种差距，而不可能彻底消除这种差距。要通过一系列优惠政策，逐步将农村市场和农村居民的潜在需求转化为现实的有效需求。要拓宽农民的增收渠道，增加农民收入，提高农民的购买能力；要适应农村市场需求特点，调整产品供应结构；要加快农村基础设施建设，改善农村居民消费环境；要加快建立完善农村社会保障制度，消除农村居民扩大消费的后顾之忧。从宏观上和长远发展看，要加快城镇化建设步伐。目前应该是我国工业化、城镇化加快发展时期，要以此为支撑，使其成为扩大农村消费和农民致富的引擎，使得大多数农村居民不仅实现"城市梦"，还能实现"住房梦"和"创业梦"。这也是从根本上缩小城乡居民消费差距的举措，这样才能够在居民消费方面获得大的改善和飞跃。但目前我国城镇化进程并没有随着工业化进程的发展而同步推进，而是滞后于工业化的发展，这一过程不可能在短期内实现，只能创造条件循序渐进。

(2)加快建立完善社会保障和基本公共服务体系步伐，提振居民消费信心

我国已进入人均收入2000美元以上的发展阶段。在这个阶段上世界各国都需要和都进行了加速建立和完善社会福利、社会保障、收入转移支付以及基本公共服务体系等方面的工作，这是市场经济发展的必要补充。只有解决这些问题后，才有可能避免社会矛盾加剧和消费者信心不足、消费与生产增长不同步的问题。马斯洛的需求理论告诉我们，人们满足了基本的生理需求之后，第二层需求就是安全需求。即劳动安全、职业安全、生活稳定、希望免于灾难、希望未来有保障等。目前我国城乡居民总体上已经满足了生理需求，正停留在第二需求的门槛。我国在向市场经济体制转轨过程中，随着对住房、医疗、教育和养老等多项福利制度的改革，传统的由政府和企业"统包"体制被打破，而新的社会保障体制又不健全。所以由于社会保障功能弱化导致目前居民未来预期支出大大增加，部分消费性资金转入了保障性资金。如2007年末城乡居民人民币储蓄存款比1998年末增长2.3倍，既高于同期GDP的增长，又大大高于同期城乡居民收入和消费支出的增长。储蓄大量增加对居民尤其是城镇居民即期消费影响较大，阻碍了居民消费结构的升级步伐。所以只有加速建立完善社会保障体系，才能提振居民消费信心，减轻居民预期支出压力，进一步刺激居民消费需求快速增长。我国目前正在建立和完善社会保障体系进程中。我认为这项工作是一个系统工程，必须充分调动政府、企业、个人和社会各方面力量才有可能完成。首先要加快出台社会保险、社会援助、养老保险、医疗保险、社会保障基金管理等法律法规，并严格监察执法；企业要按时足额为职工缴纳各项社会保险费用，家庭和个人也要依法缴纳各种社会保险费用；要引导社会组织和服务机构在社会救助、济贫帮困、慈善服务等方面发挥作用。当前最为急迫也是城乡居民最为关注的就是要逐步扩大社保覆盖面，尤其是需要将大部分中低收入者纳入社保体系，如医疗保险、企业职工基本养老保险、工伤和生育保险等。要全面构建以最低生活保障、五保供养、特困救助、临时救济、医疗救助为主要内容的城乡社会救助体系。要加大对基本公共服务设施和体系的建设投资力度，并尽快放开公共服务领域的投资准入，使民间资本和外资尽快进入学校、医院等公共服务领域。还要把启动消费与扩大就业相结合，使劳动者就业面随着经济持续发展而持续扩大等。以切实解决制约居民消费的后顾之忧，刺激居民消费快速增长。

(3)密切关注不同收入消费群体的变化，适时制定实施不同的鼓励其消费的政策

改革开放30年，使目前我国形成了主要的三大不同的收入和消费动态群体，从而也形成了三大群体各自不同的消费特征。首先是高收入支持的"先导型"消费群。这部分居民人数较少，约占总人口的7%、城市人口的20%。是以城镇居民为主体的富裕型、极富裕型的消费群体。这部分高收入的居民在目前我国的大众化消费供给对其已经过时，他

们正在追求更高层次的精品化、个性化消费。所以在产业和产品结构调整中，要充分注意其导向作用，积极引进或开发代表中国未来的消费产品的生产和供给。其次是中等收入支持的“升级型”消费群。这部分居民约占城市人口的70%，农村人口的20%。是以城市绝大多数居民和农村少数比较富裕的居民为主体的消费群体。这部分居民处于从小康型向富裕型、从讲求消费数量向讲求消费质量转变阶段，构成目前我国居民消费市场最活跃、购买力不断增强、消费结构呈多样化的群体。其消费结构开始加快转型和升级步伐，是继高收入群体之后消费市场强有力的跟进力量。要针对这部分居民特点，加快产业和产品结构调整步伐，做到“适销对路”。并相应制定实施鼓励其消费的政策，促进其即期购买，快速释放其购买力存量。如加快建设中低档个人住宅、制定和实施鼓励经济型和较低排量私人轿车的消费政策等。再次是低收入支持的“培养型”消费群。这部分居民约占城市人口的10%，农村人口的75%。是以城市低收入阶层和绝大部分农村居民为主体的消费群体。这部分居民收入较低，消费能力较弱，尚处于“想买而缺钱”的阶段，是目前中低档消费市场的主体。因此，加快增加这部分居民的收入是宏观政策的着力点，也迫切需要国家消费政策的培育和大力支持。这方面的工作异常艰巨，需要综合治理和多管齐下，并将其上升到改革的攻坚任务去完成。此外，还有约占农村人口5%的勉强摆脱衣食困扰的更低收入的群体。主要包括农村贫困居民和城市居民中衣食堪忧的极少数贫民，这部分居民也是目前开展的扶贫攻坚战的重点对象。

在主要集中的三大消费群体的地区分布上，中、高收入群体比重在沿海地区和特大城市较高，分布也更集中一些；而西部和经济欠发达地区，其数量要少一些。这方面的均衡协调发展，在很大程度上有赖于我国地区经济的全面和均衡协调发展，有赖于目前实施的“西部开发战略”、“中部崛起战略”以及“东北老工业基地振兴战略”的战略目标的顺利实现。

上述“3＋1”消费群体的居民，随着收入与消费水平的变化，其数量与比重亦处于不断变化之中。那么政府的责任就在于密切关注不同消费群体的变化动态，适时地制定实施分别适合不同消费群体的、鼓励其扩大消费的政策措施，使他们的消费欲望均得到有效激励，并“各得其所”，共同推动我国居民消费水平迈上一个又一个的新的台阶。

（国家统计局贸易外经司　王智）

2008年消费品市场呈快速发展态势

2008年，在经济增速减缓、各种不利因素交互作用的情况下，消费品市场继续保持了平稳活跃的运行态势，消费需求对经济增长的贡献有所提高。随着经济减速的负面影响逐渐影响到消费领域，2009年继续保持消费品市场活跃的压力将加大，但由于中国消费需求空间与潜能巨大，其独特因素决定了推动消费增长的动力并未明显减弱，将继续保持强劲势头。有关部门需采取有效措施，减缓消费需求的下滑速度，进一步增强消费对经济增长的拉动力。

一、消费品市场运行的主要特点

2008年，消费品市场继续保持较快增长，全年社会消费品零售总额实现108487.7亿元，比上年增长21.6%，同比加快4.8个百分点，其增速创1996年以来的新高。主要运行特点是：

(一)消费品市场运行轨迹呈现先扬后抑

从运行动态看，2008年消费品市场呈现出“两头低、中间高”的抛物线运行特点。与上年同期相比，一季度社会消费品零售总额增长20.6%，二季度增长22.2%，三季度增长23.2%，四季度滑落到20.6%，季度间增幅高低落差为2.6个百分点。

全球金融危机对国内消费需求产生的负面影响从9月份开始逐渐显现。从月度数据看，7月份零售总额增速创下新高(23.3%)后，9月份住房、汽车等消费热点出现降温，10月份零售总额同比增速出现回落(22%)，环比降低1.3个百分点；11月份继续减缓为20.8%，低于上月1.2个百分点，12月份进一步回落到19%，同比回落1.2个百分点，低于上月1.8个百分点，创10个月来的新低。

(二)城乡市场发展差距趋于稳定，农村市场对零售总额的拉动作用提升

2008年，城市消费品零售额73734.9亿元，比上年增长21.6%，同比加快4.4个百分点；县及县以下零售额34752.8，增长20.7%，加快4.9个百分点。城乡零售额增幅差距，2006年为1.7个百分点，2007年为1.4个百分点，2008年继续维持在1.4个百分点。农村市场对社会消费品零售总额增长的贡献率，由2007年的30.7%提高到2008年的30.9%，拉动消费品零售总额增长由5.2个百分点提高到6.7个百分点。

需要指出的是，近几年随着城镇化步伐的加快，县城零售额加速增长，全年消费品零售额达12212.8亿元，比上年增长22.8%，同比加快5.5个百分点，其增速不仅分别高于城市和县以下零售额0.7和3.3个百分点，也是近13年来最高的增长速度。

(三)区域市场均衡发展，中西部略快于东部地区

从2008年东、中、西部区域消费品市场发展变化看，零售额与上年相比，增速分别为21.4%、23.1%和22.3%，同比提高4.3、4.9和4.3个百分点。从各区域市场份额看，东部地区所占比重由上年的58.6%下降到58.3%，中、西部分别由上年的24.3%和

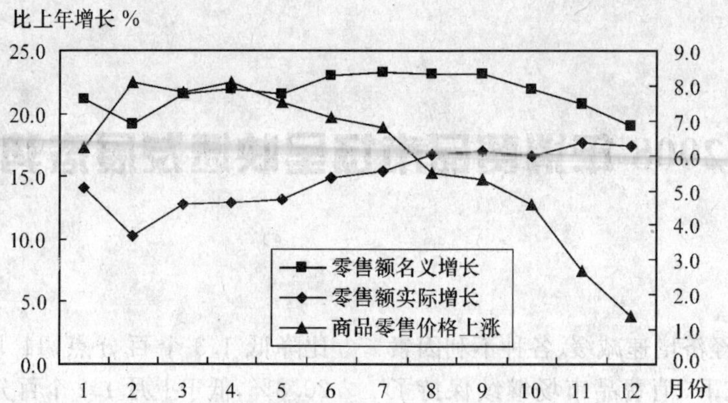

2008 年消费品零售总额与物价变动情况

17.1%提升到 24.5%和 17.2%，分别提高 0.2 和 0.1 个百分点。

(四)住宿和餐饮业零售额增速继续领先

假日经济的方兴未艾、会展等商务活动的日益增加及价格上扬，共同推动了住宿和餐饮业零售额持续快速增长。2008 年，住宿和餐饮业零售额 15403.9 亿元，比上年增长 24.7%，同比加快 5.3 个百分点，分别高出社会消费品零售总额和批发零售业零售额增速 3.1 和 3.2 个百分点。从所占比重看，住宿和餐饮业零售额占社会消费品零售总额的比重由上年的 13.8%上升到 14.2%，提高 0.4 个百分点。

(五)商品零售额结构变化不大

在限额以上批发和零售业全部商品零售额中，吃类商品比上年增长 20.9%，同比降低 5 个百分点，所占比重由上年的 14.9%下降到 14.5%。其中食品、饮料和烟酒类比上年增长 24.1%；穿类商品增长 24.8%，同比下降 0.7 个百分点，所占比重由 11.1%上升到 11.2%，其中服装类比上年增长 25.9%，鞋帽类增长 24.8%；用类商品增长 24.6%，同比下降 1.8 个百分点，所占比重由 74%上升到 74.3%。在用类商品中，增速较快的是石油及制品类(39.9%)、金银珠宝类(38.6%)、汽车类(25.3%)、家具类(22.6%)、儿童玩具类(22.6%)和化妆品类(22.1%)。

二、多种因素支撑零售总额快速增长

(一)高物价抬高了零售额名义增幅

2008 年下半年以后，尽管物价快速回落、呈下行趋势，但全年商品零售物价指数(105.9%)仍创下 1997 年以来的新高。物价高位运行直接抬升了零售总额名义增长速度，经测算，2008 年由于商品零售价格上涨，拉升社会消费品零售总额 6.8 个百分点。扣除物价因素，社会消费品零售总额实际增长 14.8%，同比加快了 2.3 个百分点。

(二)新增因素加快了零售总额的增长

一是扩内需、促消费的力度加大，有效减缓了需求的下滑。为应对国际金融危机，国家采取的一系列扩大内需的政策措施，尤其是 2007 年第四季度以“扩内需，促增长”为目标的新一轮宏观调控政策，有效地减缓了消费需求的下滑。对进一步拓展国内需求空间，提振消费者信心，减缓国内消费需求的剧烈波动，维持需求稳定增长，产生了重大有益的作用。

二是国家多项增收减负、促进消费的政策累积效应显现。近几年，国家一方面加大了教育、医疗卫生、就业等方面的投入；另一方面通过加薪、减税、增加补贴补助、提高社保标准、减轻低收入居民生活负担等措施，进一步增强了城乡居民的实际消费能力。特别是2007年我国城乡居民收入名义增幅分别达到12.2%和9.5%，创近几年的新高，为2008年消费的快速增长奠定基础。

三是抗冰雪、抗震救灾、举办奥运会等因素助推零售额的增长。2008年我国遭受了两次重大自然灾害，由此引起的大规模、大范围、长时间的救灾和重建活动以及社会各界的大量捐献，增加了对相关商品的需求量，加之成功举办奥运会，成为零售额增速加快的新增因素。

(三)消费升级和农村市场潜力的释放，推动了零售额的快速增长

一是居民消费已进入快速增长轨道。国际经验表明，人均GDP达到2000美元，消费水平将得到一定提升。2007年我国人均GDP已达2490美元，开始步入消费的加速转型期，消费市场的总体空间进一步扩大。居民消费由原来简单的数量增长演变为数量增长与质量提升并行，消费升级将通过衣食—耐用消费品—交通、通讯、文化教育、娱乐、医疗和旅游等产业链不断演化，消费结构向更高层次转化。

二是农村市场的潜力在逐渐释放。我国农村居民7亿多，占全部人口的一半以上。如果农村人口的一部分能达到一般城市居民的生活水平，其对经济的拉动作用是巨大的。农民进城打工也进一步推动了农村人口向城镇地区转移，促进部分农村居民消费观念和消费方式的转变，推动消费增长和消费结构变化。

(四)区域发展差距扩张了消费空间

我国区域发展差距大，不同地区消费差距也相应较大。近年来我国东部地区已进入产业升级阶段，相对落后的中西部地区显现出加快发展的强劲动力。如江西、河南、湖北、陕西、广西等地，经济发展较快，消费规模迅速扩大。如东部地区零售额对社会消费品零售总额的贡献率由2006年的59.1%降低到2008年的57.1%，而中、西部地区则分别由24.1%和16.8%提高到25.5%和17.4%。

(五)社会集团消费对市场的助推力不断加大

从购买对象看，消费品市场主要由居民个人和社会集团组成。近几年，行政机关、事业单位和社会团体加快了办公自动化建设步伐，添置和更新了办公设备和交通工具。不少单位改善了办公条件和办公环境，加大了对装修、装潢等建材商品的需求。这些因素造成了社会集团消费在社会消费品零售总额的比重不断扩大，对市场的快速发展起到重要的助推作用。据一些大中城市反映，社会集团消费对社会消费品零售总额的贡献率在17%左右，据此测算约拉动零售总额年增长5个百分点左右。

(六)城乡居民消费具有一定刚性

一是新增人口的拉动。我国每年新增人口700万人左右，这些新增人口对消费品的需求每年大约300亿元，拉动零售额增长0.5个百分点左右；我国平均每年向城镇地区转移的农村人口大约1000万，据测算，目前1个城镇居民的消费额大体相当于3个农民的消费额，如按城乡居民消费水平的差额计算，每年约新增消费500亿元，拉动零售额增长0.7个百分点左右。综合这两方面的因素，我国每年因人口规模的扩大及结构的变化，拉动零售额增长1.2个百分点左右。

二是人口结构变化对零售总额的拉动。据测算，城市化率提高1个百分点，就会有100—120万人口从农村到城市，由于城市人口的消费是农村的2.7—3倍，约拉动最终消费增长1.6个百分点。

(七)商品性消费刚性增强，服务性消费增速偏低

近几年服务消费增长慢、三产比重低决定了居民消费中商品实物消费仍占较大比重。据统计,2003—2008 年,城镇居民人均服务性消费支出的年均增长率为 10.3%,比居民消费性支出的年均增速低 0.5 个百分点,比商品性消费支出的年均增速低 0.6 个百分点。2002—2006 年,服务性消费支出比重从 27.4%上升至 28.1%。但从 2007 年开始,比重快速下降至 26.7%,甚至低于 2002 年的水平。城镇服务性消费支出增速偏低,比重降低,表明居民对实物消费的刚性增强,商品性需求比重仍居主导地位。

三、保持消费需求可持续增长的压力不容忽视

虽然 2008 年社会消费品零售总额增幅仍保持在较高水平,但继续保持消费需求持续快速增长仍面临着诸多问题和压力。主要表现在:

(一)经济减速的负效应将逐渐传导到消费领域

从上世纪 80 年代两次周期和 90 年代上半期我国经济运行情况看,当经济增长进入收缩期后,经过一个滞后期,消费增长也将随之回落。消费变化相对于经济增长有较为明显的滞后关系,即经济增长减慢后,经过一段时间后,消费增速才出现回落。从 2007 年第四季度起,经济增长已持续回落,2008 年第四季度零售总额增长速度开始放慢。

(二)一些不利因素将对消费需求形成下拉作用

一是居民收入增长预期不乐观。经济下滑造成的负面影响将会在 2009 年有所显现,企业效益将呈下降趋势,居民收入增长预期将会降低。加上全球金融危机何时见底还难以预料,企业和居民观望情绪浓厚,消费信心将会继续受挫。收入决定消费,收入前景不佳,将使一些居民产生节衣缩食的消费行为,不利于未来消费的增长。

二是支出预期继续制约消费扩大。居民消费的后顾之忧仍是广大居民紧缩开支的根源,医疗、社会保障、住房、教育等各项支出有增无减,增强了居民的支出预期。

三是楼市、股市、车市低迷不利于消费的扩张。三大市场尤其是股市低迷已对国内消费产生了不利影响。据专家估算,当股市的资产价格每增加 100 元,我国居民就会相应增加大约 1 到 1.5 元的家庭消费。目前我国的股票和基金账户已超过 1.4 亿户,拥有 7000 多万股民,且多为中高收入群体,股票和基金已成为居民的重要资产之一。股市的深幅下跌,使居民的财产性收入大幅缩水,负财富效应显现,抑制了这一群体的消费热情,将对整体消费增长产生下拉作用。从市场反馈的情况看,目前许多地方高档化妆品、饰品、服装和汽车等奢侈品销量已出现下滑,而受楼市观望气氛影响,与住房有关的建材、家电等产品的消费也大大低于往年。

(三)消费者信心指数连续走低不利于消费的增长

2008 年,消费者信心指数呈逐季回落的走势。一季度消费者信心指数为 94.8,比上季回落 1.7,二季度为 94.1,比上季回落 0.7,三季度为 93.8,比上季回落 0.3,消费者信心指数连续三个季度下滑是 2005 年以来的首次。10 月份继续下滑为 92.4,11 月份为 90.2。这表明消费者信心指数高低与经济增长速度、居民收入以及零售总额等指标呈现高度的相关性。持续下行的消费者信心,将影响消费品市场的活跃。

(四)汽车和住房市场持续低迷,将直接影响零售额的增长

2008 年,商品房销售面积和销售额分别比上年下降 19.7%和 19.5%。从目前情况看,房地产市场的调整远未结束,国家虽出台了多项减少购房者负担的政策,支持住房消费,但房价继续居于高位,将继续对家装、家

具和耐用消费品消费产生连带影响。此外，居民对汽车的需求仍将处于低迷。汽车和住房是近几年推动市场销售的两大热点商品，拉动相关消费的作用功不可没。其销售增势的减缓，对消费需求的负面影响不可低估。

四、2009年消费品市场仍将保持较快发展

2009年，我国经济发展将面临着巨大的外来冲击，对国内消费需求的快速增长形成一定压力。但从总体上看，支撑消费快速增长的主要因素和基本面并没有发生根本性变化，国家刺激消费的政策将进一步细化和明朗化，特别是宏观经济政策继续贯彻“扩内需、促增长、调结构”的方针，政策力度之大是空前的，将对2009年消费品市场的走势产生积极影响。

(一)已采取和即将推出的大范围、强力度的扩大内需、促进消费的政策措施，对消费需求将形成实质性利好

国家已经出台和将加紧制定出台一系列有利于扩大消费的政策举措，将对扩张消费需求起到重要作用。如2008年11月5日出台的10条扩大内需举措中，就有多项措施与扩大消费需求密切相关。中央经济工作会议也把扩大内需、促进消费作为2009年的工作重点之一。因此，扩大消费的宏观政策指向将更加明确，中央和地方相关政策出台力度将会加大。尤其是近年来中央提出了一揽子强农惠农政策和重振消费的举措成效将渐显，消费环境趋于改善，有利于居民增加收入，扩大消费。这些将进一步刺激和促进消费空间的扩大和消费潜力的释放。

(二)消费需求仍有较大的发展空间

当前经济运行中面临的主要矛盾是金融危机导致的外部需求急剧萎缩与内需不足相互叠加。在三驾马车中，相对于投资需求而言，消费需求的增长还有较大的上升空间，消费需求对经济的原动力作用目前还未完全释放出来，对经济增长的拉动力也未完全显现。未来10—15年将是我国经济重要的发展机遇期，经济总量和规模将上一个新的台阶。因此，未来10多年将是消费的黄金时期，发展空间十分巨大。目前医疗、文化、体育、娱乐、旅游、餐饮、家政、物业管理等消费，不仅所占比重偏低，而且产品与市场相对狭小，预示着居民消费在这方面具有巨大的增长空间。

(三)农村市场将进一步活跃

在农村，国家将继续实行多项支农、惠农政策，扩大家电下乡服务范围，大规模组织家电下乡，增加对农民的购物补贴，活跃农村市场。据商务部测算，将连续四年在全国农村对彩电、冰箱、洗衣机、手机等产品实施家电下乡，可实现销售4.8亿台，累计拉动消费9200亿元，这些将对提高农村对全国消费品市场的贡献率产生积极影响。

(四)物价水平趋于回落，消费成本下降，有利于提升消费者信心

我国近几年防通胀的经验表明，物价水平高持续走高会抑制部分低收入群体消费的增长。但2008年11月份，我国PPI由10月份的6.6%快速下降至2%，价格下降速度明显超出外界预期，11月CPI较上年同期上升2.4%，为近两年来最低水平。2009年，在产能过剩成为常态的情况，不论是PPI还是CPI，都会有一个明显的回落过程。物价水平降低将使消费品零售额名义增幅有所回落，一定程度上刺激低收入阶层和农民的消费。总体来说，2009年，在收入变动不大的前提下，物价回落将促进消费的增长。

综上所述，预计2009年上半年零售额增速将逐渐趋于平稳，全年仍将保持较快增速，但将低于上年水平，社会消费品零售总额将突破12万亿元。

五、继续保持消费品市场平稳较快发展的对策建议

(一)千方百计增加收入,提高居民消费能力

1. 要把创业的优惠政策由新办企业扩大到所有吸纳下岗失业人员的企业,并对社区服务业给予倾斜政策,鼓励和促进服务业的发展。

2. 降低相关税收的税负,建立保护低收入群体的收入再分配政策。

3. 通过增加社会福利支出的方式,从经济建设型向公共服务型转变,更多地关注教育、社会保障、公共卫生等民生问题,从而提高低收入群体的消费能力。

4. 要进一步提高农民的收入水平,将适合于农村消费的产品送到农村,充分释放农民的潜在消费能力。

(二)完善公共产品和服务的供给,加快社会保障制度的改革

要继续完善公共产品和服务的供给和管理,加大公共产品和服务的投入,可考虑加大对城市公共设施如更新供排水管道、门窗等改造,提高居民生活质量。也可考虑建立对低收入阶层补贴的长效保障机制,把补贴制度长期化、规范化。

(三)优化消费环境

营造一个让人放心的消费环境,是提升公众消费意愿的当务之急。没有一个放心的消费环境,会给消费信心带来严重打击。以质量立国,品质立国,加强市场监管,营造安全、放心的消费环境。

(四)稳定居民的财产增长预期

政府和有关部门应多出台实质性利好,真正保护投资者的利益,重树消费信心与投资信心。一是改革优化税收制度,适当减税,切实降低投资者的交易成本;二是可以考虑各地区经济发展水平的不同,对税收制度作灵活、富有弹性的调整;适时调整消费税的覆盖范围和税率,继续采取有利于扩大内需的减税施。

总之,要实现经济持续发展,必须使消费者形成持久性的良好预期,增强对经济长期向好的信心。要针对当前消费需求发生变化的新趋势、新特点,从增加收入、增强信心等方面入手,继续改善消费环境,消除消费障碍,改善心理预期,促进消费品市场的持续活跃。

(国家统计局贸易外经司　严先溥)

扩大消费需求　拉动经济增长

党的十七大明确提出要坚持扩大国内需求特别是消费需求的方针，促进经济增长由主要依靠投资、出口拉动向依靠消费、投资、出口协调拉动的转变。在如何实现经济增长由投资拉动为主向消费、投资、出口协调拉动的转变过程中，一方面，需要借鉴国外的成熟经验，避免走不必要的弯路；另一方面，又要从我国国情出发，把国外一些有效做法与中国国情结合起来，充分考虑实现转变的可行性。本文通过对2000－2007年有关数据的分析，就如何增强消费拉动，实现黑龙江省经济又好又快发展进行了探讨。

一、2007年黑龙江省消费品市场主要运行情况

2007年全省消费品市场继续保持活跃，农村市场明显升温，消费结构稳步升级，流通现代化步伐加快，消费品市场发展比较健康平稳。全省消费品零售总额突破2000亿元，达到2331.1亿元，比上年增长16.7%，增幅提高3.2个百分点。

1. 市场销售总体畅旺，消费需求平稳上升。在居民收入增加、消费水平不断提高、物价上涨等因素影响下，全省消费需求继续保持平稳较快的增长，消费市场保持购销两旺态势，增幅创下近十年新高。从各季度市场运行轨迹看，社会消费品零售总额增速一直处于逐季攀升良好态势。

2. 农村市场日趋活跃，城市市场保持稳定增长。2007年全省农村（县以下）消费品零售额实现258.2亿元，比上年增长15.3%，增幅提高4.8个百分点。

城市居民消费结构的稳步升级为消费品市场发展增添新活力，市场销售稳中有旺。2007年全省城市累计实现消费品零售额1799.9亿元，比上年增长17.2%，增幅提高2.9个百分点，对消费品零售总额增长的贡献率为79.4%，仍是拉动消费市场增长的主导力量。

3. 限额以上企业增长势头强劲，限额以下企业及个体户保持活力。2007年全省限额以上批发零售业、住宿和餐饮业零售额466.0亿元，比上年增长23.8%，增幅提高6.9个百分点。限额以下企业及个体户在活跃市场、方便居民生活等方面发挥重要作用，全年累计实现零售额1826.9亿元，比上年增长15.2%，占全部消费品零售总额的78.4%。

4. 消费结构升级，热点商品消费仍然走高。2007年，据对全省限额以上批发零售贸易企业24类主要商品销售统计中，粮油类、肉禽蛋类受价格上涨因素的影响零售额增长较快，分别比上年增长1.7倍和44.2%；热点商品的汽车增长较快，累计实现零售额55亿元，比上年增长25.9%，体育娱乐用品、金银珠宝和通讯器材类，分别比上年增长55.1%、43.8%和33.5%。零售量增幅较高的有鞋、数码照相机、移动电话机和组合音响，分别比上年增长4.8倍、95.4%、65.0%和48.9%。

5. 各地消费需求平稳增长，零售额增速加快。全省13个地市和农垦总局除大兴安岭地区外消费品零售总额增幅均在15%以上，增速普遍比上年同期加快2－5个百分点。特别是中心城市哈尔滨、大庆、齐齐哈尔

的带动作用明显，三市共实现消费品零售额1548.4亿元，比上年增长16.7%，增幅提高2.8个百分点。对全省消费品零售总额增长的贡献率达到50.2%，拉动全省消费品零售总额增长8.4个百分点。

二、消费与投资对经济拉动的比较

1.消费对经济发展的拉动作用。在全省的消费中主要是居民和集团消费，2000—2007年，全省社会消费品零售总额占GDP的比重年均为33.8%，消费在经济发展中占三分之一的份额。

表1　社会消费品零售总额对经济贡献情况

单位：亿元、%

年　份	全　省 生产总值	消费品 零售总额	贡献率	拉　动 百分点
2000	3151.4	1094.0	27.3	2.7
2001	3390.1	1198.9	43.9	3.3
2002	3637.2	1320.0	49.0	3.6
2003	4057.4	1376.4	13.4	1.6
2004	4750.6	1557.3	26.1	4.5
2005	5511.5	1760.0	26.6	4.3
2006	6188.9	1997.7	35.1	4.3
2007	7077.2	2331.0	37.5	5.4

从表1可以看出2000—2007年消费品市场对黑龙江省经济的贡献率分别为27.3%，43.9%，49.0%，13.4%，26.1%，26.6%，35.1%，37.5%，年均为32.4%。拉动经济的增长分别为2.7，3.3，3.6，1.6，4.5，4.3，4.3，5.4个百分点，年均为3.7个百分点。而且消费对黑龙江省经济的拉动幅度逐步呈现上升趋势。

从城市和农村看，城市消费仍然是拉动经济增长的主力军，2000—2007年城市消费品零售额占GDP的比重分别为30.0%，30.6%，31.5%，29.7%，28.8%，28.1%，28.5%，25.4%，年均为29.1%。拉动经济增长分别是2.4，2.9，3.2，1.6，4.0，3.8，3.9，5.0个百分点，年均拉动3.4个百分点。

2.投资对经济的拉动作用。从对2000—2007年数据分析可以看出，这期间的全社会投资额占GDP的比重分别为27.3%，28.7%，29.0%，29.3%，30.8%，31.4%，36.1%，40.5%，年均为31.6%。

表2　全社会固定资产投资额对经济贡献情况

单位：亿元、%

年　份	全　省 生产总值	消费品 零售总额	贡献率	拉　动 百分点
2000	3151.4	859.2	25.7	2.6
2001	3390.1	972.9	47.6	3.6
2002	3637.2	1055.7	33.5	2.4
2003	4057.4	1190.7	32.1	3.7
2004	4750.6	1464.7	39.5	6.8
2005	5511.5	1731.9	35.1	5.6
2006	6188.9	2235.9	74.4	9.1
2007	7077.2	2864.2	70.7	10.2

拉动经济增长为2.6，3.6，2.4，3.7，6.8，5.6，9.1，10.2个百分点，年均拉动5.5个百分点（见表2），对经济增长的贡献呈逐年上升趋势。

3.消费与投资对GDP拉动的趋势。虽然，从消费和投资拉动幅度是逐步呈上升趋势，但从总量上看消费占GDP的总量是下降的，而投资额占GDP的总量是上升的。另一方面，在GDP支出法的核算可以看出（见表3），2000—2006年居民的最终消费率分别是37.4%，37.5%，36.9%，36.8%，33.8%，33.4%，31.8%为下降趋势，投资率分别是29.3%，30.9%，31.7%，31.1%，31.8%，32.5%，36.0%，为上升趋势（见表3）。

表3　投资和居民消费占GDP的比重

单位：%

年　份	最终消费率	投资率
2000	37.4	29.3
2001	37.5	30.9
2002	36.9	31.7
2003	36.8	31.1
2004	33.8	31.8
2005	33.4	32.5
2006	31.8	36.0

这说明消费在GDP中占的份额逐步减少，而投资所占的比重正在上升。从表1和表2的贡献率趋势上看，2003年以后消费的贡献率明显低于投资的贡献率，消费的平均贡献率为32.4%，而投资的贡献率为44.8%，高于消费的贡献率12.4个百分点，投资平均拉动比消费高2.1个百分点，这充分说明现阶段黑龙江省的经济发展处于投资拉动为主的运行态势。

表4　消费和投资增长对经济增长的回归模型

单位：亿元、%

年　份	全省生产总值 y	零售额增长 x_1	投资额增长 x_2
2000	3151.4	7.7	9.3
2001	3390.1	9.6	13.2
2002	3637.2	10.1	8.5
2003	4057.4	4.3	12.8
2004	4750.6	13.1	23.0
2005	5511.5	13.0	18.2
2006	6188.9	13.5	29.1
2007	7077.2	16.7	28.1

4. 消费对经济的拉动效率比投资高2.6个百分点。由投资主导型向消费主导型的转变需要一定的时间，在这个转变过程中，如果投资和消费没有很好地衔接，可能会出现经济增长速度的骤减，因此一定要正确处理消费和投资的拉动关系。从深层次看，通过对黑龙江省多年经济数据分析，未来黑龙江省的经济发展依靠消费拉动比投资拉动更有利于经济的又好又快增长，实现资源、环境和效益的统一。

通过消费增长对全省生产总值的回归分析建立了回归模型 $\ln y = 0.059x_1 + 7.77$，相关系数0.79，$f = 9.84$，$t = 3.14$，检验合格。同样方法投资增长与地区生产总值的回归模型为 $\ln y = 0.033x_2 + 7.83$，相关系数0.92，$f = 32.69$，$t = 5.72$。

通过回归模型可以看出，在黑龙江省未来经济发展中，当消费每增加1个百分点时，全省生产总值平均增加5.9个百分点；当投资每增加1个百分点时，全省生产总值平均增加3.3百分点。结论是消费的拉动效率明显要高于投资的拉动效率，消费高出投资2.6个百分点。这一方面说明黑龙江省消费在经济增长中的重要作用，另一方面表明黑龙江省的投资效率还不高，因此用较高的投资和资源能源消耗的代价换取经济增长是得不尝试的。

三、黑龙江省消费潜力的分析

1. 黑龙江省城镇居民消费能力的分析。黑龙江省城镇居民随着收入的增加消费能力不断增强，但表现出极不稳定(见表5)。2000—2006年低收入户人均消费平均增长8.0%，中等收入户平均增长10.1%，高收入户平均增长11.7%。

表5　城镇居民按收入等级人均消费分析表

单位：元、%

年　份	低收入户	增　长	中等收入户	增　长	高收入户	增　长
2000	2440.9		3619.2		5561.8	
2001	2579.3	5.7	4011.3	10.8	6125.4	10.1
2002	2430.8	−5.8	4156.7	3.6	6856.3	11.9
2003	2708.1	11.4	4487.4	8.0	7935.1	15.7
2004	3048.8	12.6	5382.1	19.9	7815.2	−1.5
2005	3548.3	16.4	5580.3	3.7	9809.1	25.5
2006	3878.5	9.3	6453.3	15.6	10781.9	9.9

2006年，城镇高收入群体人均消费水平相当于全省平均水平的1.6倍，这一群体主要关注消费的质量，消费方式个性化和现代化，物质消费讲求高质、品牌、时尚和个性，精神消费和服务消费成为消费的重点和热点。

中等收入阶层的基本消费需求已经满足，消费行为比较理性，消费水平相对较高，消费结构正待进一步升级，发展消费和享受消费的支出比重不断提高，生存消费的支出比重不断降低。

低收入群体主要是城镇的下岗失业者和大部分农民，虽然近年来收入水平不断提高，但相比而言，仍属于较贫困阶层。其收入状况决定了消费行为比较谨慎，主要是满足基本生活需求。

城镇居民消费的不稳定性，对于低收入者主要是收入的不稳定性所致，对于中等收入者是消费结构的变化的原因，对于高收入者是受消费方式和社会消费热点所决定的。

2. 黑龙江省农村居民消费能力的分析。 黑龙江省农民现阶段处于实现温饱向小康迈进过程，从2000年开始黑龙江省农村居民家庭的恩格尔系数已经低于50.0%，2007年已达到34.6%。

表6　农村居民家庭人均生活消费支出分析

单位：元、%

年　份	人均生活消费支出	增　　长
2000	1540.4	
2001	1604.5	4.2
2002	1674.2	4.3
2003	1661.7	−0.7
2004	1837.4	10.6
2005	2544.7	38.5
2006	2618.2	2.9
2007	3117.0	19.1

但由于黑龙江省农村经济主要依靠还是种植业和养殖业，收入增长缓慢，因此，农村居民家庭人均消费水平，也呈现出较大的波动性(见表6)。2000—2007年农村人均生活消费支出平均增长12.4%，现在黑龙江省的农村居民消费正处于提档升级阶段，购买的商品也过去的百元级向千元级过渡。

3. 黑龙江省城乡居民的消费潜力分析。 黑龙江省城乡居民消费能力的根本决定于居民的收入增长的高低，2000—2007年城镇居民可支配收入年均增长11.1%，人均消费增长10.1%，消费率平均为74.8%；农村居民人均纯收入年均增长9.8%，农村家庭人均生活费支出年均增长10.6%，消费率平均为70.9%；城镇居民消费率高于农村3.9个百分点。

表7　城乡居民的消费率

单位：%

年　份	城镇人均消费率	农村人均消费率
2000	77.8	71.7
2001	77.3	70.4
2002	73.1	69.6
2003	75.1	66.2
2004	74.5	61.1
2005	74.7	79.0
2006	72.5	73.7
2007	73.4	75.4

除了每年居民从收入中支出的消费外，黑龙江省还有庞大的储蓄余额作为潜在的消费能力，2006年全省城镇人均储蓄余额为19480元，农村人均储蓄余额为2277元。按照城镇和农村平均消费率计算潜在的市场购买力城镇为2988.2亿元，农村为283.3亿元，全省为3271.5亿元，是2007年全省社会消费品零售总额的1.4倍。

四、扩大消费需求，拉动经济增长的建议

在主动引导经济增长方式由投资主导型向消费主导型转变的过程中，应该把握转变时机，以实现投资主导向消费主导的平稳转变。只有在居民收入增长加快的前提下，消费潜力才能释放出来，消费也才能成为经济增长的主要动力。因此，我们要及时抓住国

家振兴东北老工业基地的有利时机，转变经济发展方式，逐步实现经济增长靠消费拉动为主的目标，促进黑龙江省经济又好又快发展。

1. 政府要充分发挥再分配职能，缩小贫富差距，提高居民的消费能力。2000—2006年城镇居民人均可支配收入占人均GDP的平均水平为59.7%，农村人均纯收入占人均GDP平均水平为23.9%，相差35.8个百分点。

表8　城乡居民人均收入占人均GDP的比重

单位：%

年　份	城镇人均可支配收入占人均GDP比重	农村人均纯收入占人均GDP比重
2000	59.2	25.9
2001	58.0	24.4
2002	63.9	25.2
2003	62.8	23.6
2004	60.0	24.1
2005	57.3	22.3
2006	56.7	21.9
2007	55.3	22.3

而且从数据发展的方向看是向逐步扩大的趋势发展（见表8）。城市高收入群体和低收入群体占人均GDP的比重差距更大。

这就要求政府以及各职能部门要充分发挥再分配的调节功能。继续通过税收和转移支付这两个途径来调节高收入群体和低收入群体的收入，特别是提高农民的收入水平，缩小城市高收入与低收入之间，城市和农村之间的贫富差距，极大地释放居民的购买力，增强依靠消费拉动经济的原动力。

2. 深化投资体制改革，建立严格的投资约束机制，合理控制投资规模。在经济拉动由主要依靠投资转为主要依靠消费拉动的过程中，不是说把投资压得越低越好，而是一定要保持合理的投资规模，使消费和投资协调地拉动经济增长，因为没有适度的投资规模，就没有更多的就业机会，没有更多的就业机会就不可能增加城乡居民的收入，所以用科学的方法保持合理的投资规模是十分重要的。

一是深化投资体制改革。要规范各级政府、各类企业的投资行为，强化投资的约束机制。要落实企业投资自主权，健全企业投资项目核准制和备案制。要健全政府投资管理体制，合理界定政府投资范围和地方的投资事权，改进和完善决策规则和程序，建立政府投资项目决策责任追究制。二是合理控制投资规模。控制投资应该区别对待，对需要耗费大量资源、污染严重、技术含量低、重复建设的投资，应该严格限制。同时，正确引导投资方向，把资金引导到社会和经济发展最需要的地方，在黑龙江省特别注意要向农村倾斜，向落后地区倾斜。三是优化政府投资结构。黑龙江省投资要更多地向教育、医疗、社区等社会领域倾斜、向高技术领域倾斜，促进城乡、区域、经济与社会协调发展。

3. 加强消费品市场的优化布局，适应居民消费结构的快速升级。第一、引进新型业态，加速农村现代流通业发展。在国家惠农政策的鼓励下，黑龙江省新农村建设的步伐将进一步加快，给农村市场带来前所未有的发展机遇。随着农村收入的稳定增加和市场环境布局的改善，农村的居民消费激情会逐步释放出来。

一方面，要加大对基层供销社改造、重组的力度，发挥其传统优势，加快农村消费品市场和农业生产资料市场建设，全力打造县、乡、村三级经营服务网络，实现镇镇有超市，村村有连锁。使传统的农村集贸市场和零售网点逐步退路进场，促进传统商贸业向现代流通业快速转变。

另一方面，整合优势资源，培育龙头市场，应对县（市）级优势农产品进行整合，高质量建设一批蔬菜、优质粮、油、水果和养殖等特色市场提出明确要求，使其切实成为各地的招牌市场。要关、停、合并分布在黑龙江省各地的小市场，建设档次高、批量大、辐射广、功能强的农产品专业批发市场和综合市场，发展专业农产品物流。以此繁荣农村市场，扩大农村市场份额。

第二、优化市场布局，重视市场分工，防止重复建设。要重视市场细分，进行消费品市场的合理定位，满足居民多层次的消费需求。要从城乡居民的收入环境及消费环境出发，挖掘城乡不同收入群体的消费潜力，针对高、中、低不同收入消费群体的需求进行市场布局，整合市场资源，进行商品和服务的特色化经营，逐步改变消费品市场结构性过剩、结构性短缺和重复建设并存的现状。

4. 加大社会保障体系建设力度，释放居民的潜在消费能力。黑龙江省的城乡储蓄余额一直处于在较高的水平上，从现实居民储蓄的心理分析看：一是养老的一个重要手段；二是就医治病的保障；三是子女上学的费用支出。因此，要把居民的储蓄变成现实的购买力，必须加大工作力度，加强社会保障体系建设，真正让百姓看得起病、上得起学，老有所养，使消费者有一种安全消费的心理，解除他们的后顾之忧，最大限度地挖掘居民消费潜力，促进生产和消费步入一个良性的循环发展轨道。

（注：本文增长速度按现价计算，2002年以前零售额含制造业和农对非）

（黑龙江省统计局贸易处）

扩大消费需求的瓶颈因素与路径选择

经过二十多年的改革开放，福建省经济从整体上说已经跨入工业化中级阶段，经济总量、人均水平均已达到一个新的层面。但是目前福建省需求结构中投资率偏高、消费率较低，国民经济整体表现为有效需求不足、经济发展缺乏后劲。党的十七大报告中提到促进经济增长由主要依靠投资、出口拉动向依靠消费、投资、出口协调拉动转变，由主要依靠第二产业带动向第一、第二、第三产业协同带动转变。如何促进有效需求快速增长，化解消费需求增长的“瓶颈”因素，构建良好的消费环境，确保国民经济又好又快增长是值得研究的现实问题。本文通过对福建省消费水平、消费结构进行横向、纵向的比较分析，剖析抑制消费需求增长的瓶颈因素，并对如何扩大内需提出具体的对策和建议。

消费作为拉动经济增长的三驾马车之一，对经济发展的作用日益突出。近年来，福建省地区生产总值中投资率高消费率低的问题引起了广泛关注。经济社会的发展不能过分依靠投资和出口，经济发展规律表明，生产、流通、积累、消费是再生产和扩大再生产的运动，其中生产是起点，流通是中间环节，积累和消费是终点，只有消费了的商品和服务才能实现生产与流通的价值。因此，扩大消费需求作为提高经济增长质量、增强经济增长内生动力的重要条件，对加快推进海西建设，实现经济又好又快发展具有重要的现实意义。

一、福建省消费需求的发展变化和现状特征

(一)最终消费呈增长趋势，但最终消费率呈下降趋势

改革开放以来，福建省消费需求保持了较快增长趋势，消费总量逐步扩大。最终消费需求由1978年的53.02亿元上升到2006年的3765.94亿元，年平均增长10.1%。“六五”、“七五”、“八五”、“九五”、“十五”时期，全省消费需求分别增长12.1%、9.0%、11.5%、9.7%和9.0%，但最终消费在整体经济中的比重不断下降，2006年全省最终消费率48.6%，比1978年下降31.3个百分点。“十五”时期最终消费率分别比“八五”、“九五”时期下降8.2个和2.7个百分点。

表1　福建省最终消费需求增长和最终消费率变化情况

年　份	最终消费(亿元)	最终消费增长(%)	最终消费率(%)
1978	53.02	13.2	79.9
1980	68.06	7.9	78.2
1985	145.82	17.8	72.7
1990	381.13	15.9	73.0
1995	1174.13	9.8	56.0
2000	2049.66	10.6	54.4
2005	3295.55	8.6	50.2
2006	3765.94	11.0	48.6
“六五”时期	530.62	12.1	74.9
“七五”时期	1327.50	9.0	71.2
“八五”时期	3789.61	11.5	60.6
“九五”时期	8642.11	9.7	55.1
“十五”时期	13549.97	9.0	52.4

(二)最终消费增幅低于投资需求增幅

1979—2006年,最终消费年均增速为10.1%,资本形成总额年均增长14.4%,最终消费增幅低于资本形成总额增幅4.3个百分点。从1990年以来全省最终消费和资本形成总额历年的环比发展速度看,最终消费需求保持增长态势,波动幅度小于资本形成总额的波动幅度。1990年至2006年,全省最终消费的变异系数为0.5563,资本形成总额的变异系数为0.6355。

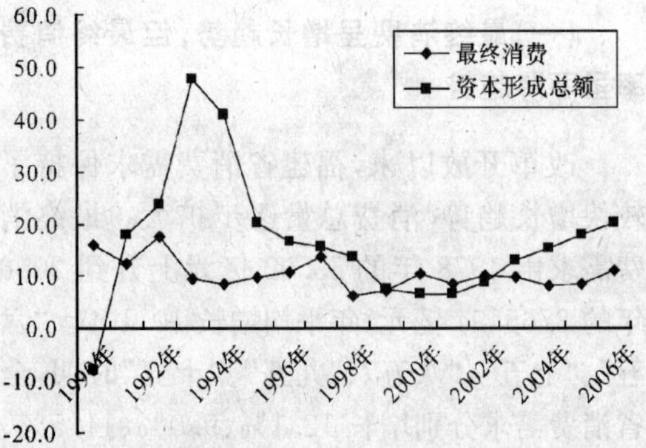

1990—2006年最终消费和资本形成总额增长速度(%)

(三)居民消费需求增长滞后于经济增长

居民消费是消费需求的主体,所占份额在70%以上。自1978年以来,福建省居民消费滞后于经济增长。"六五"、"七五"、"八五"、"九五"、"十五"时期,全省居民消费需求分别增长12.4%、4.8%、12.9%、8.2%和8.3%,分别低于同期GDP增幅0.8、4.9、5.5、3.3和2.4个百分点。居民消费率呈下滑的趋势,特别是2002年以来,全省居民消费率降至40%以下,2006年仅为35.8%,是1978年以来的最低水平,比1990年下降19.6个百分点。由于城乡居民收入差距逐步扩大,农村居民消费水平提高的速度低于城镇居民,在居民总消费中的比重更是持续下降,目前仅为28.7%左右,比1990年下降28.4个百分点。2006年,全省农村实现的社会消费品零售额961.03亿元,占社会消费品零售总额的比重为35.5%,分别比1990、2000年下降17.0和7.8个百分点。

表2　各个时期福建省居民消费和GDP的总量及平均增长率

时　期	总量(亿元)		平均增长率(%)	
	GDP	居民消费	GDP	居民消费
"六五"时期	708.73	461.55	13.2	12.4
"七五"时期	1856.67	1068.68	9.7	4.8
"八五"时期	6258.04	2985.42	18.4	12.9
"九五"时期	15693.79	6603.43	11.5	8.2
"十五"时期	25856.35	9852.69	10.7	8.3

(四)最终消费率低于国际一般水平

1978—2005年,全球的年均消费率为77.6%,且消费率呈现上升趋势,从1978年的75.6%上升为2005年的78.8%;发达国家中的美国、日本、德国和英国的年均消费率分别为83.9%、71%、78.5%和84.1%;发展中国家的巴西、印度、印度尼西亚和埃及的年均消费率分别为78.2%、78.7%、70.9%和84.1%;亚洲国家的年均消费率为70.3%,我国的年均消费率为58.5%,而福建省的年均消费率仅为55.4%,明显偏低。(详见附表)

二、抑制消费需求增长的瓶颈因素

(一)城乡居民收入增长相对缓慢,制约消费需求增长

消费是收入的函数,消费能否快速增长

在很大程度上取决于收入的增长状况。改革开放以来,全省城乡居民收入稳步增长,生活水平得到明显提高,实现了从温饱到总体小康的伟大跨越。但与经济发展相比,全省城乡居民的收入增长长期以来滞后于经济增长。从"十五"时期来看,扣除价格因素,全省城镇居民人均可支配收入的年均增幅为9.8%,农民人均纯收入年均增长5.1%,分别低于同期GDP增幅0.9和5.6个百分点。由于居民消费占全省最终消费的七成以上,城乡居民收入水平偏低,直接造成了居民消费底气不足,即期消费下降,从而抑制最终消费率上升。

(二)农村市场发展落后于城市市场

农村居民收入低于城市居民收入,使得农村市场的发展一直滞后于城市市场。福建省2006年居民消费已达2775.43亿元,其中农村居民消费796.54亿元,城镇居民消费1978.89亿元;在居民消费中,农村居民消费增长缓慢,2001年至2003年年均仅增长2.3%,而城镇居民消费则呈稳步上升趋势,年平均增长11.2%。"十五"期间福建省最终消费的平均增长率为10.5%,其中城镇居民消费年平均增长12.5%,农村居民消费年平均增长4.3%。城乡消费增长的差距主要来源于收入增长的快慢,农民人均纯收入、城镇居民可支配收入两个指标常用来代表农村和城镇消费的收入水平,福建省"十五"期间的农村、城镇收入变化如下:

表3 "十五"期间农村和城镇居民收入变化情况

年 份	农民人均纯收入(元)	增长速度(%)	城镇居民可支配收入(元)	增长速度(%)
2001	3381	4.7	8313	11.9
2002	3539	4.7	9189	10.5
2003	3734	5.5	10000	8.8
2004	4089	9.5	11175	11.8
2005	4450	8.8	12321	10.3
2006	4835	8.7	13753	11.6

从上表可以看出,农民的人均纯收入一直大大低于城镇居民人均可支配收入,只有城镇居民收入的三分之一左右。而农民人均纯收入的增长速度缓慢,也一直低于城镇居民的人均可支配收入增长速度。2001到2003年只徘徊在5%左右,2004年起才日益提高,农民收入低是造成农民消费水平低的最大因素。

(三)居民内部收入差距扩大抑制了低收入居民消费需求扩张

2006年,全省城镇最高收入组居民人均可支配收入为31140.16元,为最低收入组居民收入的6.5倍,高收入组农民人均纯收入10016.45元,是低收入组的5.4倍。而低收入人群的消费倾向高于高收入人群,2006年城镇最低收入组居民的平均消费倾向为0.9310,高出最高收入组(0.6527)42.6%,农村低收入组居民的平均消费倾向为1.2239,高出高收入组(0.6285)94.7%,这说明大量低收入阶层有消费欲望但缺少必要的消费能力,消费需求受阻。

(四)居民消费倾向不断下降,消费意愿不强

近年来,各级政府相继在住房制度、医疗制度、社会保障制度、教育收费制度等方面加大了改革力度,出台了一系列政策,着手建立了社会保障机制,如廉租房、最低生活保障、农村医疗保障等制度,但还不足以改变人们的自我保障意识,居民的防范意识增强,在这种情况下,人们只有尽可能地通过增加存款来获取"安全感",因而造成人们消费心理趋于保守,近期消费行为更加谨慎,也就是说城市居民对未来养老、医疗、教育支出预期增加,居民消费意愿降低。1996年开始,城乡居民消费倾向连续大幅度下降,1996年城镇居民消费倾向为83.6%,农村为79.4%,到2006年福建省城镇居民和农村居民消费倾向分别为71.3%和74.3%,分别比1990年下

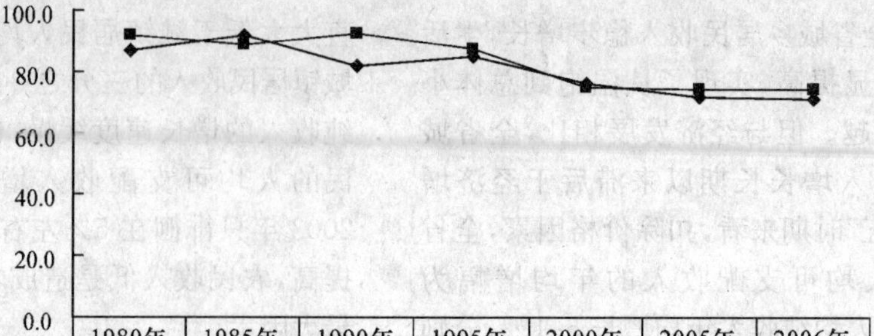

	1980年	1985年	1990年	1995年	2000年	2005年	2006年
—◆— 城镇居民	87.1	92.1	81.8	85.1	75.9	71.4	71.3
—■— 农村居民	91.8	88.4	92.6	87.6	74.6	74.0	74.3

城乡居民消费倾向(%)

降10.5和18.3个百分点。

(五)长期形成的"量入为出、勤俭持家"的消费模式

改革开放以来,虽然福建省经济获得了长足发展,发生了巨大变化,人们生活水平提高,生活质量大大提升,但长期生活观念和文化背景形成的量入为出、有多少收入决定消费支出的消费习惯和消费模式没有多大变化。人们崇尚收支相抵有结余,忌讳"寅粮卯吃",极少利用银行信贷工具"负债"或"超前"消费。这种消费观无疑对人们的消费行为产生极大的影响,在一定程度上使消费滞后、消费需求不足。

(六)市场经济秩序混乱和地方保护主义

目前尚存在的非法制售假冒伪劣商品、一些商品随意定价、虚假广告误导、信用水平低、伪造票据、凭证和做假帐等违法犯罪活动,行政管制或不正当手段,对本地企业和外地企业实行差别待遇,地区封锁和市场分割等市场经济秩序的混乱和地方保护主义行为,重影响了正常的经济活动,损坏了消费者的利益,提高了交易成本,也抑制了消费的增长。

三、扩大消费需求的路径选择

(一)增加城乡居民收入,提高消费能力

收入决定消费,提高居民消费最重要的是增加收入。一是要合理调整国民收入分配,逐步提高居民收入在国民收入分配中的比重。提高城乡中低收入居民的收入水平。中低收入水平的城乡居民是最具备消费潜力的群体,这部分人占福建省居民的大多数,由于收入低,虽有消费愿望,但支付能力却有限。政府及职能部门应该把民营经济的发展作为强化内生动力的突破口,创造良好的政策环境与投资环境,加快民营经济的发展,创造更多的就业岗位,增加居民收入。关注城市中低收入民众的情况,在帮助与解决其就业问题时,把财政政策的着力点放在提高这部分民众收入水平上,此举不仅是创建和谐社会的有力措施,也有利于提高全社会的最终消费需求。二是深化收入分配制度改革,强化政府的收入再分配调节职能,进一步加大收入分配调节力度,确保收入分配秩序,合理调节过高收入,扩大中等收入者比重,提高低收入者收入水平,进一步规范国有企事业单位收入分配,逐步形成两头小、中间大的橄榄型收入分配结构。

(二)采取有效措施开拓农村市场,促进农村消费的稳定增长

一是要加大国家财政对"三农"的支持力度,继续对农民"多予、少取、放活"。把推进农业产业化、提高农产品附加值作为发展现代农业的重点。优化农业生产结构使粮价及其他农产品价格在一定水平上保持稳定,同时综合配套农民工进城务工、权益保障和相关的支持政策。二是切实把国家投资重点转向农村，结合城镇化和新农村建设，大力推进农村道路、安全饮水、供电、沼气、垃圾和污水处理等基础设施建设，加快改善农村生产生活条件。三是引导鼓励城市大型商贸流通企业经营网络向农村延伸，利用其品牌、技术、配送体系和人才培训等优势，采取直营、加盟等灵活方式，开办村镇超市、便利店，促进工业品下乡，增加适合农村市场需要的适销对路商品。四是改善农村流通和消费环境，大力培育农民对家用电器的消费意愿。

（三）加快完善养老、医疗等社会保障体系，改善消费环境

我国的社会保障体系目前仍处在发展改革阶段，再加上住房、教育和医疗制度改革，以及国企改革等因素，在短期里容易增加人们防范风险的意识。因此要加快社会保障制度的改革，使民众享受到“劳有所得、病有所医、老有所养、住有所居”。一是要强化政府的就业和社会保障职能，加大财政对就业再就业的支持力度；二是完善企业职工基本养老保险制度，健全城镇职工基本医疗保险和失业、工伤保险制度；三是健全廉租房制度，解决低收入家庭住房问题；四是合理配置教育资源，促进教育公平。只有通过完善社会保障体系，使居民对住房、教育、医疗、养老等改革引发的未来支出心中有数，合理安排支出，从而稳定居民消费倾向，才能促进储蓄转化为理性的投资与消费。

（四）加速调整产业结构，增加消费品的有效供给

依靠科学技术促进产业结构的优化、升级，生产适应市场需要的消费品，特别是新产品。同时要加强市场调查，深入了解市场的供求情况，了解消费心理和消费需求的变化趋势，及时调整产业结构、产品结构。加速发展信息产业，信息市场和信息服务发展了，才能增加商品的有效供给，避免无效供给，活跃消费市场，满足新的消费需求。

（五）培育新型消费领域，推动居民消费结构升级

根据发达国家的经验，人均 GDP 达到 1000 美元以后（福建省 2006 年人均 GDP 超 2700 美元），人们的消费将由实物消费为主走上实物消费与服务消费并重的阶段。因此，要加强培育新型消费领域，一是要大力发展信息服务业，加速建立和完善消费信息服务制度，规范消费信息服务的提供和消费行为，扩大居民信息服务消费的比重，促进消费信息服务业的发展。二是政府应积极发挥流通业的先导作用，引导生产企业积极开发适合不同消费群体的适销对路新商品；继续引导住房、汽车合理消费，扩大通信、首饰、休闲、旅游、文体、健康保健等热点消费，增强其对整个消费的带动作用；健全便民、安全、快捷的商业网络，发展城市社区商业零售、餐饮、住宿、物业管理，推进网上购物、邮购等新型消费方式；积极扩大老年人消费，重视发展适合老年人需要的娱乐、保健、医疗、教育等服务业，推广家庭养老和社会化养老相结合的多种新型养老模式。

（六）加大市场监督和监管力度，着力改善消费环境

加强社会信用体系建设，培育消费信用法制环境，采取切实措施保护诚实守信，提高流通领域的信用；大力整顿和规范市场秩序，特别要加强食品药品安全管理和整治，严厉打击、依法惩处各种制假售假、坑蒙拐骗和危害人民群众健康的非法行为，改善消费环境，保护消费者权益，消除消费者惧怕假冒伪劣的心埋障碍，使人们敢于消费，放心消费；各行业协会、消费者协会、产品质量监督与市场监管机构，要发挥各自的作用，净化消费环境，制止流通环节乱收费，减轻消费者负担，降低消费者消费的意外损失，使消费者的合法权益得到保障，间接达到促进居民消费的目的。

总之，消费作为经济增长的三驾马车之一，对经济发展的作用日益突出。扩大需求作为提高经济增长质量，增强经济增长内生动力的重要条件，通过增加城乡居民的收入，改善消费环境，更新消费观念，培育新型消费领域，推动居民消费结构升级等路径来有效提高消费需求，对加快推进海西建设，实现经济又好又快发展具有重要的现实意义。

附：世界及部分国家和地区投资率和消费率

单位：%

		1978年	1980年	1985年	1990年	1995年	2000年	2005年	1978—2005年
世界	投资率	24.2	24.0	21.7	23.5	22.6	22.3	21.0	22.1
	消费率	75.6	76.1	77.7	76.8	77.0	77.6	78.8	77.6
美国	投资率	22.0	20.3	20.3	17.7	18.1	20.5	16.5	18.8
	消费率	79.1	80.2	82.5	83.7	83.1	83.4	89.2	83.9
日本	投资率	30.9	32.3	28.3	32.6	28.0	25.2	23.2	27.4
	消费率	67.3	68.6	68.3	66.4	70.6	73.3	75.4	71.0
德国	投资率	23.4	25.4	21.4	23.5	22.2	21.8	17.2	21.1
	消费率	80.9	82.0	81.6	77.0	77.3	77.9	77.8	78.5
英国	投资率	20.3	17.6	18.4	20.2	17.0	17.5	16.8	17.6
	消费率	79.1	80.4	80.8	82.4	83.5	84.5	87.1	84.1
韩国	投资率	33.1	31.8	30.0	37.5	37.7	31.0	30.1	32.7
	消费率	69.7	75.0	67.8	62.7	63.5	66.1	66.7	65.2
巴西	投资率	23.0	25.0	19.2	22.9	22.3	21.5	20.6	21.2
	消费率	78.4	83.3	75.6	75.3	79.5	80.0	75.6	78.2
印度	投资率	22.3	20.9	24.2	25.2	26.5	22.6	23.5	23.3
	消费率	87.3	88.2	84.8	79.0	74.8	77.4	75.7	78.7
印尼	投资率	20.5	20.9	28.0	30.7	31.9	22.2	22.2	26.4
	消费率	78.4	70.8	70.2	67.7	69.4	68.2	73.7	70.9
埃及	投资率	40.6	39.5	29.4	28.3	16.6	17.7	18.6	22.6
	消费率	76.1	75.2	78.9	80.1	87.3	87.9	90.9	84.1
亚洲	投资率	29.0	28.8	27.2	30.7	29.5	26.1	26.5	27.8
	消费率	70.0	69.1	71.9	68.7	69.8	71.2	69.7	70.3

资料来源：联合国统计署数据库。

（福建省统计局贸易外经处）

充分发挥流通引导生产、促进消费的作用

扩大内需促进经济稳定增长，是科学发展观的重要内容。十七大报告指出，今后几年坚持扩大国内需求特别是消费需求的方针，促进经济增长由主要依靠投资、出口拉动，向依靠消费、投资、出口协调拉动转变。1997年亚洲金融危机以来，由于实施了提高居民收入，促进消费等一系列宏观调控措施，山西省消费品零售额名义增长从1999年的低谷中走出来，呈现较快增长态势。但是2008年由于受美国金融危机引发的世界经济动荡影响，从9月份开始消费品零售额名义增长出现回落态势。因此，认真贯彻落实11月5日中央出台的扩大内需促进经济增长的十条措施，认真贯彻落实12月8日召开的中央经济工作会议精神，增强信心，促进消费增长已经成为山西省全社会共同关注的问题。

一、流通产业引导生产、促进消费成效显著

近年来，山西省围绕不断提高居民收入这个中心，采取一系列措施促进消费，扩大内需。国内消费需求呈现较快增长的态势，对于引导生产、扩大就业、促进经济增长起到了十分重要的作用。

(一)商品性消费持续快速增长

1997年亚洲金融危机后，山西省经济增长呈现了回落趋势，到1999年地区生产总值仅增长7.3%，是1992年以来的最低增长率。国内消费需求一方面滞后于经济，另一方面商品性消费具有较强的稳定性，到2001年社会消费品零售总额仅增长8.1%，成为1990年以来的最低增长率。从2001年开始，山西省国民经济进入了新一轮增长周期，到2007年的七年间地区生产总值年均增长12.7%。随着经济的增长，居民收入得到大幅度提高。七年间，城镇居民人均可支配收入年均增长13.7%，2001年突破5000元，2002年突破6000元，2003年突破7000元，2005年突破8000元，2006年突破10000元，2007年达到11565.0元。在全国的排位由2000年的第31位提高到2007年的第15位，前移16位。七年间，农民人均纯收入年均增长9.8%，比全国高3个百分点，在全国的排位由2000年的第24位提高到2007年的第19位，前移5位，相当于全国平均水平的比重由2000年的84.6%提高到2007年的88.5%。

国内市场是国内经济的重要组成部分，其发展变化必然与国民经济整体的发展密切相关，但是国内市场的变化往往表现为滞后于国民经济的发展。山西省国内市场滞后于国民经济发展2年左右。山西省国民经济从2000年出现拐点，2001年进入两位数的高速发展期，而社会消费品零售总额从2002年开始走出低谷，由2001年的8.1%增长到2002年的11.0%。2002年至2007年，社会消费品零售总额年均增长17.1%，高于地区生产总值年均增长13.8%的增速，也高于城镇居民人均可支配收入年均增长13.2%的增速。2008年的社会消费品零售总额增速将达到22%左右，仍将高于居民收入的增长速度。

从上述分析可以看出，1997年亚洲金融危机对山西省国民经济、居民收入和国内市

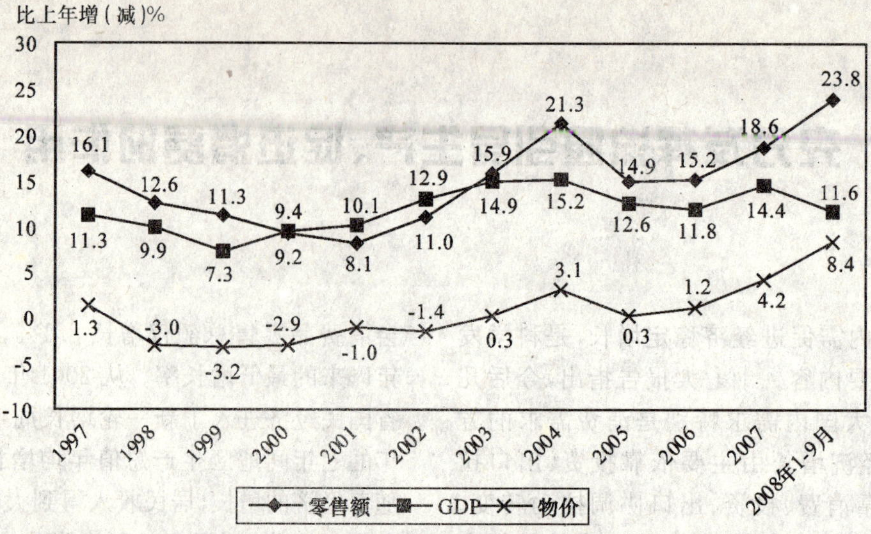

图1　社会消费品零售总额与相关指标比较

场的影响不同，国内市场对亚洲金融危机的反应滞后1—2年，但滞后过后的增速较高。

（二）市场供求关系趋于协调

受1997年亚洲金融危机影响，山西省固定资产投资增速由1998年的34.2%回落到1999年的7.6%。2003年山西省固定资产投资增长33.2%，比2002年扩大14.9个百分点。2004年国家出台宏观调控政策措施，重点是调控投资需求过快增长，在山西省取得了成效，2006年和2007年分别增长24.9%和26.1%。从总体看，总需求中的投资增长受到一定抑制。在市场需求的拉动下，国内各类商品和进口供给加快增长。2002年至2007年社会消费品零售总额年均增长17.1%，

进口商品年均增长60.5%。因此，在经济持续较快增长的过程中，供求总量关系并不是向供不应求的方向发展，而是向供求平衡甚至局部产能过剩的方向发展。因此，商品市场供求关系趋于协调。据商务厅对600种主要商品统计，供求基本平衡的商品占全部商品的比重由2002年的13.7%提高到2007年的18.1%；而供过于求的商品由86.3%下降到81%，长时间在市场上供不应求的商品已基本消失。

从表中可以看出，1997年亚洲金融危机后，固定资产投资增速减缓，到2003年前固定资产投资规模一直低于社会消费品零售总额规模。2003年开始固定资产投资规模超过社会消费品零售总额规模。

从我国经济运行的历史经验看，自从1985年以来，凡是社会消费品零售总额增速超过15%的年份，居民消费价格涨幅都是比较高的。同时，发生严重通货膨胀的年份都是投资和消费双膨胀的年份，最典型的是1988年和1994年。但是山西省与全国的经验正好相反。全国1988年全社会固定资产投资和社会消费品零售总额分别增长25.4%和27.8%，当年居民消费价格上涨18.8%。山西省1988年全社会固定资产投资和社会消费品零售总额分别增长1.4%和27.3%，当年居民消费价格上涨20.9%。全国1994年全社会固定资产投资和社会消费品零售总额年均增长30.4%，当年居民消费价格上涨24.1%。山西省1994年全社会固定资产投资和社会消费品零售总额分别增长15.0%和20.3%，当年居民消费价格上涨25.2%。全国2003年至2007年，虽然全社会固定资产投资增幅年均增长33.3%，但由于消费相对

平稳，社会消费品零售总额年均增长 16.7%，没有出现与固定资产投资相应的高速增长，因此这几年没有出现明显的通货膨胀。山西省 2003 年至 2007 年，全社会固定资产投资和社会消费品零售总额年均分别增长 36.7% 和 21.9%，固定资产投资和消费同时出现高增长，但也没有出现明显的通货膨胀，说明山西省市场物价主要是受全国影响，自身影响非常弱小。

从近五年的市场运行与物价变动看，虽然 2003 年以来社会消费品零售总额的名义增长率持续维持在高位，但扣除物价上涨因素，实际年均增长率基本稳定在 14%左右，价格的大幅度上涨与实物销售量的基本稳定同时并存，说明"买涨不买落"的消费行为并未在市场呈现，更没有出现市场抢购现象，表明居民消费心理和行为已趋于理性。

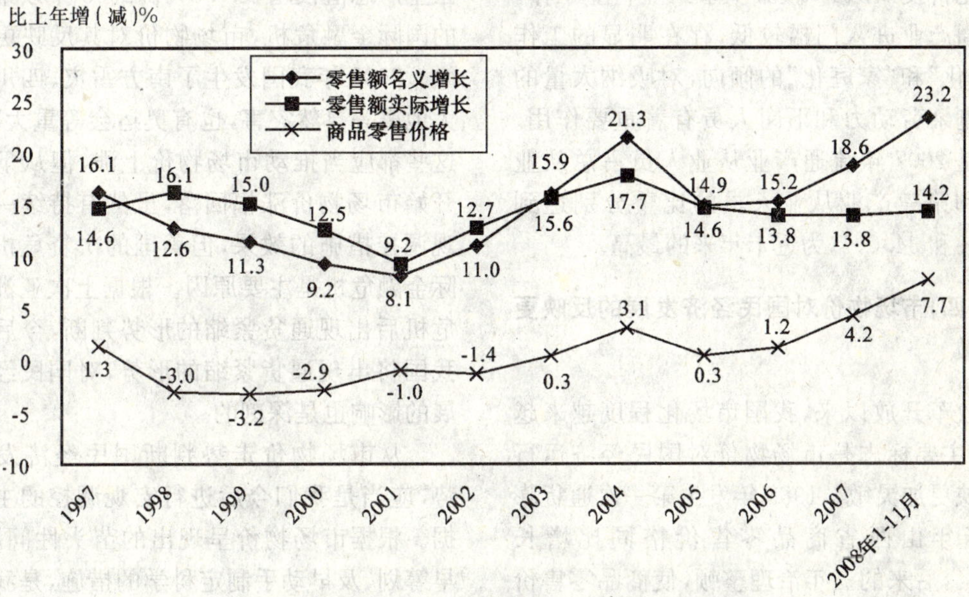

图 2　社会消费品零售总额名义与实际增长比较

(三)流通产业繁荣拉动经济增长

2002 年以来，流通产业的繁荣拉动了国民经济的快速增长。流通产业对 GDP 的贡献大小，可以通过流通产业所实现的产值占 GDP 的比重来衡量。从历史经验看，一个国家和地区流通产业增加值占 GDP 的比重高低，与该国的商品与服务的市场化程度及社会化、专业化生产水平有关。即商品与服务的市场化程度越高，社会化、专业化水平越高，流通产业对 GDP 的贡献也越大。虽然从 2005 年开始，流通产业增加值占 GDP 的比重有所下降，但是从下表中可以看出，山西省以煤炭为支柱的产业对国民经济的影响。1992 年至 1995 年流通产业增加值占 GDP 的比重在 8%—8.8%之间，正是这几年煤炭市场形势较好，GDP 增长率在高位运行时期。1996 年至 2001 年，流通产业的增加值占 GDP 的比重在 9.3%—9.9%之间，正是煤炭市场低迷时期，GDP 增速基本处于逐年下滑之势。2001 年煤炭市场开始复苏，特别是近几年来，煤炭、焦炭、钢铁价格猛涨，GDP 增速高位运行，而流通产业的增加值占 GDP 的比重呈下滑之势，但仍保持在 8.5%以上的比重，实属不易，充分说明在能源重工业生产形势大好、产品价格猛涨的形势下，流通产业也保持了繁荣的景象。

没有生产就没有流通，同样没有流通也就无法进行生产。因此，流通产业与第一、第二、第三产业具有显著的相关性，相关系数分别为 0.989、0.990、0.997，说明流通产业对三次产业都具有重要的推动作用。流通产业占第三产业的比重，从 2004 年开始提高，2004 年达到 24.0%。

流通产业对社会就业的贡献也非常大。随着城市化的发展，流通产业成为安排下岗人员和农村劳动力转移的主战场。因为，工业是一个专业化水平较高的行业，对就业人员的要求较高，而下岗人员和农村剩余劳动力文化科技知识少，较难从事工业行业工作。而流通产业进入门槛较低，存在明显的工作“个人化”和“家庭化”的倾向，对吸纳大量的农村剩余劳动力和下岗人员有着重要作用。特别是 2007 年流通产业从业人员占总从业人员和第三产业从业人员的比重分别达到 11.5%和 34.0%，为近十年来的最高。

(四)市场物价对国民经济发展的反映更加灵敏

改革开放以来，我国市场化程度越来越高，其主要标志是市场物价对国民经济运行的反映更加灵敏。1988 年发生第一次通货膨胀，当年山西省商品零售价格同比增长 21.0%，后来的三年治理整顿，使商品零售价格涨幅回落到了 1990 年和 1991 年的 2.1%和 3.9%，同时，地区生产总值也从 1988 年的 7.8%回落到 1990 年和 1991 年的 5.0%和 4.2%。1994 年发生第二次通货膨胀，当年山西省商品零售价格同比上涨 21.6%，虽然国家宏观措施使 1996 年的涨幅回落到了 6.2%，但是 1997 年发生的亚洲金融危机对市场物价的影响更为直接。1998 年我国南方发生的洪涝灾害应当推动物价上涨，但亚洲金融危机使得我国在 1997 年至 2006 年出现了通货紧缩，国民经济也随之波动，1999 年地区生产总值仅增长 7.3%。2008 年以来发生的国际金融危机，市场物价对其反映更加灵敏。2008 年我国发生了南方雪灾、四川汶川大地震等自然灾害，也有奥运会等重大事件，这些都应当推动市场物价上涨，但从下半年开始市场物价涨幅回落，虽然有持续一年宏观调控措施的效果，但美国的次贷危机和国际金融危机是主要原因。根据上次亚洲金融危机后出现通货紧缩的形势判断，今后几年我国将出现通货紧缩的形势，对国民经济发展的影响也是深刻的。

从市场物价走势判断国民经济发展态势，应当是我们今后进行宏观调控的主要依据。根据市场物价呈现出的苗头性问题，及早筹划，及早动手制定科学的措施，是我国国民经济又好又快发展的关键。

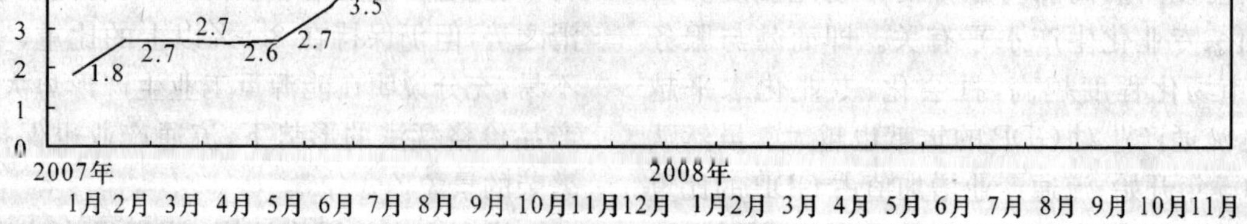

图 3　商品零售价格涨幅变化(%)

(五)2009 年的国内市场将相对保持繁荣

虽然由金融危机引发的世界经济动荡会不同程度地冲击国内市场,影响流通产业,但如前所分析,国内市场受金融危机的影响滞后 1—2 年,而且消费具有较强的稳定性。因此,预计 2009 年的国内市场仍将相对保持繁荣景象,考虑到 2009 年物价下跌的因素,社会消费品零售总额将增长 15%左右。在工业受到世界经济动荡影响较大的情况下,消费对经济的拉动作用将显现出来。

二、推动流通产业快速发展的原因

(一)国内消费市场特有的因素拓宽了消费需求的空间

近几年国内消费市场的繁荣与活跃,有其固有的推动因素和独特的拉动力,这些因素在 2008 年表现更为突出。

1. 政策因素—提升了消费能力,改善了消费环境

调整投资和消费的关系,一直成为近年来我国宏观调控的一个重点目标。近几年来,为推动消费,创造好的消费预期,在提升居民收入方面做出了诸多努力,尤其在增加社保投入,降低居民生活压力等方面出台了众多政策措施,效果不断显现。如实施"四减免、四补贴"等支农惠农政策,促进农民增收;中央财政安排补助资金 30 亿元在全国普遍建立农村最低生活保障制度;在 2006 年 29 个省(区、市)调整最低工资标准的基础上,再次在部分地区提高了最低工资标准,促进了低收入劳动者工资水平的有效增长。

近年来省财政不断加大社会保障和就业支出力度,2007 年达到 182.1 亿元,增长 34.5%。新增支出 20 亿元,较大幅度提高了城市低保、农村低保、农村五保、优抚对象、失业保险等事关民生的社会保障补助标准。2008 年 1—10 月份,社会保障和就业支出增长 38.3%,其中城市和农村居民最低生活保障分别增长 86.9%和 75.2%。

应该说,国家、山西省出台的一系列增收富民措施,对消费的拉动作用明显增大。据统计,2007 年城镇居民人均可支配收入增长 15.3%,增幅高于上年 2.8 个百分点;农村居民人均纯收入增长 15.2%,高于上年 5.2 个百分点,为改革开放以来最高增幅。收入水平的稳步提高,一方面直接对市场形成了较强的消费能力和购买力,为消费需求的快速增长提供了前提条件;另一方面提高了居民的抗风险能力,增强了对市场变化的经济承受力。

在居民收入增加的同时,为营造良好的消费环境,有关部门重点培育农村消费,大力促进城市消费,继续做好城市商业网点规划,整顿和规范市场秩序,并鼓励支持有条件的地区大型流通企业和中心商业街区展开消费和品牌推广活动。

另外,还扩大服务消费,培育消费热点,注重扩大住与行带动家具、家电、家装、家纺、家饰的相关消费;推动二手车消费,引导汽车消费升级。并推动循环消费,大力发展旧货流通,建立旧货从城市富裕家庭向贫困农民和城市低收入者流动的畅通渠道,形成梯次消费。

2. 人口及城市化进程加快促进了消费的增长

人口规模决定市场容量和消费潜力。一般来说,在不考虑收入状况的条件下,人口多的地区,其消费规模也较大。山西省每年新增人口 40 万人左右,约增加消费需求 25 亿元。

此外,近几年山西省城市化进程加快,也带动了消费增长。自 1996 年以来,人口增长方式发生根本转变,农村人口呈现负增长,城镇人口每年净增加约 40 万人,如按城乡居民消费水平的差额计算,每年约新增消费 16 亿元。2007 年城镇人口比重达到 44.0%,预计在 2010 年,城镇人口将超过农村人口。随着城市人口的增加,城市消费逐渐占据了主导地位，并逐渐得到稳固和加强。据测算，城市化率提高1个百分点，约拉动最终消费增长1.6个百分点。随着城市化进程的逐步推进，新增城市人口将进一步创造新的消费需求。

3. 社会集团消费对市场的助推力不断加大

从购买对象看，消费市场主要由居民个人和社会集团组成。改革开放以来，经济增长的加快，往往伴随着集团消费的快速增长。尤其是近几年，集团消费骤增，消费档次不断提高，办公用品更新换代速度大大加快。主要表现为行政机关、事业单位和社会团体加快了办公自动化建设步伐，添置和更新了大批量的计算机、复印机等办公设备和交通工具。不少单位还改善了办公条件和办公环境，加大了对装修、装潢等建材商品的需求。这些因素造成了社会集团消费在社会消费品零售总额的比重不断扩大，集团购买力对市场的快速发展起到重要的助推作用。

根据有关资料初步测算，1990—2002年，社会集团累计购买消费品的数量约占社会消费品零售总量的10.9%，但在增量中则占到14.1%。也就是说在社会消费品零售总量平均每年递增的9.2%中，有1.3个百分点是由于社会集团增加购买而带来的。初步测算，2003—2007年，集团消费品零售额约占社会消费品零售总额的比重为17%左右，约拉动零售总额增长2.3个百分点。

(二)结构升级产品销售增幅仍居高位，继续推动消费增长

在本轮消费加速增长周期中，引导城市消费高位增长的是与消费结构升级相关的住行类产品，汽车、住房以及相关消费需求大幅度增加延长了城市消费持续快速增长的周期，也拓展了城市消费大幅增长的空间。

2007年，住、行等用类商品销售增幅明显快于吃、穿类商品销售增幅。限额以上批发零售业吃、穿、用商品类零售额同比分别增长25.9%、25.5%和25.3%，扣除价格因素，食品类销量增长12.5%，与上年基本持平。在用类商品中零售额增长最快的前5位依次是：建筑及装潢材料类增长43.6%，家具类增长43.2%，金银珠宝类增长41.7%，汽车类增长36.9%，家用电器和音像器材类增长23.4%。从目前市场销售情况看，以汽车、家用电器、化妆品和金银珠宝等为代表的现代生活用品销售快速增长，在消费品零售额中的比重明显上升，对零售总额的贡献率提高。

(三)居民消费信心指数走高对消费起到一定作用

经济持续高增长、收入水平提高、人民币升值以及中国在世界经济中的地位提高，居民对未来预期看好，成为消费者信心持续走高的主要支撑因素；各级政府加大了社会保障的投入，更加致力于解决教育、医疗、住房等民生问题，消费信心增强，消费需求不断增长。这些因素促进了山西省消费者信心的持续走高。

(四)农村市场的升温对新增消费的贡献不断扩大

多年来，山西省消费需求增长缓慢，与农村市场启而不动密切相关。最近几年消费需求持续快速增长，在很大程度上缘于农村消费增速不断加快，2007年农村消费增幅加快尤为突出，推动了整体消费的快速增长。

2007年城市消费品零售额比上年增长19.1%，加快2.9个百分点；县及县以下零售额增长17.9%，加快3.2个百分点。城乡居民消费增幅进一步缩小，增速差距由2006年的2.8个百分点缩小到2007年的1.2个百分点。农村市场对社会消费品零售总额增长的贡献率，由2005年的29.7%提高到2007年的30.7%，拉动消费品零售总额增长由3.8个百分点提高到5.2个百分点。

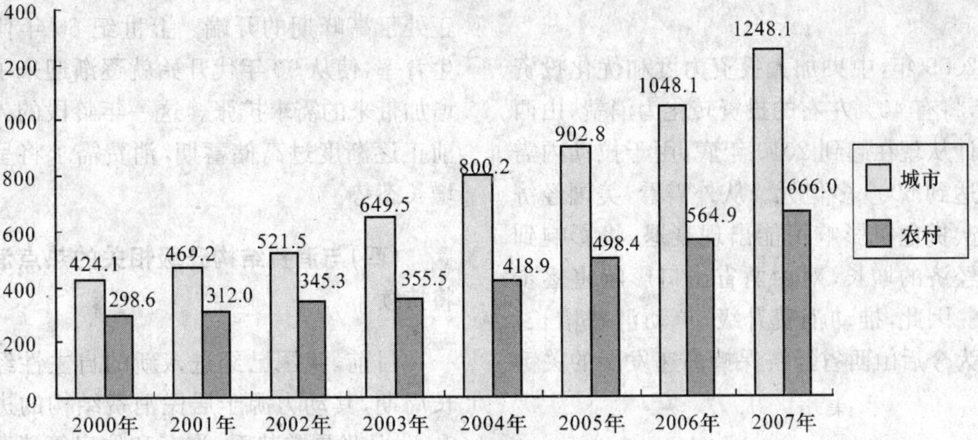

图4　2000—2007年城乡市场消费品零售额发展情况

(五)人民币升值和进口商品增加对国内消费市场的影响加大

自2005年人民币实行汇改以来，人民币一直呈现升值态势，2007年以来，人民币汇率总体呈现“加速升值”的特征，人民币对美元汇率升值幅度超过6%，人民币升值以后，表明同等数量的货币单位的购买力相应提高，有助于提高国民的整体购买能力。一方面提高国内金融资产的相对市场价格，使国内居民获得更大的财富效应，提升购买力，进而刺激国内的消费需求；另一方面使进口商品的价格相对下降，出境旅游、购买进口商品等变得相对地便宜，这些都刺激了居民的消费。

三、消费需求继续快速增长具有可持续性

20多年来，我国经历了三次消费高峰，第一次在1984—1989年，第二次消费高峰在1992—1997年，第三次消费高峰在2002—2007年，目前进入了消费低峰的拐点，但消费需求具有可持续性，不会一下出现大起大落。起始于2002年的本轮经济景气周期，距今已有近6年的时间，而居民消费需求在2004年以后才启动并升温。这表明消费需求增长要滞后于经济增长一年左右。从我国经济的运行规律和发展趋势分析，消费需求将逐渐充当推动经济发展的主要动力，中长期快速增长具有可持续性。随着扩大内需政策措施的实施，城乡居民购买力和抗风险能力将得到增强，必将带动消费结构升级和消费热点转换，未来几年消费需求增长率会有一定回落，但持续保持较快的增长态势不会改变。

支撑2009年和今后几年消费需求可持续增长有几大因素：

(一)国家长期坚持扩大内需，鼓励消费的方针政策力度加大，消费有望在经济增长中发挥更大的作用

10多年来中国发展经历了两次外部冲击。一次是1997年亚洲金融危机，一次是当前的全球金融危机，与发达国家相比，本次危机对中国的影响相对较小，主要表现在外部需求下降，对山西省来讲，影响更小，因为我们的外向度很小，2007年的外贸依存度仅为14.0%。比全国低48.8个百分点，再加上山西省市场化程度低，当今的全球危机对山西省国内市场冲击小于发达省市。中央经济工作会议在部署2009年经济工作时，强调要立足扩大国内需求保持经济较快增长。国内生产能力，要通过扩大最终消费需求，带动中间需求，有效吸收和消化，将促进房地产平稳健康发展，拉动建材及家电、家居用品等产品的

增长。因而消费需求持续增长的势头不会逆转。

2009年,中央加大投资力度和优化投资结构,将有40%左右的投资转化为消费,山西省预计从现在起到2010年底,用于拉动内需资金达到6000多亿元。从外需看,美国经济受到次贷危机影响可能出现衰退,将影响到全球经济的增长,对山西省出口影响将逐步显现。因此,推动消费升级,拉动消费增长,将成为今后山西省经济保持高速发展的关键因素。

(二)扩大内需将有效提高居民购买力,支撑消费需求的持续增长

为应对国际金融危机,2008年11月5日中央出台了一系列扩大内需政策措施,未来两年投资将达到4万亿元,这将为我国经济保持长期稳定增长打下基础,对于提高我国经济发展的质量具有重要意义。山西省是全国能源重化工基地,国家为了满足下游产品的发展,必然加大对山西省的投资力度,因此,山西省国民经济较快增长势头不会改变,企业盈利水平将会逐步稳定,有助于生产和消费形成良性循环,支持消费扩大。

一方面,城乡居民收入前景依然乐观。提高离退休人员养老金标准、最低工资标准和失业保险金标准,增发低保对象临时补贴以及上调个人所得税起征点,都将提高居民实际可支配收入。另一方面,消费者心理将大为改善,从而将促使居民提高消费率。随着全省范围内免收学费,医疗保障、保障性住房等社会保障性措施的逐步到位,城镇居民后顾之忧将得到缓解。

(三)人口结构决定了消费潜力的空间

人口是推动消费需求增长的重要因素。中国是人口大国,巨大的人口红利,将使消费从2008年开始进入黄金时代。根据国际经验,个人消费支出的高峰期一般在40—50岁左右,这也意味着,2010年前后10年将是我国消费增长最快的时期,现阶段的消费增长正处于高峰期的开端。上世纪60年代的高生育率,使从90年代开始就逐渐迎来了人口增加带来的需求扩张。这一年龄段的人口目前正逐渐度过高储蓄期,消费需求将呈快速增长态势。

(四)与消费结构升级相关的热点消费仍将持续

目前,我国已经进入新的自主性经济增长周期,其动力源于居民消费结构的进一步升级,从发展趋势看,汽车和住房等消费升级产品仍将保持较快增长。

一是汽车与住房对经济的拉动力方兴未艾。随着消费升级,汽车进入家庭已经成为一个不可逆转的趋势。2007年我国千人拥有汽车大约为30辆,山西省为27.5辆,远低于世界平均水平(120辆/千人)。预计到2010年,山西省汽车销量的年均增速将在15%左右,私人汽车将达到200万辆,轿车年销量将突破30万辆。

二是房地产业能否健康发展,对整个经济增长的影响越来越大。未来住房将是消费结构升级的重点。此外住房、轿车带动的消费升级力度带动对家电、纺织品、家具、五金电料等商品的需求扩张。

三是山西省经济正处于城市化、工业化发展初期,未来10—15年将是山西省经济重要的发展机遇期,这一阶段,整个经济总量和规模将上一个新的台阶。因此,未来10多年将是消费的黄金时期,发展空间十分巨大。目前医疗、文化、体育、娱乐、旅游、餐饮、家政、物业管理等消费,不仅所占比重偏低,而且产品与市场十分狭小,也预示着居民消费在这方面具有巨大的增长空间。

(五)保障农产品有效供给,促进农民持续增收,有利于农村市场的繁荣

中央经济工作会议确定明年经济工作点任务之一,就是要巩固和发展农业农村经济好形势，保障农产有效供给，大幅度增加对“三农”的投入，最大限度拓展农村劳动力就业渠道和农村内部增收空间。随着财政对农业补贴数量增大、进度提前，有利于农民消化农资涨价因素，而国家继续实行农产品最低保护价收购政策，有利于农民务农收入的增长。农民增收前景看好，将有力促进农民消费的增长。

(六)加快城市化进程将成为消费扩张的动力

据测算，目前1个城镇居民的消费水平大体相当于3个农民的消费；城市化率提高1个百分点，就会有100—120万人口从农村到城市，由于城市人口的消费是农村的2.7—3倍，约拉动最终消费增长1.6个百分点。今后几年山西省城市化将会进一步加快，将带动周边农村消费品市场的发展。此外，农民进城打工将进一步推动农村人口向城镇地区转移，这将促进部分农村居民消费观念和消费方式的转变，推动其消费增长和消费结构变化。

(七)消费国际化的潜力巨大

经济全球化必然带来消费全球化。随着我国对外开放不断扩大，“引进来”与“走出去”不断增加，国外主要是发达国家的消费理念、消费方式和消费文化快速地传递到我国，对我国消费产生直接间接的影响，包括商品消费、服务消费、文化消费。发达国家的节能消费、环保消费也会对我国消费的影响日益增大。这些都加快了山西省国内消费与国外消费的融合，消费国际化已经成为扩大、提升国内消费的重要引擎和途径，蕴涵的消费潜力不可低估。

从以上分析可看出，山西省消费需求仍将保持快速增长趋势，2009年消费的实际增长速度仍将保持在15%以上，仍维持正常的消费水平。相对于投资需求而言，我国消费需求的增长还有巨大的上升空间，城乡居民的消费潜力仍然十分可观；相对于政府消费而言，居民消费有很大的增长潜力；相对于城市而言，农村消费市场有很大的发展空间。然而，在全面建设小康社会，以人为本，努力构建和谐社会的时期，大力提升消费需求的拉动作用，仍然有经济发展不平衡、收入差距拉大、社会保障体制不健全等制约因素，需要采取措施，从根本上加以解决。

四、政策建议

山西省经济连续几年高速增长，并将这种高增长成功地由从生产领域扩大到消费领域，城乡居民分享到经济快速增长的成果，这是我们发展经济的目的。但这只是阶段性成果，目前山西省消费率依然偏低，消费对经济增长的贡献率仍然低于投资的贡献率，农村消费全面升温的基础还不稳定。

因此，2009年要全面贯彻中央经济工作会议精神要求的立足扩大内需保持经济平稳较快增长的要求，在实际工作中，注意维护消费者特别是低收入基层的利益，强化收入预期和弱化支出预期，确定灵活的价格机制，给消费者创造敢于消费、愿意消费和可持续消费的良好环境。扩大内需已成为山西省经济又好又快发展的战略性问题，虽然要保持消费持续快速增长非一日之功，但必须采取措施，从根本上促进经济增长方式的转变。

具体说，在政策调控上应关注以下几方面：

(一)加大收入分配的改革力度，努力提高中低收入居民的消费能力

1. 要提升消费能力。这就要把“富民优先”的理念直接体现到提高居民的货币收入上，继续想方设法大力增加居民收入，增强低收入居民的购买力和抗风险力。在财政收入大幅度增长的情况下，一方面要考虑降低相关税收的税负以“藏富于民”，重视建立保护弱势群体的收入再分配政策。另一方面通过增加社会福利支出的方式，从经济建设型向公共服务型转变，更多地关注教育、社会保障、公共卫生等民生问题，从而提高社会弱势群体的消费能力。

2. 完善社会保障制度要优先考虑低收入群体。由于低收入群体的数量庞大，消除他们消费的后顾之忧，将有利于刺激和扩大我国的消费增长。应考虑建立对低收入阶层补贴的长效保障机制，把补贴制度长期化、规范化，让那些真正需要帮助的低收入者能及时得到政府的补贴资助。这是在扩大消费，创建和谐社会时需要考虑的一个问题。

3. 增加农民收入，加大扩大农村消费力度。不仅要进一步提高农民的收入水平，而且还要拓展农村的消费力度。尤其是要将适合于农村消费的产品送到农村，以此来有效地刺激和扩大农民的潜在消费欲望，并提升农民的即时消费水平。

(二)提倡可持续消费、理性消费、科学消费

为了促进经济可持续发展，必须实现消费的可持续发展，关注消费方式的变革，而要实现消费可持续发展，就必须对消费进行调控与引导、对现行消费模式进行改变或转换。下一步应将继续扩大内需、鼓励消费的政策与可持续发展战略结合起来，鼓励可持续消费。从人口、资源、环境可持续发展的角度来鼓励消费，使消费规模的快速增长不会构成对人口、资源、环境的损害。因此，提倡可持续消费、理性消费、科学消费，实现消费与人口、资源、环境的协调发展，才能实现可持续消费，促进经济可持续发展。

总体来看，调整经济结构、拉动消费、扩大内需是保持经济又好又快发展的长久之策和立足之本。尤其是在全球经济不确定因素增多的大背景下，坚持扩大内需的战略具有极其重要的意义。尽管促进经济增长由主要依靠投资、出口拉动向依靠消费、投资、出口协调拉动转变，非一日之功，还有许多工作要做，但这是确保经济健康快速可持续发展的根本之路，必须想方设法使消费这驾马车跑起来，与投资、出口一起跑得更快更好。

附：

表1 社会消费品零售总额、全社会固定资产投资、进口额、出口额比较

年 份	社会消费品零售总额		全社会固定资产投资		进口额		出口额	
	绝对量(亿元)	增 长(%)	绝对量(亿元)	增 长(%)	绝对量(亿元)	增 长(%)	绝对量(亿元)	增 长(%)
1997	528.1	16.1	398.4	19.5	21250	8.3	113382	16.1
1998	594.6	12.6	534.7	34.2	21792	2.6	89321	−21.2
1999	661.8	11.3	575.4	7.6	44799	105.5	83940	−6.0
2000	722.7	9.2	625.2	8.7	52751	17.8	123687	47.4
2001	781.2	8.1	708.4	13.3	47274	−10.4	146824	18.7
2002	867.1	11.0	838.3	18.3	64980	37.5	166194	13.2
2003	1005.0	15.9	1116.4	33.2	81818	25.9	226599	36.3
2004	1210.1	21.3	1477.7	32.4	134685	64.6	403489	78.0
2005	1401.2	14.9	1859.4	25.8	201726	49.8	352871	−12.5
2006	1613.4	15.2	2321.5	24.9	248749	23.3	414030	17.3
2007	1914.1	18.6	2927.2	26.1	503751	102.5	653296	57.8
1—11月	2145.4	23.2	2560.9	26.4	489196	9.0	880439	51.6

表 2 社会消费品零售总额、全社会固定资产投资、居民消费价格比较(%)

年 份	社会消费品零售总额增速		全社会固定资产投资增速		居民消费价格涨幅	
	全 国	山 西	全 国	山 西	全 国	山 西
1988	27.8	27.3	25.4	1.4	18.8	20.9
1994	30.4	20.3	30.4	15.8	24.1	25.2
1997	10.2	16.1	8.6	19.5	2.8	3.1
1998	6.8	12.6	13.9	34.2	−0.8	−1.4
1999	3.8	11.3	5.1	7.6	−1.4	−0.4
2000	9.7	9.2	10.3	8.7	0.4	3.9
2001	10.1	8.1	13.1	13.3	0.7	−0.1
2002	11.8	11.0	16.9	18.3	−0.8	−1.6
2003	9.1	15.9	27.7	33.2	1.2	1.8
2004	13.3	21.3	26.6	32.4	3.9	4.1
2005	12.9	14.9	26.0	25.8	1.8	2.3
2006	13.7	15.2	23.9	24.9	1.5	2.0
2007	16.8	18.6	24.8	26.1	4.8	4.6
1—11 月	21.9	23.2	27.0	26.4	6.3	7.7

表 3 GDP 与流通产业发展情况(1992—2007 年)

单位:亿元、%

年 份	GDP		流通产业增加值		流通产业增加值占 GDP 比重
	绝对量	增长率	绝对量	增长率	
1992	551.1	12.5	44.3	21.1	8.0
1993	680.4	13.1	54.4	16.3	8.0
1994	826.7	10.3	72.3	17.1	8.6
1995	1076.0	12.0	94.6	13.5	8.8
1996	1292.1	11.8	120.5	15.8	9.3
1997	1476.0	11.3	137.7	12.4	9.3
1998	1611.1	9.9	152.5	12.2	9.5
1999	1667.1	7.3	160.2	9.8	9.6
2000	1845.7	9.4	180.2	12.1	9.8
2001	2029.5	10.1	201.7	12.8	9.9
2002	2324.8	12.9	226.2	15.2	9.7
2003	2855.2	14.9	258.2	13.8	9.0
2004	3571.4	15.2	325.7	16.3	9.1
2005	4179.5	12.5	370.6	15.7	8.9
2006	4752.5	11.8	408.6	11.5	8.6
2007	5733.4	14.4	485.1	13.5	8.5

注:流通产业主要指批发、零售和住宿、餐饮业。

表 4 批发零售行业税收情况

单位:亿元

2000 年	2001 年	2002 年	2003 年	2004 年	2005 年	2006 年	2007 年
22.3	32.5	41.8	53.3	57.6	81.2	97.7	128.1

表5　流通产业与第一、二、三产业相关系数(1991—2007年)

	第一产业	第二产业	第三产业	流通产业
第一产业	1	0.981**	0.980**	0.989**
第二产业	0.981**	1	0.996**	0.990**
第三产业	0.980**	0.996**	1	0.997**
流通产业	0.989**	0.990**	0.997**	1

注:**表示在显著水平为0.01的情况下显著相关(双层)。

表6　第三产业增加值与流通产业增加值比较

单位:亿元、%

年　份	第三产业增加值	流通产业增加值	流通产业占第三产业比重
1997	576.6	137.7	23.9
1998	642.6	152.5	23.7
1999	721.7	160.2	22.2
2000	807.5	180.2	22.3
2001	902.4	201.7	22.4
2002	992.7	226.2	22.8
2003	1176.7	258.2	21.9
2004	1375.7	325.7	23.7
2005	1563.9	370.6	23.7
2006	1727.4	408.6	23.7
2007	2025.1	485.1	24.0

表7　流通产业就业对社会的贡献

单位:万人、%

年　份	总从业人员	第三产业从业人员	流通产业从业人员	占总从业人员比重	占第三产业从业人员比重
1997	1439.4	374.4	123.1	8.6	32.9
1998	1398.3	380.6	118.9	8.5	31.3
1999	1402.2	402.1	119.1	8.5	29.6
2000	1392.4	376.3	114.0	8.2	30.3
2001	1399.5	390.5	116.2	8.3	29.8
2002	1403.3	393.2	118.9	8.5	30.2
2003	1469.5	458.7	147.1	10.0	32.1
2004	1474.6	454.5	135.6	9.2	29.9
2005	1500.2	472.7	153.9	10.3	32.6
2006	1561.2	505.8	164.5	10.5	32.5
2007	1595.7	537.5	182.6	11.5	34.0

表 8　1990—2007 年城乡居民收入变化表

年　份	GDP 增长率	城乡居民家庭人均年收入(元)					
		农村(元)	增长率	城镇(元)	增长率	城乡居民储蓄存款(亿元)	增长率
1990	5.0	603.5	17.4	1290.9	9.8	231.3	34.5
1991	4.2	567.9	−5.9	1410.2	9.2	291.6	26.1
1992	12.5	627.0	10.4	1622.8	15.2	363.7	24.7
1993	11.6	718.3	14.6	1957.5	20.6	460.3	26.6
1994	8.9	884.2	23.1	2565.7	31.2	616.0	33.8
1195	10.5	1208.3	36.7	3301.9	28.9	844.5	37.1
1996	10.3	1557.2	28.9	3702.7	12.0	1073.8	27.2
1997	9.8	1738.3	11.9	3989.9	7.8	1236.8	15.2
1998	8.4	1858.6	6.9	4098.7	2.7	1437.1	16.2
1999	5.1	1772.6	−4.6	4342.6	6.0	1614.4	12.3
2000	7.7	1905.6	7.5	4724.1	8.8	1748.4	8.3
2001	8.4	1956.1	2.7	5391.1	14.1	1979.7	13.2
2002	11.7	2149.8	9.9	6234.4	15.6	2307.3	16.6
2003	13.2	2299.4	7.0	7005.0	12.4	2781.5	20.6
2004	14.1	2589.6	12.6	7902.9	12.8	3394.7	22.0
2005	12.5	2890.7	11.6	8913.9	12.8	4168.4	21.3
2006	11.8	3180.9	10.0	10027.7	12.5	4796.2	16.4
2007	14.2	3665.7	15.2	11565.0	15.3	5422.4	13.1

表 9　2005 年和 2007 年中部各省社会消费品零售总额

省　份	零售额(亿元)		较上年增长(%)		人口数(万人)		人均零售额(元)	
	2005 年	2007 年	2005 年	2007 年	2005 年	2007 年	2005 年	2007 年
全　国	67176.6	89210	12.9	16.8	129988	132129	5168	6751.7
中部地区	13184.1	17983.4	14.2	18.3	35202	35293	3745.3	5095.5
山　西	1401.2	1914.1	14.9	18.6	3355	3393	4176.5	5641.3
湖　南	2459.1	3356.5	14.4	18.4	6326	6355	3887.3	5281.7
河　南	3358	4597.5	14.3	18.5	9380	9360	3580	4911.9
湖　北	2964.6	4028.5	13.2	18.1	5710	5699	5192	7068.8
江　西	1236.2	1683.1	15	17.9	4311	4368	2867.5	3853.3
安　徽	1765	2403.7	13.3	18.4	6120	6118	2884	3928.9

表10　1990—2007年城乡居民消费状况表

单位:亿元,%

年　份	GDP	居民消费	居民消费率	政府消费	政府消费率	固定资本形成	投资率
1990	429.3	191.5	44.6	68.4	15.9	117.3	27.3
1991	468.5	218.1	46.6	66.0	14.1	144.4	30.8
1992	555.1	263.0	47.4	79.1	14.3	175.5	31.6
1993	680.4	333.2	49.6	85.4	12.7	242.6	36.1
1994	826.7	378.6	47.0	116.4	14.5	290.9	36.1
1195	1076.0	486.5	47.0	140.7	13.6	314.1	30.4
1996	1292.1	581.4	47.4	173.1	14.1	351.1	28.6
1997	1476.0	620.5	44.9	232.0	16.8	434.1	31.4
1998	1611.1	579.3	39.0	212.0	14.3	562.0	37.8
1999	1672.1	584.4	38.8	272.7	18.1	605.4	40.2
2000	1845.7	651.8	39.7	294.2	17.9	657.6	40.0
2001	2029.5	727.7	40.8	318.6	17.9	723.0	40.6
2002	2342.1	841.0	41.6	343.0	17.0	855.7	42.4
2003	2855.2	969.3	39.5	404.9	16.5	1113.2	45.3
2004	3479.3	1220.0	35.1	480.1	13.8	1479.5	42.5
2005	4103.3	1395.7	34.0	559.5	13.6	1897.4	46.2
2006	4785.9	1629.6	34.1	622.3	13.0	2345.6	49.0
2007	5731.0	1869.6	32.6	717.0	12.5	2909.6	50.8

注:本表固定资本形成中不包括存货增加

表11　2000—2007年城镇居民家庭平均每百户年末耐用消费品拥有量

品　　名	2000年	2005年	2006年	2007年
洗衣机(台)	93.44	99.77	102.06	102.35
电风扇(台)	80.49	82.95	83.86	
电冰箱(台)	75.95	87.08	88.62	89.86
微波炉(台)			26.92	29.32
电炊具(台)			50.28	
彩色电视机(台)	107.17	113.69	114.99	113.07
录放像机(台)	12.36	12.07	12.58	
组合音响(套)	17.26	17.19	17.24	17.89
空调器(台)	4.34	25.59	28.79	28.9
照相机(架)	33.63	35.2	36.31	34.03
摩托车(辆)	21.34	26.23	26.69	30.87
家用电脑(台)	6.23	30.16	35.24	39.1
移动电话(部)	8.09	109.7	122.52	127.39
家用汽车(辆)		3.13	4.01	4.66

表 12　2000—2007 年农民家庭平均每百户耐用消费品拥有量

品　　名	2000 年	2005 年	2006 年	2007 年
电风扇(台)	47.43	58.19	59.14	
洗衣机(台)	5171	69.29	69.52	76.28
摩托车(辆)	25	39.29	53.9	55.7
微波炉(台)		0.29	1.86	1.81
黑白电视机(台)	41.05	21.86	10.52	10.29
彩色电视机(台)	63.48	82.33	98.38	102.05
空调机(台)	0.29	1	1.86	4.43
照相机(架)	2.57	4.81	5.05	4.62
电冰箱(台)	10.33	14.43	17.57	22.71
影碟机(台)	0.05	16.67	25.05	27.1
电话机(部)	16.1	50.29	72.14	76.33
移动电话(部)		27.52	51.76	66.76
组合音响(台)	6.05	8.29	9.43	
家用电脑(台)		0.57	1.38	3.43
生活用汽车(辆)		0.33	0.67	0.86

表 13　山西省和全国居民消费率情况(%)

年　份	山　西	全　国	年　份	山　西	全　国
1990	44.6	49.0	1999	38.8	48.8
1991	46.6	47.6	2000	39.7	48.6
1992	47.4	46.8	2001	40.8	48.0
1993	49.6	45.4	2002	41.6	47.0
1994	47.0	45.5	2003	39.5	45.2
1195	47.0	46.9	2004	36.6	41.4
1996	47.4	48.1	2005	34.0	36.8
1997	44.9	47.5	2006	34.1	36.3
1998	39.0	47.3	2007	33.6	35.3

表 14 山西省和全国城乡居民平均消费倾向

单位:%

年 份	山 西		全 国	
	城 镇	农 村	城 镇	农 村
1990	0.81	0.81	0.85	0.85
1991	0.83	0.87	0.86	0.88
1992	0.80	0.79	0.83	0.84
1993	0.80	0.83	0.82	0.84
1994	0.80	0.76	0.82	0.83
1995	0.80	0.77	0.83	0.83
1996	0.82	0.75	0.81	0.82
1997	0.80	0.66	0.81	0.77
1998	0.80	0.57	0.81	0.74
1999	0.81	0.59	0.79	0.71
2000	0.83	0.61	0.80	0.74
2001	0.77	0.63	0.77	0.78
2002	0.75	0.63	0.78	0.74
2003	0.73	0.62	0.77	0.74
2004	0.72	0.63	0.76	0.74
2005	0.71	0.65	0.76	0.76
2006	0.72	0.71	0.74	0.79
2007	0.70	0.73	0.73	0.78

表 15 山西省和全国城乡居民边际消费倾向

单位:%

年 份	山 西		全 国	
	城 镇	农 村	城 镇	农 村
1985—1990	0.74	0.88	0.79	0.93
1990—1995	0.79	0.73	0.82	0.82
1995—1998	0.79	0.20	0.70	0.50
1999—2004	0.61	0.72	0.72	0.84
2005	0.68	0.80	0.71	0.86
2006	0.74	1.29	0.60	0.82
2007	0.61	0.89	0.64	0.71

（山西省统计局贸易外经处）

拓展消费空间　释放需求潜能

——安徽省消费需求运行情况的分析与思考

消费是"三驾马车"中拉动经济增长的原动力，扩大消费需求是提高经济增长质量、实现经济可持续发展的重要条件。十七大报告明确指出"坚持扩大国内需求特别是消费需求的方针，促进经济增长由主要依靠投资、出口拉动向依靠消费、投资、出口协调拉动转变"。近年来，安徽省认真贯彻落实国家宏观调控政策，积极扩大消费需求，大力开拓城乡市场，努力培育消费热点，全省消费品市场持续、稳定、快速、健康发展，为促进经济发展、提高人民生活水平发挥着越来越重要的作用。

一、扩内需，消费品市场又好又快发展

在国家和省一系列扩大内需、促进消费的宏观调控政策措施的积极作用下，安徽省消费品市场呈现持续加快发展态势，消费需求规模不断扩大，农村市场潜力逐步释放，餐饮业蓬勃发展，消费热点持续升温，消费结构升级加快。

从规模看，社会消费品零售总额跃上新台阶。全省社会消费品零售总额于1999年首次跨上千亿元台阶后，发展规模不断扩大，2006年又攀上2000亿元平台，2008年又接近3000亿元规模，为2965.5亿元，是2005年的1.7倍，年均增长18.9%，高于"十五"年均增幅8.5个百分点。其中2008年增长速度达23.4%，创近12年最好水平。2009年以来，安徽省消费品市场延续了近年来良好的发展态势，前7个月社会消费品零售总额1891.8亿元，同比增长18.6%，增幅高于全国同期3.6个百分点，居全国第12位、中部第3位；若扣除价格因素，零售额增长20.8%，高于上年同期7.1个百分点。

近年社会消费品零售总额及增幅

指　标	2005年	2006年	2007年	2008年	2009年1—7月
全省零售额(亿元)	1765.0	2029.4	2403.7	2965.5	1891.8
全省增长(%)	13.3	15.0	18.4	23.4	18.6
全国增长(%)	12.9	13.7	16.8	21.6	15.0

从区域看，城乡市场共同繁荣。2006至2008年，全省城市市场零售额年均增长19.8%，高于"十五"增幅6.5个百分点；农村市场零售额年均增长17.8%，高于"十五"增幅10.3个百分点。其中，农村市场消费潜力正在释放，市场消费明显升温，发展步伐不断加快，2008年增幅达到23%，创12年以来新高；与城市的发展差距由"十五"的5.8个百分点缩小为近3年的2个百分点。2009年以来，农村市场发展步伐继续快于城市，前7个月增长快于城市0.7个百分点。城市消费一头热的状况正在改变。

从行业看，住宿餐饮业蓬勃发展。随着人们生活水平的提高和消费观念的转变，加之消费品位和服务层次逐步提升，住宿餐饮市场发展不断壮大，已成为消费市场中发展

最快的行业，拉动了全省消费品市场的快速发展。2006－2008年，全省住宿餐饮业零售额年均增长21.6%，高于全部消费品零售额增幅2.7个百分点。2009年前7个月，住宿餐饮业零售额277.3亿元，同比增长22.6%，拉动消费品零售额增长3.2个百分点。

从企业看，限额以上企业增势强劲。安徽省限额以上批发和零售企业凭借自身资源、规模和信誉优势，开展特色经营，集聚城乡购买力，市场优势进一步显现。2006－2008年，限上企业零售额年均增长27.6%，高于全部消费品零售额增幅8.7个百分点；占社会消费品零售总额的比重由2005年的19.1%上升到2008年的25.2%。2009年前7个月，限额以上批零业实现零售额524.2亿元，同比增长20%，比全部消费品零售额增幅高1.4个百分点。

从营销方式看，多种业态竞相发展。近年来，随着国际零售巨头的不断入驻及国内大型零售商的抢滩，安徽省商业组织形式和经营方式日新月异，新型商业业态竞相发展。2008年，全省限额以上批发零售和餐饮企业连锁经营门店总数达到7508个，实现社会消费品零售额508.3亿元，比上年增长37.3%；占社会消费品零售总额的比重达17.1%。与此同时，商品交易市场充分发挥积聚效应，逐步走向专业化、规模化，促进消费的作用不断增强。2008年，全省亿元以上商品交易市场125个，总成交额达1205亿元。

从消费热点看，结构升级明显加快。近年来，安徽省居民消费结构升级明显加快，体现生活质量提升的汽车、住房装修、文化娱乐消费等已成为新的消费热点。2006－2008年，全省限额以上批发零售企业主要商品零售额中，年均增速较快的是汽车类(39.6%)、金银珠宝类(36.7%)、化妆品类(31.5%)、建筑及装潢材料类(29.9%)、家具类(25.9%)和体育、娱乐用品类(23.1%)。其中汽车消费快速增长，2008年零售额达121.5亿元，为2005年的2.7倍；占零售总额的份额由2.5%上升到4.1%，拉动消费品零售额增长由0.9个百分点提高到1.4个百分点，成为消费品中带动作用最强的商品。

二、调结构，消费、投资协调发展面临挑战

近年来，安徽省消费需求的不断扩大对经济快速增长做出了重要贡献。但由于在工业化、城市化推进过程中对投资的过分依赖，特别是还存在一些消费需求扩大的制约因素，从而影响了消费与投资的协调发展。

一是最终消费率持续走低。近年来，安徽省按支出法计算的GDP中，最终消费总量不断上升，按现价计算，2000－2007年均增长10.8%。与此同时，资本形成增长加快，尤其是2002年开始进入新一轮经济增长周期后，资本形成总额增势更为强劲，年均增幅达17.7%，高于消费增幅6.9个百分点，导致消费率持续走低，由2000年的64.1%下滑到2007年的54.1%，虽仍高于投资率，但优势已由28个百分点缩小为7.7个百分点；消费对经济增长的贡献率下滑到2007年的47.6%，而投资的贡献则达到54%，处于主导地位。

二是居民收入偏低、差距拉大。消费是收入的函数，居民收入水平决定着消费的支付能力。近年来，安徽省居民收入未能随着经济的快速增长而得到相应的增长。2001－2008年，安徽省农民人均纯收入年均增长10.2%，城镇居民人均可支配收入年均增长11.9%，分别比按现价计算的GDP增长速度低4.8和3.1个百分点。2008年，城乡居民收入只分别相当于全国的82.3%和88.3%，城乡居民收入水平偏低，直接造成了居民消费底气不足，即期消费下降，从而抑制最终消费率上升。

城乡居民收入差距扩大影响农民消费需求的提高。全省城乡居民收入之比已由2000年的2.7∶1扩大到2008的年3.1∶1，远高

于国际上 1.6：1 的一般水平。若考虑到城镇居民的福利性收益和农民的实物性收入、扩大再生产支出等，城乡实际差距更大。此外，居民内部收入差距扩大也抑制了低收入居民消费需求。2008 年，全省城镇居民最高收入组与最低收入组之间的收入比由 2000 年的 5.1:1 扩大到 6.7:1，40%的城镇居民人均收入不到全省平均水平的 60%，这就造成大量低收入阶层有消费欲望但缺少消费能力，消费需求受阻。

三是居民储蓄倾向过高。从宏观来看，即期消费和储蓄之间存在此消彼长的关系，居民储蓄率过高必然会抑制消费，造成消费需求不足。由于教育、医疗、住房、养老改革及社会保障制度的不健全，加之资本市场效率低、预期收入不佳等原因，居民储蓄一直较快增长。上世纪 90 年代以来，全省城乡居民人民币储蓄余额一直保持两位数增幅，2008 年为 24.2%，绝对额突破 5000 亿元，达 5647.5 亿元。近年来，总储蓄率在 45% 以上，远高于世界平均储蓄率 20%的水平，也高于具有高储蓄传统的新兴工业化国家(地区) 30%左右的储蓄率。高储蓄率是一把双刃剑，虽然为经济发展提供了重要的资金来源，但又潜伏着巨大的隐患，制约着消费需求快速增长。

四是消费的市场环境有待改善。随着吃穿用等生存型消费的基本满足，居民消费结构正在向享受型和发展型消费升级。这就需要有相应的体制性条件和消费环境。万元级、十万元级消费品的出现，需要有方便的消费信贷。改善居住环境，提高用于住房消费的支出在消费支出中的比重，需要建立完善的房地产市场。随着市区房价的提升，很多人愿到郊区居住，但又受到郊区的交通、教育、医疗等条件的限制。轿车已开始进入居民家庭，许多人具有购买能力和愿望，但又惧于使用环境，主要是停车难和各种乱收费，从而使轿车消费的扩大受到限制。2008 年，全省农村自来水普及率只有 39%。没有自来水，就不能买洗衣机、建水冲式厕所和淋浴室。而这些条件只有依靠政府和集体力量才能得到改善，个人是无能为力的。此外，教育、文化、信息、休闲和社区服务等消费领域的扩大，也都需要消费环境的改善。

三、挖潜力，为经济增长创造长期不竭的动力

国际经验表明，消费率平均保持在 60% 以上是普遍的，也是保持经济又好又快发展所必需的。虽面临诸多不利因素，但安徽省人口较多，消费市场十分广阔，加之正处于工业化、城镇化加快发展阶段，扩大消费潜力巨大。

一是中等收入群体的消费潜力大。近年来，收入差距扩大成为社会反响强烈的突出问题，也是制约扩大消费的主要障碍。据测算，安徽省基尼系数已达 0.4 以上。目前，高收入群体的生存消费、发展消费和享受消费大多都已得到满足，新增收入主要用于储蓄和投资，消费意愿不强；低收入群体收入水平低、增长缓慢，缺乏消费能力；中等收入群体有一定的消费能力，虽然由于预期支出负担重，扩大消费有很多后顾之忧，但消费潜力大。根据联合国关于中等收入的标准(家庭年收入在 6 万—50 万元之间)，目前安徽省中等收入群体大体占到 20%左右，如果这一比重逐步上升，不仅城乡居民人均收入水平将有较大幅度提高，而且将会创造巨大的消费能力和市场需求。

二是农村消费市场潜力大。安徽省 6741 万人口，60%在农村，这种人口分布短期内难以改变，由此决定了广大农村是国内市场的主体。近年来，一系列支农、惠农政策的实施，较大幅度增加了农民收入，农村消费呈现较快增长势头，城乡消费增幅差距缩小。但总体上看，农民消费比重偏低，且呈下滑之势，2008 年为 44.9%，比 2000 年回落 7.8 个百分点，低于人口比重 14.6 个百分点。“家

电下乡”政策的实施虽然对促进农村居民消费起到了较好的拉动作用，但农村居民家庭耐用消费品拥有量明显低于城市，每百户的冰箱、彩电、洗衣机比城市低30—50个百分点，安徽省农村市场消费潜力仍需要有效释放。随着十七届三中全会各项政策措施的逐步落实，特别是“家电下乡”、“汽车下乡”等工程的深入推进，农村消费市场必将迎来新的发展契机。

三是服务消费潜力大。近年来，安徽省服务业发展较快，但总量规模仍偏小，2008年增加值占GDP比重仅为37.4%，低于全国平均水平2.7个百分点，与“十一五”规划目标(43%)还有一定差距，因而发展空间较大。从现实看，城乡居民在满足基本生活需求之后，对于发展需求和享受需求的消费与日俱增，特别是对提升生活质量的需求越来越多。不仅传统的餐饮、住宿、交通、住宅装修、物业管理等服务需求不断增加，而且休闲、健身、旅游、家居服务、家庭医生及护理、家庭理财、法律顾问、养老等新兴服务需求也不断扩大，特别是提高个人素质的教育培训，丰富精神文化生活的电影、电视、图书、音乐、戏剧、美术等文化消费需求，都将大幅度增加。因此，今后一个时期，服务消费的发展规模和速度，将出现前所未有的扩张和增长势头。

四是热点消费、品牌消费潜力大。首先，汽车、住房是近年来居民消费的最大热点。2008年安徽省居民保有汽车总量已达73.5万辆，其中私人轿车34.2万辆。仅合肥市平均每天有100多辆新车上牌。从住房消费看，尽管近几年城市住房价格持续上涨，但居民购房热度不减，需求量不断增加。同时，随着居民消费结构不断升级，品牌消费对市场的导向、带动作用越来越大，在引领消费潮流方面发挥主导作用。消费者在选购商品时，越来越注重名优品牌；越来越多的企业加大技术研发力度，注重开发、生产名优产品。因此，品牌消费孕育着巨大的市场潜力和无限商机。

五是先进的消费文化、消费理念创造消费的潜力大。随着居民消费结构持续升级，消费者在选购商品时，更加注重品质和质量，注重商品的文化内涵，注重所购商品的精神享受。比如，购买电子产品，既注重内在功能，也注重外观款式；购买休闲度假和旅游产品，既注重自然风光，也注重文化特色。随着绿色消费、环保消费等新的消费理念兴起，消费者对节能、环保、健康、安全的关注已经达到空前的程度，在购买商品时，更关心产品是否环保、是否有利于自身健康。因此，居民消费从单纯满足基本需求的物质消费，向追求物质消费和精神消费并重的更高层次消费市场转变，给扩大消费创造了更加广阔的市场空间。

以上是安徽省扩大消费的主要潜力所在，只要我们积极主动地采取措施挖掘消费潜力，不断把潜在的消费市场转化为现实的消费市场，就能够为经济增长创造长期不竭的动力。

四、破瓶颈，探寻扩大消费需求的着力点

发展实践表明，要实现较高的经济增长，离不开相应的高投资率，而消费需求是最终需求，对投资需求的持续增长和国民经济的稳定发展起决定性作用，缺少消费需求承接的经济增长往往难以为继。因此，在确保投资适度增长的同时，如何提振消费需求，有效化解消费需求“瓶颈”制约，促进经济增长主要由投资驱动向投资和消费协调驱动转变，增强经济增长的原动力对保持经济又好又快发展具有重要意义。

一是牵住“牛鼻子”，在建立收入稳定增长机制上下功夫。着力提高居民收入，特别是增加农民和城镇中低收入居民的收入，建立城乡居民收入的稳定增长机制，是扩大消费需求的关键所在。首先要努力扩大就业。就业是民生之本，是收入的重要来源。要建

立市场主导就业、政府促进就业、个人自谋职业相结合的长效机制，加快发展就业容量大的劳动密集型产业、服务业、中小企业和非公有制企业。其次是积极鼓励创业。大力弘扬创业精神，积极推动民众创业、自主创业、艰苦创业，提高经营性、资产性收入在城乡居民收入中的比重。第三，逐步培育和扩大中等收入阶层。通过建立稳定的职工、公务员、离退休人员等各类群体的收入增长机制，不断提高中低收入人群的持久收入水平。第四，大力提高农民收入水平。坚持“多予、少取、放活”的方针，加大对改善农村生产和生活条件的投入力度，以农业规模化、产业化为重点提高农民经营性收入，以加快农村劳动力转移为手段提高农民务工收入，全面推进农村全面小康社会建设。

二是抑制“马太效应”，在缩小居民收入差距上下功夫。首先，在收入初次分配环节合理界定投资和消费的比例，再分配环节明显提升用于收入和改善民生的比例，以确保在特定的一段时期内居民收入增长快于经济增长，使人民群众更多地分享经济社会发展的成果。其次，加大税收调节力度。通过对高收入者征收高额的个人所得税，实现收入的再分配。第三，加强对企业职工工资的管理，保证职工平均工资水平随经济的发展能有一定的增长；制定进城务工人员权益保护办法，保护劳动者特别是进城务工人员的合法权益。第四，适当增加财政转移支付的比例，稳定地增加低收入者、离退休人员和失业人员的收入。第五，加强对垄断行业的监管，放宽一些垄断行业的市场准入门槛，引入竞争机制，逐步消除行业垄断，促进资本在行业之间的合理流动和有序竞争，以及行业之间平均利润的形成。

三是拧紧“安全阀”，在健全社会保障体系上下功夫。建立公平、合理和完善、健全的社会保障制度，通过政策调整提振居民消费信心，有效缓解居民对未来的支出压力，是扩大当期消费的重要举措。“十五”以来，安徽省社会保障体系不断完善，但仍存在着统筹层次低、保障能力不足等问题，特别是农村社会保障水平相对不高。建立健全社会保障体系，既要逐步扩大社会保障的覆盖面，使更多的人享有社会保障，又要合理确定保障水平，实现社会保障的可持续性。一方面要将大部分中低收入者纳入社保体系，如医疗保险、企业职工基本养老保险、工伤和生育保险等。另一方面要全面构建以最低生活保障、五保供养、特困救助、临时救济、医疗救助为主要内容的城乡社会救助体系。此外，要继续深化医疗、教育、住房等制度改革，加大对基本公共服务设施和体系的建设投资力度，逐步解决群众“看病难、上学难、住房难”等问题。

四是培育“互动机制”，在促进投资消费良性循环上下功夫。消费是实现有效投资的先决条件，只有将启动消费与刺激投资有机地结合起来，促进投资消费的良性循环，才能促进经济自主增长机制的形成。一方面，要大力优化投资结构，将投资重点放在信息化、服务业以及消费转化效应较大的科技、教育、文化、卫生等社会事业领域，提高公共消费品的供给，筑牢消费增长的基础；另一方面，要适时调整投资力度，主动引导经济增长方式由投资主导型向消费主导型转变，让消费更多地发挥作用，实现从盲目追求总量扩张向以提高全民福利水平为最高目标的方向转变，尤其是提高劳动者收入在GDP中的比重，增强消费者的购买能力，使居民的收入消费水平和经济增长相协调。

五是实行“双向调节”，在调整供给结构上下功夫。消费需求的扩大及其结构升级，既取决于居民消费能力的提高，又受制于产品供给结构的改善。为满足人们的消费需求，一方面要大力调整产品结构，培育新的消费热点，拓展消费领域，生产让消费者满意的产品，以释放现阶段居民由生存型消费逐步向享受型、发展型消费转变过程中各种现实和潜在的消费能量；另一方面，要尽快建立公开、平等、规范的行业准入制度，打破垄断，鼓励竞争，鼓励社会资金投入服务业，提高非公有制经济比重。此外，要充分发挥生产对消费的引导和促进作用，通过采用新技术提高产品质量，降低产品成本，并在分享市场的同时创造市场，不断以新的服务和产品拓展消费需求。

六是降低“进入门槛”，在改善消费环境上下功夫。从当前消费经济的现状来看，解决消费需求不足的问题，还必须培育良好的消费环境。进一步深化消费领域的体制改革，清理和取消各种抑制消费的政策法规。增加政府的消费性支出，特别是农村义务教育、医疗卫生事业支出和农村交通、水利、供水、供电、信息等建设开支，逐步建立城乡统一的公共财政体制，为拓展农村市场创造有利条件。抓紧建立健全社会信用体系，优化社会信用环境，拓宽消费信贷领域，降低居民消费信贷门槛，在此基础上鼓励金融机构加快开发新型消费金融产品，促使更多的储蓄转化为消费。继续支持和鼓励现代流通方式的发展，加快推进以连锁经营、物流配送、特许经营和电子商务为代表的现代流通方式，积极发展新兴服务业。大力整顿和规范市场经济秩序，严厉打击制假售假等行为，净化消费环境。

七是突破“传统束缚”，在转变消费观念上下功夫。消费作为人类的一种生产、生活行为，受制于人们的消费观念、消费心理等。因此，扩大消费需求，不仅要提高居民收入水平、健全社会保障体系等，还要改变传统落后的消费观念。中华民族有着勤俭节约的良好传统，长期形成的量入为出的观念，还没有根本改变，因此许多消费行为还受制于传统的消费观念，甚至把消费与浪费相混淆，把鼓励消费与提倡勤俭节约对立起来，这给当前居民日常消费行为、消费心理和消费方式带来了较大影响，因此，要大力宣传消费尤其是居民消费在经济发展中的作用和地位，形成稳定和健康的消费心态，树立科学、积极的现代消费观。

（安徽省统计局贸易外经处）

扩大内需的重点和难点分析

投资、消费、出口三大需求，是拉动经济增长的强大动力，通常被称为“三驾马车”。2002年以来，福建省“三驾马车”均保持持续快速增长，共同促进了新一轮经济增长周期的形成。当前，随着经济发展所面临的国际和国内不确定因素增加，尤其是受美国次贷危机引发的全球金融动荡以及世界经济发展放慢的影响，福建省国民经济发展也面临着需求结构调整和选择问题。本文通过分析福建省内需结构变化，提出当前福建省调整内需结构要以扩大消费为重点，努力突破消费难点，最终实现经济持续稳定增长。

一、扩大内需的重点：消费需求

(一)消费拉动经济增长的空间大

据有关资料测算，消费对经济增长的拉动力高于投资，消费每增加100亿元可新增GDP106.12亿元，而投资每增加100亿元只新增GDP100.02亿元[1]。消费需求作为国民经济的最终需求，对经济增长的拉动作用显而易见，要高度重视并充分利用消费这驾马车，推动经济持续稳定发展。此外，目前福建省的消费率还比较低，与全国和世界消费水平比还有比较大的差距。2005年福建省最终消费率50.2%，比全国平均消费率低1.6个百分点，而同期世界消费率达78.8%。根据国际经验，一个国家人均GDP超过2000美元，消费将进入快速增长期？2007年福建省人均GDP已达到25908元，超过3000美元，消费增长空间巨大，潜力无限？

(二)内需结构中消费需求贡献率偏低

消费和投资是扩大内需、拉动经济增长的主要动力，只有消费和投资协调发展，才能使经济增长具有持续动力。长期以来，福建省内需结构不协调主要表现在经济增长主要以投资拉动为主，消费需求明显不足。2003—2007年福建省投资率分别为41.7%、42.9%、44.8%、46.9%和50.4%；消费率分别为53.2%、51.6%、50.2%、48.6%和45.7%。投资需求对经济增长的贡献率不断提高，消费需求对经济增长的贡献率降低。2007年投资需求对经济增长的贡献率为74.9%，为1990年以来仅次于1994年的贡献率；消费需求对经济增长的贡献率为24.6%，为1990年以来的最低年份。

(三)培育和启动居民消费是重中之重

最终消费包括居民消费和政府消费。长期以来，福建省消费需求下降，主要是由占最终消费7成以上的居民消费需求不足引起的。2000年以来福建省居民消费占最终消费比重均在75.0%以下，2007年为73.3%，比2000年下降1.8个百分点。启动居民消费，要以启动农村居民和中低收入阶层消费为重点。一是农村人口众多，农民消费水平低，具有较大的拓展空间和可观的开发潜力。二是中低收入阶层人口比重大，消费愿望强，对生活必需品的数量扩张潜力较大，一些重要商品的需求量还要靠这一群体来拉动，消费提升空间比较充足。

(四)启动消费保持经济增长是当务之急

2007年以来,福建省经济发展面临诸多不利因素,如美国次贷危机、华尔街金融风暴、欧盟经济增长放缓、物价上涨等。从目前局势发展变化看,这些不利因素将在较长时间内影响福建省经济发展,经济增长放慢的迹象开始显现。从投资、消费、出口三大需求来看,投资拉动经济增长的动力正在减弱,消费、出口拉动力明显不足。1—8月份全省GDP比上年同期增长13.7%,比上年同期增速回落1.0个百分点,比上半年增幅13.8%回落了0.1个百分点。1—8月份福建省城镇固定资产投资增长26.9%,同比增幅回落17.3个百分点,比上半年增速回落0.7个百分点。其中:全省房地产开发投资增长12.1%,同比回落24.7个百分点,比上半年增速回落4.0个百分点。1—8月份全省出口增长21.0%,同比仅增加0.5个百分点,比上半年增速高2.0个百分点。随着外需减弱,福建省出口面临的风险将加大,出口增速放缓的可能性进一步增强。1—8月份福建省全社会消费品零售总额同比增长20.0%,同比仅提高2.4个百分点,比上半年增幅减少0.2个百分点。在投资增速减缓、国外需求减弱、出口面临较大阻力的情况下,要保持福建省经济持续稳定较快增长,必须从当前实际情况出发,努力寻求新的经济增长点,而启动消费扩大内需是当务之急。

二、扩大内需的难点分析

2008年以来,在各项宏观调控政策的作用下,福建省消费增速加快,与投资增速差距明显缩小,以扩大消费为重点的内需拉动作用有所提高,但由于受各种因素影响,福建省扩大内需方面还面临不少困难和问题,尤其是在原材料能源价格上涨、中小企业大量破产、就业压力加大的情况下,阻碍消费增长的因素仍然较多,进一步影响福建省消费需求的扩张。

(一)居民收入增长缓慢,农村消费难启动

在各项惠民政策的影响下,福建省城乡居民收入加快,但增幅明显低于经济增长率。据统计,2007年与1978年比,福建省GDP年均增长12.8%,城镇居民人均可支配收入年均增长7.0%,农村居民人均纯收入年均增长7.8%。居民收入水平的提高赶不上经济增长率,影响了消费能力的提升。城乡居民收入差距扩大,2005至2007年城乡居民收入比(以农民收入为100)连续3年为2.8:1,为1978年以来最高,2007年城乡居民人均收入绝对差额首次超过万元,达10038.3元,也是1978年以来最大收入差距。农村居民收入增长缓慢,消费能力低,农村消费市场份额不断萎缩,成为长期制约福建省居民消费大规模扩张的主要因素。1978年全省农村消费品零售额占全社会消费品零售总额的比重为71.1%,1990年降为52.8%,2007年降到33.8%。近7成的农村居民仅占全省消费总额的3成多,较多的农村人口与较低的农村消费市场份额极不相称。农村消费乏力,对经济的拉动作用趋弱。2007年全省农村消费对全社会消费品零售总额的贡献率为25.7%,比上年低1.5个百分点。

(二)消费差距大,中坚力量难发挥

2007年福建省城镇居民最高收入户的人均消费支出24781.6元,是最低收入户组和中等收入户组家庭消费支出的5.1倍和2.6倍;2007年福建省农村居民高收入户的人均消费支出6402.8元,是低收入户组和中等收入户组家庭消费支出的2.4倍和1.6倍。由于福建省居民家庭收入结构是典型的“金字塔”型,绝大部分居民家庭属于中低收入家庭,对消费的贡献小,拉动力不足。据有关资料测算,2002年福建省城镇低收入户家庭占68.8%,中等收入户家庭占22.5%,高收入户家庭仅占8.7%[2]。

表1　主要年份福建省地区生产总值、城乡居民收入、消费情况年份地区

年　份	地区生产总值增幅（%）	城镇居民人均可支配收入实际增幅（%）	农村居民人均纯收入实际增幅（%）	城乡居民收入比（以农村居民纯收入为100）	城乡居民收入绝对差额（元）	农村占全社会消费品零售额的比重（%）
1978	17.8			2.7	233.0	71.1
1980	18.4		15.6	2.6	277.6	74.1
1985	17.6	10.5	6.9	1.8	336.8	68.9
1990	7.5	12.4	11.1	2.3	985.0	52.8
1995	14.6	5.9	13.5	2.4	2804.0	47.4
2000	9.3	4.9	3.2	2.3	4202.0	43.3
2001	8.7	13.8	5.4	2.5	4932.0	43.1
2002	10.2	11.4	4.9	2.6	5650.0	41.7
2003	11.5	8.0	4.5	2.7	6266.0	39.5
2004	11.8	7.7	5.0	2.7	7086.0	38.1
2005	11.6	8.2	5.9	2.8	7871.0	36.8
2006	13.4	10.4	8.3	2.8	8920.0	35.4
2007	15.2	10.1	7.3	2.8	10038.3	33.8

表2　2000至2007年福建省城乡居民不同收入水平家庭人均消费支出

单位:元

年　份	城镇居民				农村居民			
	最高收入户	中等收入户	最低收入户	最高与最低收入组消费支出比	最高收入户	中等收入户	最低收入户	最高与最低收入组消费支出比
2000	10663.3	5367.8	2842.7	3.8	3842.4	2195.0	1955.2	2.0
2001	11556.1	5909.5	2966.0	3.9	4345.3	2318.7	1651.6	2.6
2002	13280.5	5893.6	3086.0	4.3	4535.1	2430.4	1601.5	2.8
2003	14488.3	6694.4	3326.9	4.4	5141.7	2263.1	1788.6	2.9
2004	16545.0	7182.0	3771.2	4.4	4942.7	2823.1	2147.7	2.3
2005	16735.8	7954.6	4090.1	4.1	4964.2	3389.2	2270.7	2.2
2006	20326.4	8299.6	4455.1	4.6	6295.1	3423.2	2254.9	2.8
2007	24781.6	9592.7	4840.8	5.1	6402.8	4050.2	2637.2	2.4

注:城镇居民按7等分组,最高收入户和最低收入户组均占10%,中等收入户占20%。农村居民按5等分组,均占20%。

(三)社会保障水平不高,即期消费难提升

近年来,福建省各级政府重视城乡社会保障体系建设,加大财政资金投入,规范制度建设,完善社会服务,各项社会保障事业取得显著成效,但总体上仍存在社会保障面窄、保障水平低、服务滞后等问题。随着住房、教育、医疗等市场化进程的加快以及2007年以来持续上涨的物价,在收入难以大幅提高以及社会保障水平不高的情况下,居民对未来支出的预期明显增加,顾虑增多,储蓄用于防老、养病、子女教育等意愿增强,当期消费受到抑制,平均消费倾向总体下降。1980至1997年福建省城镇居民平均消费倾向均在80.0%以上,1998年为79.9%,2007年为71.3%;1978至1996年福建省农村居民平均消费倾向均在80.0%以上,1997年为76.1%,2007年为74.1%。

(四)投资增幅回落,房地产拉动难持续

2007 年以来,受国家宏观调控政策的影响,福建省投资增速明显回落,尤其是房地产投资增幅逐月回落,对经济增长的拉动作用减弱。1—8 月份全省房地产开发投资 709.88 亿元,比上年同期增长 12.1%。开发商减缓项目投入,1—8 月新开工面积 1961.19 万平方米,新开工面积不足上年同期的四分之三。住房需求萎缩,居民对住房的消费和投机、投资性需求明显减少。1—8 月份全省住宅销售面积 843.8 万平方米,比上年同期下降 23.9%;全省二手房交易面积 628.5 万平方米,下降 28.6%,成交额 156.2 亿元,下降 22.5%。居民购房需求下降,也影响到下游产品,如建材装修类产品的销量。1 至 8 月份全省限额以上企业建筑及装潢材料类商品零售额 9.0 亿元,比上年同期仅增长 1.5%,同比增幅回落 93.1 个百分点。

(五)消费受价格因素影响大,实际增长难壮大

价格是影响消费增长的重要因素。从历史数据观察和分析,消费增幅较大的年份,物价涨幅也较大,若扣除物价上涨因素,实际增幅并不乐观。2007 年福建省全社会消费品零售总额达 3187.9 亿元,比 1978 年的 30.6 亿元增长 103.2 倍,年均增长 17.4%,扣除物价因素后,实际增长 24.3 倍,年均实际增长 11.8%。1988 年全社会消费品零售总额增幅最大,达 37.8%,为 1978 年以来最高增幅,但扣除物价因素后只增长 8.2%;1989 年增长 16.4%,扣除物价因素后呈负增长,下降 1.8%;2007 年福建省全社会消费品零售总额增长 17.9%,增幅创 1997 年以来新高,扣除物价上涨因素后,实际只增长 13.0%,增幅比上年还低 1.7 个百分点;2008 年 1—8 月份全社会消费品零售总额同比增长 20.0%,扣除物价后实际增长 12.3%,也比上年同期低 1.1 个百分点。

(六)消费环境不够良好,消费热情难激发

一是消费信贷规模小,居民跨期消费受到很大抑制。由于社会信用体系不健全,信贷消费发展缓慢,且手续繁琐、种类有限,抑制着消费的大规模扩张。二是消费的基础条件还不够成熟,尤其是农村基础设施建设的滞后抑制了部分农村居民对耐用消费品的消费需求,一些常用的 10 年前早已在城市普及的耐用消费品,农村居民家庭的拥有量却还很低,城乡居民耐用消费品消费水平差别较大。据统计,2007 年农村居民每百户拥有的洗衣机、电冰箱、热水器等只有城镇居民的一半左右,微波炉不到 3 成,家用电脑只有 1 成多,农村耐用消费品消费潜力巨大但仍未能开发挖掘。三是消费环境未得到有效净化。商品掺杂使假,虚假广告、虚价打折等误导消费者的现象仍然存在,售后服务不到位、产品质量和食品安全问题尤其是近期发生的由

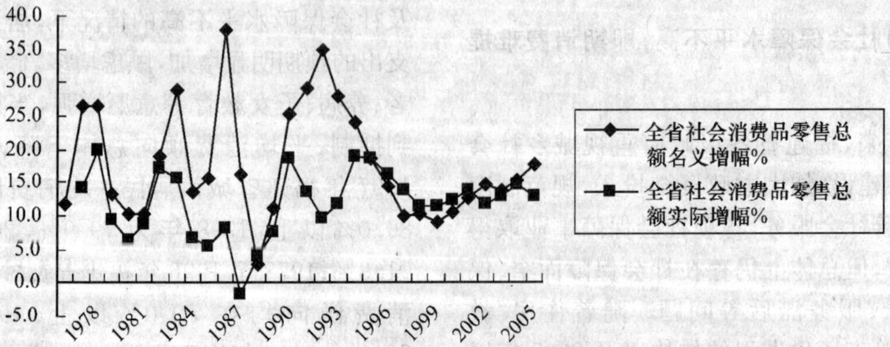

图 1 1978—2007 年全省社会消费品零售总额名义和实际增幅走势图

"三鹿奶粉"事件引发的食品安全问题给消费者带来较大的心理阴影，影响了居民消费信心和购买力的顺利实现。

三、扩大内需的相关建议

在当前国内外经济增长放缓、不确定因素增加的情况下，要保持福建省经济的持续稳定发展，必须采取积极有效措施努力扩大内需。为此，必须在保持投资对经济增长拉动作用的同时，着力促进消费较快增长。要破解消费难点，促进消费结构升级，最终实现消费和投资协调发展，共同推动福建省经济持续增长。

（一）增加居民收入，提高消费能力

提高居民收入是扩大消费需求的根本之策，只有居民收入增加了才能有效扩大消费需求。

1. 千方百计增加农民收入，提高农民的消费能力。当前农民增收的基础仍比较薄弱，仍存在许多制约因素。如，农业生产资料高涨抵消了农产品提价和国家补贴带来的部分收入；人民币升值、原材料能源涨价、大量中小企业倒闭，新开工建设项目减少，导致农民就业困难，不少农民重新返乡务农，收入受到一定影响等等。为此，要积极创造条件，把农民增收放在重要位置。一是要继续坚持多予、少取、放活政策。一方面要继续加大对农村的投入，加快新农村建设，加快农业和农村经济结构调整，积极推进"万村千乡市场"和"双百市场"工程建设，帮助解决农民买难和卖难问题；另一方面，要继续贯彻落实国家制定的增收减负政策包括各项种粮补贴政策，使农民真正得到好处。二是积极推进城镇化进程，促进农村富余劳动力进城务工，从多方面拓宽农民增收渠道。

2. 继续增加中低收入户家庭收入。一是增加就业机会。积极创造条件增加就业岗位和扩大就业方面的资金投入，改善就业服务和就业环境，从根本上解决因为就业不足而致贫的贫困群体，消除消费障碍。二是要逐步提高最低工资标准，建立职工工资正常增长机制和支付保障机制。三是增加对中低收入者？困难群体的生活补贴，进一步落实物价上涨与补贴发放挂钩机制，确保中低收入者收入水平和生活质量不因物价上涨而降低。当前，福建省城镇低收入户家庭已享有物价上涨带来的生活补贴，而农村居民却没有享受此福利，在目前农村物价水平高于城镇的情况下，建议在有条件的农村地区比照城镇补贴标准对生活困难的农村居民试行发放物价补贴。

（二）加强社会保障，激发预期消费

当前福建省城乡社会保障体系已初步形成，并在调节收入分配，保障居民生活质量方面发挥重要作用，但仍存在保障水平低、保障范围小等问题。为此，要充分利用财政手段，继续完善以养老、医疗、失业为主的社会保障体系，加大财政转移力度，不断增加公共产品供给，缓解居民消费后顾之忧，改善居民的消费倾向和消费预期，切实解决居民关心的教育、医疗、养老、住房等民生问题，真正实现"学有所教、劳有所得、病有所医、老有所养、住有所居"。

（三）稳定房地产投资，培育消费热点

住房作为未来的消费热点具有较大的潜力。目前房地产投资增速回落除了受国家货币政策影响外，主要是房价过高，已远远超出居民承受能力，并成为阻碍住房消费扩大的最主要因素。目前，扩大居民住房消费的关键是在控制不合理的虚高的房价的同时，要加大经济适用房和廉租或廉价房的开发力度。这样，才能使居民在买得起住房的同时，还有能力消费其他消费品。要积极培育汽车消费市场，要在消费政策尤其是税费调节方面加大调节力度，鼓励中小排量的大众化汽车消费，在促进节能减排的同时，积极推动汽

车消费升温。此外，还要注重消费者心理研究，开发适应消费者生活方式的新产品，促进旅游、文化、休闲、健身等服务性消费和个性化消费，提高服务性消费在最终消费中的比例。

（四）稳定物价水平，释放消费潜力

受国际初级产品价格回落等因素影响，目前，福建省居民消费价格涨幅回落速度加快，但涨幅仍高于上年同期。由于目前面临国际和国内不确定因素增多，未来一段时间物价工作还面临着较为复杂的局面，既存在可能引起物价上涨的成本推动因素，也有出现物价持续回落的可能。为此，还必须重视和稳定物价工作，以更好地释放消费潜力。一是要高度重视农业生产，保证农产品稳定供应。要继续重点扶持粮食、生猪等重要农副产品的生产，调节市场供给结构，保证市场需求。二是加强生活必需品的调控力度。建立健全重要商品储备制度，重点加强粮食、猪肉、食用油、成品油等商品的储备，以防止供不应求再度引发价格暴涨。三是积极组织商品流通。充分利用国内、国外两个市场、两种资源，保障市场供应，稳定市场物价。四是加强市场监测和监管，对恶意扰乱市场秩序、哄抬物价的行为予以严肃查处。

（五）优化投资结构，营造和谐消费

一是增加基础设施投入。重点加强新农村建设及现代服务业投资力度，切实增加对农业和农村的投入，改善农村生活生产条件，为积极推广“家电下乡”创造条件。二是调整和完善消费税政策，制定鼓励消费的政策措施，更好地发挥价格杠杆和市场信息对扩大消费的作用。三是建立健全个人信用体系，规范发展消费信贷，扩大居民在住房、汽车、助学等方面的消费贷款。四是深入推进商务诚信建设，广泛开展“诚信兴商”活动。五是大力整顿和规范市场经济秩序，严厉打击生产销售假冒伪劣商品的违法行为，强化商品和服务质量监督，保障消费者合法权益。当前，要着力围绕人民群众最关心、最直接、最现实的利益问题，深入开展食品专项整治工作，健全食品安全长效机制，提高消费的安全性、舒适性、可信性、便利性。

（国家统计局福建省调查总队商业调查处）

扩大青海省城乡居民消费问题研究

党的十七大报告指出，坚持扩大国内需求特别是消费需求的方针，促进经济增长由主要依靠投资、出口拉动向依靠消费、投资、出口协调拉动转变，首次把消费对经济拉动的作用放在了首位。这是落实科学发展观，实现经济又好又快发展的根本之路。消费出现扩大趋势有其必然性。首先，随着宏观调控措施的逐步显效，价格涨幅开始趋缓，有利于消费的提高。其次，居民收入继续增长，这是消费扩大的基础。第三，提高个税起征点、加大社保投入以及有关补贴政策等，使消费环境不断改善，保证了消费不断扩大。当前，随着经济发展所面临的国际和国内不确定因素增加，尤其是受美国次贷危机引发的全球金融动荡以及世界经济发展放慢的影响，青海省国民经济发展也面临着需求结构调整和选择问题。强化消费对经济的拉动作用已刻不容缓，是应关注的领域。本文试利用所占有的大量统计调查资料，重点分析青海省城乡居民内需结构变化，通过对居民消费现状、消费结构、消费规律的描述与评价，找出消费需求潜力，消费与收入、经济增长之间的关系及影响消费需求增长的因素，提出当前调整内需结构要以扩大消费为重点，努力突破消费难点，最终实现经济持续稳定增长。

一、居民消费需求的现状及评价

在经济运行中，消费需求、投资需求、出口需求构成了拉动经济增长的“三驾马车”。地区生产总值(GDP)从使用的角度看，由最终消费支出、资本形成总额和净出口三部分组成。最终消费支出反映消费需求，包括居民消费支出和政府消费支出；资本形成总额反映投资需求，包括固定资本形成总额和存货增加；货物和服务的净出口额反映净出口需求，即出口的货物和服务与进口的货物和服务的差额。消费、投资和净出口“三大需求”的共同作用决定了经济增长的态势。投资、消费和净出口总量及结构变动直接影响经济增长。

1.消费与投资增长率差距缩小。消费和投资是扩大内需、拉动经济增长的主要动力，只有消费和投资协调发展，才能使经济增长具有持续动力。在三驾马车的共同拉动下，青海省经济总体保持了平稳快速的增长态势。从青海省经济增长的内在原因看，消费与投资增长关系趋于协调，差距缩小。

从青海省近几年的情况看，最终消费支出不断增加。2007年青海省最终消费支出509.45亿元，比2006年增加85.96亿元，增长20.3%。最终消费增幅呈逐年上升趋势，由2002年的12.17%上升到2007年的20.3%，上升了8.13个百分点。2007年青海省资本形成总额496.71亿元，比2006年增长16.2%，资本形成总额增幅呈逐年下降趋势，由2002年的22.5%下降到2007年的16.2%，下降了6.3个百分点。(见图1)。

投资需求受政策影响的敏感程度表现得淋漓尽致。正是由于投资需求具有这样一大特性，各级政府普遍将投资拉动作为了经济发展的重中之重。致力于打基础、建平台、增后劲，加快完善道路、市政、通信等各项基础设施，有力地带动了青海省全社会的投资热

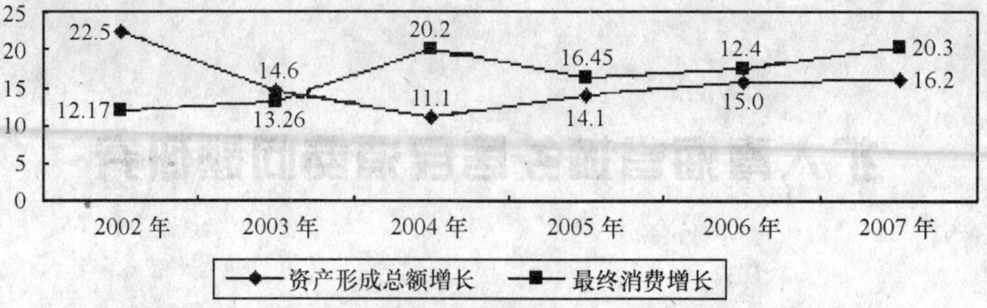

图1　2002—2007年青海省资产形成总额与最终消费增长

情,加之青海省作为西部经济穷省,国家对青海省基础设施建设、生态、环保、水电等方面给予了大力支持,投资成为拉动经济增长的决定性因素,投资型经济增长方式已成不争的事实,投资需求仍表现出高基数情况下的快增长。2007年青海省全社会固定资产投资额完成487.5亿元,比上年增长16.17%,增速比上年加快1.88个百分点。从经济类型看,股份制经济投资和外商投资持续快速增长,股份经济投资完成201.6亿元,增长43.1%;外商投资完成8.7亿元,增长70.8%。从三次产业看,第二、三产业投资同步增长。全年全省第一产业完成投资38.93亿元,比上年增长1.7%;第二产业完成投资251.55亿元,增长17.6%,其中:工业投资完成241.98亿元,增长22.7%;第三产业完成投资196.99亿元,增长17.7%。房地产开发投资平稳增长。全年全省房地产开发投资累计完成?34.21亿元,增长9.7%。施工房屋面积达581.78万平方米,增长30.2%。本年新开工房屋面积271.55万平方米,比上年增长31.9%。商品房销售面积152.1万平方米,增长34.1%。房屋空置面积29.38万平方米,下降32.1%。

青海省社会消费品零售总额增长速度创下近10年来的新高。消费需求对经济增长的贡献提高,逐渐成为拉动经济增长的重要引擎。受2006年涨价因素滞后、国际大环境因素导致部分商品价格走高,物价上涨是社会消费品零售额增长创出新高的重要原因。而青海省商品零售价格指数增长势头更甚,增速始终保持在6%以上,尽管有所回落,但食品类价格的持续高位,促使居民的被动消费增多。2007年全省社会消费品零售总额完成208.3亿元,比上年增长15.66%,增速比上年加快3.45个百分点。其中:市的消费品零售快速增长,完成146.2亿元,增长19.1%;县的消费品零售额完成40.8亿元,增长8.1%;县以下的消费品零售额完成21.3亿元,增长8.6%。分行业看,批发业完成零售额38亿元,增长18.3%;零售业完成零售额132.3亿元,增长16.3%;住宿和餐饮业完成消费品零售额34.1亿元,增长12.6%,其中:星级以下企业和个体户完成消费品零售额增长17.4%。

从青海省2002年消费、投资的增速看,青海省社会消费品零售总额的增速大幅落后于全社会固定资产投资额的增速,二者的差距为9.71个百分点,2003年二者的差距为14.8个百分点,2004年以来,二者的差距明显缩小,仅有2—3个百分点的差距。消费、投资的增长速度差距正在缩小,一方面预示消费品市场已摆脱消费低迷状态,渐入偏旺的态势,另一方面表明实施多年的扩大内需,促进消费的政策措施已初见成效。经济增长已从过去主要依赖投资拉动,逐渐转向消费、投资协同拉动的局面(见图2)。

2.消费需求对经济增长的贡献率有所提高。消费需求是指消费者对以商品和劳务形式存在的消费品的需求和欲望。据有关资料测算,消费每增加100亿元可新增GDP106.12亿元,而投资每增加100亿元新

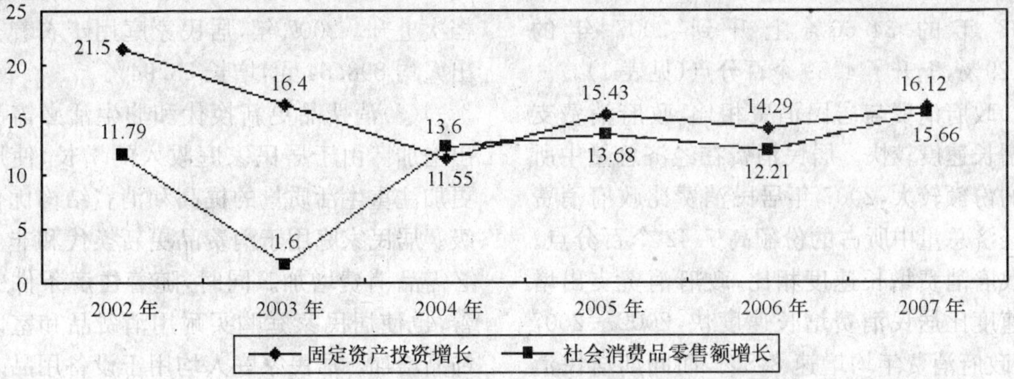

图 2　2002—2007 年青海省固定资产投资与社会消费品零售额增长

增 GDP100.02 亿元。消费是社会再生产的终点和新的起点。只有消费需求旺盛，才能从根本上促进生产规模的扩大，保证增加的投资取得预期的经济效益，为经济发展提供持久的原动力。从青海省的经济增长情况看，真正拉动青海省经济快速增长主要依靠投资和消费这两个轮子。近年来，随着经济的持续快速发展，居民消费能力得到了进一步提升，消费需求保持了旺盛的增长势头，2007 年以来，投资需求和消费需求对经济增长的拉动作用有所减弱。投资需求对经济增长的贡献率降低，消费需求对经济增长的贡献率不断提高。2007 年投资需求对经济增长的贡献率为 68.27%，比 2002 年降低 43.62 个百分点；但消费需求的贡献率功不可没，对 GDP 的贡献从 2004 年连续 4 年超过投资。消费需求对经济增长的贡献率为 71.52%，比 2002 年提高 5.19 个百分点。这一变化表明，随着青海省"消费马车"的提速，消费对经济增长的驱动作用进一步增强，投资与消费的运行更趋协调，经济发展方式由主要依靠投资拉动向消费、投资协调拉动转变迈出重要步伐，促进国民经济朝着均衡方向发展。从 GDP 支出法看，出口的货物和服务来自国内生产，所以，出口直接拉动 GDP，而进口与国内生产是彼此消长的关系，进口的部分越多，需要国内生产的部分就会越少，从这个意义上讲，进口替代了国内生产。出口增加国内生产，进口抵消国内生产，因此净出口顺差时，净出口对 GDP 总量的贡献是正的。青海省属于货物与服务净流入地区，货物与服务净出口一直为负数，对经济增长的拉动为负效应。货物和服务净出口对经济增长的贡献率由 2002 年的－78.2%，提高 2007 年的－39.79%。（见图 3）。

3. 消费总量与结构分析。在消费总量中又分为政府消费与居民消费。青海省居民消费占最终消费的比重呈逐年缓慢下降趋势，由 2002 年的 65.34% 下降到 2007 年的 53.71%，下降 11.63 个百分点。而政府消费

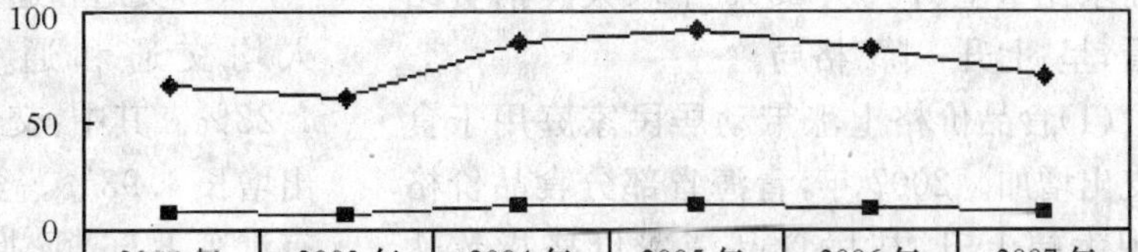

	2002 年	2003 年	2004 年	2005 年	2006 年	2007 年
最终消费贡献率 (%)	66.33	61.29	85.79	91.85	83.2	71.52
最终消费拉动（百分点）	8.03	7.29	10.55	11.21	10.15	8.94

图 3　最终消费对 GDP 增长贡献率和拉动

占最终消费的比重则呈逐年上升趋势，由2002 年的 34.66% 上升到 2007 年的46.29%，上升了 4.59 个百分点(见表 1)。

政府消费与居民消费相比，政府消费支出增长速度较快。居民消费在经济总量中所占的份额较大，2007 年居民消费比政府消费在经济总量中所占的份额高 7.42 个百分点。与政府消费增长速度相比，政府消费支出增长速度比居民消费增长速度快，2002－2007年，政府消费年均增速 8.8%，而同期居民消费增速 4.4%，二者年均相差 4.4 个百分点。

表 1　2002—2007 年青海省政府

年　份	居民消费占总消费比重(%)	政府消费占总消费比重(%)
2002	65.34	34.66
2003	63.98	36.02
2004	59.60	40.40
2005	58.30	41.70
2006	54.47	45.53
2007	53.71	46.29

4. 居民消费信心增强，购买力进一步提高。居民收入水平和承受能力的高低决定着消费需求水平，居民收入的稳步提高，一方面直接对市场形成了一定的消费能力和购买力，为消费需求的快速增长提供了前提条件；另一方面也提高了居民的抗风险能力，增强了对市场变化的经济承受力，增强了居民消费信心。2007 年，全省城镇居民人均消费性支出 7512.39 元，同比增长 15.04%。从消费结构看，基本生存消费比重下降，享受和服务型需求比重上升。从 2007 年八大类消费结构看，呈“七升一降”格局。

(1)食品价格上涨带动居民家庭用于食品支出增加。2007 年，青海省部分食品价格出现大幅上升，居民食品消费价格指数达114.8，特别是粮油类、肉类、禽类、蛋类价格居高不下，推动居民食品消费支出增加。居民家庭用于食品支出人均 2803.45 元，增长18.47%。

(2)居民购买成品衣着和鞋类增加，消费档次上升。2007 年，居民家庭用于衣着类支出人均 898.54 元，增长 23.94%。

(3)消费品更新换代和非生活必需品支出增加。由于居民家庭收入的增长，使居民更加注重生活质量的提高和消费结构优化升级。居民家庭用于消费品更新换代和非生活必需品消费增加。同时，随着住房条件的改善，也使居民家庭购买耐用消费品和室内装饰品增加。居民家庭人均用于设备用品及服务支出 484.71 元，增长 15.32%。

(4)医疗保健费增幅较大。2007 年，全省城镇居民人均医疗保健支出 613.24 元，增长15.32%，其中：随着医疗费价格的持续上涨，居民看病支出也保持较高的增速，人均医疗费支出 312.26 元，增长 20.74%。这也从一个侧面反映出城镇居民医疗费用的负担在继续加重，也反映出医疗收费过高的问题还未得到有效解决。

(5)教育消费已经成为居民消费的长期性热点。由于人们对知识需求日益增强，教育投资在居民家庭消费中已经处于十分重要的地位。连续几年以来，教育消费一直以较高的速度增长。2007 年，城镇居民教育文化娱乐服务类人均支出 953.87 元，增长20.18%，占消费性支出的 12.7%。其中：家教费增长 48.21%，成人教育费增长15.44%，非义务教育学杂费增长 22.54%。由于义务教育费继续实行一费制和对贫困家庭孩子进行学费减免，义务教育学杂费用下降 2.83%。

(6)交通和通信支出平稳增长。2007 年，人均交通和通信支出 785.27 元，增长4.28%。其中：交通支出增长 3.48%，通信支出增长 4.93%。全省城镇每百户居民家庭拥有汽车 1.56 辆，拥有助力车 0.52 辆，拥有移动电话 148.33 部，均比上年有较大增长。加之燃油价格居高不下和与汽车有关的维修费、税费等支出增加，是交通与通信支出增长的主要原因。

(7)私有住房以及物业管理的社会化,使居住类消费成为居民的重要开支。2007 年,全省城镇居民人均居住消费中,水电燃料及其他支出 434.48 元,增长 8.14%,物业管理费支出 28.36 元,增长 13.67%。

(8)城镇居民的社会保障支出继续增加。2007 年,全省城镇居民人均缴纳的社会保障支出 1064.34 元,增长 12.27%。其中:人均缴纳的养老保险基金 327.59 元,增长 6.23%;人均交纳医疗基金 141.39 元,增长 30.92%;人均交纳住房公积金 555.47 元,增长 21.12%。说明青海省城镇居民养老保险基金、医疗基金、住房公积金和失业保险金等社会保障面不断扩大,收缴力度不断增加,社会保障机制得到逐步完善。

5. 关注民生的力度得到进一步加大,有效促进消费的增长。政府关注民生力度和深度进一步深化,在提高退休人员的工资、提高低保补助金和解决社会就业、医疗教育问题等方面出台了一系列措施,如调整了最低工资标准;社会保险参保人群持续扩大;医疗保险制度改革方案的完善等。财政支出更多地投向社会保障、社会公益事业、转移支付等民生改善方面。2007 年,全省财政支出 282 亿元,比上年增长 32%,其中,城乡社区事务、社会保障、医疗、环境保护、教育、文化体育与传媒、公共安全分别增长 24%、17%、61%、15%、27%、91%和 29%。政府公共消费资金的有效供给,给城乡居民带来了更多的实惠,城乡居民的消费预期得到改善。

二、扩大城乡居民消费需求的难点分析

2008 年以来,由于受各种因素影响,青海省扩大内需方面还面临不少困难和问题,尤其是在原材料能源价格上涨、中小企业大量破产、就业压力加大的情况下,阻碍消费增长的因素仍然较多,消费需求不足,既有内部因素的原因,也有外部因素的原因。

1. 城乡居民收入增长相对缓慢,城乡居民收入差距不断扩大,制约消费需求增长。而青海省城乡居民收入增长长期滞后于经济增长。

从城镇居民收入看,在 2006 年下半年增资翘尾拉动和 2007 年新的调资政策及就业人数增加等因素的推动下,2007 年全省城镇居民人均可支配收入虽然突破万元大关,达到 10276.1 元,比上年增长 14.2%。扣除价格因素后实际增长 7.4%,比全国实际增幅低 4.8 个百分点。而同期青海省生产总值增长 12.5%,城镇居民可支配收入增幅低于生产总值增幅 5.1 个百分点。从收入构成因素看,工资性收入快速增长,受企业效益提高和机关事业单位工资改革等影响,城镇居民人均工资性收入 7849.44 元,增长 24.27%;转移性收入中离退休职工人均月养老金增长较快,全年达到 1567.14 元,增长 11.84%;财产性收入增长中由于证券市场持续走红,使青海省新股民数量大幅增加,反映在人均财产性收入达 40.66 元,增长 15.61%;城镇居民人均经营性收入 652.19 元,增长 8.91%。

从农牧民纯收入看,农村由于粮油丰收及外出打工人员不断增加,农村低保启动和支农资金增加等因素推动是农牧民纯收入保持了增长。2007 年,全省农牧民人均纯收入 2683.78 元,比上年增长 13.8%,扣除价格因素后实际增长 4.1%,比全国实际增幅低 5.4 个百分点。农村居民人均纯收入增幅低于生产总值增幅 8.4 个百分点。从收入构成看:人均工资性收入 878.6 元,增长 23.66%;人均家庭经营纯收入 1506.75 元,增长 5.43%;人均转移和财产性收入 298.42 元,增长 36.41%,主要是退耕还林还草、粮食直补及提高退休人员工资和无偿扶贫款的发放等共同拉动转移和财产性收入的增加。

从城乡居民收入差距看,2007 年城乡居民人均收入绝对差额超过 7593 元。农村居民收入增长缓慢,消费能力低,农村消费市场份额不断萎缩,成为制约青海省居民消费扩

张的主要因素。2006年全省农村消费品零售额占全社会消费品零售总额的比重为31.8%,降到2007年的29.8%,直接造成了生产、流通、分配、交换的循环过程发生阻滞,较低的居民收入必将严重制约着消费需求的增长,使消费需求对经济增长反作用力不能充分发挥。直接造成了居民消费底气不足,即期消费下降,从而抑制最终消费率上升(见表2)。

表2　青海省地区生产总值、城乡居民收入、消费情况表

年　份	地区生产总值增幅(%)	城镇居民人均可支配收入实际增幅(%)	农村居民人均纯收入实际增幅(%)	城乡居民收入绝对差额(元)	农村占全社会消费品零售额的比重(%)
2005	12.2	9.99	5.5	5893	34.2
2006	12.2	9.72	7.1	6642	31.8
2007	12.5	7.41	4.1	7592	29.8

2. 消费差距大,中坚力量难发挥。中低收入阶层人口比重大,消费愿望强,对生活必需品的数量扩张潜力较大,一些重要商品的需求量还要靠这一群体来拉动,消费提升空间比较充足。2007年青海省城镇居民占10%最高收入户的人均消费支出15789元,是占10%最低收入户组和占20%中等收入户组家庭消费支出的5.83倍和2.13倍;高收入者群体一般性消费已趋于饱和,消费倾向出现低迷,高收入者群体对消费的拉动作用明显减弱;低收入者与中等收入者有消费欲望但无能力消费。这些现象的综合结果将使全社会消费倾向不断下降,并在一定条件下还可引发消费需求疲软,进而影响经济增长的可持续性。由于近年来青海省城镇居民内部收入差距在不断拉大,必然影响我省城镇居民消费倾向的下降和消费需求的相对不足(见表3)。

表3　2005—2007年青海省城镇居民收入情况

年　份	最　高收入户(元)	中　等收入户(元)	最　低收入户(元)	最高与最低收入组消费支出比
2005	13072	6202	2302	5.68
2006	14362	6733	2185	6.58
2007	15789	7432	2709	5.83

注:城镇居民按7等分组,最高收入户和最低收入户组均占10%,中等收入户占20%。

3. 最终消费率下降。一般来说,在三大需求中,消费应当占据主体地位。在新创造的财富中,应该较大部分都用于消费。最终消费率低,反映出消费需求对经济发展的影响作用不够突出,对经济增长的带动能力较弱。但最终消费率(最终消费占GDP的比重)呈现出下降趋势,青海省的消费率还比较低。2005年最终消费率为66.39%,2006年为66.22%,2007年为65.01%。2007年与2005年相比,最终消费率下降了1.38个百分点。根据国际经验,一个国家人均GDP超过2000美元,消费将进入快速增长期。而2007年青海省人均GDP为14257元,居民消费率为53.71%,消费增长空间大。

资本形成率(资本形成总额占GDP的比重)呈现出下降趋势,2005年资本形成率为67.97%,2006年为66.87%,2007年为63.39%。2007年与2005年相比,资本形成率下降了4.58个百分点(见表4)。

表 4　2005－2007 年青海省 GDP 构成(按支出法计算)

单位:亿元、%

年　份	支出法生产总值	最终消费	资本形成总　额	货物和服务净出口	资本形成率	最终消费率
2005	543.32	360.72	369.28	－186.68	67.97	66.39
2006	639.5	423.49	427.63	－211.62	66.87	66.22
2007	783.61	509.45	496.71	－222.55	63.39	65.01

4. 居民消费能力和消费预期不高阻碍消费增长。由于基本公共服务提供不足,以及基本养老、基本医疗、失业、工伤等社会保险不健全的条件下,诸如看病难、上学贵、房价高长期成为“压迫”居民消费热情的“三座大山”。居民的后顾之忧较多,影响消费率的提高。近年来,青海省各级政府重视城乡社会保障体系建设,加大财政资金投入,规范制度建设,完善社会服务,各项社会保障事业取得显著成效,随着就业、住房、医疗、养老、子女教育等各项改革的深入,城市居民自己承担部分越来越多,消费者对未来预期支出在增加。经济体制改革中,国有企业及部分事业单位减员分流,下岗及失业人员增多,使这部分居民即期收入下降,居民的防范意识增强,在这种情况下,人们只有尽可能地通过增加存款来获取“安全感”。2007 年青海省城乡居民储蓄存款达到 468.72 亿元,比上年同期增长 11%,城乡居民的高储蓄带来的必然是低消费。这一状况从一定程度上削弱了当期居民消费的倾向。城乡居民消费倾向(居民收入支出之比)呈逐年下降趋势,2005 年城镇居民消费倾向为 0.78,农村为 0.97,也就是说,每增加一块钱收入,城市人花掉 0.78 元,农村人花掉 0.97 元。到 2007 年城镇居民和农村居民消费倾向分别为 0.74 和 0.92,也就是说,每增加一块钱收入,城市人花掉 0.74 元,农村人花掉 0.92 元。表明了居民即期消费逐年减弱,预期消费倾向在逐年增强(见表 5)。

表 5　2005－2007 年城乡居民收入、支出情况

年　份	城镇居民人均可支配收入(元)	城镇居民人均消费性支出(元)	农村居民人均纯收入(元)	农村居民人均消费性支出(元)	收入比＝1/3	消费比＝2/4
2005	8058	6245	2165	2085	3.24	3.72
2006	9000	6530	2358	2215	3.16	3.82
2007	10276	7512	2683	2476	3.13	3.83

5. 消费环境还不够良好,耐用物品拥有量城乡差异较大。消费的基础条件还不够成熟,尤其是农村基础设施建设的滞后抑制了部分农村居民对耐用消费品的消费需求,一些常用的 10 年前早已在城市普及的耐用消费品,农村居民家庭的拥有量却还很低,城乡居民耐用消费品消费水平差别较大。2007 年末,主要耐用物品每百户拥有量城镇居民明显超过农牧民,尤其是较为高档的消费品,如电冰箱、照相机、家用电脑,农牧民拥有量仅为城镇居民的 31%、9%和零,既使是彩色电视机、移动电话和洗衣机这三种已在城镇趋于饱和的商品,农牧民拥有量也仅为城镇居民的 78%、52%和 57%,农牧民耐用物品拥有量仅相当于城镇居民 90 年代初的水平。随着经济的发展,收入的增加,城镇居民已向家用电脑、大屏幕液晶彩电、健身器材等高档新一代消费品普及进军,而农牧民对此类消费品的涉及远不及城镇居民。可见,农牧民与城镇居民相比,在家电拥有方面存在着巨

大差距，如果未来十年内，农牧民家庭的耐用物品拥有量达到2007年城镇居民的水平，青海省耐用消费品市场将有巨大的潜力。消费环境未得到有效净化。商品掺杂使假，虚假广告、虚价打折等误导消费者的现象仍然存在，售后服务不到位、产品质量和食品安全问题尤其是近期发生的由“三鹿奶粉”事件引发的食品安全问题给消费者带来较大的心理阴影，影响了居民消费信心和购买力的顺利实现（见表6）。

表6　2007年城镇居民与农牧民家庭百户拥有耐用消费品数量比较

	单位	农牧民	城镇居民	农牧民为城镇居民（%）
洗衣机	台	56.7	101	57
电冰箱	台	27.8	90	31
影碟机	台	39.7	—	—
照相机	架	3.3	40	9
移动电话	部	76.3	148	52
彩色电视机	台	90.5	116	78
家用电脑	台	—	34	—

6. 投资增幅回落，对经济增长的贡献率和拉动作用减弱。在国家“有保有压”投资调控政策的作用下，投资速度有所减慢。2002年青海省固定资产投资增长率16.17%，比2002年投资增长率降低5.33个百分点；2007年投资对经济增长的贡献率68.27%，比2002年贡献率降低43.62个百分点；2007年投资对经济增长的拉动8.53%，比2002年拉动降低5.01个百分点（见图5）。

7. 物价上涨挤压消费，消费增长难壮大。价格是影响消费增长的重要因素。由于价格涨幅较高，影响到人民群众的生产生活。受国内外市场结构性上涨因素及运输等环节服务价格的上涨，青海省居民消费价格涨幅一直在高位运行，2007年青海省居民消费价格涨幅居全国前列，全省居民消费价格比上年上涨6.6%，创近十年来最高，其中城市上涨6.3%，农村上涨7.3%。调查的八大类居民消费价格呈“六涨二降”的态势，上涨的有：食品类价格上涨14.8%，居住类价格上涨6.9%，医疗保健和个人用品类价格上涨4.5%，家庭设备用品及维修服务类价格上涨2.2%，烟酒及用品类价格上涨2.6%，衣着类上涨3.7%；下降的是：娱乐教育文化用品及服务类价格下降0.2%，交通和通信类价格下降0.3%。从影响上涨因素看，食品类和居住类价格上涨是影响全年居民消费价格上涨的主要因素，两者合计拉动全年消费价格总水平上涨5.58个百分点。物价上涨过快使居民实际收入缩水，在一定程度上抑制了城乡居民的消费需求。2007年由于农资价格持续攀高，农业生产成本上升和农村消费品价格的上涨抵消了农产品价格上涨带来的部分收益，全省农业生产资料价格上涨8.1%；农村

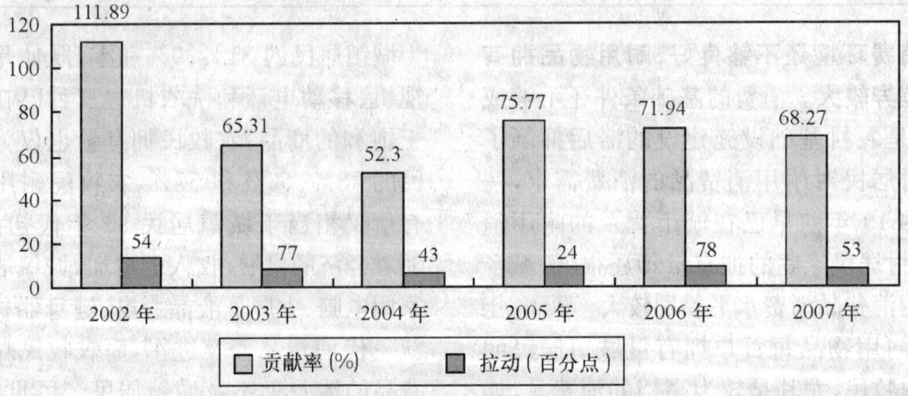

图4　投资贡献率和拉动

居民消费价格上涨7.3%，因食品价格上涨导致城镇居民最低收入户家庭猪肉、鲜蛋人均消费量下降，农村低收入户人均消费肉禽及其制品比上年减少。通货膨胀对居民消费会产生“挤压效应”，尤其是中低收入者对物价上涨反应更敏感，承受的压力也更大，采取的直接措施是减少消费量。目前，青海省物价涨幅虽有所回落，但食品价格仍在高位运行，物价上涨的压力仍未得到有效缓解，后期消费要维持高增长仍存在困难（见表7）。

表7　2005—2007年居民消费价格指数

年　份	居民消费价格指数（以上年=100）	食品	衣着	医疗保健和个人用品	娱乐教育文化用品及服务	居住
2005	100.8	114.8	101.5	114.5	140.6	115.1
2006	101.60	121.6	106.7	119.5	138.8	120.4
2007	106.60	143.2	102.5	123.2	139.6	126.3

8. 商品和服务不能满足消费需求。居民消费是通过对市场所提供的商品和服务的效用选择来实现的。消费品市场上，中、低档商品占主体，大型商贸企业和超市网点布局不尽合理。在商业中心区大型商贸企业、超市存在相对过剩的矛盾，部分区级商业中心区大型商贸企业、超市相对较少。商场、超市有一定的辐射半径，商品售卖方式也大抵相同，差别化经营不强，过于密集势必造成雷同和低水平竞争，商业网点规划滞后。

9. 失业率较高，登记失业总人数上升。据统计，全省城镇登记失业率2005年为3.9%，2006年为3.9%，2007年为3.8%，登记失业总人数由2005年的3.6万人上升到2007年的3.7万人，并且城镇失业人员呈低龄化之势，数据显示，城市的经济发展水平与失业率直接相关，经济发展快的地区如西宁、海西其登记失业率低于3.3%，而经济发展滞后的州、地其登记失业率普遍超过4.5%，这样以来，更加加剧了地区间收入的不平衡，对居民消费需求构成了一定的影响。与此同时，随着近年来青海省城市化进程的不断推进，造成了城市周边大量失地农民的产生，进一步加剧了社会就业压力，造成了劳动力成本下降，收入减少的局面。

10. 外向型经济水平不高。由于进出口受国内、国际经济环境因素影响较大，特别是近年来，青海省贸易顺差规模缩小，增幅下降，制约净出口需求的增长。2007年全省进出口总值6.1亿美元，比上年下降6.1%，主要是出口下降所致，青海省出口产品主要是以高耗能的铝产品、铁合金为主，在国家调整了出口政策及国际国内市场的变化的影响下，企业出口的积极性下降，加之国内市场价格攀升，利润空间大，企业转向国内销售。全年出口总值3.86亿美元，下降27.8%；进口总值2.26亿美元，增长92.4%。青海省出口对经济增长的拉动作用远远低于沿海各省。以至于进出口总值占生产总值的比重，即外贸依存度偏低。2005年青海省外贸依存度为6.23%，2006年外贸依存度7.93%，2007年青海省外贸依存度为6%。青海省出口产品中农副产品及资源类产品仍占有相当大的比重，外贸增长还没有摆脱粗放型的增长模式，通过扩大外需促进青海省产业结构、产品结构优化升级的任务还很艰巨。

三、扩大城乡居民消费需求的相关建议

出口减缓，投资减速，当拉动GDP增长的三驾马车其二放慢脚步之后，能大做文章的也就只有消费这一突破口了。2007年以来，青海省经济发展面临诸多不利因素，如美国次贷危机、华尔街金融风暴、欧盟经济增长放缓、物价上涨等。从目前局势发展变化看，

这些不利因素将在较长时间内影响青海省经济发展,经济增长放慢的迹象开始显现。要保持青海省经济持续稳定较快增长,努力寻求新的经济增长点,尽管存在许多影响消费需求持续增长的不利因素,但由于内需潜力巨大与促进内需政策效应的积极发挥,为消费需求的增长开辟了更加广阔的发展空间。应把扩大消费需求作为当前和今后一段时间经济工作的着力点,逐步提高城乡居民消费能力,增强消费对经济增长的拉动作用。应巩固来之不易的消费上涨势头,启动消费扩大内需是当务之急,虽然要保持消费持续快速增长非一日之功,但必须采取措施,从根本上促进经济增长方式的转变,在当前经济形势下,扩大内需特别是消费需求是保持经济平稳较快增长的关键,应考虑从机制和政策上找到支持消费持续增长的途径。

1. 努力提高低收入人群收入,提高社会保障力度。刺激消费、扩大内需的重点应该放在减负与增收之上,而增收的重点更是应该放在中低收入人群。在贫富差距继续拉大的前提下,富裕阶层掌握着社会的大量财富,其消费水平渐趋饱和,而低收入人群的大部分收入则用于购置吃用,收入增加的部分会直接转变为消费,进而拉动经济增长。同时,增加低收入人群收入也能提高社会保障水平,促进社会和谐。当前农牧民增收的基础比较薄弱,仍存在许多制约因素。如,农业生产资料价格高涨抵消了农产品提价和国家补贴带来的部分收入;人民币升值、原材料能源涨价、大量中小企业倒闭,新开工建设项目减少,导致农民就业困难,不少农民重新返乡务农,收入受到一定影响等等。注意维护消费者特别是低收入基层的利益,强化收入预期和弱化支出预期,确定灵活的价格机制,给消费者创造敢于消费、愿意消费和可持续消费的良好环境,最终实现消费和投资协调发展,共同推动青海省经济持续增长。

2. 稳定物价水平,释放消费潜力。受国际初级产品价格回落等因素影响,目前,居民消费价格涨幅回落速度加快,但涨幅仍高于上年同期。由于目前面临国际和国内不确定因素增多,未来一段时间物价工作还面临着较为复杂的局面,既存在可能引起物价上涨的成本推动因素,也有出现物价持续回落的可能。为此,还必须重视和稳定物价工作,以更好地释放消费潜力。要重视农业生产,保证农产品稳定供应。要继续重点扶持粮食、生猪等重要农副产品的生产,调节市场供给结构,保证市场需求;加强生活必需品的调控力度。建立健全重要商品储备制度,重点加强粮食、猪肉、食用油、成品油等商品的储备,以防止供不应求再度引发价格上涨,努力使传统消费品价格通过技术创新而降低。

3. 坚持投资消费双向启动,营造和谐消费。在扩大基础设施投资力度的同时,应增加对高新技术产业和传统产业技术改造的投资比重,把增加有效需求与加快结构调整更好地结合起来,通过结构调整提高第三产业在一、二、三产业中的比重,推进青海省消费结构的转型升级,逐步把扩大需求的潜力转化为现实的有效需求;把投资需求带动与促进消费需求合理增长更好地结合起来。增加以扩大消费为最终目的的投资,重点加强有利于改善城乡居民消费环境的投资力度,发挥价格杠杆和市场信息对扩大消费的作用。增加服务业和农业投资,重点发展现代流通、信息服务业、金融保险业、旅游业、社区服务业、中介及专业服务等服务业。提倡可持续消费、理性消费、科学消费。关注消费方式的变革,对消费进行调控与引导、对现行消费模式进行改变或转换,实现消费与人口、资源、环境的协调发展,才能实现可持续消费,促进经济可持续发展。

4. 加快新型业态的引进与创新,优化商业结构。应继续重视商业现代流通体系建设,积极发展城乡居民乐于消费的现代流通商业业态形式,加强对商业城的网点新布局规划。鼓励并促进商业集团的规模化发展,提高企业运作水平,增强应对市场的能力。

重视引导现有零售市场的商业功能开发，提升其现代化水平，方便群众集中消费的实现。推进大型购物中心整合与建设，方便和满足居民消费。推进城乡社区连锁超市、便利店等的规范化建设，从政策体制上为连锁物流配送等现代方式的发展创造更好的发展环境。通过建设完善城乡现代流通体系网络，既能为满足居民消费提供便利，又能促进消费需求扩大的实现。

5. 培育新的经济增长点，可以从很多途径入手。包括大力发展文化产业，促进城乡居民文化消费；开发、规范旅游消费和餐饮消费；满足儿童群体、青少年群体、中老年群体、女性群体、残疾人群体等各具特点的消费需求；在降低商品房虚高房价的同时，尽快改变“重建房、售房，轻居住环境、卫生条件”的倾向；在农牧区，要解决供电质量不高、电价贵、电视信号不强、清洁水源匮乏、运输路途遥远、售后服务无保障等困难，为普及彩色电视机、洗衣机、电冰箱等家用电器创造基础条件。应抓住休假制度调整的商机，促进节假日消费，突出“清明祭祖”“端午纪念”“中秋团圆”等特色，开展民族风俗消费等创意商务活动。同时，也要继续规范零供交易秩序，严厉打击市场上串通定价、哄抬物价、以次充好等各类违法违规行为，鼓励和扶持中小零售企业参与市场竞争。

6. 从安置就业的角度考虑投资结构的优化。投资如果过于向技术密集型产业倾斜。这些产业虽然带动 GDP 增长效应显著，但扩大就业、带动消费的效应则比较微弱。从青海省情况看，发展技术密集型产业是提升产业结构及产业竞争力的重要举措，是必要的，但消费需求是拉动经济增长的最终需求，如果消费需求增长缓慢，经济的快速增长是不正常的，也是不可能持久的。因此，在注重引进发展科技型企业的同时，还要考虑发展，以充分就业和提高居民收入为目的劳动密集型产业，以此来缓解就业压力。发展经济的最终目的是提高居民收入水平和生活水平，而不应是单纯的追求 GDP 的增长率。商贸业的发展为大批的失业人员提供了新的就业机会和生活收入来源。应充分发挥商贸业发展的优势，拓展新的就业岗位提供更为宽广的空间。

7. 打造“夏都”旅游品牌，促进青海省消费需求增长。继续有效利用假日经济、各类大型活动推动青海省消费需求的增长。近年来，青海省成功举办和承办了“青海郁金香”节、“青洽会”、“环青海湖国际公路自行车赛”等大型商贸活动和体育赛事，有利地促进了消费需求增长。今后应继续加强“天路”起点，“中国夏都”旅游品牌及“氢弹、原子弹解密”的宣传、推介力度，吸引大批中外游客来青海省观光旅游，相继带动商贸、餐饮等行业的发展。

总体来看，调整经济结构、拉动消费、扩大内需是保持经济又好又快发展的长久之策和立足之本。尤其是在全球经济不确定因素增多的大背景下，坚持扩大内需的战略具有极其重要的意义。尽管促进经济增长由主要依靠投资拉动向依靠消费、投资、出口协调拉动转变，要进一步深化收入分配体制和社保体制改革，壮大中低收入群体的消费能力，充分释放城乡居民的潜在购买力，必须想方设法使消费这驾马车跑起来，才能实现消费、投资和出口协调拉动经济增长的目标。

（青海省统计局社会贸易处）

消费对河南省经济增长的拉动作用研究

消费是经济良性运行的枢纽，是社会再生产的重要环节。近年来，随着国民经济的持续快速增长，河南消费水平不断提高，有效地支撑了经济的良性运行。但在经济起飞阶段，在工业化、城镇化快速推进的进程中，消费滞后和有效需求不足仍在相当大程度上制约着总量经济的持续增长和均衡发展。未来中长期，在科学发展观的引导下，伴随着和谐中原、社会主义新农村建设等战略的强力实施，河南居民消费需求将出现快速增长的势头，对经济的贡献将显著增强，在实现中原崛起的历史进程中将发挥更大的作用。

一、河南省消费现状

近年来，随着河南省经济持续快速的增长，消费水平不断提高，消费结构升级加快，消费支出的内部结构不断发生变化，促进经济总量不断增加。

(一)消费规模不断扩大

河南省消费支出规模随总量经济的扩大而扩大。2002 年河南省的生产总值为 6035.48 亿元，最终消费支出为 3386.68 亿元，到 2006 年河南省生产总值上升至 12495.97 亿元，最终消费支出增加至 6209.92 亿元。

在中部六省中，河南省消费规模位居首位:2006 年最终消费支出为 6209.92 亿元，高于湖南(4612.97 亿元)、湖北(4297.71 亿元)、安徽(3384.94 亿元)、江西(2372.91 亿元)和山西(2251.87 亿元)五省，与河南的经济总量相匹配。

与全国各地区相比，河南省消费规模也位居前列，2006 年最终消费支出为全国第五位，低于广东(12892.81 亿元)、山东(9515.68 亿元)、江苏(9005.61 亿元)和浙江(7435.94 亿元)四省，也与 GDP 在全国的位次相当。

(二)消费需求的结构特征

1. 居民消费是主体，消费比重小幅下降

整体上，随着经济的持续增长，全省居民消费和政府消费均有较大幅度增加，居民消费支出由 2002 年的 2446.93 亿元增至 2006 年的 4347.50 亿元，政府消费支出由 2002 年的 939.75 亿元增至 2006 年的 1862.42 亿元，居民消费是消费需求的主体。但居民消费支出比重由 2002 年的 72.3%下降到 2006 年的 70.0%，有小幅下降;政府消费支出比重则由 2002 年的 27.7%上升至 2006 年的 30.0%，有小幅上升。

2. 城乡居民消费支出比重有较大变化

近年来，城乡居民消费都明显增长，从 2002 年至 2006 年，农村居民消费支出由 1341.23 亿元增至 1712.85 亿元，城镇居民消费支出则由 1105.70 亿元增至 2634.65 亿元。但农村居民消费支出的增长速度明显慢于城镇居民消费支出，2002 年河南城镇居民消费支出总量是农村居民消费支出总量的 82.4%，到 2006 年则是农村居民消费支出的 153.8%。这样的消费轨迹致使城乡消费比重明显发生改变:农村居民消费在居民消费支出中所占的比重由 2002 年的 54.8%下降至 2006 年的 39.4%，城镇居民消费比重则由

2002年的45.2%上升至2006年的60.6%。

表1　消费支出各构成项所占比重

年　份	比　重（最终消费支出＝100）		比　重（居民消费支出＝100）	
	居民消费	政府消费	农村居民	城镇居民
2002	72.3	27.7	54.8	45.2
2003	73.8	26.2	43.4	56.6
2004	73.8	26.2	42.8	57.2
2005	71.3	28.7	40.7	59.3
2006	70.0	30.0	39.4	60.6

3. 消费结构不断升级

近年来，河南省城镇居民和农村居民食品类的支出比重都逐渐下降，其他类别的比重明显提升。但由于城乡经济发展程度不同，所处的消费阶段不相同，消费结构也有很大差别：农村居民在食品类和衣着类上的支出均有所下降，而在交通和通信类上的支出则明显增加，对文教娱乐用品及服务类的支出有小幅下降；城镇居民食品类支出比重下降，对衣着则有更高的需求，同时交通和通信类支出有小幅下降，对居住类的需求上升。

表2　河南省城乡居民消费结构

单位：%

项　目	2004	2005	2006
农村居民			
食品类支出	48.1	45.1	42.0
衣着类支出	7.0	6.9	7.4
居住类支出	6.3	6.9	6.8
交通和通信类支出	7.7	7.8	9.6
文教娱乐用品及服务类支出	10.7	10.5	10.3
其他类别	20.2	22.7	24.0
城镇居民			
食品类支出	29.6	29.5	28.4
衣着类支出	10.4	11.5	11.8
居住类支出	9.3	9.3	9.5
交通和通信类支出	10.0	9.1	9.8
文教娱乐用品及服务类支出	12.1	11.5	10.9
其他类别	28.7	29.2	29.7

（三）近年来消费对经济增长的影响

1. 消费对经济增长的影响度

消费需求是拉动河南经济增长的“三驾马车”之一。根据国际经验，一个国家或地区经济发展的快慢，在相当程度上取决于消费需求的大小，经济进入中级或更高的发展阶段后，这一特征更加明显。为了更好地分析消费需求在河南经济发展中的作用，选取河南省1990—2006年的地区生产总值和最终消费支出、资本形成总额和净出口的数据，并剔除物价变动，建立如下模型：

$$LGDP = 1.0577 + 0.51 \cdot LC + 0.50 \cdot LI + 0.03 \cdot LNE$$

其中LGDP表示对地区生产总值取对数，LC表示对最终消费支出取对数，LI表示对资本形成总额取对数，LNE表示对净出口取对数。

由方程可知，消费与经济增长呈正相关关系，消费每增长1个百分点，可以拉动经济增长0.51个百分点，消费是拉动河南省经济增长的主要因素。

2. 消费对经济增长的贡献率下降

近年来，河南省的消费随着经济的增长而不断提高，但是消费的增长速度却小于经济的增长速度，导致消费在经济中所占的比重逐年下降，全省最终消费率从2003年的56.7%下降至2006年的49.7%。消费对全省经济增长的拉动作用逐步减弱。根据H·钱纳里等人的研究，在人均国内生产总值1000美元左右时，世界各国居民消费率一般在61%左右，河南省于2004年人均国内生产总值已超过1000美元，但2004年的居民消费率仅为39.4%，低于这一研究标准21.6个百分点。河南省的经济总量位居全国第五，消费率却低于全国平均水平，2006年最终消费率比全国最终消费率低0.3个百分点。在中部六省中，2006年河南省最终消费率仅高于山西，低于其他四个省份，比消费率最高的湖南低11.2个百分点。河南省消费率偏低，说明河南省消费对经济增长的拉动作用目前仍然较弱。

表 3　河南省 2002—2006 年最终消费支出及比率

年　份	支出法生产总值(亿元)	最终消费支出(亿元)	最终消费率(%)
2002	6035.48	3386.68	56.1
2003	6867.70	3891.70	56.7
2004	8553.79	4568.52	53.4
2005	10587.42	5353.67	50.6
2006	12495.97	6209.92	49.7

从表 4 可以看出，2000 年河南省消费对经济增长的贡献率为 81.9%，是拉动经济增长的主要因素，但 2000 年到 2005 年消费对经济增长的拉动作用逐步减弱，到 2004 年消费的贡献率已经小于 50%，2006 年河南省这一贡献率有所上升，达到 49.3%，高于 2005 年 12.5 个百分点，但仍处较低水平。

表 4　支出法地区生产总值消费贡献率

单位：%

年　份	支出法生产总值	最终消费	居民消费		
				农村居民	城镇居民
2000	100.0	81.9	61.6	34.7	26.9
2001	100.0	70.6	36.0	17.2	18.8
2002	100.0	62.2	39.7	9.9	29.9
2003	100.0	69.8	56.7	5.1	51.5
2004	100.0	38.7	28.7	8.6	20.1
2005	100.0	36.8	23.3	3.6	19.8
2006	100.0	49.3	32.4	9.6	22.8

二、消费需求存在的问题及影响因素

从世界经济发展的历史经验看，低人均收入国家和发达国家的消费率都比较高。在低人均收入向中等收入发展的阶段，工业化进程加速推进，投资带动经济增长的作用明显，消费率呈现下降趋势。这一规律在河南省的发展中也有所体现。2007 年，河南省人均 GDP 超过 2000 美元，按照钱纳里的划分标准，处于工业化的加速阶段，属于从低收入向中等收入过渡的阶段，河南省消费率的下降态势有其阶段性的特征。但是深入分析其结构特点，仍会揭示出一些影响消费需求增长的问题。

(一)河南省消费需求存在的问题

1. 居民消费比重偏低

政府消费增加有助于推动消费支出增加，拉动经济增长。但是政府消费并不能替代居民消费，政府消费主要是政府提供公共服务等的支出，居民消费是为了满足个人需求进行的消费，不仅在消费支出中占据重要份额，也是消费结构升级的主要动力，对产业结构调整有重要引导力。

2002 年世界居民消费在最终消费支出中所占比重的平均水平约为 80%，河南省 2002 年居民消费比重为 72.3%，2006 年居民消费比重下降至 70.0%，比全国平均水平低 2.6 个百分点。与中部其他省份相比(见表 5)，河南省的居民消费比重也偏低，2006 年河南省居民消费比重比安徽低了 10.2 个百分点。

表5　中部六省2002—2006年居民消费支出比重

单位:%

年　份	全国	山西省	江西省	安徽省	湖南省	湖北省	河南省
2002	73.3	71.0	76.4	81.0	72.1	79.2	72.3
2003	73.4	70.5	76.6	80.9	69.9	79.2	73.8
2004	73.3	72.5	78.6	81.0	69.4	79.0	73.8
2005	73.8	71.4	77.6	79.8	75.7	76.4	71.3
2006	72.6	72.4	76.1	80.2	75.5	73.4	70.0

2. 农村消费对经济增长的贡献力度小

河南省是个农业大省,农村人口比重大,2006年占全省人口的67.5%,但农村消费支出在居民消费支出中所占的比重仅为39.4%,与农业大省的身份不相匹配。伴随着城镇化程度的提高,农村人口比重逐步下降,农村居民消费支出比重下降也是合理的,但河南省农村消费支出比重下降速度明显快于农村人口比重的下降(见表6),农村居民消费对经济增长的拉动作用较小(见表4),2002年到2006年农村居民消费对经济增长的贡献率都在10%以下,2006年农村居民消费的贡献率较前几年有所上升,但仍较城镇消费的贡献率低13.2个百分点。

表6　河南省农村人口比重和消费支出比重

单位:%

年　份	人口比重		消费支出比重(居民消费支出=100)	
	农村	城镇	农村居民	城镇居民
2002	74.2	25.8	54.8	45.2
2003	72.8	27.2	43.4	56.6
2004	71.1	28.9	42.8	57.2
2005	69.3	30.7	40.7	59.3
2006	67.5	32.5	39.4	60.6

3. 消费结构升级受阻

国际经验表明,人均GDP为1000　3000美元为居民消费结构发生转变的重要时期,居民用于吃穿的费用比例明显下降,用于住、行和文化娱乐等的费用比例显著上升。目前,河南省的人均GDP已经超过2000美元,正处于消费结构升级的过程中,今后一个时期城镇居民的消费热点将集中在住房、汽车、娱乐等方面,农村居民消费热点将集中在耐用消费品和教育方面。

但在目前城镇消费市场上,房价高、养车费等现象抑制了居民对住房、汽车的消费;文化娱乐项目的供给不足,居民消费观念没有及时转变也制约了对文化娱乐项目的消费;市场上的不规范行为以及交通的制约,影响了居民在娱乐、旅游方面的消费热情。在农村消费方面,农村水、电、通讯、道路等基础设施落后,限制了耐用消费品的使用,市场体系不规范、商品不充足等问题也加大了农村居民的消费成本,制约了农村居民的消费水平;教育方面,农村居民有较强的接受教育的需求,但是高昂的教育费用与农村居民的购买力之间差距甚大。这些软、硬环境方面的制约,阻碍了城乡居民消费结构的顺利升级,制约着消费水平的提高。

4. 地区发展不平衡

从城镇居民的情况来看(见表7),中原城市群人均消费支出高于全省平均水平,而豫北、豫西豫西南和黄淮四市则低于全省平均水平;从农村居民的情况来看,地区间不平衡的状况更为明显。中原城市群和豫西豫西南的人均生活消费支出高于全省平均水平,豫北和黄淮四市的人均生活消费支出都低于全省平均水平。综合来看,黄淮四市的城乡居民的人均消费支出处于较低的水平,阻碍了全省平均消费水平的提升。

表7　2006年各地区人均消费支出情况

单位:元

地　区	城镇居民人均			农村居民人均		
	可支配收入	消费支出	恩格尔系数(%)	纯收入	生活消费支出	恩格尔系数(%)
全省	9810	6685	33.1	3261	2229	40.9
中原城市群	10167	6969	33.3	3874	2424	37.0
豫北	9524	6497	32.5	3489	2103	37.5
豫西豫西南	8947	6562	31.0	3393	2391	41.8
黄淮四市	7803	5570	34.8	2838	2080	44.0

(二)制约居民消费增长的因素分析

1. 收入是制约消费扩大的重要因素

根据凯恩斯的消费理论,收入是影响消费的因素中最重要的一项,消费随收入的增加而增加,随收入的减少而减少,收入水平的高低直接影响着消费能力的高低,消费能力的高低又直接决定了消费支出的大小。不仅收入水平影响消费的大小,不同收入水平消费倾向的差异对消费也有很大影响。

(1)河南省居民收入水平不高。河南省人口位居全国首位,消费群体庞大,但较低的收入水平限制了全省消费能力的提升。从表8可以看出,河南省居民家庭人均可支配收入(农村居民为人均纯收入)明显低于全国平均水平:从2002年至2007年,河南省和全国的人均可支配收入一直处在增长的状态下,河南省的增长速度还高于全国的速度,但2007年河南省城镇居民家庭人均可支配收入仍比全国平均水平低2309元,农村家庭人均纯收入比全国水平低288元。

表8　全国及河南省城乡居民收入

单位:元

年　份	全　国		河　南	
	城镇居民家庭人均可支配收入	农村居民家庭人均纯收入	城镇居民家庭人均可支配收入	农村居民家庭人均纯收入
2002	7703	2476	6245	2216
2003	8472	2622	6926	2236
2004	9422	2936	7705	2553
2005	10493	3255	8668	2871
2006	11759	3587	9810	3261
2007	13786	4140	11477	3852

(2)河南省居民收入差距大。收入差距对消费产生的影响主要是通过消费倾向的变化,即收入差距的扩大或缩小会导致消费倾向的变化。不同收入阶层的平均消费倾向是不同的,一般说来高收入阶层的平均消费倾向低,低收入阶层的平均消费倾向高。如果收入差距过大,收入集中于平均消费倾向较低的高收入阶层,增加的收入就难以转化为直接消费,导致整个社会消费倾向下降,抑制消费增长。相反,缩小收入差距,收入集中于中低收入人群,则增加的收入最容易转化为直接消费,刺激消费快速增长。

近年来,河南省城乡居民收入不断增加,同时收入差距也逐步扩大。(1)城乡居民之间收入差距日益加大:2002年河南省城镇居民家庭人均可支配收入是农村居民家庭人均纯收入的2.8倍,到2007年这一差距扩大到3.0倍。(2)城镇居民内部收入差距持续扩大。根据2006年河南省城镇居民家庭人均全年收入的数据来看,最高收入户是最低收入户6.4倍,而在2000年,这一数据为5.8倍。无论是城乡居民收入差距的扩大还是城镇居民内部收入差距的扩大,都降低了河南省居民的平均消费倾向,减弱了消费对经济增长的拉动作用。

2. 消费信心不足抑制消费增长

收入的使用主要是两种方式:消费和储蓄,两者此消彼长。储蓄的高低是和居民消费信心的高低成反比的。我国改革开放以后,体制改革不断推进,城乡居民未来收入和支出的不确定性大大增加。近年来,住房、医疗、养老保险以及教育体制的改革,使居民未来支出的不确定性明显增加,消费信心不足。根据经济学理论中的预防性储蓄假说,相对于确定性条件而言,居民在未来收入和支出不确定的情况下,一般会增加储蓄,减少消费。

虽然人们对未来经济较好的增长态势持肯定态度,对未来居民收入的增长持乐观态度,但住房、医疗、教育、养老这些大额支出,在支出的时间和数额上都有较强的不确定性,而这些大额支出又是人生中不可缺少的支出,为了给这些支出储备足够的支出能力,人们通过减少消费、增加储蓄来应对。这从近年来河南省储蓄存款余额的不断增加也可以看出:2002 年全省城乡居民储蓄存款余额为 4205.57 亿元,到 2007 年已增加至 7812.24 亿元。

3. 不完善的消费环境阻碍消费扩大

消费环境是指居民实现消费的过程中所受到的种种外界环境因素的影响,主要包括硬环境与软环境两部分。消费环境决定着居民的消费意愿能否实现和消费过程能否完成。

硬环境指的是保障消费完成的基础设施,包括交通道路、电信、电力等方面。目前在城市中,这些基础设施基本完善,道路更加通畅,电信和电力都基本能够满足消费的需要,购物场所的硬件设施也都较为完善和方便。但在农村这些基础设施还比较落后,道路交通还不便捷,基础设施还不完善,这些情况的存在,束缚了农村消费水平的提升,制约着农村消费对全省经济增长的贡献率。

软环境主要包括影响消费心理的种种环境因素,如产品品种的供给、产品和服务的普遍质量、生产与销售企业的诚信状况、保护消费者权益的法律环境等。如今软环境不完善的情况一定程度上抑制了居民的消费支出。农村市场上这一现象更加严重:产品供给不丰富,产品质量难以保证,有消费能力的居民也没有地方可以消费。随着“万村千乡市场工程”体系的推进,这些状况得到明显改善,到 2007 年底一万多家农家店验收通过,农村居民消费更加快捷和方便,但消费品售后服务、消费者权益保护等方面仍需提高。

4. 消费信贷制度不完善

在发达的消费信贷体制下,居民在当期收入不足以满足消费的时候,如果未来收入预期确定,就可以通过消费信贷来平滑个人的消费曲线,用未来的收入在当期进行消费,这样就可以避免为了某次数额较大的支出而过分压制前期的消费,使消费保持平稳态势。

目前我国信用体制还没有建立,消费信贷还很不发达,居民的大额消费支出仍然主要靠自己的储蓄。居民消费支出中所占比重较大的教育、医疗、住房等方面,支出的数额和时期不确定,而且这些支出的发生通常集中在较短的一段时间,在消费信贷不发达的情况下,人们不能在支出发生的较短时间内储备足够的支出能力,因此为防止这些大额支出发生时支出能力不足,在支出发生前很长一段时间内就要进行储蓄。对于青年人来讲,事业正处于上升阶段,收入水平不高,消费需求却很强烈,教育、住房、就业等支出也往往发生在这个时期,发达消费信贷制度可以使他们用未来较高的收入在当期进行消费,不仅扩大了当期的消费,也使未来高收入时期的低消费倾向因为财富的减少而有所提高,从而抬高了整个生命周期的消费倾向。但在目前情况下,具有未来高收入预期的年轻人很难通过消费信贷来平滑整个生命周期的消费。

三、未来一段时期消费的走势预测

目前,全省消费尽管存在着一些问题,不利于消费支出的扩大和消费水平的提升,制约着消费对经济增长的拉动作用,但是消费和经济增长是相互促进的关系,随着河南省经济较快的增长,消费水平也将不断提高。

(一)河南省消费持续增长的支撑因素

1. 经济持续增长推动消费不断增长

日前,河南省经济正在新一轮周期的增长平台上持续运行。未来河南省经济将面临更多的积极因素:承接东部沿海地区的产业转移,积极优化产业结构,加快中原城市群发展,积极支持豫北、豫西南、黄淮经济区发展,一系列促进县域经济加快发展的政策措施等,再加上良好的宏观环境,都为河南省经济的快速稳定持续增长创造了有利条件,为消费的不断增长提供了根本动力。

2. 各项相关措施的实施保证了消费的持续增长

在构建和谐社会的战略目标下,省委、省政府实施了一系列措施加强和谐社会建设:促进区域协调发展,加快推进社会主义新农村建设,完善社会保障体系,稳步提高居民收入,这些措施的效果逐步显现,居民的消费能力不断提高、消费信心不断增强,为消费的持续增长提供了根本保障。

3. 对消费重视程度的提升有助于消费的不断增长

作为经济增长最基础的拉动力,消费水平的提高不仅能拉动经济总量的提升,还能引导产业结构的升级。为促进经济又好又快地发展,"十七大"报告指出促进经济增长向依靠消费、投资、出口协调拉动转变。可见,在科学发展观的指导下,经济发展将更多地追求投资与消费的合理性,促进消费水平提升的措施也将得到强化,从而有助于消费的不断增长。

(二)未来一段时间河南省消费增长情况

选取 1990－2006 年的支出法生产总值和最终消费支出数据,通过居民消费价格总指数对各名义变量进行平减,来剔除物价变动对经济变量的影响。通过计算可以得出经济增长和消费增长的相关系数为 0.996,相关程度很高,所得方程为:

$$LC=-0.4999+0.996\cdot LGDP$$

其中 LC 表示对最终消费支出取对数,LGDP 表示对地区生产总值取对数。

方程表明:从长期来看,河南省 GDP 平均每增长 1 个百分点,消费将增长 0.996 个百分点。经济增长对消费的带动作用巨大,随着经济的发展,消费支出也将不断增加。根据"十一五"对经济增长速度的预测,可以得出未来几年消费支出的水平:

表 9　未来几年全省消费支出

(2006 年价格水平)

年　份	最终消费支出(亿元)
2007	7131
2008	7831
2009	8599
2010	9443

四、促进河南省消费增长的现实途径

"十七大"提出要转变经济发展方式,扩大国内需求特别是消费需求,由原来主要依靠投资、出口拉动经济增长的方式转变为依靠消费、投资、出口协调拉动的新方式。研究表明,需求不足使消费对河南省经济的影响力日益弱化,已成为制约河南省经济又好又快发展的一大"瓶颈"。因此,下大力气拓展消费需求空间、扩大消费需求比重、努力协调消费与投资的比例关系,应是未来一段时期河南省经济工作的重心之一。

(一)完善收入机制,优化分配结构

对于城镇居民来讲,建立职工工资正常增长机制,使职工的工资能随着经济的发展和企业经济效益的提高逐步增加;根据物价的上涨和人们生活水平的提高,适时提高最低工资标准,提高对低收入人群的补贴标准,加大再就业的培训力度,扩大就业面。对农村居民来讲,首先调整和优化农业生产结构和产品结构,培育适应市场的农业产品;其次

是推进农业产业化经营，发展农产品加工特别是精深加工，提高农产品附加值；再次是加快农村富余劳动力转移，拓宽农村居民非农收入的来源。

为提高全省居民的平均消费倾向，需要优化收入分配结构。就一个地区来讲，合理的消费结构是高、中、低收入群体呈现"橄榄型"结构，即中间大、两头小。因此，对于低收入群体，在建立基本的生活保障制度的基础上，增加就业，加强对下岗人员的再培训，提高收入水平，扩大低收入群体的消费能力。中等收入者是消费的中坚力量，他们既不像低收入群体那样没有消费能力，也不像高收入群体那样有很低的消费倾向，是保证消费水平的主要力量，因此，要扩大消费就要扩大中等收入者在社会中所占的比重。具体措施有：加强教育、培训力度，提高人才素质，创造环境使更多的人加入到中等收入群体，同时还要建立合理的工资机制，确保中等收入人群工资能够随着经济的发展、市场的变化而变化，保证收入的稳步提高。对于高收入群体，要建立合理二次收入分配制度，通过税收等手段调节高收入者的收入，通过收入再分配和转移支付，增加社会的消费能力。

(二)增强居民消费信心

完善社会保障体制，特别是对低收入人群的社会保障制度的建立，进一步规范城市低保的范围和标准，加快建立医疗保障制度，对贫困家庭的教育支出建立一定的制度进行资助。同时，对外来务工人员的社会保障制度也要积极建立，特别是外来务工人员的工伤保障制度。农村作为潜力巨大的消费市场，社会保障制度的建立不可忽视。近年来，城乡的社会保障差别仍很大，农民这个数量庞大的群体面对的不确定性更多，这是制约消费需求扩大的重要因素。因此，要进一步加大公共财政对农村社会保障事业的投入力度，通过建立农村免费义务教育、最低生活保障制度和农村基本医疗合作制度，为广大农村居民建立更加公平、支撑力更强的社会保障体系。

(三)改善消费环境

制定与完善各种相关的法律与法规，规范生产者和经营者的行为，对经营者的不规范经营、商业欺诈等行为制定严格的惩罚措施。同时要加强对消费者权益的保护，并加强消费者权益保护法的宣传，提高消费者自身的维权意识，使消费者在消费中遇到问题能够积极主动地寻求解决办法，不仅保护自身权益，也对经营者起到督促作用。

对农村的消费环境，在"万村千乡市场工程"推进的基础上，还需要进一步加大农村市场体系建设力度，使大量质量好、价格合理、适合农村市场的消费品快速进入农村市场，同时还要建立完善的售后服务体制，解除农民消费的后顾之忧，减少农民的消费成本。基础设施方面，继续加大对农村基础设施建设的投入力度，着力改善农村的基础设施。加强农村道路、饮水、沼气、电网、通信等基础设施和人居环境建设，加强教育、卫生、文化等农村公共事业建设。

（河南省统计局贸易外经处）

消费对四川省经济增长影响研究

在经济水平发展到一定的条件下，短期内刺激消费对提高经济产出具有重要的作用。正确把握居民的消费结构，了解居民的消费需求的变动趋势，对正确制定消费政策和措施具有重要的理论意义及现实意义。近年来，我国的消费平均增速远远低于GDP10％左右的增长速度，消费贡献率已由“九五”末期的73％下降到45％，而发达国家平均为80％。

自2008年9月金融危机全面爆发后，各国纷纷推出经济刺激方案，我国在应对金融危机采取了一系列积极的财政政策和适度的货币政策，十分重视扩大内需对经济的拉动。作为拉动经济增长的“三驾马车”之一，消费对扩大内需，推动经济增长，走出金融危机的影响具有十分重要的意义。

四川省处于内陆地区，进出口对四川省经济增长拉动作用并不明显，而伴随着投资回报率的下降，消费对四川省经济增长的作用就显得尤为重要。同时，在2008年，四川省不但深受金融危机影响，更是遭遇了“5.12”汶川特大地震等自然灾害的叠加影响。因此，基于以上背景研究消费对四川省经济增长的影响具有重要的理论与现实意义。

一、四川省消费现状分析

（一）消费增长落后于经济增长，且呈进一步拉大趋势

随着改革的深入，中国经济增长呈现出高速增长趋势，四川省也不例外，特别是进入20世纪90年代以后，四川省经济保持了飞速发展，经济总量迅速扩大，居民消费水平绝对数逐年递增，经济的快速增长也相应的带动了人民生活水平的提高。

从图1可以看出，四川省消费增长与经济增长变化趋势基本一致，但是经济增长总体

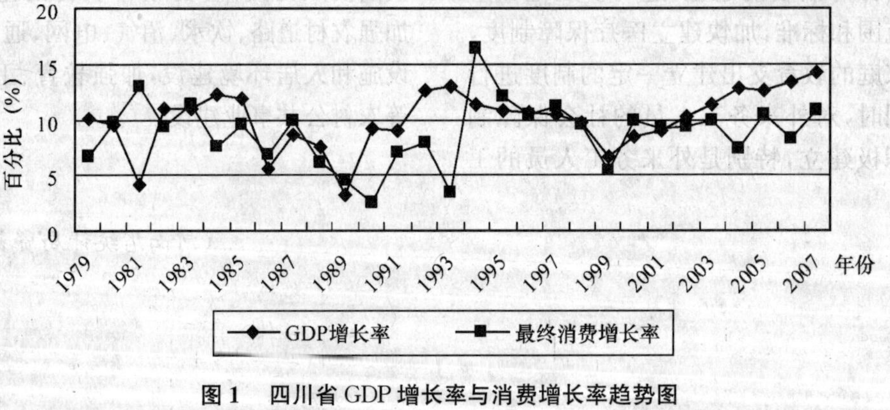

图1　四川省GDP增长率与消费增长率趋势图

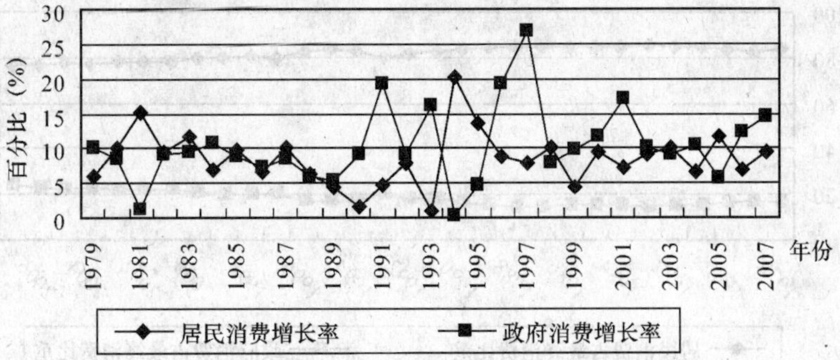

图 2　四川省居民消费与政府消费增长率趋势图

上高于消费的增长，从 1979－2007 年，GDP 年均增长 10%[①]，消费年均增长 8.83%，其中，1979－1989 年，GDP 年均增长 8.6%，消费年均增长也是 8.6%，基本持平，1990－1999 年，GDP 年均增长 10.33%，消费年均增长 8.58%，消费增长率低于经济增长率，2000 年以后，消费增长明显滞后于经济增长，2000－2007 年，GDP 年均增长 11.5%，消费年均增长为 9.4%，2006 年经济增长一度达到 13.34%，而消费增长却只有 8.2%。可见上个世纪 90 年代以后，四川省消费增长比 GDP 增长慢了近 2 个百分点，并有进一步拉大的趋势。

(二)居民消费增长落后于政府消费增长，农村居民消费增长落后于城镇居民消费增长

从消费内部看，1979－2007 年，四川省居民年均消费增长 8.53%，政府消费增长率 10.31%。居民消费增长总体上落后于政府消费增长近 2 个百分点。其中，1979－1995 年，居民年均消费增长 8.54%，政府消费年均增长 8.45%，居民消费增长略高于政府消费增长；1996－2007 年，居民年均消费增长 8.51%，政府消费年均增长 12.95%，居民消费增长远远落后于政府消费增长。1979－2007 年，四川省居民消费基本保持 8.5%的稳定增长，而政府消费却在上个世纪 90 年代后期呈现出快速增长的趋势。

从居民消费占最终消费的比重和政府消费占总消费的比重(图 3)，可以看出近几年，政府消费的增加对四川省总量消费的增加起到了很大的作用。从图 3 可以看出，居民消费一直是四川省消费的主力军，但是进入上个世纪 90 年代以来，居民消费占总消费的比重呈逐年递减趋势，而政府消费的比重却不断上升。1991 年居民消费 305.3 亿元(1978 年为基期的实际值)，占最终消费的 82.3%，政府消费 66.03 亿元，占比 17.7%，而到了 2007 年，四川省居民消费 1202.7 亿元，占最终消费的 76.6%，政府消费增加到 373.2 亿元，占比 23.4%，十五年左右的时间四川省居民消费下降近 8 个百分点，特别是 1997 年，居民消费占最终消费的比重下跌到 80%以下。

从居民消费内部看，1979－2007 年，四川省农村居民年均消费增长 5.95%，城镇居民消费年均增长 12.02%，农村居民消费增长远远落后于城镇居民消费增长，其中，1979－1995 年，农村居民年均消费增长 7.01%，城镇居民消费年均增长 11.74%，农村居民消费增长落后于城镇居民消费增长近 5 个百分点；

① 采用 1978 年为基数的价格指数折算出的实际数据计算所得。本文所有数据如未经特别说明均采用 1978 年的为基期的实际数据

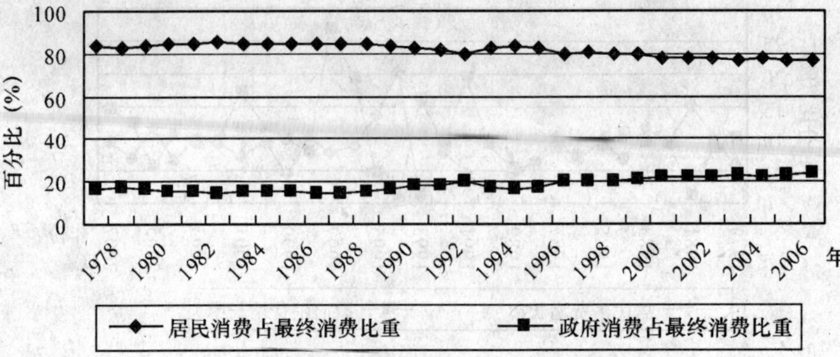

图3　四川省居民消费与政府消费结构比重

1996—2007年，四川省农村居民年均消费增长4.43%，相对于1979—1995年的7.01%，下降了近3个百分点，说明尽管20世纪90年代后，政府十分重视增加农民收入，农村居民的收入水平有所提高，但是农村居民消费水平提高并不明显。而1996—2007年城镇居民消费年均增长12.43%，略高于1996年以前的平均水平，这一方面得益于城镇居民收入水平的提高，另一方面也表明随着城镇居民社会保障的体系的完善，使得城镇居民开始敢于消费。

四川省农村居民消费增长缓慢，特别是上个世纪90年代后，开始呈现出消费增长递减的趋势，其消费增长速度远远落后于城镇居民，这对于四川省扩大内需，克服消费不足十分不利，反之，开拓农村消费市场，对于降低全球性金融危机的负面影响，拉动经济长期、稳定、快速的增长具有举足轻重的作用。

（三）城乡消费差距明显，城镇居民消费水平远远高于农村居民消费水平，且呈逐年拉大的趋势

改革开放以来，四川省经济保持了良好的发展势头，人民群众的物质文化生活水平有了较大提高，带动了居民消费水平的提高，但是与全国水平相比，特别是与东部发达省区相比，差距很大（表1）。

四川省农村居民与城镇居民消费水平比值由1982年最低的1∶1.95上升到2001年的1∶3.47，特别是20世纪90年代中期以后，四川省农村居民与城镇居民消费水平比值大幅度的上升，达到1∶3以上，表明四川省农村居民消费水平远远低于城市居民消费水平，且呈现进一步拉大的趋势（表1）。

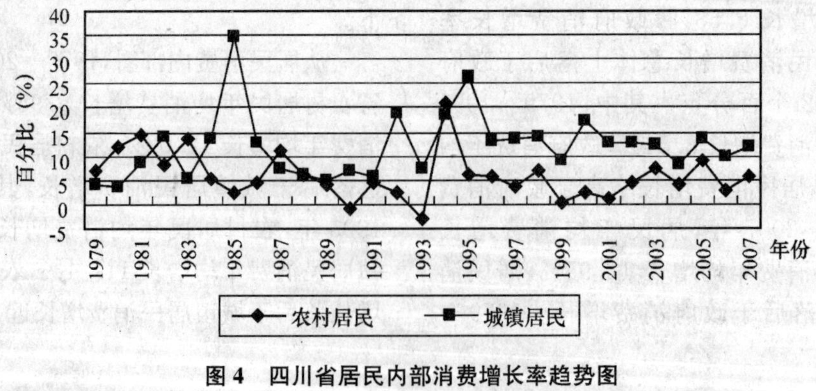

图4　四川省居民内部消费增长率趋势图

表 1　居民消费水平情况表

年　份	全国居民人均消费水平	全国农村居民消费水平	全国城镇居民消费水平	四川省居民人均消费水平	四川省农村居民消费水平	四川省城镇居民消费水平	农村与城镇对比
1978	184	138	405	161.39	135	373	1∶2.76
1979	208	159	425	171.52	145	377	1∶2.60
1980	238	178	489	191.93	167	382	1∶2.29
1981	264	201	521	219.47	193.27	416.28	1∶2.15
1982	288	223	536	243.69	218.64	427.12	1∶1.95
1983	316	250	558	271.71	242.68	479.78	1∶1.98
1984	361	287	618	299.68	264.42	542.56	1∶2.05
1985	446	349	765	346.87	290.06	713.69	1∶2.46
1986	497	378	872	380.3	310.94	816.83	1∶2.63
1987	565	421	998	435.43	356.55	933.88	1∶2.62
1988	714	509	1311	531.67	434.31	1140.55	1∶2.63
1989	788	549	1466	613.07	498.02	1326.13	1∶2.66
1990	833	560	1596	706.14	564.24	1583.38	1∶2.81
1991	932	602	1840	763.11	609.46	1683.92	1∶2.76
1992	1116	688	2262	835.62	642.43	1896.93	1∶2.95
1993	1393	805	2924	961.23	725.13	2156.04	1∶2.97
1994	1833	1038	3852	1367.17	1027.46	3002.51	1∶2.92
1995	2355	1313	4931	1646.27	1191.66	3703.32	1∶3.11
1996	2789	1626	5532	1879.6	1327.15	4204.49	1∶3.17
1997	3002	1722	5823	2077.74	1459.77	4534.23	1∶3.11
1998	3159	1730	6109	2243.41	1512.12	4791.44	1∶3.17
1999	3346	1766	6405	2347.53	1550.78	4941.22	1∶3.19
2000	3632	1860	6850	2550.48	1614.28	5314.67	1∶3.29
2001	3869	1969	7113	2707.15	1631.3	5660.73	1∶3.47
2002	4106	2062	7387	2914.39	1729.1	5932.23	1∶3.43
2003	4411	2103	7901	3203.36	1890.24	6311.53	1∶3.34
2004	4925	2301	8679	3656.2	2153.44	6969.98	1∶3.24
2005	5463	2560	9410	4130.08	2432.2	7577.3	1∶3.12
2006	6138	2847	10423	4501.34	2572.37	8305.1	1∶3.23
2007	7081	3265	11855	5259.22	2949.21	9559	1∶3.24

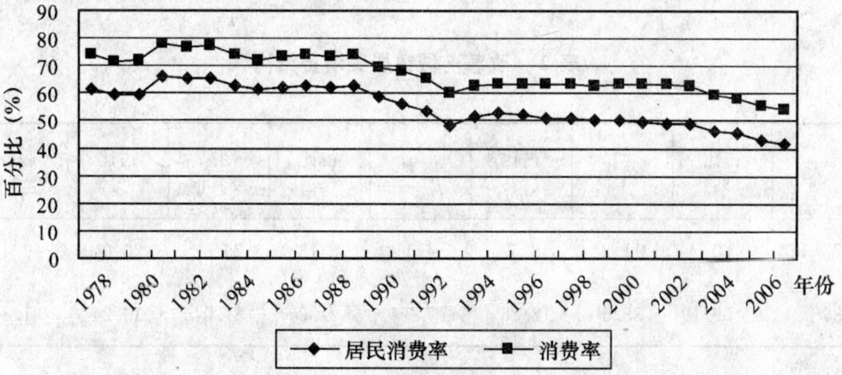

图 5　四川省消费率变化趋势图

(四)消费率水平呈现不断下降的趋势

消费率是指一个国家或地区在一定时期内(通常为1年)用于居民个人消费和社会消费的总额占当年国民支出总额或国民收入使用额的比率。从1978年至今,消费率和居民消费率(居民消费占GDP的比重)变化趋势基本一致,且呈现出逐年下降的变化趋势,特别是上个世纪90年代以后,四川省消费率和居民消费率下降的趋势明显(图5),目前,四川省消费率已跌至历史最低点,这与全国消费率变动趋势基本一致。

1978－2007年,四川省年均消费率67.17%,20世纪90年代后,消费率水平降到70%以下,2004年以后消费率水平更是降到了60%以下,消费率水平由1981年最高的77.98%下降到2007年的历史最低54.14%,下降近25个百分点;而居民年平均消费率55.15%,下降幅度更加明显,90年代后降到60%以下,2000年以后降到了50%以下,由1981年最高的66.26%下降到2007年历史最低的41.44%,也下降了近25个百分点。

(五)居民消费结构不尽合理,城乡差距大,城镇居民消费结构优于农村居民消费结构

四川省城乡居民消费水平自20世纪80年代中期以来不断提高,消费结构不断升级,城镇居民消费水平和结构已步入小康阶段,农村居民消费开始由温饱型迈向小康型。但是,由于城乡居民收入水平、消费观念、消费环境等方面的差异,造成四川省城乡消费结构存在明显的二元结构特征,城乡居民在消费支出、边际消费倾向、各项支出比重等方面存在着明显的差异,这一问题导致了近几年四川省经济增长受到省内市场需求不足的约束。

1.四川省城镇居民消费结构情况

改革前,城镇居民消费极为单调,1952年城镇居民消费支出中食品支出占60%,衣着占9%,燃料支出占3%,用品及其他支出占20%,服务消费支出占8%(表2);到1978年,四川省城镇居民消费结构与1952年相比变化不大,其中食品支出仍占60%,衣着占12%,上升3个百分点,燃料支出占2%,下降1个百分点,用品及其他支出占16%,下降4个百分点,服务消费支出占10%,上升2个百分点(表2)。

改革开放后,居民消费水平大幅提升,消费支出开始多元化,城镇居民消费重点从吃、穿、用等基本消费逐渐转向文娱、住、行等领域。2007年家庭设备用品及服务支出562.02元,比1995年增长近2倍,医疗保健支出511.78元,比1995年增长4.9倍,交通和通信支出1074.91元,比1995年增长8倍,教育文化娱乐服务支出1031.81元,比1995年增长3倍,居住支出690.27元,比1995年增长3.2倍。(表3)。

表2　改革前城镇居民消费结构

单位:元

年　份	食品	占比(%)	衣着	占比(%)	燃料	占比(%)	用品及其他	占比(%)	服务性消费	占比(%)
1952	77.3	60	11.2	8.67	4.1	3.18	25.82	20.04	10.44	8.1
1978	186	59.19	38.5	12.25	7.3	2.32	51.04	16.24	31.43	10

表 3　20 世纪 90 年代后四川省城镇居民人均消费构成

单位:元

	1995	2000	2003	2004	2005	2006	2007
平均每人消费支出	3429	4855.8	5759.1	6371.27	6891.3	7524.8	8691.99
食品支出	1760.3	2014.3	2240.6	2560.35	2709.6	2838.2	3580.14
衣着支出	459.03	463.81	536.43	557.94	640.9	754.93	949.74
家庭设备用品及服务支出	294.52	418.81	399.59	384.08	422.7	505.83	562.02
医疗保健支出	104.99	266.07	425.14	433.37	442.8	449.87	511.78
交通和通信支出	134.4	304.52	586.77	769.24	827.7	1009.35	1074.91
教育文化娱乐服务支出	329.07	627.18	823.72	874.35	909.1	976.33	1031.81
居住支出	218.56	531.8	580.46	600.67	705.4	728.43	690.27
杂项商品和服务支出	128.17	229.3	166.38	191.15	233.0	261.85	291.32
城镇居民恩格尔系数(%)	51.34	41.48	38.91	40.19	39.32	37.72	41.19

2. 四川省农村居民消费结构情况

改革前,四川省农村居民消费主要是食品消费,1957 年农村居民消费支出中食品支出高达占 72%,衣着占 11%,燃料支出占 10%,用品及其他支出占 5%,文化生活服务消费支出仅占 1%,住房支出占 1%(表 4);到 1978 年,农村居民消费支出中食品支出仍然高达 73%,衣着占 11%,燃料支出占 6%,用品及其他支出占 6%,文化生活服务消费支出占 2%,住房支出占 2%(表 4),20 多年时间,农村居民消费结构基本无变化。

表 4　改革前农村居民消费结构

单位:元,%

年　份	食品	占比(%)	衣着	占比(%)	燃料	占比(%)	住房	占比(%)	用品及其他	占比(%)	文化生活服务支出	占比(%)
1957	47.2	71.1	7.5	11.2	6.4	9.6	0.93	1.4	3.55	5.3	0.91	1.4
1978	88.5	73.6	14	11.5	6.8	5.7	2.06	1.7	6.91	5.7	2.17	1.8

改革后,农村居民消费支出开始走向多元化。到了 20 世纪 90 年代,农村居民消费重点开始向居住、文娱、衣着、用品、医疗、交通、杂项转变,其中,居住支出增长明显,由 2003 年的 224.8 元增加到 2007 年的 366.45 元,仅次于食品支出,位于第二位;2003 年教育文化娱乐服务支出 202.27 元,仅低于食品和居住支出位于第 3 位;2007 年,医疗保健支出、交通和通信支出大幅度增加,分别达到 174.75 元和 241.49 元,分列农村消费支出的第五位和第 3 位,尽管教育文化娱乐服务支出在 2006 年后略有下降,2007 年为 177.19 元,但仍位于支出前列,位居第四位(表 5)。

3. 四川省居民特别是农村居民的恩格尔系数仍然较高

四川省城镇居民恩格尔系数下降比较明显(表 3),特别是 2000 年以后,城镇居民的恩格尔系数在 40%左右,其中 2003 年、2005 年、2006 年低于 40%,分别为 38.91%、39.32%、37.72%,表明四川省城镇居民的生活水平已经由小康型向富裕型转变。但是四川省农村居民的恩格尔系数仍然很高(表 5),且下降趋势不明显,总体上保持在 50%以上,只有 2005 年低于 50%,为 48.1%,表明四川省农村居民的生活水平仍然处在温饱型,并开始向小康型转变。

表 5　四川省农村居民人均消费构成

单位:元

	2003	2004	2005	2006	2007
平均每人消费支出	2828.4	3299.1	3742.8	3882.6	4498.9
食品支出	941.7	1118.3	1244.4	1216.2	1435.5
衣着支出	85.94	92.87	115.32	133.3	156.65
家庭设备用品及服务支出	64.85	79.15	102.13	114.13	142.64
医疗保健支出	91.36	117.4	144.45	160.31	174.75
交通和通信支出	105.19	127.6	171.5	203.63	241.49
教育文化娱乐服务支出	202.27	209.68	225.16	196.64	177.19
居住支出	224.8	234.31	234.05	328.58	366.45
杂项商品和服务支出	30.92	31.54	36.18	42.26	52.56
城镇居民恩格尔系数(%)	53.9	55.6	48.1	50.8	52.3

二、消费与四川省经济增长的关系

消费通常是指满足需要的行为,是人们在物质资料和劳务的生产与生活中,对物质产品和劳动力的消耗过程。经济增长的集中体现与结果是商品供给总量的不断增加,即总产出的持续增加,这种增加是由产出能力的增长带来的,并且大多的经济增长都伴随着结构的变化。如果考虑到人口的增加与价格的波动,经济增长就是人均实际产出的增加。考虑到目前世界各国都采用国内生产总值即 GDP 的增长率来衡量一个国家的经济增长速度,从研究问题的一致性出发,本文所涉及的经济增长是指总产出的增长,并用 GDP 的增长率来表示经济增长率。

(一)消费与经济增长的关系

消费是经济活动的终点,一切经济活动的目的,最终是为了满足人们不断增长的消费需求。另一方面,消费是经济活动的起点,是拉动经济增长的动力。

1. 经济增长对消费的决定作用

经济增长对消费的决定作用主要表现在两方面:一方面是收入水平,根据现代消费经济理论,无论是绝对收入理论,还是相对收入理论,或者持久收入理论,都承认消费水平伴随收入的增长而增长,而收入的增长又直接受制于一国经济的增长;另一方面是经济总量和结构的发展,经济的增长本身就是经济总量的增长,但经济的增长并不仅仅表现为产出的增长,而且还表现为产业结构和产品结构的优化。随着经济的不断发展,一国可以为它的人民提供日益丰富多彩的消费资料。为满足生存需要的基本消费品,将不再局限于单一的抵挡品种,而是向着品种多样化、质量高档化的方向发展,而享受、发展型的消费品市场也越来越完善。因此,随着经济的快速发展以及产业结构和产品结构的升级,消费结构随之得到持续优化。

2. 消费对经济增长的拉动作用

不仅增长决定着消费,同时,消费对经济增长具有拉动作用,在一定条件下,消费决定着经济增长速度的快慢和质量的高低。

消费作为需求力量,对经济增长的拉动作用主要通过两方面来完成,分为直接拉动和间接拉动。消费直接拉动经济增长,是指消费通过它自身的增长直接导致国内生产总值(GDP)的增长,而不是通过别的变量对经济起拉动作用。消费是 GDP 使用额的组成部分,在生产能力的界限之内,消费的增长直接就是经济的增长,消费增长多少,GDP 也增长多少;在消费增长和经济增长之间,没有中间环节或中间变量;消费对经济增长的间接拉动,是指消费作为初始变量拉动其他变量,又通过其他变量拉动经济增长。其表现形式就是消费拉动投资,投资被拉动起来以后,它就和消费一样对经济增长起拉动作用。消费需求作为最终需求,从需求的角度可以对投资需求产生引导作用,拉动投资需求的形成和扩大。因此可以说,投资对经济增长的贡献以消费为基础。

(二)四川省消费需求弹性分析

消费需求弹性系数,是指经济增长率与消费增长率之比,它表明当消费增长率每增长1%时能带动GDP增长率变化的百分比,能较为具体地反映消费需求对经济增长的促进或制约作用。这一指标可以比较准确地描述最终消费对经济增长的影响,如果这一弹性大于1,说明最终消费对经济增长的拉动作用比较大;如果弹性小于1,说明最终消费对经济增长的拉动作用不大;如果弹性为0,则说明最终消费对经济增长没有影响。消费需求弹性系数可以分为名义弹性系数与实际弹性系数。实际消费需求弹性系数消除了通货膨胀的影响,较好地反映了实际经济增长与消费增长的关系。

表6　四川省消费需求弹性

年　份	名义消费需求弹性	实际消费需求弹性	年　份	名义消费需求弹性	实际消费需求弹性
1979	1.507236158	1.507463	1994	0.862194568	0.693999
1980	0.971006435	0.978437	1995	1.066719745	0.886231
1981	0.439385228	0.313013	1996	1.060931425	1.022263
1982	1.115548243	1.164702	1997	1.140264378	0.945079
1983	1.051692589	0.963911	1998	0.853217698	1.008024
1984	1.408688664	1.616362	1999	0.94532998	1.24076
1985	1.080871319	1.240964	2000	0.974651355	0.850607
1986	0.848514714	0.81364	2001	1.013065305	0.971145
1987	1.011358107	0.869141	2002	1.185826315	1.085666
1988	1.01319011	1.231803	2003	1.226812728	1.136166
1989	0.813638356	0.70979	2004	1.375413972	1.723191
1990	1.083103074	3.524168	2005	1.298125477	1.211128
1991	1.24369368	1.304542	2006	1.299210916	1.626591
1992	1.496221344	1.58299	2007	1.232031618	1.315617
1993	1.515046078	3.86648	平均值	1.108034123	1.289789

无论是名义值还是实际值,1978年后,四川省消费需求弹性总体上是大于1的(表6),即四川省消费需求对经济增长的具有明显的促进作用。但是在20世纪90年代中期以前,四川省消费需求弹性波动较大,其中,1981年最低,名义与实际弹性分别为0.44和0.31,1993年达到最高,分别为1.52和3.87。20世纪90年代后期,由于投资对经济增长拉动作用明显,四川省消费需求弹性开始趋于下降,总体上小于1,消费对经济拉动作用并不显著;2000年以后,随着投资回报率的下降,消费开始对经济拉动作用明显增强,消费需求弹性开始上升并趋于平稳,在总体上大于1。消费需求弹性实际值只在2000年和2001年低于1,分别为0.85和0.97。因此,就1978—2007年消费需求弹性的平均值(1.29)来看,消费需求对四川省经济拉动作用显著。

(三)消费对四川省经济增长的贡献分析

投资一直是拉动我国经济增长的主要动力,但是随着经济的发展,单位投资对经济增长拉动作用趋于下降，因而，目前学术界在讨论中国经济能否持续较快的发展时，越来越多的转移到经济增长的另一驾马车——消费上。中国具有庞大的市场，要重视消费对经济的拉动作用，解决中国的消费需求不足的问题，同时，重视消费对经济增长的拉动作用对于应对目前全球性的金融危机也具有十分重要的意义。

如前所述，四川省经济近年来快速增长，但是无论是从消费率还是居民消费率均趋于下降的趋势，由图 6 可以看出，消费对四川省经济增长的贡献十分突出，1990—2007 年，最终消费对经济增长的年均贡献率达 52.93%，其中居民消费贡献率达 39.24%，毫无疑问居民消费是消费对经济增长贡献的主力军。消费对经济增长的贡献率在 1994 年曾经一度达到 80%以上，尽管 2000 年后最终消费对经济增长的贡献与 20 世纪 90 年代相比有所减弱，但其总体的贡献率仍然超过 50%。

（四）消费与四川省经济增长的灰色关联分析

灰色关联度分析是灰色系统理论的一种分析方法，其实质就是以参考点和比较点之间的距离为基础的分析，从距离中找出各因素的差异性和接近性，或者说是基于行为序列的几何形状接近，以分析和确定因子间的影响程度或因子对行为的贡献度而进行的一种分析方法。其基本思想是：根据分析对象时序数列曲线的相似程度来判断其关联，即两条曲线越相似，其关联度越大，反之越小。

选取四川省 1978—2007 年的按 1978 年价计算的实际 GDP 作为参考序列，最终消费、政府消费、居民消费、农村居民消费和城镇居民消费构成的序列作为比较序列，测算结果如表 7。

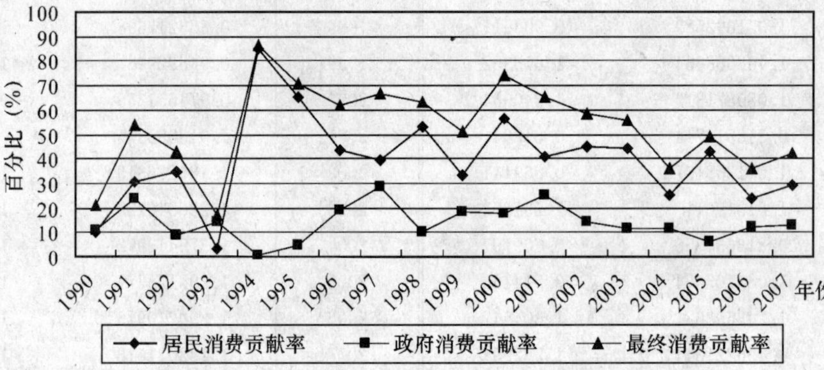

图 6　1990 年后四川省消费对经济增长贡献趋势图

表 7　消费与四川省经济增长的灰色关联度

时　期	最终消费	政府消费	居民消费	农村居民消费	城镇居民消费
1978—1985	0.905	0.614	0.754	0.673	0.764
1985—1990	0.761	0.861	0.763	0.710	0.695
1991—1995	0.633	0.844	0.772	0.654	0.754
1996—2000	0.739	0.695	0.695	0.699	0.766
2001—2007	0.654	0.832	0.726	0.664	0.678
平均值	0.738	0.769	0.742	0.68	0.731

从表 7 消费与经济增长的灰关联分析结果来看，1978—2007 年，四川省最终消费与经济增长的关联度很高，各年的关联系数大部分都在 70%以上，且最高值达到 90%以上，说明消费是经济增长的动力，是经济稳定增长的重要基础；在最终消费构成中居民消费

和政府消费与经济增长的关联度都很高，均在70%以上，虽然政府消费与经济增长的关联度比居民消费稍大，但是二者相差很小，说明居民消费和政府消费都是促进经济增长的主要因素；居民消费构成中，城镇居民消费与经济增长的关联度远远高于农村居民消费，这也表明虽然在总人口中，农村居民所占比重远远高于城镇居民，但城镇居民消费对经济增长的影响要大于农村居民消费。

分阶段来看，根据各个时期计算的各变量与经济增长的关联度，发现各变量与经济增长的关联度总体呈下降趋势。虽说最终消费、居民消费、政府消费、城镇居民消费与经济增长的关联度都保持在一个比较高的水平，超过70%，但是其关联度较前期水平有所降低，说明各变量对经济增长的作用有降低的趋势，这可能在一定程度上受四川省消费率不断下降的影响。

(五)消费与四川省经济增长的关系

现代消费经济理论，无论是绝对收入理论，还是相对收入理论，或者持久收入理论，都承认消费水平伴随收入的增长而增长。根据凯恩斯的消费理论，消费者的消费支出取决于其收入的绝对水平，假设消费支出为C，可支配收入为Y，则根据凯恩斯消费理论有：

$$C=\alpha=\beta Y \tag{1}$$

其中α为自主消费支出，即假设消费者的收入没有增加，消费者仍将消费α量，β为消费者的边际消费倾向，即消费者收入增加1单位，消费支出则增加β单位。本文以GDP来代替Y，这是因为收入的增加依赖于GDP的增加（如假设$Y=K*GDP$，通过字母变换，我们仍然可以得到方程(1)）。

分别选取四川省1978－2007年的最终消费和居民消费

作为被解释变量，选取GDP作为解释变量，根据公式(1)采用计量软件，分别对1978－2007年，1978－1990年和1990－2007年四川省最终消费与GDP的关系进行了回归①，回归结果如下表5。

表8　最终消费与GDP的关系

	1978　2007年消费与GDP的关系	1978－1990年消费与GDP的关系	1990－2007年消费与GDP的关系
自主消费(亿元)	69.45(6.86)	10.87(1.59)	102.18(4.52)
边际消费倾向	0.55(64.46)	0.70(35.27)	0.53(36.39)
R－squared，F值	0.99，4155.26	0.99，1243.99	0.989，1324.21

1978－2007年，四川省自主消费为69.45亿元，即四川省GDP没有增长，四川省的最终消费仍然会达到69.45亿元，而1978－1990年，1991－2007年四川省的自主消费分别为10.87亿元和102.18亿元，可见1990年后，四川省的自主消费增长是非常迅速的，这主要是基于经济总量的扩大和人民生活水平的提高。但是，另一方面，1978－2007年，四川省最终消费的边际消费倾向是0.55，即四川省GDP每增加1亿元，最终消费支出将增加0.55亿元，而发达国家的边际消费倾向基本可以达到0,8左右，可见四川省边际消费倾向偏低。1978－1990年，1991－2007年，四川省最终消费的边际消费倾向分别是0.7和0.53。毫无疑问，四川省最终消费的自主消费在递增，但是边际消费倾向却存在递减的趋势。

① 严格地说在对时间系列进行回归时，首先要进行单位根检验、协整检验，再是误差修正。鉴于本文所面对的读者和本文的需要，没有列出其严格的过程。

表9　居民消费与GDP的关系

	1978—2007年居民消费与GDP的关系	1978—1990年居民消费与GDP的关系	1990—2007年居民消费与GDP的关系
自主消费(亿元)	56.58(8.49)	7.6(1.8)	91.94(6.18)
边际消费倾向	0.42(54.93)	0.6(29.24)	0.4(33.94)
R—squared,F值	0.99,3017.71	0.987,854.95	0.987,1151.93

从居民消费与四川省经济增长的关系看,1978—2007年,四川省居民自主消费为56.58亿元,即即使四川省GDP没有增长,四川省的居民消费仍然会达到56.58亿元,而1978—1990年,1991—2007年四川省的居民自主消费分别为7.6亿元和91.94亿元,可见1990年后,四川省的居民自主消费增长很迅猛。但是,另一方面,1978—2007年,四川省居民消费的边际消费倾向是0.42,即四川省GDP每增加1亿元,居民消费支出将增加0.42亿元,这与全国居民的边际消费倾向基本一致,但是与欧美发达国家相比差距明显。1978—1990年,1991—2007年,四川省居民消费的边际消费倾向分别是0.6和0.4,四川省居民的边际消费倾向递减明显。

(六)制约四川省消费需求的主要原因分析

1.居民收入水平低,增长慢,制约了消费增长

居民收入是影响消费的最主要因素,消费水平随着收入的增长而增长,而四川省居民收入水平低,增长缓慢,制约了四川省消费增长。

表10　居民收入情况

年　份	四川省城镇居民人均可支配收入	增长率(%)	全国城镇居民人均可支配收入	增长率(%)	四川省农村居民人均纯收入	增长率(%)	全国农村居民人均纯收入	增长率(%)
1995	4002.91		4282.95		1158.29		1577.74	
2000	5894.27	7.8749	6279.98	7.7712	1903.6	10.724	2253.42	7.138
2001	6360	7.9014	6860	9.236	1986.99	4.3806	2366	4.996
2002	6611	3.9465	7703	12.286	2107.66	6.073	2476	4.632
2003	7041.51	6.512	8472	9.9886	2229.86	5.7979	2622	5.922
2004	7709.83	9.4911	9421.61	11.206	2580.28	15.715	2936.4	11.98
2005	8385.96	8.7697	10493.03	11.372	2802.78	8.6231	3254.93	10.85
2006	9350.11	11.497	11759.45	12.069	3002.38	7.1215	3587.04	10.2
2007	11098.28	18.697	13785.81	17.232	3546.69	18.129	4140.36	15.43

1995年、2000年和2007年四川省城镇居民平均每人可支配收入分别为4002.91元、5894.27元和11098.28元,而全国分别为4282.95元、6279.9元和13785.81(表10),1995—2007年四川省城镇居民可支配收入均低于全国平均水平。1995—2000年四川省城镇居民可支配收入平均每年增长7.87%,全国增长7.77%;2000—2007年四川省城镇居民可支配收入平均每年增长11.04%,全国增长14.94%,可见,2000年以前四川省城镇居民的可支配收入增长略高于全国平均水平,2000年以后四川省城镇居民的可支配收入增长已经远远落后于全国平均水平。同时,1995—2007年四川省农村居民人均纯收入各年均低于全国平均水平。1995—2000年四川省农村居民人均纯收入年均增长10.72%,全

国增长7.14%,远远高于全国平均水平;2000—2007年四川省农村居民人均纯收入年均增长10.79%,全国增长13.96%,远远落后于全国平均增长水平。

2000年后,四川省居民无论是在收入水平还是收入增长率方面均落后于全国平均水平,较低的收入水平和收入增长率成为制约四川省消费增长的主要原因之一。

2. 居民收入差距拉大,不利于消费需求的增长

不同居民群体的收入存在着明显的差距,随着分配结构和方式的改革,四川省居民收入差距明显且呈拉大趋势。

表11 按等级分四川省城镇居民可支配收入和农村居民纯收入情况

单位:元

年份	城镇居民					农村居民				
	低收入户	较低收入户	中间收入户	较高收入户	高收入户	低收入户	较低收入户	中间收入户	较高收入户	高收入户
2003	2436.2	4414.8	6312.6	8797.0	14933.0	1050.08	1612.6	2065.3	2664.8	4403.6
2004	2782.3	5025.3	7095.5	9786.6	16877.7	1211.1	1866.8	2386.8	3085.1	5109.0
2005	3231.3	5621.8	7766.8	10422.3	18088.1	1318.33	2019.9	2628.1	3398.1	5516.3
2006	3649.9	6359.2	8731.6	11647.2	20512.5	1495.8	2215.3	2814.2	3617.6	5634.1
2007	4508.2	7563.1	10288.6	13765.3	23606.5	1736.12	2630.4	3354.9	4345.2	6674.0

表11显示城镇居民与农村居民收入差距明显,且呈进一步拉大的趋势,2003年城镇与农村低收入户收入水平分别为2436.2元和1050.08元,城镇低收入是农村低收入户的2.3倍,2007年二者收入水平分别为4508.2元和1736.12元,城镇低收入是农村低收入户的2.6倍;2003年城镇高收入户是农村的3.39倍,到2007年则达到3.54倍。不同等级之间的城镇居民和不同等级之间的农村居民间的差距也很明显,2007年城镇高收入户收入23606.5元,是低收入的5.2倍,2003年为6.1倍;2007年农村高收入户收入6674.0元,是低收入的3.8倍,2003年为4.2倍,因此,不同等级之间收入差距明显,其中城镇居民不同收入等级之间的收入差距大于农村。

居民收入差距大对消费需求的影响主要表现为:一是居民总体消费倾向下降。这是因为一方面低收入阶层有消费愿望但又没有购买能力,另一方面高收入阶层在满足基本生活需求之后,消费倾向出现递减趋势。二是新的消费热点难以形成,由于收入差距大,各收入阶层的消费重点不一,因而对新的消费热点的拉力不集中,对培育新的消费热点与以前相比难度加大了,从而也会抑制消费需求的迅速扩张。三是笼统的消费政策作用打了折扣,这样由于收入差距的拉大,其对整个居民群体的影响力就大不如前。

3. 居民对未来不确定性预期增强,使得居民储蓄欲望增加,不利于拉动消费需求

20世纪90年代中期以后体制的变迁,直接引起消费者预期的变化,居民对养老、医疗、失业、教育和住房未来不确定性预期增强,从过去只关心短期的收入—消费均衡转变为长期的收入—消费均衡。

对于城市居民来说,大部分居民不仅要储蓄钱供孩子读书,还要储蓄钱解决房子问题。同时,我国社会保障制度一直落后于经济发展的要求。社会保障体系处于新老交替阶段,这增加了人们对未来消费的心理预期。目前,国有经济处于转机时期,企业保障制,铁饭碗等福利被打破,而新的适合我国国情的社会保障制还不完善,未来支出中个人负担部分必定增多是大势所趋。致使人们减少现期消费,增加储蓄。四川省是农业大省,相对全国和东部省份来说,农村人口比重大,城镇化水平不高,而当前农村各项社会保障制度严重缺失，加大了人们对未来预期的不确定性，制约了四川省农村居民提高当前消费的积极性，从而从整体上制约了四川省消费水平的提高。因此，人们在医疗、教育、住房方面的支出增大，使得人们的消费意向逐步降低，储蓄意向逐步提高。

4. 居民消费习惯和消费环境制约了消费需求

中国是一个传统的先储蓄、后消费的国家，"勤俭节约"一直被认为是中华民族的传统美德，使得人民的消费欲望不高，制约了消费需求。消费环境特别是农村消费环境差也在一定程度上制约了四川省消费需求。消费环境差主要体现在四个方面。一是市场环境差，市场规模小、秩序混乱，缺少适销对路的产品，假冒伪劣产品多，使得人们不敢消费。二是政策环境差，社会保障体系和金融体系不完善，限制了消费积极性。三是社会文化环境差，保守消费、人情消费普遍存在，同时居民对消费产品认知差，无法辨别商品好坏。四是农村基础设施建设不健全、不完善，对农村的供电、供水、道路、邮政、通讯等基础设施的投入却不足，从而不同程度地制约了工业品在农村的使用，尤其是大型耐用家用电器和农机具在农村的普及。此外，滞后的农村基础设施也限制了建材、家具、服装等其他消费品市场在农村的发展。

三、推动消费对四川省经济增长作用的建议

消费是经济增长的助推器，对拉动经济增长有着极为重要的作用。消费是促进经济增长的重要因素，也是实现经济稳定增长的重要基础。结合四川省的实际情况，提出促进消费对经济增长作用的几条建议。

(一)提高城镇居民收入，调节收入分配关系

消费是收入的函数，在其他条件一定的情况下，收入增长越快，消费需求也愈加强劲，收入增加得越慢，消费需求也就越乏力；没有收入的较快增长，要扩大消费需求、提高消费在国民经济中的比重是不太可能的。居民收入水平的高低是决定消费的先决条件，同时也是制止居民消费继续下降的重要条件。因此，调整居民收入分配比例，提高居民收入，是扩大消费需求的主要途径。在制定增加居民收入和调节收入分配政策时要区别对待，对不同的收入群体，采取不同的、有针对性的措施。

1. 扶助低收入群体，使之生活水平随着经济社会的发展有所提高。我国低收入群体的就业竞争能力相对较弱，帮助低收入家庭提高收入的根本出路是增加就业，要对低收入家庭有劳动能力的人在就业方面给予必要的政策倾斜。政府还应根据各地经济发展水平，适时制定和调整当地最低工资标准，保证职工平均工资水平能随经济的发展而有所增长。

2. 扩大中等收入者的比重，提高中等收入群体的收入水平。中产阶级增加收入的主要来源是依靠自身的教育水平和专业技术才能的提高。所以，要加大对义务教育的政府投入，保证社会成员公平的教育机会，保证收入分配的起点公平、机会公平。高度重视人力资源能力建设，整合各种社会教育培训资源，建立覆盖全国的教育培训网络，加强中高级技术工人和高技能人才的培养。还应提高公职人员收入，使他们的工资收入达到中的偏上的收入水平，并建立起与经济发展、财政收入、物价水平、工资绩效等相关因素挂钩的同步增长机制。

(二)促进农村经济快速发展，提高农民收入，开拓农村市场

四川省城镇化水平相对较低，农村人口比重较大，农村市场蕴涵巨大的潜力，能否较快地提高农民收入和扩大农村消费，对促进全省经济保持较快发展具有重要的战略意

义。

1. 继续实施和完善减免农业税政策。按照中央部署，适时免除各项涉农税收，切实减轻农民税费负担，为农村经济的发展创造条件。继续扩大和完善对农业生产"直补"政策，充分调动农民从事农业的积极性。

2. 提高农民的务工性收入。四川省作为农民工输出大省应该切实加强对农民外出务工的服务工作，认真清理对农民工的歧视性政策，加大对拖欠农民工工资的检查和处罚力度，研究保障农民工工资按时足额发放的政策措施。

3. 加大对农村基础设施的投入，加快改善农村生产生活条件。在财政支持农村基础设施建设、加大财政直接投入的同时，应着重发挥财政资金的杠杆作用，积极运用财政贴息、风险担保等手段，吸附、引导和动员社会各类资金流向农村基础设施建设。

4. 创造条件培育农村新的消费点。作为农村中拥有较高收人水平的住户，其基本的生活消费已经得到满足，在没有新的消费对象的情况下，他们自然会增加储蓄。如何提高这一部分人的消费愿望，对扩大农村整体消费需求有重要意义。因此，必须加强消费创新，积极创造条件，培育农村新的消费点，主要是扩大耐用消费品的需求。例如通过农村地区电视电网建设改造，公路、水利建设，促进农村居民对电视电话、电冰箱、摩托车、农用车等耐用消费品的消费。耐用消费品在农村才刚刚起步，市场广阔，潜力巨大，但必须得有与消费配套的基础设施，以把居民的潜在需求转化为现时有效需求。

5. 规范农村消费市场，保证农民愉快消费。作为风险规避型的消费者，消费安全是他们消费的前提。而在市场交易中居于绝对劣势地位的农村居民，他们是典型的风险规避者，其对放心、愉快的消费有特别的渴望和要求。然而，由于农民整体素质较低，对商品的质量性能了解不多，长期以来，农村市场就是假冒伪劣产品的集散地，是城市滞销劣质产品的销售地。这严重挫伤了消费积极性，制约了消费需求的增长。因此，地方政府必须加大市场治理的力度，统筹兼顾，标本兼治。既要从整体上、源头上加强市场建设，完善市场功能，又要加大对不法分子的惩治力度，规范市场运作，加强市场维护，使农村市场真正成为农村商品和信息的集散中心。

6. 培育居民消费信心，引导农村居民合理消费。农村居民平均消费倾向偏低，也源于他们对未来预期的不乐观，消费信心不足。为此，应当通过逐步建立健全农村社会各项保障制度，特别是建立健全农村基本生活保障制度、农村社会养老保障制度和农村医疗保障制度，减少农村居民、特别是占人口多数的低收人人群对未来预期的不确定性，增强消费信心。同时，要不断加强对农民商品知识的宣传教育，帮助农民正确认识消费储蓄的关系，树立正确的消费储蓄观，积极合理消费。

（三）完善社会保障制度，营造良好的消费环境

社会保障体系是弥补市场经济条件下收入差距自发扩大的缺陷，保护全社会成员基本生活保障，尤其是保护低收入群体最低生活保障的社会"安全网"。健全的社会保障体系可以解除消费者的后顾之忧，可以降低居民的支出风险，从而提高居民消费倾向，社会保障制度的发展可以鼓励居民产生巨大的即期消费，同时释放当前高储蓄的能量，这也就解决了增加居民消费的问题。

1. 完善城市的社会保障制度。进一步规范城市低保范围和低保标准，切实做到应保尽保；确保下岗职工基本生活费和离退休人员养老金按时足额发放，而且不能发生新的拖欠；坚持城镇企业职工基本养老保险制度，在社会统筹和个人账户相结合的基础上，力争做到个人账户实帐运营，同时加快补充养老保险制度和政策的研究制定。

2. 积极探索建立农村养老、医疗保险和

最低生活保障制度，将农村转移进城的新职工纳入社会保障范围的可行办法。在农村建立新的与市场经济相适应的救济系统，形成个人、政府、社会多方面的救济款筹集渠道，满足农村贫困群体多层次的救济要求。针对进城务工农村劳动力，建立工伤保险制度和医疗保险制度，在土地征用费用的补偿上，应包含养老保障因素。

（四）积极发展消费信贷，加快个人信用体系建设

消费信贷的实质在于，它把居民的现期消费与未来消费结合起来，使居民的消费计划成为跨时期的，实现各个时期的满意消费。消费信贷能缓解需求不足和生产过剩，加速居民将潜在消费转化为现实消费，从而推动经济均衡运行。将信贷消费意识引入个人消费观念，重点引导中等收入阶层，逐步由自我积蓄型滞后消费变为信用支持型提前消费。

（五）规范市场流通秩序，优化消费环境

加快与生活消费有关的基础设施建设，以现代化流通设施建设带动市场持续的改善。改革传统的流通方式，加快发展连锁经营、超级市场、购物中心等与现代化大生产相适应的流通方式，为居民购物提供更大的方便，满足居民多样化的消费需求。做好各种售后服务、技术服务，解决居民购买耐用消费品的后顾之忧，为居民消费创造一个良好的环境。同时要将规范市场秩序的政策措施法制化、制度化，完善保护消费者利益的法律体系，构建有利于各阶层提高消费倾向的软环境。为购买商品和服务创造良好氛围，使消费者乐于消费。打击假冒伪劣，净化市场环境，在垄断产业引入竞争机制，提高信息的对称程度。

（四川省统计局贸易外经处）

加快消费增长，协调投资、出口对经济的拉动研究

党的十七大报告指出，要坚持扩大国内需求特别是消费需求的方针，促进经济增长由主要依靠投资、出口拉动向依靠消费、投资、出口协调拉动转变。党中央关于“十一五”的建议中指出，要保持经济的平稳与较快增长，必须“扩大国内需求，调整投资和消费的关系，增强消费对经济增长的拉动作用”，如此才能“保持社会供求总量基本平衡，避免经济大起大落，实现又快又好发展”。在经济运行中，消费需求、投资需求、出口需求三大需求构成了拉动经济增长的“三架马车”。“消费、投资、净出口”三大动力，其中消费是第一位的，其次才是投资和净出口。在某种意义上可以说，“投资是未来的消费，净出口是外国人的消费”。考虑到不同国家或地区在经济增长阶段和不同经济结构等因素，“三驾马车”的作用会有所不同。

GDP从生产的角度，由一、二、三次产业的增加值组成；从使用的角度，由最终消费支出、资本形成总额和净出口三个部分组成。最终消费支出反映消费需求，包括居民消费支出和政府消费支出；资本形成总额反映投资需求，包括固定资本形成总额和存货增加；货物和服务的净出口额反映净出口需求，即出口的货物和服务与进口的货物和服务的差额。消费、投资和净出口“三大需求”的共同作用决定了地区经济增长的态势。投资、消费和净出口总量及结构变动直接影响经济增长。从需求角度看，在投资、消费、出口共同拉动经济增长的同时，高投资并没有带来应有的消费增长，消费需求对经济的推动力不足，高投资低消费经济增长方式，成为急需解决的焦点问题。能否理顺云南省“三大需求”与经济增长的关系，加快转变经济发展方式，使云南省经济步入全面可持续协调发展的轨道。

一、三大需求在云南省经济发展中的影响

(一)三大需求总量变动趋势

改革开放至今，云南省经济建设经历了“六五”到“十五”五个五年计划时期，“十一五”时期已过半，消费需求、投资需求、净出口需求总量不断扩张(见表1)。消费需求和投资需求并驾齐驱，共同构成地区生产总值的使用主体，净出口由“六五”时期的净流入到“七五”时期转为净流出，到“八五”时期至“十五”时的净流入。

表1　各个计划时期支出法地区生产总值

单位：亿元

	地区生产总值	最终消费	资本形成总额	货物和服务净出口
“六五”时期	628.86	463.28	203.52	—37.94
“七五”时期	1527.12	1026.40	472.06	28.66
“八五”时期	4125.30	2523.44	1749.42	—147.56
“九五”时期	8936.20	5800.65	3634.79	—499.24
“十五”时期	13561.95	9075.75	6507.38	—2021.18

(二)投资与消费比例关系变动趋势。

改革开放以来投资与消费关系的变化规律:一是随着工业化进程的加快,工业增加值在GDP中的比重呈逐步上升趋势,总投资率呈稳中趋升之势,而消费率则呈稳中趋降之势;二是在经济高速增长时期,投资与消费关系波动较大,主要表现为投资率偏高,消费率偏低,表明经济增长主要依靠投资拉动。

改革开放以来,伴随着工业化和现代化建设进程,云南省投资率逐步上升,最终消费率相应地逐步下降。2007年,云南省投资率为56.5%,比1978年上升了17.5个百分点,平均每年上升0.58个百分点;最终消费率61.6%,比1978年下降13.8个百分点,平均每年下降0.46个百分点。消费率和投资率的比例关系,1978－2007年平均为67.7∶40.9,其中,“六五”时期平均为73.8∶32.0,“七五”平均为67.8∶37.3,“八五”时期平均为62.6∶42.0,“九五”时期平均为64.3∶40.8,“十五”时期平均为67.1∶47.1。

(三)三大需求对经济增长的贡献

从云南省最终消费、投资和净出口对GDP增长的贡献率可以看出,改革开放初期云南省经济的快速增长得益于需求的扩大,80年代,以消费需求的快速扩张为先导,带动投资的快速增长;90年代以来,消费需求对云南省经济增长的贡献一直处于弱化地位。与此同时,随着投融资体制改革不断推进,投资主体多元化、融资渠道多样化的格局基本形成,投资规模迅速扩大,大批新增生产能力形成,推动了投资自身结构的调整优化,投资需求对经济增长的拉动作用趋强。主要特征表现为:

1.“八五”时期,投资需求拉动作用突出而消费需求作用较弱。“八五”时期是改革开放以来经济增长最快的时期,经济增长在年度间起伏分明,年均增幅达10.5%,比“七五”时期高出1.2个百分点。这一时期,投资需求增长最快、投资规模扩张最明显,资本形成总额年均增长高达30.4%,高于GDP增速19.9个百分点,对GDP增长的贡献率由1991年的81.9%下降到1995年的25.5%,在三大需求中拉动作用最为突出。而消费需求对经济增长的拉动作用较弱,“八五”时期,最终消费年均增长18.5%,高于GDP增速8个百分点,这反映了在“短缺经济”时期,市场商品供不应求,“卖方市场”特征较为明显,消费需求扩大受到生产的制约,消费需求对GDP增长的贡献率由1991年的95.5%下降到1995年的50.9%。这一时期,通过深化改革,扩大开放,外向型经济发展不断加快,尤其是1992年邓小平南巡讲话后,对外开放的广度和深度进一步拓展,全省对外贸易总量规模由1991年的5.51亿美元跃升至1995年的18.96亿美元,其中,出口年均增长22.8%,高于GDP增幅12.3个百分点,在此带动下,货物和服务净出口的贡献率由1991年－77.3%提高至1995年23.6%。

2.“九五”时期,消费需求与投资需求交替拉动经济增长。“九五”时期,云南省经济增长速度有所回落,GDP年均增长8.7%,经济增长基本处于下行通道。这一时期,经济发展开始走出短缺经济时代,实现了由卖方市场向买方市场的重大转变,最终消费年均增长速度达16.9%,高于GDP增幅8.2个百分点,消费需求发展与GDP基本同步;而投资需求明显回落,年均增长8.4%。1995年消费需求对GDP增长贡献率为50.9%,1997年上升到80.9%,消费需求对经济增长的拉动作用提高,投资需求的贡献率则由1995年的25.5%上升到1997年的59.1%,其后,由于受亚洲金融危机影响,消费需求的作用又出现回落,投资需求作用迅速回升,但到1999年消费需求对经济增长贡献率达252.2%,高于投资的贡献率287个百分点,也成为1993年以来,消费需求贡献最高的年份。同时,由于对外贸易运行环境的复杂多变,外贸发展出现较大起伏波动,尤其1998年全省出口出现改革开放以来首次负增长，但云南省及时抓住全球经济结构调整的有利时机，采取有效措施，趋利避害，对外贸易迅速走出低谷。因而这一期间，尽管货物和服务净出口的贡献率起伏波动较大，净出口对经济增长贡献率由1995年的23.6%下降到2000年的-99.9%。

3.“十五”时期，投资需求再次扩张，消费需求作用又开始趋弱。“十五”时期，云南省经济发展步入增长速度加快、增长波动幅度减小的新一轮增长期，GDP年均增长9.0%，经济增长稳定性显著增强。这一时期，全省更加注重完善投资稳定增长的内在机制，特别是实施项目带动战略，加大对农业、先进制造业和现代服务业的投入，鼓励民间资本投资，整个投资出现恢复性增长、快速扩张、结构优化的趋势，投资需求再次进入了一个快速增长时期，资本形成总额年均增长21.7%，高于GDP增幅12.7个百分点，对GDP的贡献率由2000年的-14.1%提高到2005年的138.0%。同期，市场消费在住房、汽车、高档电器及旅游、交通、通讯等新兴消费热点的推动下，社会消费品零售总额年均增长12.1%，高于GDP增速3.1个百分点。但由于投资不断扩大，消费率由2000年的75.8%下降到2005年的66.9%，消费需求对经济增长的拉动作用又开始趋弱，对GDP增长的贡献率由2000年的214%下降到2005年的71.4%。同时，随着对外贸易的稳定发展，结构调整力度加大，货物和服务净出口在GDP中的占比趋于稳定，对经济增长的拉动作用有所回落。

4.“十一五”城市化水平提高虽然对经济增长贡献还有很大的潜力，但难度已加大，要保持经济持续健康协调发展，必须提高人均城镇、农村居民消费水平为根本。2007年云南省人均GDP已达10450元，相当于1500美元左右。根据消费经济学理论和国际经验，当人均GDP达到1000美元时，居民消费结构开始从生存型向享受、发展型转变，零售、汽车等行业被触发；人均GDP达到3000美元后，将进入全面发展时期，住房、保险、旅游业全面启动，也就是说，当前云南省正处在新一轮消费结构升级的转型期。

二、三大需求与云南省经济增长不协调的原因分析

（一）消费需求对经济增长的作用有待加强

消费包括居民消费和政府消费两部分，从提供消费的对象看，又分为产品消费和服务消费。就产品消费而言，由于云南省的消费品市场中，本地产品很少。据调查，在云南省的消费品市场中本地产品只占10%左右。消费需求的增加，不但繁荣了云南省的消费品市场，而且增加了云南省商业增加值。“十五”期间，云南省社会消费品零售额年平均增长12.1%，比全省第三产业年平均增长的9.1%的速度高3个百分点，比GDP年平均增长9.0%的速度高3.1个百分点。改革开放以来，云南省消费需求增长稳定，商品品种、数量丰富，供过于求的商品不断增加，经济发展由商品短缺时期的资源供给约束转变为市场需求约束，由生产主导型市场演变为市场主导型市场，市场信息成为生产决策的主要依据，对确保全省经济的持续发展发挥了重要作用。从云南省经济发展的实际情况看，消费需求在经济增长中的拉动作用仍有待进一步增强。一是消费需求的发展水平和发展速度有待提高。改革开放以来，云南省消费需求年均增量84亿元，年均增长速度15.1%；同期投资需求年均增量73亿元，年均增速17.3%。近几年来，在投资需求较快增长的情况下，消费需求的增长显得乏力。“十五”期间，消费需求年均增量159亿元，比投资需求少90亿元，年均增速8.8%，低于投资需求12.9个百分点。二是消费需求总体水平有减弱之势。2007年全省实现社会消费品零售总额1394.54亿元，全社会固定资产投资完成额2798.89元，与1978年相比，二

者年均增速分别为13.2%和19.0%，其中“十五”期间，投资额年均增速20.3%，而消费品零售额年均增速仅为12.1%。三是最终消费率仍然偏低。世界经济发达国家均保持了较高的消费率，我国最终消费率长期以来在60%左右波动，2007年中国最终消费率为49.0%，资本形成率为42.1%。云南省最终消费率由1978年的75.4%下降为2007年的61.6%，下降了13.8个百分点，而同期资本形成率由39%上升到56.5%，上升17.5个百分点。云南省最终消费率与世界平均水平仍有较大差距。四是城乡居民收入增长相对缓慢，制约了消费需求的增长。全省城乡居民收入增长长期以来滞后于经济增长，2007年，全省城镇居民人均可支配收入11496元，农民人均纯收入2634元，比1978年相比，年均增速分别为12.6%和10.5%。分别低于同期GDP增幅2.5个和4.6个百分点。五是消费环境制约了农村消费水平的提高。道路不通，交通不畅，商业网点不健全，服务功能差。质次价高，伪劣商品多，价廉物美的商品少。适应农村需要，功能简单，耗电量低、质量可靠价格低廉的家用电器品种少。抑制了农村居民的消费热情。六是收入与消费倾向成逆向变化，居民购买力实现程度下降。从云南省实际情况看，弱势群体消费倾向高、消费水平低、消费结构欠佳；中等收入阶层预期收入增长乏力，预期支出增加；高收入阶层边际消费倾向下降，投资意识强化，需求潜力释放不足。城镇居民平均消费倾向从70年代的0.9下降为80年代的0.8，再下降到2000年以后的0.7，每增加一元收入而引起的消费增量也从“六五”时期的1元下降到“十五”时期的0.76元；农村居民平均消费倾向从0.868上升到0.976，每增加一元收入而引起的消费增量也从“六五”时期的0.75元上升到“十五”时期的0.94元。对于比重占少数的高收入群体求说，购买力较强但消费倾向较低，而消费倾向较高的低收入阶层购买力不足，在一定程度上影响了购买力的实现程度。七是消费观念落后阻碍了潜在消费需求的释放。受经济环境和传统观念的影响，一些城乡居民的消费观念还很落后，尤其农村居民，往往是“量入为出”，不敢消费，更不敢“负债”消费，造成边际消费倾向偏低，弱化了消费对生产的刺激作用和导向作用，抑制了消费需求对经济增长的拉动作用。目前我们的消费方式仍以自主性消费为主，这是一种积累性的消费，主要靠自己的收入能力进行消费支出，跟发达国家的信贷消费相比，这种消费模式会影响消费结构的升级和边际消费倾向的提高。近几年随着一系列改革措施的逐步到位，如养老制度、医疗制度、住房制度、教育制度等改革出台。加快居民支出的分流，也在一定程度上影响了居民的即期消费。

(二)投资高增长与经济增长不协调

云南省属典型的投资拉动型省份。在投资拉动型经济增长模式下，投资与经济增长趋势具有较明显的一致性。2007年在国家宏观调控的大背景下云南省固定资产投资增长26.1%，明显高于全国水平，而

GDP仅增长12.3%，高于全国(11.4%)0.9个百分点。数据分析表明，随着云南省固定资产投资规模迅速扩大，投资结构改善，投资增长方式正在发生明显的转变，即正在从规模数量扩张型向质量效益型转变。实现这个重大转变已经势在必行。

固定资本形成总额占生产总值的份额，主要体现的是当年投资规模效益。云南省作为西部地区一个欠发达省份，由于抓住了举办“99昆明世界园艺博览会”的历史机遇，全省固定资产投资规模迅速扩大，投资速度明显加快。1996年全省固定资产投资448.02亿元急剧增加到1998年的672.54亿元，年均增量达112.26亿元，1996～1998年三年分别比上一年增长17.7%、20.6%、24.4%，比全国分别高2.9、11.8、10.5个百分点。这是全省固定资产投资规模扩大，增长速度加快

的重要阶段。1999～2001年进入全省固定资产投资规模趋稳，处于重要的“转折点”。1999年全省固定资产投资规模达到717.28亿元，比上年增长6.7%，高于全国1.6个百分点。2000年全省投资规模回落到697.94亿元，首次出现了2.7%的负增长，比全国低13个百分点。2001年全省固定资产规模回升到734.81亿元，增长5.3%；标志着全省固定资产投资进入恢复性增长时期。2002～2005年云南省步入新一轮快速发展时期。2002年全省固定资产投资规模达到828.65亿元，增长12.8%，2003年投资规模达到1021.18亿元，增长23.2%，首次突破1000亿元大关。特别是2007年云南省投资规模达到2798.89亿元，增长26.1%，比全国高1.3个百分点，投资规模总量居全国第23位，西部第6位；投资增速列全国第22位，列西部第7位。值得注意的是，云南省固定资产投资规模实现从500亿元到1000亿元的跨越用了6年时间，而现在从1000亿元到2000亿元新台阶只须3年的光景。这样的投资规模扩张速度是比较快的。

近几年来云南省投资“即期拉动”效应呈现逐年提高的趋势。1996年为31.2%，2000年达35.5%，2005年逐步提高到50.5%，这已是一个很高的水平。云南省建筑业投资严重不足，且呈明显下滑趋势。据第一次全国经济普查数据显示：2004年云南省建筑业企业单位就业人数为54.61万人，就业人员占全省单位就业总人数比重为9.6%，尤其是建筑业增加值占全省GDP的比重达7.5%，可是全省建筑业投资比重仅为0.1%。统计数据显示：“十五”时期云南省建筑业企业投资比重仅有0.2%、比“九五”时期回落了0.8个百分点。由于建筑业企业投资不断大幅下滑趋势，导致云南省建筑业企业正在失去竞争力，全省60%以上建筑业市场份额被外省建筑业企业抢占，本省建筑业企业市场份额不到40%。可以说，这种状况与云南省建筑业的地位和作用极其不相适应，建筑业投资发展不足是制约全省第二产业发展的重要原因之一。另一种情况，是有些行业产出效果较小，但投资规模却很大。如云南省公路建设和电力投资规模大，比重高达36.6%，由于这些重大基础设施项目，投资大、建设时间长，回收成本周期长等因素，因而导致投资结构效益不够理想。

(三)储蓄率较高为维持较高的投资率提供了条件

高储蓄是高投资的基础。近年来云南省总储蓄率(总储蓄/国民可支配总收入)一直保持在35%以上，2006年达37.0%，远高于世界平均水平。1960年至2002年世界储蓄率平均为23.8%，亚太地区平均储蓄率为32.3%。具有高储蓄传统的新兴工业化国家和地区储蓄率相对较高，1995年韩国的储蓄率为36%、台湾地区27%、香港地区32%、新加坡高达50.8%。高储蓄率是经济快速增长的一个必要条件，因为只有高储蓄率才能保证经济起飞所必需的大量投资，用来大规模建设工厂、基础设施，改善交通和通讯。对一些国家和地区储蓄率变化过程的研究表明，在经济起飞时期，随着人均GDP增长，储蓄率逐步上升。也就是说，储蓄增长的速度高于消费，当储蓄率上升到30%以上的高水平后，储蓄率保持基本不变；在维持高储蓄率大约20年之后，消费的增长速度终于超过了储蓄，储蓄率开始逐年下降；在居民高消费阶段，储蓄率逐渐回落到正常水平，收敛于发达国家的一般水平，由穷国消费模式转变为富国消费模式。显然，在储蓄和消费之间存在着矛盾统一的对立。目前较高的储蓄率并仍将保持较长时间，意味着将支撑投资率在相当长时期保持较高水平，但同时也制约着消费需求快速增长。

(四)国内、国际经济环境制约净出口需求增长

产品和服务净流出与消费需求和投资需

求相比，由于净出口在云南省GDP中的比重小，2007年净出口对GDP的贡献率为19.9%，而且近几年，外贸出口受原材料价格上涨、用工成本上涨、出口退税率下调、美国次贷危机、反倾销等因素影响，不确定因素和出口风险加大。从对经济的贡献率（占GDP比重）来讲，它具有双向作用，既可以扩大GDP总量，又可以减少GDP总量（详见表2）。从对经济增长的贡献度看，1990－2007年的17年中，拉动经济增长只有5年，其他年份都是负拉动，而且除1990年、1994年、1995年、2007年拉动GDP增长1.3、2.0、2.8和2.5个百分点以外，其他年份都是负拉动（详见表2）。

表2　1990年以来云南省三大需求贡献率比较

年　份	GDP增速(%)	最终消费贡献率(%)	投　资贡献率(%)	净出口贡献率(%)	最终消费拉动率(%)	资本形成总额拉动率(%)	净出口拉动率(%)
1990	8.7	64.6	20.2	15.1	5.6	1.8	1.3
1991	6.6	95.5	81.9	－77.3	6.3	5.4	－5.1
1992	10.9	51.1	67.3	－18.4	5.6	7.3	－2.0
1993	11.1	36.7	72.1	－8.8	4.1	8.0	－1.0
1994	12.2	51.2	32.4	16.4	6.2	3.9	2.0
1995	11.7	50.9	25.5	23.6	6.0	3.0	2.8
1996	11.1	59.7	42.3	－2.0	6.6	4.7	－0.2
1997	9.7	80.9	59.1	－39.9	7.9	5.8	－3.9
1998	8.1	71.6	44.0	－15.6	5.8	3.6	－1.3
1999	7.3	252.2	－34.8	－117.4	18.4	－2.5	－8.6
2000	7.5	214.0	－14.1	－99.9	16.1	－1.1	－7.5
2001	6.8	－40.3	166.6	－26.4	－2.7	11.4	－1.8
2002	9.0	62.3	－21.5	59.2	5.6	－1.9	5.3
2003	8.8	30.6	110.2	－40.8	2.7	9.7	－3.6
2004	11.3	73.4	49.8	－23.2	8.3	5.6	－2.6
2005	9.0	71.4	138.0	－109.4	6.4	12.4	－9.8
2006	11.9	55.1	74.2	－29.3	6.6	8.8	－3.5
2007	12.3	40.9	39.2	19.9	5.0	4.8	2.5

三、值得关注的问题

（一）工业化和城市化进程制约投资和消费关系调整

工业化和城市化是一个国家和地区经济社会发展不可逾越的阶段。在这一阶段中，产业结构升级、基础设施建设等必然对资金产生大量需求，加上粗放型经济增长方式向集约型转变很难短期内实现，从而导致投资率居高不下。改革开放至今，云南省经历了经济起飞、实现工业化等重要经济转变阶段，消费率、投资率表现出类似的变化特征。各国工业化进程表明，居民收入水平提高和消费结构升级，必然拉动产业结构升级，投资与消费的比例关系会依次出现上升、下降和稳定的趋势。当居民消费由基本生存必需品转向工业品为主时，第二产业增加值在GDP中的比重就会上升。由于工业为资本密集型产业，其投资强度要远大于第一和第三产业，由此必然引起投资率上升和消费率下降；当居民消费由工业品转向服务类产品为主时，第三产业增加值在GDP中的比重就会提高，并引起消费率上升和投资率下降。在经济发达阶段，工业化完成，第三产业比重超过第二产业，投资和消费的比例趋于稳定。发达国家和地区的工业化进程表明，在第二产业比重高而服务业比重低的发展阶段，投资率会出现上升、下降到稳定的变动轨迹，消费率的上升将是一个缓慢的过程。因此，未来一段时间内，投资强度不会出现明显减弱趋势，投资率将保持较高的水平，相应地抑制消费率上升。

(二)投资率偏高，消费率偏低

云南省经济的增长在相当程度上是靠高投入支撑的，投资率(资本形成总额占 GDP 比率)从 2000 年 37.1 的%上升到 2007 年的 56.5%，但比全国仍高出 14.4 个百分点，而最终消费率(居民和政府最终消费占 GDP 比率)从 2000 年的 75.8%下降到 2007 年的 61.6%，但比全国高 12.6 个百分点，低于世界平均水平(2005 年为 78.8%)。2007 年 31 个省市区消费率从高到低排序，云南省排在 3 位(《2007 年中国统计年鉴》)。从 2000 年到 2007 年云南省消费率一直保持在 60%以上。虽然高投资率有其合理性，主要是云南省正处在工业化中后期阶段，第二产业尤其是制造业产业升级需要大量投资，再加上基础设施相对落后也需要大量投资，因此在一定时期内保持适当高的投资率是客观需要的。但是，投资率长期偏高，消费率偏低，会加剧能源、原材料和运输供求紧张矛盾，加大通胀压力，投资效率下降，使投资增长失去最终需求的支撑，不利于经济协调发展。

表 3 云南省消费率、投资率与世界平均水平的比较(%)

		1978 年	1980 年	1985 年	1990 年	1995 年	2000 年	2005 年	1978—2005 年
全国	投资率	38.2	34.8	38.1	34.9	40.3	35.3	42.7	38.9
	消费率	62.1	65.5	66.0	62.5	58.1	62.3	51.8	58.5
世界	投资率	24.2	24.0	21.7	23.5	22.6	22.3	21.0	22.1
	消费率	75.6	76.1	77.7	76.8	77.0	77.6	78.8	77.6
云南省	投资率	39.0	36.0	34.4	29.3	40.8	37.1	57.3	40.9
	消费率	75.4	75.2	72.7	66.2	57.1	75.8	66.9	67.7

(三)居民收入和消费倾向偏低不利于消费率提升

居民消费是消费需求的主体，所占份额在 70%以上。自 1978 年以来，云南省居民消费滞后于经济增长。“六五”、“七五”、“八五”、“九五”、“十五”时期，全省居民消费需求年平均分别增长 10.5%、15.7%、7.7%、8.1%和 6.6%，“六五”、“八五”、“九五”、“十五”时期分别低于同期 GDP 增速 1.3、2.8、0.6、和 2.4 个百分点。

居民消费率呈下滑的趋势，特别是 2001 年以来，全省居民消费率降至 50%以下，2007 年仅为 43.4%。收入分配差距扩大及农村居民消费倾向走低抑制了消费增长。消费率走低在于居民消费率下降，而居民消费率下降在于农村居民消费率大幅降低所致。从 2007 年数据显示，农民收入和城镇居民收入之比为 1∶4.42，城乡居民收入差距拉大。1978 年农村居民人均纯收入是城镇居民人均可支配收入 39.9%，2007 年农村居民人均纯收入仅为城镇居民人均可支配收入的 22.6%，城乡差别在扩大，城乡差别的扩大，在一定程度上造成消费结构的断层，抑制消费市场的发展，影响消费的增长。

表4　各个时期云南省居民消费和GDP的总量及平均增长率

时　期	总量(亿元)		平均增长率(%)	
	GDP	居民消费	GDP	居民消费
"六五"时期	628.86	429.60	11.8	10.5
"七五"时期	1527.12	928.53	9.3	15.7
"八五"时期	4125.30	2188.07	10.5	7.7
"九五"时期	8936.20	4419.03	8.7	8.1
"十五"时期	13561.96	6010.75	9.0	6.6

(四)投资与消费结构关系出现失调,制约了消费对经济增长的拉动作用

自2001年以来云南省固定资产投资率不断提高,2003年以后一直保持41%以上,2007年达到56.5%的高水平。与此同时全省城乡居民的消费倾向则逐年减弱。据测算,2007年云南省居民的人均消费倾向为0.75,比1996年回落了0.09个百分点,数据表明投资对消费产生了较明显的"挤出"效应。另一方面,2007年云南省社会消费品零售总额增长在17.3%,同时城乡居民消费恩格尔系数一直居高不下,2007城乡居民消费恩格尔系数分别为0.45、0.47。由于全省城乡居民收入,特别是农村居民收入增长缓慢,从而大大减低居民消费和投资的意愿

(五)经济体制和政策影响投资和消费关系调整

随着经济体制改革的逐步深入,投资和消费行为正朝着理性化方面迈进,但体制机制中的一些深层次问题并没有根本解决。在投融资体制上,表现为约束机制不健全、风险责任不明确;投资项目的计划审批制还未得到根本性改革,土地、环境、资源的使用成本过低;现代企业制度未能真正落到实处,不能形成有效的激励和约束机制;资金的价格尚未市场化,资金对不同的市场主体存在不同的贷放标准;特别是部分地方政府片面追求经济增长,在追求政绩和政治利益的驱动下,依靠行政力量推动投资增长的力度较大,有的甚至不惜违规操作。凡此种种,导致投资规模不断扩张,投资效益下降,投资风险增大,强化了高投资率的特征。消费方面,收入分配政策不完善,在国民收入初次分配和再分配上还存在不少问题,劳动者的报酬相对于劳动贡献偏低;收入差距不断扩大,税收调节力度不够;社会保障制度不健全,影响居民的即期消费;社会信用制度不完善,全社会的诚信体系没有建立,等。这些都直接或外在地影响和决定着居民的消费行为,不利于提高居民消费率的提高。

(六)外贸出口面临的形势严峻

近年来,云南省经济增长的外贸依存度逐步高。1980—2001年,美国、日本、印度、德国的外贸依存度大体稳定在14%—20%的范围内。而云南省外贸依存度2002年为0.96%,2007年上升到1.86%。随着外贸依存度的不断提高和出口规模迅速扩大,出口遭遇国外反倾销调查案件明显增多,对外贸易摩擦更是进入"高发期"。受国内政策调整和世界经济预期不佳的影响,外贸出口面临不可忽视的问题。出口退税率下调、人民币升值加快、货币政策从紧,利率上调、用工成本上升、美国次贷危机仍在蔓延和欧盟等因素都使得云南省外贸出口外贸环境趋紧。

四、扩大消费需求,促进投资、净出口协调发展的建议

党的十七大报告中,首次把消费放在投资和出口的前面,将它放在第一位,再次强调了要调整投资和消费的关系,要增加消费对

经济增长的贡献，更加注重社会建设，着力保障和改善民生，推进社会体制改革，扩大公共服务，完善社会管理，促进社会公平正义，努力使全体人民学有所教、劳有所得、病有所医、老有所养、住有所居，全面推动建设和谐社会。统筹"三驾马车"齐头并进与协调发展。目前云南省和全国一样都正处于加快产业结构升级、技术更新换代和居民消费升级的重要阶段，要特别重视正确处理投资与消费的关系，投资率稳定在45%左右。要千方百计增加全省城乡居民收入，提高居民消费能力，加快全省由典型投资拉动型向投资、消费双拉动型经济增长模式转变，同时也不能忽视出口的作用，以此对经济增长形成促进的作用。通过有效的宏观经济政策，合理调整投资和消费的比例关系，是"十一五"时期需要解决的一个重要问题。要做到既遵循经济发展阶段的客观规律，保持投资稳定增长，特别是非政府投资的持续扩张，又认识到消费对经济增长的持久拉动作用，提高最终消费率，重点在于提高居民消费占GDP的比重。

(一)要在落实科学发展观和构建和谐社会的大环境下实施云南省可持续向上发展战略

深人贯彻落实科学发展观，必须积极探索符合本省实际的发展道路。只有扬长避短，挖掘、利用和发挥优势，坚持从实际出发，坚定不移地加快转变经济发展方式的步伐，因地制宜地调整经济结构，大力发展特色经济，才能体现科学发展观的内在要求。既要保持经济平稳较快增长，防止大的波动，又要坚持好中求快，注重优化结构，努力提高质量和效益；既要关注经济增长速度，又要关注资源、能源的消耗问题，关注发展成本问题；既要加快发展，又要有效发展、协调发展、可持续发展。加快转变经济发展方式，就必须继续把调整优化产业结构、培育新兴产业作为基本途径。云南省一产业基础薄弱，二产业科技含量不高，三产业结构不合理。改变这种状况，需要长期艰苦的努力。第一产业是国民经济的基础，是农民增收最直接的来源，对经济发展有重要的带动作用。第二产业是带动全省经济发展的关键，坚持走新型工业化道路的不能动摇。要高度重视发展中小企业。中小企业在转移农村富余劳动力、促进就业、增加收人等方面具有重要作用。第三产业是加快转变经济发展方式的重点。大力发展旅游、文化等优势特色产业，积极发展面向民生的商贸、房地产、社区服务、体育等服务业，增强以服务业带动经济增长的作用。通过实施全民创业，推动小型企业、微型企业的发展，实现劳动力由一产业向二三产业转移，有利于促进就业，进一步改善就业结构。实施创品牌战略，对促进经济和企业发展意义重大。

(二)实现投资与消费良性互动

从静态看，投资与消费是此消彼长的关系，实际上，通过调整投资结构，改善供给，既有利于投资效益的提高，也有利于促进消费的发展。按照结构优化升级的要求，在扩大对基础设施投资力度的同时，应增加对高新技术产业和传统产业技术改造的投资比重，把增加有效需求与加快结构调整更好地结合起来，通过结构调整以提高第三产业在一、二、三产业中的比重目标，以推进云南省消费结构的转型升级。实现投资与消费的良性互动。长期以来，云南省经济增长主要依靠投资拉动，消费偏弱，出口里较小。促进消费投资出口协调拉动经济增长，关键在于正确处理好投资需求和消费需求的关系。作为西部欠发达地区，基础设施、基础产业、社会事业和农村的发展十分薄弱，没有长期的较大投资，整个面貌就不可能显著改观。只要建设项目有利于改善发展的基础和条件，有利于优化投资结构，有利于促进全面协调可持续发展，就要加大力度，云南省消费有效需求较弱，与群众的整体水平不高、社会保障水平较低有关系。扩大消费需求，最重要的是提高城乡居民收入，培育消费热点，提供优质产品和服务，优化消费环境，吸引更多的省外和国外消费者，进一步提高云南省商品的市场占有率。

（三）逐步提高城乡居民收入，增强消费能力

加快经济发展，要把稳定较快增加城乡居民收入放在经济发展的首位。富民强省，富民为先，在富民的基础上不断增强全省综合经济实力。发展优势产业，有效促进城乡居民增收致富。要大力发展种植业和养殖业；大力发展以农畜产品为原料的加工业；大力发展劳动密集型产业，缓解就业压力，不断提高城乡居民收入水平。云南省绝大多数农民收入来源主要靠从事农业生产，近些年全省农村劳动力转移就业基本稳定在500万人左右，农民自主创业更是微乎其微，农民增收的渠道比较单一，增收困难。云南省城乡收入差距较大的主要原因在于创业人员少，小型企业、微型企业少。扩大内需首先要努力增加城乡居民收入。通过全民创业，可带动当地劳动力实现就业，带动农村富余劳动力向二三产业转移，从而有效促进农民增收，逐步缩小城乡差距。云南省消费需求不足的根本原因在于在国民收入分配中，城乡居民收入增长速度长期落后于经济增长，因此，必须调整收入分配格局，规范社会分配秩序。利用税收政策和财政转移支付手段，缓解收入分配差距悬殊。防止贫富差距进一步扩大，确保消费的稳定增长，实现生产与消费的良性循环。

（四）要进一步扩大国内需求，调整投资、消费、净出口的比例关系，增强消费对经济增长的拉动作用，实现投资、消费、净出口共同拉动型经济增长

改革开放以来云南省经济的快速发展得益于需求的扩大，80年代，以消费需求的快速扩张为先导，带动投资的快速增长；进入20世纪90年代以来，消费需求对云南省经济增长的贡献一直处于弱化地位。同时，随着投融资体制改革不断推进，投资主体多元化，融资渠道多样化的格局基本形成，投资规模迅速扩大，大批新增生产能力的形成，推动了投资自身结构的优化。投资需求对经济增长的拉动作用增强。“十五”时期，云南省经济发展步入增长速度加快、增长波动幅度减小的新一轮增长期，GDP年均增长9.0%，经济增长稳定性显著增强。但由于投资拉动经济增长幅度快于消费需求，导致云南省最终消费对GDP贡献率由1979年的87.8%下降到2007年的40.9%。在新的发展时期，应按照科学发展观和构建社会主义和谐社会的总体要求，在保持投资需求对经济增长拉动作用的同时，积极调整投资和消费的比例关系。要改变当前经济增长主要依靠投资拉动的局面，把扩大消费需求作为当前和今后一段时间经济工作的着力点，逐步提高城乡居民消费能力，增强消费对经济增长的拉动作用，转变贸易发展方式，促进对外贸易持续平稳发展，统筹“三大需求”，促进协调发展，处理投资、消费和进出口的关系，实现投资、消费、净出口共同拉动型经济增长。

（五）进一步完善市场法制建设，规范和整顿市场秩序

要加快市场体系相关法律法规建设，维护市场公平竞争、防止垄断，为市场发展营造良好的法律环境。要进一步加大市场经济秩序的整治力度，净化市场环境，强化信用意识和契约意识，加快社会信用体系建设，建立失信惩戒机制，提高失信和犯罪、犯错成本，建立维护市场秩序的长效机制。要重点治理工程建设、土地出让、产权交易、医药购销、政府采购、资源开发和商品经销领域的商业贿赂行为，进一步规范市场秩序、企业行为和行政权力。集中力量继续抓好直接关系人民群众身体健康和生命安全的食品、药品的专项整治，严厉惩处制假售假、商业欺诈、走私贩私、偷逃骗税等行为，严厉打击传销和变相传销活动，净化市场环境和社会环境。

（六）进一步发展对外贸易，加快外经外贸增长方式的转变

要进一步抓好面向东南亚、南亚的开放。要坚持"引进来"与"走出去"相结合，鼓励有条件的企业在更大范围、更广领域、更高层次上参与国际经济技术合作和竞争，加快外经外贸增长方式转变，提高进出口的经济社会效益，促进外经外贸全面协调可持续发展。进一步优化外贸结构。要鼓励高新技术产品、优势农产品、环保节能型产品出口，保持轻工和纺织产品等劳动密集型产品出口的有序增长，严格控制"两高一资"产品出口，切实促进出口结构的调整。要针对加工贸易政策的变化，积极推动加工贸易转型升级，鼓励企业开展深加工、精加工，延伸加工贸易产业链，提高加工贸易增值水平。要建立健全对外贸易监测预警机制、产业损害监测预警机制和反技术壁垒工作机制，积极鼓励和支持各类主体应诉国际贸易纠纷。要进一步提高利用外资的质量和水平，将利用外资与全省主导产业发展有机结合起来，鼓励新增投资向高新技术环节和新兴产业发展，禁止引进不利于全省经济可持续发展的高污染、高能耗产业项目。要加快实施"走出去"战略，鼓励具有竞争优势的企业开展对外投资和跨国经营，鼓励企业在发达国家设立研发机构或参与国外研发机构科研工作，直接获取市场信息和跟踪前沿技术。要大力发展对外工程承包和劳务输出，支持企业以国际流行投资方式参与国际工程招投标、境外工程分包等各项业务活动，通过对外工程承包带动劳务和设备出口，积极开展国际劳务合作。

（云南省统计局贸易外经处）

汶川特大地震对四川省消费品市场的影响分析

2008年,“5·12”汶川特大地震发生后,各地立即启动应急预案,同时对重要日常生活必需品和抗震救灾急需品加强监测和组织调运,以保证人民群众日常生活的需要,总的来看,灾后消费品市场供应平稳,价格基本稳定,但也有部份商品有时出现供不应求和较为紧缺的情况。

一、消费品市场运行的基本态势

5月份,由于汶川特大地震发生后,许多地方交通中断,一度出现商品不能及时运到消费地,加之余震不断和部份商业设施受损的影响,人们外出购物和消费减少,对批发零售业和住宿餐饮业造成不同程度的影响,市场销售呈大幅回落之势。据初步统计,5月份全省实现社会消费品零售总额351.55亿元,比上年同月仅增加11.8%,较4月份下降3.2%,其增幅回落10个百分点,扣除同月价格上涨影响因素后实际增长4.3%。1—5月份全省累计实现社会消费品零售总额1819.07亿元,比上年同期增长18.9%,扣除同期价格上涨的影响因素后实际增长10.5%。据初步测算,由于受特大地震的影响,5月份全省少实现社会消费品零售额约40亿元,对上半年和全年的增幅影响分别为1.5～2个百分点和1个百分点左右。

二、消费品市场变动的影响因素

一是重灾区市场销售明显减缓。受特大地震影响,重灾地区市场体系破坏严重,大都处于停业和半停业状况。据六个重灾地区(阿坝州、绵阳市、德阳市、广元市、成都市、雅安市)初步测算评估,5月份共实现社会消费品零售总额169.20亿元,比上月下降5.7%,仅比2007年同月增长1.8%,对全省5月份的增幅影响约10个百分点。其中阿坝州下降48.1%,绵阳市下降23.4%,德阳市下降18.7%,广元市下降10.5%,成都市增长8.8%,雅安市增长10.0%,极重灾区县(市)普遍下降达60%以上。

二是各级市场增幅全面回落。据统计,5月份城市市场实现社会消费品零售额为188.31亿元,县级市场为60.93亿元,县级以下市场为102.32亿元,分别比2007年同月增长11.0%、17.0%和10.4%,较4月份的增幅分别回落12.5个、2.8个和9.5个百分点。

三是批发业销售大增,零售业增幅减缓。特大地震灾害发生后,社会各界和志愿者纷纷到各批发市场大量购物支援灾区,致使批发业销售大幅增长。据统计,5月份全省批发业实现社会消费品零售额达53.52亿元,比2007年同月增长43.3%,较4月份的增幅高6.3个百分点,其中大中型批发业增长58.4%,小型和个体批发业增长34.8%。零售业由于受余震和心理的影响,销售明显减缓。据统计,5月份全省零售业实现社会消费品零售额224.62亿元,比2007年同月仅增长7.0%,较4月份的增幅回落11.6个百分点。

四是住宿餐饮业大幅回落。地震发生后,所有旅游活动及会议被迫取消,居民纷纷外出避震，住宿餐饮业出现前所未有的萧条。尤其是星级以上住宿业和大中型餐饮业营业额大幅下降，呈现出档次越高，生意越差的趋势。据统计，5月份全省住宿餐饮业实现社会消费品零售额63.72亿元，比2007年同月仅增长2.1%，较4月份的增幅回落21.3个百分点，其中星级以上住宿业和大中型餐饮业零售额比2007年同月下降6.7%，小型和个体住宿餐饮业仅比2007年同月增长2.9%。

五是生活必需品大幅增长。由于受地震灾害的影响，对方便食品、饮料和日用品需求增加，销售大幅增长。据对大中型批发零售企业零售类值统计显示：5月份食品类增长44.1%，饮料类增长42%，洗涤用品类增长23.2%，中西药品类增长29.1%，文化办公用品类增长20.1%，石油及制品类增长50.2%。

六是旅游业遭受前所未有的重创。5月份全省旅游业仅实现总收入32.5亿元，同比下降64.9%，1—5月实现旅游总收入409.2亿元，同比下降0.8%，预计上半年可实现旅游总收入433亿元，同比下降25%。初步预计全年因地震造成的旅游收入损失将影响GDP增速约为2个百分点。

三、对稳定消费品市场的对策建议

一是要切实加强市场监测和信息引导。深入分析灾情对市场供求造成的影响，及时发布市场供求信息，引导生产企业、商业企业生产经营，稳定群众消费预期，防止市场出现大的波动。配合做好生活必需品质量、价格等监管工作，严厉查处哄抬物价、囤积居奇等不法行为，确保全省生活必需品市场供应正常、价格稳定、秩序规范。

二是要认真落实国家支持发展生产的政策措施。加强粮食、食用油、肉类等基本生活必需品和其他紧缺商品生产，加快健全储备体系，加强外调力度，确保市场供应，增强市场应急能力，搞好产运销衔接。

三是要促进粮食生产稳定发展，加强粮食市场调控，保障粮油市场和价格基本稳定。严格执行国家的相关宏观调控政策，稳定商品价格，保障居民的基本生活需求。同时制定相应的政策，使粮食、农产品价格同步增长，切实保护农民的切身利益。

四是要进一步完善财政、工资制度和城乡居民低收入群体的补贴政策，增加城乡中低收入群体的收入，特别要增加对生活困难群众和家庭经济困难学生的补贴，确保他们基本生活水平不因物价上涨而受大的影响。

五是要加快农村流通体系的建设，促进农村消费。进一步推动“万村千乡”市场工程，引导大中型企业到乡村布设网点，针对农村居民的消费习惯和环境，开发品质优良、价格适中的产品和服务，刺激农村消费的增长。

（四川省统计局贸易外经处）

湖北省农村消费市场新亮点、新问题、新举措研究

"春风化雨润农家，惠农政策业昭彰"。自2002年湖北省农村税费改革以来，尤其是中央社会主义新农村建设出台及党中央、国务院、省委、省政府一系列惠农政策的贯彻落实，发展成果惠及荆楚百姓，公共财政支出向"三农"倾斜，湖北省农村形势全面好转，为农民增收提供了保障，农民收入有了很大提高，增强了农民的购买能力，增收的农民开始成为拉动消费的"主力"，农村消费市场开始发生质变，进入快速发展新的时期，农村市场出现了空前繁荣的欣欣向荣的景象。农村消费品市场之活跃，为10年来所罕见，并已成为拉动全省消费品市场加快增长的重要力量，带动了整体消费的增长，对全省经济发展起到了重要的支撑作用。但是，制约农村消费市场进一步增长的因素仍较多，尤其很多是来自体制上的，如果不对相关体制进行改革，农村消费持续升温的势头将难以持久下去。本文从湖北省农村税费改革以来，尤其是加快推进社会主义新农村建设等政策的推出以来，在多重利好政策的交叉作用下，农村市场正由低迷走向繁荣、农村消费市场的加速发展呈现的新亮点入手，阐述了目前农村消费市场升温的新动因，分析了新时期农村消费潜力以及制约农村市场发展的因素和新形势下扩大农村消费需求的新途径，供领导和决策部门参考。

一、湖北省农村消费品市场呈现新亮点

1. 农村消费品市场开始发生质变

2007年，湖北省消费品市场的最大特点莫过于农村消费实现突破性增长。全省消费需求快速增长的根源是，农村消费呈现强劲增长势头，带动了整体消费的增长。长期以来，农村市场不仅销售绝对值低于城市，而且增长幅度也有明显差距，农民消费水平低、增长速度慢一直是制约经济发展的不利因素。近年来，随着党中央、国务院一系列强农惠农政策的贯彻落实，全省农民收入大幅度提高，增强了购买能力，拉动了农村市场。2007年农村消费品市场表现出喜人的变化：一是农村社会消费品零售额名义增长速度和实际增长速度都创1997年以来的最快增速，分别增长18.1%和13.3%，特别是实际增长速度，比2004年、2005、2006分别加快6.7、3.3和1.3个百分点，是1997年以来的最高增幅。2008年上半年农村(县及县以下)实现消费品零售额671.1亿元，比上年同期增长20.8%，增幅比上年同期加快6.8个百分点。二是农村市场销售规模实现标志性突破，月均零售总额超过100亿元。2007年农村实现消费品零售额1200.7亿元，各月平均实现社会消费品零售总额100.06亿元，与上年相比月均零售总额增加15.36亿元。2008年上半年月均零售总额达到111.85亿元，与上年同期相比，月均零售总额增加19.25亿元。表明湖北省农村消费市场趋于活跃。三是农民年人均纯收入接近4000元。2007年全省农民人均纯收入达到3997元，比上年增加578元，增长16.9%，增速比上年加快6.6个百分点，是1997年以来增长最快的一年。2008年上半年，农村居民人均现金收入2294元，同比增长21.4%。综上所述，根据中央建设社会

主义新农村战略的实施，农村各项事业将加快发展的趋势分析，农村消费品市场开始发生质的变化，这一变化的突出特征就是：农民收入增长趋于加快，农民对未来美好生活憧憬的期望增强，即期消费信心提高，消费增长加快。

2. 农村消费市场增速明显加快

从2002年以来的发展趋势看，农村市场在一步步走向繁荣。2002年全省农村市场增长速度为4.0%，2003年为8.0%，2004年为11.0%，2005年为12.3%，2006年为13.2%。2007年农村（县及县以下）实现消费品零售额1200.7亿元，同比增长18.1%，增速创10年以来新高，增幅比上年提高了4.9个百分点。截至2008年6月农村市场在上升通道中已连续50个月保持两位数的增长。

3. 城乡市场消费品零售额的增幅差距大幅度缩小

在农民收入持续增长、农村消费环境日趋改善、农民负担减少和消费预期好转等因素促进下，农村消费增速明显加快，城乡市场消费品零售额的增幅差距大幅度缩小。增幅差距已由1997－2002年的7.0个百分点缩小到2002—2007年的3.2个百分点，缩小了3.8个百分点。2008年上半年由上年同期的3.3个百分点，缩小为2008年的2.2个百分点，缩小了1.1个百分点，充分表明城乡市场正在逐步实现协调发展。更加可喜的是，2007年农村实现消费品零售额增幅比城市市场快0.1个百分点，增幅11年来首次超过城市。这是多年来没有过的现象，表明城市消费一头热的状况正在逐步改变，农村消费市场开始启动。全省呈现出城乡市场同步增长，共同繁荣的可喜局面。

4. 农村市场的拉动力增强

农村市场对社会消费品零售总额增长的贡献率，由2002年的12.4%提高到2007年的29.9%，拉动消费品零售总额增长由1.4个百分点提高到5.4个百分点。这些数据都表明，目前农村市场对全省消费市场的推动力在不断增强，影响力也在逐渐拓展。显示出良好的发展势头，成为推动全省消费品市场稳定发展的重要力量。

5. 农村消费热点纷呈，农民青睐的消费品呈现较快增长

随着收入水平提高和社会的进步，农村居民的消费需求和消费结构发生明显变化。农村居民生活已经发生了由量的需求向质的飞跃转变，人们在满足较高质量的物质生活的同时追求层次更高的精神文化消费，新的消费热点正在酝酿形成。农村消费结构优化，消费档次提高，升级步伐加快，农村消费结构由温饱型向享受型和发展型转变。从农民人均生活消费的主要支出项目来看，呈现以下鲜明亮点：

一是交通、通讯消费快速增长，农民生活方式发生改变，成为农村居民消费新亮点。交通和通讯消费是2002年以后农民生活消费的第一大亮点，也是生活消费八大项中增长最快的。随着农村居民收入水平的提高，生活节奏的加快，经济活动的区域不断扩大，人们对出行和通讯的便利要求越来越高，对交通和通讯的依赖程度加深。特别是农民外出务工人数增加，带动了交通和通讯开支的大量增加。2007年农民家庭交通通讯费支出人均为281元，比2002年增加182元，增长了1.8倍，年均增长23.2%。其特点一是通讯器材类增长最快。到2007年末每百户农民家庭拥有的固定电话机已达58.36部，移动电话104.67部，与2002年相比分别增长了1.4倍和12.7倍，而且，移动通讯工具作为新增加的耐用消费品，是在上个世纪90年代末期才开始逐渐进入农民家庭的，发展的如此迅速，已充分说明了湖北省城乡移动通讯硬件条件的改善和农民对外联络能力的增强。二是交通工具发生了较大变革。自行车已不再是农民外出的主要交通工具，2007年每百户农民家庭拥有摩托车51.45辆，比2002年增长了1.46倍，家用汽车更是从无到有并已进入了农民家庭。所有这些变化一方面是农民的消费观念随着时代的发展而逐渐改变，另一方面也反映了农民收入的增加以及国家对交通、通讯基础设施的大规模建设，使越来越多的农民家庭有条件享受现代交通、通讯的方便与快捷。

二是衣着消费讲究时尚，趋向时装化、成衣化。随着收入水平的提高以及消费观的改变，农民衣着消费从过去低档、耐用型向高档、时髦、成衣化转变，衣着服饰品种、规格更加齐全，农民愿意采取更省时、方便、直接的消费方式，衣着消费结构进入以成衣消费为主的新阶段。2007年农民人均衣着消费168.64元，比2002年人均增加88.01元，增长了1.09倍。目前，款式新颖样式美观的西装、大衣、皮衣、裙装在年轻人中非常流行，流行节奏变化紧追城市，时尚化程度进一步提高。

三是购买能力增强，高档家电设备进入农民家庭。随着农村消费环境的改善和收入的增加，农民的购买能力在增强，极大地加快了农村居民对家庭耐用品更新换代的步伐。特别是农村地区电网改造、耐用消费品价格的持续下跌，刺激了农民对大件商品的消费，原有的耐用消费品如：电风扇、缝纫机、手表、自行车、收录机等正逐渐退出历史舞台，取而代之的是以彩色电视机、摩托车、微波炉、电冰箱、手机、影碟机和家用计算机为代表的新型耐用消费品已快速走进农民家庭。抽样调查资料显示，2002年以来，湖北省农民纯收入进入快速增长期，在保证生产和基本生活的前提下，购买各种高档家用电器成为农民生活水平显著提高的又一个重要标志。到2007年底，平均每百户家庭拥有彩色电视机98.82台、洗衣机34.68台、电冰箱26.18台，比2002年分别增加54.49台、14.26台和18.09台。尤其是空调机由2002年平均每百户家庭拥有0.42台，增加到2007年的7.61台，五年增长了17.12倍，年均增长78.5%，成为税费改革以来增长最快的耐用消费品。反映了农村消费结构的升级，家用电脑的出现，更是体现出农村消费的新变化和新趋势。

四是强农惠农政策落实，文化教育支出下降，娱乐消费平稳增长。由于国家实行的对农村中小学生义务教育阶段学杂费和书本费减免，农民工免费技能培训政策进一步落实，2007年农民人均学杂费比2002年减少4.94元，下降2.6%。随着农村文化建设进程加快，农民文化需求不断增强。2007年农民娱乐及用品消费支出比2002年增加18.51元，增长52.2%。

五是医疗保健消费支出增长有序，成为农村居民消费新重点。农村医保的推广、农村药品市场的逐步规范，较好地解决了农民看病难、就医难问题。2007年湖北省农民医疗保健消费支出人均178.77元，比2002年增加88.26元，增长97.5%。

二、四大新动因促进农村消费市场由低迷走向繁荣

在我们看来，农村市场由低迷走向繁荣是由多种因素的交叉作用形成的，主要体现为以下四大方面。

1. 农民增收出现新"拐点"，减免农业税等强农惠农政策大大增强了农民的购买力

农村消费启动的关键是农民的收入增加了。启动农村消费市场嚷了多年，终因农民收入增长"蜗行"而难以成为现实。1998—2001年的4年间，湖北省农民人均纯收入仅增加了180元，年均增长2.7%。农民消费水平低、增长速度慢已成为制约经济发展的重要因素。2002年开始的农村税费改革，尤其是2006年在全国范围内取消农业税，使农民从繁重的负担中解脱出来，广大农民不仅结束了种田缴纳皇粮国税的历史，而且还能从国家政策中得到各种补贴，由缴到补的转变彻底扭转了农村干群关系长期紧张的状况。抽样调查结果显示，2007年，湖北省农民家庭人均税费现金支出只有18.22元，比2002年的108.12元减少89.9元，下降83.1%，其中

第一产业税收和“三提五统”等已全部减免，农民人均每年减负增收百元以上，与此同时，国家还通过粮食直补、良种补贴、农机具补贴、农业生产资料价格综合补贴以及退耕还林还草补贴等使农民每年平均获得补贴收入50元左右，为减轻农民负担，建立农民收入增长的长效机制打下了较好的基础。“中央政策暖人心，全免税收倒贴金”，“三农”政策在农村已深得人心，得到了广大农民的普遍欢迎与拥护。另外，制定和推行最低小时工资标准，逐步解决了农民工工资偏低问题，对保证进城务工农民的收入稳步增长起到重要作用。此外，通过新农村建设、农产品保护价收购及其他多项对农民“多予”措施，也促进了务农农民收入增长。可以说，近几年是落实各类补贴和优惠政策较为集中的年份，农民从中得到了更多的实惠，也明显提高了收入水平。2007年，湖北省农民年人均纯收入达到3997元，比2002年增加了1553元，年均增长10.3%，是改革开放以来农民收入增长较快的时期之一。2008年上半年，农村居民人均现金收入2294元，同比增长21.4%，增幅高于2007年同期2.9个百分点。因此，农民收入的快速增长对释放农村市场的巨大消费潜力，起到了重要的推动作用。

2. 中央和地方一系列政策净化了农村消费环境，为拉动农村市场消费提供了新的动力

从消费市场的环境改善状况来看，国家和有关部门出台了一系列有利于繁荣农村消费的政策措施，如工业反哺农业、城乡统筹发展、区域协调发展及积极实施新农村建设新政，这些都为消费品市场创造了良好的政策环境。

为了改变农村消费在总体上仍“不方便，不安全和不实惠”的现状，商务部从2005年开始实施“万村千乡”工程和“双百”工程。通过这两项工程的实施，极大地改善了农村消费品市场经营条件，使连锁经营、物流配送、特许经营等现代流通方式开始向广大农村地区推广和渗透，努力消除消费品流通瓶颈障碍，逐步缩小城乡消费差距，由此也为拉动农村市场消费提供了新的动力，有效缓解了农村“买难卖难”的问题，扼制了假冒伪劣商品在农村市场上的流通，实现了农村与城市消费方式的对接，为社会主义新农村建设增添了新的活力。3年来，湖北省已累计建成1.1万个农家店，覆盖了全省48.72%的乡（镇）村，有的山区县已达到90%。“万村千乡市场工程”给广大农民生产生活带来了极大便利，农民在家门口就能享受到安全、快捷、舒适、卫生的购物服务，告别了往日“大件商品进县城，日用百货赶集镇，油盐酱醋靠个体”的消费方式。过去相当一部分农民没有吃过速冻饺子、汤圆、虾米、青豆，没有喝过牛奶，购买档次高一点的服装要乘车几十公里到县城，现在都能就近解决。购物环境得到了较大改善，过去那种“阴暗狭窄、满是灰尘”的店堂得到了彻底改观。连锁超市等新型经营业态已开始进入县市城区和乡镇，如武汉市的中百集团、武商集团，十堰市的丰融、寿康连锁公司及京华超市，仙桃市的湖北省富迪公司，谷城县的齐胜公司等，在县级市城区和乡镇开设了连锁分店。农村超市、专卖店的涌现，预示着城市商业文明日益同化农村，商业龙头企业通过输出品牌、管理模式、商品货源等，运用直营或加盟的方式，将现代商业经营理念、营销方式与连锁网点由城镇、社区延伸至农村，加速了城乡一体化的进程。

与此同时，有关部门出台更为严厉的打击假冒伪劣产品的处罚措施，进一步整顿和规范市场秩序，为农民生产生活提供了安全放心的消费环境，有力地推动了农村消费市场的增长。

3. 社会保障政策稳步推进释放农村部分购买力

近年来，随着财力的增加，各级政府更加重视农村社会保障体系建设，加大财政资金投入，规范制度建设，完善社会服务，各项社会保障事业取得显著成效。农村低保规模已从2007年的110万人扩大到140万人，补助标准达到45元。与此同时，农村医疗保险和救助事业稳步推进。湖北省新型农村合作医疗制度建设工作自2003年开始试点以来，制度框架基本构建，运行状况良好，广大农民群众的看病就医问题得到了一定程度的缓解，减轻了参合农民医疗费用负担。2008年，将围绕国家"增加补助、全面覆盖、巩固提高"的总体要求和省委、省政府的总体部署，实行新型农村合作医疗制度的全覆盖，将所有参合农民纳入财政补助范围。全面推进新农合制度建设，充分体现了党中央、国务院对保障农民群众身体健康的高度关注，体现了省委、省政府从湖北省实际出发，坚决贯彻惠农政策的决心和行动。初步形成了比较健全的农村社会保障体系，同时也使农民分享到改革开放带来的成果，增强农民的消费预期。

4.农村基础设施环境改善，投入力度加大，为农村消费品市场的发展提供了基本保障

随着新农村建设步伐加快，政府重视民生工程建设，加大财政投入力度，农村基础设施得到了进一步改善。据第二次农业普查资料显示，2006年末，全省有96.0%的村通公路，其中42.6%的村有水泥路面；99.7%的村通电，比1996年上升了1.7个百分点；98.8%的村通电话，比1996年上升了52.2个百分点。全省有93.0%的乡镇有广播电视站，98.6%的村能接收电视节目，56.6%的村安装了有线电视。全省87.5%的乡镇实施了集中供水，98.8%的乡镇有医院、卫生院，96.6%的乡镇有敬老院，80.7%的村有卫生室，30.7%的村有沼气。公共设施建设直接带动了农村消费品市场，更为全省农村消费品市场的发展提供了基本的保障。

三、多重因素制约农民消费潜力进一步释放

尽管近几年国家和省委省政府采取了多种增加农村收入和改善农民生活的政策举措，农村发生了很大变化，农民消费由低迷走向繁荣，消费市场出现加速增长是我们期待已久的，但是，长期的"二元经济结构"形成的农民低收入、低消费的状况仍十分严重。从湖北省农村消费市场的现状分析，影响即期消费和市场发展后劲的深层次体制性问题还没有完全解决，仍有多种因素在制约农村消费市场的巨大潜力的有效释放。这主要体现在以下六个方面。

第一，农民购买力水平和实际消费水平仍然偏低。这主要表现为城乡收入、消费水平绝对差距大。一是收入的绝对差距大。2007年城镇居民人均可支配收入达11485元，农村居民人均纯收入3997元，城市是农村的2.9倍，农民收入水平相当于城市居民上世纪90年代中期收入水平。二是消费水平差距大。2007年城镇居民人均消费水平为10593元，农村居民为3300元，城市是农村的3.2倍。

第二，城乡市场发展仍不均衡，消费水平差距偏大。1993年城市与农村社会消费品零售额分别为293亿元和227亿元，城市是农村的1.3倍，2000年这一差距扩大到1.7倍，而到2007年为2.4倍，农村市场消费品零售额占社会消费品零售总额不足30%。

从消费总量看，2007年湖北省农村人口是城镇人口的1.26倍，但实现的消费品零售额仅为城市居民42.5%。55.7%的农村人口在全省消费品市场所占份额仅为29.8%，而占全省人口44.3%的城镇人口，却占全省70%多的市场份额。如果再加上实物商品以外的文化、教育和服务等方面的服务消费，城乡消费差距更加悬殊。因此，无论从消费的总量、结构还是质量上看，农村居民的消费水平大约相当于城镇居民1995年的水平。

第三，生产经营单位重城市、轻农村的现象仍普遍存在。目前，农村居民的收入水平和生活方式，决定了大量消费品在农村缺乏市场。大到汽车、大屏幕彩电、电脑、热水器

等耐用消费品,小到日常消费品如牛奶、面包、日用百货等。由于面向农村的商品利润低,农民购买力不强,相对城市而言,获利较少,不少生产厂家都将眼光放在城市,而放弃了广大的农村市场。加之,在农村日用品的功能、款式、价位等方面大多以城市市场为参照系,不能根据农村市场的需求生产农民需要的产品。一方面造成农村适销对路的商品不足,花色陈旧,品种单调,种类不全;另一方面,一些日用品又出现了供大于求的局面,使农民难以买到称心如意的商品,影响了农民的正常需求。现在,不少企业看到了农村市场的潜力,但真正有所动作的并不多。实际上,开拓农村市场涉及到开发合适的商品、销售网点布局、服务、政府管理等方方面面的问题。如果不解决好这些问题,不但农村市场开拓迟缓,而且会损害农民切身利益。因此,无论是政府还是生产厂家,关注的多是城镇市场,对潜力巨大的农村市场关注不够。近几年虽然大力宣传开拓农村市场,但缺乏行之有效的具体措施。致使大量商品仍然在相对饱和的城镇市场激烈竞争,而农村市场发展却停滞不前。

第四,物价涨幅较大在一定程度上制约了消费的增长。尤其值得注意的是农村居民消费物价涨幅较大,制约了农民消费的较快增长。最近几年,湖北省农村物价涨幅高于城市,2005、2006和2007年,农村消费价格涨幅比城市分别高0.6、0.5和0.4个百分点,2008年上半年高1.8个百分点。农民恩格尔系数较高、消费中农副产品占较大比重,目前农副产品涨价对农村市场影响较大。农村收入虽有所增长,但生产成本不断提高削减了部分增收,制约了农民的即期消费。此外,农资价格大幅度上涨,农民购买农业生产资料的支出大量增加,农业生产成本提高,抵消了部分收入。

第五,抑制正常消费的农村基础设施仍有待加强。与城市相比,目前,不少农村基础设施仍不完善,尤其是山区农村道路、通讯、电网等基础设施的整体水平不高,极易受到地质灾害的威胁,影响了农民的生活质量,阻碍了农民对商品的消费需求。如全省有近60%的自然村尚没有安装有线电视;还有近20%的自然村不通公路,不少乡村路况极差,造成工业品下乡、农副产品进城的困难;不少地方缺电缺水,如有70%以上的农村居民户没有使用管道水,阻碍了家电商品在农村的快速普及。以上种种原因,使得农民即使有购买家用电器的经济能力和要求也难以实现,提高农村消费品市场基础设施功能显得十分紧迫。此外,商品特别是食品安全问题仍将制约农民的正常消费。

第六,社会保障有待进一步完善。近年来,湖北省社会保障制度不断健全完善,农村低保政策、农村合作医疗制度解除了农民的一些后顾之忧。但总体上仍存在社会保障面窄、保障水平低、服务滞后等问题,农民对未来的顾虑仍较多,自我保障意识强,储蓄用于养老防病、子女教育仍是首选,即期消费受限制。据兴山县调查,目前,培养一个大学生,大约需要6—7万元,相当于一个农村居民15—20年纯收入的总和。这将是一项巨大的经济负担,几乎一个农村家庭一年的纯收入只能勉强缴纳学费,许多农民不得不举债供学生上大学。这在山区农村已经成为一个十分严重的社会问题。同时,受农村传统消费观念影响,多数农民消费仍以“量入为出”为主。

四、进一步扩大农村消费市场的新举措

农村消费市场的大发展,虽然对经济的拉动作用显而易见,但由于历史、自然和农村固有的规律,决定了农村消费市场潜力的释放绝非一蹴而就,目前,农民收入水平和消费水平均相当于城市居民上世纪90年代中期水平,这些不是一两年的增收增支可以改变的。必须解决农民有购买商品的钱,有愿意购买的商品、有方便的购物途径及良好的售后服务等一系列具体问题,要经过多方努力,

多管齐下，才能使其逐见成效。否则，农村消费升温的势头将难以持久下去。从长远看，要真正启动农村消费品市场，应从以下几方面做起：

第一，从根本上增加收入、提高购买力水平。农民增收问题是“三农”问题的核心，也是社会主义新农村建设的出发点和归宿。扩大农村消费最关键之处就在于提高农民收入，要把增加农民收入作为发展农村消费品市场的首要任务来抓。收入是消费的基础，只有不断增加农民的收入，提高农民的购买力，才能扩大农民的消费，带动农村需求市场的扩大。坚持“多予、少取、放活”的方针，加快现代农业体系的建设，促进农业科技创新，切实提高农业综合生产力，使农业生产增值增效。要努力增加农民的非农就业岗位，提高农民在非农工作岗位上的就业比重，这样既能加快农村剩余劳动力的转化，又能有效提高农民的现金收入比重，扩大农村居民消费需求。强化对农业的支持保护，力争实现农民收入较快增长，尽快扭转城乡居民收入差距扩大的趋势。加大对农村的政策扶持和财力转移支持力度。在短期内农民收入增长潜力有限的条件下，针对目前农村基础设施建设不足、消费基础条件较差、社保体系不完善等问题，国家财政应当考虑增加对农村的转移支付，增加财政的支农资金投入，以便增强农民的消费后劲。

第二，大力改善和优化农村消费环境。一是要坚持可持续发展战略，促进生态平衡，治理环境污染。二是要大力建设农村公用基础设施，特别要把资金更多地向交通、通讯、电力、水利、农技等方面倾斜，为农村消费市场的繁荣和农民消费水平的提高提供基本的硬件支持。三是继续加强“万村千乡市场工程”和“双百市场工程”建设，完善农村市场体系，大力培育农村新型流通方式，以县城和中心城镇为重点，积极发展连锁超市、便利店等新型流通业态，逐步将连锁经营、代理销售、配送服务等营销方式向广大农村延伸。同时，在建设社会主义新农村的过程中，要考虑创办能把产、供、销连接起来的，跨区域、跨行业的新的流通组织，这是开拓农村市场的关键所在。

四是在改善农村消费的软环境上，加强对假冒伪劣产品的打击力度，依法严惩制假售假活动，净化农村消费市场。五是加快调整产品结构步伐，适应农村消费新变化。有关部门要加强对农村商品市场的调查研究，深入分析农村需求和农民消费的特点，开发生产适合农村和农民消费需求的物美价廉的产品。在品种、规格、性能、式样上，务必讲求经济适用、操作简单，并提供维修、配件等售后服务。

第三，完善农村社会保障制度，提高农民消费倾向。消费倾向取决于收入预期。受城乡二元结构的影响，湖北省农村社会保障严重滞后于城镇。在农村，上学难、治病难、养老难等现象仍然存在。近年来，随着我国教育、医疗服务价格的上涨，农民对未来支出的预期大大增加，影响了农村居民的消费倾向，进一步降低了农民的即期消费支出，已经成为阻碍农民扩大消费的羁绊。所以要高度重视农村社会保障体系建设工作，以最低生活保障、养老保险和合作医疗三项制度为社保重6点，切实解决农民因病致贫问题，加快农村敬老养老设施建设，促进社会福利事业发展，帮助广大农民逐步实现“生有所靠，病有所医，老有所养”的基本要求，增加农民消费安全感，在更大程度上释放消费需求，使巨大的农村消费需求潜力尽快转化为现实的购买力。

第四、加快城镇化步伐，加快农村劳动力转移。从长远来看，加快城镇化进程，有序转移农村劳动力是提高农民收入、扩大农村消费的根本出路。小城镇是乡村人口迁移成本最为低廉、方式最简单、基础最牢固的一条途径。通过加快城镇化建设，使城镇吸纳更多的农村富余劳动力。不久的将来，现在农民中有许多人将在城镇化进程中增加收入、扩大消费。同时，应把发展消费信贷作为当前刺激农民消费的重要途径，针对农村市场的消费热点，积极引导农民的消费需求，银行可以从贷款方式、利率、期限等方面开发出适应农村特点的消费信贷品种，以进一步活跃农村消费市场。

（湖北省统计局贸易外经处）

抓住契机 重启农村消费"引擎"

改革开放以来，浙江省经济持续20多年快速增长，但经济的增长过分依赖于投资和出口，消费不足已成为制约经济持续发展的突出问题，近5年来浙江省最终消费率持续走低，由2002年的50.8%降至2006年的47.2%，其中农村居民消费对GDP的拉动率持续下降，由2002年的13.4%下降到2006年的9.7%。因此，当前要全面扩大消费需求，就必须大力重视开拓农村消费市场。2006年浙江省有4980万常住人口，其中居住在乡村的人口2166.3万人，占总人口的43.5%，其消费需求的增长和消费结构的加快升级，将对整个经济发展形成持久的、巨大的拉动作用。

党的十七大报告指出："坚持扩大国内需求特别是消费需求的方针，促进经济增长由主要依靠投资、出口拉动向依靠消费、投资、出口协调拉动转变"。温家宝总理在2007年政府工作报告中也指出："坚持扩大内需方针，重点扩大消费需求，特别是扩大农村消费需求"。要实现十七大提出的"人均国内生产总值到2020年比2000年翻两番"奋斗目标，必须加快消费的增长，尤其重视挖掘农村市场的潜力，形成围绕扩大消费需求发展经济的良性增长格局。本文从浙江省农村消费市场发展的现状入手，分析了制约农村市场发展的因素和新形势下扩大农村消费需求的途径，供领导和决策部门参考。

一、浙江省农村消费品市场的现状

1. 农村消费品市场增长落后于城市市场，消费比重低于农村人口比重。改革开放以来，浙江省农村市场发展取得了长足的进步，但与城市市场相比，农村市场的发展状况和速度不容乐观。1996—2006年农村消费品零售额与城市零售额的差距呈逐年扩大的趋势（如图1），其间全省农村消费品零售额年均增长8.1%，低于城市零售额增幅5.9个百分点。2006年，全省共实现社会消费品零售额5325.3亿元，其中农村零售额1806.3亿元，所占比重为33.9%，比1996年下降12.6个百分点，相对于占全省人口43.5%的乡村人口来说，消费份额只占三分之一。

农村消费不足使农村居民长期停留在相对较低的消费层次上，这种状况不仅是城乡消费水平差距不断扩大的直接后果，而且由于数量庞大的低层次农村消费群体难以向中间消费层次提升和过渡，阻碍了中间消费阶层的扩大，使浙江省经济快速增长的过程中难以出现一个与之相匹配的庞大的中层消费群体。农村消费不足不仅不利于农村经济社会的发展和农民生活水平的稳步提高，也使其对社会总消费和国民经济增长的拉动作用难以充分发挥出来，阻碍了全省经济发展模式的转变和经济增长结构的优化。

2. 城乡居民收入差距扩大，农村消费水平相对较低。一方面，城乡居民收入差距呈逐年扩大的趋势（如表1），1996年农村居民人均纯收入与城镇居民人均可支配收入之比是1∶2，到2006年扩大到1∶2.5，与世界上经济同我国类似的国家的城乡居民的收入差距指数平均1.7左右相比，浙江省目前的城乡收入差距明显偏高。1997—2006年农村居

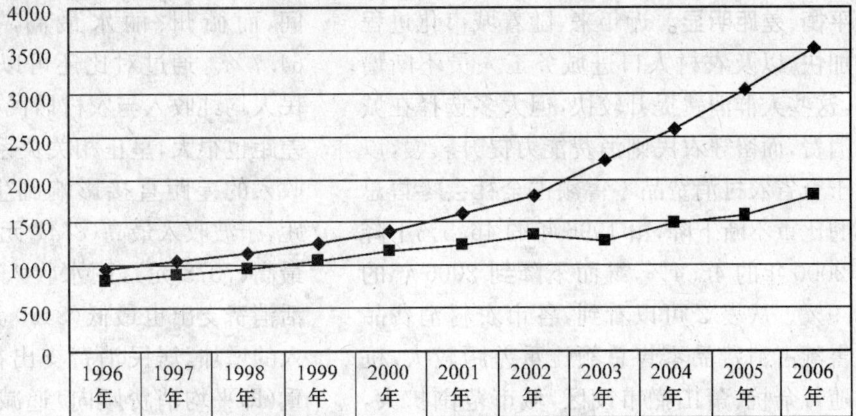

	1996年	1997年	1998年	1999年	2000年	2001年	2002年	2003年	2004年	2005年	2006年
城市零售额（亿元）	950.8	1054.9	1150.8	1257.5	1394.3	1594.4	1816.2	2224.2	2573.2	3046.7	3519.0
农村零售额（亿元）	825.9	897.1	970.0	1048.4	1159.3	1245.2	1349.9	1287.0	1482.3	1585.0	1806.3

图1　1996—2006年浙江省城市、农村消费品零售额

民人均纯收入年均增长7.8%，比城镇居民人均可支配收入年均10.1%的增速低2.3个百分点(为与现价计算的消费增长率可比，本文居民收支增长率均采用未扣除价格因素的名义增长率)。2006年农村居民人均生活消费支出为5762元，大体只相当于城镇居民1996年的水平(5764元)，落后整整10年。另一方面，从农村购买力和商品供应情况看，农村消费层次和消费结构的升级明显滞后于城市，2006年全省每百户农民家庭平均拥有空调机、洗衣机、冰箱的数量分别为42.55台、55.17台和67.81台，远低于同期城镇居民152.42台、93.06台和99.27台的水平。衡量生活质量的“恩格尔系数”也反映出城乡差距较大，2006年农村居民为37.2%，高于城镇居民32.9%的水平。2006年农村居民人均衣着消费为362元，仅为城市居民的26.1%，而在娱教文化、医疗保健、交通通讯等方面农村居民人均消费支出仅相当于城市居民的34.3%。

表1　浙江省城乡居民收入、消费水平对比情况

年份	城乡居民收入水平(元)			城乡居民消费水平(元)		
	城镇居民人均可支配收入	农村居民人均纯收入	城乡之比	城镇居民人均消费支出	农村居民人均生活消费支出	城乡之比
1996	6956	3463	2.0∶1	5764	2702	2.1∶1
1997	7359	3684	2.0∶1	6170	2839	2.2∶1
1998	7837	3815	2.1∶1	6218	2891	2.2∶1
1999	8428	3948	2.1∶1	6522	2806	2.3∶1
2000	9279	4254	2.2∶1	7020	3231	2.2∶1
2001	10465	4582	2.3∶1	7952	3479	2.3∶1
2002	11716	4940	2.4∶1	8713	3693	2.4∶1
2003	13180	5431	2.4∶1	9713	4287	2.3∶1
2004	14546	6096	2.4∶1	10636	4659	2.3∶1
2005	16294	6660	2.4∶1	12254	5215	2.3∶1
2006	18265	7335	2.5∶1	13349	5762	2.3∶1

3. 各市农村消费品市场规模和消费水平不平衡，差距明显。近年来，随着城市化进程的加快，以及农村人口进城务工人员不断增加，这些人群消费提升较快，但大多选择在城市消费，而留守农民则消费能力提升较慢，以至于全省农村消费品零售额占全社会零售总额的比重不断下降，由1996年的46.5%下降到2000年的45.4%，继而下降到2006年的33.9%。从表2可以看到，各市农村消费品零售额占消费品零售总额比重差距较大，杭州随着余杭、萧山撤市设区，城市范围扩大，农村零售额比重最低，2006年降到7.6%，舟山为23.4%，金华、温州、宁波在30%到40%之间，台州、嘉兴、绍兴、湖州在40%—50%之间，而衢州、丽水最高，分别达53.3%和64.7%。通过对比还可以看出，各市农村居民人均纯收入与农村居民人均生活消费支出差距也很大，呈正相关关系，农村居民人均纯收入的差距直接影响到生活消费支出的差距，宁波收入最高(8847元)，生活消费支出也最高(7378元)，丽水收入最低(3869元)，生活消费支出也最低(3490元)，但随着居民收入的增加，居民消费支出在收入中所占的比重(即平均消费倾向)递减，符合凯恩斯消费函数理论。

表2　2006年各市农村消费品市场和消费水平情况

	农村消费品零售额(亿元)	占消费品零售总额比重(%)	农村居民人均纯收入(元)	农村居民人均生活消费支出(元)
全　省	1806.3	33.9	7335	5762
杭州市	84.4	7.6	8515	6674
宁波市	335.5	38.0	8847	7378
温州市	275.8	35.4	7543	5837
嘉兴市	191.9	44.7	8952	6197
湖州市	133.3	48.7	8333	5327
绍兴市	207.1	47.0	8619	6298
金华市	165.8	34.4	6137	5316
衢州市	82.0	53.3	5359	3812
舟山市	26.7	23.4	8113	5967
台州市	209.5	41.0	7368	5481
丽水市	94.3	64.7	3869	3490

4. 农村居民储蓄意愿增强，消费支出增速下降。2001—2006年，农民人均纯收入分别比上年名义增长7.7%、7.8%、9.9%、12.2%、9.3%和10.1%，而储蓄存款余额分别增长16.2%、17.8%、23.2%、14.8%、17.5%和17.2%。与城市居民相对完善的医疗保险、失业保险、养老保险等社会保障体系相比，农村居民社会保障体系仍很不健全，再加上货币收入低、收入增长的不确定性大、后顾之忧(子女教育、医疗、养老)较多，农民更倾向于储蓄，以备不时之需。2000—2006年，农民储蓄存款余额年均增长17.7%，与同期农村居民人均纯收入增速相比，高出8.2个百分点。消费与储蓄此消彼长，储蓄的快速增加必然挤压即期消费。从农民消费支出看，2006年农村居民人均消费支出同比增长10.5%，增幅比上年下降1.4个百分点。

5. 农村消费有所回升，但增长还不稳定。近年来，随着各级政府对“三农”政策支持力度的加大，“千镇连锁超市”和“万村放心店”建设工程的实施，浙江省农村市场消费增速明显加快，农村市场增幅与城市市场的差距不断缩小，2006年城乡之间增幅差距由2005年的2.8个百分点缩小到0.1个百分点，呈现出城乡市场齐头并进的可喜局面。但从2007年1—11月全省消费品市场运行情况看，农村市场零售额同比增长15.9%，比城市市场增幅低1.1个百分点，与2006年相比，城乡市场消费增幅差距又有所扩大。因此，从总体上看，浙江省农村消费品市场发展还不稳定，与城市市场差距仍然较大。

综上所述，浙江省城乡居民消费水平和消费结构存在明显的差距，改革开放20多年来，这种差距一直存在着，而且随着城市改革的推进还有进一步扩大的趋势。当传统消费品或中低档耐用消费品在绝大多数城市居民家庭趋于饱和时，同类消费品却难以进入普通农民家中，由此导致城乡市场消费断层，城乡二元消费结构仍是21世纪初期浙江省居民消费最基本的结构特征。

二、制约农村消费市场发展的不利因素

农村市场消费品零售额增长低于城市市场，对整个消费市场的发展是不利的。那么怎样来看待农村消费品市场的这种状况，关键是要找到制约农村消费品市场发育的经济因素和消费观念等非经济因素。从总体上讲，影响农村消费品市场的因素主要体现在以下几个方面：

1. 城乡二元结构导致产出结构和消费结构错位，消费增长滞后于经济增长。现行城乡分割的户籍制度，在一定程度上阻碍了农村剩余劳动力的转移和自由流动，加剧了城乡差别，农村居民不能平等地分享全省经济快速发展带来的成果。目前，浙江省经济发展已处于工业化中后期阶段，2006年，GDP中三次产业增加值结构为5.9:54.0:40.1，而三次产业就业结构为22.6:45.8:31.6。三次产业增加值比重代表社会供给能力，劳动力比重则从一个侧面反映了社会购买能力，浙江省产业能力已经能够供给一个中等发达国家居民的消费水平，而消费能力相对薄弱，这种产业结构与就业结构的不匹配、生产结构与消费结构的错位，从根本上导致了消费的增长滞后于经济的增长。2002—2006年的5年间，浙江省GDP年均增长17.9%（现价计算），而同期城镇居民人均消费性支出年均增长10.9%，农村居民人均消费性支出年均增长10.6%，分别比GDP增速低7和7.3个百分点。

2. 农村居民收入水平相对较低，且缺乏长效增收机制。改革开放以来，相对于城市居民收入水平的稳步增长，农村居民收入水平相对较低。虽然近几年来在国家惠农政策的支持下，农民收入增长较快，但是政策性增收的空间有限，农业生产资料价格的持续高企，加上农民文化素质普遍偏低，农业经营方式较为落后，农民缺乏自我增收能力等，都可能在今后一段时期内使农民增收陷入"瓶颈"。2006年，浙江省农村居民来自家庭经营第一产业的人均纯收入增幅（10.3%）比上年回落0.7个百分点，家庭经营的二、三产业人均收入低于全部纯收入增幅1.2个百分点，表明农民家庭经营性收入增长乏力。此外，农村内部收入差距拉大，也使农村消费内部呈现不平衡的发展趋势。2006年农村高收入组农户与低收入组农户人均生活消费支出之比为3.7∶1。收入差距的拉大会使高收入者消费倾向降低，而低收入者虽然消费倾向较高，但由于缺乏消费能力，潜在需求难以转化为即期消费，从而导致农村总体消费倾向和消费水平偏低且提升缓慢。

3. 农村基础设施和市场体系建设滞后，消费环境有待进一步改善。首先，长期的城乡二元结构使农村基础设施建设落后，水、电、通讯等基础设施的薄弱阻碍了家电等耐用消费品在农村的迅速普及，也增加了农产品商品化的难度，导致农村市场与城市市场之间的互动难以实现，制约着农村消费水平的提升。其次，农村市场体系建设落后。主要表现在两个方面：一是消费信贷发展滞后，

农民消费缺乏必要的金融支持；二是流通设施和流通方式落后，农村消费市场仍以传统方式为主，现代流通方式还未普及。再次，由于农村市场经济自身发育水平较低，市场监督和管理存在诸多困难，农村消费市场上的产品存在较多质量问题，且售后服务体系不完善，导致农村市场消费环境较差，而农民又缺乏必要的质量意识、维权意识和有效的维权途径，在一定程度上抑制了农村消费的扩大。

4. 农民面临多重不确定因素，缺乏风险分担机制。农业生产自身的特性决定了其对自然因素有较强的依赖性，而市场因素给农业生产和农民的生活带来了诸多复杂影响。2007年二季度开始，浙江省农村物价涨幅高于城市，三季度这种现象进一步扩大，三季度农村居民消费价格比2006年同期上涨5.9%，涨幅高出城市1.3个百分点，比全省平均涨幅高0.6个百分点，其中食品价格上涨16.9%，涨幅高于城市4个百分点。物价上涨影响农民收入增长，使农民的现金收入增幅中部分被物价上涨而抵消了。此外，由于农村公共商品供给不足，农村社会保障制度不完善，农民用于子女教育、医疗保健等方面的支出占农户总消费支出的比重偏大，挤压了农民其他消费项目的发展和消费结构的升级。近几年，农村对教育已越来越重视，农村家庭在教育方面的消费逐渐增加，2006年农村居民人均教育费支出达546.3元，比2001年增加231元。据调查，一个农村的普通高中生，包括学杂费、膳食费和住宿费在内，一年大概需花费5000元，占到一个三口之家年收入的约四分之一。

5. 消费观念滞后，影响即期消费。农村居民不可能像城镇居民一样，借贷消费，敢于用“明天”的钱来享受。在农村，“无债一身轻”，“先储蓄后消费”等观念已刻骨铭心，“收大于支”已在农村形成“定理”。这些传统的消费观念不利于扩大即期消费，在收支预期不确定的情况下，肯定会出现过度的谨慎消费，从而导致消费增长低于家庭收入增长。但在婚丧嫁娶、逢年过节等被农民认为应该大操大办的事件和时段上，又存在集中性、季节性的过度消费甚至举债消费。相伴而生的是大量的人情消费、攀比消费甚至是迷信腐朽消费现象。这种消费观念和消费习惯不仅制约了农村消费的健康快速增长，而且容易造成大量资源浪费，不利于提高农民的生活水平。

三、新时期扩大农村消费的有利契机

1. 政策导向有利于农村消费市场的发展。20多年的市场化取向改革，浙江省经济发展的水平（2006年人均GDP已达3998美元）、目标（实现全面小康、继续走在前列）和使命（创业富民、创新强省）都发生了巨大的变化。胡锦涛总书记在十七大报告、温家宝总理在2007年政府工作报告中都把扩大消费需求放在经济工作中更加突出的位置。由此预见，今后一个时期增加农民收入、开拓农村消费市场一定会成为扩大消费的主要政策取向，随着国家对农村消费的进一步关注及相关政策的陆续出台，浙江省的农村消费将面临着前所未有的发展机遇。

2. 投资驱动力的减小，促使消费“引擎”增大功率。投资、消费、出口是拉动经济的三驾马车。“十五”期间，浙江省全社会固定资产投资年均增长26.3%，大大高于社会消费品零售总额12.6%的年均增幅，浙江省经济的增长主要依靠投资拉动。2006年以来，浙江省认真贯彻中央宏观调控政策，高速增长的投资势头得到遏制，消费对经济的拉动力有所增强。2006年，社会消费品零售总额增幅达15.0%，比全社会固定资产投资增幅高出1.2个百分点，2007年前三季度，社会消费品零售总额增幅达16.4%，比全社会固定资产投资增幅高出4.6个百分点。为了保持浙江省经济的持续快速增长，必须摆脱“一条腿”走路的局面，重启消费“引擎”，特别是把农村消费作为重启的重点。

3. 社会主义新农村建设成为启动农村消费的助推器。建设社会主义新农村总体要求是"生产发展、生活宽裕、乡风文明、村容整洁、管理民主"。随着社会主义新农村建设的推进，扩大农村消费的动力不断增强。一方面是"生活宽裕"的要求需要农民提高生活水平，政府要使农民实现"生活宽裕"的目标就必须想方设法增加农民消费，这也是社会主义新农村建设给各级政府的动力与压力。另一方面，为实现建设社会主义新农村的目标，各级财政将向农村适度倾斜，用于农村建设的投资将大幅增长，这也有利于推动农村消费市场的扩大。

4. 农民收入的增长为扩大农村消费提供了基本保障。近几年，随着各级政府对农村工作的重视，以及各项促进农民增收的改革措施不断推进，农民收入不断增长。2006 年，浙江省农民的人均纯收入比全国平均水平高 1 倍以上，收入水平居全国各省区首位。农村的教育、文化、医疗、社会保障和基础设施等社会事业也将进入加快发展时期，城乡差距有望逐渐缩小。农业发展，农民增收，农村各项社会事业的进步，这些都为推进浙江省农村市场发展创造了有利的条件。

5. 农村现代流通网建设不断加快。2005 年开始，省政府以实施"千镇连锁超市、万村放心店"工程、"三网建设"等为载体，加快推进了浙江省农村流通现代化进程。至 2006 年，全省"千镇连锁超市"、"万村放心店"覆盖面分别达 92.3%和 96.3%，1215 个乡镇中有 1122 个开设了连锁超市(便利店)，总店数达 1525 个。这一系统工程的实施，对培育农村消费市场、改善农村消费环境、规范农村消费秩序发挥了重要的示范作用，是统筹城乡发展、建设平安浙江省的重要抓手。随着科技的进步，信息技术在流通领域被广泛运用，连锁经营、物流配送、电子商务已成为市场经济发展的普遍选择，新的形势为农村流通体制改革创造了良好的氛围和发展机遇。

四、紧抓机遇，大力拓展农村消费市场

开拓农村市场是一项长期艰巨的系统工程，不可能在短期内一蹴而就，必须解决农民有购买商品的钱，有愿意购买的商品、有方便的购物途径及良好的售后服务等一系列具体问题。要把农村市场的巨大潜力转化成现实的购买力，需要各级政府及职能部门的大力引导、推动和支持，需要社会各方面的共同努力。但只要我们坚定不移地把开拓农村市场作为一项重要工作来抓，经过坚持不懈的努力，就一定能有所作为，有所成效。

1. 加快城镇化步伐，加快农村劳动力转移。从长远来看，加快城镇化进程，有序转移农村劳动力是提高农民收入、扩大农村消费的根本出路。小城镇是乡村人口迁移成本最为低廉、方式最简单、基础最牢固的一条途径。通过加快城镇化建设，使城镇吸纳更多的农村富余劳动力。由于城镇人口消费是农村的 2.5 倍，城镇化率每提高 1 个百分点，可拉动最终消费率的 3—4 个百分点。不久的将来，现在农民中有许多人将在城镇化进程中增加收入、扩大消费。

2. 多管齐下，千方百计提高农民收入。农村消费不足的根本原因是农村居民收入水平还不高，购买力不强。扩大农村消费最关键之处就在于提高农民收入。在目前政策性增收因素不多的前提下，必须加快现代农业体系的建设，促进农业科技创新，切实提高农业综合生产力，使农业生产增值增效；要努力增加农民的非农就业岗位，提高农民在非农工作岗位上的就业比重，这样既能加快农村剩余劳动力的转化，又能有效提高农民的现金收入比重，扩大农村居民消费需求。

3. 结合社会主义新农村建设，改善农村的消费环境。2006 年的中央一号文件将加强现代化流通体系建设列为建设社会主义新农村的主要内容，并提出积极发展农产品、农业

生产资料和消费品连锁经营；发挥中心城镇对农村市场的服务和辐射功能，尽快建立集中采购，统一配送的新的营销体系，让更多的农民能享受到它所带来的规范、卫生、便利的商业服务；继续推进"千镇连锁超市"和"万村放心店"工程，使农民得实惠，企业得市场，政府得民心；要大力建设农村公用基础设施，特别要把资金更多地向交通、通讯、电力、水利、农技等方面倾斜，为农村消费市场的繁荣和农民消费水平的提高提供基本的硬件支持。

4. 搞活流通，激活农村市场。市场繁荣最明显的标志就是供求两旺，适销对路，质优价廉的商品源源不断流入到市场中来。与此同时，市场上保持着旺盛的购买力。要把农村市场激活，必须满足两大基本前提：一是使农民该卖的能及时、全部地卖出去，获得收入；二是农民该买的、想买的能及时、全部买进来。因此在建设社会主义新农村的过程中，一定要考虑创办能把产、供、销连接起来的，跨区域、跨行业的新的流通组织，这是开拓农村市场的关键所在。

5. 完善农村社会保障制度，提高农民即期消费水平，同时积极发展农村消费信贷。过去多数农村居民囊中羞涩，只能捂着钱包过紧日子；如今增产增收，生活改善，农民具备了扩大消费的基本条件，但能无忧无虑地消费却是另一回事。由于过去农村社会保障机制整体上严重滞后于城镇，农村居民普遍头痛的"上学难，治病难，养老难"已经成为阻碍农民扩大消费的羁绊。所以要高度重视农村社会保障体系建设工作，以最低生活保障、养老保险和合作医疗三项制度为社保重点，帮助广大农民逐步实现"生有所靠，病有所医，老有所养"的基本要求，增加农民消费安全感，在更大程度上释放消费需求，使巨大的农村消费需求潜力尽快转化为现实的购买力。同时，应把发展消费信贷作为当前刺激农民消费的重要途径，针对农村市场的消费热点，积极引导农民的消费需求，银行可以从贷款方式、利率、期限等方面开发出适应农村特点的消费信贷品种。

6. 加大宣传力度，帮助农民树立正确的消费观念。引导农民适度消费，不断更新他们的生活观念，提高他们的消费意识，不仅是扩大农村市场所必需的，也是使农民过上现代文明的小康生活所必需的。要通过各种宣传，使人们改变依靠积蓄消费的保守的消费观念，建立积极的消费观念，鼓励人们在收入范围之内适当增加消费开支。针对农民重物质消费，忽视精神文化消费的现象，要鼓励开展精神文化消费，推动农村消费市场多样化发展，这对启动农村消费市场起着积极的推动作用。

（浙江省统计局贸易外经处）

福建省落实扩大农村消费项目成效、问题及建议

为促进农村消费增长，国家及时出台了一系列强农惠农政策，福建省把开拓农村消费市场作为应对国际金融危机，“保增长、扩内需、调结构、惠民生”的重中之重工作抓紧抓好。2009年初，省政府出台福建省关于搞活流通扩大消费的意见，提出了7个方面30条工作措施，各地积极组织“家电、汽车、摩托车下乡”、“万村千乡市场工程”、“双百市场工程”等项目。这些项目的实施有效地提振了农村居民的消费信心，促进了农村消费增长，为经济的持续稳定发展做出了重大贡献。但我们也应该看到，当前，制约农村居民即期消费能力提升的因素仍较多，要保持和提升当前农村消费的良好势头，仅靠短期的消费刺激政策还远远不够，除了适时出台和完善刺激即期消费的政策外，还要更加注重建立和完善促进农村消费持续增长的长效机制，包括农民收入的提高、社会保障体系和农产品流通体系的建设等，这样才能撬动农村巨大的消费潜力，为国民经济持续健康发展做出更大的贡献。

一、福建省落实扩大农村消费政策取得明显成效

2009年随着国家一系列惠农政策的实施，农村经济稳步发展，农村消费再次提速。前3季度，全省农村消费品零售额1040.5亿元，比上年同期增长15.8%，增速比城市高1.3个百分点，占全社会消费品零售总额的32.3%，拉动全社会消费品零售总额增长5.1个百分点，贡献率34.1%，贡献率为2002年以来最高。消费结构优化升级，农民生活质量明显改善。前3季度福建省农民恩格尔系数为44.5%，农民人均医疗保健、交通和通信、娱乐教育文化服务支出达875.9元，占消费支出的比重达27.0%。

(一)新消费政策直接带动农村消费增长

1.“家电下乡政策”有效促进农村家电消费升温

家电下乡是指国家对农民购买指定品牌家电产品给予销售价13.0%补贴的政策，是直接提升农民消费的一项惠民政策，福建省从2009年2月份开始实施。从实施效果看，农民对政策的支持度高、对执行效果满意，购买意愿也较强烈。据调查，龙岩市农民对“家电下乡”政策的满意度高达90.0%；三明市调查1941户农户，99.1%支持，其中有11.4%的农户购买了“家电下乡”产品，购买下乡家电产品的农户，89.3%表示满意；全省有8成以上的农户表示在今后4年内有意购买家电下乡产品。“家电下乡政策”有效地推动了农村家电产品销售，特别是7月份福建省6县市采用销售网点直接补贴办法后，家电下乡产品销量猛增，比6月份增长了7成。8月份由销售网点直接发放补贴政策在全省全面推开后，进一步推动下乡家电产品销售。截至10月15日，全省已累计销售各种家电下乡产品52.3万台，实现销售额11.0亿元，已发放补贴36.6万件，补贴额超过1亿元。其中，冰箱最受欢迎，累计销售25.1万台，占各种家电下乡产品48.0%。受“家电下乡”政策影响，农民家用电器购买量大幅增加，前3季度

福建省农民人均家庭设备、用品及服务支出达到193.24元，比上年同期增长22.5%，同比增幅提高2.8个百分点。其中：空调支出15.0元，增长86.2%；家用电脑支出20.8元，增长55.8%；电冰箱支出26.4元，增长46.0%；彩电支出15.0元，增长33.8%。

2. "汽车、摩托车下乡"政策，加速产品更新换代，推动了汽车类产品旺销

"汽车下乡政策"实施时间从2009年3月1日至12月31日，本省农民在本省境内将三轮汽车或低速货车报废并换购总质量大于1.8吨但不超过6吨的轻型载货车，或购买1.3升及以下排量微型客车的，每户换购或限购1辆按销售价格10%享受补贴，最高补贴5000元；报废三轮汽车每辆补贴2000元；报废的低速货车每辆补贴3000元。"摩托车下乡政策"实施时间从2009年2月1日至2013年1月31日，本省农民在本省境内购买摩托车的，每户限购2辆按销售价格13%享受补贴，购买摩托车单价5000元以上的，每辆定额补贴650元。汽车、摩托车下乡政策，加快了汽车和农用汽车的销售，减缓了2008年下半年以来汽车产销大幅下滑的势头。1、2月份全省限额以上企业汽车销量分别为16445辆和15058辆，分别比上年同月下降13.4%和14.1%，3月份止降回升，月销量19934辆，增长58%；4至9月各月销量均在2万辆以上，三季度以来销量增幅进一步提高，7、8、9三个月同比增幅分别达1.02倍、82.3%和81.5%。据统计，前3季度全省限上批发和零售业企业汽车类零售额268.6亿元，比上年同期增长27.6%，比同期限上批发和零售业企业零售额平均增幅高16.4个百分点，增速分别比1季度和上半年提高21.7个和9.0个百分点。

(一)以流通项目建设带动农村消费扩张成效显著

2005年以来，福建省各级政府不断加大对农村流通业建设的财政扶持力度，相继实施了"万村千乡市场工程""双百市场工程""信福工程""集贸市场升级改造工程""农超对接工程"等项目。通过这些项目的建设，一方面对新型农村商品流通体系的建设和重构产生积极的促进作用；同时在促进农业发展，农民增收，改善农村消费环境，带动农村消费提升等方面也起到了重要作用。

1. "万村千乡市场工程"促进了农村商品流通网络的健全完善，改善了农村消费环境

"万村千乡市场工程"实施前，福建省农村商店基本上是"夫妻小店"，进货渠道不统一，产品质量无保证。"万村千乡市场工程"鼓励流通龙头企业运用现代流通方式建设农家店，改造升级后的"农家店"严把商品采购质量关，品种丰富、质优价廉，环境优雅，农民在家门口就能享受到与城里人一样安全、舒适、卫生的购物服务，有力地推动了农村消费增长。据统计，自2005年2月启动"万村千乡市场工程"以来，项目建设进展良好，至2008年，福建省累计建成农家店12130间，覆盖全省96.8%的乡镇和60%的行政村。

2. 市场升级改造有效提高流通效率，扩大交易规模

"双百市场工程"和"集贸市场升级改造工程"是指采用财政补助或贷款贴息的方式对农产品批发市场、集贸市场和流通企业进行重点改造、升级。福建省共有15家大型批发市场和流通企业的35个项目获得支助，累计完成投资6.99亿元。项目建成投产后，福建省市场信息化总体水平明显提高，交易环境明显改善，物流配送能力进一步增强，农产品流通成本大幅降低，年新增农产品销售额将达到16亿元以上，受惠农户新增4.6万户，增加农村就业人员10.9万人。前3季度，福建省商品交易市场成交额1083.5亿元，增长17.4%，高于同期全省限下批发和零售业销售额增幅1.3个百分点；实现零售额455.3亿元，增长17.5%。其中，亿元以上商品交易市场实现零售额285.5亿元，占26.3%，增长17.7%。

3."信福工程"建设助推农民增收，增强居民消费后劲

"信福工程"又称"农村商务信息服务体系"建设工程，经过3年建设，已初步形成了以县(市)级农村信息服务站为核心，以涉农网站为依托、各乡(镇)综合信息服务站为节点、各村信息服务点为通道、流通大户及广大农民为终端服务对象的农村商务信息服务体系。农村商务信息服务体系的建设，为广大农民提供了便捷的公益性综合商务信息服务，有效指导农产品生产和销售，实现农民增产增收，取得明显的经济和社会效益。前3季度，全省农民人均现金收入5172.3元，比上年同期增长9.2%，增幅比1—8月份高0.3个百分点。

(三)惠民政策增信心促消费见成效

2009年以来，福建省加大农村教育、医疗、卫生、养老等方面的建设力度，实施了一系列惠民政策。如对城乡低保家庭高中学生提供助学金，对中等职业学校农村家庭经济困难学生和涉农专业学生实行相关费用减免政策，把大学生纳入城镇居民基本医疗保险；提高新型农村合作医疗财政补助标准，将重大疾病病种纳入新农合补偿范围；加快农村社会福利设施建设等。这些惠民措施，有效地消除了广大农村居民和城乡低收入群体的后顾之忧，起到四两拔千斤的作用，大大提高了他们的即期消费能力。据统计，前3季度全省农村居民人均消费支出3246.4元，比上年同期增长9.4%，增速高于城镇居民消费支出2.1个百分点。

二、当前落实扩大农村消费政策存在的问题

(一)惠民政策的知晓率不高，宣传力度有待加强

一是政策宣传不到位。目前仍有一些地方农村居民不知道"家电、汽车、摩托车下乡政策""万村千乡市场工程"等，农民获得信息渠道较少，对政策的实施步骤、途径、补贴标准和方式，都是一知半解，有的甚至在购置过程中，还不清楚自己是否享受了"家电、汽车、摩托车下乡"优惠政策；8月份开始在全省推广实施的购买家电下乡产品补贴可直接在网点兑付的办法，仍有相当一部分农民不知道。二是对产品质量宣传不到位。对专门为农村设计的适用农村电网、具备防鼠等功能的家电产品，由于宣传不到位，农民误以为是厂家积压或库存产品，农民对产品质量产生疑虑，影响了农户购买家电产品的积极性。

(二)"家电、汽车、摩托车下乡"工作存在的主要困难和问题

1.补贴资金到位不及时，"汽车、摩托车下乡"工作开展滞后

一是家电下乡产品补贴兑付进度偏慢。受前期家电下乡产品补贴兑付方式较为繁锁等因素影响，农民申请兑付补贴款的积极性不高，部分地方补贴款兑付进度偏慢。据调查，龙岩、宁德等地家电下乡补贴兑付率达90%以上；南平市部分县(市、区)的兑付率仅为75—80%。二是"汽车、摩托车下乡"补贴申领手续繁琐、补贴款发放不及时。部分地方对"汽车、摩托车下乡"政策理解和指导不到位；相当一部分购买者因为"汽车、摩托车下乡信息管理系统"建设滞后问题至今还未领到补贴，个别地方农户购买的摩托车几个月后才领到补贴款。

2.家电下乡补贴程序简化，企业积极性受到影响

家电下乡实行"补贴资金由网点垫付"后，企业运行成本上升，利润空间缩小，积极性有所下降为简化补贴程序，进一步推动家电下乡工作，8月份起福建省改变家电下乡补贴兑付方式，由农户原先向乡镇财政部门申报、核转到农户账户的方式，改为"补贴资金由网点垫付，县级财政在网点清算"。简化领取补贴手续后，进一步调动了农民购买家电

下乡产品的积极性，产品销量猛增，但同时也出现了一些新问题。一是商家承担的工作量猛增。商家既要对农户购买产品办理相关手续，又要有专人与财政部门进行资料核对、结账，人力运行成本明显提高。二是风险加大。“补贴资金由网点垫付”对销售网点提出更高的要求，如要求企业证件发票资料齐全、设立专用账户，审核农户资格，程序熟练操作、及时登录信息及系统升级等，工作一旦失误，就会造成损失，经营风险加大，商家颇有怨言。据调查反映，有的商家就因为没有辨清个别农户超过限量购买下乡产品，结果先垫付的补贴无法在财政补回。三是流动资金周转困难。由于企业代垫资金要经过一定时间经财政部门验证、审核无误后才能划给销售商，占用企业的流动资金，给本来资金就不够充足的企业造成短期内资金周转困难。四是企业盈利空间缩小。原先卖一台彩电有100元的利润，现在随着人力成本、资金成本、费用成本的增加，商家的利润就只剩下一半，极大地影响了企业的积极性。

3. 户籍制度改革与“家电、汽车、摩托车下乡”工作不配套

目前，“家电、汽车、摩托车下乡”工作最大的难度在于对“农业户口”的界定问题。据调查，福建省个别地方户籍制度改革后，已经取消了农业与非农业户口，统一为“居民户口”。农民若要购买家电下乡产品，就要到村委会开具“农业户口”证明，给农民带来极大的不便，部分农户因为怕麻烦而放弃购买下乡产品。此外，因户口簿错误如户编号重号、串号等，造成个别农户无法领取补贴，影响家电下乡工作进一步拓展。

4. “下乡产品”不能满足农村多层次消费需求

部分农民反映“家电下乡”产品品牌少、档次偏低、品种不多，不能完全满足农民特别是高收入群体的消费需求。部分农民为了享受补贴，只好购买较低档次的产品或者放弃购买，影响这部分群体消费潜力的发挥和产业结构升级。

5. 销售网点布局不够合理，服务网络建设滞后

主要是偏远的乡镇销售网点少，售后服务网络不够健全，农民对已购或即将购买的家电维修和售后服务问题心存疑虑。

6. 农村基础设施建设仍比较落后

仍有相当一部分村庄未通自来水，农村有线电视的普及率也不高，直接制约居民消费欲望和能力的提升。

7. 监督管理相对滞后，激励机制尚未建立

一是有些商家假冒“家电下乡”品牌销售非下乡产品损害农民利益。二是缺乏对组织家电下乡产品的部门、中标厂家、流通企业有效的管理和考核激励机制，影响了部门和企业积极性的进一步发挥。

(三)“万村千乡市场工程”后期工作推进难度加大

虽然福建省“万村千乡市场工程”建设取得较好成绩，但仍存在“农家店”分布不合理，村级覆盖率低，商品质量保证机制不完善等问题，特别是地处偏僻，交通不便，人口稀少、经济落后的部分乡村，由于开办连锁店配送成本高，销售预期差，大部分承办企业不愿进驻，扩大经营的难度越来越大。

(四)建设资金紧张

目前实施农村流通项目虽然有国家和省级补助资金及贴息贷款，但财政补助资金到位相对滞后，申请贷款手续繁琐，制约条件较多，多数建设项目需要承办企业先期垫资。在当地财政配套资金难以及时到位的情况下，实施“万村千乡市场工程”“农村集贸市场升级改造”等项目难度加大，制约了农产品流通体系的建设和农村消费的进一步提升。

三、多管齐下，扎实推进扩大农村消费工作

扩大农村消费、启动内需是一项复杂的系统工程，既要有科学的规划，也要有完备的政策，既要短期见效，更要着眼长远。当前国家采用补贴的办法短期内刺激消费提升效果较好，但从长远看，效果可能会逐渐削弱。因为从目前情况看，“家电下乡”优惠政策真正刺激的是那些“原本要买”或部分“可买可不买”的农民的消费，仍有相当一部分家庭不会因为少量补贴而去购买，特别是农村低收入家庭。因此，扩大农村消费除了出台短期的消费刺激政策外，还要更加注重建立和完善扩大农村消费的长效机制，使农村消费潜力不断持续地得到释放。

（一）完善扩大消费政策，着力解决当前困难

1. 完善实施办法，积极发挥政策效应

一是“家电下乡”要适当增加产品种类，适度放宽或取消下乡产品最高限价，促进产业结构升级，满足农村不同收入群体对不同档次家电消费的需求；二是完善补贴兑付方式，及时足额地将补贴发放到农户手中，缩短与企业结算周期，加快企业代垫资金的兑付，确保企业资金正常周转。目前要尽快解决“汽车、摩托车下乡管理系统”建设和推广相对滞后的问题，要加大培训力度，简化申领补贴手续，汽车、摩托车补贴发放也建议采用由网点直补再与财政结算的办法，进一步调动农民购买积极性；三是扩大“家电下乡产品”补贴享受范围。着力解决当前“农业户口”在购买下乡产品中存在的问题，建立“农业户口”异地（含本省外县及外省）购买下乡产品在当地领取补贴的办法，同时，将城市低保家庭纳入享受“家电下乡产品”补贴范围，增加扩大消费的动力源。

2. 加大宣传力度，提高政策知晓率

加大惠农政策宣传力度。除通过电视、报纸、网络、广播等媒体宣传外，还要针对农村地广、人居分散的特点，采用“流动大篷车”等方式将政策的实施细则、补贴产品信息、产品质量、中标企业、销售网点等宣传到乡村，传达到农户，做到家喻户晓，扩大政策影响度。同时，还应加强对农村消费者的引导和教育，宣传政策的同时普及消费知识，消除各种顾虑，增强信任感，积极购买下乡产品，促进消费增长。

3. 加强网点建设和管理，提高售后服务水平

一是加强乡村销售网点建设改造，扩大销售网点的覆盖面，特别是对汽车、摩托车下乡销售网点要挂指定牌匾经营，以方便农民识别购买。二是加强服务体系建设。主要是对售后服务网点进行改造，要依托家电下乡中标企业的特约维修服务网点，重点扶植一批有资质的网点，对维修服务网点的场地、设施和设备给予支持，对维修服务人员的技能进行培训，让农民享受优惠产品的同时还能享受高质量的服务，促进农民放心消费和安全消费。

4. 加强监督管理，建立绩效考核机制

质检部门要严把下乡家电质量关，杜绝不法分子以假充真、以次充好、制假制劣等违法行为；商务部门及有关部门要严格销售企业的审核，侧重营销网点的监管，督促中标生产、销售企业完善售后服务；工商部门要及时查处假冒“家电、汽车、摩托车”下乡的营销活动，对销售假冒伪劣产品的违法行为要严厉打击。建立绩效考核制度。要进一步建立和完善下乡产品的信息报送制度，加强对相关部门和承办企业的监管，奖优处劣，促进“家电、汽车、摩托车”下乡政策更好地发挥作用。

（二）建立和完善扩大农村消费的长效机制

1. 拓宽农民增收渠道，增强农民消费信心

农民消费信心不足主要源于收入不高，特别是金融危机发生后，农民出外打工减少，就业困难，极大地影响了农民的消费能力。因此，今后对农村要采取更加倾斜的政策，要继续坚持“多予、少取、放活”的方针，使农民逐渐富裕起来，农民才能放心消费。一是改善农业结构、发展优质高效农业，进一步挖掘农业内部的收入增长潜力，通过延长农业产业链和农产品加工增值为农民创造更多的收入增长机会。二是加大农村富余劳动力转移和培训力度，提高农民工素质。通过工业化和城市化大量转移农业剩余劳动力，为农民创造更多的就业机会，提高农民收入。

2. 加大农村流通项目建设，促进消费持续扩张

近年来，在农村实施以流通项目建设带动消费扩张的做法取得了良好效果。“农民得实惠、企业得市场、政府得人心”。今后还要继续保持农村消费项目建设的连续性，加大对“万村千乡市场工程”、“双百市场工程”、“农超对接”“农村信息化体系建设”等项目资金的扶持力度，确保建成的“农家店”、“双百市场”等工程建设项目得到及时补助；同时，出台承办企业资金扶持政策，解决资金周转困难，给中标企业合理的利润空间，以调动企业进入农村消费市场的积极性，进一步扩大农村消费。

3. 加强保障制度建设，增强即期消费能力

目前的社会保障体系还存在城乡发展不平衡、覆盖面窄、统筹层次低、转移接续难等突出矛盾。为此，一方面要加快建立和完善养老、医疗、失业等社会保障体系，减轻农民后顾之忧，提高农民即期消费能力。另一方面，政府要加大农村义务教育及公共设施等社会公共产品的投入，为居民增加消费提供切实的保障。

（国家统计局福建调查总队商业调查处）

惠农政策赢赞誉　强化措施促消费

——四川省“家电下乡”调查报告

家电下乡是惠农强农、应对国际金融危机、促进国内消费需求、拉动生产的一项重要措施。四川省作为全国家电下乡第一批试点省，自2008年启动以来，在各级政府的推动下，取得了显著的成效，有力地促进和带动了农村消费市场，提高了广大农民的生活质量，形成了“政府得民心、农民得实惠、企业得市场”多方共赢的良好局面。

为进一步摸清家电下乡工作的现状和存在的问题，了解农民对家电商品的需求状况，我们对德阳、内江、南充、广元、泸州等地进行了调查，现将调查情况报告如下。

一、家电下乡进展顺利，成效显著

四川省作为全国第一批家电下乡试点省份，自2008年初启动以来，各级政府强化领导，成立家电下乡工作领导小组，对责任和目标进行分解，商务、财政、工商、质检、物价等部门密切配合，协调联动，创新工作模式，确保政策的贯彻落实和产品质量安全，为农村居民购买“家电下乡”商品简化程续、及时兑现补贴资金。下乡补贴产品由最初的彩电、冰箱、手机逐步增加了洗衣机、空调、电脑、热水器、微波炉、电磁炉，每类每户补贴由1台(部)放宽到2台(部)，激发了农民的消费热情，家电下乡产品成为农民购买家电产品的首选，受到农民的广泛欢迎。目前，四川省本地有长虹、前锋等9家生产企业中标，有52家流通企业和1万6千个销售网点参与家电下乡销售工作，家电下乡销售网络已覆盖100%县(市)和80%的乡镇。截至2009年6月，全省共计销售家电下乡产品258.6万台(部)，销售金额38.7亿元(2009年上半年销售金额占同期县及县以下社会消费品零售额的1.8%)，已兑现补贴总计3.94亿元，销售数量、销售额、已兑现补贴金额三项指标居全国第一。

从销售品种来看，冰箱和彩电销售活跃，洗衣机和手机快速增长。销售量前四位依次是冰箱(占全部下乡家电销售量的51.1%)、彩电(30.3%)、手机(9.1%)和洗衣机(8.6%)，四个品种占全部下乡家电销售量的99%；销售额前四位依次是冰箱(占全部下乡家电销售金额的67.7%)、彩电(20.6%)、洗衣机(5.8%)和手机(4.3%)，四个品种占全部下乡家电销售金额的98.5%。

二、厂家商家农户及农村市场实现“多赢”

1. 生产厂家市场占有率扩大

“家电下乡”利用财政政策杠杆，引导生产企业设计、开发、生产适合农村消费的产品，完善售后服务，生产厂家抓住了“家电下乡”的契机，扩大了市场占有率。

2. 销售商家总利润增加

“家电下乡”引导经销商健全农村家电流通网络、改善农村消费环境，实现了财政政策与生产、贸易政策的结合。同时，净化了农村的家电市场环境，有力地打击了假冒伪劣，原来松散的营销渠道变得紧密，传统的家电夫妻店开始向连锁经营转变，管理更加科学和规范。内江对10个销售网点的调查显示，

"家电下乡"对整个销售经营有积极的促进作用,实现了"薄利多销"。销售量增多,虽然单品边际利润降低,但利润总额有所增加或变化不大。由于代理的品牌不同,"家电下乡"商品占销售收入的比重有所差异,代理海尔、长虹、美的等大厂家大品牌的"家电下乡"商品销售收入占总销售收入的 60%到 90%;代理航天、小天鹅等二线品牌的占总销售收入的 20%到 40%。

3. 农村居民获得直接利益

农民是"家电下乡"的直接受益者,通过家电下乡补贴,惠农政策得以体现。同时,农民通过购买手机、彩电、冰箱、空调等家电,及时享受到了现代科技进步和人类文明发展的成果,增加了对外信息的了解和联系,消费观念明显转变,生活质量得以改善和提高。

4. 农村消费市场得到带动

"家电下乡"顺应了农民消费升级的新趋势,运用财政、贸易政策,引导和组织工商联手,开发、生产适合农村消费特点、性能可靠、质量保证、物美价廉的家电产品,并提供满足农民需求的流通和售后服务,因而在促进农村耐用品消费升级换代,促进流通企业发展,降低消费成本积极培育新的消费热点等方面起到积极的作用,极大地调动了农村居民购买的积极性,活跃了农村消费品市场。2009 年上半年,全省县及县以下消费品市场实现零售额 1262.46 亿元,占全省社会消费品零售总额 48.0%,较 2008 年同期提高 1.4 个百分点。

三、农村居民对家电下乡的感受

1. 对家电下乡政策知晓度较高,对政策持肯定态度

各级政府和家电下乡产品经销商通过各种渠道对家电下乡政策进行宣传,主要通过报纸、广播和电视台等形式对家电下乡政策和各地贯彻实施意见及监管措施、投诉电话等信息进行了发布,做到了"对农公告贴到村组、宣传手册发到农户、宣传资料摆上柜台",同时,长虹、海尔、海信、新飞等中标企业制作了图文并茂、贴近群众、贴近实际的宣传资料,开展形式多样的宣传活动,邀请有关新闻媒体进行实地采访,极大地提高了家电下乡政策在农村消费者中的知晓度。据对德阳市 300 户农户的调查显示,对家电下乡政策很了解的占 15%、基本了解的占 75%,不太了解的占 10%;而对政策知晓的途径主要是从电视媒体和购买了下乡补贴产品的消费者。

同时被调查农户均对家电下乡政策持肯定态度,对惠农政策感到满意。

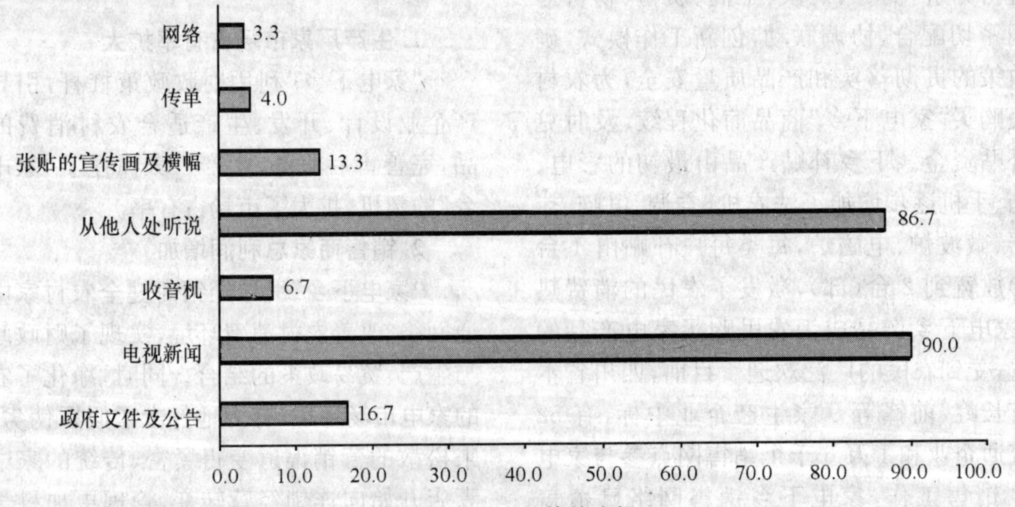

了解家电下乡政策的途径

2. 农民购买家电下乡产品的意愿较强

在德阳市300户被调查农户中，已经购买过下乡家电产品的占30%，近期打算或准备购买的占65%，已购买和准备购买的占全部调查户的95%。在已经购买的农户中，仍有95%的农户准备再购买至少一样家电。准备购买的家电产品中，彩电占29%，冰箱27%，手机占23%。

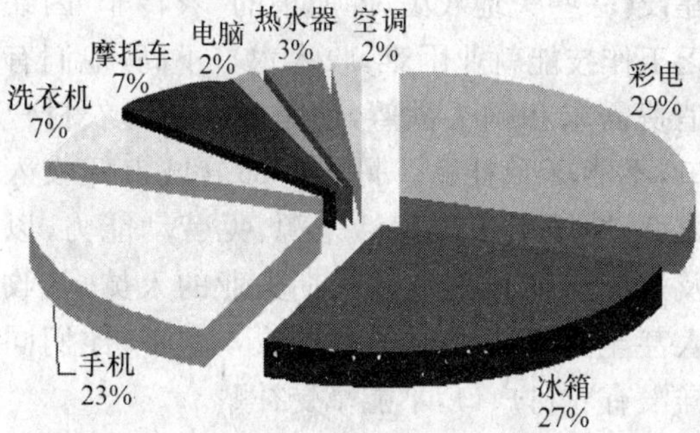

准备购买的家电产品种类

在没有购买下乡家电产品的15户农户中，其中有8户因为农房重建或加固正在进行，完成以后也有意愿购买家电下乡产品（占没有购买下乡补贴产品农户的53%），有1户是因为资金不足（占7%），有3户是因为已拥有，暂时不需要（占20%），有1户是因为定点销售网点的下乡家电型号、种类不全（占7%），有2户是因为认为国家给予的补贴有限（占13%）。

从被调查者的购买动机看，主要是更新换代和添置新品种提高生活质量。在地震灾区，农村永久性住房建设的陆续完工，部分农户搬入新居，重新购置家电愿望强烈。

数据表明家电下乡政策还有广阔的市场空间。

3. 对质量的关注度高

调查显示，近80%的农村消费者对产品质量非常关注和敏感，在影响农村消费者购买家电产品的因素中，质量排在首位。其次依次为产品价格、售后维修、交通方便、家电品类齐全。

4. 对补贴价格较为认可

调查的农户中，对家电下乡产品补贴后价格接受度，完全接受的16.7%，基本可以接受的60%，但仍有23.3%的农户感觉价格有些偏高。

5. 对品牌的偏好

在购买家电下乡产品时对品牌十分在意的占77%，无所谓的占23%；67%的消费者更青睐于购买海尔、美的、长虹厂家的家电产品；77%的人比较支持国产品牌，17%的人对是否国产品牌持无所谓的态度。

6. 对售后服务的评价

对家电销售网点的服务态度和售后服务的评价中，认为很好和较好的占33%，认为一般和差的占67%。销售仅仅是工作的开始，企业不仅要售出产品，还要让农村消费者得到满意的售后服务，兑现服务承诺。

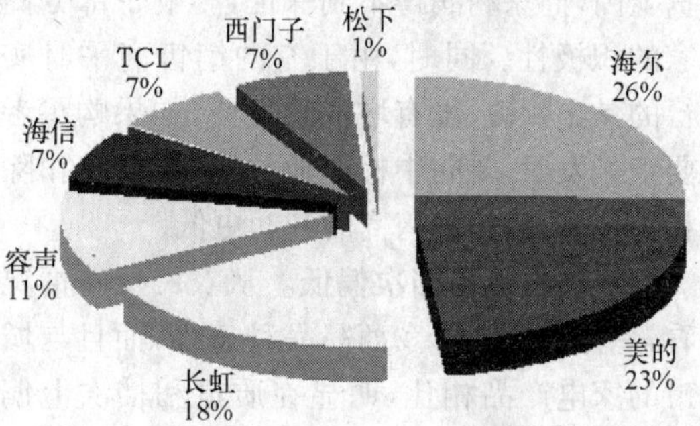

农户青睐的家电产品品牌

四、"家电下乡"存在的困难和问题

1. 补贴申领程序有待进一步简化。虽然家电下乡工作开展以来，补贴申领程序逐步简化和完善，但依然显得繁杂。现行的申领程序是：农民申报补贴需持购买产品的发票原件及复印件、身份证明原件、户口簿原件、补贴类家电产品专用标识卡、购买人储蓄存折以及管理部门需要的其他一系列材料，由乡级财政部门初核后，再报县财政部门兑付，一级级审核，并输入"家电下乡"信息系统。少一份资料，或输错一个字都无法办理，特别边远地域的农民由于交通的制约，增加了额外的成本和时间，这些均多家电下乡的实施效果产生消极影响。

据调查，认为办理财政补贴手续简便的占购买者的43.3%，有点麻烦和很麻烦的占56.7%。据了解，主要原因一是农村青壮年大多外出务工，留在农村的老年人居多，基本搞不清楚也无法办理这些手续；二是如果在务工所在地购买，需回户籍所在地申领，导致申领不便；三是补贴申领的具体手续、方式、环节宣传不够，一些农民不了解，导致多次往返。

2. 销售商家利润过低，影响了部分商家的积极性。调查了解，中标企业给予销售网点的利润空间很小，一台产品5%至6%的差价，有的产品仅为3%至4%。销售网点开具正式发票缴纳销售额4%的税金后，利润仅为1%至2%，有的品种甚至要亏损1%，还要送货上门，商家利润得不到保证，影响了部分商家的积极性。同时，由于有的销售商平时实行的是定额税，没有增值税发票，如果购买者要正式发票，要向中标企业领取，企业将扣除相关税费，致使销售商的利润更低。

3. 种类不足档次偏低。从农民反映情况看，总体上感到下乡商品品种偏少，而且与城市的家电产品相比，明显在质量和档次上偏低，不能满足农民各个层面的消费需求。有的认为"家电下乡"产品虽然价格低，但产品型号有限，选择余地不大，甚至认为这些产品都是滞销货或者是即将淘汰的产品。

4. 享受型、发展型需求需进一步开拓。空调、电脑、热水器、微波炉、电磁炉等销售不旺，仅占下乡产品销量的1%左右，这主要是与农民的收入水平、消费水平、消费习惯以及农村的基础设施现状密切相关，但也与这五类产品2009年才纳入家电下乡补贴范围有关，需要农民逐步了解、认知和接受，同时相关部门要进一步加强开拓力度，进一步研究产品是否适应农村市场特点。

5. 软件系统尚需完善。2009年5月1日以后，"家电下乡"软件进行了修改，取消了县级财政核查"超时未备案补贴情况统计"功能，县级财政不能随时掌握乡镇的补贴兑现进度，不利于上级财政部门管理和监督。

6. 品牌竞争制约销售网络利用率。由于不同品牌生产商之间存在的市场竞争，一般不愿让其他品牌的同类产品进入自己的销售网络，各品牌生产商的销售网络之间形成壁垒，制约了"家电下乡"产品销售网络的利用率。

7. "农村户口"制约购买对象。由于城镇建设，一些失地农民，即所谓的"农转非"因缺乏工作技能就业困难，收入水平不高，他们有消费需求和购买欲望，但是由于不是农村户口，不能享受补贴。另有一部分城市低收入家庭，即城市中无生活来源、无劳动能力，以及下岗未能再就业或长期失业的人员，其收入甚至达不到农村居民的收入水平，他们同样没有农村户口，不能享受补贴。

五、加强和完善家电下乡工作，促进农村市场消费

启动农村消费市场的前提，必须是把促进农民增收作为第一目标，采取更加直接、更加有力的措施，广辟增收渠道，形成农民增收的长效机制，建立完善农村社保体系，化解农民后顾之忧，增强消费预期。农民收入增加，保障体系完善，这是农村市场持续发展的根本。加强和完善家电下乡工作，针对家电下乡工作中存在的问题，通过强化措施，加强监管，保证家电下乡政策利民惠民落到实处，有利于扩大农村市场消费，将潜在消费转化为现实的购买力。

1. 强化宣传，家喻户晓。宣传不仅是让农民知道这个政策，还要让农民清楚如何补贴，怎样才能享受到补贴，申领补贴的具体手续、步骤和环节等相关信息。要采取多种宣传形式和方式，印制家电下乡政策宣传单和家电下乡知识问答小册子，将宣传单张贴在农村各个销售网点和行政村的显著位置，并发放到农户家中；加强新闻媒体宣传，利用广播电视网、手机移动网，积极组织高强度、广

覆盖宣传活动；联合邮局利用邮政网络宣传；销售网点要担负起宣传和讲解的责任，使农民在购买时就能清楚补贴申领的具体方式和手续，确保政策宣传不留死角，使政策深入人心、深入千家万户。

2. 简化程序，加快兑付。一是建立补贴“绿色通道”，设立服务指导窗口，方便群众了解政策，挑选产品，帮助办理相关手续，让农民少跑路、少花路费。同时提高家电下乡各个层面管理人员的业务素质、服务质量和工作效率；二是家电下乡的补贴兑现流程可简化，可考虑由零售网点与当地财政部门现场核对、现场办理，减少中间环节，让农民快捷拿到补贴；三是补贴方式可考虑采取直补消费券的形式，将标识卡改为消费卡，可兑现、可购物，让农民在售后感受实惠。

3. 因地制宜，分类补贴，扩大补贴范围，延长政策实施时间。根据农民收入水平地域差距制定分类补贴标准，各地农民的收入水平差异较大，13%的统一补贴标准使家电下乡工作在收入较低的地方实施效果不尽理想。建议一是对贫困地区的农民应给予更高的补贴，让更多农民能享受惠民政策的好处；二是根据产品的档次不同，制定不同的补贴标准，既能满足贫困群体的消费需求，也能满足更新换代提高生活品质的群体的消费需求。在补贴范围上，扩大到城市低收入家庭，使更多的困难群众享受到政策的温暖，也有利于刺激和激发这部分群体的消费意愿。延长政策实施的时间，可以使因各种原因暂时不能购买的农民也能搭上惠民的班车，享受政策的温暖。

4. 深入调研，细化需求。有针对性地开展调研，深入了解农民家电消费需求、消费特点、消费结构，为生产厂家生产适应农村市场特点的产品提供指导，精心组织适销产品下乡；各中标企业根据农村市场需求，适时调整生产，增加适销产品的供给，以满足不同收入层次的农民消费需求。

5. 建立和完善家电下乡的售后服务和维修体系，解除农民的后顾之忧。对中标企业要有制度保证，督促其不断完善售后服务网络，方便农村家电就近维修。中标企业可联合设立售后服务维修网络，发展特约维修网点。

6. 增加商家的利润空间，充分调动销售商家的积极性。一是中标企业适当提高给予商家的利润空间，帮助商家提高销量；二是财政给予销售突出的商家予以一定的奖励或补贴，以调动其销售下乡产品的积极性。

7. 引导消费，帮助维权。各级应当针对农民维权意识不强、商品鉴别能力较弱、相关政策了解不多的情况，在农村建立“家电下乡”推广站，公布消费提示和警示，定期培训识假辨假知识；同时，设立农民维权联络站，畅通农民消费者申诉举报渠道。提醒农村消费者索要正规发票、保修卡等相关购物及售后服务凭证，一旦合法权益受到侵害，积极利用12315申诉举报网络反映，切实维护合法权益。

8. 完善基础，强化投入。农村水、电、通讯等基础设施的不完善，使用费高，是制约家电在农村普及的重要原因。建立覆盖范围广、容量大、稳定的供电供水网络，改善农村用电用水质量，降低水电使用费的成本，为家电使用提供保障，使农民买得起也用得起；加强对农村交通通信、医疗卫生等基础设施的投资，发展农村教育事业，为享受型、发展型消费创造需求；加大“万村千乡工程”配售中心建设，完善城区店为龙头、乡镇店为骨干、村级店为基础的农村流通网络，解决农民“买难用难”等问题。

（四川省统计局贸易外经处）

从全国视角看北京市社会消费品零售总额的发展变化情况

随着首都经济的持续较快增长和居民收入的不断提高,北京市消费环境不断改善,市场流通规模逐年扩大,消费总量持续增加,消费品市场呈现出繁荣稳定的局面。1997—2007年的十年间,北京市社会消费品零售总额增速十年中有六个年度高于全国平均水平,在全国31个省、市、自治区增速排名中排在第2—14名的中、上水平。但近年来增速较全国平均水平有所降低,排名有所下降。2005—2007年,北京市分别低于全国平均增长水平2.4个、0.9个和0.8个百分点,分别排在第31、30和29名的位置。

一、北京市与全国比较分析

1. 从消费规模看,北京位居上游水平

2007年,全国实现社会消费品零售总额89210亿元,比1997年的31252.9亿元增长了1.9倍;北京市实现社会消费品零售总额3800.2亿元,比1997年的1208.5亿元增长了2.1倍。十年来,全国以年平均11.1%的速度增长,而北京市的年平均增长速度为12.1%,高于全国1个百分点,呈现出阶梯性逐年稳步增长态势。在全国31个省、市、自治区总量排名中始终位居上游水平:1998—2002年连续五年列第9位,2003年和2004年是北京消费品市场最为繁荣的两年,两年消费总量在全国排在第8名,2005—2007年连续三年均位于第11名,发展较为稳定。2008年1—10月,北京市仍然延续这一趋势,实现社会消费品零售总额3762.3亿元,列居全国第10名。

全国及北京市社会消费品零售总额

年　份	全国零售额(亿元)	北京零售额(亿元)	北京位次(位)
1997	31252.9	1208.5	10
1998	33378.1	1373.6	9
1999	35647.9	1509.3	9
2000	39105.7	1658.7	9
2001	43055.4	1831.4	9
2002	48135.9	2005.2	9
2003	52516.3	2296.9	8
2004	59501.0	2626.6	8
2005	67176.6	2902.8	11
2006	76410.0	3275.2	11
2007	89210.0	3800.2	11
2008年1—10月	87968.4	3762.3	10

2. 从增长速度看,北京市位次有所下降

1998—2004年,北京市社会消费品零售总额总增速保持在9.5%—14.5%之间,在全国31个省、市、自治区增速排名中位于中上游水平。2005—2007年北京市增速分别达到10.5%、12.8%和16%,同前几年相比增速并不低,且2007年增速为十年来最高。但全国在2006、2007年增速连创新高,分别达到13.7%和16.8%,致使2005—2007年北京市在全国各省市中排名下降至十年来最低的第31、30和29位。2008年1—10月,全国及北京市同创1998年以来增速新高,同比分别增长22%和21%,但北京市仍比全国低1个百分点,排名第24位。

全国及北京市社会消费品零售总额增长速度

年　份	全国增速(%)	北京增速(%)	北京位次(位)
1997	—	—	—
1998	6.8	13.7	2
1999	6.8	9.9	5
2000	9.7	9.9	14
2001	10.1	10.4	11
2002	11.8	9.5	22
2003	9.1	14.5	4
2004	13.3	14.4	11
2005	12.9	10.5	31
2006	13.7	12.8	30
2007	16.8	16.0	29
2008年1—10月	22.0	21.0	24

3. 从消费结构看，北京市消费水平高于全国

近年来，随着北京市经济的迅速发展，人们的生活水平有了明显提高，北京市的消费结构也发生了深刻变化。总消费中用于购买食品、衣着类等基本生活消费支出比重不断下降，而代表消费升级的用类商品的比重不断上升。据对限额以上批发零售贸易业企业统计，吃穿两类合计占零售总额的比重已从1997年的57.7%下降至2007年的23.3%，下降了34.4个百分点。2007年，北京市用类商品零售额为1534.3亿元，占全部零售总额的63.9%，大大高于吃类12.2%和穿类11.1%的水平，比1997年的41.1%提高了22.8个百分点。汽车、住房、通讯等商品消费不断升温，消费结构升级进一步延续。而2007年全国用类商品零售额所占比重为55.6%，比北京低8.3个百分点。

二、北京市与各直辖市比较分析

1. 从消费规模看，北京已接近上海水平

十年来，各直辖市消费品零售额均有不同程度的增长，发展基本稳定。2007年，北京、上海、天津、重庆市分别实现社会消费品零售总额3800.2亿元、3847.8亿元、1603.7亿元和1661.2亿元，在全国31个省、市、自治区总量排名中分别位于第11、10、23和22名。综合来看，北京市与上海市在消费规模上较为接近。一直以来，上海市的消费规模大于北京，但差距有逐渐缩小的趋势，1998年上海市零售总额比北京高7.1%，到2007年仅比北京市高1.3%，2008年1—10月，北京市实现社会消费品零售总额3762.3亿元，比上海市的3752.2亿元高0.3%。

2. 从增长速度看，北京市高于上海，低于天津和重庆

2007年，北京、上海、天津、重庆的增速分别为16%、14.5%、18.2%和18.4%，在全国31个省、市、自治区增速排名中分别位于第29、31、14和11名。北京市高于上海1.5个百分点，低于天津和重庆2.2个和2.4个百分点。与全国平均水平16.8%的增速相比，北京和上海市低于全国，而天津市和重庆市高于全国平均水平。

3. 从人均消费看，北京水平最高

从各直辖市人均消费水平看，北京市的人均消费水平最高。2007年北京市人均零售额以2.3万元的水平位于各直辖市之首，分别高于上海市（人均零售额2.1万元）0.2万元、天津市（人均零售额1.4万元）0.9万元、重庆市（人均零售额0.6万元）1.7万元。

三、北京市低于全国增长水平的原因

1. 北京市消费结构升级先于全国

收入的增加是消费水平提高和消费结构变化的前提。2000年，北京市城镇居民家庭人均可支配收入突破万元，达到10350元，而全国到2005年才达到万元。2003年，北京市消费结构快速提升，这一年城镇居民人均可支配收入为13883元，农民人均纯收入为6496元，比全国平均水平8472元和2622元分别高出63.9%和1.5倍，其中北京市城镇居民人均可支配收入在1998年就已达到全国2003年的水平，北京市的收入领先于全国平均水平5年左右。因此可以说，北京市消费结构升级早于全国大约5年左右的时间。近年来，其他省、市、自治区正处于消费升级的发展时期，其增长速度必然要快于北京市、上海市等一些经济较为发达的城市，类似于发展中国家的增速要快于发达国家。

北京市的消费结构升级主要分为两个阶段，2004年以前为持续升温期，2005年以后为稳定发展期，集中体现在与住、行、讯相关的家用电器类、家具类、建筑及装潢材料类、汽车类和通讯器材类五大类商品的销售。

2001年，北京市人均GDP突破3000美元，城乡居民恩格尔系数分别为36.2%和35%。根据国际粮农组织按恩格尔系数划分富裕程度的标准，北京市已进入富裕型发展阶段，这一阶段消费的主要特征是以私人轿车、住宅消费为主导。北京市在2003年和2004年表现得最为突出，进入了消费结构升级的快速增长时期，这一时期北京市消费品市场的发展明显快于其他地区，在全国31个省、市、自治区排名中两年总量排名第8，增速分别排在第4和第11名。

2005年以后，与住、行、讯相关的商品零售依然保持稳定增长，但增速出现明显放缓趋势，特别是在消费结构升级快速发展过后的2005年，北京市限额以上批发零售贸易业企业五大类商品合计零售额同比出现负增长为-1.1%，同年全国五类商品合计零售额同比增长高达51%。2006和2007年北京市五大类商品合计零售额有所回升，同比增长速度分别为16.1%和26.9%，同期全国这五类商品合计实现零售额同比分别增长26%和31.3%，分别高于北京市9.9个和4.4个百分点。北京市消费结构升级以后，零售市场发展趋势逐步稳定，其他省、市、自治区消费升级正步入逐步加快时期，从而导致近两年北京的零售额增长速度低于全国平均水平，且排名落后。

2. 零售总额基数大，增速水平趋稳

根据全国31个省、市、自治区增速排名，增速高于全国的多为中西部省、市、自治区。以2007年为例，增速排在前十名的分别为：西藏、内蒙古、吉林、贵州、山西、广西、山东、河南、安徽和湖南省，而直辖市中重庆市和天津市排名相对靠前。与这些地区相比，北京市社会消费品零售总额增长稳定，且总量较大。前十名中，仅山东省和河南省的消费总量大于北京市。2007年北京市实现零售总额3800.2亿元，相当于重庆市（全年实现零售总额1661.2亿元）的2.3倍，天津市（全年实现零售总额1603.7亿元）的2.4倍。据测算，零售总额增速每增加1个百分点，北京市需实现零售总额高达38亿元，而重庆市为16.6亿元，天津为16亿元，分别为北京市的43.7%和42.1%。受基数大的影响，2007年北京市以16%的增速仅排在第29名，重庆市和天津市分别以18.4%和18.2%的增速排在第11名和14名。

3. 非消费性支出比重逐年提高，对消费起到分流作用

随着北京市居民收入的不断增长和日益积累，居民消费观念也逐渐发生变化。在北京市居民家庭总支出中，消费性支出比重逐年下降，而购房与建房支出、转移性支出、社会保障支出等非消费性支出比重逐年增长。2007年，北京市居民人均非消费性支出为6188元，比三年前增长了56.2%。非消费性支出所占比重也逐年提高，2005—2007年，分别为22.9%、26.8%和28.8%，反映出居民的消费观念逐渐向提高型和保障型转移，对北京市的消费品市场起到一定的分流作用。

4. 受商品零售价格变动影响，北京市实际增速高于全国平均水平

1998—2005年，北京市的商品零售价格指数偏低且变化不大，始终在98%—100%之间。近年来，商品价格不断上涨，到2007年，北京市商品零售价格指数已上升至100.8%，为十年来最高。受商品零售价格变动影响，北京市零售额名义与实际增速与全国平均水平比较有所不同。2007年，北京市社会消费品零售额名义增幅为16%，低于全国平均水平0.8个百分点，但若剔除价格因素影响，实际增幅为15.2%，反而高出全国平均水平2.2个百分点。2008年1—10月，北京市社会消费品零售总额名义增幅为21%，低于全国平均水平1个百分点，剔除价格因素影响，实际增幅为16.1%，高出全国平均水平0.8个百分点。因此，在消费结构不变的情况下，价格的变化对消费增长速度的影响很大。

5. 居民消费倾向下降，对消费产生一定影响

2005—2007年，北京市居民储蓄存款分别为8315.8亿元、9515亿元和9743.5亿元，同比分别增长16.2%、14.4%和2.4%。而同期北京市城填居民消费倾向分别为0.7502、0.7421和0.6972，消费倾向呈下降趋势。

6. 近两年消费预期不稳定

2005年消费者信心指数相对平稳，但2006年和2007年呈现波浪式状态，上下波动十分明显，反映出消费者对近年来消费的不稳定性心理。

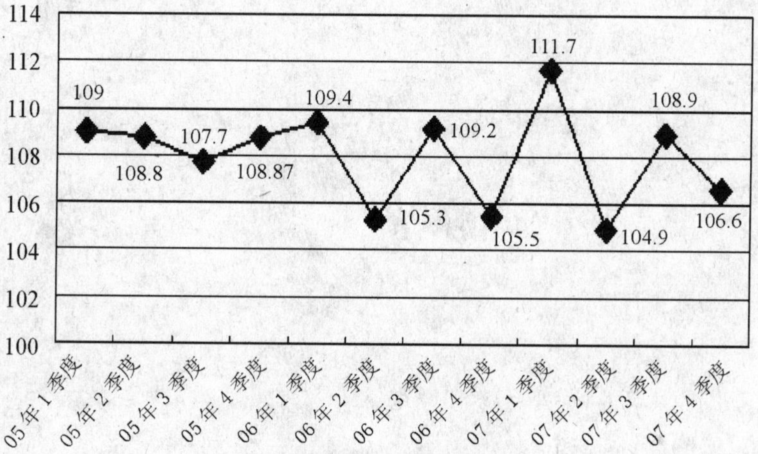

2005—2007年消费者信心指数

（北京市统计局贸易外经处）

2009

二、外经外贸篇

实现了从封闭半封闭到全方位开放的伟大历史转折

改革开放以来,我国对外开放取得了巨大成就,实现了从封闭半封闭经济到全方位开放的伟大历史转折,形成了从沿海到沿江沿边、从东部到中西部区域梯次开放的格局,实现了从贸易到投资、从货物贸易到服务贸易领域不断拓展的开放格局,呈现了从数量小到数量大、从质量低到质量高的开放新趋势。中国正在以开放的新英姿在世界经济舞台上发挥着越来越重要的作用。

一、对外开放的深度和广度不断拓展

以十一届三中全会为标志,我国开始了对外开放的历史性转变。开放格局经过先试验后推广,采取了分步骤、多层次、逐步推进的战略,经历了一个不断扩大和深化的过程。

(一)对外开放从局部地区向全国推进

1979年党中央国务院决定对广东、福建两省的对外经济活动实行特殊政策和优惠措施,1980年设立深圳、珠海、汕头、厦门4个经济特区,标志着中国对外开放航船正式扬帆起程。

20世纪80年代中期至90年代初,对外开放的范围由特区逐步扩大到了沿海、沿江、沿边地区,初步形成从沿海向内地推进的格局。1992年相继开放沿江城市和三峡库区、边境和沿海地区省会城市、沿边城市,开放太原等11个内陆省会城市。随后几年,又陆续开放了一大批符合条件的内陆县市。

2001年12月,中国加入WTO,原区域性推进的对外开放转变为全方位的对外开放,中国的对外开放进入了全新的发展阶段。至此,一个从沿海到内地、由南向北、自东向西、全方位对外开放的区域格局基本形成。

(二)对外开放从商品贸易向投资和服务贸易领域推进

改革开放初,我国的对外开放以“出口创汇”为切入点,千方百计扩大出口成为政策的基本指向。针对当时的国际国内形势,邓小平同志指出,对外开放不仅要继续扩大商品贸易,而且可以让外商来华直接投资办企业、搞加工贸易。这样就使原来的对外经贸交流从贸易领域扩展到投资和生产领域。外商直接投资、借用外债、到国际市场融资等多种方式被广泛采用。服务领域开放步伐不断加快,服务贸易迅速发展。

二、对外贸易连上新台阶

对外贸易是一国参与国际经济合作与竞争的重要方式和渠道,是我国对外开放的核心内容与出发点。改革开放30年来,我国的对外贸易取得了辉煌的成就。

(一)货物贸易规模增长超过100倍

2007年我国进出口贸易总额从1978年的206亿美元猛增到21737亿美元,增长了104倍。其中,出口总额从98亿美元增加到12178亿美元,增长了124倍;进口总额从109亿美元增加到9560亿美元,增长了87倍。1979—2007年进出口贸易年均增长17.4%,其中出口年均增长18.1%,进口年均增长16.7%。

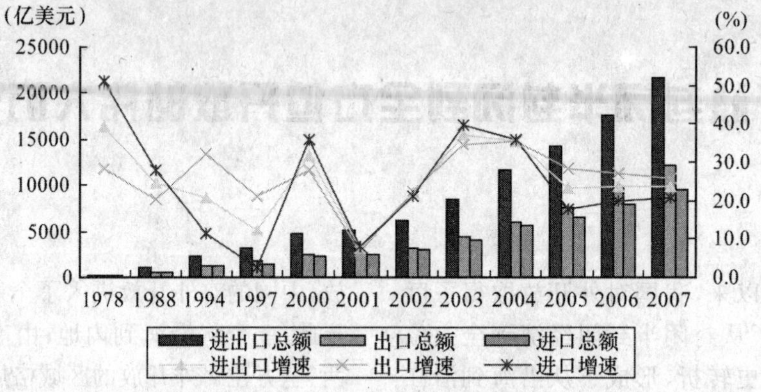

1978—2007年我国进出口总额及增长速度

特别是2001年12月正式加入世贸组织后,我国积极参与经济全球化进程,抓住国际产业加快转移的历史性机遇,对外贸易发展焕发出勃勃生机,赢得了历史上最快最好的发展时期。2002—2007年,我国进出口贸易以年均28.5%的速度增长,其中出口年均增长28.9%,进口年均增长27.3%。2001年我国进出口贸易总额为5097亿美元,2004年首次突破1万亿美元大关,2007年又一举突破2万亿美元大关。

自1950年起的58年历程中,我国进出口贸易总额突破200亿美元用了29年,从200亿美元到5000亿美元用了23年,从5000亿美元到1万亿美元用了3年,从1万亿美元到2万亿美元也仅用了短短的3年时间。2002—2007年入世6年间,进出口贸易总额合计已超过1979—2001年即从改革开放到入世之前23年的总和。

30年来,进出口贸易从逆差转变为顺差,使我国从一个外汇捉襟见肘的国家一跃成为世界第一大外汇储备国。从改革开放到1993年,除少数年份进出口贸易有小规模顺差外,多数年份均为逆差。进入1994年以来,进出口贸易均保持顺差,且规模不断扩大。1995年贸易顺差突破100亿美元,达到167亿美元。2005年又突破1000亿美元,达到1020亿美元。2007年再突破2000亿美元,达到2618亿美元。2007年我国外汇储备从1978年仅有的1.67亿美元迅速扩大到1.5万亿美元。

进出口贸易的快速增长不断提升我国在世界贸易中的位次,改革开放初期位居第32位,2004—2007年稳居第3位。占世界贸易总额的比重由1978年的不到1%提高到2007年的近8%,成为名副其实的贸易大国。其中,出口额占世界出口总额的比重2007年提高到8.8%,世界排名跃居到第2位;2007年进口额占世界进口总额的比重也提高到6.7%,位居世界第3位。

(二)货物贸易结构不断优化

从出口商品结构看,30年来,从以初级产品为主到以工业制成品为主,以轻纺等劳动密集型产品为主到以机电和高新技术产品等资本技术密集型产品为主,我国出口商品结构不断优化升级。1978年初级产品出口占53.5%,工业制成品出口占46.5%。1985年初级产品和工业制成品所占比重已近平分秋色,分别为50.5%和49.5%;到1986年,工业制成品出口比重大大超过初级产品,达到63.6%,初级产品出口比重下降到36.4%。2007年,初级产品和工业制成品所占比重进一步转变为5.1%和95.0%,工业制成品占据了我国出口商品的绝对主导地位。

令人欣喜的是,在工业制成品出口中,机

电产品占出口总额的比重持续提高，1994 年为 26.4%，2000 年提高到 42.3%，2003 年进一步提高到 51.9%，2007 年则达到 57.6%。高新技术产品占出口总额的比重，2000 年为 14.9%，2003 年提高到 25.2%，2007 年进一步提高到 28.6%。机电、高新技术产品在我国出口贸易中的主导地位日益明显。

从进口商品结构看，为满足国民经济快速发展和工业化、现代化进程的需要，进口商品结构中，资源、基础原材料等初级产品所占比重明显扩大，机电产品和高新技术产品快速增长。

1985 年初级产品在进口商品中所占比重仅为 12.5%，2007 年这一比重提高到 25.4%。其中，矿物燃料、润滑油及有关原料和非食用原料占进口总额的比重分别由 1985 年的 0.4%、7.6%提高到 2007 年的 11.0%、12.4%。近几年，大豆、铁矿砂、石油等基础原材料的进口量呈持续大幅增长之势。

与此同时，国内对国外先进技术和成套设备的需求日益增加，在工业制成品进口中，机电产品和高新技术产品快速增长。2007 年，我国机电产品和高新技术产品进口额分别为 4990 亿美元和 2870 亿美元，分别是 1994 年的 8.7 倍和 2000 年的 5.5 倍；机电产品占进口额比重从 1994 年的 49.4%提高到 52.2%，高新技术产品占进口额比重从 2000 年的 23.3%提高到 30.0%。机电产品和高新技术产品快速增长，不仅弥补了国内经济建设资源和技术的不足，而且为产业结构的调整和升级创造了条件。

从贸易市场结构看，改革开放以来，我国的贸易伙伴已达 220 多个，贸易市场多元化格局逐步形成。特别是随着经济全球化与区域经济一体化的发展，我国与美国、欧盟、日本三大经济体的贸易合作蓬勃发展，对东盟、俄罗斯、印度等新兴市场的开拓取得较大进展，与其他贸易伙伴贸易往来发展较快。

1998—2003 年，日本为我国最大贸易伙伴，美国和欧盟位居第 2 位和第 3 位；2004—2005 年，欧盟成为我国第一大贸易伙伴，美国和日本位列第 2 位和第 3 位。同时，美国为我国最大的出口市场，日本是我国最大的进口来源地。2007 年，中欧、中美和中日双边贸易额分别为 3561 亿美元、3021 亿美元和 2360 亿美元，分别比 1998 年增长 5.2 倍、4.5 倍和 3.8 倍。

2007 年，东盟为我国第四大贸易伙伴，也是我国在发展中国家中最大的贸易伙伴。我国与东盟双边贸易额达 2025 亿美元，比 1998 年增长 7.6 倍。俄罗斯、印度分别为我国第八、第十大贸易伙伴，中俄、中印双边贸易额分别达 482 亿美元、387 亿美元，比上年增长 44.3%、55.5%。

(三)服务贸易取得长足发展

改革开放以来，随着世界服务贸易及我国进出口贸易的迅速发展，我国服务贸易取得了长足发展。2007 年服务贸易总额由 1982 年的 43 亿美元增加到 2509 亿美元，25 年增长了 57 倍，年均增长 17.6%。其中，出口额从 24.8 亿美元增加到 1217 亿美元，年均增长 16.9%；进口额从 18.7 亿美元增加到 1293 亿美元，年均增长 18.5%。

尤其是加入世贸组织后，我国严格履行服务贸易领域全面对外开放的承诺，极大地促进了服务贸易的发展。入世 6 年，服务贸易进入一个重要发展时期，服务贸易出口额年均增长 24.4%，高于同期世界平均 13.8% 的增速，也高于同期世界主要国家服务贸易出口增长速度。同时，服务贸易的结构也逐步优化，初步形成了通讯、保险、金融、专有权利使用费和特许费、计算机和信息服务、咨询、广告等全面发展的格局。改革开放之初，以旅游、运输、建筑等传统服务贸易出口比重达 80% 以上，2007 年这一比重已下降到 60.8%。

2007 年，服务贸易总额占全部对外贸易总额的比重从 1982 年的 9.4% 上升到 10.3%，占世界服务贸易的比重从 0.6%升至

4%；世界排名仅次于美国、英国、德国和日本位居第5位，成为世界服务贸易的重要国家，其中出口额和进口额分别位居第7位和第5位。

三、利用外资发展迅速，连续多年位居发展中国家首位

积极有效利用外资是我国改革开放基本国策的重要组成部分，也是对外开放的核心内容之一。外资的进入，弥补了长期困扰我国的资金和技术双缺口，极大地推动了经济增长，增加了税收和就业机会，促进了产业结构的优化升级，对加快我国经济发展，提高国民经济整体素质，增强企业核心竞争力起到了重要作用，加快了我国经济全面融入国际社会的步伐。

（一）利用外资规模不断扩大，外商直接投资渐成主流

回顾30年利用外资历程，我国利用外资总规模不断扩大，资金形态发生了很大变化。1992年以前，我国利用外资主要是对外借款特别是政府贷款，外商直接投资一直偏小，当时更没有条件利用国际资本市场筹资。1979年至1991年，每年都是对外借款大于外商直接投资，13年间累计对外借款高达525.6亿美元，而外商直接投资仅为250.6亿美元。1992年，中国利用外商直接投资首次超过对外借款，此后，外商直接投资逐年大幅度增长，成为我国利用外资的最主要的方式。

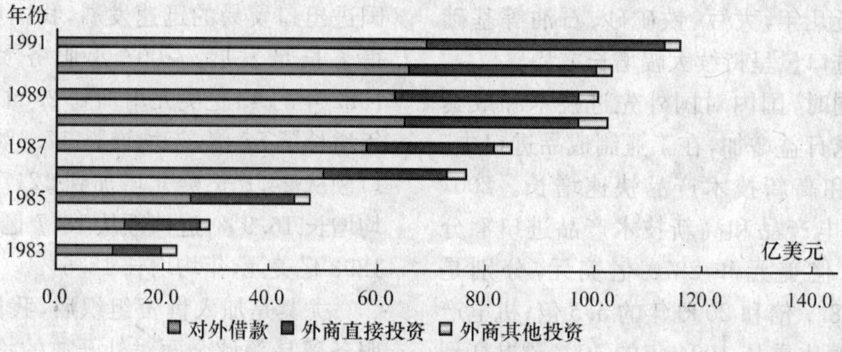

1983年—1991年利用外资结构

从外商直接投资情况看，1983年我国吸收外商直接投资仅9.16亿美元，2007年已达到747.7亿美元，24年增长了80倍多；截止到2007年底，全国外商直接投资累计超过7700亿美元，年均增长速度为20.1%，远高于同期我国国民经济增长速度。其中，1983年至1991年由于刚起步，吸收外资较少，平均每年吸收外商直接投资约26亿美元；1992年以后呈现出蓬勃发展势头，1992年吸收外资首次突破100亿美元，1993年登上200亿美元台阶，1994年迈过300亿美元，三年跨过三道坎，此后，我国成为全球投资热点的地位逐步确立，吸收外国直接投资规模稳步扩大。1992年至2007年平均每年吸收外资超过450亿美元，年均增速高达19.4%，比同期全球外国直接投资流入额年均增速高出7.5个百分点。

据联合国贸易和发展会议预测，2007年全球跨国直接投资流量达到创纪录的1.5万亿美元，其中发达国家吸收外国直接投资达1万亿美元，发展中国家近4400亿美元。2007年我国吸收外商直接投资747.7亿美元，加上金融领域吸收的外商直接投资，合计约835亿美元，占全球外国直接投资的5.4%，占发展中国家的19%。我国从1993年起已经连续15年成为吸收外资最多的发展中国家。

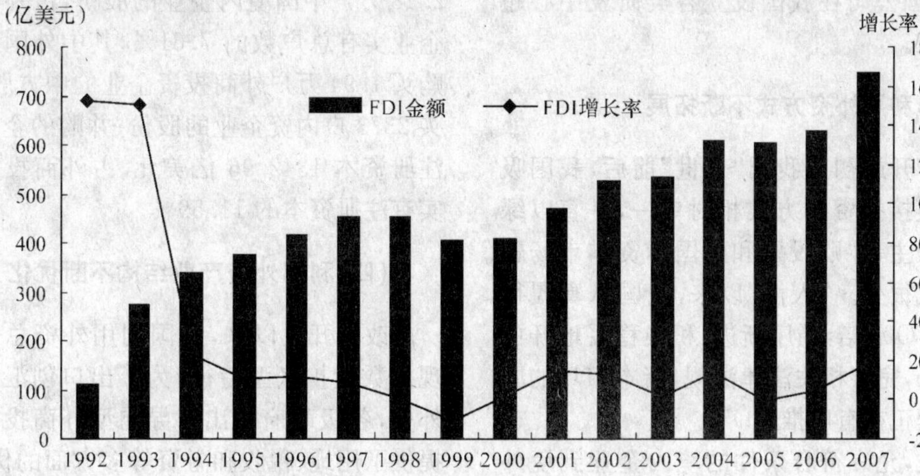

1992 年以来外商直接投资(FDI)金额及增长率

2007 年末在我国实有注册的外商投资企业超过 28 万家，实有投资总额达 2.11 万亿美元。2007 年外商投资企业进出口额 12549 亿美元，占我国对外贸易进出口的 57.7%，缴纳的税收超过 9900 亿元，占全国税收收入的 20%，提供的就业岗位超过 5000 万个。

(二)利用外资由劳动密集型向资金技术密集型延伸

总体上看，我国吸收外商直接投资大体可分为五个阶段，这也是我国利用外资结构不断改善、水平不断提高的路线图。

第一阶段为起步阶段，自 1979 年至 1986 年。中国吸收的外商投资主要来自港澳地区，以劳动密集型的加工项目和宾馆、服务设施等第三产业项目居多。这些企业大部分集中在广东、福建两省以及其他沿海省市，内地吸收外资则刚刚开始起步。

第二阶段为稳步发展阶段，自 1987 年至 1991 年。中国吸收外商投资的结构有较大改善，生产性项目及产品出口企业大幅度增加，消费类电子产品生产线加紧向东部沿海转移，旅游服务项目的比重降低较多，外商投资的区域和行业有所扩大，台湾厂商开始对大陆投资并逐年增加。

第三阶段为高速发展阶段，自 1992 年至 1994 年。这一阶段利用外资的特点除了大幅度增长外，还有平均项目规模扩大、房地产业发展迅速、新的投资领域扩大以及中西部地区利用外资步伐加快。

第四阶段为调整适应期，自 1995 年至 2001 年。这一阶段 FDI 在中国开始进入相对缓慢增长期。外商投资于制造业的比重进一步上升，以 IT 产业为代表的轻型加工组装制造业逐步完成在中国珠三角和长三角的布局和集聚；第三产业的许多行业开始了利用外商投资的试点；中西部地区利用外商投资的落后状况有了很大的改善。在这一阶段，中国开始对外商投资逐步实行国民待遇原则。

第五阶段为入世后过渡期，自 2002 年至今。外商投资的各方面结构都发生了较大变化，利用外资的重点由注重数量转向注重质量和结构优化。外商投资企业的资金来源结构和技术结构进一步改善，领域进一步拓宽，产业与行业结构日趋合理。“入世”以来，一批重化工业和装备工业向中国转移；中国成为一些先进技术产品的全球制造中心；承接服务外包带动服务专业岗位如研究开发、软件设计等向中国转移的步伐加快。大型跨国公司来华投资活跃，资金、技术密集的大型项目和基础设施项目增加较多，平均单项外商投资规模不断提高。截止到 2006 年底，世界 500 强公司中已有 480 多家来华投资或设立机构，跨国公司在我国设立各类研发中心超过980家。

(三)利用外资方式不断拓展

改革开放初至我国"入世"前后，我国吸收外国直接投资的方式相对单一，一直以绿地投资为主，并购投资和到国际资本市场融资等方式很少。"入世"以来，我国认真履行加入WTO承诺，循序渐进、积极稳妥地开放资本市场，完善相关法律法规，资本市场的国际化进程正在有序推进。

首先，允许符合条件的境内企业到境外上市。中国政府支持符合条件的境内企业到境外上市，扩大融资渠道，参与国际竞争。截至2008年4月底，共有150家境内公司到境外上市，筹资总额1104.84亿美元，其中有55家企业同时发行A股。

其次，主动实施合格境外机构投资者(QFII)制度和合格境内机构投资者(QDII)制度。目前，QFII投资额度已提高至300亿美元，54家境外机构获得QFII资格，获准投资额度约105亿美元，另有5家外资银行获准开展QFII托管业务。QDII方面，有21家基金管理公司和9家证券公司取得QDII资格，9只QDII基金产品和1只QDII集合资产管理计划获得批准，获批投资额度已达375亿美元。

第三，在WTO框架内开放证券业。截至2008年4月底，中国证监会已批准设立7家中外合资证券公司和31家中外合资基金管理公司，其中15家合资基金公司的外资股权已达49%。

第四，改进和完善外资并购政策。从1994年起并购政策经过了提出、实践、调整和再实践的过程，至2006年颁布了《关于外国投资者并购境内企业的规定》，我国外资并购政策和环境的全面改善。为大型投资提供了更为便利的条件和机会，我国跨国并购案件逐年增加，金融保险业外资并购进程加快。

截止到2007年底，外国投资者共并购2.18万户中国境内企业的股份，占外商投资企业实有总户数的7.61%，其中外国投资者购买1.94万户外商投资企业的中方股份，购买2373户内资企业的股份；并购的企业实有注册资本1342.96亿美元，占外商投资企业实有注册资本的11.59%。

(四)利用外资产业结构不断优化

改革开放以来，我国利用外资总体上呈现出数量扩张型特征，为了出口创汇和引进外资，各级政府对出口导向型外商投资企业提供了用地、税收和融资等多方面的优惠，并由此形成了以劳动密集型加工贸易为主的外商投资格局。"入世"后，我国相继修订了相关政策，颁布了新的《企业所得税法》和《外商投资产业指导目录》，取消了外商投资企业的超国民待遇；进一步扩大了服务业开放；严格限制低水平、高消耗、高污染外资项目进入。同时，充分发挥外资在自主创新中的积极作用，优化外资区域布局、创新利用外资方式，积极稳妥扩大金融、保险、电信等服务业对外开放，拓展利用外资的新领域。

在新的外商投资政策指导下，外商投资的重点，从一般制造业发展到高新技术产业、基础产业、基础设施建设，尤其是近几年外商投资于研发中心、集成电路、计算机、通信产品等高技术项目明显增加；开放服务贸易领域后，商业、外贸、电信、金融、保险、房地产等服务业已成为外商新一轮投资的热点。

最近三年外商投资的产业构成显著改善，第三产业投资比例大幅度提高。2005—2007年，第三产业外商投资金额占全部外商投资总额的比重分别为24.7%、31.6%和41.4%；第二产业比重分别是74.1%、67.5%和57.3%，呈现出相反的变动趋势。在第二产业中，制造业一直是外商投资的主要行业，但投资额连续四年负增长。第一产业比重变化不明显，三年分别1.19%、0.95%和1.24%。

四、“走出去”战略实施取得初步成效

“走出去”战略的主要内容是，推动企业采取对外投资、对外经济技术合作等多种方式走出国门，以充分利用“两个市场、两种资源”，实现我国经济的可持续发展。

(一)对外经济合作范围不断扩大，竞争力逐步增强

对外经济合作始于上世纪70年代末，是改革开放带来的新生事物，经过不断努力，迅速发展成我国对外经贸的重要组成部分。归纳起来，大致可分为四个阶段。

1976—1980年，我国的对外承包劳务队伍第一次走向国际舞台。共批准了29家企业从事对外工程承包和劳务合作业务，主要市场集中在西亚、北非。经过艰难开拓，取得了初步发展，共与16个国家和地区签订了171项承包工程和44项劳务合作的合同，合同金额为2.38亿美元，完成营业额1.7亿美元。

1981—1986年，我国的对外经济合作队伍开始壮大。在国际承包劳务市场萎缩、条件苛刻的困难条件下，经过不懈努力，初步形成了一支活跃在国际承包劳务市场上的骨干队伍，业务量相应增加。6年间共签订承包劳务合同3744份，合同金额为62.96亿美元，完成营业额32.31亿美元。

1987年—2001年，综合竞争力明显提高。企业的经营水平不断提高，在外承揽的业务规模不断扩大，市场多元化战略初见成效。自1995年起，开展了对外设计咨询业务。至此，对外经济合作的范围进一步拓宽，综合竞争力进一步增强。2001年，我国与200多个国家和地区新签对外承包、劳务和设计咨询合同3.9万份，金额已达164.6亿美元，完成营业额121.4亿美元，分别比1987年增长26倍、7.7倍和8.6倍。

入世以来，对外经济合作驶入良性发展的快车道。从改革开放之初仅有几家企业，到2007年已发展成为一支由1000多家企业组成的门类比较齐全、具有较强国际竞争力的队伍，业务范围向技术性较强的领域不断扩展，经济效益和社会效益明显提高。2002—2007年，对外经济合作签订合同累计48.6万份，合同金额2577亿美元，完成营业额1633亿美元，分别是1976—2001年对应项目总和的1.9倍、2倍和1.8倍。

2007年是我国对外经济合作取得重大进展的一年。新签合同金额853亿美元，完成营业额479亿美元，分别比上年增长19.1%和34.2%；派出各类劳务人员75.3万人。其中，对外承包工程完成营业额406亿美元，比上年增长35.3%。业务遍及全球180多个国家和地区，资金技术密集的电力、冶金、石化、轨道交通和电子通讯等领域的项目已占到总营业额的一半；大项目数量增长迅速。2007年有49家企业入选美国《工程新闻杂志》(ENR)全球最大承包商225强，14家跻身百强。

(二)对外投资规模不大，但增势强劲

我国企业对外直接投资起步于1979年改革开放初期。当时经国家批准，只有少数国有企业主要是贸易公司走出国门，开办代表处或设立企业。1984年以后，我国开始形成对外投资管理体制的雏形，颁布了相关法规，初步实现了由个案审批向规范性审批的转变。1993—1998年，对外投资步入强化管理阶段。明确了主管部门，颁布了《境外贸易公司、代表处管理办法》。1999年至今，是“走出去”战略提出并全面实施阶段。

经过30年的探索和发展，我国对外投资的规模虽依然较小，但已取得积极进展。“入世”以来，我国企业对外投资步入较快发展期。2002年我国对外直接投资仅有27亿美元，到2006年已经上升到211.6亿美元，2002—2006年五年间年均增速25.1%。截止到2006年底，经核准备案的境外中资企业

已超过 1 万家。

近年来,随着人民币升值,国内企业对外投资成本下降,企业对外投资积极性明显提高,对外投资的领域不断拓宽,对外投资的层次和水平不断提升,对外投资促进体系不断完善。目前,我国企业对外投资呈现出市场多元化发展态势,投资国别已覆盖 170 多个国家和地区,主要集中在亚洲和拉丁美洲地区的发展中国家,2006 年,亚洲占我国非金融类对外直接投资额的 43.4%,拉美占 48%,并正在努力开拓欧美、非洲和南太平洋市场。

对外投资由单一的绿地投资向跨国并购、参股、境外上市等多种方式扩展。跨国并购已成为对外投资的重要方式,主要流向资源、电讯和石油化工等行业。2006 年,以收购、兼并方式实现的对外直接投资占全部投资额的 39%。一批境外研发中心、工业产业集聚区逐步建立,境外经济贸易合作区建设取得重要进展。

不仅采掘业、制造业和商务服务业继续加大对外投资,金融业也开始了境外投资试点。据《中国银行业监督管理委员会 2006 年年报》显示,截至 2006 年底,中国工商银行等 5 大国有商业银行海外总资产达 2267.9 亿美元。国有商业银行在美国、日本、英国、澳大利亚、俄罗斯、巴西等 29 个国家和地区设有 47 家分行、31 家附属机构和 12 家代表处。2008 年中国已批准 10 家证券公司、6 家期货公司在香港设立分支机构,31 家境内企业获准从事以套期保值为目的的境外期货交易。

据初步统计,2007 年我国非金融类对外直接投资 187.2 亿美元,比上年增长 6.2%。截止到 2007 年底,我国对外直接投资存量(非金融类)达到 937 亿美元。

五、多双边经贸合作成就瞩目

改革开放以来,我国顺应经济全球化潮流,走以市场竞争获取资源的和平发展新道路,促进了经济高速发展。十七大报告强调:中国将始终不渝奉行互利共赢的开放战略。这意味着中国将在推动建设和谐世界的旗帜下,以自己的发展促进地区和世界的共同发展,在开展多双边经贸合作时会更多考虑到对方特别是发展中国家的利益,努力实现双赢或共赢。

一是把建设自由贸易区提到战略高度。自由贸易区已成为我国对外开放的新形式、新起点,以及与其他国家实现互利共赢的新平台。我国从 2000 年开始建设自由贸易区,截至 2007 年 10 月,我国跟亚洲、大洋洲、拉美、欧洲、非洲的 29 个国家和地区建设 12 个自由贸易区,对其出口占到我国出口总额的四分之一以上。与东盟签署并实施了自贸区货物和服务贸易协议,促进了“10+1”、“10+3”机制的深化。

二是双多边和区域经贸合作进一步深化。我国已与 123 个国家签订了双边投资保护协定,与 129 个国家和地区、13 个国际组织建立了 180 多个多双边联委会机制,对加强多双边经贸合作发挥了重要作用。

三是建立战略经济对话机制。2006 年 9 月 20 日,中美战略经济对话机制正式启动,迄今为止已举行了三次中美战略经济对话,双方达成了一系列重要共识,签署了多项协议。与此同时,中国还相继与日本、欧盟、东盟等建立了相应的经济对话机制,加强了与主要经贸伙伴的协调与沟通。与俄罗斯互办“国家年”,涉及多项经贸活动。丰富了上海合作组织经贸合作内容。创办中非合作论坛北京峰会,落实了 8 项对非经贸合作举措。建立了“中国—加勒比经贸合作论坛”、“中国—太平洋岛国经济论坛”两个机制。

对外开放三十年来,我们百折不饶,奋力开拓,克服了千难万险,创造了中国经济奇迹。但是我们也清醒地知道,过去我国对外开放的主要任务,是要解决出口竞争力低下、外汇不足的矛盾,因此对外开放的重点在引进外资和扩大出口。现在,资本与外汇双缺口问题已基本解决,但却面临着贸易摩擦增多、国内发展对外部能源资源依赖程度加大、内外部失衡并存等新挑战。在这种情况下，我们更要积极扩大开放领域，优化开放结构，提高开放质量。在党的十七大精神指引下，创新对外开放思路，提高对外开放经济水平，形成经济全球化条件下参与国际经济合作与竞争的新优势。

（国家统计局贸易外经司　龙玲　毛小美）

2007年我国进出口贸易形势分析及2008年展望

2007年,我国进出口总值首次突破2万亿美元,继续呈现良好的增长态势。特别是随着一系列调控措施的实施,进出口贸易领域还出现了一些积极变化,出口增速回落,进口增速加快,贸易顺差增势明显放缓,对外贸易质量稳步提升。

一、2007年进出口贸易的基本情况

2007年,全国货物进出口总值21738.3亿美元,比上年增长23.5%,增速比上年回落0.3个百分点。其中,出口12180.2亿美元,增长25.7%,比上年回落1.5个百分点;进口9558.2亿美元,增长20.8%,比上年加快0.9个百分点。全年贸易顺差2262.0亿美元,增长47.7%,比上年回落26.3个百分点。

自2002年加入世界贸易组织(WTO)以来,我国进出口增速连续6年保持在20%以上,进出口总规模翻了两番。2007年进出口增长速度虽然低于前5年的平均增长速度(28.1%),但仍继续保持在高位运行。

表1 2007年我国进出口贸易基本情况

项目	进出口(亿美元)				比上年增长(%)		
	进出口	出口	进口	差额	进出口	出口	进口
总值	21738.3	12180.2	9558.2	2622.0	23.5	25.7	20.8
贸易方式							
#一般贸易	9672.2	5385.8	4286.5	1099.3	29.1	29.4	28.7
加工贸易	9860.5	6176.6	3683.9	2492.7	18.5	21.0	14.6
经营主体							
#国有企业	4945.3	2248.1	2697.2	−449.1	18.7	17.5	19.8
外商投资企业	12549.3	6955.2	5594.1	1361.1	21.1	23.4	18.4
其他企业	4243.8	2976.8	1266.9	1709.9	38.0	39.2	35.1
国别(地区)							
#欧盟	3561.5	2451.9	1109.6	1342.3	27.0	29.2	22.4
美国	3020.8	2327.0	693.8	1633.2	15.0	14.4	17.2
日本	2360.2	1020.7	1339.5	−318.8	13.9	11.4	15.8
东盟	2025.5	941.8	1083.7	−141.9	25.9	32.1	21.0
香港	1972.5	1844.3	128.2	1716.1	18.8	18.8	18.9
韩国	1599.0	561.4	1037.6	−476.2	19.1	26.1	15.6
台湾	1244.8	234.6	1010.2	−775.6	15.4	13.1	16.0
俄罗斯	481.7	284.9	196.8	88.1	44.3	79.9	12.1
澳大利亚	438.5	179.9	258.5	−78.6	33.1	32.1	33.8
印度	386.5	240.2	146.3	93.9	55.5	64.7	42.4

注:进出口差额负数为入超。

二、2007 年进出口贸易的主要特点

2007 年，我国进出口贸易呈现如下主要特点：

(一)出口增速逐步放缓，进口增速加快，贸易顺差总规模虽然继续扩大，但增速逐月趋缓

2007 年特别是下半年以来，出口增速逐步放缓，进口增速明显加快，尽管贸易顺差的绝对规模继续扩大，但顺差的增长速度在持续减缓。分季度看，四个季度的出口增速分别为 27.8%、27.5%、26.2%和 22.3%，逐季走低，特别是 7 月份以后，月度出口增速均在 23%以下；四个季度的进口增速分别为 18.2%、18.3%、20.6%和 25.4%，逐季走高，尤其是第四季度，连续 3 个月增速都在 25%以上，拉动全年进口增速比前三季度回升 1.7 个百分点。

受此影响，贸易顺差增速逐季回落，分别由前三季度的 98.8%、75.0%、51.0%回落到四季度的 12.6%，而且回落幅度逐季加大。分月度看，顺差增速缩小趋势更为明显，除 3 月份为负增长外，前 9 个月增速都在 30%以上，10 月、11 月分别回落到 13.5%、14.8%，12 月份进一步回落到一位数。

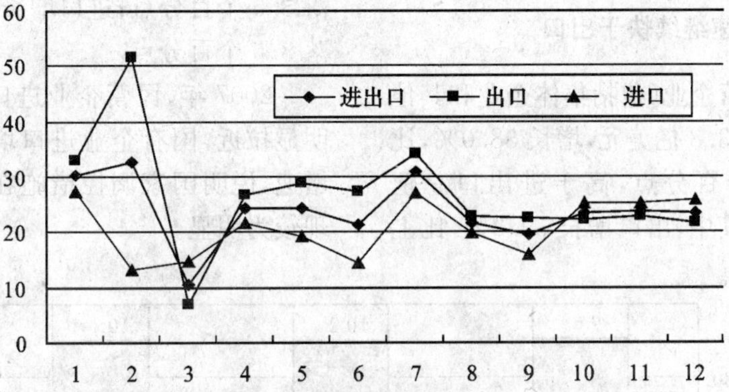

图 1　进出口总值分月增长速度(%)

表 2　2007 年各季度我国贸易差额变化情况

季　度	总值(亿美元)			比上年同期增长(%)		
	出　口	进　口	差　额	出　口	进　口	差　额
一季度	2520.0	2056.7	463.4	27.8	18.2	98.8
二季度	2948.7	2288.2	660.5	27.5	18.3	75.0
三季度	3314.0	2578.7	735.4	26.2	20.6	51.0
四季度	3397.4	2634.7	762.8	22.3	25.4	12.6

(二)进出口贸易方式构成进一步改善，一般贸易比重上升并接近加工贸易

随着国家加大对加工贸易政策的调整力度，一般贸易增长继续加快，而加工贸易增速进一步放缓。

2007 年，一般贸易进出口 9672.2 亿美元，增长 29.1%，比上年加快 3.1 个百分点，分别高于进出口总值和加工贸易 5.6 和 10.6 个百分点；占进出口总值的比重为 44.5%，比上年提高 1.9 百分点。其中，一般贸易出口增速连续 3 年高于全部出口和加工贸易出口。

加工贸易进出口 9860.5 亿美元，增长 18.5%，比上年回落 2.0 个百分点，低于进出口总值 5.0 个百分点；占进出口总值的比重

为45.4%，比上年回落1.8个百分点。其中，出口增速回落1.5个百分点，进口增速回落2.7个百分点。

其他贸易进出口2205.6亿美元，增长23.0%，比上年回落8.1个百分点；占进出口总值的比重为10.1%，与上年基本持平。其中，保税仓库进出境货物、保税区仓储转口货物进出口增长较快，特别是出口增速在40%以上。

一般贸易增长速度持续高于加工贸易，说明我国进出口贸易增长方式正在发生转变，以往加工贸易占据半壁江山的局面有所改观。

(三)民营企业进出口持续快速增长，国有企业进口增束速继续快于出口

2007年，民营企业(包括集体企业和其他企业)进出口4243.8亿美元，增长38.0%，比上年加快0.8个百分点，高于进出口总值14.5个百分点；其中，出口增长39.2%，比上年回落4.4个百分点；进口增长35.1%，比上年加快10.7个百分点。民营企业进出口占进出口总值的19.5%，比上年提高2.0个百分点，而2000年民营企业进出口仅204.4亿美元，占当年进出口总值的比重不足1%。

国有企业进出口4945.3亿美元，增长18.7%，比上年加快4.9个百分点；占进出口总值的比重为22.7%，比上年下降0.9个百分点。其中，出口、进口分别增长17.5%、19.8%，分别比上年加快4.1和5.6个百分点。

外商投资企业进出口12549.3亿美元，增长21.1%，比上年回落3.5个百分点；占进出口总值的比重为57.7%，比上年下降1.1个百分点。其中，出口增长23.4%，比上年回落3.5个百分点；进口增长18.4%，比上年回落3.6个百分点。

2007年，民营企业进口增速与出口增速明显拉近，国有企业进口增速继续快于出口增速，说明国家调控措施在内资企业方面表现较为明显。

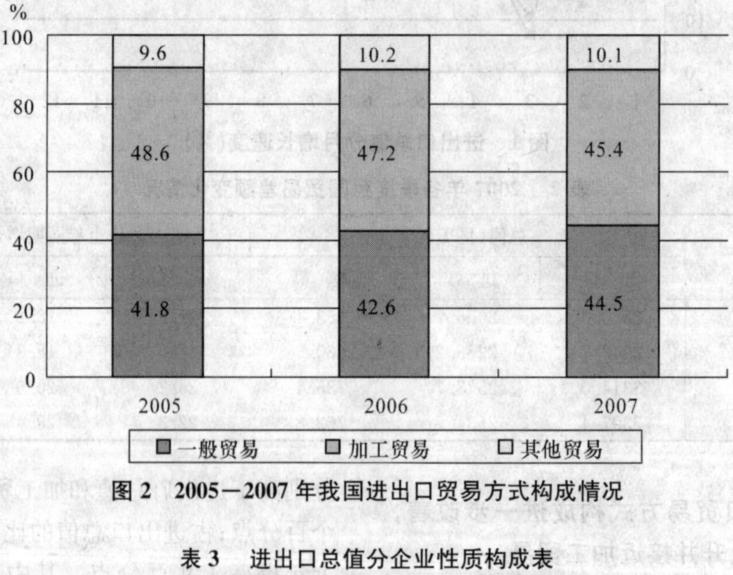

图2 2005—2007年我国进出口贸易方式构成情况

表3 进出口总值分企业性质构成表

项目	进出口总值(亿美元)	比上年增长(%)	增速比上年±	所占比重(%)	所占比重比上年±
全国合计	21738.3	23.5	−0.3	100.0	
#国有企业	4945.3	18.7	4.9	22.7	−0.9
外商投资企业	12549.3	21.1	−3.5	57.7	−1.1
其他企业	4243.8	38.0	0.8	19.5	2.0

(四)多元化市场战略进一步取得成效，与新兴市场贸易增长状况良好

2007年，欧盟继续保持我第一大贸易伙伴的地位，而且取代美国成为我最大出口市场，双边贸易额3561.5亿美元，增长27.0%，比上年加快1.7个百分点；占我国进出口总值的16.4%，比上年提高0.9个百分点。其中，对欧出口增长29.2%，比上年加快2.6个百分点；自欧进口增长22.4%，比上年回落0.3个百分点。

中美双边贸易额3020.8亿美元，增长15.0%，比上年回落9.2个百分点；占我国进出口总值的13.9%，比上年下降1.0个百分点。其中，对美出口增长14.4%，比上年回落10.5个百分点；自美进口增长17.2%，比上年回落4.6个百分点。

日本仍是我进口第一大来源国，我国也首次成为日本第一大贸易伙伴，中日双边贸易额2360.2亿美元，增长13.9%，比上年加快1.4个百分点；占我国进出口总值的10.9%，比上年下降0.9个百分点。其中，对日出口增长11.4%，比上年加快2.3个百分点，自日进口增长15.8%，比上年加快0.6个百分点。

中俄双边贸易继续快速增长，双边贸易额481.7亿美元，增长44.3%，比上年加快29.6个百分点，对俄贸易由上年的逆差17.2亿美元转为顺差88.1亿美元。

中印双边贸易增长迅猛，双边贸易额386.4亿美元，增长55.5%，比上年加快12.6个百分点。其中，出口增长64.7%，进口增长42.4%，继续稳坐我第十大贸易伙伴之位。

我国与东盟、南非、巴西、加拿大、澳大利亚、新西兰等贸易伙伴的双边贸易额进一步扩大，增速分别为25.9%、42.5%、46.4%、31.1%、33.1%和26.0%，增幅分别比上年提高1.5、7.0、9.5、10.2、12.2和16.5个百分点。这6个国家(地区)在我国进出口总值中所占的比重由上年的14.2%上升到14.9%。说明我国进出口多元化的市场战略进一步取得成效。

(五)进出口商品结构进一步优化，部分“两高一资”产品出口下降

1.在出口商品中，机电产品、高新技术产品出口继续保持快速增长，部分传统大宗商品出口增势放缓

2007年，我国机电产品出口7011.7亿美元，增长27.6%，占出口总值的57.6%，比上年提高0.9个百分点；高新技术产品出口3478.3亿美元，增长23.6%，占出口总值的28.6%，比上年提高0.5个百分点。

传统大宗商品中的纺织服装出口1711.7亿美元，增长18.9%，增幅较上年下降6.3个百分点。其中，服装及衣着附件出口增长

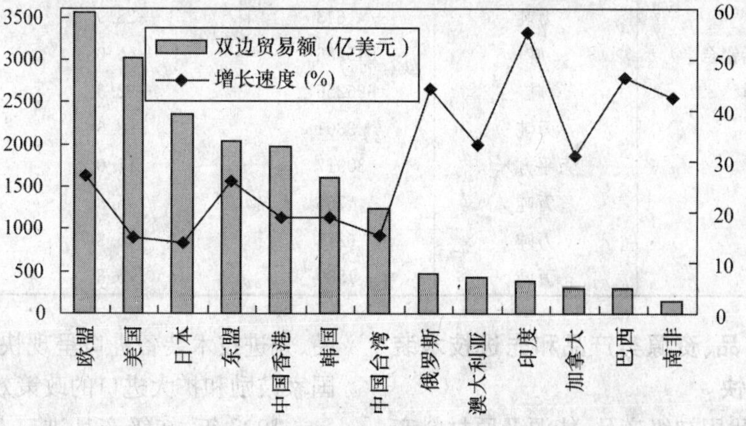

图3　与主要贸易伙伴的双边贸易额及增长情况

20.9%，比上年回落8.0个百分点；纺织纱线、织物及制品出口增长15.0%，比上年放缓3.7个百分点。另外，电话机、电视机、塑料制品等出口增幅也有明显的回落。

表4　部分机电产品、传统大宗商品出口变化情况

商品名称	出口额(亿美元)		比上年增长(%)	增速比上年±
	2007年	2006年		
机电产品	7011.7	5494.0	27.6	−1.2
高新技术产品	3478.3	2814.3	23.6	−5.4
自动数据处理设备及其部件	1237.1	930.2	33.0	11.1
服装及衣着附件	1150.7	951.9	20.9	−8.0
纺织纱线、织物及制品	561.0	488.0	15.0	−3.7
塑料制品	144.8	133.0	8.8	−9.2
电视机	90.4	88.9	1.7	−52.3
手持或车载无线电话机	356.0	312.0	14.1	−51.2
鞋类	253.1	218.1	16.0	1.5
家具及其零件	221.5	171.3	29.3	2.4

2. 部分“两高一资”产品出口下降或增幅明显回落

在国家一系列调整出口产品结构措施出台后，部分高耗能、高污染和资源性(简称“两高一资”)产品出口受到一定程度的抑制，出口出现下降或增幅明显回落。特别是原油、煤、未锻造的铝出口量分别在2006年下降21.4%、11.8%和8.1%的基础上，2007年下降幅度进一步扩大到38.7%、16.0%和55.0%；锯材、钢坯及粗锻件、未锻造的铜及铜材、水泥出口量也都有明显下降；平板玻璃、焦炭及半焦炭、钢材、塑料制品出口量增长速度出现回落。

表5　部分“两高一资”产品出口情况

商品名称	计量单位	出口数量	比上年增长(%)	增速比上年±(百分点)
原油	万吨	389	−38.7	−17.3
煤	万吨	5317	−16.0	−4.2
锯材	立方米	747500	−7.5	−38.9
钢坯及粗锻件	万吨	643	−28.9	−56.8
未锻造的铝(包括铝合金)	吨	545586	−55.0	−46.9
未锻造的铜及铜材	吨	626256	−22.3	−54.8
水泥	万吨	3301	−8.6	−71.6
平板玻璃	万平方米	30917	17.0	−15.8
塑料制品	万吨	766	5.8	−1.9
钢材	万吨	6265	45.8	−63.8
焦炭及半焦炭	万吨	1530	5.8	−7.8

3. 初级产品、资源类产品和先进技术装备进口步伐加快

2007年，我国初级产品、能源及原材料产品、先进技术装备进口呈现快速增长的势头，国家鼓励和扩大进口的政策效果比较明显。

2007年，初级产品进口2429.8亿美元，

增长29.8%，比上年加快3.1个百分点；占进口总值的25.4%，比上年提高1.8个百分点。工业制成品进口7128.4亿美元，增长18.0%，增速与上年持平；占进口总值的74.6%，比上年下降1.8个百分点。

2007年，我国矿产品（包括矿物燃料、矿物油及其蒸馏产品、各种矿砂、矿渣等）进口1619.7亿美元，增长31.1%，其中铁矿砂及其精矿、原油、煤进口量分别增长17.4%、12.4%和33.9%。另外，列入我国《鼓励进口技术和产品目录》范围的先进技术装备进口也有大幅增长，2007年1—11月进口296.0亿美元，增长40.3%，高出上年19.4个百分点。

表6　部分初级产品、资源类产品进口情况

商品名称	单位	进口数量	金额（亿美元）	比上年增长（%）	
				数量	金额
食用植物油	万吨	838	62.4	25.2	97.9
大豆	万吨	3082	114.7	9.2	53.2
铁矿砂及其精矿	万吨	38309	338.0	17.4	61.6
铜矿砂及其精矿	万吨	452	88.2	25.0	44.2
原油	万吨	16317	797.7	12.4	20.1
煤	万吨	5102	24.2	33.9	49.7
原木	万立方米	3709	53.5	15.4	36.2
锯材	万立方米	650	17.7	7.1	4.6
未锻造的铜及铜材	万吨	278	196.7	34.8	58.5
废铜	万吨	558.5	63.9	13.0	58.0
钢材	万吨	1687	205.5	−8.8	3.7

三、当前我国进出口贸易中的主要问题

尽管2007年我国进出口贸易继续保持了较快增长，但当前进出口贸易领域中仍然存在一些突出的问题与矛盾。

（一）外贸顺差急剧增加，贸易不平衡状况进一步加剧

我国贸易顺差在2005年突破1000亿美元后，2006年进一步增加到1774.7亿美元，2007年更是达到了创纪录的2662.0亿美元，

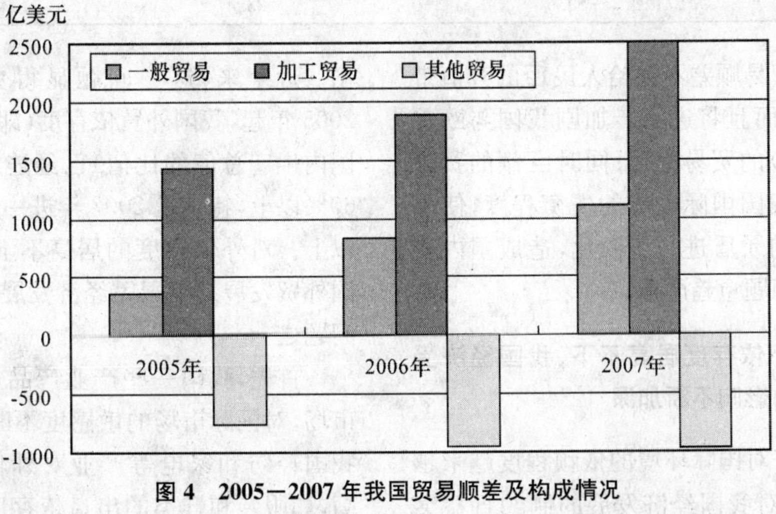

图4　2005—2007年我国贸易顺差及构成情况

两年时间我国贸易顺差增长一倍半。其中加工贸易顺差是主要来源，近 10 年中有 8 年超过全部贸易顺差总额，2007 年加工贸易顺差比重虽有下降，但对全部顺差的贡献率仍在 95%以上。

贸易顺差的快速增加进一步加剧我国贸易不平衡状况。2007 年，我国对外贸易不平衡度（即贸易顺差占进出口总值的比重）为 12.1%，比上年扩大 2.0 个百分点。特别是与 12 大主要贸易伙伴外贸不平衡度上升至 17.5%，比上年扩大 1.9 个百分点。其中，与 6 个主要顺差来源地的外贸不平衡度上升至 51.0%，比上年扩大 1.0 个百分点，但来自美国、加拿大的贸易顺差占双边贸易额的比重比上年有所下降。与 6 个主要逆差来源地的贸易不平衡状况有所缓解，外贸不平衡度比上年下降 1.5 个百分点。

表 7　我国贸易不平衡情况分析表

国别/地区	进出口差额（亿美元）		差额占进出口总值的比重（%）		
	2007 年	2006 年	2007 年	2006 年	07 年比 06 年±
总值	2622.0	1774.8	12.1	10.1	2.0
12 个主要贸易伙伴合计	3097.1	2258.1	17.5	15.6	1.9
主要顺差来源地合计	4957.8	3926.8	51.0	50.0	1.0
香港	1716.1	1445.3	87.0	87.0	0.0
美国	1633.2	1442.4	54.1	54.9	−0.8
欧盟	1342.3	916.6	37.7	33.7	4.0
印度	93.9	43.0	24.3	17.3	7.0
俄罗斯	88.1	−17.2	18.3	5.2	13.1
加拿大	84.2	78.5	27.7	33.9	−6.2
主要逆差来源地合计	−1860.7	−1650.6	23.4	24.9	−1.5
台湾	−775.6	−663.7	62.3	61.5	0.8
韩国	−476.2	−452.0	29.8	33.7	−3.9
日本	−318.8	−240.5	13.5	11.6	1.9
东盟	−141.9	−182.2	7.0	11.3	−4.3
澳大利亚	−78.6	−57.0	17.9	17.3	0.6
巴西	−69.6	−55.3	23.4	27.3	−3.9

巨额的贸易顺差不仅给人民币的升值带来巨大压力，而且将进一步加剧我国与欧美等国家（地区）的贸易摩擦；同时巨额的贸易顺差也加大我国国际收支的失衡程度，使外汇占款过多的矛盾进一步激化，造成国内流动性过剩的问题愈趋严重。

（二）对外依存度居高不下，我国经济受国际市场波动影响不断加深

我国经济对国际环境的依赖程度越来越高，外部环境对我国经济发展的制约日益突出。近年来，这一问题显得更为突出。从 2005 年起，我国外贸依存度（即进出口总值与国内生产总值的比值）已经连续三年保持在 60%以上，特别是 2007 年进一步提升到 67%以上。对外依存度的居高不下，已经成为我国外贸发展乃至国民经济发展过程中的重要问题之一。

首先，我国一些产业产品过于依赖国外市场，对国际市场的敏感度不断提高。目前，我国轻纺和家电等产业对外依存度普遍较高，如服装和鞋类的出口依存度都在 70%以

上,DVD的出口依存度接近90%,摩托车的出口依存度在60%以上,家电类产品的外贸依存度在40%—50%之间。一旦出口受阻,国内生产和相关企业将会受到严重打击,这大大增加了我国相关产业风险。

其次,我国部分能源和资源型产品进口数量不断增加,对国际市场的依赖程度明显加深。目前,我国进口产品呈现出资源性产品品种数量不断扩大、进口总量不断增加的趋势,这给我国经济发展带来很大的不确定性,甚至会影响到我国的经济安全。如我国原油、铁矿砂、氧化铝、铜等进口依存度已经高达40—90%。此外,我国对高技术及其产品的进口依赖也已凸现。

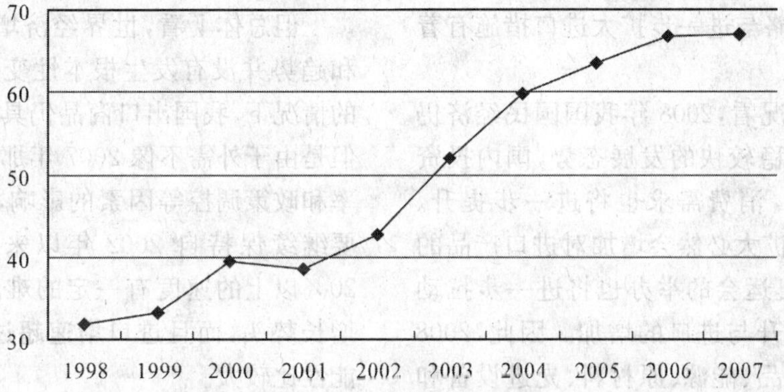

图5　1998年以来我国对外依存度(%)

(三)国际商品价格全面上涨,国际市场价格波动对我国的传导作用明显加深

2007年,国际商品市场需求旺盛,价格全面上涨。特别是由于美联储降息以及美元贬值,使得以美元计价的石油和大宗商品价格出现相应上涨,拉抬国际初级产品价格的上升,加大了我国初级产品的进口成本。

国家发展改革委价格监测中心编制的国际市场商品价格指数显示,2007年国际现货、期货平均价格指数分别比上年上升13.2%和13.1%。其中,农产品现货、期货价格分别比上年上升14.6%和32.6%;工业生产资料现货、期货价格分别比上年上升12.9%和9.0%。

2007年,我国进口商品价格总体上涨6.2%,涨幅比上年提高3.2个百分点。其中,初级产品进口价格上涨15.4%,比上年提高7.3个百分点;工业制成品进口价格上涨4.2%,而上年进口价格下降3.1%。由于我国对外出口在世界贸易中所占的比重不断扩大,加之我国外贸依存度较高,国际市场商品的价格波动通过对外贸易渠道向我国的传导作用明显加深,已由间接变得更加直接,由相对窄的领域扩大到相当一部分行业。

(四)贸易保护主义进一步加剧,我国面临的贸易摩擦形势更加严峻

我国出口的快速增长引发越来越多的贸易摩擦、贸易争端和贸易纠纷,国外对我国出口产品的限制力度不断加大,案件的数量、涉案金额和贸易摩擦对象都在不断增加。

商务部进出口公平贸易局最近指出:"中国出口产品面对的贸易保护摩擦焦点,2005年是纺织品,2006年是鞋,今明两年则是钢铁"。2007年以来,已有11个国家对我国出口的多类钢铁产品发起贸易保护调查,涉案11亿美元,占当年我国遭遇国外贸易保护调查的15%。另外,仅2007年前11个月,我国遭遇"两反两保"案件就高达62起,遭反倾销案数量我国已连续12年高居全球第一,目前全世界三分之一的反倾销案件针对我国。2007年我国遭遇反补贴调查数量也跃居全球第一。

四、对2008年进出口贸易的展望

2008年，国内和国际经济总体环境对我国进出口贸易来讲既存在有利条件，但也有不利因素。

(一)从有利因素看

尽管美国“次级债”危机增加了世界经济的不确定性，但是支撑世界经济增长的基本动因并没有发生根本性变化，世界经济仍将保持平稳较快增长。虽然欧、美、日等主要贸易伙伴经济增长可能放缓，在一定程度上抑制我国出口的快速扩大，但是新兴经济体和非洲国家增长势头在加快，对于我国实施的市场多元化战略与进一步扩大进口措施有着积极意义。

从国内情况看，2008年我国国民经济仍将继续保持平稳较快的发展态势，国内投资继续快速增长，消费需求也将进一步提升。投资与消费的扩大必然会增加对进口产品的需求。同时，奥运会的举办也将进一步拉动我国消费的上升与进口的增加。因此，2008年我国对农产品、能源、原材料、先进设备和零部件的进口将继续扩大。

(二)从不利因素看

2008年，世界经济运行风险加大，不确定因素明显增多，特别是国际市场能源和农产品价格的持续高涨、石油市场的不稳定性、美元的贬值以及全球经济的失衡、贸易保护主义的升温等问题，都将给我国进出口贸易带来不利影响。

另外，国内因素对出口影响也在明显加深，出口退税下调、加工贸易政策调整，以及人民币升值、资金供应偏紧、原材料涨价、劳动成本增加等等，都会给企业出口造成新的压力。而且，我国制造企业还面临着国际订单加速转移的局面。

但总体上看，世界经济增长的基本动因和趋势并没有发生根本性变化；在价格上升的情况下，我国出口商品仍具有较强竞争力。但是由于外需不像2007年那样强劲，加上汇率和政策调控等因素的影响，2008年进出口要继续保持自2002年以来连续6年增长20%以上的速度有一定的难度，但仍将保持增长势头，而且进口增速超过出口增速的可能性比较大。

(国家统计局贸易外经司　蔺涛)

2008 年我国对外经济贸易发展情况

2008 年，随着国际金融危机不断扩散和蔓延，发达国家和发展中国家经济相继陷入衰退或停滞状态，国际经济环境不确定性增大，我国的对外经济贸易也受到了较大冲击，2008 年四季度起，各项指标相继回落。但纵观全年，对外经济和贸易仍保持了稳定增长。

一、对外贸易

2008 年，我国货物进出口总值 25616.3 亿美元，比上年增长 17.8%，增速同比回落 5.7 个百分点。其中，出口 14285.5 亿美元，增长 17.2%；进口 11330.8 亿美元，增长 18.5%；贸易顺差 2954.7 亿美元，比上年增加 328.3 亿美元，增长 12.5%。

2008 年对外贸易基本运行特点：

（一）年度进出口增长前高后低，后两月转为负增长

2008 年前三个季度进出口总值分别增长 24.6%、26.8%和 24.3%，同比呈现持续加快态势。进入第四季度，进出口形势发生逆转。四季度进出口总值下降 1.4%，同比回落 25 个百分点。其中 11 月和 12 月，进出口总值分别下降 9.0%和 11.1%，是自 1999 年 3 月以来进出口首次全面下降。

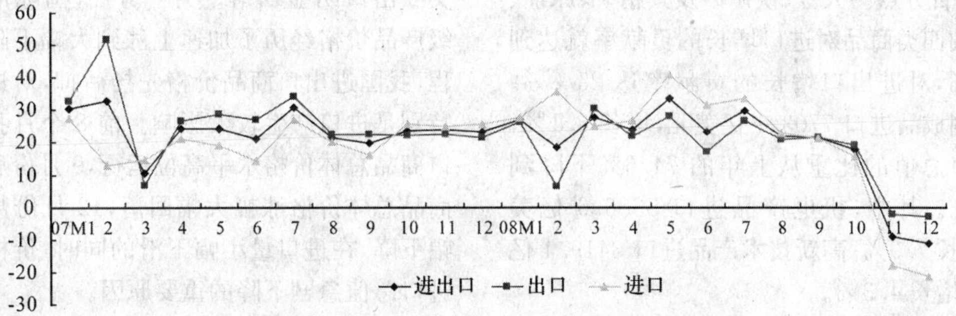

2007—2008 年各月进出口增长速度变化图(%)

受进出口变化的影响，贸易顺差呈现前低后高的特点，8 月起贸易顺差单月规模连创新高，11 月达到历史最高纪录 400.9 亿美元。

（二）一般贸易增长较快，比重超过加工贸易

随着国家加大对加工贸易政策的调整力度，一般贸易增长连续第三年快于加工贸易。2008 年，一般贸易进出口 12352.6 亿美元，增长 27.6%，加工贸易进出口 10535.9 亿美元，增长 6.9%，两者增长速度均出现回落，但加工贸易回落速度远大于一般贸易。贸易方式结构也因此发生变化，一般贸易进出口总值所占比重自 1994 年以来首次超过加工贸易，其对进出口增长的贡献率由上年的 52.6%提高到 69.3%，拉动进出口增长 12.3 个百分点；加工贸易对进出口增长的贡献率由上年的 37.3%下降到 17.5%，拉动进出口增长

3.1个百分点。

(三)进出口商品结构继续改善

在一系列宏观调控措施的作用下,大部分"两高一资"产品出口受到明显抑制,出口继续下降或增幅回落。特别是煤、原油、钢坯及粗锻件、锯材出口量在前两年大幅下降的基础上,2008年继续下降14.6%、28.4%、80.0%和8.3%;焦炭及半焦炭、塑料制品、钢材出口量分别比上年下降20.7%、4.8%和5.5%;成品油出口量增幅也比上年回落9.8个百分点。

机电产品、高新技术产品出口放缓,但占出口总值的比重基本与上年持平。2008年,机电产品出口8229.3亿美元,增长17.3%,占出口总值的比重为57.6%;高新技术产品出口4156.1亿美元,增长13.1%,占出口总值的比重为29.1%。

初级产品和资源类产品进口继续增加。2008年,初级产品进口3627.8亿美元,增长49.2%,占进口总值的32.0%,比上年提高6.6个百分点。大豆、铁矿砂及其精矿、原油、成品油四类商品对进口增长的贡献率就达到56.6%,对进出口增长的贡献率达25.8%。工业制成品进口7703.1亿美元,增长8.1%,占进口总值的比重从上年的74.6%下降到68.0%。其中,机电产品进口5386.6亿美元,增长7.9%;高新技术产品进口3419.4亿美元,增长4.3%。

(四)与主要经济体双边贸易增速回落

2008年,我国与前十大贸易伙伴贸易额19444.8亿美元,增长13.7%,在全部进出口总值中的比重为75.9%,比上年回落2.7个百分点。其中,中欧双边贸易总值4255.8亿美元,增长19.5%,中美双边贸易总值3337.4亿美元,增长10.5%,同比回落14.5个百分点。中日双边贸易总值2667.9亿美元,增长13.0%,回落0.9个百分点。

除前十大贸易伙伴之外,我国对其他国家地区双边贸易额4235.9亿美元,增长32.9%,与上年持平,在全部进出口总值中所占比重为24.1%,比上年提高2.7个百分点。

(五)国有企业进出口增速超过外商投资企业

2008年,国有企业进出口6110.4亿美元,增长23.5%,增速比上年加快3.7个百分点。外商投资企业增长放缓,进出口14105.8亿美元,增长12.4%,回落8.7个百分点。其他企业进出口增长平稳,进出口5400.2亿美元,增长27.3%。

国有企业进出口增长快于外商投资企业11.1个百分点,自1995年以来首次超过外商投资企业,对进出口总值的贡献率达到30.0%,提高11.1个百分点。

2008年进出口形势发生变化是国际国内多种因素共同作用的结果。从国际市场看,2008年以来,国际金融危机向实体经济蔓延,世界经济增长减速,我国主要出口市场需求明显萎缩,消费者信心不断降低,导致我国对美欧出口明显回落。另一方面,国际市场初级产品价格经历了加速上涨到大幅下降的过程,我国进出口商品价格先扬后抑,对进出口特别是进口产生较大影响。前8个月我国进口商品总体价格水平高位运行,9月份后进口商品总体价格涨幅大幅回落,12月份甚至大幅下降,在进口量小幅下滑的同时,价格成为进口总值急剧下降的重要原因。

从国内市场看,2007年下半年以来,受原材料价格上涨、劳动力成本上升、出口退税率下调、人民币升值、利率上调等多种因素影响,企业出口成本大大增加,出口动力和出口能力下降,直接影响进出口的增长。

从2008年下半年起,为积极应对国际金融危机的冲击,我国政府相继出台了多项鼓励进出口政策,连续3次提高劳动密集型产品和机电产品的出口退税率,公布了新修订的《增值税暂行条例》,为缓解国际金融危机冲击,提振企业信心起到了积极作用。

二、吸收外商直接投资

据商务部统计，2008 年，我国吸收外商直接投资合同项目 27514 个，比上年下降 27.4%；实际使用外资 924 亿美元，增长 23.6%，创 1994 年以来增长幅度的新高。

(一)吸收外商直接投资规模创历史新高

2008 年我国实际使用外商直接投资金额 924 亿美元，在全球外国直接投资比上年锐减 20%的同时，中国却增长了 23.6%，连续十七年成为发展中国家吸收外国直接投资最多的国家，也是中国改革开放以来的历史最好水平。

在 2008 年全年吸收外资大幅度增加的同时，各月投资出现较大差异，引资增速前高后低，后三个月转为负增长。12 个月平均投资金额 77 亿美元，其中最高值出现在 1 月份，达 112 亿美元，最低值 11 月份为 53 亿美元，高低相差 1.1 倍。2008 年下半年，随着国际金融危机对实体经济的伤害进一步加深，全球经济大面积减速，中国吸收外资的同比增长速度也相应回落，从 10 月份开始连续三个月负增长，其中 11 月份急跌 36.5%，12 月稍有好转，仍下降 5.7%。

最近十年外商直接投资金额及增长率

(二)外商投资三次产业结构基本稳定

2008 年外商投资产业结构改善受阻，三次产业比重基本稳定在上年水平。第一产业实际吸收外资 11.9 亿美元，占全部外资的比重 1.29%，与上年持平；第二产业实际吸收外资 532.6 亿美元，比重为 57.6%，比上年扩大 0.3 个百分点，已扭转连续 4 年比重下滑的势头。在第二产业中，采掘业、制造业、电力燃气和水产业以及建筑业实际吸收外资均有不同程度增长，增幅分别为 17%、22.1%、58.1%和 151.6%。制造业仍是外商投资的主要领域，其占第二产业的比重高达 93%以上，占全部外资的比重为 54%，比上年微降 0.6 个百分点。

2008 年，第三产业实际吸收外资 379.5 亿美元，占全部外资的比重为 41.1%，比上年缩小 0.3 个百分点。第三产业吸收外资比重近三年大幅度提升的势头受到阻滞，主要是在第三产业中占比重较大的几个行业增速比上年减缓，特别是房地产业实际吸收外资仅增长 8.8%，与 2007 年增长 1.08 倍的增速形成巨大落差，租赁和商务服务增长 25.9%，批发零售业增长 65.6%，也比上年增速有较大回落；而住宿餐饮业、居民服务业和文化体育娱乐业实际吸收外资出现下降。

(三)外商投资区域结构进一步优化

近年修订的《外商投资产业指导目录》以及加工贸易梯度转移产业调整政策，在促进外资向中西部和东北老工业基地流动中发挥着积极作用。2008年，东部地区实际吸收外资783.4亿美元，比上年增长19.4%；中部地区74.4亿美元，增长36.1%，西部地区66.2亿美元，增长79.8%，增速比东部快约60个百分点。东、中、西部吸收外资占全部外资的比重分别为84.8%、8.1%和7.2%，其中东部比重继续缩小，而中西部地区进一步扩大，尤其是西部地区比上年上升了2.2个百分点；东北老工业基地实际吸收外资66.4亿美元，增长31.5%，占全部外资的比重为7.2%，比上年扩大0.4个百分点。外商投资的区域分布正向着协调发展的目标迈进。

(四)外商投资独资化倾向更加明显

2008年外商独资企业比重进一步提高，独资合同项目22396个，比上年下降24.2%，占全部合同项目的81.4%，比上年提高3.4个百分点；以独资方式投入的外资723.2亿美元，增长26.3%，占全部投资的78.3%，比上年提高1.7个百分点，比我国加入世贸组织的2002年大幅提高18.1个百分点。

改革开放以来曾经普遍推行的中外合资与中外合作投资逐年减少，特别是以中外合作方式投资大幅度萎缩，2008年合资合作投资共计192.2亿美元，增长13%，占全部投资的比重为20.8%，比上年下降2个百分点，比2002年下降17.2个百分点。外商独资企业比重继续上升。

(五)主要国家和地区对华投资出现新变化

美国自2003年起对华投资项目和投资金额连续五年下降之后，08年出现转机，在投资项目继续下降三成的基础上，投资金额增长了12.5%；日本韩国作为外商投资的主要来源国，近几年对华投资不稳定，2008年韩国连续第四年下降，而日本止住了下滑势头，与上年相比略有增长1.8%；一直占对华投资第二位的维尔京群岛对华投资连续四年增长之后，2008年转为负增长，虽然只下降了3.6%，但由于其特殊的自由港身分，历来是其他国家资金转投中国的跳板，来自维尔京的投资下降，说明跨国公司的对外投资能力正在受到削弱。受两岸关系改善和实现“三通”的积极影响，台湾对祖国大陆投资在连续五年下降之后，出现7%的小幅增长。

三、对外投资与经济合作

2008年，中国对外直接投资突破500亿美元，达到521.5亿美元，比上年猛增96.7%。其中，非金融类直接投资406.5亿美元，占78%；金融类115亿美元，占22%。对外承包工程完成营业额566亿美元，增长39.4%，新签合同额1046亿美元，增长34.8%。对外劳务合作完成营业额81亿美元，增长19.1%。

(一)对外投资与经济合作的主要特点

一是对外投资能力正在不断增强，由传统的绿地投资向跨国并购、参股和境外上市等多种形式扩展，投资的领域也由一般的加工制造业向资源开发、制造研发等众多领域转变，地域已经从发达国家和地区向发展中国家地区拓展。

二是对外承包工程水平进一步提高，中国企业承接重大项目数量不断增加。目前最大在建项目金额达到60多亿美元，领域已经从劳动力密集的房建、筑路等扩展到电力、冶金、石化、通讯等资金技术密集型的行业。工程总承包已成为业务主流，我国企业也开始以国际通行的PMC(项目管理承包)和BOT(建设—运营—移交)等方式，承接国际市场大型项目。

在当前国际经济形势日益严峻的环境下，对外投资合作为稳定外需、扩大内需发挥了积极作用。首先是拉动出口的作用越来越明显，带动国内设备及原材料出口，也拉动了国内就业。二是增加了我国企业的国际竞争力，由以往出口产品变为输出资金、技术、商品和管理。三是在贸易顺差较大的情况下，扩大对外投资，有利于促进国际收支平衡。

(二)对外投资存在的问题

一是对外投资缺乏整体部署。尽管我国对外投资是伴随着改革开放逐步发展起来的，政府相关部门也制定了对外投资的相关政策，但是仍缺乏对对外投资的整体安排，《投资促进法》仍未出台，企业对外投资缺乏法律保障。

二是贸易型企业对外投资远远多于实体企业，规模小，难以发挥影响力。近年来，像宝钢对澳大利亚恰纳尔铁矿、首钢对秘鲁矿产、中外运对新西兰森林的投资等对外投资大项目虽然开始增多，但从整体上看占的比例依然很低。没有大的对外投资实体，我国难以在国际市场上发挥影响力。三是企业管理人才短缺。在我国对外投资逐步扩大过程中，缺乏训练有素、熟悉市场、精通国际化经营的人才越来越成为我国实施“走出去”战略的障碍，并将在未来相当长一段时间内制约我国企业的对外投资活动。

四、中国在经济危机中机遇与挑战并存

此次由美国“次贷危机”引发的世界经济衰退，已严重影响到中国经济发展，从 2007 年下半年以来中国经济增长减速，各项主要经济指标大幅回落，CPI 和 PPI 连续 5 个月负增长。但是中国经济增长的内生动力依然强劲，中国迄今为止的工业化进程尚未完成，人均国民收入依然很低，有继续发展的强烈需求；二是中国各级政府推动经济增长的动力强劲；三是中国社会正在进入大众消费时代，国内市场发展的空间很大。

为此，中国应抓住此次经济危机的机遇，一是利用国际市场商品价格下跌，特别是资源类产品价格大幅回落的机会，加大采购力度，为国内企业和政府进行大规模基础设施建设节约成本，提高效益；二是大力推动产品结构升级和产业结构转型。利用经济危机时期失业率高涨机会，积极引进国外人才，提高我国的自主知识产权开发能力，提高技术创新水平。总之，中国应在此次危机中把握机会，显著增强综合国力。

(国家统计局贸易外经司　龙玲　毛小美)

重新认识进口贸易对经济发展的影响与促进作用

长期以来，在分析与评价对经济增长的贡献时，往往把净出口(出口—进口)作为“三驾马车”之一，关注的焦点主要聚集在出口和贸易顺差上，“高出低进”也成为多年来对外贸易运行的主要特征。而进口对经济发展所发挥的作用还未能引起人们足够的关注，进口曾被视为经济增长和国内产业发展的减量或消极因素而长期受到抑制，其对经济的促进和带动作用也被人们遗忘或忽略。“奖出限入”沿续至今，一直成为外贸管理的基本政策取向，未从根本上改变。事实上，进口和出口是一国通过国际交换实现国民收益最大化的两个环节，二者缺一不可。进口是我国参与国际分工的重要方面，扩大进口有助于调剂余缺，弥补资源不足，引进先进技术设备，提高经济效率，与出口一样是促进国内经济增长的重要动力。尤其在经济高速增长期，进口对推动经济发展的作用功不可没。

2008 年中央经济工作会议指出，要在保持出口和利用外资合理增长的同时，积极扩大进口，努力促进对外贸易平衡发展。这是党中央、国务院在深刻认识国际、国内发展形势后，高瞻远瞩做出的重大战略决策。为促进对外贸易的长远发展，迫切需要转变外贸增长方式，优化进出口结构，促进贸易平衡。因此，需要重新认识进口贸易对经济增长的作用。

一、进口商品结构变化特点

经过 30 年的改革开放，我国对外贸易进入了一个新阶段，已经超越了单纯的出口支持和进口替代阶段。尤其是随着经济的快速发展，国内所需要的高新技术和设备越来越通过进口的形式获得；自主技术、自主创新越来越成为产业升级、经济发展的主要来源。通过数据分析，多年来我国进出口结构在不断调整中逐渐得到优化，但进口与出口相比，增势明显偏弱，结构有待优化。

(一)进出口额均保持增长，但增幅差距明显

改革开放以来，我国经济实现了持续快速增长，进出口贸易也得到了迅猛发展。进口总额由 1978 年的 109 亿美元，发展到 2007 年的 9558 亿美元，年均增长 17.3%；出口额由 98 亿美元增加到 2007 年的 12180 亿美元，年均增长 18.7%。进出口差额由 1978 年的进口大于出口 11 亿美元，转变为 2007 年的出口大于进口 2622 亿美元；1978—2007 年进出口额年均增幅差距相比，出口大于进口 1.4 个百分点。出口额占 GDP 的比重由 1978 年的 4.5%提高到 2007 年的 37.6%，进口额由 5.1%提高到 29.5%，相差 8.1 个百分点。

近三年尽管进出口均保持一定增速，但差距十分明显。2005—2007 年进口增长速度分别低于出口增速 10.8、7.3 和 4.9 个百分点，进出口不均衡问题比较突出，贸易顺差由 1020 亿美元扩大到 2622 亿美元，平均每年增加 534 亿美元。

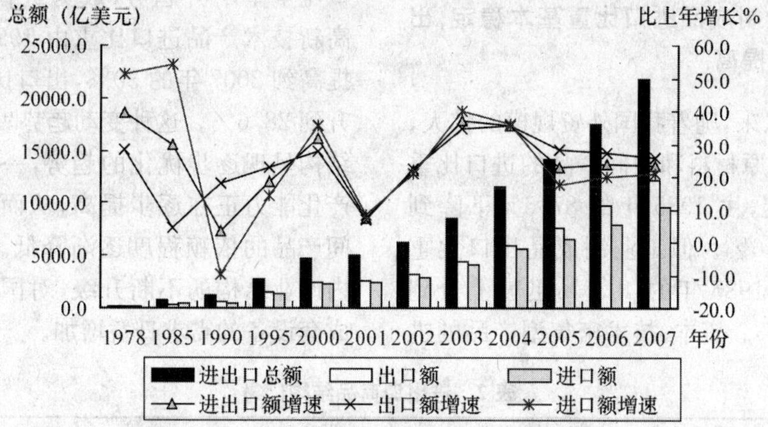

1978－2007 年我国货物进出口额与增长速度

(二)初级产品及资源类产品进出口商品结构有所改善

在国家一系列政策措施出台后，对外贸易商品结构发生了重大变化，突出表现为初级产品出口比重下降，进口比重上升。在初级产品中，出口额所占比重由 1985 年的 50.5%下降到 2007 年的 5.1%，进口比重由 12.4%提高到 25.4%。尤其是近几年来，根据国内经济发展的需要，大量进口了一些资源性产品，矿物燃料、润滑油及有关原料进口额占初级产品进口总额的比重，由 2002 年的 6.5%提高到 2007 年的 11%，非食用原料所占比重由 7.7%提高到 12.4%。其中 2007 年我国原油进口达 16317 万吨，比上年增长 12.4%；煤进口 5102 万吨，增长 33.9%；液化石油气进口 698 万吨，增长 15.2%。

表 1　2007 年主要商品进口情况

项　目	单位	数量	金额	比上年增长(%)	
				数量	金额
大豆	万吨	3082	114.7	9.2	53.2
食用植物油	万吨	838	62.4	25.2	97.9
羊毛	万吨	31	17.9	11.9	42.0
原木	万立方米	3709	53.5	15.4	36.2
铁矿砂及其精矿	万吨	38309	338.0	17.4	61.6
铜矿砂及其精矿	万吨	452	88.2	25.0	44.2
铬矿砂及其精矿	万吨	609	15.5	41.0	109.6
锰矿砂及其精矿	万吨	663	13.0	6.9	101.7
煤	万吨	5102	24.2	33.9	49.7
原油	万吨	16317	797.7	12.4	20.1
成品油	万吨	3380	164.4	－7.1	5.7
液化石油气及其其他烃类气	万吨	698	30.9	15.2	2.0

(三)工业制成品进口比重基本稳定,出口比重大幅度提高

1980年以来,随着我国外贸规模的扩大,工业制成品中原材料和中间产品的进口比重一直比较稳定,由1985年的87.6%下降到2007年的74.6%。但工业制成品出口比重稳步上升,由1985年的49.5%迅速上升到2007年94.9%。资本、技术密集型产品的进口比重呈上升趋势,成为进口的主导产品。高新技术产品进口比重由1995年的16.5%提高到2007年的30%,出口比重由6.8%上升到28.6%。这种变动趋势表明进出口商品结构呈现逐步优化的趋势,一般加工业的国产化能力正在逐步提高,从而对原材料和中间产品的依赖程度逐渐降低。同时,随着国内产业结构的不断升级,对国外先进技术和成套设备的需求日益增加。

表2 进出口商品结构(%)

年份	初级产品		工业制成品		机电产品		高新技术产品	
	出口	进口	出口	进口	出口	进口	出口	进口
1985	50.5	12.4	49.5	87.6	6.1	43.6		
1990	25.6	18.5	74.4	81.5	17.9	40.2		
1995	14.4	18.5	85.6	81.5	29.5	44.8	6.8	16.5
1998	11.2	16.4	88.8	83.6	36.2	45.6	11.0	20.8
1999	10.2	16.2	89.8	83.8	39.5	46.8	12.7	22.7
2000	10.2	20.8	89.8	79.2	42.3	45.7	14.9	23.3
2001	9.9	18.8	90.1	81.2	44.6	49.5	17.5	26.3
2002	8.7	16.7	91.3	83.3	48.2	52.7	20.8	28.1
2003	7.9	17.6	92.1	82.4	51.9	54.5	25.2	28.9
2004	6.8	20.9	93.2	79.1	54.5	53.8	27.9	28.8
2005	6.4	22.4	93.6	77.6	56.0	53.1	28.6	30.0
2006	5.5	23.6	94.5	76.4	56.7	54.0	29.0	31.2
2007	5.1	25.4	94.9	74.6	57.6	52.2	28.6	30.0

资料来源:海关统计。

(四)进出口需求刚性增强,出口依存度高于进口

长期以来,在出口导向型政策以及重商主义的影响下,在对外贸易中普遍存在轻进口、重出口的现象,如我国进口产品主要集中在稀缺的资源、缺少国内替代品的高端机械设备和高新技术产品、以及技术含量较高的半成品,具有进口服务于出口的特点,形成出口依存度近30年高于进口的现象。出口依存度由1978年的4.6%提高到2007年的37.6%,进口依存度由5.1%提高到29.5%。进出口规模和依存度较高,表明整个经济已经深深融入国际经济体系之中。保证正常稳定的外部供应,尤其是重要资源性和能源性产品的供应,保持国民经济平稳发展,已成为对外贸易发展的重要内容。

(五)进出口商品结构变化存在一定差异

进入20世纪90年代以来,尽管进口额维持一定幅度的增长,但与出口构成相比,进口结构的变化并不明显。从1990年到2007年,机电产品出口所占比重从17.9%逐渐上升到57.6%,而相比之下,进口所占比重变化不大,由40.2%提高到52.2%。

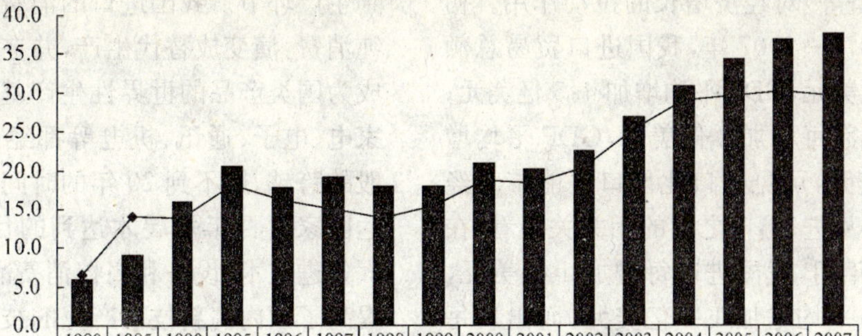

	1980	1985	1990	1995	1996	1997	1998	1999	2000	2001	2002	2003	2004	2005	2006	2007
出口	6.0	9.0	16.0	20.5	17.7	19.2	18.0	18.0	20.8	20.1	22.4	26.7	30.7	34.2	36.8	37.6
进口	6.6	14.0	13.8	18.2	16.2	15.0	13.8	15.3	18.8	18.4	20.3	25.2	29.0	29.6	30.1	29.5

进出口额占 GDP 比重(%)

表 3　进口商品构成(%)

	2002 年	2003 年	2004 年	2005 年	2006 年	2007 年
总　　额	100.00	100.00	100.00	100.00	100.00	100.00
一、初级产品	16.69	17.63	20.89	22.38	23.64	25.42
食品及主要供食用的活动物	1.77	1.44	1.63	1.42	1.26	1.2
饮料及烟类	0.13	0.12	0.10	0.12	0.13	0.15
非食用原料	7.70	8.27	9.86	10.64	10.51	12.35
矿物燃料、润滑油及有关原料	6.53	7.07	8.55	9.69	11.24	10.97
动植物油、脂及蜡	0.56	0.73	0.75	0.51	0.50	0.75
二、工业制成品	83.31	82.37	79.11	77.62	76.36	74.58
化学成品及有关产品	13.22	11.87	11.67	11.78	11.00	11.25
轻纺产品、橡胶制品、矿冶产品及其制品	16.43	15.48	13.18	12.30	10.98	10.76
机械及运输设备	46.42	46.72	45.05	44.01	45.11	43.16
杂项制品	6.71	8.00	8.93	9.22	9.01	9.15
未分类的其他商品	0.53	0.31	0.27	0.30	0.26	0.26

此外，进口产品结构变化的一个显著特点是，一是在初级产品进口中，非食用原料和矿物燃油、润滑油以及有关原料一直占据绝大部分份额，所占比重从 1996 年的 69%大幅攀升到 2007 年的 91.7%，表明我国进口资源和能源大幅增加。二是工业制成品进口中，机械及运输设备所占比重持续增加，从 1996 年的 48.3%上升到 2007 年的 57.9%。这两个特点均表明我国进口主要侧重于关键设备、短缺能源以及原材料等商品。

二、正确认识进口对经济的影响与作用

长期以来，我国一直把进口作为减少贸易顺差，平衡对外贸易的手段，事实上，进口对国内投资与消费的正向引导作用不可忽视。在国际交往中，进口贸易有利于缓和我国与一些主要贸易伙伴的矛盾，对内引导我国消费与投资的增长，促进国内生产；对外为产品进入国际市场，间接带动国内生产，利用好国内国外两个市场、两种资源，为经济又好又快发展创造一个良好的环境。

(一)进、出口共同推动了经济增长

考察对外贸易对经济发展的影响和作用，不能只看净出口，既要看到出口对 GDP 增长的贡献，也要从供给层面分析进口作为初始投入的一部分(如进口石油、铁矿石、钢

材、机电设备等)对经济增长的拉动作用。初步测算。1978—2007年,我国进口贸易总额每增加1亿美元,GDP平均增加4.5亿美元;出口贸易总额每增加1亿美元,GDP平均增加3.8亿美元,可见进口比出口更能带动经济增长。再从进、出口之间的相关关系看,在过去近30年间,我国进口每增加1亿美元,就能使出口平均增加1.3亿美元,而出口每增加1亿美元,进口平均只增加0.9亿美元,表明对外贸易中,我国进口的增加可带动较多的出口。

因此,从我国30年出口导向型经济的成功经验,可看出对经济的带动作用不单纯是出口,而是出口与进口共同推动了中国经济的增长:一方面,出口带来了需求;另一方面,进口推动了技术引进与生产率的大幅度提高。

(二)进口消费品提升了消费,促进了生产

多年来,不少人一直认为从国外进口消费品会造成对民族的冲击,影响国内就业,而30年改革开放的事实证明,消费品进口不仅提升了居民的消费水平和生活质量,而且大大促进了同类消费品的生产。通过相关数据的线性回归分析,在其他条件恒定时,消费品进口每提高1个百分点,会促使国内消费水平上升0.7个百分点。

近年来,我国进口的消费品大多是新产品或质量性能较高的产品。从国外引入适销产品,在国内产生了示范效应和新的消费热点,带动和扩大了高收入群体的消费需求。如中高档消费品的汽车、移动电话、笔记本电脑、其他数码产品、高档音像制品、服饰、化妆品等,日用消费品中的食品、烟类及饮料等。通过进口这些消费品,使国内居民可选择的消费品种类增加,促进了国内产品质量和档次的提升,进而改变居民的消费选择和行为,对提高生活水平和消费质量产生了派生效应。

与此同时,消费的导向作用最终会传导到生产环节。我国进口的消费品由当初的单纯消费,演变成替代生产,并在较短的时间内成为国类产品的世界性生产基地。如我国的家电、电子、通讯、机电等都经历了这一奇迹般的跨越,用不到20年的时间实现了一些发达国家近百年发展才达到的目标。因此,扩大先进技术、设备和高档消费品的进口,快速提高了国内高新技术产业的技术含量和技术水平,加速推动了传统产业向高新技术产业转移,为经济的快速发展提供了强大的助推力。

近几年,国内商品市场逐渐转向全面开放,居民消费渐趋国际化,主要表现在对商品的品种、质量、价格和服务等方面的需求增加,消费档次提高。据海关统计,2007年我国食品及活动物进口额比上年增长15%,饮料及烟类增长34.7%。其中食用植物油增长97.9%,大豆增长53.2%;机电产品进口额增长16.7%,其中电器及电子产品进口额增长17.3%。一些高档商品进口量大增,小轿车进口量与上年相比,增幅达25.3%。进口商品的快速增长,表明居民消费已渐趋国际化,消费档次快速提升。

经济全球化必然带来消费全球化。随着我国对外开放不断扩大,“引进来”与“走出去”不断增加,一些发达国家的消费理念、消费方式和消费文化快速地传递到我国,对消费需求产生了直接或间接的影响,包括商品消费、服务消费、文化消费等。发达国家的节能消费、环保消费也对国内消费的影响力日益增大。这些都加快了国内消费与国外消费的融合,消费国际化已经成为扩大、提升国内消费的重要引擎和途径,由此蕴涵的消费潜力不可低估。

(三)进口贸易对国内投资产生了正向拉动

进出口贸易主要通过出口“创汇　投资品进口—投资—工业化与产业结构升级—经济增长”这一过程,实现其促进工业化和经济增长的拉动作用。20世纪80年代中期,我国从国外输入的彩电生产线达到几十多条。进入20世纪90年代以后，电脑、手机等数字信息技术产品的大量进口，掀起了新一轮技术引进和创新的高潮。目前我国的彩电、电脑、手机等已成为世界重要的生产基地之一。机械及运输设备进口额占我国历年工业制成品进口总额的50%以上，2007年机电产品占工业制成品的比重达52.2%。

表 4

年份	固定资产投资额增长率	进口总额增长率	机械设备进口增长率	一般贸易进口增长率
2003	27.7	39.8	40.7	45.4
2004	26.6	36.0	31.1	32.1
2005	26.0	17.6	14.9	12.7
2006	24.0	19.9	22.9	19.1
2007	24.8	20.8	15.5	28.7

从表中数据可看出，固定资产投资增长与进口增长有着较密切的互为因果关系，投资增长最快的年份，往往伴随着进口的大幅度增长。通过有关数据分析，在其他条件不变的情况下，进口投资品每增加1个百分点，会促使国内投资水平上升0.2个百分点。1953年至1980年期间，进口总额、生产资料进口和机械与运输设备进口增速每提高1个百分点，可以分别拉动国内投资增速提高0.84、0.82和0.46个百分点；1980年至2002年期间进口总额、生产资料进口和机械与运输设备进口增速每提高1个百分点，可以分别拉动国内投资增速提高0.86、0.25和0.15个百分点。

近五年我国投资总额与进口的相关数据也证明，两者均呈现同步发展，投资的大幅度增加往往伴随着进口的迅猛增长。通过进口投资品，一方面将资本转化为生产能力，为增强国际竞争力打下良好基础，对国内投资水平产生正向的作用。另一方面引进先进技术设备，可以提高国内生产效率和技术水平。

(四)资源产品进口对经济起到巨大的作用

近几年我国经济高速增长，对能源、原材料等需求大幅增加，扩大进口已成为缓解资源紧缺瓶颈，满足国民经济发展的必然要求。从国外的经济增长经验来看，一个国家由经济起飞到工业化完成需要经过相当长的高速增长时期。我国正处于经济快速发展阶段，决定了需要扩大相关产品的进口，在全球范围内实现资源的优化配置，大量进口资源产品，对弥补国内资源不足和优化产业结构至关重要。

2007年我国矿产品进出口额达1620亿美元，比上年增长31.1%，是2002年的6.6倍，年均增长45.9%，占进口总额的比重由2002年的8.3%提高到2007年的16.9%。在矿产品中，原油进口量连年大幅增长，由2002年的9102万吨增加到2007年的14517万吨，年均增长59.5%。石油消费对进口的依赖程度不断提高，进口依存度已接近50%。我国经济在未来较长时期仍将保持较快增长，对资源尤其是能源等仍将依赖进口，需要既节流又开源，通过多种渠道扩大进口来弥补缺口，缓解国内资源约束。

三、优化进出口商品结构是对外贸易发展的最佳选择

从长远看，要实现我国进出口大体平衡增长的目标，需要转变经济增长方式，在扩大内需，促进国内消费的同时，促进更多出口企业由数量扩张型向质量效益型增长转变；从短期看，最为紧迫的任务是进一步缩小进口与出口增速的差距，正确认识出口与进口的关系，不断优化进出口商品结构，应是对外贸易发展的最优选择之一。

(一)处理好出口与进口的关系

目前，我国进出口贸易已经进入一个新阶段，贸易顺差将呈递减趋势，适当逆差将会重现。“重出口、轻进口”的对外贸易战略已不再适应新形势下的新需要，沿用了十几年的贸易导向政策即将面临挑战，顺势进行贸

易战略调整和贸易制度建设，成为我国对外经济的必然选择。

过去我们长期实行“奖出限入”和进口替代政策，主要是基于：

1. 外汇比较紧缺，希望多创外汇；

2. 保护和发展幼稚产业；

3. 增加国内就业；

4. 担心过分依赖国外供给会影响国家经济安全。

目前，我国已经成为制造业大国和贸易大国，在劳动密集型产品出口方面已经具有较强竞争力，外汇已经不再是紧缺资源，外汇储备已成为世界第一，市场开放度越来越大，各国之间相互依存程度加大。在这样的形势下，政策上过分强调保护和进口替代已经没有必要。

多年来，我国经济发展的规律证明，进口商品与国产品呈现较强的互补性，只有进口了这些商品，才能带动与之配套的国内产品的需求。即便是一些加工贸易的进口，也可以带动对相关配套产品的需求来生产加工贸易出口产品。在我国加工贸易出口中，配套产品比例已经达到较高的水平。进口不是减少了对国内产品的需求，而是扩张了对国内产品的相关需求。

因此，要正确处理出口与进口的关系，在扩大出口的同时，鼓励进口，充分发挥进口在经济发展中的作用。一方面不能由于贸易顺差大而控制甚至减少出口，而是要在调整出口产品结构上下功夫，进一步提升产品的国际竞争力；另一方面更要重视进口、改善进口结构。抓住人民币升值的时机，加大重要原材料和先进技术的进口。

（二）扩大进口是改善对外贸易环境的现实需要

从我国经济发展的特点看，积极扩大进口成为当前减少顺差的首选手段。2007 年外贸持续增长，贸易顺差高达 2662 亿美元，导致外汇储备持续增加，不仅存在巨大的外汇风险和管理压力，央行货币对冲流动性过剩的难度也越来越大，而且顺差扩大使我国对外贸易环境趋紧，遭受的贸易摩擦急剧增多，人民币升值压力增大。当前出口若采取大规模限制的方式，又将严重影响国内经济增长和劳动人口就业，只适宜以转变增长方式的结构性调整为主。因此，积极扩大进口已成为减少顺差的最重要手段之一。

（三）扩大进口是国内经济发展的客观需要

我国已经进入工业化加快发展时期，重化工业所占比重增大，对先进设备、原材料和能源的需求更加旺盛，国内满足率低的矛盾将长期存在，大量进口是大势所趋。各种因素表明，近几年中国经济仍将保持高位运行，国内投资将继续保持较高速度，消费需求明显上升。投资与消费的持续扩大将对进口产品需求增加，对国外农产品、能源、原材料、先进设备和零部件的进口将明显扩大。

归纳起来，扩大进口对宏观经济产生的影响和作用主要有：

第一，带来有效供给，满足有效需求，带动经济增长；

第二，增加进口环节税收；

第三，推动技术进步，提高生产能力；

第四，减少人民币升值预期，缓解通胀压力，缓解贸易磨擦。

（四）“大出大进”有利于改善国内商品供给结构

进口结构，过去主要取决于国内供求平衡状况，今后这个因素仍然存在，但将会更多地受制于国内产品与国外产品相比较的竞争力。不能局限于国内供给不足的产品才进口，有些产品虽然国内供给能力充足甚至已经过剩，但如果缺乏竞争力，国外产品也会大量进入国内市场，如汽车、通讯产品等。必须促进产品结构的优化，才能提高产品的技术含量，提高产品竞争力。

从国内市场看，在居民生活水平提高和

高收入人群扩大的形势下，中高档消费品的需求不断增大，消费越来越呈现多样性，仅靠国内生产来满足是不够的。过去一直对中高档消费品征收较高的进口环节税，抑制了这类商品的进口。通过进口可改善供给结构，缓解市场供求矛盾。

(五)有利于缓解经济增长与资源约束的矛盾

今后我国经济发展与资源约束的矛盾将难以从根本上改变，维持经济和出口的持续增长越来越依赖进口能源和原材料。利用国家外汇储备较多的条件，增加国家战略性资源的储备，进一步扩大稀缺资源的进口，对带动经济的可持续增长意义重大。

(六)让进口发挥更大的作用

目前，我国连年巨额贸易顺差伴随着大量的贸易摩擦，人民币升值压力以及巨额经常项目顺差转化为大量货币投放压力，也给国内通货膨胀带来隐患。缓解贸易顺差增长过快，要从三方面入手。一是加大进口力度，特别是加大资源性商品、高新技术产品、重大装备和设备，以及国外先进技术的进口。二是加大国内市场适销商品的进口。三是严格限制高能耗、高污染和资源性商品的出口。

1. 灵活运用贸易政策引导进口。要进一步出台新的鼓励措施，特别是对先进适用技术、设备、仪器、材料的进口，尤其是集成电路、半导体、纳米材料、航空航天设备、医疗设备、多类仪器、能源设备、信息通讯技术产品等等，由于这些产品总体上同发达国家差距明显，大力引进应当作为今后相当长时期的重点，大力推动进口增长。

要加强引导重要的、技术含量高的设备进口，加快促进我国产业结构的优化和升级，提高经济效益，加速经济增长模式由粗放型向集约型的转变；在消费品的进口方面，要扩大国内食品等农副产品等进口，缓解国内的供求矛盾，降低通胀压力；适当扩大名牌家电、服饰、工艺品等高档消费品进口，满足不同层次的消费需求。

要增加能源、原材料以及先进技术设备、关键零部件进口。健全重要资源的进口机制，尽快制定和实施石油、铁矿砂、铜精矿以及粮食等重要资源的进口战略，建立石油和其他战略物资的储备体系，努力开辟稳定、顺畅、安全的多种进口渠道。适时扩大原油进口，充实国家石油战略储备。对能源和资源类产品，要实行多元化战略，并加强进口的协调和管理，避免能源和资源进口风险，确保能源和资源进口的安全和稳定。

2. 积极开拓高技术产品进口，增加高科技含量进口商品的比重。既要努力突破西方发达国家对我国高技术出口的管制和限制，实现高技术产品进口的多样化，适当降低这类产品的进口关税，同时更要大力推动和鼓励国内企业和产业的自主创新，逐步实现高技术产品的进口替代。一是要注意进口商品与出口商品在品种和特色上的互补性，更好地满足消费者的需求。二是要增加科技含量高的进口商品比重，以充分提高我国可利用的技术存量，学习并掌握国外的先进技术。

3. 严密监控国际能源市场和原材料市场动向。对能源进口和原材料进口，要实行多元化，以分散风险。必须稳定海外资源的供给，建立战略性物资的储备制度。改善进口管理的决策机制，克服世界市场高价时进口、世界市场低价时出口的“怪圈”。同时，要提高中国在关键产品上的定价权，加强和能源出口国、原材料出口国的合作，设法签订长期的供应合同，提高在国际市场上的讨价还价能力，实现国内经济增长方式从粗放型向集约型的转变。

（国家统计局贸易外经司　严先溥）

当前中小型出口企业面临的困境及原因探析

2007年以来，国内宏观经济政策趋紧，资源和劳动力等要素价格上涨，人民币兑美元汇率加快升值。与此同时，国际市场初级产品价格大幅度飙升，美国次贷危机拖累世界主要经济体经济增长减缓，我国出口的外部需求相对下降。在国内外形势趋紧的背景下，我国出口增幅逐步回落，出口企业（指以出口为主的生产加工企业，下同）承受的压力明显加大，特别是中小型出口企业出口下降，亏损和经营困难企业增多。本文结合作者在深圳、东莞和中山三市的调研情况，对当前出口企业的困境做深入分析，力图客观、全面地把握出口企业情况。

一、出口增幅逐年回落

加入世贸组织以来，我国出口总规模呈现爆发性增长，从2002年到2007年6年平均出口增长28.8%。2007年出口总值跃上一万亿美元台阶，达12180亿美元，增长25.7%，比上述年均增长率低3.1个百分点。观察这六年的数据，可以发现年度的出口总值增长曲线在2004年达到峰值后缓慢下滑，从2004年的最高增长35.4%回落到2007年的25.7%，下滑近10个百分点。而其中，占出口四分之三以上的外资企业和集体私营企业2003年达到最高点后就出现转折，以后四年呈现大幅回落趋势；同期国有企业出口小幅增长，到2007年增幅达到新高17.5%。

外资企业出口增幅回落主要是加工贸易起主导作用。外资企业加工贸易出口增长幅度从2003年的41.4%缩小到2007年的21%，增幅下降20.4个百分点。而集体与私营企业出口增幅高位下滑，其主要贸易方式——一般贸易出口从2003年的78.1%回落到2007年的39%，下降39.1个百分点。国有企业的一般贸易维持平稳增长态势，加工贸易虽然占比重不到三分之一，但增幅提高较快，从2003年的增长1.5%提高到2007年的16.2%。

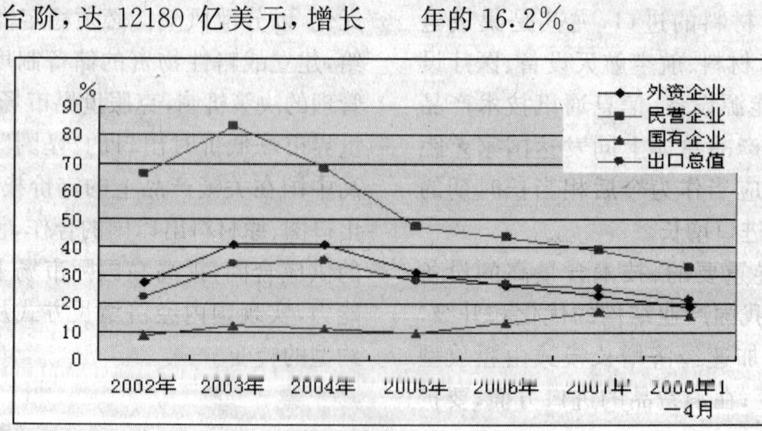

“入世”以来各类企业出口增长情况

2008年1～4月，我国出口增幅进一步下降，出口总值增长21.5%，比上年同期回落6

个百分点，比 2007 年全年回落 4.2 个百分点。其中，国有、外资和集体私营企业出口增幅分别比 2007 年回落 1.6、4.5 和 6.5 个百分点。在出口增幅回落的同时，各主要出口行业利润增幅趋缓，企业亏损面扩大，特别是中小型出口企业面临较大困难，一些地区出现企业关闭和外迁现象。

二、当前出口企业面临的主要困难

位于珠三角的深圳、东莞和中山市经济外向度非常高，是广东省乃至全国的重要出口商品生产基地。三市的共同特点是：外资企业和民营企业众多，其中绝大部分是中小型企业；主要从事加工贸易，代工企业多，产品以出口为主；以传统的劳动密集型行业为主；已形成相互配套的产业集聚群。从三市情况看，目前出口企业面临的主要问题是：

1. 企业接受国外订单减少，出口增速回落

自 2007 年下半年起，企业不敢接国外订单的情况开始显现，许多企业为防止汇率风险，还把长期订单改为短期订单，把大订单改为小订单，造成总订货量减少，出口量值下降。2008 年一季度以及第 103 届广交会期间，企业进一步减少接单数量，降低生产规模。一季度，深圳和中山市出口总值分别比上年同期增长 14.9% 和 8.4%，增速比上年同期回落 18 个百分点和 6.2 个百分点；东莞由于加工贸易占近九成，而加工贸易合同一般为一年期，出口暂时还未受影响。从主要产品看，三市的纺织服装、制鞋、箱包、家具、塑料制品、机械电子等传统大宗产品出口大幅回落或下降。如深圳箱包鞋帽出口增长 3.9%，比上年回落 16.2 个百分点，家具及零件出口增长 16.3%，回落 23.7 个百分点，服装纺织品出口下降 14.5%。东莞家具出口增长 1.7%，同比回落 22.9 个百分点，服装和衣着附件出口增长 0.4%，回落 20 个百分点。中山塑料制品出口下降 10%，灯具和照明装置出口下降 2%。

2. 出口换汇成本下降跟不上汇率的升值幅度，企业处于亏损边缘

出口换汇成本是指出口企业每取得一美元的外汇净收入所耗费的人民币成本，是企业进行出口盈亏平衡分析的重要指标，换汇成本高于银行平均汇率，出口效益为亏损，换汇成本低于银行平均汇率，出口才有盈利。因此从总体上说，换汇成本越低，出口的经济效益越好。一般来说加工程度较低的商品换汇成本较高，汇率风险承受能力较差，而深加工、附加值高的商品换汇成本较低，风险承受能力较强。

据商务部重点联系的全国千家出口企业调查，2007 年累计平均换汇成本是 7.36 元/美元，其中广东为 7.45 元/美元，高于全国平均值 0.09 元/美元，但均低于 2007 年人民币兑美元的年平均汇率 7.604 元/美元，说明样本企业出口总体上还是盈利的。2008 年开局形势发生变化，一季度千家出口企业换汇成本 7.17 元/美元，其中广东为 7.14 元/美元，接近或略高于同期人民币平均汇率 7.1626，表明全部样本企业已处于出口盈亏临界点边缘。在广东省的样本企业中，纺织行业换汇成本为 7.29 元/美元，服装换汇成本为 7.17 元/美元，出口盈亏率分别是 −1.78% 和 −0.1%，按企业的话说是“出得越多亏得越多”。以加工贸易为主的广东出口企业，其原材料和市场销售两头在外，国内产业链较短，加工程度不高，出口换汇成本虽然也在下降，但赶不上汇率升值速度，企业承受汇率风险的能力偏弱。

3. 主要出口行业利润增速放缓，亏损企业增加

2007 年以来由于国内外形势趋紧，三市主要出口行业效益下滑，亏损增加。2008 年一季度，中山市规模以上纺织服装业工业产值增长 9.0%；销售收入（1～2 月份）增长 3.6%，利润总额（1～2 月份）下降 12.3%，其中销售收入和利润同比分别回落 7.9 和 182.3 个百分点。东莞市家具制造业利润总额下降67.5%，亏损企业数增长22.6%；纺织业利润总额下降2倍多，亏损企业数增长24.1%；深圳市规模以上纺织制造业利润总额同比下降41%，亏损企业数增长36.4%。

三、当前出口企业面临的困难是主客观因素共同作用的结果

从客观上说，入世以来我国出口虽然高速增长，但是传统粗放型的增长方式还没有得到根本扭转。为此，我国政府结合"十一五"规划和经济社会发展，对进出口、汇率形成机制、劳动力、资源、环保等方面进行了综合改革，出台了一系列相关政策。从长远看，这些政策必将促进对外贸易和国民经济可持续发展，对出口企业也将产生积极影响，但是短期内企业还不太适应，造成了暂时的困难，主要有以下几个方面：

1. 传统出口导向型政策发生转变，企业难以很快适应

自2005年起相继对出口退税、加工贸易、出口暂定关税和配额管理等多项政策进行了调整，在2006年和2007年两年时间里，相关政策频繁出台，出口退税率调整达到6次之多，下调或取消出口退税的产品累计超过3000种；加工贸易政策调整5次，增补加工贸易禁止和限制类目录共计3300多个(十位税号)商品。其中，2007年7月23日，公布的《加工贸易限制类商品目录》，除了新增商品类别涉及塑料原料及制品、纺织纱线、布匹、家具、金属粗加工产品等多个行业外，还规定对列入限制类的商品实行银行保证金台账实转管理。2008年版的加工贸易禁止类目录再增加1816种商品；对钢材、焦炭等"两高一资"产品实行出口许可证管理和出口暂定税率，对特别重要资源如焦炭、粮食等实施配额管理等。上述政策从发布到执行，缓冲期较短，企业难以适应。另外，珠三角地区从事加工贸易限制类商品生产的企业较多，实行银行保证金台账实转占压了大量资金，也加剧了企业资金调度困难。进入2008年以来，随着宏观调控由适度从紧转变为从紧，央行多次上调存款准备金率，目前已达到历史最高点17.5%，收紧贷款规模，中小企业融资更加困难，一些企业即使能贷到款，利息成本也大幅度增加。

2. 企业生产运营综合成本上升，挤压了利润空间

一是企业用工成本逐年增加。近几年随着工业化和城市化进程加快，企业用工数量大增，珠江三角洲地区劳动力供给趋于紧张，招工难、员工流失多的问题日益凸现，企业为招到工人和留住熟练工相应提高工资，改善福利待遇，特别是随着新《劳动合同法》的实施，企业要依法为工人上足"三险"，支付加班工资，造成企业用工成本普遍上升。同时一些地区相应提高了最低工资标准，如2008年广州上调到860元，深圳上调到850元(特区内)，东莞涨到了760元，中山涨到了770元。据调查2008年一季度三市平均用工成本同比上升8%—10%，这对服装、家具、电子等中小型劳动密集型企业和出口加工企业影响尤为突出，因为这些行业的国际市场竞争十分激烈，东南亚、南亚和拉美地区也有大量的廉价商品供应商，我国企业主要依靠低工资形成的产品价格竞争优势在明显下降。

二是原材料和能源等价格全面上涨。近年来，在国际市场初级产品价格高涨的推动下，国内市场相关产品如石油、煤炭、钢材和农副产品等价格也大幅上涨，出口加工企业成本压力较大。石油价格上涨，带动化纤产品价格水涨船高，同时，国产和进口棉花的价格也在大幅上涨，东莞等地企业反映纺织原材料价格2007年大约上涨了20%至30%；而熨烫衣服的蒸汽所需煤炭，几年前每吨价格大约是350元，2007年已经升至680元，目前报价更高达780元；近期海运和陆运费用也有较大上扬，一季度北方港装运至广州港的海运价格比2007年同期上涨了70%。

2008年一季度，广东省原材料、燃料、动

力购进价格累计上涨8.1%，高于同期工业品出厂价格涨幅4.7个百分点，延续了该省自2003年以来原材料购进价格涨幅高于工业品出厂价格涨幅的态势，而且这种价格倒挂的差距自2007年以来逐月扩大。2008年前两个月，广东省工业企业主营业务成本同比增长19.2%，增幅比主营业务收入同期增幅18.8%高0.4个百分点，企业盈利空间进一步缩小。珠三角地区大量中小型出口加工企业，本来就处于产业价值链的末端，价格转移能力较弱，纺织服装、轻工电子等产品市场竞争激烈，在买方市场条件下，企业很难通过提价弥补成本，利润空间受到进一步挤压。另一方面，珠三角部分地区用电紧缺，普遍实行“停三开四”的电力供应政策，企业在停电时用自备柴油机发电，而油价的不断攀高也进一步增大了企业成本。

三是企业环保支出明显增加。许多中小企业在最初建设时生产工艺和设备上就存在先天不足，为日后的污染和高能耗的产生埋下了隐患，而原有环保政策的相对“宽松”又为这种模式的生存提供了可能，这种以牺牲环境而获得更高利润空间的经营方式，让一些地方自然环境日益恶化。近年来，在科学发展观的指引下，各级政府开始强化环境保护的执法和惩治力度，污水处理、废气回收净化等强制性环保措施成为企业运行的先决条件，对排放不达标企业和环境违法企业实施限期整改、依法关闭等措施，从根本上加大污染企业的环境违法成本。如对纺织染整行业重点控制的COD、总磷、总氮和氨氮四大污染物提高排放标准，就将迫使企业既要从源头工艺流程上减少污染产生，又要在末端治理设施上加大改造力度，这些举措对于以前环保不达标或环境违法的一部分中小型企业来说，自然加大了成本支出。

3. 人民币汇率升值加快，大批产品出口失去价格比较优势

2008年以来人民币升值速度加快，一季度升值4.1%，为人民币汇改以来季度最高升值幅度。到4月10日，人民币兑美元汇率突破7元大关，人民币自汇率改革至今累计升值已达15.4%。近期由于国内通货膨胀压力不断加大，美联储大幅减息以及美元进一步走弱，人民币升值压力继续增大。珠三角地区传统的劳动密集型行业如纺织、服装、家电、玩具、家具等产品出口大多以美元和港币结算，人民币的快速升值，直接导致这些行业出口竞争力下降，价格优势丧失。纺织企业从接单到交货一般需要近半年左右时间，而这一期间人民币升值侵蚀了大部分利润，虽然企业在接单时可以锁定远期汇率结算，但对汇率的涨跌幅度极难把握，由此给出口企业带来了难以预测的汇率风险和汇兑损失。另外，由于美元走势的不确定性增加，人民币汇率的波动性也相应增大，应对汇率波动风险成为企业必须面对的问题，间接增加了企业的财务成本。

从主观上说，近些年我国大多数中小型出口企业靠薄利多销维持了庞大的出口规模，而忽略了自身企业素质和产品素质的提高，因此在现阶段成本上升、产品的价格优势逐步丧失等情况下陷入困境。

(1)企业缺乏核心竞争力。一是自有品牌和自主创新能力不足。中小企业由于利润微薄，人才匮乏，很难培育自己的品牌和核心技术。据商务部调查，我国纺织品出口企业平均利润率仅有3%－5%，出口模式以代工为主，自有品牌只占10%左右。一些小型出口企业为跨国公司充当加工组装车间，靠跨国公司的知名品牌和销售渠道维持生存，出口产品单一，附加价值低，产品创新和产业升级的动力和能力均不足。二是从业人员素质明显偏低。目前我国中小企业从业人员中，从学历结构看，具有高中以上学历的约占40%，其中大专及以上学历仅占11%。从专业技术职称看，有技术职称的从业人员约占10%，其中有中级及以上技术职称的从业人员约占5%。缺乏优秀人才或留不住人才，是中小企业发展壮大的主要障碍之一。三是企业管理效力不高。在许多中小企业中，还没有建立现代企业管理制度，有相当一部分仍然实行家族式管理，在管理上存在诸多的随意性，从而削弱了企业的管理效力，无法与先进的企业开展有效竞争。

(2)信用基础较差，增大了融资困难。中小企业一般财务管理基础比较薄弱，透明度较差；自我约束力不够，经营方式粗放，经营规模小，风险控制能力不足；信用程度低，经营风险大，持续盈利时间短。这些不足导致很多企业无法达到银行的风险控制标准。而金融业由于实行谨慎原则，制定了相对严格的经营规则以保证其安全性、有效性、流通性。加之金融机构与小企业之间信息不对称，金融机构在搜寻适合自己投资方向的优质小企业时遇到的问题是，信息不足、风险过高、成本过高。银行在中小企业贷款业务中承担的风险和获得的收益存在失衡，由此在贷款方面使中小企业处于不利地位。

此外，我国面临的贸易摩擦与矛盾更加突出，也对中小出口企业造成一定冲击。2007年，我国的对外贸易摩擦不断升级。据商务部统计，全球共有19个国家(地区)对我发起反倾销、反补贴、保障措施等贸易救济调查近80起，遭遇美国337知识产权调查17起。我国在连续多年成为全球遭受反倾销调查最多的国家后，2007年又成为全球遭受反补贴调查最多的国家，并且贸易摩擦领域不断延伸，从反倾销、知识产权等向产品质量、气候环境、反补贴等新领域扩展，每年技术壁垒对我造成的贸易损失达200亿美元左右。2008年以来，在全球经济趋缓的背景下，各国贸易保护主义明显抬头，针对我国产品发起的反倾销、反补贴调查数量继续上升。我国建筑陶瓷在印度遭遇反倾销调查；美国的对华纺织品限制措施仍在实施，监管力度和通过其他手段的限制措施将可能增加。2008年1月起欧盟对华10类纺织品数量限制措施虽已结束，但在市场转移和区域内贸易保护压力之下，仍会通过各种手段强化对华纺织品的限制；美国对中国的木质家具进口反倾销案每年复审一次仍在继续；2008年美国玩具产业协会与美国国家标准协会共同宣布了新的玩具测试和安全认证系统计划，该项计划已于5月1日正式生效，将进一步提高中国玩具进入美国市场的门槛。而纺织、服装、家具、玩具等领域中小企业占据大多数，上述贸易保护措施对这些企业出口形成了较大障碍。

四、解决中小型出口企业的困难需双管齐下

当前，解决中小型出口企业面临的困难，既需要发挥政府的积极引导和促进作用，更有赖于出口企业自身的努力。

从政府层面讲：

首先，要充分认识出口企业对经济增长和就业的贡献。改革开放三十年来，我国出口规模从小到大，出口企业由弱到强，经历了艰难的发展，取得了举世瞩目的成就。从1979年至2007年，我国出口年平均增长18.1%，其中入世以来的6年间，出口年平均增长率上升到28.8%，净出口对国内生产总值增长的贡献率从1%上升到21.5%，六年平均贡献率为13.25%，出口成为拉动经济增长的主要动力之一。这其中出口企业功不可没，特别是中小型出口企业发展迅猛，无论是外资企业，还是民营企业，也无论是加工贸易企业，还是一般贸易企业，它们都构成了我国出口的主体力量，成为最有活力的经济群体，是我国经济增长、市场繁荣、结构调整和扩大就业的重要基础。

其次，促进贸易发展方式的根本转变需要有一个过程。促进贸易增长方式从劳动密集型向资金、技术密集型转化，从简单加工装配向高新技术、高级产业转化都需要时间，这里即有产业结构和区域结构的调整，也有经济政策和法律环境的完善。改革开放三十年逐步形成的出口导向型产业格局和区域格局

不太可能在三五年内就被扭转过来。例如珠三角地区已经形成了完整的与生产能力相匹配的产业链，一些企业搬迁到内地或越南，固然可以降低用工成本，减轻环保压力，但不完整的产业链导致原材料配套成本和交通物流成本上升。目前，劳动密集型产品出口仍然占有十分重要的位置，因为我国是人口大国，就业压力非常大，劳动密集型产业对于吸纳普通就业者发挥着不可替代的作用。另一方面，加工贸易出口占我国出口总值的比重也一直维持在50%以上，加工贸易转型升级、延长产业链、提高附加价值也需要一个过程，不可能一蹴而就，政府部门应加强引导，间接调控，给企业一个适应和自我调整的空间。

第三，积极帮助企业转型升级，渡过阵痛期。一是提供信贷支持。改善中小型企业的融资环境，如继续鼓励和大力发展企业直接融资渠道，改善中小型企业资本金来源不足的现状；大力发展中小型商业银行，推广担保体系市场化，引导和规范民间借贷市场，提供更为丰富的融资渠道等。二是给予减免税扶持。对符合产业政策导向的企业和新产品研发企业给予一定的减税优惠，帮助他们渡过难关。对于从事加工贸易禁止类和限制类产品生产的企业，也要多加引导，督促其尽快转型升级。三是鼓励企业创新发展。东莞某镇采取引导企业提高研发设计、品质监管和营销策划三种能力，加快推进毛织业实现从产品经营向品牌经营转变、从生产基地向区域集散基地转变，并对企业打造自主品牌给予奖励；中山某镇由镇政府集中力量研发新产品新工艺，然后低价转让给本镇企业使用，不仅提高了本地产品的技术水平，也避免了中小企业创新力量不足等弱点，起到了很好的示范效应。

从企业角度看：

一是适应形势发展，主动调整自己。作为企业必须认清当前的宏观经济形势，不能产生寄希望于国家继续保护的错误认识，更不能持消极观望态度。自觉变压力为动力，主动适应宏观调控政策的需要，适应国际贸易中层出不穷的贸易保护措施和手段，根据自身具体条件，积极探索新的发展模式。

二是努力提高竞争力。在新的历史条件下，一方面努力调整组织管理模式，提高经营管理水平，克服家族式管理的随意性，自觉向现代企业制度靠拢。另一方面，高度重视自有品牌建设，扩大研发投入，在自身力量不足的情况下，积极寻找外援，借助于科研机构和当地政府力量，培育自主品牌，不断提升产品质量和附加价值，扩大市场占有率，使自身在激烈的市场竞争中立于不败之地。

（国家统计局贸易外经司　龙玲）

近两年来我国外商直接投资发展情况和当前形势下的政策建议

近两年来，尽管国际国内经济运行中出现了许多新的不确定因素，但我国外商直接投资仍然保持了持续增长的较好势头，外商直接投资在促进产业结构调整，助推我国经济增长的同时，也带来了一些值得关注的问题。

在当前国际金融危机对全球经济带来巨大冲击的新形势下，认真分析研究近两年来我国外商直接投资的现状、特点和存在问题，提出进一步做好外商直接投资工作的政策建议，更具有重要的现实意义。

一、现状和特点

(一)外商直接投资新批合同项目个数减少，实际利用外资金额增加

近两年来，我国利用外资呈现项目个数持续减少而实际金额持续增加的良好态势。2007年我国新批外商直接投资合同项目37871个，比上年下降8.7%，实际利用外资747.7亿美元，增长13.6%；2008年我国新批合同项目27514个，下降27.4%，实际利用外资924.0亿美元，增长23.6%。分月来看，2007年前6个月我国实际利用外资稳步增长，之后趋于稳定，增速于2008年1月创新高后逐步回落；2008年第四季度由于受国际金融危机的影响，增幅于10月后出现负增长。

(二)外商独资企业比重持续上升

近两年来外资企业在华投资中合资合作企业趋于减少，独资企业不断增加。2007年，我国外商独资企业新批合同项目占总项目的78.0%，实际利用外资金额占实际利用外资总额的76.6%。2008年，我国外商独资企业新批合同项目占总项目比重高达81.4%，实际利用外资金额占实际利用外资总额的比例达78.3%，分别高于2007年3.4个百分点和1.7个百分点。

(三)外商直接投资三次产业结构逐趋合理

近两年来，随着国家产业政策的调整与引导，外商直接投资在三次产业结构分布方面呈现优化格局。

1. 第一、三产业实际利用外资增加，第二产业比重维持平衡

2007年第一产业新设立外商投资企业1048家，比上年增长10.2%，实际利用外资9.2亿美元，增长54.2%，占实际利用外资总额的1.2%；2008年第一产业新设立外商投资企业917家，下降12.5%，实际利用外资11.9亿美元，增长28.9%，占实际利用外资总额的1.3%，比上年提高0.1个百分点。

2007年第二产业新设立外商投资企业20087家，比上年减少21.9%，实际利用外资428.6亿美元，占实际利用外资总额的比重为57.3%，其中投入制造业的金额为408.6亿美元，占实际利用外资总额的比重为54.7%。2008年第二产业新设立外商投资企业12299家，减少38.8%，实际利用外资532.6亿美元，增长24.3%，占实际利用外资总额的比重

为57.6%,其中投入制造业的金额为498.9亿美元,增长22.1%,占实际利用外资总额的比重为54.0%。

受服务业进一步对外开放和国际金融危机等因素影响,2007年外资进入第三产业的速度较快,2008年增速放缓。2007年第三产业新设立外商投资企业16736家,比上年增长13.1%,实际利用外资309.8亿美元,占实际利用外资总额的比重为41.4%;2008年第三产业新设立外商投资企业14298家,下降14.6%,实际利用外资379.5亿美元,增长22.5%,占实际利用外资总额的比重为41.1%。

2. 受国家政策调控和金融危机影响,房地产业吸收外资涨幅回落

从2006年10月到2008年7月,我国房地产业实际利用外资迅速增加,几乎每月均以同比一倍以上的增幅扩大,其中2007年4月增幅达264.0%,到2008年7月因基数因素增速有所放缓,但金额月均超过15亿美元,其中2007年12月房地产业实际利用外资达27.0亿美元,创月度吸收外资历史新高。

受国家政策调控和金融危机影响,从2008年8月开始,我国房地产业实际利用外资增速趋于零,但金额依然较大。2007年和2008年我国房地产业实际利用外资分别为170.9亿美元和185.9亿美元,占同期吸收外资的22.9%和20.1%。

(四)外商直接投资地区分布出现可喜变化

东部地区实际利用外资在过去两年中保持稳定增长。从2007年1月到2008年9月月均增速保持在25%以上,之后由于受金融危机影响同比增速转为负增长。2007年东部地区合同项目32516个,比上年下降8.5%;实际利用外资656.4亿美元,增长10.2%,占实际利用外资总额的87.8%,比上年减少2.7个百分点。2008年东部地区合同项目23584个,比上年下降27.5%;实际利用外资783.4亿美元,增长19.4%,占实际利用外资总额的84.8%,比上年减少3个百分点。虽然东部地区利用外资的比重有所下降,但其仍是我国外商投资的主要投资区域。

中部地区实际利用外资在过去两年中呈现较快增长态势。2007年前10个月实际利用外资平稳增长,之后开始快速增长,其中2008年4月实际利用外资5.8亿美元,同比增长3.1倍;到2008年10月为止月平均增速保持在1倍以上,之后出现明显下滑,2008年11月和12月增速分别为负47.5%和负29.2%。2007年中部地区合同项目3653个,下降10.6%;实际利用外资54.5亿美元,增长37.0%,占实际利用外资总额的比重为7.3%,比上年增加1.2个百分点。2008年中部地区合同项目2544个,下降30.4%;实际利用外资74.4亿美元,增长36.5%,占实际利用外资总额的比重为8.0%,比上年增加0.7个百分点。

西部地区实际利用外资在过去两年中总体增幅明显高于东中部地区。2007年2月、3月和4月同比增速均超过1倍,从2007年8月开始到2008年8月止,除2007年11、12月增速分别为10%和22.6%外,其余各月增速均在一倍以上,其中2008年1月和7月增速达到325%,但从2008年9月开始出现明显下滑,2008年12月增速为负19.6%。2007西部地区合同项目1702个,下降8.1%;实际利用外资36.8亿美元,增长60.0%,占实际利用外资总额的比重为4.9%,比上年增加1.4个百分点。2008西部地区合同项目1386个,下降18.6%;实际利用外资66.2亿美元,增长79.8%,占实际利用外资总额的比重为7.2%,比上年增加2.3个百分点。

(五)大部分国家和地区对华投资呈增长态势

受国际金融危机前累计投资基数影响,2008年大多数国家或地区对华投资仍保持增长态势。

2008年，香港地区对内地直接投资410.4亿美元，占我国外商直接投资比重的44.4%，同比增长48.1%；美国对华投资在连续四年下降的情况下2008年出现回升，金额29.4亿美元，增长12.5%，但对华投资项目仍下降32.5%；日本对华投资在2007年全年下降近三成后出现反弹，2008年日本对华投资金额36.5亿美元，增长1.8%；新加坡对华投资继续增长，2008年对华投资金额达44.4亿美元，同比增长39.3%；台湾省对大陆投资自2003年以来一直处于规模收缩状态，投资金额逐年减少，但2008年出现缓慢回升，金额为19.0亿美元，同比增长7.0%。

英国、德国、法国、意大利、卢森堡、荷兰、西班牙、奥地利、瑞士、俄罗斯、加拿大、澳大利亚等国2008年对我国投资均呈增长态势，韩国对华投资2007年同比下降24.6%，2008年下降14.8%，降幅有所减小。

二、存在问题

(一)来自自由港的投资增长迅猛，实体经济国家投资比重下降

近两年来，美国和日本对华直接投资比重逐渐降低，来自欧盟的投资比重略增，来自自由港的外资增加较多。2008年美国和日本对华直接投资分别为29.4亿美元和36.5亿美元，占我国外商直接投资的比重分别为3.2%和4.0%，分别比上年下降0.3和0.8个百分点。欧盟对华直接投资50.6亿美元，占我国外商直接投资的5.5%，比上年增长0.2个百分点。2008年部分自由港(开曼群岛、英属维尔京群岛、萨摩亚)对华投资216.5亿美元，占我国外商直接投资的比重为23.4%，投资额分别为美国和日本等实体经济国家6—7倍。

(二)加工贸易比重过大，不利于我国经济增长方式的转变

在国际金融危机的冲击下，国际市场需求继续萎缩，全球通货紧缩趋势明显，外部经济环境更加严峻，使得我国加工贸易出现大幅下滑。在这种情况下，2008年由外商投资企业主导的加工贸易进出口总值占全部进出口贸易总值的比重仍然超过七成。这种以外资企业加工贸易为主的贸易格局，不仅使我国一直处于全球贸易摩擦漩涡的中心位置，而且加大了我国改善出口贸易格局和转变经济增长方式的难度。

(三)房地产业实际利用外资增速过快带来隐忧

房地产业单月吸收金额虽呈逐渐下降趋势，但在我国实际利用外资中的比重依然偏大，这虽然可能预示着外资进入我国房地产行业的高峰期已经过去，但外资在我国房地产市场已具备相当规模，给我国未来的房地产政策调控增添了很大的风险和变数，容易造成大规模的外资抛售从而带动整个房地产业下滑，进而冲击和威胁我国金融安全。

三、政策建议

(一)理性对待利用外资同比和环比下降现象，抓住机遇，做好金融危机的应对和利用外资长期政策调整理顺工作

当前出现的利用外资同比和环比下降现象，总体上看，并未超出正常范围。首先，利用外资作为一种经济现象，有其特有的经济波动规律，尤其在国外金融风暴的影响下其波动程度更大；其次，利用外资相对额的下降并不能说明利用外资水平的下降，反而有可能是其效率提高的表现；再次，“两税合一”后部分国内资金更方便快捷的投入到国内经济运行体中，不必再通过外资渠道投资；因此，当前出现的利用外资同比和环比下降现象应属正常波动。中国经济增长的广阔前景和巨大吸引力是决定外商直接投资的基础性条件。从目前情况看，国际金融危机虽然给我国经济带来一定影响，但这一基础性条件并

未因国际金融危机的发生而改变。因此，可以说当前出现的利用外资同比和环比下降只能是阶段性的暂时现象。在当前情况下，我们不仅要积极做好金融危机的应对工作，与此同时，还应该从更长远的目标出发，总结经验，积极做好利用外资政策调整理顺工作。

（二）通过执政理念转变有效提高利用外资经济效益

要加快服务型政府建设，变优惠政策为优质服务，以切实促进经济发展，提高利用外资经济效益。通过当前开展的第二次全国经济普查可以清查外资存量状况，准确把握外资流入途径并掌握国内外资真实分布，为我国制定与调整利用外资政策提供更有效更准确的依据。

（三）积极利用外资发展第三产业，减少制造业顺差增长能力

要继续深化体制改革，积极调整产业发展战略，打破我国部分行业高度垄断的格局，积极鼓励非公有制企业参与投资竞争性行业，推动第三产业的繁荣发展。关注我国房地产业内的外商投资存量和批发零售业的外商投资情况，在适度开放批发零售业尤其是二三线城市对外开放度的同时，要注重国内批发零售大型企业的培养。

（四）培育和发展具有自主知识产权的高新技术与产品

应通过自主开发和科技创新加快发展具有自主知识产权的高新技术与产品，要充分认识到创新技术尤其是核心技术必须靠自己研发，通过利用外资引进技术只能作为辅助手段，要把技术进步的主要立足点转移到自主创新上来。

（五）积极推动产业结构调整，在推进产业转移的同时做好经济增长点的衔接工作

在我国积极推动产业结构调整的过程中，受经济运行各种因素影响，东部沿海地区陆续出现了劳动密集型企业关闭或外迁现象。在东西部地区之间进行产业转移时要重点掌握产业调整和吸收的节奏，防止国内经济周期波动与地区经济衔接不协调，以及国内资本市场和国际金融动荡共同作用给国内经济带来伤害。

（国家统计局贸易外经司　王克臣　孟好）

上海发展国际服务贸易难点问题研究

国际服务贸易作为经济发展和产业进步的标志，已经成为国际贸易越来越重要的组成部分，而且国际服务贸易与国际投资的关系也日益密切。进入 21 世纪，上海依托产业优势、区位优势、功能优势和服务业对外开放先行先试的政策优势，国际服务贸易快速发展。国家外汇管理局上海市分局服务贸易国际收支统计数据显示，2006 年上海市国际服务贸易进出口收支总量达到 403.37 亿美元，比上年同期增长 24.2%。2000—2006 年，上海国际服务贸易总量年均增长 31.2%，高出同期上海外贸进出口商品总额增幅 4.4 个百分点。伴随着总量的高速增长，上海国际服务贸易的结构也逐渐优化。

在取得显著成就的同时，上海国际服务贸易发展仍存在一些不可忽视的问题，一是目前上海服务贸易逆差较大，国际竞争力有待进一步提高；二是内部结构高度化不够，服务出口中运输、旅游、个人劳务等传统服务性行业比重较高。这些现象表明，上海在发展国际服务贸易方面还存在着一些难点和约束，制约了服务贸易的进一步发展。本文在分析上海发展国际服务贸易现状特点的基础上，重点考察难点问题和制约因素，认清同发达国家和地区在发展服务贸易方面存在的差距，理清发展思路，初步提出上海进一步发展国际服务贸易的对策建议。

一、全球服务贸易发展状况及趋势

(一)国际服务贸易的概念

早在 1977 年，T·霍尔就提出了为理论界公认的服务概念：“服务是指人或隶属于一定经济单位的物在事先合意的前提下，由于其他经济单位的活动所发生的变化。服务的生产和消费同时进行，即消费者单位的变化和生产者单位的变化同时发生，这种变化是同一的。”经济学家对“服务”做出的另一种界定是“一种可供销售的活动，是以等价交换的形式为满足社会和其他社会公众的需要而提供的劳务活动或物质产品。”从这两种定义中，可以得出基本的判断，即服务和货物一样，有生产、消费的过程，同时，服务又是可贸易的。这是研究国际服务贸易的基点。

但是，与货物贸易相比，服务贸易又有其特殊性。货物的生产、贸易和消费是相对分离的，生产出来的产品不一定马上进入流通领域并送到消费者手中。而服务的生产、贸易以及消费必须是同时发生的。服务贸易就是服务的有偿交换过程。WTO 的《服务贸易总协定》(GATS)针对服务的不同提供方式，将国际服务贸易定义为以下 4 种模式：

1. 跨境交付(Cross－border Supply)。指从一国境内向另一国境内提供服务，服务者和消费者都不需要流动出境，实际流动的只是服务，如电讯、邮政和金融等服务。

2. 境外消费(Consumption Abroad)。指在一国境内向其他国家的消费者提供服务，一般是通过服务的消费者的跨境流动来实现的，如旅游、留学等服务。

3. 商业存在(Commercial presence)，指一个国家通过在另一个国家境内建立商业机构提供服务，如建立外资服务业企业(金融机构，会计事务所，维修中心，研发中心等)向东道国境内提供服务。

4. 自然人移动(Movement of personnel)。指一个国家的个人在另一国家境内以自然人存在的形式向当地提供服务,通过服务提供者的过境流动来实现,如外籍教师、律师、艺术家等在另一国境内提供服务。

(二)全球服务贸易发展趋势

1. 从以发达国家为主导向发达与发展中国家并举格局发展

自20世纪60年代,世界经济结构的重心开始转向以服务业为主以来,国际服务贸易开始加速发展。美国、英国等发达国家在世界服务贸易中占据主导地位。1980年以来,美国、英国、德国、法国和日本一直居服务贸易出口的前五位。2005年,这五个国家服务贸易出口额合计占全球服务贸易出口总额的37.2%,其中美国占14.6%,英国占7.6%。近年来,中国、印度、俄罗斯以及东盟等发展中国家在世界服务贸易的地位不断提升,其中中国、印度已进入全球服务贸易出口的前十位。国际服务贸易格局从发达国家占绝对主导开始向发达国家和发展中国家共同发展的格局转变,而且这种趋势仍将延续。

2. 从传统服务业向现代服务业转变

服务贸易结构调整加快,新兴服务贸易快速增长。第二次世界大战以前,服务贸易的主要项目是劳工输出、运输服务等。战后随着第三次产业革命的发生和完成,电讯、金融、运输、旅游以及各种信息产业、知识技术等迅速发展,服务业加快向这些领域的扩展,新兴服务贸易的比重也随之不断提高,世界服务贸易结构逐渐向新兴服务贸易部门倾斜。1990—2005年,运输和旅游服务合计占世界服务贸易的比重从62.5%下降到52.2%,而以通信、计算机和信息服务、金融、保险、专有权利使用费和特许费为代表的其他服务类型所占比重则从37.5%逐步增长到47.8%。服务贸易的发展以高技术为依托的特征越来越明显。

国际货物贸易中的产业转移理论同样适用于服务贸易领域。以美国为首的发达国家作为服务贸易的先导,贸易结构不断走向高级化,在国际服务贸易增长最快、最具有增值空间的生产性服务领域,如电讯服务、保险服务、金融服务、计算机和信息服务,以及特许权使用和许可、专业服务等现代服务领域占尽先机。而发展中国家随着国内经济发展加快,承接能力逐渐增强,与发达国家的差距和分割减少,从发展传统服务业逐步向现代服务业涉足。

3. 国际服务贸易自由化趋势加强

发达国家凭借在国际服务贸易领域的优势,有能力降低部分服务部门的壁垒,以引进一定数量的外国服务和服务提供者,为其新兴服务业提供发展必要的资金和技术支持。因此,以美国为代表的发达国家积极主张服务贸易自由化,以扫清各国存在于服务贸易的壁垒,便于其打开世界服务市场。目前发达国家的服务贸易自由化政策"因国而异":对发展中国家开放本国服务市场的条件是以服务换商品,即发展中国家以服务市场准入代价换取发达国家商品市场的相对开放;而对同等的发达国家和地区,则是互相开放本国服务市场,实现"服务贸易补偿论"。总之,在多边贸易体制的推动下,服务贸易壁垒逐步降低,各贸易参加国为顺应这一趋势不断调整国内经济政策。

从国际服务贸易发展的趋势看,自由化形成的外部竞争将迫使发展中国家只能发展具有相对优势的旅游、工程建筑、劳务输出等传统服务,发展中国家服务业结构的局限又形成其对生产性服务进口的依赖。这样,一方面发展中国家依赖从发达国家进口信息技术生产性服务,另一方面又依赖传统服务业的出口来换取外汇,平衡国际收支。服务贸易自由化很可能促使这种格局固定化,这种服务贸易格局的实质是发展中国家用附加值低的服务来换取发达国家附加值较高的服务,用简单劳动与复杂劳动相交换。这就意味着发展中国家丰富的劳动力资源无法在国际市场上转化为更高的价值，发展中国家的服务贸易格局局限在低增加值的水平上。这种建立在比较优势基础上的服务贸易格局一旦长期延续下去，就会使发展中国家很难改变自身的落后地位。这是发展中国家在服务贸易自由化过程中面临的最严峻的现实问题。

4. 跨国公司成为国际服务贸易的主要推动力

以商业存在方式进行的服务贸易迅速增加，而跨国公司在这一趋势中占据主导地位。根据2002年《世界投资报告》披露，世界新增直接投资90%和累计直接投资额的60%以上流向服务业领域。通过服务业跨国投资所形成的服务产品销售已经成为服务贸易的主体，不仅在数量上相对于其他三种服务贸易已占据绝对优势，而且由于其具有的特殊优势广为跨国公司所青睐，从发展态势上来看亦具有十分广阔的前景。目前，跨国公司依靠资金、技术和信息上的巨大优势以及在全球范围内配置资源的能力，垄断了全球90%的国际技术贸易，与跨国公司经营有关的知识产权交易额和国际性经营服务(包括教育、培训、金融、保险、通讯、法律、数据处理、经营咨询、信息服务等)的出口额已占世界服务贸易出口额的一半左右。近几年，伴随着制造业的国际转移，服务业向新兴市场国家转移的趋势也渐趋明显，涉及软件、电讯、金融服务、管理咨询等多个行业。

5. 服务外包逐渐成为服务贸易的重要形式

近年来，随着跨国公司的战略调整以及系统、网络、存储等信息技术的迅猛发展，由业务流程外包(BPO)和信息技术外包(ITO)组成的服务外包正逐渐成为服务贸易的重要形式。业务流程外包(BPO)的类别包括：企业内部管理服务、企业业务运作服务、供应链管理服务。信息技术外包(ITO)的类别包括：系统操作服务、系统应用服务、基础技术服务。服务外包的提供商和服务外包的发包商可以是在一国之内，也可以是分别属于本国和别国。后者属于离岸服务外包业务，可以分为服务外包提供商在国内而发包商在国外以及服务外包提供商在国外而发包商在国内的两种情况。据麦肯锡与商务部联合发布的《将中国打造成服务外包产业的全球巨人》白皮书，2005年全球离岸服务外包产值达400亿美元，到2010年，这个数字将达到6000亿美元。

(三)中国国际服务贸易发展现状

1. 服务贸易增速快

中国服务贸易进出口总额从1982年的43.4亿美元增长到2005年的1570.8亿美元。其中，服务贸易出口739.1亿美元，增长近29倍，年均增长15.9%。上世纪80年代以来，除个别年份外，中国服务贸易出口增速一直高于世界服务贸易出口增速以及主要服务贸易国家(地区)出口的增速。

2. 总体竞争力较弱

中国服务贸易自1992年首次出现逆差以后，除个别年份(1994年)外一直是逆差。尤其是近年来，中国国际服务贸易逆差呈逐步扩大的趋势，2004年达到95.5亿美元，2005年逆差虽有所下降，但仍达到92.6亿美元。中国对美国的服务贸易逆差也在不断增大。美国商务部经济调查局报告显示，自2000年以来，中美服务贸易逆差一直在20亿美元左右，2005年扩大到了25.7亿美元。

3. 在世界服务贸易的地位有待提高

2005年，中国服务贸易总量已经上升到全球第7位，但却仅占世界服务贸易总量的3.5%，服务贸易出口额列世界第8位，比重为3.4%。中国与美国、英国等服务贸易强国相比差距明显。即使是像经济总量、货物进出口额都远小于中国的西班牙，其服务贸易出口额也是中国的1.1倍。另外，中国服务贸易发展滞后于货物贸易的发展。2005年中国货物进出口额、出口额和进口额世界排名均为第3位，其中出口比重已上升到7.3%。

4. 服务贸易结构不够合理

以传统服务贸易为主体。2005年中国运输出口154亿美元，占服务贸易出口的20.9%；旅游出口293亿美元，占39.6%。运输和旅游服务的出口占中国服务贸易出口一半以上，而金融、保险、计算机信息服务、咨询、专有权利和特许、广告宣传和电影音像等知识密集型、技术密集型、高附加值服务贸易项目，发展速度相对缓慢，比重仍然较低。

5. 服务业开放度提高

在服务业开放方面，中国认真履行向WTO的承诺，服务业开放程度已经接近发达国家。目前，已开放了《服务贸易总协定》12个服务大类中的10个，包括银行、保险、证券、电信服务、分销等在内的100个服务部门已陆续开放（发达国家开放的部门数为108个），占服务贸易部门总数的62.5%。

二、上海服务贸易发展的特点、现状及差距

（一）分析框架及思路

1. 服务贸易统计的基本框架

统计是分析服务贸易发展的基础。2002年，经联合国统计委员会授权，国际服务贸易统计机构服务工作组在联合国（UN）、欧洲共同体委员会（EU）、国际货币基金组织（IMF）、经济合作与发展组织（OECD）、联合国贸易与发展会议（UNCTAD）、世界贸易组织（WTO）等6个参与机构的密切配合下，编写了指导各国进行国际服务贸易统计工作的《国际服务贸易统计手册》，完成了从服务贸易的法律性定义到可操作的统计制度的转换，其基本内容和建议包括如下内容：

（1）遵循GATS关于国际服务贸易的定义，确定以全部4种供应模式作为服务贸易统计的范围；进一步明确建议以两条主线进行国际服务贸易统计的开发和建设；即居民和非居民间的服务贸易（即BOP项下的服务贸易）、通过外国附属机构实现的服务贸易（即FATS）。

（2）关于BOP项下的服务贸易统计，提出按照更加详细的服务贸易分类体系（即EBOPS），按照贸易伙伴国编制统计数据，并将居民与非居民间的各类服务贸易按照不同供应模式进行分配。

（3）关于FATS统计，给出了基本框架。其中，本国境内的外国附属机构提供的服务作为内向FATS，相当于本国的服务进口；本国在外国附属机构提供的服务作为外向FATS，相当于服务贸易出口。

（4）对于自然人移动统计，因其范围难以界定以及可行的统计指标有限，目前尚未成为国际服务贸易统计体系的主要组成部分。

（5）提出分阶段实施国际服务贸易统计不同组成部分的建议，强调根据基础可能逐步开始编制相关统计信息，使可利用的服务贸易统计数据不断丰富和细化。

2. 国际服务贸易统计的现状

从目前实际情况看，经过国际货币基金组织在国际收支统计国际指导方面多年努力，各国BOP项下的服务贸易统计已经具备比较好的基础。目前已有140多个国家（地区）定期向国际组织报告国际收支项下的服务贸易统计数据。但FATS统计却是一项新事物。美国在20世纪90年代率先正式推出FATS统计。加拿大于1999年首次发布了外向FATS。但根据世界贸易组织最新提供的资料，全球仅有25个国家涉及到FATS统计，主要是欧美较发达国家。在这25个国家中，有23个国家涉及内向FATS统计，13个国家涉及外向FATS统计。而既有外向FATS统计，又有内向FATS统计，各项指标比较齐全的，只有美国、日本和葡萄牙三个国家。

3. 我国服务贸易统计的现状

近年来，我国学者和政府职能机构对国际服务贸易统计进行了深入全面的研究。如高敏雪、胡景岩等的研究课题《中国国际服务

贸易统计建设的背景与基本框架》即是这方面的集大成者。从工作层面看，国家商务部最近发布了《中国服务贸易发展报告2006》，根据报告内容分析，和国际上服务贸易统计进展情况基本一致，我国BOP项下服务贸易统计比较成熟，而FATS项下服务贸易统计还处于探索和建立过程中。另外，国家商务部联合国家统计局制定了《服务外包统计报表制度》，已于2007年5月份开始执行。

4. 上海服务贸易统计工作的现状

从2002年起，上海市对外经济贸易委员会会同市发展改革委员会、外汇管理局、市统计局研究建立了包括服务贸易BOP统计和FATS统计两部分在内的上海服务贸易统计指标体系，基本实现了为上海服务贸易发展的年度运行分析和预测提供统计数据的任务和目标。目前，由外汇管理局上海市分局负责上海服务贸易BOP统计，每年编制一本《上海国际服务贸易统计分析报告》；由上海市统计局负责上海服务贸易FATS统计，每年编制一份FATS统计年度报告。上海市对外经济贸易委员会每年还编制一本《上海服务贸易发展报告》。

5. 分析的依据和方法

一方面，目前上海的FATS服务贸易统计中，内向FATS统计资料相对齐全，而外向FATS统计只有一个总数，无法进行行业分析；另一方面，FATS统计的基本指标是企业服务销售（营业）收入，但在实践中还不能将服务销售收入从总收入中分离出来，而是将全部收入都算在其中。所以，我们确立以BOP统计数据为主，以FATS统计数据为辅展开上海服务贸易分析。

这样是否会影响我们对上海服务贸易总体状况的认识呢？应该说，BOP统计和FATS统计互相补充，才能反映服务贸易的全貌。但是BOP统计与FAT统计二者有部分内容相重叠。BOP统计涵盖了跨境交付、境外消费方式的全部和商业存在、自然人移动方式的一部分，而FAT统计涵盖了全部的商业存在和一部分的自然人移动（见表1）。另外，从数据上来看，2006年上海内向FATS和外向FATS服务贸易收入之和为216.12亿美元，而BOP项下服务贸易进出口总额为403.37亿美元。所以，主要以BOP统计数据作为我们分析的依据对于把握上海国际服务贸易的总量和结构特征影响并不大。

表1　BOP统计与FATS统计的关系

提供方式	BOP统计	FATS统计
跨境交付	运输（大部分）、通信、保险、金融、特许使用费、版权许可费；（部分的）计算机和信息服务，其他商业服务，个人、文化和娱乐服务	
境外消费	旅行（旅行者购物除外），在外国港口修理船只（货物），部分运输（在外国港口对船只进行支持和辅助服务）	
商业存在	部分建筑服务	ICFA的各类服务
自然人移动	部分计算机和信息服务，其他商业服务，个人、文化和娱乐服务	外国人在外国附属机构中就业

注：ICFA指产生于联合国《全部经济活动的国际产业标准分类》(ISIC)的外国附属机构类别分组。

（二）上海服务贸易发展的现状

1. 服务贸易规模扩张较快

2000—2006年，上海BOP项下服务贸易年均增长31.2%，其中服务贸易进口年均增长30.3%，服务贸易出口年均增长32.2%（见图1）。上海服务贸易出口增长速度明显快于2000－2005年的全球10.1%和中国19.6%的增长速度，也快于上海同期货物贸易出口28.4%的增长速度。

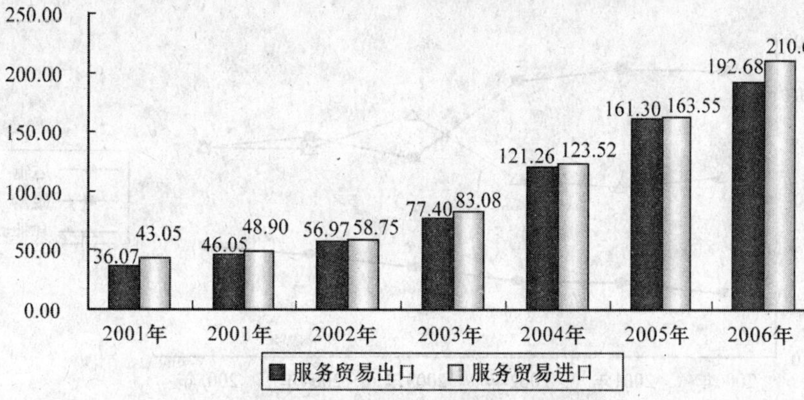

图 1　2000—2006 年上海服务贸易进出口情况

资料来源:《上海国际服务贸易统计分析报告 2006》

2. 服务出口结构优化

在规模扩张的同时,上海服务贸易出口的行业结构也发生了明显的变动。2000—2006 年,服务贸易各出口项目中,比重下降较大的有运输(下降 12.7 个百分点)、旅游(下降 4.1 个百分点)、保险(下降 2.7 个百分点)、建筑安装和承包工程(下降 2.6 个百分点),比重上升较大的有咨询(上升 10.3 个百分点)、个人劳务服务(上升 8.7 个百分点)、计算机和信息服务(上升 2.5 个百分点)、广告宣传(上升 1.3 个百分点)(见表 2)。金融服务、电影音像虽然在总出口中占的比重不高,但其增长迅速,年均增长分别达到 47.5%和 45.2%。这些说明,上海传统服务贸易出口比重下降,现代服务贸易出口比重趋于上升,服务贸易结构正在逐步优化。

表 2　2000 和 2006 年上海服务贸易出口结构

单位:%

	2000 年	2006 年
合　　计	100.0	100.0
运输	53.4	40.7
保险	4.8	2.1
旅游	20.6	16.5
金融服务	0.3	0.5
通讯、邮电	0.7	0.3
建筑安装和承包工程	3.7	1.1
计算机和信息服务	2.9	5.4

续表

	2000 年	2006 年
专利权利使用费和特许费	1.0	0.2
咨询	8.3	18.6
教育、医疗、保健	1.0	1.0
广告宣传	2.8	4.1
电影音像	0.1	0.1
其他(官方交往)	0.2	0.3
个人劳务服务	0.4	9.1

资料来源:《上海国际服务贸易统计分析报告 2006》

另外,从与全国和世界服务贸易出口结构变动情况(分别见图 2 和表 3)比较中可以看出,上海走在了全国的前列,正在向国际服务贸易变动趋势靠拢。

表 3　世界服务贸易出口结构

单位:%

	1990 年	2000 年	2005 年
全球服务贸易	100.0	100.0	100.0
＃运输服务	28.6	23.0	23.3
旅游服务	33.9	32.4	28.9
其它服务	37.6	44.6	47.8

资料来源:《中国服务贸易发展报告 2006》

3. 竞争力有待继续提高

贸易竞争力指数,即 TC 指数,是行业结构国际竞争力分析的一种有力工具,反映一个国家或地区某行业或某产品的比较优势状况。其计算公式为:

TC 指数=(出口—进口) / (出口+进口)

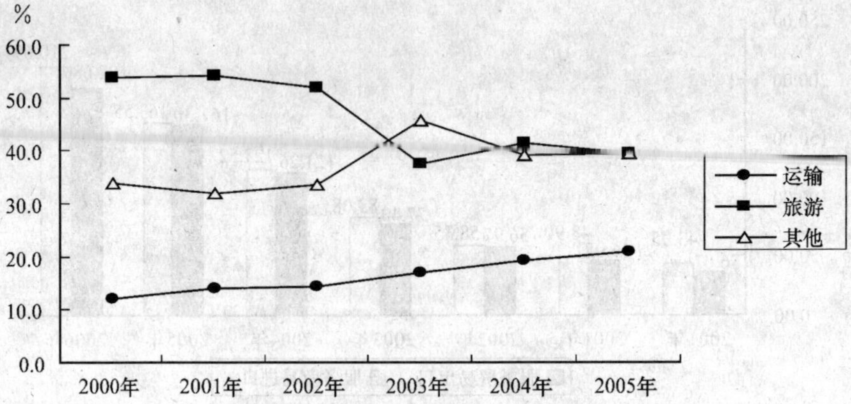

图2　中国服务贸易出口结构

资料来源：国家商务部服务贸易司网站 http://fwmys.mofcom.gov.cn/m/m.html/1

TC指数取值范围为[－1,1]。当其值接近0时，说明比较优势接近平均水平，进出口交叉明显；大于0时，说明比较优势大，且越接近1越大，国际竞争力也越强；反之，则说明比较优势小，竞争力低。如果TC指数＝－1，意味着该国第i种商品或行业只有进口；如果TC指数＝1，意味着该国第i种商品或行业只有出口。

表4　上海服务贸易出口各项目TC指数

	2000年	2001年	2002年	2003年	2004年	2005年	2006年
服务贸易总体	－0.088	－0.030	－0.015	－0.035	－0.009	－0.007	－0.045
运输	－0.076	－0.040	－0.063	－0.088	－0.095	－0.148	－0.144
保险	0.046	－0.015	－0.059	－0.116	－0.201	－0.203	－0.251
旅游	－0.052	0.223	0.593	0.656	0.368	0.171	－0.161
金融服务	－0.178	－0.184	－0.416	－0.608	－0.168	－0.060	－0.187
通讯、邮电	0.449	0.329	－0.237	－0.430	－0.322	－0.193	－0.486
建筑安装和承包工程	0.015	0.382	0.196	－0.055	0.130	－0.027	－0.003
计算机和信息服务	0.051	0.361	0.448	0.419	0.424	0.375	0.406
专利权利使用费和特许费	－0.749	－0.859	－0.914	－0.964	－0.881	－0.902	－0.955
咨询	0.025	0.089	－0.044	－0.074	0.113	0.261	0.274
教育、医疗、保健	－0.689	－0.725	－0.713	－0.726	－0.543	－0.321	－0.451
广告宣传	0.293	0.368	0.174	0.446	0.318	0.609	0.657
电影音像	－0.256	0.424	－0.349	－0.022	－0.574	－0.690	－0.047
其他(官方交往)	0.985	0.536	0.719	0.346	0.392	0.404	0.461
个人劳务服务	－0.473	－0.510	－0.200	－0.063	0.123	0.539	0.645

资料来源：根据《上海国际服务贸易统计分析报告2006》有关数据计算

从数据显示的情况来看，服务贸易总TC指数基本稳定在0以下附近，这说明上海服务贸易国际竞争力偏低。各贸易项目中，运输TC指数一直为负，而且竞争力呈逐渐下降趋势；保险、通讯邮电TC值都是呈下降趋势，而且是由正值变为负值；旅游TC值从2003年后呈下降趋势，与之相反，金融服务和咨询TC值2003年后上升；计算机和信息服务TC值已稳定在0.4附近；专利权利使用费和特许费TC值呈下降趋势，而且已经接近－1；个人劳务服务TC值显著上升，而且是从负变为正。这些变动说明，随着入世后过渡期的结束，我国各服务行业开放度提高，上海有些服务贸易部门竞争力得到了提升，而有的部门却面临较强的国际竞争压力。

4. 各出口行业发展潜力不同

以2000—2006年服务贸易总出口年均增长率32.2%和出口规模10亿美元为基准，用波士顿矩阵(见图3)表示的上海服务贸易各出口行业增长潜力情况如下：

处于第一象限的属于基础规模大、增长速度快的行业，有咨询、个人劳务、计算机信息服务。这些行业有很大发展潜力，对上海服务贸易出口现实的和预期的贡献率都大，需要重点支持其发展；

处于第二象限的属于基础规模较小，但增长速度较快的行业，有金融、广告宣传、电影音像等。这些行业同样具有较大的发展潜力，在促进政策得力的情况下，会有超高速增长；

处于第三象限的属于基础规模小、增长速度缓慢的行业，有通讯邮电、专利和特许。建筑安装和承包、保险等。这些行业在发展中已显示出了竞争劣势，短期内对上海服务贸易出口的贡献会将维持在一个较低的水平上；

处于第四象限的属于基础规模较大，但增长速度较低的行业，有旅游和运输。这些行业对上海服务贸易出口贡献大，虽然发展潜力较小，仍需要长期持续的支持。

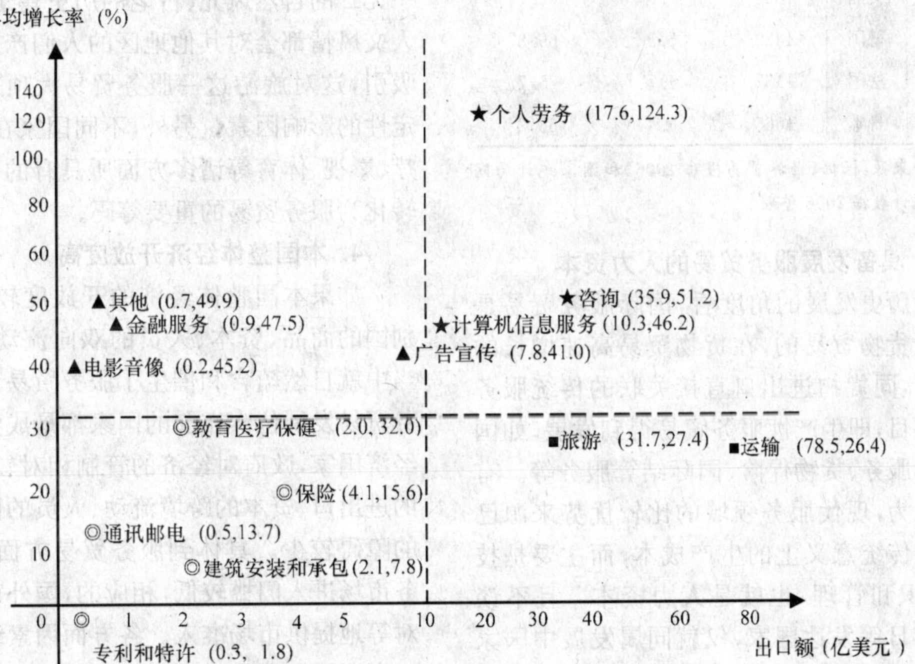

图3　上海服务贸易出口行业发展潜力波士顿矩阵分析

资料来源：根据《上海国际服务贸易统计分析报告2006》有关数据绘制

三、上海发展国际服务贸易的难点分析

(一)发展国际服务贸易所需的条件

从国际上国际服务贸易发展较好的国家和地区来看，有一些共性和普遍的东西值得我们注意。这些国家和地区往往具有以下特征：

1. 第三产业占整个国民经济的比重较高

国际服务贸易的开展，特别是提高服务贸易出口一个重要的条件就是本地区服务业具备较强的竞争优势，而服务业竞争优势的建立往往与第三产业在整个国民经济中占较高比重是同一个过程的两个方面。一个服务业尚未得到充分发展，第三产业在本国经济中比重还比较低的国家，不可能成为一个国际服务贸易大国和强国。2005 年居国际服务贸易出口前 5 位的国家第三产业占本国 GDP 比重都在 70%上下(见表 5)，而且有第三产业比重越高，位次越靠前的趋势。

表 5　2005 年世界服务贸易出口前 5 位的国家

排　名	国　家	金额(亿美元)	占全球比重(%)	第三产业占本国 GDP 比重(%)
1	美国	3533	14.6	76.5
2	英国	1834	7.6	72.7
3	德国	1429	5.9	69.8
4	法国	1137	4.7	75.7
5	日本	1066	4.4	68.2

资料来源：根据《世界贸易报告 2006》和国家统计局网站国际统计数据 2006 整理

2. 具备发展服务贸易的人力资本

从历史发展的角度看，国际服务贸易是从属于货物贸易的，在货物贸易高速增长的带动下，同货物进出口直接关联的传统服务贸易项目，即生产性服务贸易得到发展，如国际运输服务、货物保险、国际结算服务等。有学者认为，现代服务领域的比较优势来源已不再是传统意义上的生产成本，而主要是技术、知识和管理，也就是人力资本。且不谈欧、美、日等发达国家，仅就同属发展中国家的印度而言，其国际服务贸易的发展程度相对地好于中国(见表 6)。虽然印度的初等教育不及中国，但是高等教育在某些方面却强于我国。而且源于英国殖民统治的遗产，印度国民英语素质较高。众多软件精英编程时没有语言障碍，易于同国际接轨。从事业务流程外包的工作人员，经过短期的矫正训练，发音已与欧美人士无异，可以与客户无障碍沟通。

表 6　2005 年中印主要经济指标对比

单位：亿美元

	国内生产总值	货物出口总额	服务出口总额
中国	22289	7620	812
印度	7855	898	676

资料来源：根据《世界贸易报告 2006》和国家统计局网站国际统计数据 2006 整理

3. 在地理、历史和文化等方面具有独特优势

地处重要的地理位置，自然会成为商品流、资金流、人员流、信息流的要塞，这样也形成了对生产性服务和消费性服务的需求。独一无二的自然风光、古老的历史建筑、独特的人文风情都会对其他地区的人们产生强烈的吸引，这对旅游这一服务贸易大项来说是决定性的影响因素。另外，不同国家在教育、医疗、影视、体育等诸多方面所具有的优势都会转化为服务贸易的重要筹码。

4. 本国整体经济开放度高

如果本国整体经济的开放度较高，则与别国的商品、资本、人员的双向流动就多，这当中就自然蕴含和催生了服务贸易。世界服务贸易发展位次靠前的国家都是成熟的市场经济国家，政府对经济的管制相对较少，商品的进出口、资本的跨境流动、人员的国际往来的障碍较少。具体到服务贸易方面，本国服务市场进入门槛较低，相应的，国外市场也会对等地提供市场准入。各方面因素综合起来对本国服务贸易的发展都起到直接和间接的推动作用。

(二)上海开展国际服务贸易的有利条件

上海作为中国经济发展最快的城市之一，已经具备了发展国际服务贸易的一些有利条件，其中既有外部环境的有利因素，也有国家和地方政策支撑，而更重要的是自身优势相对明显。

1. 国际及区域性环境改善

(1)国际直接投资回暖

《世界投资报告2007》指出，全球FDI流入量自2004年以来已连续三年持续回升，2006年达到1.306万亿美元，流入东南亚地区的FDI继续保持增长势头。联合国贸发会议投资司司长哈姆丹尼表示，2007年FDI流入量有望超过2000年的峰值1.411万亿美元。同时，报告认为，外国直接投资投向服务业的部分仍维持较高的比重。正如前文所述，以商业存在方式提供的服务贸易，即通过服务业跨境投资所形成的服务产品销售已经成为服务贸易的主体。中国和上海仍是FDI流入的首选国家和城市之一。因此。国际直接投资的增加将推动国际服务贸易的增长。

(2)入世承诺兑现及CEPA协议落实

随着我国入世承诺的完全兑现，国内市场对于国外服务提供商的开放程度加深，在服务领域的直接投资会有一定增长。伴随着CEPA在更广泛领域放宽了相关政策，港商已在上海掀起了新一轮服务业投资热潮。香港具有与国际接轨的服务体系，也是上海企业实施“走出去”战略的一个良好平台。

2. 国内政策支撑

(1)“十一五”规划的指导

国家《国民经济和社会发展第十一个五年规划纲要》明确提出要大力发展服务贸易。而上海“十一五”规划更是把发展服务业摆在来更为突出的位置，国际服务贸易不再是货物贸易的附属和补充，而是与商品进出口放在了同等重要的地位。

(2)上海“四个中心”发展战略

上海已经确定发展“四个中心”。经济、金融、贸易、航运，无论哪一个，都与国际服务贸易息息相关。经济中心意味着上海经济发展要作为全国的先行者；金融中心要求上海为亚太地区乃至全球提供优质的金融服务；贸易中心和航运中心带动与货物进出口贸易的相关的运输，保险、分销、专利特许等。因此，如果能在拓展“四个中心”的内涵上下工夫，就能极大的促进国际服务贸易的发展。

3. 自身的优势和机遇

(1)优越的区位优势

从经济地理学的角度，上海位于长江入海口，依托长三角，面向太平洋，这样的区位优势是中国其他城市无法比拟的。中国区域发展的不平衡性和梯度格局给予上海率先发展服务业，开展服务贸易的机会。一方面，国际服务贸易合作伙伴会优先选择上海等一批东部沿海城市作为根据地；另一方面，上海还可以在为中西部等内陆地区提供服务中得到练兵。

(2)投资环境相对优越

上海城市基础设施比较完善，部分中心区域已达到国际水准。政府管理规范，行政效率较高。同时，上海在市场辐射力、城市国际化程度、信息化水平、人力资源、社会诚信体系建设以及产业配套等诸多方面的综合竞争优势明显。这些投资环境要素吸引着国内外具有一定实力的服务业企业在沪建立分公司或地区性总部，也有利于本地中小企业健康成长。

(3)“人才高地”的智力支持

进入21世纪以后，上海提出构筑国际人才高地的三个五年计划，分别从外籍人才引进、留学人才回归、本土人才提升三个方面入手。从现实情况来看，上海优越的职业发展空间吸引着越来越多的高素质人才落沪工作，他们当中既有本地高校毕业生，也有来自国内其他地区甚至海外人士。他们中有相当一部分人供职于金融、银行、保险、咨询、财务、软件开发等现代服务业部门。由于人才的密集程度较高，增加了人才市场的流动性和竞争性，人力资源的“价廉物美”在上海表现得尤为突出。

(4)奥运和世博的带动

2008年奥运会将在北京举行，据预测将有55万国内外游客为看比赛专程抵京，当中有25万海外游客。一方面上海有奥运会足球分赛场，另一方面上海独特的城市特色也会吸引相当一部分游客来上海及周边地区观光旅游。

综合性世界博览会将于2010年在上海召开。据预测，在上海世博会长达半年的会期内，有望吸引7000万人次的海内外参观者。世博会本身就是一个大的服务贸易项目，能直接带来旅游、会展等服务业收入。从功能上来看，世博会为国内外服务企业在上海的投资发展以及本土企业走向世界提供巨大的商机。

(三)制约上海国际服务贸易进一步发展的因素

虽然上海已具备开展国际服务贸易很多有利的条件，但是仍然有一些因素制约着上海服务贸易向更深层次发展。其中有些问题虽已受到社会各方关注，甚至是老生常谈，但解决起来却是进展缓慢，已成为难点和瓶颈。

1. 第三产业发展程度不够

2006年，上海完成生产总值10366亿元，其中第三产业完成增加值5244亿元，比重为50.6%，虽然上海已经建立起以服务经济为主的产业结构，但是第三产业在经济中比重仍低于北京(70%)、香港(87%)、新加坡(66%)等城市。与此同时，第三产业内部结构尚待优化。金融、信息、物流、商务服务(包括咨询、法律、广告)等现代服务业部门比重相对较低。现代服务业比重较低必然反映在国际服务贸易中现代服务贸易的含量更低。如果本地企业没有在现代服务业领域有大的发展，那么就不可能在国际竞争中胜出，向国外用户提供优质的服务产品。

2. 政策约束和限制较多

虽然上海浦动新区享受国家的特殊政策，但是与香港、新加坡①以及国外一些城市相比，在市场准入、资本流动、贸易政策等方面的自由度还有一定差距。许多国外服务业企业在沪投资、运营受到行业、额度和持股比例的限制，国内企业想到国外投资同样受到用汇方面的管制。同时，随着中央政策向环渤海、中西部地区倾斜，上海在争取新政策方面难度加大。

3. 管理体制没有完全理顺

上海服务贸易的具体管理部门是市外经贸委服务贸易处。但是，与国家管理部门商务部服务贸易司之间，在政策规章一些方面还不能很好地协调。在地方层面，服务贸易往往还会涉及到工商、税务、卫生、信息等其他管理部门，这势必造成了管理上多头、交叉和条块分割，信息不能共享，在金融支持，项目审批，投资指导等方面的服务工作不到位，

4. 来自国内其他城市的竞争加剧

远有深圳、大连，近有苏州、杭州，国内许多城市都竞相把开展国际服务贸易，发展服务外包作为本地经济重点发展领域，同时出台了相应的政策，其中一些鼓励性政策比上海的更为优惠，也更细化。例如，苏州规定每年安排用于支持服务外包的资金规模不低于从部、省争取到服务外包扶持资金的两倍；深圳对当年获得CMMI/CMM3、4、5级认证的企业的认证费以及随后两年实际发生的维护费给予资助，每年最高分别为30、40、50万元；杭州对服务外包企业创建研发中心并经国家、省、市认定的，分别给予200万元、100万元、60万元的项目资助。此外，许多城市对于从事服务贸易的企业普遍都有在办公场所租金、税收等方面的补贴。这些因素都会构成对上海发展国际服务贸易有力的竞争。

5. 专业实用人才仍然缺乏

虽然有来自全国各地越来越多的大学生、硕士生、博士生来沪工作，但是源于中国教育体制的弊端，学历的普遍提高并没有带来实际工作能力的相应提升。高校专业、课程设置与市场需求脱节，书本知识落后于市场发展，从事国际服务贸易的专业实用人才、高端人才、复合型人才仍然匮乏。毕业生进公司后还要接受培训和再学习，不管是公司还是个人都要花费时间和成本。

① 《2007年世界经济自由度指数报告》显示，中国香港连续13年经济自由度居世界第一，新加坡紧随其后。

如果企业直接引进国内其他地区工作经验丰富的人才，又会涉及到户籍问题。户口和居住证在各方面仍然存在显著差别，使得这些人缺乏归属感和稳定性。这一点在外资企业、民营中小企业中有一定普遍性。另外，高企的房价对于原本在上海无居所的外来人员有一定阻吓作用，他们会理性地选择到其他二线城市工作。

四、上海发展国际服务贸易的对策建议

（一）继续稳步推进产业结构升级

服务业在整个经济中的比重是与经济发展阶段相联系的，不能单纯为了提高服务业比重而去发展服务业。但是，继续稳步推进上海产业结构升级的方向不能改变，要明确上海建设“四个中心”的战略定位，坚持有所为有所不为的原则，保留第二产业中的“高精尖”部分，重点发展现代服务业，优化服务业内部结构，形成更具竞争力的产业体系。

在服务贸易方面，在保证运输和旅游这两个出口大项的基础上，重点支持咨询、计算机信息服务等已初具规模又发展迅速的项目，同时培育金融、广告宣传、电影音像等潜力大的项目，争取使之成为新的增长点。上海服务业的壮大必将带动国际服务贸易的提升，国际服务贸易的提升反过来又将促进服务业的进一步发展。

（二）加大服务业引资力度

受商务成本提高、工业用地紧张等因素影响，目前上海制造业吸收合同外资和实到外资都呈停滞或下降的趋势。与之相反，服务业吸收外资空间却相对广阔，信息传输、计算机服务和软件业、金融业、租赁和商务服务业吸收合同外资都有不同程度的增长。随着越来越多跨国公司将销售、资金管理、研发、共享服务和管理五大核心业务向上海集聚，上海应重点提高跨国公司地区性总部、外资投资性公司、研发中心等功能性外资机构落沪的数量和级别。这些外资企业在与本土企业同台竞技中，客观上激励和带动了本土企业，有利于提高上海服务行业总体水平。

（三）理顺管理体制，增强对企业的支持和服务

服务贸易涉及管理部门多，完全集中管理无法做到。因此，需要一个强有力的牵头部门。建议由市发改委制订发展规划和相关政策，市外经贸委具体实施和组织管理，完善上海服务贸易发展联席会议制度，把工作落到实处。积极与国家相关部委沟通，争取国家相关政策在上海先行先试。建立国际服务贸易专项基金，对服务业企业“走出去”和从事服务外包中小企业提供金融支持，对通过国际认证的企业实行税收补贴或者一次性资助，把优惠政策具体化，指标化。规范和充实上海国际服务贸易行业协会工作，加强对外宣传，完善相关网站内容。充当好企业参与国际合作的纽带。

（四）整合园区力量，培育服务贸易出口主体

在充实现有4个服务外包示范区（浦东、卢湾、长宁、漕河泾开发区）基础上，做好上海新一批示范区认定工作。把服务外包产业招商放在与制造业招商同等重要的地位。可在全市所有入园企业中根据业务性质、经营规模、技术创新、上缴税收等指标确定一批重点企业，并每年实行动态调整，作为政府采购、税收优惠、优先推介的依据，鼓励龙头企业、自主品牌的发展，提高上海承接国际服务外包的综合实力。

（五）改革人才培养模式，为人才引进提供便利

本地高校在现有专业教学的基础上，鼓励学生参加国内外软件、金融、会计、精算等含金量高的认证考试，强化外语教学，培养普遍认可的国际化人才，使学校学习与工作就

业衔接得更为密切。同时，在上海建立服务贸易培训认证中心，为在职人员再充电提供一个方便的渠道。

改革户籍制度，借鉴深圳"淡化户籍意识，强化居民意识"的理念，尽快消除居住证和户籍在医疗、养老、子女教育等方面的差别待遇，使相关规定细则明确化，降低人才流动的转换成本。

(六)利用好奥运和世博的契机

同样以东道主的热情来迎接奥运，精心策划准备，加强推介力度，可以联合江浙两地，将上海当地和江浙的旅游资源融合为一个整体对外宣传。届时吸引更多游客来沪，争取使来沪外籍游客人数接近抵京的人数，让上海成为海外游客来中国的第一站或者必经站。在加快推进世博招展工作的基础上，接待准备工作要做细做精，能为参观者提供更多可选择的游乐项目，提高人均消费水平。

（上海市统计局贸易外经处）

服务贸易成为浙江经济转型升级中的新亮点

随着国际金融危机的纵深发展，世界经济明显放缓，浙江省对外经济发展面临前所未有的严峻形势。但服务贸易仍保持平稳快速的增长势头，成为浙江经济转型升级中的新亮点。

鉴于服务的生产与提供的特殊性，针对服务的不同提供方式，WTO 的《服务贸易总协定》将国际服务贸易定义为以下四种供应模式：一是跨境供应。指从一国境内向另一国境内提供服务，如电讯、邮政和金融等；二是境外消费。指在一国境内向其他国家的消费者提供服务，如旅游、留学等；三是商业存在。指一个国家通过在另一个国家境内建立机构提供服务，如外资服务业企业；四是自然人移动。指一个国家的个人在另一国家境内以自然人存在的形式提供服务，如外籍教师、律师等以自然人的身份在另一国境内提供服务。根据资料来源渠道的不同，本文将跨境供应和境外消费合并称为跨境服务贸易，与商业存在、自然人移动分别描述。

一、跨境服务贸易持续扩大

2008 年，浙江省居民与非居民间的跨境服务贸易（按国际收支口径统计，不含政府服务，下同）进出口规模持续扩大，进出口总额 150.5 亿美元，其中出口 82.6 亿美元，进口 67.9 亿美元，分别比上年增长 25.7%、25.8%和 25.5%，增幅分别比同期货物贸易高 6.3、5.5 和 8.5 个百分点。

1. 服务贸易占全国及全省经济总量的比重进一步上升。2008 年，浙江省服务贸易占全省贸易总额（服务贸易与货物贸易之和）的比重由上年的 6.3%上升到 6.7%，上升 0.4 个百分点。占全国服务贸易总额的比重由上年的 4.8%上升到 4.9%[①]。其中服务贸易出口额列上海、北京、广东之后，位居全国第 4[②]，所占比重由上年的 5.4%上升到 5.6%[③]。服务贸易相当于 GDP 的比值由 2000 年的 1.1%上升到 4.9%，相当于第三产业增加值的比重由 2000 年的 2.9%上升到 11.9%。

2. 运输、旅游、建筑服务仍是浙江省服务贸易出口的三大支柱行业，同时也是浙江省服务贸易顺差的主要来源。随着金融服务、计算机和信息服务等新兴服务贸易行业的迅速兴起，运输服务、旅游服务、建筑安装及工程承包服务三大传统行业占全省服务贸易出口比重持续下降，但仍是浙江省服务贸易出口的支柱行业。2008 年，三大行业服务贸易出口占全省出口总额的比重 84.5%，比上年下降 7.8 个百分点。2008 年全省实现贸易顺差 14.8 亿美元，其中运输、旅游、建筑三大行业实现服务贸易顺差达 42.2 亿美元。

3. 以金融、保险、咨询、其他商业服务为代表的高附加值、新兴服务贸易行业出口强劲增长。2008 年，全省金融服务、保险服务、

① 该数据根据省商务厅统计的口径计算。
② 资料来源：2007 年商务部发布的各省区市服务贸易简况
③ 该数据根据省商务厅统计的口径计算。

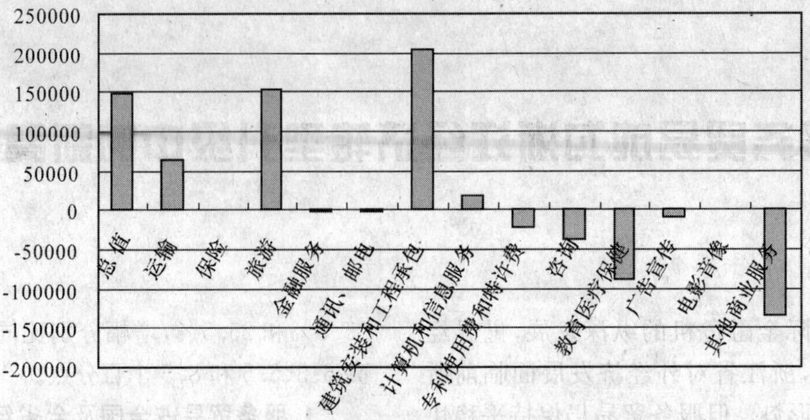

2008年浙江服务贸易差额的行业构成(万美元)

咨询服务、广告宣传和其他商业服务分别比上年增长1.7倍、13.1倍、55.6%、59%和6.5倍,所占比重由上年的4%迅速上升到12.3%。

4. 服务外包快速起步。近两年来,浙江省服务外包从无到有,快速起步。2008年,全省离岸服务外包合同执行额为3.5亿美元,比上年增长2倍,占服务贸易出口总额的比重达4.2%,外包内容涉及金融服务、计算机和信息服务、设计咨询、会计等,市场以欧盟、美国、日本等发达经济体为主。目前,全省从事软件开发、研制、销售、集成、服务的软件企业总数已超过1000家,从业人员5万人,销售收入超亿元企业29家,入选全国软件百强企业8家,入选国家规划布局内重点软件企业15家,海内外上市软件企业16家。

5. 主要行业发展情况。

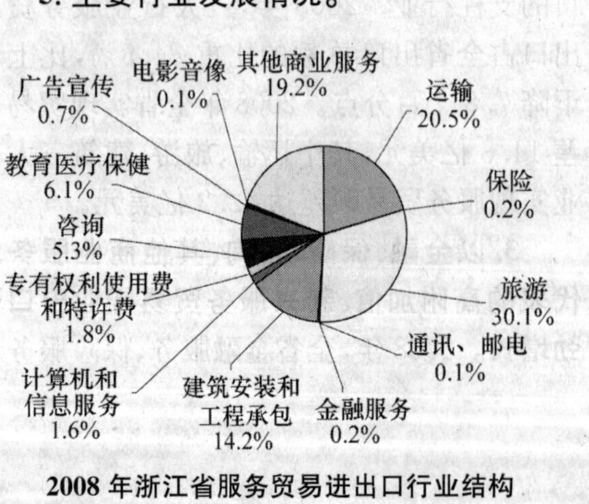

2008年浙江省服务贸易进出口行业结构

(1)运输。2008年,浙江省运输服务出口

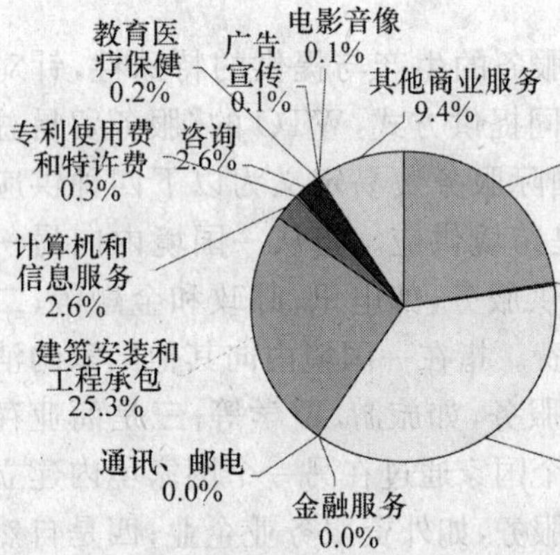

2008年浙江省服务贸易出口行业结构

和进口规模增长迅速,实现进出口额30.8亿美元,比上年增长27.2%,占服务贸易总额的比重为20.5%,是浙江省服务贸易的第二大行业。其中运输出口18.7亿美元,比上年增长45.1%,进口12.2亿美元,增长6.9%。

(2)旅游。旅游业是浙江省服务贸易进出口及服务贸易出口最大的行业,但近年来所占比重持续下降。2008年,浙江省旅游服务进出口45.3亿美元,比上年增长11.2%,比重由上年的36.7%下降到30.1%。其中旅游出口30.2亿美元,增长11.7%;比重由上年的43%下降到36.6%。浙江省旅游出口的市场主要有香港、澳门、台湾及日本、韩国、美国等,这六个国家和地区占浙江省旅游服务出口市场份额的70%以上。

(3)建筑服务。建筑安装和工程承包是浙江省服务贸易出口第二大行业,占全省服务贸易出口的四分之一强，同时也是浙江省贸易顺差最大的来源。受金融危机影响，2008年，全省建筑服务贸易遭遇寒冬，进出口总额21.4亿美元，仅比上年增长1.7%，其中出口20.9亿美元，增长0.4%。占出口总额的比重由上年的33.1%下降到25.3%。实现贸易顺差20.5亿美元。2008年，浙江省建筑服务出口市场主要集中在墨西哥、阿联酋、阿尔及利亚等地，比重分别为14%、6.9%、和5.3%。

(4)计算机和信息服务。浙江省计算机和信息服务贸易在经过了前两年的高速发展后，2008年进入平稳发展阶段。全年实现服务贸易额2.4亿美元，比上年增长20.5%，占总额的1.6%。其中出口2.1亿美元，增长16.3%，占2.6%。

(5)咨询服务。2008年，以会计、税务、法律等服务为主要内容的浙江省咨询服务出口和进口同步快速增长。全年实现进出口额8亿美元，其中出口2.2亿美元，进口5.8亿美元，分别比上年同期增长55.5%、55.8%和55.5%，所占比重分别为5.3%、2.6%和8.5%。

(6)文化服务。浙江省广告宣传、动漫作品、音像制品等文化服务贸易尚处在起步阶段，但发展较快。2008年，文化服务进出口1.1亿美元，比上年增长29.1%，占服务贸易总额的0.8%，其中出口0.1亿美元，进口1亿美元。动漫业正作为新兴产业之一被大力培养和扶持。截止2006年底，通过音像版权、播放权出让和合作拍片等形式，浙江省共有《绍兴师爷》、《新九品芝麻官》、《中国母亲》等1400多部集电视剧和《天眼小神童》、《济公》等6070分钟的动画产品被海外市场收购，在全国居于领先水平。广播电视对外传输和文艺商业性展演也取得了可喜的进展。目前浙江广电集团海外中心已实现电视国际频道在欧洲落地并即将在北美落地，全天24小时播出新闻和专题节目。浙江民族乐团主动与市场接轨，先后赴瑞士、德国、荷兰等9个国家巡回演出23场，引起了所到国家主流社会和媒体的高度重视；浙江曲艺杂技总团组织了《扛人蹬伞》、《杭州故事》、《喜缀》、《天堂风情》等节目，先后赴瑞士、美国、俄罗斯、瑞典、英国、白俄罗斯等国演出400余场，观众约70余万人次，获得了极高的社会评价和较好的商业收益。

(7)教育医疗保健。教育、医疗和保健服务行业是浙江省除其他商业服务之外最大的服务贸易逆差来源。2008年，全省教育、医疗和保健服务进出口9.1亿美元，其中进口9亿美元，分别比上年增长47.7%和48.1%，分别占总额的6.1%和13.3%。

(8)其他商业服务。2008年，包括营销、策划、租赁服务等内容的其他商业服务进、出口增长非常迅速。其中，出口7.7亿美元，比上年增长6.5倍；进口21.2亿美元，增长33.2%；是浙江省最大的服务贸易进口行业。进出口、进口和出口比重分别为19.2%、9.4%和31.2%。

二、商业存在稳步发展

商业存在作为《服务贸易总协定》定义的服务贸易第三种模式，直接反映一国服务贸易领域的开放程度，是一国履行服务贸易领域开放承诺的直接体现。

1. 境内商业存在情况

中国自加入WTO以来，依据入世承诺正逐步取消服务领域对外商投资在地域、股权和业务范围等方面的限制，服务业不断扩大开放，服务贸易各领域吸收外资呈现良好的发展势头，境内商业存在的规模进一步扩大。2008年，按WTO行业分类，浙江省服务贸易领域(含银行、保险、证券)新设立外商投资企业670家，占新批外商投资企业总数的36.1%，比上年提高9.9个百分点；实际利用外资30.7亿美元，同比增长1.8%。在全球经济恶化、利用外资整体下滑的形势下表现了很好的抗跌性，占全省实际利用外资的比重由上年的29.1%提高到30.4%。

据初步测算，2008年，全省服务贸易外商投资企业实现增加值560亿美元，比上年增长15%，占全省生产总值的比重由上年的2.59%上升到2.61%，占第三产业增加值的比重由上年的6.37%上升到6.40%。

2008年，浙江省服务贸易境内商业存在的发展特点：

(1)房地产业继续成为吸引外商投资最多的服务贸易行业。2008年，外商在浙江省房地产行业实际投入外资11.5亿美元，同比下降23.5%，但仍是全省吸收外商投资最多的服务贸易行业，所占比重达37.6%。

(2)软件业、科研及技术服务等领域受外商青睐。随着"两创"战略的逐步实施，服务外包蓬勃发展，科技兴省的氛围日益浓厚，外商对信息传输、计算机服务和软件业，科学研究和技术服务业等领域的投资强劲增长。2008年，这两个行业的外商实际投资7.1亿美元，比上年增长4.6倍，占服务业外商实际投资的比重由上年的4.2%快速上升到23.3%。其中新批5个外商投资研发中心，均设在宁波市，主要涉及化工材料、家用产品、生物制品和锁具的研发。

(3)银行业利用外资取得新突破。2008年，摩根斯丹利国际控股公司受让19.9%的股权成为杭州工商信托股份有限公司股东之一。英国标准渣打银行、香港南洋商业银行也获准在杭州开设了分行。

(4)对外开放领域进一步拓宽。2008年，国家进一步下放了商业领域的审批权限，受益于此，浙江省批发零售业利用外资快速增长，合同外资和实际外资分别比上年增长76.5%和15.6%，所占比重分别为15.6%和6.8%，分别比上年提高8.7和0.8个百分点。

2. 境外商业存在

2008年，浙江省服务业(按照《国民经济行业分类》标准)对外直接投资4.7亿美元，比上年增长0.3%，占全省对外直接投资总额的55%，比重比上年下降22.9个百分点。贸易业是浙江省服务业对外投资的主要领域。2008年，浙江省在境外设立贸易公司177家，投资总额2.2亿美元，其中我方投资2.1亿美元，占服务业境外投资的45.1%。此外，研发、房地产开发、设计咨询、市场等领域也有涉及。

三、自然人移动

自然人移动是《服务贸易总协定》中定义的服务贸易的四种供应模式之一，由于统计基础薄弱，目前浙江省自然人移动统计尚未步入正规，统计资料较为缺乏。

2007年末，在浙江省各企事业单位中从业的港澳台及外籍人员约0.83万人。

引进国外智力工作有新进展。2007年，浙江聘用境外专家24683人次，占全国聘用境外专家人次的5.1%。浙江省聘用外国专家人次数在全国的排位逐年上升。由2002年的第10位上升到2007年的第6位。

科技交流日益频繁。目前，浙江省已同世界上近50个国家和地区建立了官方与民间的科技交流与合作关系。全省共派出进行学术交流、科技考察、合作研究、技术培训、参加国际学术会议、洽谈科技合作、从事技术贸易等科技人员2万多人次；邀请来浙进行考察访问、学术交流、合作研究的国外专家学者15000人次；

2008年，浙江省派出境外各类劳务人员(包括对外工程承包、对外劳务合作和对外设计咨询三项中的劳务提供者)1.68万人，比上年增加0.45万人，增长35.9%。2008年末，在外各类劳务人员2.5万人。

(浙江省统计局贸易外经处)

巩固和扩大外贸出口的研究

改革开放三十年来，我国对外贸易发展迅速，2007年全国外贸进出口总额突破2万亿美元，跻身世界贸易前三强行列。同时，也应看到，贸易顺差的不断扩大，也带来了贸易摩擦不断加剧、外汇储备增长过快、人民币升值压力加大等一系列问题。受人民币汇率改革、国际金融危机、初级产品和劳动力价格上涨、出口退税率下降等因素的影响，我国出口增长放缓，贸易顺差显著缩小，部分地区出现了出口企业停产、倒闭现象。

作为外向型经济发达的天津，外贸经济同样受到国内外诸多不利因素的影响和制约。自2004年开始，天津市外贸出口出现增速放缓迹象，在全国的排名不断下滑。贸易顺差大幅回落、进出口总额占全国比重持续下降、出口企业利润普遍降低、传统出口产业优势逐渐削弱，外贸进出口面临着转型和结构调整的巨大压力。而作为东部沿海开放城市，在加工贸易向中西部地区梯度转移的背景下，以加工贸易为主要方式的天津外贸也受到极大影响。特别是进入2009年以来，国际金融危机对天津市外经贸的负面影响加深，国际市场需求低迷，出口大幅回落，外部环境严峻。如何在"危"中寻"机"，保持天津对外贸易的健康稳定发展，已成为当前"保增长、渡难关、上水平"活动中不可回避的重要问题。

一、当前天津市外贸增速持续滑坡，外贸增长面临多重困境

(一)天津市进出口持续滑坡

2004年天津市外贸增速开始下滑，到2006年后增长速度不仅低于沿海省市的平均水平，而且远远低于全国平均水平(见表1、图1)。

表1　2004—2008年沿海省市出口增速(%)

	2008年	2007年	2006年	2005年	2004年
全 国	17.2	25.7	27.2	28.4	35.4
天津市	8.3	13.9	22.4	31.3	45.4
北京市	17.2	28.9	23.0	50.1	21.8
河北省	41.3	32.5	17.5	17.0	57.6
辽宁省	19.1	24.7	20.8	23.9	29.8
上海市	17.6	26.7	25.2	23.4	51.7
江苏省	16.9	27.0	30.5	40.6	48
浙江省	20.3	27.2	31.4	32.1	39.8
福建省	14.1	21.0	18.4	18.5	39.1
山东省	23.9	28.2	27.1	28.7	35
广东省	9.4	22.3	26.8	24.3	25.3
广西壮族自治区	43.8	42.3	24.9	20.6	21.1
海南省	16.3	−0.8	34.5	−6.4	26.1
上述省市平均增速	15.6	24.8	26.6	28.6	35.8

2008年10月以前，天津市外贸受金融危机的影响不明显，但进入11月份后，特别从2009年年初开始，进出口额大幅下滑。1月份进出口总额比上年同月下降36.9%，2月份下降19.9%，3月份下降26.2%，4月份下降25.5%，5月份下降32.4%，6月份下降30.6%。1—6月天津市进出口总额282.28亿美元，比上年同期下降28.7%，比全国平均降幅多下降5.2个百分点。其中，出口135.66亿美元，下降33.2%，比全国平均降幅多下降11.4个百分点(见表2)。

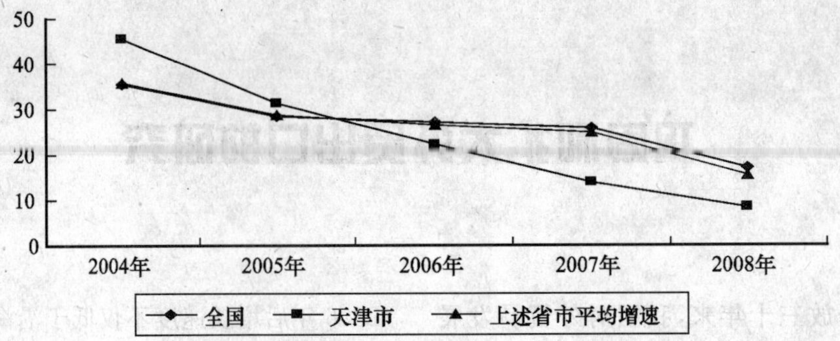

图1　2004—2008年沿海省市出口增速

表2　天津市2008年6月—2009年6月当月进出口货物总值及增速

年/月	进出口		出口		进口	
	进出口总额（万美元）	比上年同期增减（%）	出口总额（万美元）	比上年同期增减（%）	进口总额（万美元）	比上年同期增减（%）
2008年6月	752029	36.5	412790	31.8	339239	42.7
2008年7月	796066	26.4	411365	22.9	384701	30.4
2008年8月	739100	13.9	399869	17.7	339231	9.7
2008年9月	792511	19.7	423926	19.8	368585	19.5
2008年10月	693281	15.1	362873	16.6	330408	13.6
2008年11月	547134	−18.7	288906	−19.5	258229	−17.7
2008年12月	527642	−16.5	306540	−9.4	221102	−24.7
2009年1月	388109	−36.9	214097	−30.6	174012	−43.2
2009年2月	446377	−19.9	219085	−24.5	227292	−14.8
2009年3月	498380	−26.2	245273	−27.1	253107	−25.2
2009年4月	504030	−25.5	234125	−27.3	269905	−23.9
2009年5月	463672	−32.4	221396	−39.1	242231	−24.9
2009年6月	522273	−30.6	222660	−46.1	299612	−11.7
2009年1—6月	2822794	−28.7	1356636	−33.2	1466159	−24.0

1. 对主要贸易伙伴出口下降

2009年1—6月，对欧盟、美国出口分别比上年同期下降24.4%和29.7%，分别回落32.3和16.1个百分点；对香港、日本、韩国、台湾和东盟分别下降30.9%、33.3%、39.5%、49.8%和46.3%，分别回落22.5、72、74.3、106.5、51.6个百分点。

2. 主要出口产品降幅居高不下

2009年1—6月，高新技术产品出口49.6亿美元，比上年同期下降33.9%。机电产品出口90.8亿美元，比上年同期下降30.4%。主要出口产品：钢材出口9.3亿美元，占全市出口比重6.8%，比上年同期下降52%；集成电路出口4.9亿美元，占全市出口比重3.6%，比上年同期下降54.7%；原油出口4.7亿美元，占全市出口比重3.4%，比上年同期下降51.5%。

3. 国有、集体、外资、民营企业出口全面滑坡，其中国有、外资企业降幅较大

2009年1—6月，国有企业出口19.8亿美元，比上年同期下降39.8%，回落55.3个百分点，占全市出口总值的14.5%；外商投资企业出口96.6亿美元，下降33.4%，回落44.9个百分点，占全市出口总值的71.2%；集体企业出口1.65亿美元，下降36.6%，回落19.9个百分点，占全市出口总值的1.2%；

民营企业出口19.4亿美元，下降22.7%，回落60.8个百分点，占全市出口总值的14.3%。国有、外商投资企业出口降速分别超过全市出口平均降速6.6和0.2个百分点，超过民营企业出口降速17.1和10.7个百分点。

(二)外贸增长面临多重困境

1. 金融危机仍在蔓延，对外经济预期下降

(1)世界经济增长预期继续下滑

2008年以来，世界经济形势复杂多变，美国次贷危机演变成席卷全球的金融危机，世界经济低迷下行。据4月份国际货币基金组织(IMF)预测，按购买力平价方法汇总，2009年世界经济将比2008年下降1.3%，比1月预计增速下调1.8个百分点。其中，发达国家经济下降3.8%，比1月预计增速下调1.8个百分点；发展中国家经济增长率为1.6%，比1月预计增速下调1.7个百分点。发达国家中，美国经济下降2.8%，比1月预计增速下调1.2个百分点；欧元区经济下降4.2%，比1月预计增速下调2.2个百分点；日本经济下降6.2%，比1月预计增速下调3.6个百分点(见表3)。

表3　国际货币基金组织对世界及主要国家和地区GDP增长率预测(%)(2009年4月)

	2006年	2007年	2008年	2009年1月预计	2009年4月预计
世界经济增长率	5.1	5.0	3.2	0.5	−1.3
发达国家经济增长率	3.0	2.6	0.9	−2.0	−3.8
美国经济增长率	2.8	2.0	1.1	−1.6	−2.8
欧元区经济增长率	2.8	2.6	0.9	−2.0	−4.2
日本经济增长率	2.0	2.4	−0.6	−2.6	−6.2
发展中国家经济增长率	7.9	8.0	6.1	3.3	1.6

另据6月份世界银行报告显示，2009年全球GDP将下降2.9%，其中发展中国家GDP仅能增长1.2%，远低于2007年8.1%的增长率，也不及2008年5.9%的增幅。由此可见，由发展中国家带动全球经济走出阴霾仅仅是一种希望。

(2)全球贸易预期继续下降

据4月份国际货币基金组织(IMF)预测，2009年全球进出口贸易将比2008年下降11.0%，比1月预计增速下调8.2个百分点。其中发达国家出口下降13.5%，比1月预计增速下调9.8个百分点，进口下降12.1%，比1月预计增速下调9.0个百分点；发展中国家出口下降6.4%，比1月预计增速下调5.6个百分点，进口下降8.8%，比1月预计增速下调6.6个百分点(见表4)。

表4　国际货币基金组织对世界贸易量增长率预测(%)(2009年4月)

	2006年	2007年	2008年	2009年预计(1月预计)	2009年预计(4月预计)
世界贸易量增长率	9.4	7.2	3.3	−2.8	−11.0
发达国家贸易量增长率					
出口增长率	8.4	6.1	1.8	−3.7	−13.5
进口增长率	7.5	4.7	0.4	−3.1	−12.1
发展中国家贸易量增长率					
出口增长率	11.2	9.5	6.0	−0.8	−6.4
进口增长率	14.9	14.0	10.9	−2.2	−8.8

2. 天津市对外贸易受到的冲击日渐明显

(1)在国内加工贸易梯度转移的大背景下,天津以加工贸易为主的贸易方式受到冲击

以“来料加工出口”为主要内容,原材料采购和产品销售市场“两头在外”为主要特点的加工贸易,对促进中国对外贸易发展起着重要作用。从全国看,加工贸易进出口占对外贸易进出口的比重从1980年的4.4%提高到2008年的41.1%,而且近几年一直占进出口总额的40%以上。天津加工贸易占整个贸易方式的41%以上,其中加工贸易出口占全市外贸出口的比重更是达到了50%以上(见表5)。

表5 全国及天津市对外贸易中加工贸易所占比重(%)

年 度	进出口中加工贸易所占的比重		出口中加工贸易所占的比重	
	全国	天津市	全国	天津市
2004	47.6	52.4	55.3	67.2
2005	48.6	50.4	54.7	64.8
2006	47.2	51.0	52.7	63.8
2007	45.4	48.4	50.7	60.3
2008	41.1	41.1	47.3	51.5

加工贸易不断发展的同时,也逐渐暴露出一系列的问题,如“大进大出”带来的贸易额的虚高、贸易顺差的不断扩大带来的贸易摩擦的不断加剧等,其中最主要的是加工贸易的贸易利益低下。我国的加工贸易大多处于国际产业分工链条的低端环节,主要是利用我国丰富而廉价的劳动力对产品最终环节进行组装出口,技术含量低。与进出口额相比,所获得的贸易利益非常有限。天津只是其廉价的加工生产地和生产车间,加工贸易90%以上由外资企业进行。如果不能提高技术含量,优化产业结构,势必加大“贫困化增长”的风险。

2005年商务部出台了《出口加工区加工贸易暂行管理办法》,鼓励东部沿海地区的出口加工区提高产业层次,不再新批低水平、低附加值的劳动密集型企业入区。受此影响,全国对外贸易进出口增长出现了西部增速高于中部,中部增速高于东部的态势,天津也出现了外贸增速放缓的迹象。

(2)进出口依赖于外资企业和少数大企业,外贸波动风险加大。与江浙地区民营企业为主的格局不同,在天津市外贸进出口企业中,外商投资企业的进出口比重均在70%以上(见表6),而全国平均水平仅为50%左右。由于外资企业多为国外企业在华子公司,其经营往往服从于母公司的全球战略,国际贸易环境的变化所导致的母公司战略调整也会对国内子公司进出口业务带来影响。外资企业比重过大导致全市进出口贸易随外资企业进出口波动而波动,同时也给全市涉外经济安全带来风险。

表6 外资企业进出口总值及在全市进出口中所占比重

年 度	进出口		出口		进口	
	总值(万美元)	占全市比重(%)	总值(万美元)	占全市比重(%)	总值(万美元)	占全市比重(%)
2004	3406746	81.1	1705550	81.7	1701196	80.4
2005	4283587	80.2	2202235	80.3	2081352	80.1
2006	5273680	81.7	2683880	80.0	2589800	83.5
2007	5421887	75.8	2829883	74.2	2592004	77.6
2008	5743483	71.3	2905872	68.8	2837611	74.1

2008年,三星集团出口额72.7亿美元,占全市外贸出口总额的比重达17.2%,摩托罗拉和中海石油两家企业出口也占到全市外贸出口总额的10.8%,其中,摩托罗拉出口下

降 29.5%。这些大企业出口大幅度减少，直接影响了全市外贸出口的增长(见表 7)。

表 7　部分重点企业出口占全市出口的比重(%)

	2006 年	2007 年	2008 年
摩托罗拉	18.6	9.6	6.1
三星集团	14.5	19.7	17.2
中海石油	6.5	2.2	4.7
小 计	39.6	31.5	28.0

(3)以欧美市场为主体的对外贸易格局，导致美国次贷危机引发的欧美消费需求减弱对天津外贸出口形成较大冲击

从地区分布看，亚洲、欧美是天津的主要贸易伙伴。2008 年天津市与亚洲、欧美进出口总额占到天津进出口总额的 88.5%，其中欧美两个地区的贸易额占天津进出口总额的 32.4%，出口总额的 38.5%，进口总额的 25.7%。随着 2007 年 8 月美国次贷危机的全面爆发并波及到欧洲，引起欧美经济放缓甚至衰退，导致天津对美国和欧洲出口增速趋缓(见表 8、表 9)。2008 年天津对美国和欧洲的出口增长均低于全市外贸出口增长水平，对美国和欧洲的出口增速分别由 2004 年的增长 42.7%和 56.2%下降到 2008 年的负增长 9.6%和增长 9.9%，分别回落 52.3 和 46.3 个百分点。

表 8　2008 年各地区在天津市对外贸易市场中所占比重(%)

地　区	进出口比重	进口比重	出口比重
亚洲	56.1	64.8	48.1
欧洲	17.8	15.7	19.7
非洲	2.5	0.8	4.1
拉丁美洲及北美洲	21.1	15.2	26.4
大洋洲	2.5	3.4	1.7

美国 2009 年 1 月份和 2 月份工业生产分别下降 1.9%和 1.4%，工业生产能力利用率分别为 71.9%和 70.9%，为第二次世界大战以来的最低，导致了工业企业利润的减少。失业人员增多，美国 1 月份和 2 月份失业率分别为 7.6%和 8.1%，为 25 年以来的最高；欧元区 1 月份失业率为 8.2%，相比 2008 年 12 月份的 8.1%继续攀升，使得居民收入持续走低，直接导致居民对汽车、电器等奢侈产品的消费减少。而天津市对美国、欧盟地区出口产品中机电产品约占 70%左右。机电产品是资金、技术密集型产品，例如家用电器、手机、音响等，这类产品的消费与居民收入的关联度较高，其消费随居民收入的增加而提高，反之则降低。因此，美欧地区经济下滑，失业率提高，居民收入降低必然对天津外贸出口产生较大影响。

表 9　2004—2008 年天津市对美国及欧洲市场贸易增速(%)

年度	美国			欧洲		
	进出口增速	出口增速	进口增速	进出口增速	出口增速	进口增速
2004	34.7	42.7	12.9	42.0	56.2	26.4
2005	26.7	27.8	23.4	37.3	59.9	6.5
2006	14.9	8.4	38.3	8.9	10.2	6.3
2007	8.4	6.3	14.2	20.0	11.8	37.4
2008	−3.2	−9.6	13.6	20.0	9.9	37.5

(4)政策和成本优势减弱，政策和企业经营环境需进一步改善

1984 年天津市被批准为 14 个沿海开放城市之一，在地方审批权限和给予外商投资优惠方面享受到特殊的政策和措施，但经过二十多年的发展，这些政策上的优势已经逐渐弱化，与此同时土地、劳动力成本又不断上升，这导致部分企业将订单向中西部和印度、越南等土地和劳动力相对低廉的地区转移。例如印度凭借低廉的人力成本、发达的软件产业和语言优势，对国外通讯设备厂商具有很大的吸引力，已成为手机生产增长率最高的地区之一。摩托罗拉公司已着手准备将天津手机生产的部分产能转移至印度，预计摩托罗拉印度公司的手机生产能力将超过天津，一定程度上将会对其在天津的手机产量和出口量产生影响。

由于政策和发展观念差异，天津市企业经营成本相对南方企业较高，比如天津市社会保险缴存比例就明显高于南方省份。以浙江为例，天津市医疗保险和失业保险单位缴

存比例分别比浙江高出4个和1个百分点，整个社会保险比例天津企业综合负担35.1%，而浙江企业综合负担29.8%，这无形中增加了天津企业负担，使得部分出口企业订单转移到南方。天津虽然有沿海港口优势，并且和全国各大港口都实行“大通关”政策，但由于实行时间较晚，天津口岸收费高、压港多、效率不高等问题依然存在。

3. 对外贸易发展难度加大

(1)各国的贸易保护主义措施明显增加

随着全球性金融危机影响的加深，各国的贸易保护主义措施明显增加，为中国外向型经济发展带来了一道“人造栅栏”。目前，全球主要经济体经济下滑趋势放缓或出现回升很大程度上依赖于产业救助和经济刺激计划的作用，而这些政策主要是立足于国内需求增长的需要，具有较强的贸易保护主义色彩，对外部市场的需求拉动作用相对有限。

美国国内贸易保护主义不断抬头。中国作为美国主要贸易伙伴，正成为美国贸易保护主义的主要受害者。美国国际贸易委员会6月中旬曾正式向美国总统奥巴马提出建议，认为大量中国轮胎进口已损害了美国轮胎工人的利益。因此，奥巴马政府已于2009年9月做出决定，在未来三年内，对中国乘用车及轻卡车轮胎分别征收55%、45%和35%的惩罚性关税，涉及金额约17亿美元。

6月23日，美国贸易代表柯克宣布，美方已就中方限制矾土、焦炭、氟石等9种重要原材料出口问题，将中国诉诸世界贸易组织争端解决机制。这也是奥巴马上台后首次就中国贸易问题向世贸组织提起法律诉讼。值得注意的是，欧盟也加入了相关诉讼，双方联合对付中国。此外，美国商务部还针对中国产油井管进行反倾销和反补贴合并调查，此案涉及金额达32亿美元，是迄今为止中国遭受的案值最大的贸易救济调查。

再如，7月27日欧盟外长会议在没有举行讨论的情况下通过一项建议，决定对产自中国的钢线材征收高达24%的反倾销税，期限为5年。

上述一系列涉华贸易案涉案金额之大、时间之紧密，为近年来所罕见，这表明金融危机下贸易保护主义呈日益抬头之势。

(2)国际市场开拓难度大

据调查，目前天津市大部分外贸企业出口订单大幅下降，许多客户与外贸企业的签单由原来的长期改为短期，订单减少、客户流失，新兴市场开拓艰难。同时，出口收汇风险大。金融危机使全球信用风险环境不断恶化，企业被拖欠货款的情况时有发生。目前，很多外商为了规避风险，大多放弃了前TT(预付定金)的贸易方式，而转为广泛使用OA(放账赊销)或后TT(一般货到后30天、45天、60天甚至120天再付款)的模式，使出口企业面临很大的财务风险。

二、正确认识当前外贸形势

(一)辨证看待当前外贸出口下降局面

1.出口增速下降，提示我们保持实体经济稳定增长必须内外需求并重。伴随着出口导向型发展战略的实施，天津市的外贸出口占GDP比重不断提高，从2001年的40%逐渐上升至2006年的60%，2007年这一比例虽有所下降，但仍占到GDP的55%，2008年为45.4%。出口的快速发展一方面带动了经济的高速增长，但同时过多地依赖出口的经济增长模式也在一定程度上带来一定的负面影响：其一是过分依赖出口外需，不免对内需的发展产生影响；其二是过渡依赖外需使得国家所面临的经济风险加大，影响生产潜力的发挥，同时会阻碍国民经济的持续稳定增长。从这个意义上讲，贸易出口增速下降，一方面降低了经济发展所面临的外部风险，另一方面可以此为契机，扩大内需对经济增长的拉动作用。

2.当前正是改变外贸“重数量、轻质量”局面的良机。传统的外贸增长方式重数量、轻质量，以追求出口规模、出口创汇为主要目标，出口在实现总量增长的同时，质量和效益没有同步提高。以天津为例，出口企业大部分以加工贸易为主，虽然发展中国家在经济发展初期阶段将加工贸易作为参与国际分工的方式，但如果长期对低端加工贸易形成依赖不仅会大大延缓产业结构升级，而且很难形成真正具有竞争力的核心技术和产品，必然在国际竞争中受制于人。天津出口增速连续下降正是对加工贸易过分依赖的后果，当由低廉劳动力成本带来的价格优势不复存在时，缺乏核心竞争力的出口企业只能将市场拱手让人。出口增速下降的同时也为出口企业改变贸易方式、促进外贸结构调整和增强企业的核心竞争力提供了压力和动力。

(二)天津新的"比较优势"分析

天津与中西部其他省市相比，虽然原有的劳动力、土地价格优势逐渐丧失，但新的比较优势也正逐渐显现。

1.滨海新区的开发开放优势。继长三角和珠三角之后，环渤海地区正在成为中国经济增长的第三极。滨海新区聚集了国家级的开发区、保税区、出口加工区、保税物流园区，以及综合保税区和东疆保税港区。特别是作为全国综合配套改革试验区，可以先行试验一些重大改革开放措施，使得滨海新区新的政策优势不断显现。2008年，滨海新区进入全面开发建设新阶段。生产总值比上年同期增长23%，工业总产值增长30%，固定资产投资增长43%，地方财政收入增长31%，实际直接利用外资增长30%，口岸进出口总值达到1600亿美元；外贸出口已经由1993年的5亿美元增长到2008年的261.47亿美元，增长了近51.3倍，远远高于天津市整体外贸增长。现在的滨海新区是外商投资企业的聚集地，世界500强企业中已有120多家落户于天津市滨海新区，可以预见滨海新区的开发开放还将继续引领天津的经济增长。

2.天津市独特的区位优势。天津市位于欧亚大陆桥最东部，具备以港口为主导的交通优势，海运在国际贸易中仍发挥着重要作用，天津的地理位置优势必将进一步发挥作用，这一优势也是中西部内陆地区所不具备的。

3.京津城市互补优势。环渤海地区是我国智力最密集的地区，有高等院校300多所，占全国总量的三分之一，科研机构1000多所，其中绝大多数集中于北京，同时北京作为首都，拥有不可替代的行政资源，可以源源不断地从全国吸引技术、人才、资金，只要区域一体化建设达到一定水平，北京的资源和要素完全可以被天津所用，这一优势是长三角和珠三角地区无法比拟的。

当然，上述优势只是天津的"比较优势"而非"绝对优势"，只有将"比较优势"变为"竞争优势"，天津的对外贸易才可能走出当前困境，获得持续发展。

(三)外向型经济向好，具有了较为有利的外部环境

2009年二季度以来，国际金融危机有所缓和，全球主要经济体都出现复苏迹象。经合组织数据显示，从欧元区、英国到美国、墨西哥和日本，这些国家的总体指标显示经济在好转，金融市场信心有所恢复，实体经济衰退进一步拖累金融体系的可能性降低。这表明，对我国出口和FDI起到关键作用的外部因素回暖可期，外向型经济向好，具有了较为有利的外部环境。不过，外向型经济的这种反弹要形成确定性趋势，仍需进一步夯实基础。

三、应对外贸困难时期的政策选择

1. 适当调整外贸发展战略

贸易战略大体可以分为出口导向型和进口替代型两种。从天津的实际情况看，虽然政府没有明确提出"出口导向型"这一贸易发展战略，但在国家鼓励出口的外贸体制改革、优惠的加工贸易政策、外资政策以及充分调动地方政府扩大出口的积极性的背景下，天津市也相继出台了一系列鼓励出口的政策，表明天津实行的是出口导向型的外贸战略。

首先，从整个世界范围看，中国在世界上的贸易总额已经十分庞大，继续增长必然削弱亚洲其他国家实施这一战略的有效性，进而打破全球贸易的"平衡"，导致贸易摩擦的大量增加，而国内从出口导向战略中获得的"技术溢出效应"也十分有限，特别是加工贸易对国民经济的拉动更是有限。可以预见这一贸易战略将逐步调整。其次，出口导向型战略依据的理论是比较优势理论。在改革开放初期，天津廉价的劳动力和优越的地理位置以及优惠的政策在吸引外资方面确实具有一定优势。但随着沿海开放城市政策优势的丧失、劳动力和土地成本的上升，以及随着出口市场多元化导致对陆上口岸的开发，天津原先赖以生存的劳动密集型产品必然受到冲击，当初所具有的比较优势已逐步弱化。因此，在坚持"出口导向型"这一贸易发展战略的同时，需要辩证地对待"出口创汇"、"千方百计扩大出口"等目标，要充分考虑环境、土地、资源等正常的隐形成本，使外贸发展的最终目标落实在实现经济的有效增长上。

2. 培育技术优势，改变加工贸易比重过大局面

虽然加工贸易在天津的外贸发展和经济增长的过程中起到了不可替代的作用，但随着时代的发展，其弊端也逐渐暴露，其中最重要的是附加值低下，贸易溢出效应不明显，而借用加工贸易实现产业升级的意图也没有实现。以中国制造的芭比娃娃为例，在中国的出厂价为1美元，而到美国超市的售价却是9.9美元，其余的8.9美元都被设计、销售等环节获得，中国加工制造的收益只占其中的10%。但美国90%的利润是靠技术和人才优势获得的，如果一直走"为人打工"的加工贸易的老路，就永远只能在国际分工中获得"1美元"的收益。对天津来讲，应充分利用京津地区的人才优势，通过推动技术创新，获得技术优势，促进外贸发展由"数量型"向"效益型"转变。特别是要注意培育有技术含量和优势的一般贸易产品，从而拉长产业链，提高出口对实体经济的影响力，提高出口效益。

当前，全球经济逐渐复苏，给中国外向型经济发展带来回暖预期，但全球贸易和投资正经历一个再平衡过程，即从高速增长转入调整期。在这样的大环境下，要真正夯实天津市外向型经济回暖的基础，除了要进一步落实已经制定的稳定外需和外资政策外，更要利用危机的"鲶鱼效应"，将短期政策与长期政策相结合，采取差别性的财政、金融政策，在稳定出口的同时，推动加工贸易向一般贸易转型，力促外向型经济从数量型向质量型转变，从而实现对外经贸结构的优化和升级。

3. 培育品牌优势，获得"制造之外"的收益

目前中国已经出现了一些诸如海尔、联想等国际著名品牌，但这些国际品牌很少来自于天津。尽管中国产品的质量许多都高于国外同类产品，甚至许多国外名牌产品如耐克、阿迪达斯等本身就是中国企业生产的，但由于不具有品牌优势，中国的产品往往是"质优价低"。因此，培育天津本地企业的品牌优势，是提升外贸内涵的重要途径。

4. 培育产业优势，发挥"后发优势"

产业是贸易的基础，而当前国际贸易中越来越表现出贸易结构的变化，即：初级产品比重下降，高科技产品比重上升，服务产品迅速发展。在国内制造领域竞争异常激烈的背景下，天津应积极利用优越的投资环境，吸引资本向银行、保险、会计、咨询、审计等新开放的具有高附加值的国际服务贸易领域发展。

5. 发挥政府的"帮""促"作用，加快结构调整

面对百年不遇的金融危机，不少企业疲于招架，无力进行结构调整和技术创新，必须充分发挥政府现行体制对生产要素的动员和组织优势，综合运用政策、金融、服务等多元化的支持方式，力促结构调整和产业升级。

（天津市统计局贸易外经处）

积极应对金融危机　努力增强外需拉动力

国际金融危机引起的世界经济减速使河北省外需骤减，出口持续低迷，从 2008 年 12 月开始连续 5 个月下降，几乎所有出口市场、出口商品同时出现不同程度的下降，特别是金融危机形势下，出口贸易面临着更严峻的挑战。但挑战和困难中，仍存在增长的亮点，也带给我们一些启示，危机中仍蕴藏着机遇，为确保国民经济平稳较快发展，应抓住机遇，积极应对，采取切实有效措施，扩大出口规模，努力稳定、扩大外需，增强对经济增长的拉动力。

2008 年 9 月以来，世界经济遭受了百年一遇的金融危机的严重冲击，随着危机的不断加深和蔓延，各国经济纷纷下滑，对河北省的直接影响就是外部需求急剧缩减，出口订单大幅减少，出口连续下降。目前，危机仍未见底，经济形势仍不明朗，1—4 月，外贸出口仍然低迷，降幅进一步加深。

一、金融危机对河北省出口的影响

由于国际金融危机引起全球性的经济减速，因此无论是发达经济体，还是新兴经济体，大部分国家和地区的经济出现萎缩，居民消费愿望大大降低。加上许多国家采取增加投资鼓励本国制造业发展的政策，形成对我国出口产品的挤压，以及贸易保护主义抬头，导致出口严重受阻。从 2008 年 12 月份河北省当月出口开始出现负增长(—4.4%)，一直延续到现在。2009 年以来，各月降幅均在 20%以上，1—4 月，累计出口 45.7 亿美元，同比下降 29.2%，为历史最低增速。具体分析，国际金融危机影响下的河北省出口贸易有以下几个特征：

1. 传统出口市场和新兴出口市场同时出现下降，亚洲降幅最大。从 2008 年第四季度以来，对亚洲、拉丁美洲、大洋洲出口开始出现下降，对亚洲降幅最深，各月降幅均在 30%以上。目前，亚洲仍是河北省第一出口大洲，2009 年 1—4 月，累计出口 18.8 亿美元，下降 38.1%，降幅比一季度加深 2.7 个百分点，高于全省出口平均降幅 8.9 个百分点；占全部出口的 41.1%，同比减少 5.8 个百分点；对欧洲、北美洲出口从 2009 年开始下降，其中，对欧洲出口各月降幅均在两位数以上，1—4 月，累计出口 12.8 亿美元，下降 26.9%，降幅比一季度加深 4.7 个百分点；对北美洲 1—4 月累计出口 7.6 亿美元，下降 15.8%，降幅比一季度加深 0.9 个百分点。对非洲出口降幅最小，下降 5.4%，占全部出口的比重为 8.1%，同比提高 2 个百分点。从重点区域看，欧盟、美国、韩国、日本是河北省前四大出口市场，除对日本出口由增转降外，对欧盟、美国、韩国出口降幅均比一季度有所加深，对日本出口 3.7 亿美元，由一季度的增长 1.1%转为下降 7.3%；对欧盟出口 10.7 亿美元，下降 23%，加深 3 个百分点；对美国出口 6.8 亿美元，下降 15.6%，加深 0.5 个百分点，对韩国出口 4.0 亿美元，下降 57.1%，加深 3.1 个百分点；四大出口市场 2009 年以来占全省出口总值的比重略有增加，1—4 月为 55.2%，同比提高 0.6 个百分点。此外，对东盟、俄罗斯、印度、阿联酋等新兴市场出口呈现较大幅度下降，降幅均超过全省出口平均降幅。(见表 1)

表1　河北省及主要出口国别(地区)出口总值增速(%)

	2008年			2009年				
	全年	11月	12月	1月	2月	3月	4月	1—4月
河北省	41.3	1.6	−4.4	−21.7	−28.9	−25.6	−37.1	−29.2
亚洲	42.4	−1.8	−15.4	−30.2	−42.6	−34.7	−43.7	−38.1
韩国	74.1	−13.6	−39.6	−48.1	−50.0	−60.1	−63.2	−57.1
日本	14	−3.9	20.2	7.8	−25.6	16.5	−27.1	−7.3
东盟	34.9	16.8	−38.5	−44.9	−29.5	−42.6	−53.9	−44.7
欧洲	41.6	3	4.8	−16.7	−28.5	−16.6	−39.1	−26.9
俄罗斯	19.1	−9.4	−30.2	−16.8	−47.3	−34.2	−66.6	−43.3
欧盟	46.2	6.1	8.4	−16.1	−23.4	−14.6	−31	−23
北美洲	25.6	8.6	16.7	−8	−12.5	−21.2	−18.5	−15.8
美国	21.7	2.1	2.8	−9.8	−11.7	−20.2	−17.1	−15.6
非洲	47.2	18	20.7	−1.9	36.8	−8.4	−27.5	−5.4
拉丁美洲	68.5	−16.5	−25.3	−29.5	−32.3	−26.5	−17.8	−26.1
大洋洲	58.9	13.2	−16.1	−25	−17.2	−31.3	−22.3	−24.2

2. 工业制品出口降幅大大超过初级产品。工业制品出口39.9亿美元，下降30.8%，降幅比一季度加深2.6个百分点；占全省出口总值的比重为87.3%，同比减少2个百分点。初级产品出口5.8亿美元，下降16.4%，降幅比一季度加深11个百分点；占河北省出口总值的比重为12.7%，同比增加2个百分点。

在工业制品中，生活用品由于具有刚性需求，降幅小于其它工业产品。大宗出口商品钢材、机电产品和高新技术产品由于需求弹性较大，竞争力较弱，受国际金融危机冲击较大，出口大幅度下降，其中，钢材出口受阻最严重，主要原因一是国际市场需求减少，订单骤减；二是国内钢材价格走高，出口优势减小；三是一些国家如韩国、俄罗斯、土耳其等钢铁生产国币值对美元汇率大幅下跌，使得这些国家的钢铁出口竞争力大幅提升，形成对我国原有市场的冲击；四是一些国家采取贸易保护政策保护本国钢铁工业，也使钢材出口受到影响。1—4月钢材出口5.5亿美元，下降59.8%，降幅比一季度加深5.7个百分点；机电产品出口2009年以来逐月下降，1至4月出口16.1亿美元，下降25.4%，降幅比一季度加深1.5个百分点；高新技术产品1至4月出口4.4亿美元，下降24.9%，降幅比一季度收窄4.7个百分点。河北省其它大宗出口商品纺织纱线、织物及制品出口降幅小于钢材、机电产品和高新技术产品，为21.7%；服装及衣着附件出口4.6亿美元，由一季度的增长2.1%转为下降0.8%。（见表2）

表2　河北省主要出口商品出口总值增速(%)

	2008年			2009年				
	全年	11月	12月	1月	2月	3月	4月	1—4月
机电产品	50.1	13.8	13	−18	−32.2	−18.5	−29.3	−25.4
钢材	79.5	−2.4	−30.8	−59.3	−36.5	−60.7	−69.9	−59.8
服装及衣着附件	10.4	−2.5	14.2	12.2	−8.5	2.3	−9.6	−0.8
高新技术产品	98	53.8	26.8	−23	−30.6	−17.4	−11	−24.9
医药品	56.3	12.8	−2.4	7.4	10.2	4.4	2.4	5.9
农产品	6.6	−19.1	−10.2	−19.5	−5	−10.5	−7.2	−10.9
煤	54.4	39.4	−11.1	49.1	−89.8	2.5倍	−62	−13.9
二极管及类似半导体器件	137.6	41.6	40.1	−35.5	−36	−17.8	−31.3	−35.3
纺织纱线、织物及制品	14.5	−9.6	−8.1	−21.9	−32.3	−12	−22.5	−21.7
汽车零件	35.9	−21.3	−40.7	−26	−29.4	−39.4	−37.2	−36

3. 一般贸易出口降幅大于加工贸易。 一般贸易 1—4 月出口 37.5 亿美元，下降 30.7%，降幅比一季度加深 4.6 个百分点；由于外商直接投资企业是加工贸易主体，2009 年以来外商直接投资的持续下降，导致了加工贸易出口的大幅下降，1—4 月出口 6.9 亿美元，下降 25.9%，降幅比一季度收窄 3.9 个百分点，低于一般贸易出口降幅 4.8 个百分点。占全省出口总值的比重一般贸易为 82.2%，同比减 1.6 少个百分点；加工贸易为 15.0%，增加 0.6 个百分点。（见表 3）

表 3　河北省分贸易方式出口总值增速（%）

	2008 年			2009 年				
	全年	11 月	12 月	1 月	2 月	3 月	4 月	1—4 月
一般贸易	39.6	−4.2	−15.9	−23.4	−32.6	−23.6	−41	−30.7
加工贸易	45.7	21.2	35.5	−21.1	−18.7	−37	−14.8	−25.9

4. 私营企业出口降幅较小。 国有企业、外商投资企业、私营企业、集体企业出口均在 2008 年底出现下降，2009 年降幅均加深，1—4 月除私营企业外，降幅均在 30%以上，集体企业出口降幅最大，出口 1.0 亿美元，下降 57.7%，比一季度加深 0.9 个百分点；国有企业和外商投资企业分别出口 9.4 亿美元和 18.5 亿美元，分别下降 36.1%和 32.3%，降幅分别比一季度加深 5.7 和 2.5 个百分点；而私营企业降幅最小，出口 16.7 亿美元，下降 17%，降幅比一季度加深 3.4 个百分点，占全部出口的比重由 31.2%升到 36.6%。

表 4　河北省主要出口主体出口总值增速（%）

	2008 年			2009 年				
	全年	11 月	12 月	1 月	2 月	3 月	4 月	1—4 月
国有企业	22.8	1.3	−6	−26.9	−29.1	−36.6	−47.5	−36.1
外商投资企业	49.1	2.1	−4.8	−24.2	−29.2	−31.7	−38.6	−32.3
集体企业	34.5	−28.5	−14.6	−52.5	−70.3	−44.3	−60.5	−57.7
私营企业	48.1	5.1	−1.4	−13.2	−22.1	−6.2	−24.7	−17

二、当前形势下出口的亮点及启示

在当前出口困难的形势下，河北省出口中也不乏亮点。在出口国别上，2009 年以来，对德国出口增长一直在 30%以上，1—4 月对德国出口 2.7 亿美元，增长 30.7%；对荷兰出口 1.3 亿美元，增长 4.5%；对伊拉克出口 0.3 亿美元，增长 1.8 倍；对哈萨克斯坦出口 0.3 亿美元，增长 1.1 倍；对巴西出口 0.5 亿美元，增长 1.5%；对阿尔及利亚出口 0.7 亿美元，增长 2.2 倍，此外，对约旦、土库曼斯坦、奥地利、芬兰、匈牙利、委内瑞拉、利比亚等国家的出口也呈较快增长。虽然对这些国家出口的份额还不大，但是存在一定的潜力。

在出口方式上，一般贸易和加工贸易虽然同时下降，对外承包工程出口货物却仍保持了 13.6%的增长，但增速同比减少 51 个百分点，占全省出口总值的比重增加 1 个百分点。

在出口商品上，一些与日常生活密不可分的生活必需品和日用消费品，由于其需求刚性和物美价廉的特性，表现出了一定的竞争力。2009 年以来，医药品一直保持增长，1 至 4 月增长了 5.9%；粮食增长了 11.3%；肠衣增长了 30.8%；变压器增长了 78.5%，电视、收音机及无线电讯设备的零附件增长了 21.6%，通断保护电路装置及零件增长了

33.6%，床垫、寝具及类似品增长了12.8%，箱包及类似容器出口增长了48.1%；鞋类增长了1.2倍%。另外，空气调节器、摩托车等其它份额不大的出口商品，也呈现了较快增长。

3月中旬，我们对部分市的一些出口企业调研，发现了一些出口形势较好的企业。如一家生产打印机粉的大型国有企业，由于产品在日常工作中必不可少，并且物美价廉可作为名牌的替代产品，出口市场多达30多个国家和地区，在国际金融危机的形势下，反而表现出了较强的竞争力，出口形势很好。一家机械轧辊有限公司，由于近几年进行技术改造，改进质量，在技术含量上具有较强的优势，产品在国内已替代了进口，而且产量、质量均为世界第一，已成为世界轧辊行业的最大基地，2008年出口创下新高，从目前看，2009年的形势也不错。同时，调查发现，一些高新技术产品由于需求弹性较大，加上缺乏自主创新能力，出口下降。

这就给我们以启示：一是出口市场、出口主体、出口商品的多元化经营可以有效分散市场风险；二是依靠提升产品质量、走自主研发的品牌之路也可以抵御危机的冲击，三是我们的出口产品结构与发达国家主流产业结构仍存在互补性，尤其是我们的日用消费品有着明显的性价比优势，能否顶住冲击，保持出口增长，关键还看产品的竞争力。

三、出口贸易面临的挑战

在当前国际金融危机尚未见底的形势下，出口面临着严峻的挑战。出口企业不仅订单减少，而且经营风险增加，存在一些金融领域的问题，亟需引起关注。

1. 出口货款无法收回的信用风险。国际金融危机衍生信用危机，由于经济衰退，海外市场企业破产数量增加，进口商支付能力下降，信用降低，出现支付困难，产品出口到货后不能及时收回货款，或根本无法收回货款。

2. 主要国家货币普遍贬值造成的汇率风险。国际金融危机对世界主要国家的货币汇率产生了较大影响，一些国家使用汇率贬值政策，汇率波动过大，造成企业不敢轻易接单，使出口受阻，或者接了订单却只亏不赚，蒙受实际损失，还有进口商付款滞后或违约弃单，都加大了出口企业的汇率风险。

3. 出口企业尤其是中小出口企业融资存在困难。难以取得信贷支持，资金链紧张，给企业生存和发展带来危机。

4. 面对进口商的压价，企业议价能力虚弱。一是企业由于出口产品缺乏足够的市场竞争力，在对外报价时处于劣势；二是因出口退税率上调，进口商要求降价，由于国内同类产品竞争激烈，企业只得将上调的利润拱手让给外方，造成国家的优惠政策变相转移给国外进口商的局面。

另外，发展出口还要注意环境保护，不能以牺牲资源环境为代价，防止“两高一资”企业复苏，实现外贸科学发展。

四、金融危机形势下应发挥外需的重要作用

外需可广义地诠释为国际市场对我国生产资料和最终消费品的需求，通过外贸出口的方式实现价值，统计上表现为外贸出口总额。出口是经济增长不可缺少的重要动力。从世界经济发展史的普遍规律来看，国际贸易增速快于经济发展增速，贸易尤其是外贸，是世界经济增长的重要动力。我国改革开放取得成功，贸易尤其是外贸的贡献功不可没。河北省虽然出口份额相对较小，出口对经济的拉动没有全国平均水平和经济发达的沿海省市那么高，但改革开放以来，尤其是加入世贸组织以来，河北省出口规模迅速增加，出口增长远远快于经济增长，出口对经济的拉动也在不断增强。从2001年加入世贸组织到2008年，全省出口年均增长26.3%，比经济平均增长快10.6个百分点；出口总值占全省

生产总值的比重 2008 年达到 10.3%，比 2001 年增加 4.4 个百分点。

在当前严峻的经济形势下，不能放松稳定和扩大外需。为应对国际金融危机，确保国民经济平稳较快发展，中央出台了一系列扩大内需、保持经济平稳较快发展的政策措施，以加快形成扩大内需为主和积极利用外需共同拉动经济增长的格局。稳定外需可以稳定国内就业和劳动者收入，同时也增加投资机会，从而转化为内需。所以，从某种意义上说，稳定外需就是稳定内需，出口增长本质上是在创造内需。据国家统计局研究，出口每增长 1%，可以拉动消费增长 0.68%、拉动投资增长 0.74%。外需下滑也拖累内需及整个经济的发展。国际金融危机形势下，沿海发达省份经济减速很大程度上是由于外需下滑引起的，由于出口持续下降，作为三大需求之一的外需对河北省经济增长的拉动有所减弱，贡献率已成为负值。一季度，货物和服务净出口对经济增长的贡献率为－2.1%，同比回落 3.8 个百分点。河北省出口依存度远低于全国和经济发达的广东、江苏、浙江、辽宁、山东等省份，2008 年，河北省出口依存度为 10.3%，而广东、江苏、浙江、辽宁、山东分别达到 78.6%、54.5%、49.9%、21.7% 和 20.8%，全国为 33.0%。因此，不论从当前严峻的经济形势下还是从长远来讲，为确保经济平稳较快发展，都应该毫不放松地开拓巨大的国际市场，努力稳定国际市场份额，巩固、扩大对外贸易，增强外需对经济增长的拉动力。

五、稳定、扩大对外贸易的举措

虽然国际金融危机给稳定、扩大外需带来了困难和挑战，但也蕴藏着机遇。因此，应坚定信心，密切关注国际金融危机及世界经济形势的变化，主动适应外部环境的变化，提高应对外部风险的能力，采取切实有效措施积极应对，把外部的压力转换成出口产品升级的动力，尽快走出金融危机的阴影。

1. 进一步稳定和开拓国际市场，努力实现出口市场多元化。面对巨大的国际市场，兼顾发达国家和发展中国家，积极开拓出口市场，既要稳定和扩大美、欧、日等传统市场，又要奋力开拓增长空间巨大的南亚、中东、中亚、南美、东欧等新兴和潜在市场，形成新的出口增长点，努力实现出口市场多元化。

2. 调整优化产业、产品结构，提升产品国际竞争力，形成多元化的商品出口格局。一是要把危机当成一个调整发展的机遇，淘汰落后产能，挖掘自身潜力，提升产业层次，提高研发和自主创新能力，在产品、技术、品牌上创新，提高出口商品的国际竞争力；二是从危机中寻找商机，适应外部需求的变化，大胆创新，设计、生产有市场需求的产品，调整优化品种结构，既要稳定中低档劳动密集型商品出口市场，又要努力发展中高端商品、品牌商品、高技术高附加值商品出口，形成高中低错落有致且较为完整的出口商品体系。

3. 充分发挥财政政策和金融政策的作用，加大对出口企业的信贷支持力度。利用好国家出台的出口鼓励政策，引导金融机构加强对企业的信贷服务，拓宽企业直接融资渠道，鼓励企业通过募集、收购等多种途径在境内外上市融资，支持有条件的企业发行债券，支持和鼓励企业充分利用各方面的资金（特别是外资和其他域外资金）；清理各种不合理规定，减轻企业负担，为企业提供更加到位的支持和服务，为企业营造一个良好的经营环境，扶持企业渡过难关。

4. 提高企业的外贸风险意识，健全出口信用保险保障机制。为防范出口货款回收风险，企业应重视对进口商资信的采集和评估，对风险进行预警和提前防范，完善企业财务制度和风险控制制度，重视出口信用保险，健全出口信用保险保障机制。还应通过培养和引进金融人才，合理预测汇率变动，及时避免损失，防范汇率风险。

5. 进一步壮大民营企业的出口群体。民营企业已成为河北省出口的重要力量，拥有广阔的发展前景，其中，私营企业作为河北省第二出口主体在这次危机中受冲击较小，成为抵御国际金融危机的重要支柱。因此应继续对民营企业搞好扶持，发挥好民营企业发展灵活、反应灵敏、发展潜力大等优势，主动出击，寻找发展机遇，准确把握国际市场脉搏，搞好产品开发，提高产品质量，抢占市场先机，在危机中进一步壮大民营企业出口群体。

6. 在努力稳定出口的同时，积极扩大进口。利用大宗产品国际价格大幅下跌的机会，扩大国内短缺的能源资源的进口。

7. 鼓励有条件的企业走出去开展对外承包工程，也是增加出口的一个途径。

（河北省统计局外经处）

湖南外经贸应对金融危机的对策思考

进入2009年以来，国际金融危机对湖南外经贸的负面影响加深，出口回落，外商投资萎缩，对外承包工程受挫，对外经济发展面临挑战。尽管近期湖南外经贸领域出现了一些积极变化，但国际市场需求低迷状况仍在继续，外部环境仍然严峻，只有坚定信心，危中寻机，扬长避短，才能实现湖南对外经济的跨越式发展。

一、金融危机仍在蔓延，对外经济预期下降

(一)世界经济增长预期继续下滑

据4月份国际货币基金组织(IMF)预测，按购买力平价方法汇总，2009年世界经济将比2008年下降1.3%，比1月预计增速下调1.8个百分点。其中发达国家经济下降3.8%，比1月预计增速下调1.8个百分点；发展中国家经济增长率为1.6%，比1月预计增速下调1.7个百分点。发达国家中，美国经济下降2.8%，比1月预计增速下调1.2个百分点；欧元区经济下降4.2%，比1月预计增速下调2.2个百分点；日本经济下降6.2%，比1月预计增速下调3.6个百分点。

另据6月份世界银行报告显示，2009年全球GDP将下降2.9%，其中发展中国家GDP仅能增长1.2%，远低于2007年8.1%的增长率，也不及2008年5.9%的增幅。由发展中国家带动全球经济走出阴霾的希望渺茫。

表1　国际货币基金组织对世界及主要国家和地区GDP增长率预测(2009年4月)

单位：%

	2006年	2007年	2008年	2009年预计(1月份预计)	2009年预计(4月份预计)
世界经济增长率	5.1	5.0	3.2	0.5	−1.3
发达国家经济增长率	3.0	2.6	0.9	−2.0	−3.8
美国经济增长率	2.8	2.0	1.1	−1.6	−2.8
欧元区经济增长率	2.8	2.6	0.9	−2.0	−4.2
日本经济增长率	2.0	2.4	−0.6	−2.6	−6.2
发展中国家经济增长率	7.9	8.0	6.1	3.3	1.6

(二)全球贸易预期继续下降

据4月份国际货币基金组织(IMF)预测，2009年全球进出口贸易将比2008年下降11.0%，比1月预计增速下调8.2个百分点。其中发达国家出口下降13.5%，比1月预计增速下调9.8个百分点，进口下降12.1%，比1月预计增速下调9.0个百分点；发展中国家出口下降6.4%，比1月预计增速下调5.6个百分点，进口下降8.8%，比1月预计增速下

调6.6个百分点。

表2　国际货币基金组织对世界贸易量增长率预测(2009年4月)

单位:%

	2006年	2007年	2008年	2009年预计(1月份预计)	2009年预计(4月份预计)
世界贸易量增长率	9.4	7.2	3.3	−2.8	−11.0
发达国家贸易量增长率					
出口增长率	8.4	6.1	1.8	−3.7	−13.5
进口增长率	7.5	4.7	0.4	−3.1	−12.1
发展中国家贸易量增长率					
出口增长率	11.2	9.5	6.0	−0.8	−6.4
进口增长率	14.9	14.0	10.9	−2.2	−8.8

(三)国际资本流出量减少

据美国商务部经济分析局月报、欧洲央行统计月报、日本央行统计月报显示:从2008年第二季度开始,美国、欧洲对外直接投资流出量持续减少。第二季度美国对外直接投资流出量837.40亿美元,比上年同期下降8.3%;欧元区对外直接投资流出量450亿欧元,下降58.9%。第三季度美国对外直接投资流出量565.80亿美元,下降14.5%;欧元区对外直接投资流出量886亿欧元,下降24.3%。第四季度美国对外直接投资流出量625.50亿美元,下降28.8%;欧元区对外直接投资流出量505亿欧元,下降36.1%。2009年1月,欧元区对外直接投资流出量272亿欧元,下降73.7%;日本对外直接投资流出量3358亿日元,下降76.9%。2009年2月,欧元区对外直接投资流出量206亿欧元,下降53.4%;日本对外直接投资流出量3359亿日元,下降61.1%。

表3　世界主要国家对外投资流出量

	美国		欧元区		日本	
	流出量(亿美元)	比上年同期+−(%)	流出量(亿欧元)	比上年同期+−(%)	流出量(亿日元)	比上年同期+−(%)
2008年	2986.00	−4.8	3510	−26.0	131685	52.1
2008年第一季度	957.30	39.8	1669	81.4	30196	39.1
2008年第二季度	837.40	−8.3	450	−58.9	18749	−35.1
2008年第三季度	565.80	−14.5	886	−24.3	22622	73.0
2008年第四季度	625.50	−28.8	505	−36.1	60118	162.3
2009年1月			272	−73.7	3358	−76.9
2009年2月			206	−53.4	3359	−61.1

另据世界银行在其全球金融发展年鉴中表示,2008年净流入发展中国家的私人资本从2007年的1.2万亿美元下降到7070亿美元,减少了41.0%,预计2009年将进一步减少到3630亿美元,下降48.0%。

二、湖南省外经贸受到的冲击日渐明显

(一)湖南省进出口持续滑坡

2008年10月以前,湖南省外贸受金融危

机的影响不明显，但进入 11 月份后，特别从年初开始，进出口额大幅下滑。1 月份进出口总额比上年同月下降 26.8%，2 月份下降 20.5%，3 月份下降 24.3%，4 月份下降 28.1%，5 月份下降 28.3%。1—5 月湖南省进出口总额 36.97 亿美元，比上年同期下降 26.0%，比全国平均降幅大 1.3 个百分点，其中出口 20.25 亿美元，下降 35.6%，比全国平均降幅大 13.8 个百分点。

表 4　湖南省进出口货物总值表

	进出口		出口		进口	
	美元值（万美元）	比上年同期增减（%）	美元值（万美元）	比上年同期增减（%）	美元值（万美元）	比上年同期增减（%）
2008 年 6 月	106382	15.1	74890	11.7	31492	24.1
2008 年 7 月	119893	49.7	82992	43.3	36900	66.5
2008 年 8 月	110680	29.8	80292	51.7	30388	−6.0
2008 年 9 月	122791	46.3	89638	74.0	33153	2.3
2008 年 10 月	110165	38.6	73395	29.5	36770	61.1
2008 年 11 月	89285	2.3	61285	3.7	28000	−0.6
2008 年 12 月	95906	10.2	64146	9.8	31759	11.2
2009 年 1 月	70927	−26.8	42924	−33.4	28004	−13.5
2009 年 2 月	62823	−20.5	33973	−23.9	28851	−16.1
2009 年 3 月	76007	−24.3	40806	−32.6	35201	−11.7
2009 年 4 月	79865	−28.1	42335	−40.3	37530	−6.6
2009 年 5 月	80280	−28.3	42471	−42.6	37808	−0.7
2009 年 1—5 月	369677	−26.0	202509	−35.6	167167	−9.6

1. 对主要贸易伙伴出口下降。1—5 月，湖南省对欧盟出口 3.31 亿美元，比上年同期下降 36.9%；对美国出口 2.68 亿美元，下降 20.7%；对韩国出口 2.08 亿美元，下降 28.2%；对香港出口 1.54 亿美元，下降 59.3%；对日本出口 1.03 亿美元，下降 44.5%；对印度出口 0.95 亿美元，下降 40.1%；对越南出口 0.82 亿美元，下降 32.2%；对拉丁美洲出口 0.97 亿美元，下降 31.8%；对大洋洲出口 0.26 亿美元，下降 48.8%。

2. 重点商品出口严重下挫。1—5 月，机电产品出口 6.18 亿美元，比上年同期下降 32.9%。其中金属制品、机械设备、电器及电子产品、运输工具和仪器仪表出口额分别为 0.98 亿美元、2.08 亿美元、1.43 亿美元、1.38 亿美元和 0.04 亿美元，分别下降 34.0%、33.0%、31.8%、34.6%和 37.8%。“两高一资”产品出口下滑。钢材出口 3.65 亿美元，下降 39.1%；汽车（包括整套散件）出口 0.80 亿美元，下降 39.3%；未锻造的锰出口 0.50 亿美元，下降 66.1%。

3. 国有、集体、外资、私营企业进出口全面滑坡。1—5 月，国有企业进出口 16.10 亿美元，比上年同期下降 17.7%，其中出口 7.26 亿美元，下降 36.5%；集体企业进出口 0.74 亿美元，下降 24.6%，其中出口 0.68 亿美元，下降 25.2%；私营企业进出口 13.70 亿美元，下降 36.7%，其中出口 9.35 亿美元，下降 37.3%；外商投资企业进出口 6.39 亿美元，下降 17.1%，其中出口 2.92 亿美元，下降 29.8%。

4. 对外贸易发展难度增大。一是国际市场开拓难度大。据调查，目前湖南省大部分外贸企业出口订单大幅下降，许多客户与外贸企业的签单由原来的长期改为短期，订单减少、客户流失，新兴市场开拓难。二是企业资金难周转。目前湖南部分外贸企业，特别是中小企业融资不畅。虽然政府出台了不少政策，取得了积极成效，但中小型进出口企业规模小，实力弱，积累不足，没有足够的资产作抵押，而在危机面前各种融资门槛设置更高，中小企业望尘莫及。三是出口收益难提高。目前，湖南已开发出口商品近3000多种，出口额连年大幅增长。但因为科技含量和附加值不高，单位商品的价值不高。虽然湖南的冻肉、茶叶、花炮、陶瓷、钢材、有色金属、五金工具、汽车零配件、纺织服装等产品，在国际市场的份额不断提高，但基本上靠低价参与国际竞争，真正依靠深加工、高附加值和品牌优势参与国际竞争的商品并不多，使湖南进出口商品收益水平难提高。四是出口收汇风险大。金融危机使全球信用风险环境不断恶化，企业被拖欠货款的情况时有发生。目前，很多外商为了规避风险，大多放弃了前TT（预付定金）的贸易方式，而转为广泛使用OA（放账赊销）或后TT（一般货到后30天、45天、60天甚至120天再付款）的模式，使出口企业面临很大的财务风险。

（二）外商直接投资出现萎缩

受全球金融危机影响，美国、欧元区、日本等资本流出大幅萎缩，湖南新批外商直接投资项目个数增幅下降，合同外资储量不足，外资到位压力加大。

1. 新批项目减少，外资增幅下滑。2008年，全省新批外商直接投资企业项目517个，比上年下降29.9%。新批外商直接投资1000万美元以上项目187个，下降5.7%；新批合同外资5000万美元及以上项目仅2个，减少50.0%；全年合同外资45.86亿美元，仅高出实际到位外资5.81亿美元，比上年下降13.8%。据工商部门统计，2008年全省新设立登记注册外商投资企业230户，下降38.3%，投资总额28.71亿美元，下降23.7%，注册资本16.59亿美元，下降36.9%。

2009年1—5月，湖南省新批外商投资企业项目135个，比上年同期减少11个，减少7.5%；实际使用外商直接投资17.11亿美元，增长8.2%，增幅为近年同期最低。

表5　新批设立外商投资企业项目及外商投资情况

	单位	2005年1—5月	2006年1—5月	2007年1—5月	2008年1—5月	2009年1—5月
新批设立外商投资企业项目个数	个	194	264	260	146	135
利用外商直接投资	万美元	57173	97780	127287	158100	171064
外资比上年同期增长	%	20.1	71.0	30.2	24.2	8.2

2. 可用资金减少，外资流入萎缩。一是金融危机导致信贷紧缩，间接融资难度加大，企业融资成本上升；二是股市低迷，企业直接融资减少，跨国并购能力趋弱；三是企业利润减少，可用于投资的自有资金减少。据统计，2008年，湖南外资企业共撤资、减资3.44亿美元。由于可用资金减少导致部分外国公司撤资、延缓甚至取消对湖南的投资计划，从而影响了实际利用外资的增长。

3. 企业风险意识强化，投资意愿下降。金融危机导致世界经济滑向衰退，发达国家企业家信心指数下挫，企业营利前景黯淡。2009年3月，美国制造业采购经理人指数为36.3%，比上年同期下降12.7%；欧元区和日本企业家信心指数分别为负37.8%和25.8%，分别比上年同期下降37.9%和20.8%。为了保持足够的资本金以应对金融危机和经济恶化，多数公司实施成本消减计划，包括出售资产、裁员、推迟或取消投资计划等，从而缩减海外投资计划。

(三)对外承包工程和劳动就业面临挑战

一是对外承包工程新签项目减少。由于金融危机导致部分在建项目停工，雇主支付能力下降，湖南对外承包工程新签项目大幅减少。1—5月，湖南对外工程承包业务累计新签合同额3.50亿美元，比上年同期下降69.9%；累计实现营业额1.67亿美元，增长10.9%；派出承包工程劳务人员422人，下降38.8%。

二是间接影响劳动就业。由于外需疲软，订单不足，国内不少沿海企业处在降低员工工资保厂养人状态之中，湖南农民外出务工难度加大。2月底的调查资料显示，湖南农民工外出从业人数占农村劳动力总数的23.6%，比上年年底减少4.8个百分点。

三、近期湖南省外经贸出现的积极变化

当前，国家稳定金融、刺激经济的政策陆续出台，湖南省政府采取的一系列保增长、扩内需、调结构政策措施已经初步见效，宏观经济形势出现了一些积极变化。

(一)进出口总额连续三月环比增长

1—5月湖南进出口总额虽然与上年同期比呈现下降，但从环比来看，进出口总额连续三月出现增长。3月份在消除了春节假日影响后大幅回升，总额比2月份增长21.0%，其中出口增长20.1%，进口增长22.0%。4月份进一步回暖，总额比3月份增长5.1%，其中出口增长3.7%，进口增长6.6%。5月略有增长，总额比4月份增长0.5%，其中出口增长0.3%，进口增长0.7%。

1. 加工贸易进口增长迅速，外商投资企业作为投资进口的设备、物品激增。1—5月，湖南加工贸易进出口3.70亿美元，下降5.6%，其中出口2.27亿美元，下降14.4%；进口1.43亿美元，增长12.9%。外商投资企业作为投资进口的设备、物品0.44亿美元，增长70.9%。

2. 部分高新技术产品出口增长。1—5月，计算机与通信技术出口4122万美元，比上年同期增长36.3%；计算机集成制造技术出口361万美元，增长54.4%；生物技术出口245万美元，增长10.5%。

3. 传统特色产品出口增长。1—5月，湖南烟花、爆竹出口1.15亿美元，比上年同期增长17.3%；茶叶出口0.21亿美元，增长3.6%；肉及杂碎出口0.55亿美元，增长39.2%；肠衣出口0.21亿美元，增长111.9%；柠檬酸出口0.12亿美元，增长412.9%；鞋出口0.26亿美元，增长12.7%；服装及衣着附件出口0.96亿美元，增长1.8%；医药品出口0.14亿美元，增长114.5%。

4. 服务外包定单增多。据一季度统计：湖南新增服务外包企业38家，服务外包出口合同执行额达1.62亿美元，增长3.2倍。

(二)利用外资总量增长

1—5月，湖南实际使用外商直接投资17.11亿美元，增长8.2%，总量为历年同期新高。

1. 第一、二产业外商投资快速增长。1至5月，第一产业新批外商投资企业项目17个，比上年同期增长54.6%，实际使用外商直接投资0.94亿美元，增长27.3%；第二产业新批外商投资企业项目95个，下降12.0%，实际使用外商直接投资13.79亿美元，增长28.6%，占全省的80.6%。第二产业利用外资主要集中在通用设备制造、专用设备制造和化学原料及化学制品等行业。

2. 外商投资方式以独资为主，中外合资意向增强。1—5月，湖南新批设立外商独资企业项目102个，占全省新批设立外商投资企业总数的75.7%。外商独资企业合同外资金额9.55亿美元，比上年同期增长3.0%，实际使用外商直接投资12.81亿美元，占全省的74.9%，增长3.7%。新批中外合资企业

29 家，合同外资 1.45 亿美元，实际使用外商直接投资 2.66 亿美元，增长 53.2%。

3. 亚洲国家和地区对湘投资增多。1—5 月，来湘投资的国家和地区共 33 个，其中亚洲达 31 个，占总量的 93.9%；实际到位外资 13.07 亿美元，比上年同期增长 26.4%，占全省的 76.5%。其中，香港、台湾地区对湘投资 12.50 亿美元，占全省的 73.1%，增长 11.6%。

(三)劳务合作和对外投资取得进展

1. 对外劳务合作保持增长。1—5 月，湖南对外劳务合作累计新签合同额 2.68 亿美元，比上年同期增长 32.9%，累计完成营业额 1.87 亿美元，增长 16.7%；累计外派劳务人员 10786 人，增长 21.8%；月末在外 40678 人，增长 39.7%。

2. 对外投资快速发展。1—5 月，湖南累计新批境外投资企业 47 家，累计合同投资额 51.18 亿美元，其中中方合同投资额 9.95 亿美元，比上年同期分别增长 142 和 36 倍。投资地区分别是：英国、香港、阿联酋、多哥、美国等国家(地区)。投资行业主要分布在新能源与新材料、纺织品等行业。截至 2009 年 5 月底累计，湖南共有境外企业 253 家，累计合同投资额 65.07 亿美元，中方合同投资额 19.51 亿美元。如：湖南省华菱钢铁集团有限公司收购澳大利亚 FMG 17.34 的股权，成为 FMG 第二大股东。总交易价格 12.718 亿澳元(约合 8.23 亿美元)，总交易投资 12.873 亿澳元(约合 8.329 亿美元)，这是迄今以来湖南省在境外投资最大的项目，也是华菱钢铁集团继 2008 年 8 月投资澳大利亚铁矿石企业金西集团之后的又一大手笔跨国并购资源项目。华菱与 FMG 的战略合作，将获得 1000 万吨/年的铁矿石资源，为解决华菱集团的铁矿石资源建立了长期稳定的供应渠道。

四、湖南省外经贸应对金融危机的对策思考

(一)“维持住”阵地，谋求发展

1. 忧患渡关，想方设法求发展。由于此次国际金融危机，世界主要经济体欧、美、日等国家经济陷入衰退，金融危机传导的过程不会很快结束。尽管美国等国家政府积极出台了经济刺激方案，但距离经济整体复苏还有不短的距离。因此，必须增强忧患意识，把困难估计得更充分一些，把措施准备得更周密一些，扎实做好工作，迎接各种挑战，奋力渡过难关。

2. 树立信心，在被动收缩中求发展。对许多出口企业而言，全球经济不景气导致的外需减弱已是客观现实，订单减少、生产规模收缩将是今后一段时间企业面临的共同问题。同时也应看到，世界市场对中国产品的庞大需求仍然存在。只有不等不靠，危中寻机，强化内部管理，降低经营成本，提高劳动生产率，“维持住”阵地，才能进一步谋求未来的发展。

(二)危中寻机，努力提升湖南产品的世界竞争力

1. 加快产业升级，积极参与产业链上游产品的国际竞争。这次金融危机受冲击最大的主要是没有研发能力、没有营销体系、完全靠订单的来料加工“贴牌”企业，一旦出口需求萎缩，企业就无所适从，迅速陷入困境。而拥有自主知识产权、有自己研发产品和自己品牌的企业应对危机的能力、生存的能力则要明显强得多。因此，在出口不景气的情况下，湖南省企业要苦练内功，努力培育自主品牌。有能力的进出口企业要通过科技研发、技术创新、品牌建设，积极参与产业链上游产品的国际竞争；要在产品结构上求新求变，不断升级，创新制造特色产品，增加产品附加值。力争借金融危机之机，将“中国湖南制

造”转变成“中国湖南创造”。在一定程度上化解金融危机的影响，为今后湖南企业的脱胎换骨，更上一层楼积蓄能量。

2. 危中寻机，加快企业并购和技术创新力度。主动抓住竞争对手退出的有利时机，加大营销力度，扩大市场占有率。抓住国外技术公司、品牌企业经营困难的有利时机，加快技术企业和品牌企业并购的速度，积极主动融入企业并购潮。要加大中小企业财政金融支持力度，加大企业技术改造投资力度，大力引进科技人才，提高湖南技术创新和国际化经营水平。

(三)加快结构调整，引进优势项目

1. 加速项目与资本引进，力争缩小发展差距。第一，按照国际资本流动规律，资本具有逐利和规避风险的特性，需要尽快找到既有效益又较安全的投资通道。相对而言，目前中国的投资环境对国际资本更具吸引力，湖南可以抓住这一时机引进更多的国际国内资本；第二，受金融危机影响，发达国家和地区的一批大项目正面临基本生存和发展压力，急需加速转移，寻求新出路，可以抓住时机引进更多项目；第三，相对发达国家和地区，湖南受金融危机的直接影响较小，所背的包袱较轻，受到的冲击偏弱，财政政策、货币政策、结构政策、产业政策等调控空间较多，发展潜力很大。这些年来，湖南经济快速发展，国际地位稳步提升，湖南具有得天独厚的自然资源和人力资源，是跨国公司和企业家躲避金融危机的极佳避风港和优先投资地。湖南完全可以抓住机遇，利用国际经济大调整之机，积极引进与“两型社会”建设相适应的产业和企业，特别是大型企业，努力培育具有影响力的国际品牌。

2. 引进人才和技术，努力提升产业结构。金融危机蕴含着引进资本、人才、技术、设备、项目的阶段性机遇。发达国家许多以前不愿意转让，或需要高价转让的技术和设备，现在为了应对金融危机，不仅开始愿意转让，而且愿意比过去低得多的价格转让。湖南可以按照自身发展需要，抓住时机，大胆引进更多的资本、人才、技术、设备、项目，优化引进外资结构，提高利用外资水平，努力将引进外资与提升产业结构结合起来，同带动企业技术改造结合起来，以提高自主创新能力为出发点，注重引进技术的消化、吸收、创新、提高，通过积极利用外资，继续不断输入新的经济变量和发展动力，推动各个层面的协调开放，实现与各国的互利共赢。

3. 发挥政府的“帮”“促”作用，加快结构调整。面对百年不遇的金融危机，不少企业疲于招架，无力进行结构调整和技术创新，特别是重要领域关键技术的集中攻关、跨地区、跨行业的企业重组等，仅靠企业自身是难以完成的，必须充分发挥我国现行体制对生产要素的动员和组织优势，综合运用政策、投入、金融、服务等多元化的支持方式，力促结构调整和产业升级。

(四)加大国际市场开拓力度，培育新的出口增长点

1. 巩固传统市场、开拓新兴市场。对传统市场，要采取有效措施引导企业进行多批次、小规模和有针对性的促销活动，加大湖南企业与传统市场的对外贸易，巩固老客户。要大力组织企业参加国内外知名的展销会，加大企业参展的扶持力度，提高市场开拓的针对性。同时，积极培育出口新主体，引导一批省内现有以内销为主的企业抢占国际市场，加强对新开业外商投资企业的服务。要积极开展电子商务，努力增加出口订单，开通以湖南出口商品供货库为主体内容的国际电子商务平台，引导企业开展电子商务、网上贸易。要大力开拓中东、南非、拉丁美洲、俄罗斯等新兴市场和已和我国签订自由贸易的港口市场，有针对性地深度开发有发展潜力的新兴市场，鼓励企业多接单、多出口、多成交。

2. 培育新的出口增长点，提升传统出口产品质量。在国际经济下行、国际市场需求

减弱的情况下，首先影响的是高端产品的需求，而湖南出口的产品主要属于日用消费品等中低端产品，需求弹性小，在质量、成本、性能等方面有一定优势，国际市场对湖南出口产品存在一定需求。要依托湖南的产业和资源优势，千方百计加大传统产品的出口，确保钢材、有色金属、纺织服装、陶瓷、茶叶和烟花鞭炮等传统出口商品稳定增长。同时要积极开发适合国际市场需求的新产品，提高产品附加值。

(五)发挥区位优势，承接产业转移

1. 加强与沿海地区合作，构筑承接产业转移基地。面对金融危机和沿海地区生产成本上升的压力，一些外商投资企业不得不向外转移。湖南具有良好的地位优势，应该加强与沿海地区合作，用好外商长期在沿海经营形成的商业平台，把沿海地区作为外商投资湖南的信息中心、媒介中心和沟通纽带，作为湖南联系海外市场的枢纽，努力构筑承接产业转移的基地。

2. 把开发园区打造成为承接产业转移的主要载体。开发园区是承接产业转移、加速产业集聚、培育产业集群的主要载体。发展开发园区，有利于优化资源配置、共享基础设施、集中治理污染、集约利用土地。第一，在建设好现有园区的基础上，建设一批承接产业转移的专门园区，使开发区成为承接产业转移、带动湖南工业快速发展的龙头和基地。第二，强化开发区的带动作用。进一步完善开发区的基础设施，发挥基础设施的先导效应，增强吸引力和凝聚力。第三，增强产业配套能力，完善市场体系，优化资源配置，减低产业成本，实现产业整体转移。

（湖南省统计局贸易外经处）

天津市三资企业发展状况、作用及思考

改革开放以来，天津市直接利用外资从无到有，发展迅速，成就辉煌，取得了良好的经济效益和社会效益，对天津产业、产品结构的升级和促进经济发展产生了较大影响，成为推动天津经济发展的重要力量。天津是中国北方最大的沿海开放城市，优越的投资环境，丰厚的回报，对世界各国公司产生了较强的吸引力，成为跨国公司、财团对我国投资的热点地区之一。

一、三资企业的发展现状

改革开放初期，天津市利用外资的投资方式基本上均采用合资和合作，投资行业仅限于工业，项目技术含金量较低，投资者多来自港澳地区。1994 年以后，对外开放步伐明显加快，利用外资进入了总量快速增长、规模不断扩大、质量逐步提高、规模与效益同步增长的新阶段。

(一)总量规模

自改革开放至 2007 年底，天津市批准建立的三资企业 20357 家，其中批准投资总额在 500 万美元及以上的三资企业 3064 家。全市累计合同投资总额 1128.5 亿美元，累计合同外资额 778.43 亿美元，累计实际利用外资 397.5 亿美元。

截止 2007 年底，在批准建立的三资企业中，有正常生产经营行为企业 6241 家，其中，出口型企业 1579 家。从投资方式看，合资经营的企业 2042 家，合作经营的企业 183 家，外方独资经营的企业 3976 家，外方股份公司 39 家。从股权控制程度看，外方绝对控股的企业 3302 家，相对控股的企业 1130 家。从经营状态看，正常营业的企业 5722 家，停业企业 230 家，正在筹建的企业 114 家。

(二)生产经营状况

天津市三资企业是以高投入、高产出、高效益的集约型为发展目标，在资产规模和生产快速发展的同时，实现了经济效益的快速提高。

2007 年全市三资企业完成总产值 5038.22 亿元，比上年同期增长 11.7%；实现销售收入 5797.9 亿元，增长 14.2%，；出口创汇 282.99 亿美元，增长 5.54%；缴纳各项税金 322.65 亿元，增长 13.7%；实现利润 355.13 亿元，增长 18.6%。在全市三资企业中，盈利企业 4894 家，增长 20.6%；盈利额 403.41 亿元，增长 16.3%。

在盈利企业中，合资企业 1557 家，盈利额 190.39 亿元；独资企业 3177 家，盈利额 199.87 亿元；合作企业 125 家，盈利额 10.38 亿元。投资额在 500 万美元以上的企业 539 家，盈利额 375.25 亿元，其中 267 家为独资企业，合资企业 237 家，合作企业 30 家。

2007 年，全市三资企业销售收入利润率为 6.1%，资产收益率为 7.3%，销售收入利税率为 11.7%，资产负债率为 58%。

目前在天津市投资总额达亿美元以上，实现的产值、销售收入均达 10 亿元以上，利润总额达 2 亿元以上的外资企业有：天津丰田汽车发动机有限公司、三星集团、诺维信(中国)生物技术有限公司、飞思卡尔半导体(中国)有限公司等。

二、三资企业的结构特点

(一)独资是天津市吸收外商投资的主要方式

在三资企业发展中，有一个突出特点是独资化发展趋势明显，尤其是近8年来更为突出。截止2007年末，独资企业累计合同外资500.41亿美元，占全市合同外资总额的64.3%；2007年当年合同外资89.21亿美元，占全市合同外资额的77.4%。天津市以独资方式实际直接利用外资220.18亿美元，占全市实际直接利用外资总额55.4%；2007年当年实际直接利用外资32.18亿美元，占全市实际直接利用外资总额的61%(见下表)。

1992—2007年独资企业利用外资数据

年代	合同外资金额(万美元)	占全部合同外资额比重(%)	实际直接利用外资金额(万美元)	占全部实际直接利用外资额比重(%)
1992	61585	50.5	2664	11.5
1993	98218	43.5	14469	26.7
1994	106628	30.4	44846	44.2
1995	184238	47.8	57603	37.9
1996	158814	40.5	78467	39.1
1997	123520	32.1	126107	50.2
1998	128902	35.4	111475	44.3
1999	114479	31.6	139659	55.2
2000	393249	85.5	128312	50.1
2001	353950	76.4	157136	48.8
2002	451139	77.6	254982	67.0
2003	274766	78.2	111157	68.1
2004	445402	79.7	153676	62.2
2005	539948	73.7	227213	68.3
2006	602512	74.3	257057	62.2
2007	892104	77.4	321766	61.0

(二)经济总量集中于合资经营企业，且其纳税与获利能力较强，而独资企业吸纳就业较多

2007年，合资企业在主要经济总量指标中仍保持主体地位，完成总产值2677.27亿元，比上年同期增长16.9%，占全市三资企业总产值的53.2%；实现销售收入2972.38亿元，增长19.2%，占51.3%；出口136.7亿美元，增长35.3%，占48.3%；缴纳税金127.4亿元，增长16.2%，占54.2%；实现利润173.44亿元，增长39.6%，占48.8%。

2007年合资企业实现利税233.93亿元，占全市三资企业利税总额的51%，人均利润为7.33万元，人均税金5.38万元，比独资企业分别多2.56万元和2.52万元。从目前三资企业就业结构分析，在独资企业就业的人员占全市三资企业从业人员的比重达到58%。

(三)三资企业的经济总量仍集中于少数大企业

截止2007年末，三资企业中投资总额在500万美元及以上的大企业757家，仅占全市三资企业单位数的12.1%，但其完成总产值达4030.76亿元，占三资企业完成总产值的80%；实现销售收入4363.79亿元，占75.3%；缴纳税金175.71亿元，占74.7%；实现利润238.73亿元，占67.2%。可见，少数大企业集中了全市三资企业三分之二的经济总量。

(四)三资企业偏重于制造业中的通信设备、计算机等行业

2007年，三资企业中的制造业企业实现

销售收入5051.86亿元,占全市三资企业销售收入的87.1%。完成总产值4920.28亿元,缴纳税金189.96亿元,实现利润264.02亿元。其中通信设备、计算机及其他电子设备制造业销售收入,占制造业销售收入的40.7%。在制造业中位居前3位的行业是:通信设备、计算机及其他电子设备制造业、交通运输设备制造业和塑料制品业,这3个行业所创造的销售收入合计占制造业销售收入的比重达63.7%。

(五)韩、日、美、香港地区投资企业创造的经济总量占全市三资企业经济总量的70%以上

韩国、日本、美国及香港地区在津投资企业完成总产值占全市三资企业总量的73%。其中,韩国企业实现总产值1184.28亿元,占23.5%;日本为1102.82亿元,占21.9%;美国为839.8亿元,占16.7%;香港地区为549.87亿元,占10.9%。其销售收入合计占全市三资企业销售收入的73.9%,其中,日本企业实现销售收入1289.83亿元,占22.2%;韩国为1222.9亿元,占21.1%;美国为937.97亿元,占16.2%;香港地区为835.74亿元,占14.4%。

三、三资企业迅猛发展有力地拉动了天津市经济总量的扩张

外商投资,在给天津市带来了国外先进的技术、管理经验和资金的同时,充分开发和利用了天津市闲置的经济资源,扩大了投资规模,并直接推动了出口规模的扩大,拉动了国内就业与生产需求,改善了企业经营环境,提高了企业人员整体素质,加快了天津市产业升级、进步和更新的进程。

(一)对天津市经济总量扩张起到了积极作用并成为天津市高新技术产业的中坚力量

2007年,全市规模以上三资企业创造增加值1215.75亿元,比上年同期增长16.5%,占全市规模以上工业增加值的46%,其对全市工业增加值的贡献率达41.7%,拉动全市工业增加值增长7.6个百分点。

2007年全市三资工业企业完成总产值4977.72亿元,占全市规模以上工业总产值的49.4%,对全市工业总产值增长的贡献率达到24.1%,拉动全市限上工业总产值增长4.9个百分点。

2007年全市三资企业出口282.99亿美元,占全市出口的74.2%,对全市出口增长的贡献率达到31.6%,拉动全市外贸出口增长4.4个百分点。

随着一批高附加值、资金密集、企业规模大、产品竞争力强的三资企业建成投产,三资企业技术含量也有很大提高,高新技术产业的比重持续提升。2007年高新技术产业中的三资企业完成产值2528.81亿元,占全市高新技术产值的89.5%。

(二)大力吸引世界500强企业,促进天津市产品结构不断调整、优化、升级和技术水平的提高

改革开放,使天津这个中国北方最大的沿海开放城市对国际资本产生了较强的吸引力,成为国际跨国公司、大财团对我国投资的热点地区之一,对天津市经济发展发挥了强有力的推动作用。国际跨国公司、大财团辐射效应明显,具有"引进一个,带来一串,辐射一片"的显著成效。跨国公司出于投资发展和投资成本控制的需要,对关联产品进行系列化投资,以提高当地化程度,不仅带动了一批国内配套企业步入国际化大生产的分工协作网络,而且带动了一批中小企业来津投资,缩短了天津市与世界发达国家的技术差距。如韩国的三星、日本的丰田汽车等公司投资的项目数量均在10个以上。

由于这些大公司的进入,许多行业和产品实现了更新换代,形成了一批竞争力较强的国际名牌产品和拳头产品。截止2007年

底，列入全球最大的500强企业中，在津投资的达到128家，投资项目359个，合同外资额达61.85亿美元。其中一大批投资规模较大、世界知名的跨国公司项目，对天津市的经济发展产生了重大影响。如：摩托罗拉、丰田汽车、住友商事、英国石油、荷兰皇家壳牌、本田汽车、埃克森美孚、雪夫隆、三星等。通过利用来津投资的世界500强企业的各种优势，许多行业产品实现更新换代，形成了近百种竞争力较强的国际名牌产品和拳头产品，缩短了天津市与世界发达国家的技术差距，并成为全市高新技术产业的中坚力量。如摩托罗拉电子有限公司的手机，三星品牌的录像机、摄像机、录放一体机、照相机、数码相机、电视机、显示器，LG品牌的空调、微波炉等等。随着国际跨国公司、知名大企业纷纷落户津门，大批技术含量高、资金密集、生产规模大、产品竞争力强的企业促进了天津市产品结构和产业结构的不断调整、优化、升级。

(三)三资企业在天津市进出口贸易中占据主导地位

2007年天津市三资企业进出口总值为542.19亿美元，比2006年同期增长2.8%，占全市进出口总值的75.8%。其中三资企业进口259.2亿美元，增长0.1%，占全市进口总值的77.6%，增长贡献率为0.9%；出口282.99亿美元，增长5.4%，占全市出口总值的74.2%，增长贡献率为31.6%，拉动全市出口增长4.4个百分点。

2007年全市出口百强企业中三资企业占76家，比上年增加了9家；出口百强企业中出口额超亿美元的企业47家，其中32家为三资企业。

(四)三资企业扩大了天津市劳动力市场，增加了就业机会

利用外资也使劳动力资源配置方式发生了巨大变化，形成了从业人员有出有进的市场机制，外资企业的引入，从总体上扩大了天津市的就业规模，相对减轻了就业压力，提高了劳动者的素质。截至2007年末三资企业吸纳从业人员61.47万人，占全市从业人员的30.9%；劳动报酬195.14亿元，占全市从业人员劳动报酬的30.6%。人均劳动报酬3.19万元。

(五)三资企业上交税金对天津市财政收入作出了贡献

天津市涉外税收中的99.95%来自三资企业，其涉外税收总额达到461.6亿元，比上年同期增长9.6%，成为天津市工商税收的主要来源之一。同时，在天津市地方财政收入企业所得税中，外商投资企业交纳所得税25.7亿元，占33.8%。

(六)大型外资跨国企业主导天津市涉外收支顺差规模

据天津市外汇管理局资料显示，2003年以来的五年间，天津市累计实现外汇资金净流入89.72亿美元，其中，天津前15家外资企业就实现了69亿美元，占全市外汇资金净流入的76.9%。作为全球产业分工的重要参与者，外资企业以其稳定快速的成长和良好的经营绩效，主导天津市外汇收支规模的增长和收支顺差的形成。

四、对天津市利用外资的几点思考

一是继续将鼓励外商投资在天津市加快发展作为对外开放的重要手段，着力在改善投资环境做好服务上下功夫。

三资企业在天津的发展不是孤立的，其经营的好坏影响着天津的经济发展，而且对天津市的税收和就业起着重要作用。因此，要把三资企业纳入政府的服务体系，进一步提高服务水平。与北京、上海、苏州相比，天津市在对外商的优惠政策上还有差距，应力争填平补齐，从而保持天津市对外商投资的吸引力。

应继续着力改善天津市投资软硬环境。据市统计局进行的三次问卷调查情况表明，天津市在交通设施建设方面、政府行政部门管理水平和办事效率(如：审批事项较多，审批的范围较广，个别部门服务态度较差，办事效率低，拖、卡现象时有发生，办事程序复杂且缺少透明度)、有关政策的宣传、税费结构规范、资本、劳动力等要素市场发育等等方面仍不尽如人意，应认真对待和下力量解决这些问题。

政府部门在公正、公平、合理的前提下，积极为企业排忧解难，要重视企业在生产经营中存在的问题，积极做好服务。

二是继续在加快服务业对外开放和承接全球服务外包上抢得先机

要抓住我国入世过渡期即将结束，服务领域开放进一步加快的机遇，积极创造条件，争取外资尽早进入天津市保险、证券、电信、外贸、旅游、医疗、会计、审计、资产评估、国际货运代理、教育、法律服务等服务领域。争取引进大型龙头产业，使服务业成为天津市扩大利用外资的有效载体。

利用国际服务业加快转移机遇，大力承接全球服务外包，发展国际服务贸易业。这既有利于转变对外贸易增长方式，扩大知识密集型服务产品出口，也有利于优化外商投资结构，提升天津市服务业利用外资的水平。2006年，天津市已被认定为“国家服务外包基地城市”，应抓住这一契机，围绕全市服务业发展目标和重大项目，做好服务业利用外资的规划，大力推进服务外包，打造天津服务外包品牌。

三是引导三资企业投入先进技术，注重吸收、消化新技术。

高新技术是提升产业结构和竞争力的关键，积极鼓励外商投资企业设立研发中心，这也是提高利用外资质量的要求所在。制定一系列鼓励外商投资企业设立研发中心的政策。在加大在高新技术领域的引资力度的同时，积极采取多国引进和多国竞争策略，引导外商投入先进的技术。同时注重吸收、消化外商独资企业带来的新技术，加快发展天津市相关产业，做好新技术的消化吸收和创新。

四是正视外商增资，利用外商增资机会对原有国有合资企业股权进行调整

近年来，外商投资企业增资或增资控股越来越多。外商增资的途径主要有扩大再生产增资、利润滚动型增资、技术投入型增资等等。外商增资表明了其对企业经济发展的预期信心，也是天津市获取外资增量资金增长的重要来源。在鼓励外商增资的同时，应注意采取措施避免由于外方增资给天津市带来诸如在合资企业中中方所占股份减少影响收益，打压民族品牌，挤占民族产业市场份额等不利后果。要充分利用外商增资的有利时机，做好原有国有合作企业的股权调整和改造。

五是注意研究三资企业的亏损问题，加强项目的后期管理与服务，促进已有的三资企业良性生存，做强做大

要注意对三资企业亏损问题加强研究，对一些长期亏损又不断增资的企业，应加强财务监管，避免税源流失，损害国家利益。要全方位的服务于企业的健康发展，使其减少亏损，降低亏损面，使企业生产经营良性循环，做强做大。

此外，在追求招商引资总量迅速扩张的同时，也要认识到利用外资是一把双刃剑，外资有其趋利性和剥削性，这一点马克思的资本输出理论早就有精辟的论述。三资企业自身的发展战略有可能与天津市总体的发展战略存在差异，甚至有可能是背道而驰的，利用外资需要让度一部分权利，损害我们的一些利益，因此要从科学的发展观出发，加快研究天津市的市场准入政策，注意引进外资的合理性，注意保护天津市的民族产业，维护天津市的经济安全。

(天津市统计局贸易外经处)

沿海三市利用外商直接投资比较分析

江苏省是我国沿海发达省份，2003年利用外商直接投资总量首次位居全国第一，并在随后的五年里继续保持该位次。然而，由于多种原因，江苏经济重心仍在苏南沿江地区，与其他沿海省份不同，江苏的沿沪宁线城市带相对发达，而沿海地区与苏南尚存较大反差。1984年国务院公布的首批14个沿海开放城市中，连云港和南通名列其中，盐城则是江苏面积第一、人口第三的市。近年来，江苏沿海地区发展迅速，但目前的发展水平较之苏南仍有差距。2007年，占全省土地面积31.7%、人口占25.2%的南通、连云港、盐城三个省辖市，其地区生产总值占全省比重为16%。

一、沿海三市利用外商直接投资的现状和特点

随着沿海三市经济结构调整和城市开发建设步伐的加快，利用外商直接投资(Foreign Direct Investment，FDI)的规模和质量有了很大发展和提高。FDI的大规模进入，加快了沿海三市经济总量的增长，对经济和产业结构的提升起到了积极作用。

1. 沿海三市利用外商直接投资的规模

(1)从实际利用外商直接投资额来看，2002年以后南通市利用外商直接投资大幅增长，年均增长67.3%，2007年达到31.16亿美元，占全省的14.2%；1990－2005年连云港、盐城则处于平稳、低水平增长阶段，2005年后呈快速增长势头，年均增长分别达到64.2%和123.8%，2007年分别达到7.41亿美元、8.11亿美元。

(2)从外商投资企业注册登记的数量看，沿海三市登记外资企业数在1992－1995年迅速增长，1996－2000年出现减少趋势，而后出现不同发展趋势：南通从2001年始出现大幅增长，年均增长20.9%；连云港则呈现波动增长，2001－2007年年均增长仅为4.6%；盐城自2001年开始波动增长后，2004－2007年呈大幅提升态势，年均增长23.2%。自1992年以来，南通的外商投资企业数都远远大于连云港和盐城，这表明南通比连云港、盐城更受外商的青睐，这与南通优越的地理位置及其采取的引资优惠政策以及外商产业资本转移方向密切相关。

(3)从外商投资企业注册投资总额看，沿海三市变化趋势呈现相同的特征，投资变动幅度明显小于登记注册单位数目的变动幅度。1996－2000年南通外商投资总额并未因外商投资企业数的下降而减少而是持续呈稳定态势，2001年开始呈大幅上升势头，2007年南通外商投资总额分别是连云港、盐城的6倍和5.6倍。这说明三地所利用的外资企业在实力和规模上有较大差距，连云港、盐城远低于南通。

利用外商直接投资的规模分析，可从签订的合同项目数量、合同外商直接投资金额和外商直接投资到账金额入手。2000年沿海三市批准签订的合同项目数之和不及苏州一半，实际利用直接投资的平均规模也偏小，只有89.8万美元，只有全省平均水平的三成，而同期苏州为305.8万美元。2007年沿海三市利用外商直接投资占全省比重为21.3%，

比2000年提高15.3个百分点，平均规模为358.8万美元，苏州为354.3万美元，项目投资已基本相当。对沿海三市进行比较，2007年南通项目平均规模459万美元，比盐城多264.1万美元，比连云港多99.1万美元，区域差异明显。

表1　南通、连云港、盐城2000、2007年利用外商直接投资的规模

	项目个数（个）		合同外资（万美元）		实际投资（万美元）	
	2000年	2007年	2000年	2007年	2000年	2007年
江　苏	2645	5842	1061059	5270713	642358	2189206
苏　州	943	2022	467787	1836349	288338	716471
南　通	229	679	32938	655146	14292	311642
连云港	116	206	10202	163492	4770	74131
盐　城	82	416	11720	205600	19269	81084

2. 外商直接投资在沿海三市投入的行业情况

从沿海三市投入项目数来看，工业项目数占全部项目数的比例分别为：南通69.2%、连云港59.7%、盐城79.8%。可见，沿海三市均主要以工业性生产项目为主，投向第一、三产业的项目较少。连云港投向房地产项目数较突出，比重达到15.5%。

从利用外商直接投资额来看，盐城利用外商直接投资明显集中于工业，比全省平均水平高出15.6个百分点，为89.6%。南通工业利用外商直接投资占比为67.7%，比全省平均水平低6.3个百分点；连云港工业利用外商直接投资占比为50.1%，低于全省平均水平23.9个百分点，房地产利用外商直接投资占比为41.7%，高于全省平均水平26.3个百分点。

从2007年沿海三市的产业流向来看，利用外商直接投资的产业分布均是典型的“二、三、一”格局，即外商直接投资主要流向第二产业和第三产业，投资第一产业的比较少。从利用外商直接投资的项目比例与投资金额比例来看，南通、盐城的基本一致，说明投资到南通和盐城的外商投资企业的实力比较均匀；而连云港市的房地产业项目比例明显低于投资金额比例，说明连云港的外商投资投向第三产业的单项项目资金较多，带动当地相关产业的发展。

3. 沿海三市投资来源国的数量和合同金额

沿海三市投资来源国家和地区主要以香港、英属维尔京群岛、台湾、韩国和日本等国家和地区为主。三地从香港吸引外商直接投资占比为45.6%，比全省平均水平高14.8个百分点。连云港和盐城从韩国、新加坡和台湾引资方面也成绩显著，2007年连云港从韩国实际利用外商直接投资8890万美元，占全市比重为25.5%；盐城从韩国、台湾分别实际利用外商直接投资1.4、1.0亿美元，分别占全市比重为40.9%和29.5%。

2007年，南通从英属维尔京群岛引资比重达到12.9%，台商投资集聚现象日益显现。2007年，南通市新增台资项目227个，总投资24.3亿美元，实际利用台资8.5亿美元，占全省当年实际利用台资的19%，利用台资各项指标连续第3年列居全省第2、全国前10位。与此同时，台商在南通市投资进入规模化发展阶段，科技创新型、生态环保型、资源节约型、税源增长型项目明显增多。

4. 沿海三市外商直接投资方式结构

利用外商直接投资流入沿海三市主要有合资经营、合作经营和独资经营三种方式，但近年来沿海三市利用外资由合资经营向独资经营转化，独资化趋势明显加强。

2007年沿海三市利用外商直接投资中独资经营占93.2%，其他经营仅占6.8%，这种独资化趋势对扩大外资企业的自主权、扩大外资企业的灵活性十分有利，可使外资企业的潜力得到更大的发挥，但是在一定程度上不利于政府的宏观调控，不利于外资企业与本地企业的密切合作，不利于利用外资企业技术的外溢。

5. 沿海三市利用外商直接投资质量

利用外资的质量如何，通常可以用单项投资规模(以"单位项目合同金额"反映)和资金到位率(以"实际利用外商直接投资金额与合同金额之比"反映)来衡量。单项投资规模体现了企业资金占有量的大小，它是反映企业资金、技术密集程度的重要指标，如果外商投资企业规模过小，则难以发挥规模经济效益，造成不必要的浪费；而资金到位率则体现了利用外商直接投资的成功率。2000—2007年三地利用外商直接投资呈现快速增长势头，单位项目合同金额年均增幅分别为：南通31.2%；连云港36.9%；盐城19.4%。2007年南通单位项目合同金额接近1000万美元，盐城也接近500万美元，连云港则达到793.7万美元。连云港的单项投资规模增幅最快，盐城则相对较缓。沿海三市的资金到位率基本维持在40%的水平，2000—2007年，南通、连云港资金到位率基本相当，盐城则稍优。

表2　2000—2007年三地利用外商直接投资质量状况

单位：万美元

		2000年	2001年	2002年	2003年	2004年	2005年	2006年	2007年
南　通	单位项目合同金额	143.8	181.1	133.9	255.1	338.0	608.6	710.9	964.9
	实际/合同金额(%)	43.4	41.5	48.2	31.6	29.2	31.6	37.1	47.6
连云港	单位项目合同金额	87.9	108.6	122.4	216.6	221.0	498.2	484.2	793.7
	实际/合同金额(%)	46.8	57.4	50.8	41.7	23.6	26.5	35.9	45.3
盐　城	单位项目合同金额	142.9	206.6	184.9	240.1	250.1	495.6	440.1	494.2
	实际/合同金额(%)	164.4	103.2	59.1	67.7	61.1	20.9	34.7	39.4

二、沿海三市利用外商直接投资绩效比较

从理论上讲，外资对引进地的经济发展会产生直接和间接两种促进作用。直接作用是指利用外商直接投资对地方经济增长、就业和地方财政收入以及产业结构产生影响；间接作用是指利用外商直接投资所产生的技术和管理经验"溢出效应"。本文仅从利用外商直接投资对沿海三市的直接作用方面进行比较分析。

1. 沿海三市利用外商直接投资对地方经济增长的贡献比较

利用外商直接投资对地方经济增长的贡献，本文仅从拉动经济增长的"三驾马车"之一的出口视角进行分析。

沿海三市利用外商直接投资对出口的贡献集中表现在外商投资企业出口总额的快速增长，从而加速了沿海三市出口规模的扩张。多年来三地的外商投资企业出口占全省出口总额的比重均呈现持续上升的良好态势，从而推动了三地的出口规模的扩张。三地出口贸易的很大比例是由外商投资企业的出口完成的，2001—2007年三地外商投资企业就占据了三地出口的半壁江山，而南通外商投资企业出口更加迅猛，近年有拉大与其他两市的趋势，2007年这一比例高达68%。这说明南通的外商投资企业在经营上有更高的外向度，以国际市场为主要市场，从外商投资企业对出口的贡献角度来看南通优于连云港和盐城。

本文选取三地2001—2007年实际利用外商直接投资额和外商企业出口额作为样本数据。所有数据均来源于历年《江苏统计年鉴》。对利用外商直接投资和出口额进行相关性分析得出，南通利用外商直接投资与出口额之间的相关系数为0.981，连云港对应为0.940，两市为高度相关；盐城仅为0.689，仅为中度相关。相关性分析也说明了南通、连云港利用外商直接投资对其出口的贡献作用明显。

表3　2001—2007年三地FDI与出口的方程回归结果

	被解释变量	解释变量	系数	标准误差	T统计值	P值	R—square	DW值
南　通	LNEX	C	−1.751	0.460	−3.810	0.012	0.962	1.520
		LNFDI	0.453	0.040	11.280	0.000		
连云港	LNEX	C	−6.462	1.239	−5.214	0.003	0.883	2.411
		LNFDI	0.768	0.125	6.148	0.002		
盐　城	LNEX	C	−5.055	2.803	−1.803	0.131	0.475	0.832
		LNFDI	0.586	0.276	2.127	0.087		

从得到的回归方程系数盐城未通过显著性检验，线性关系不明显，故不进行回归分析。南通、连云港则都通过显著性检验，且拟合优度比较高，比较符合实际。在2001—2007年期间，南通的外商直接投资的产出弹性为0.453，也就是说，实际利用外商直接投资每增加一个百分点，便会推动南通外商投资企业出口增加0.453个百分点；而连云港的外商直接投资的产出弹性为0.768，也就是说，实际利用外商直接投资每增加一个百分点，便会推动连云港外商投资企业出口增加0.768个百分点。回归结果表明连云港利用外商直接投资对其出口的贡献作用较南通明显。

2. 沿海三市利用外商直接投资对地方就业的影响

随着利用外资规模的不断扩大，外商投资企业吸收的劳动力数量迅速增加，已成为地方吸纳就业、缓解社会就业压力的一个渠道。本文选取2003—2007年的三地的外商投资企业就业情况进行比较分析，三地的外商投资企业解决就业的能力都比较有限而且三地之间存有明显差距，在2003—2007这5年间，南通在外商投资企业就业人数的绝对数、占比和增长率上都明显高于连云港、盐城。可见，外资对南通就业的贡献要大于连云港、盐城。

表4　三地外商投资企业单位从业人员数

年份	南通		连云港		盐城	
	单位从业人员数	外企单位从业人员数及占比（%）	单位从业人员数	外企单位从业人员数及占比（%）	单位从业人员数	外企单位从业人员数及占比（%）
2003	53.35	8.66(16.2)	28.13	1.56(5.5)	48.04	1.83(3.8)
2004	53.81	11.69(21.7)	27.91	2.06(7.4)	47.92	3.66(7.6)
2005	54.88	14.8(27.0)	28.75	2.98(10.4)	48.28	4.52(9.4)
2006	57.21	17.62(30.8)	30.41	3.64(12.0)	48.82	5.35(11.0)
2007	59.96	19.86(33.1)	31.65	4.15(13.1)	50.22	6.06(12.1)

3. 沿海三市利用外商直接投资对产业结构调整的影响比较

对产业结构调整的影响主要表现在引导地方产业优化升级和带动相关产业的兴起和发展。三地利用外商直接投资"二、三、一"的产业分布格局，使三地的产业结构随之发生一定程度的改变。1997—2007年11年间，南通第一产业下降了12.9个百分点，第二产业上升了10个百分点，第三产业上升了2.9个百分点，可见南通的产业结构调整与利用外商直接投资的产业分布紧密相关，方向一致；而连云港第一产业下降15.8个百分点，第二产业比重上升9.1个，第三产业上升6.7个，盐城第一产业下降16.2个百分点，第二产业比重上升10个百分点，第三产业上升6.2个百分点。从这个角度，三地利用外商直接投资对其产业结构的调整影响大致相同，利用外商直接投资很大程度上推动了其产业结构的调整。

表5 沿海三市三次产业分布

年 份	南通	连云港	盐城
1997	21.1：46.7：32.2	32.5：37.8：29.7	35.2：37.0：27.8
2001	16.8：48.5：34.7	24.7：43.4：31.9	28.7：39.3：32.0
2002	15.9：49.4：34.7	23.5：44.0：32.5	27.1：40.4：32.5
2003	13.8：51.4：34.8	23.6：42.2：34.2	23.3：44.0：32.7
2004	12.1：54.2：33.7	21.3：45.2：33.5	22.8：44.9：32.3
2005	10.9：56.1：33.0	20.5：44.2：35.3	22.7：44.0：33.3
2006	9.6：56.0：34.4	18.3：45.8：35.9	20.9：45.7：33.4
2007	8.2：56.7：35.1	16.6：47.0：36.4	19.0：46.9：34.1

三、沿海三市利用外商直接投资相关建议

1. 更加注重利用外资对推动产业结构调整的作用。总体上看，沿海三市的第三产业比重还不高，产业结构也有待进一步优化。因此，要通过更好地营造"亲商、安商、富商"的环境，吸引的外商投资企业尤其是实力强、单项投资规模大的企业进驻发展，根据本地优势和行业投向所需，针对外商投资在三次产业的结构性偏差，加大对外商直接投资的产业导向力度，通过相应的外资产业结构导向政策，引导外商加大对第一、三产业的投资力度，实现通过利用外商直接投资的输入型发展，推动产业结构调整提升，促进对地方就业的扩容。

2. 进一步提高利用外资的质量和水平。鉴于利用外商直接投资对经济增长的促进作用，应继续坚持利用外商直接投资来推动经济增长的发展战略，加大吸引利用外商直接投资的力度，开拓引资途径和优化外资结构，进一步提高利用外资的质量和水平。积极引导服务业尤其是现代服务业吸引新外资，从而从整体上提高利用外商直接投资的效果和利用外资的整体水平，加速经济向集约型发展模式转变。

3. 坚持立足自身的发展取向。针对外商投资企业对吸收当地劳动力不明显的情况以及出口外向度较大的特点，三地在大量以"优惠政策"吸引外资的同时，也要避免"外资依赖症"，尤其在江苏目前处于产业竞争的阶段，三地应当从自身的经济发展、经济结构调整升级的基点上来考虑利用外资，而不能本末倒置。也就是说，要以自身内在所需决定利用外资的取舍和顺序。

4. 坚持可持续发展长期战略。沿海三市的比较优势在于拥有丰富的海洋资源和劳动

力资源，但从自然资源的长期供应能力与生态环境的长期承受能力来看，如果该地区利用外商直接投资不注意走可持续发展、科学发展的道路，仍然难以为继。因此，对沿海地区资源的开发利用，必须始终把高质量和高效益放在首位，建立资源节约型经济体系，加强环境保护，提高资源利用效率。积极发展清洁生产，通过价格机制、投资方向、税收调节等政策手段引导资源利用方向，提高沿海资源的配置效率。

（江苏省统计局贸易外经处）

2009 中国市场消费与对外经贸分析报告

三、行业发展篇

我国零售业发展与经济增长关系的实证分析

改革开放以来,我国消费品市场迅速壮大,特别是进入新千年后,在国家一系列扩大内需政策的促进下,我国消费品零售行业发展进一步加快。2007年我国社会消费品零售总额达到89210亿元,比1978年增长56.2倍,年均增长15.0%,扣除物价年均实际增长9.8%。

零售业的迅速发展对于引导生产、扩大消费、增加就业、促进经济和社会发展、提高人民生活水平等方面都有着十分重要的意义。对零售业与国民经济增长的关系进行研究,有助于进一步认识零售业在国民经济发展中的地位和作用,为依托宏观经济环境制定零售业产业政策和进行科学决策提供理论依据。

本文在对零售业与国民经济增长之间进行描述性分析的基础上,采用协整分析和Granger检验,以批发和零售业零售额、国内生产总值为变量,对1978—2007年的时间序列数据进行分析,通过实证揭示零售业与经济增长之间的关系;最后,采用多元回归方法,进一步分析影响零售业发展的主要因素。

一、统计指标的选取与数据来源

在宏观经济分析中,描述宏观经济发展的指标有很多,其中国内生产总值是最具代表性的总量指标,它反映一个国家(或地区)在一定时期内生产活动的最终总成果。本文采用国内生产总值作为经济增长的代表变量。

描述零售业发展的指标有营业收入、销售额、零售额等,其中零售额是反映零售业发展比较有代表性的指标,它是零售业在一定时期内主要经营活动(向社会提供用于最终消费的商品)的总成果。由于历史上没有分批发业和零售业统计零售额,只有批发和零售业总的零售额,本文选取批发和零售业零售额(以下简称零售额)作为零售业发展的代表变量。

根据研究需要,本文对数据进行了消除物价因素处理。以1978年为研究基期(100),分别对国内生产总值(GDP)、零售额(TRS)进行了消除物价因素处理。国内生产总值通过GDP平减指数来消除物价变动,零售额是则通过商品零售价格指数来消除物价变动。在此基础上,做出二者的时间序列趋势图,用于观察国民经济与零售业发展之间的历史演变特征。

本文使用的数据均取自于历年的《中国统计年鉴》、《中国贸易外经统计年鉴》、《中国市场统计年鉴》、《中国统计摘要》和《国家统计数据库》,分析时间段为1978—2007年。

二、零售业发展与经济增长之间的趋势比较

在进行实证分析前,先对零售额与国内生产总值的绝对数和增长速度进行初步观察,以了解零售业发展与国民经济增长之间的大致关系,为实证分析奠定基础。

由于零售业是国民经济的重要组成部分,其发展变化必然与国民经济整体的发展变化密不可分。从国内生产总值与零售额绝

对值的线性趋势图(图1)看,零售业与国民经济均呈明显的指数形式增长,二者随着时间呈同向上升趋势。从1978年到1988年,零售业与国民经济均处于一个相对平稳的发展阶段;1989—1990年,国民经济增长明显放缓,而零售业则出现明显负增长;从1991—2002年,零售业与国民经济都处于一个平稳较快的发展阶段;而从2003年起,零售业与国民经济进入一个快速发展阶段。

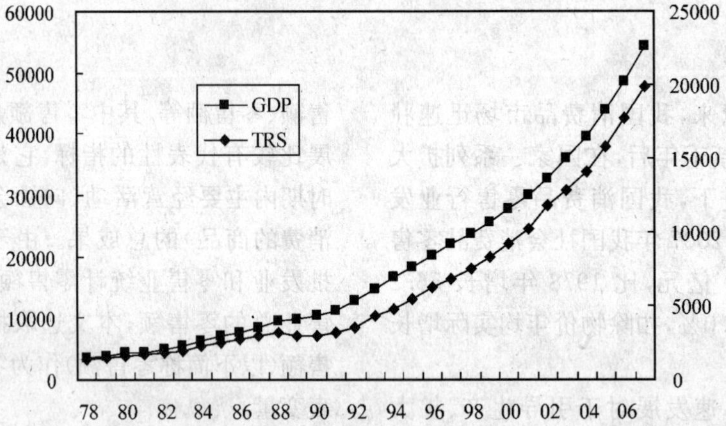

图1　国内生产总值与零售额的线性趋势(亿元)

从零售业与国民经济实际增长速度的轨迹(见图2)可以看出,从二十世纪八十年代初至今,零售业经历了三个完整的经济周期,即1981—1990年、1991—1998年、1999—2003年,从2004年开始进入新的经济周期;国民经济则经历了两个完整周期,即1981—1990年,1991—1999年,而从2000年开始进入新的一轮经济周期。比较两者的发展轨迹,我们可以发现,零售业与国民经济的前两个经济周期基本吻合,而且均符合8—10年的朱格拉周期;随后零售业又经历了一个周期为3—5年的基钦周期,而国民经济则一直保持扩张状态,至今仍处于扩张期,零售业也于2004年进入新一轮扩张期。

从整体上看,在不同的区间范围内,零售业与国民经济的增长线性趋势均表现出较强的同向相关性。利用1978—2007年数据进行相关分析,可以得出,零售额与国内生产总值呈高度相关关系(见表1),初步可以判断两者之间可能存在长期均衡关系。

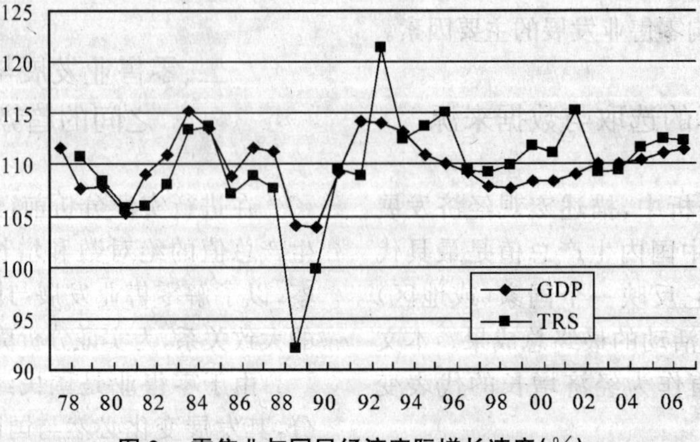

图2　零售业与国民经济实际增长速度(%)

表 1　TRS 与 GDP 相关系数表

		GDP	TRS
GDP	Pearson Correlation Sig.（2－tailed）	1.000 .	.999** .000
TRS	Pearson Correlation Sig.（2－tailed）	.999** .000	1.000 .

** Correlation is significant at the 0.01 level(2－tailed).

三、零售业发展与经济增长关系的实证分析

协整理论是从分析时间序列的非平稳性入手，研究非平稳变量之间的长期均衡关系，能够有效地避免在使用传统计量经济学方法进行回归分析时出现的“伪回归”问题。

在进行协整检验前，通常要求对非平稳时间序列进行单位根检验，然后对符合同阶平稳条件的序列数据进行协整检验来分析非平稳序之间的均衡关系。

由于对变量取自然对数不改变原有的协整关系，并能在一定程度上消除异方差。为了研究问题的方便，在进行实证分析时对消除物价因素后的数据进行转换，分别对 GDP 和 TRS 取自然对数，记作 LNGDP 和 LNTRS。以下分析采用 Eviews5.0 计量软件和 SPSS15.0 统计软件进行。

1. 序列的平稳性检验

如果一个序列在成为稳定序列之前要经过 d 次差分，则称该序列为 d 阶单整。下面采用目前广泛使用的 ADF 单位根检验方法，分别对 LNGDP 和 LNTRS 进行单位根检验。对序列进行检验时，从最大滞后期开始，逐个减小，比较检验结果中的 AIC 和 SC 值，取这两个值的绝对值达到最小的滞后期，再分析得到的结果，即比较 ADF 检验值和显著性水平的临界值。若 ADF 检验值大于显著性水平的临界值，则序列是非平稳的；若 ADF 检验值小于显著性水平的临界值，则序列是平稳的。检验结果如下表：

表 2　TRS 与 GDP 序列的平稳性检验表

变量	检验类型	ADF 检验值	临界值		P 值	检验结果
			1%	5%		
LNTRS	未差分(C,n,4) 一次差分(C,n,1)	1.4080 －3.1813	－3.7241 －3.6892	－2.9862 －2.9719	0.9984 0.0319	非平稳 平　稳
LNGDP	未差分(C,n,1) 一次差分(C,t,1)	－0.0355 －3.8902	－3.6892 －4.3393	－2.9719 －3.5875	0.9473 0.0267	非平稳 平　稳

注：(C,t,k)分别表示常数项、趋势项和滞后阶数；n 表示不包含常数项或趋势项。

(1)对 LNTRS 的单位根检验结果：由于 LNTRS 原始序列(未差分)的 ADF 检验值的绝对值小于临界值的绝对值，故为非平稳序列；但在 95%的置信水平下，LNTRS 经过一阶差分后达到平稳，所以 LNTRS 是一阶单整序列，即 LNTRS～I(1)。

(2)对 LNGDP 的单位根检验结果：由于 LNGDP 原始序列(未差分)的 ADF 检验值的绝对值小于临界值的绝对值，故为非平稳序列；但在 95%的置信水平下，LNGDP 经过一阶差分后达到平稳，所以 LNGDP 是一阶单整序列，即 LNGDP～I(1)。

2. 变量的协整关系检验

由于 LNTRS 和 LNGDP 都是一阶单整序列，它们之间有可能存在某种长期稳定的均衡关系，为此需要对 LNTRS 和 LNGDP 进行协整关系检验。下面检验采用 Engle－Granger 两步检验法。

设零售额(LNTRS)为 x，国内生产总值(LNGDP)为 y，以 x 为自变量，y 为因变量，建立如下回归模型：

$$y=\alpha+\beta x+\mu$$

直接对模型进行回归，发现模型的 DW 值为 0.1191，远小于 2，说明模型中的自变量存在自相关。为了得到更好的回归模型，在模

型中加入自变量的自回归部分，得到如下模型：

$$y=12.7229+0.3422x+1.3795AR(1)-0.3858AR(2)$$
$$(0.0825)\ (0.0002)\ (0.0000)\ (0.0418)$$

在 95%的置信水平下，回归方程和回归系数均显著，具体见表 3。

表 3　TRS 与 GDP 的回归分析表

Variable	Coefficient	Std. Error	t－Statistic	Prob.
C	12.72286	7.022127	1.811825	0.0825
LNTRS	0.342244	0.077483	4.417042	0.0002
AR(1)	1.379494	0.180706	7.633917	0.0000
AR(2)	－0.385846	0.179434	－2.150349	0.0418
R－squared	0.999569	Mean dependent var		9.622563
Adjusted R－squared	0.999515	S.D. dependent var		0.776912
S.E. of regression	0.017101	Akaike info criterion		－5.167794
Sum squared resid	0.007019	Schwarz criterion		－4.977479
Log likelihood	76.34911	F－statistic		18567.55
Durbin－Watson stat	2.046773	Prob(F－statistic)		0.000000

为了防止伪回归，对残差 $\hat{e}=y-\hat{y}$ 进行单整检验，结果见下表：

表 4　TRS 与 GDP 协整关系检验表

变量	检验类型	ADF 检验值	临界值		P 值	检验结果
			1%	5%		
残差($\hat{e}$)	未差分(n,n,1)	－5.3130	－2.6534	－1.9239	0.0000	平稳

平稳在未差分的情况下，估计残差序列 $\hat{e}$ 的 ADF 检验值的绝对值明显大于临界值的绝对值，因此可认为估计残差序列 $\hat{e}$ 为平稳序列。即在 99%的置信水平下，$\hat{e}\sim I(0)$，则 $x,y\sim CI(1)$，说明 LNTRS 与 LNGDP 之间具有协整关系，也就是说零售业发展与国民经济增长之间存在长期稳定关系。从长期来看，LNGDP 受到 LNTRS 的影响，LNTRS 每变动 1 个单位，LNGDP 就会相应变动 0.3422 个单位。

3. Granger 因果检验

根据 Granger 定理，如果两个非平稳序列具有协整关系，则二者之间具有某种因果关系。为了确定零售额与 GDP 之间存在什么样的因果关系，下面通过对不同滞后期的变量进行 Granger 因果检验来确定。检验结果如下表：

计算结果显示：当滞后期为 1、2、3、4、5、6、7 时，接受零售业发展不是经济增长的原因的原假设；当滞后期为 1、2、3、4、5、6 时，接受经济增长不是零售业发展的原因的原假设；当滞后期为 7 时，拒绝经济增长是零售业发展的原因的原假设。可见，零售业发展与经济增长之间存在不稳定的因果关系。

4. 检验结果的分析说明

从理论上讲，生产和消费之间的关系是相互促进、互为条件的。消费是关于收入的函数，经济发展的目的是为了满足人们的消费需求，而消费需求的增减将直接影响和波及经济的发展。人们通过生产发展经济，满足了人们的需要，扩大了消费，提高了生活水平；同时，随着生活水平的提高，人们通过消费，满足了需要，又会产生新的需要，新的需要又推动新的生产，不断拉动经济发展。

表 5 TRS 与 GDP 因果关系检验表

滞后期	零售额增长不是经济增长的原因			经济增长不是零售额增长的原因		
	F 值	P 值	检验结果	F 值	P 值	检验结果
1	0.2611	0.6137	接受	0.7018	0.4098	接受
2	0.2359	0.7918	接受	0.8682	0.4330	接受
3	0.6212	0.6095	接受	1.1718	0.3453	接受
4	0.4154	0.7952	接受	0.9268	0.4715	接受
5	0.5700	0.7220	接受	1.4324	0.2728	接受
6	0.1507	0.9849	接受	1.7049	0.2097	接受
7	1.5682	0.2704	接受	5.8105	0.0121	拒绝

注:检验的显著性水平为 10%。

零售业作为连接生产与消费的桥梁、纽带和消费需求实现的重要途径,在理论上应与经济增长之间存在某种稳定的因果关系。但由于长期以来,我国经济运行中存在着高积累低消费、重生产轻消费的倾向,消费需求增长乏力,对经济增长的拉动明显减弱,消费需求不足已成为我国经济运行的“瓶颈”问题,这在一定程度上制约了零售业的发展。因此,零售业发展与经济增长之间并没有表现出应有的稳定的因果关系。

从消费占经济总量的比重来看,我国消费率一直处于一个较低水平,并呈下降趋势,从 1978 年的 62.1% 下降为 2006 年的 49.9%,年均消费率为 57.4%,其中年均居民消费率为 42.8%,有 11 年消费率低于 60%,而近 10 年世界平均消费率水平接近 80%。从消费增长速度来看,1979—2006 年最终消费支出年均增长 9.2%,低于同期经济增长 0.5 个百分点,其中居民消费支出年均增长 8.7%,明显慢于政府消费增长。从消费对经济增长的贡献来看,1979—2006 年消费贡献率平均为 56.8%,而这种贡献率也相当不稳定,高的年份达 93.4%(1981 年),低的年份仅有 30.2%(1994 年);而且随着投资率的提高和净出口的增大,投资和出口对经济增长的拉动作用明显增强,特别是近年来,投资贡献率已超过消费贡献率,出口贡献率也在 20%以上,经济增长对投资和出口拉动的依存度越来越高。

四、影响零售业发展的因素分析

从以上分析可以看到,零售业与经济增长之间存在长期均衡关系,但不存在稳定的因果关系,也就是说零售业发展与经济增长之间并没有表现出应有的因果关系,这就有必要对影响零售业发展的因素进行深入的分析。

零售业作为连接生产和消费、供给与需求(主要是消费品)的桥梁与纽带,其发展必然会受到消费品供给和需求(包括潜在需求和有效需求)的影响。因此,本文从供给、需求与价格等几个方面来考察影响零售业发展的主要因素,具体包括消费需求、商品供给、零售物价、居民收入、人口等因素,所选择变量分别为最终消费支出(XF)、消费品总供给(GJ)、商品零售价格指数(WG)、城镇居民家庭人均可支配收入(CS,简称城镇居民收入)、农村居民家庭人均纯收入(NS,简称农村居民收入)、年末总人口(RK)等,其中消费品总供给为农业增加值、轻工业增加值和消费品进出口净值之和,数据区间为 1978—2007 年。根据研究需要,以 1978 年为研究基期(100),分别将上述变量(WJ、RK 除外)数据进行消除物价因素处理,然后对所有变量数据取对数。分别将零售额、最终消费支出、消费品总供给、零售价格指数、城镇居民收入、农村居民收入、年末总人口变量记作 y、x_1、x_2、x_3、x_4、x_5、x_6。

在进行回归前需要考察这些变量之间的相关性，具体结果见表6。由表6可知，这些变量之间的相关系数都在0.9以上，除商品零售价格指数外，其他变量之间的相关系数都在0.94以上，而且这些相关系数都是显著的，表明这些变量之间是高度相关的。

表6　Pearson相关系数表

	y	x_1	x_2	x_3	x_4	x_5	x_6
y	1.000	.990**	.974**	.914**	.996**	.948**	.965**
	.	.000	.000	.000	.000	.000	.000
x_1	.990**	1.000	.990**	.947**	.990**	.973**	.991**
	.000	.	.000	.000	.000	.000	.000
x_2	.974**	.990**	1.000	.964**	.968**	.963**	.992**
	.000	.000	.	.000	.000	.000	.000
x_3	.914**	.947**	.964**	1.000	.906**	.911**	.973**
	.000	.000	.000	.	.000	.000	.000
x_4	.996**	.990**	.968**	.906**	1.000	.952**	.965**
	.000	.000	.000	.000	.	.000	.000
x_5	.948**	.973**	.963**	.911**	.952**	1.000	.972**
	.000	.000	.000	.000	.000	.	.000
x_6	.965**	.991**	.992**	.973**	.965**	.972	1.000**
	.000	.000	.000	.000	.000	.000	

** Correlation is significant at the 0.01 level(2－tailed).

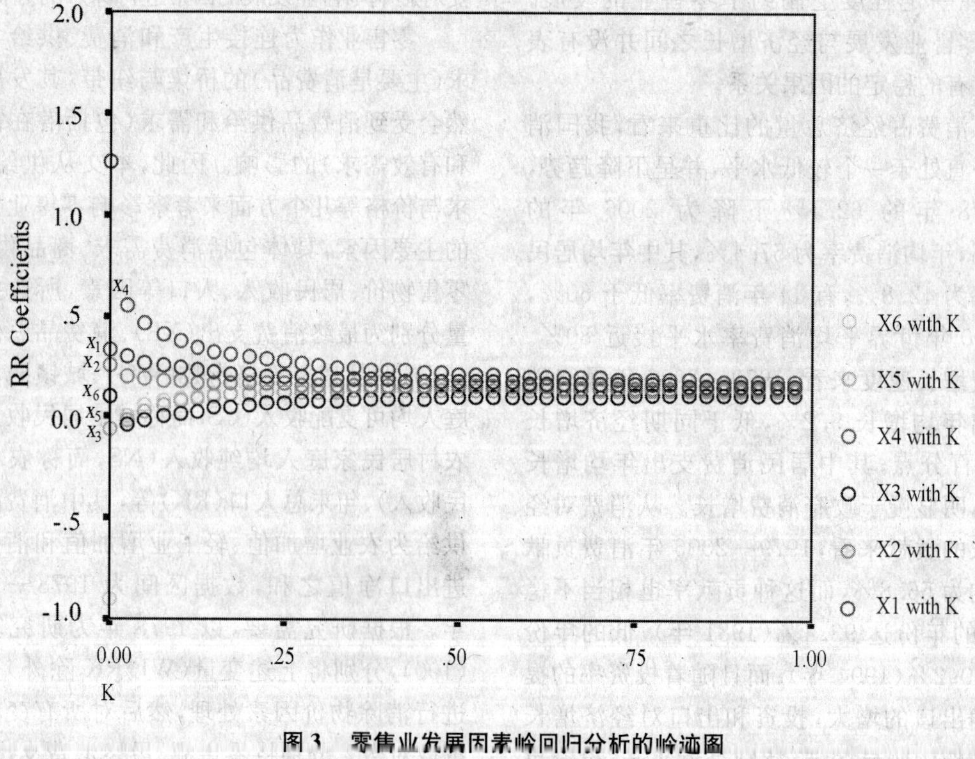

图3　零售业发展因素岭回归分析的岭迹图

通过上述分析可知自变量之间的相关性很高，也就意味着这些自变量之间存在多重共线性。在自变量间存在多重共线性时，估计量的均方误差往往变得很大，造成估计的不稳定，因此在进行回归时应当进行多重共线性处理。考虑到上述分析变量都具有经济意义，本文采用了岭回归分析法，通过岭回归分析修正由多重共线性引起的偏差，从而得到符合经济意义的回归方程。岭回归分析主要有两个判断标志，即岭回归估计的岭迹图和岭回归估计的输出结果，通过岭迹图可以先判断岭迹曲线大致在哪个位置处于稳定，再通过输出结果得到相应的多元回归方程。

从岭迹图可以看出，当 k＞＝0.05，岭迹曲线基本趋于稳定，此时决定系数为 0.9877，拟合效果理想，各变量系数也比较稳定，多重共线性的影响不再明显，说明此时回归方程即可满足岭回归参数估计的均方误差较小的要求。由输出结果中对应的岭回归估计得到岭回归方程为：

$$y=0.2703x_1+0.1862x_2-0.0196x_3+0.4625x_4+0.0291x_5+0.0542x_6$$

从回归方程结果可以看出，经岭回归估计后的回归系数的符号与经济理论相一致，而且不同因素对零售业发展的影响程度也是不同的，即城镇居民收入对零售业发展影响最为显著，其次是最终消费支出、消费品总供给，总人口、农村居民收入对零售业发展也有一定的正向影响；零售价格变化对零售业发展的影响是反向的，而且影响也不甚显著，这也与定性分析结果相一致。具体分析如下：

(一)城乡居民收入增长是支撑零售业稳定发展的基础

从回归方程可以看出，城镇居民收入增长对零售额的影响最为显著，而农村居民收入增长对零售额的影响相对不大。在其他因素不变的条件下，城镇居民人均可支配收入每增长 1 个百分点，零售额平均增长 0.4625 个百分点；农村居民人均纯收入每增长 1 个百分点，零售额平均增长仅有 0.0291 个百分点。

关于收入和消费的关系，凯恩斯认为存在一个基本的心理规律，即随着收入的增加，消费也会增加。随着居民收入水平的增加，居民购买力水平不断提高，从而促进消费的增长，带动消费品零售规模的扩张和零售业的发展。因此，居民收入水平的不断提高是支撑零售业商品销售稳定增长的重要因素。

改革开放以来，我国居民收入稳步增长，提高了居民购买力。2007 年我国城镇居民人均可支配收入比 1978 年实际增长 6.5 倍，年均增长 7.2%；农村居民人均纯收入实际增长 6.3 倍，年均增长 7.1%。特别是近年来，国家多次给行政和事业单位的职工增加工资，同时相当一部分企业单位职工工资也随之有不同程度的提高，使居民的实际收入和预期收入均有所增长，居民购买力的提高成为支撑零售业稳定增长的基础性因素。但同时我们也应看到，上世纪八十年代末以来，农民收入增长相对较慢，增长幅度明显低于城镇居民，1988—2007 年城镇居民人均可支配收入年均增长 8.2%，而农村居民人均纯收入仅增长 4.9%。另一个原因是农村居民收入的相当一部分用于家庭经营费用支出和居住支出，用于生活消费支出的比重明显低于城镇居民。以 2007 年为例，在人均年总支出中，城镇居民用于消费性支出的比重超过三分之二，而农村居民用于生活消费支出的比重刚刚过半；农村居民用于非生活消费支出和居住支出的比重分别为 37.3%和 11.2%，高于城镇居民 11.3 和 3.9 个百分点。

(二)消费需求变化是影响零售业发展的重要因素

从回归方程可以看出，消费需求变化对零售额增长的影响也比较显著。在其他因素不变的条件下，最终消费支出每增长 1 个百分点，零售额平均增长 0.2703 个百分点。

由于零售业的主要功能是直接为消费者提供商品，其发展必然受到社会总需求的制约，投资、消费和出口三架马车对零售业的发展均有一定的拉动作用，特别是消费需求对零售业的影响最为重要，直接带动零售业销售规模的不断扩大。但由于消费的增加不及收入的增加多，消费与收入之间这种关系就是所谓的消费倾向，这样就造成消费对零售额影响程度小于居民收入。改革开放以来，消费需求对经济增长的贡献起着重要作用，1978—2007年最终消费支出占国内生产总值比重平均为56.2%，对经济增长的贡献率平均为48.8%，分别高于资本形成总额16.4和6.6个百分点。但是自上世纪90年代以来，消费需求对经济增长的贡献率呈明显下降趋势，而投资需求和净出口需求的贡献率都呈上升趋势，2006和2007年最终消费支出占国内生产总值的比重均低于50%，对经济增长的贡献率也低于40%。

(三)消费品供给对零售业发展的影响在明显减弱

从回归方程可以看出，消费品总供给变化对零售额增长有一定的影响。在其他因素不变的条件下，消费品总供给每增长1个百分点，零售额平均增长0.1862个百分点。但是这种影响在逐步减弱。

消费品供给对零售业发展的影响具有明显的阶段性。从改革开放到二十世纪九十年代中期，由于受计划经济影响，商品供应短缺，市场运行僵滞，流通渠道单一，零售业发展受到很大制约。特别是九十年代中前期，由于需求过度膨胀，市场供求关系一度较为紧张，特别是在商品市场上，供不应求的商品大量增加，物价大幅度上涨。九十年代中期以后，随着我国国民经济的“软着陆”，供求关系逐步走向宽松，商品市场上买方市场的格局基本确立，商品中的大多数供过于求，供不应求的商品已几乎没有，供给对零售业的制约已经很小。特别是近年来由于技术进步等因素影响，消费品供给的增长速度明显高于需求的增长速度。

(四)人口数量与结构的变化对零售业发展有一定的影响

从回归方程可以看出，人口数量的增加对零售额增长还是有所影响的。在其他因素不变的条件下，年末总人口每增长1个百分点，零售额平均增长0.0542个百分点。

人口的变化对零售额的影响表现在两个方面，即人口总量的增加和人口结构的变动。从人口总量看，自八十年代末期以来，我国人口自然增长率虽逐年递减，但平均每年仍有1000多万人出生，最近几年也在700万左右，这些新生人口要吃、要穿、要用，必然要与零售市场发生关系；从人口结构看，我国平均每年向城镇地区转移的农村人口大约也有1000万，这部分转移人口即使按城镇低收入生活标准计算，平均每年也要比在农村生活时多消费几百亿元的商品。据测算，我国社会消费品零售总量每年新增部分中，平均约有6%是由于上述两种人口因素形成的；或者说，在社会消费品零售总量年平均增长的9.8%中，其中大约有0.6个百分点是由于人口因素带来的。

(五)商品价格对零售业发展的影响不大

从回归方程可以看出，商品零售价格变化对零售额增长影响是很小，而且随着价格的上涨，零售额呈负增长。在其他因素不变的条件下，商品零售价格每上涨1个百分点，零售额平均下降0.0196个百分点。

总的来说，价格水平的高低与消费水平成反比，当某种商品的价格上升，消费者就会减少对它的购买；当这种商品的价格下降，消费者又会增加对它的购买。但不同商品对价格变动的反应程度是不同的，生活必需品的影响比较小，高档耐用品的影响比较大。粮食、食盐等生活必需品价格的上涨，往往不会导致消费者对其需求的急剧减少，这是刚性消费；电视、手机等高档耐用品价格的大幅度下降，则会导致消费者对其需求的迅速增加，这是选择性消费。随着我国国民经济的快速增长，一方面有效供给能力的显著增强，社会商品极大丰富，另一方面城乡居民收入不断提高，所拥有的财产性收入大量增加，商品价格对消费进而对零售业发展影响越来越不明显。2005—2007年和2008年上半年，商品零售价格指数分别为100.8、101.0、103.8和107.5，而社会消费品零售总额实际增长分别为11.7%、12.5%、12.4%和12.9%，两者之间并没有表现出明显的相关性。

五、主要结论与政策建议

(一)主要结论

本文采用描述性分析、单位根检验、协整分析和多元回归等研究方法，就零售业发展与经济增长的关系以及影响零售业发展的因素进行了分析，主要结论如下：

1. 零售额与GDP都是单整的，两者之间存在着显著的协整关系。这说明零售业发展与经济增长之间存在着长期稳定关系。事实也是如此，从近几年的情况看，在经济保持平稳较快发展的同时，零售业也保持了平稳较快的增长趋势，而且两者呈现出同向增长的趋势。

2. 零售业发展与经济增长之间的因果关系是不稳定的。由于我国长期以来存在重生产、轻消费的倾向，经济增长对投资和出口拉动的依存度越来越高，而消费需求对经济增长拉动明显不足，作为生产和消费中介的零售业与经济增长之间没有表现出应有的稳定的因果关系。这个结论也与我国近几年经济发展的现状是吻合的。

3. 在影响零售业发展的诸多因素中，城镇居民人均可支配收入对零售业发展影响是最为显著的。最终消费支出、商品总供给和人口总量变化的影响次之，农村居民人均纯收入增长对零售业发展有一定影响；而商品零售价格对零售业发展的影响是反向的，即负向拉动，而且这种影响也不显著。

(二)加快零售业发展的建议

在上述分析中，主要研究了零售业发展与经济增长之间的关系，以及影响零售业发展的宏观因素，没有考虑零售行业自身变化对零售业发展的影响。因此，下面主要针对影响零售业发展的宏观因素提出建议如下：

1. 继续坚持扩大内需的方针，进一步提高消费对经济发展的促进作用。消费需求是三大需求中拉动经济增长最积极、最有效、最不易产生负面影响的因素，也是结构调整和政策鼓励的着眼点。继续坚持扩大内需特别是消费需求的政策，促进经济增长由主要依靠投资、出口拉动向依靠消费、投资、出口协调拉动转变，从而促进零售业的持续、健康、快速发展。

2. 增加城乡居民收入，提高居民购买力水平。从上述分析可以看出，零售业发展最重要的影响因素是居民收入水平。收入是消费的前提，是支撑零售业发展的基础，要扩大消费需求就必须适当提高居民收入的增长率，在提高居民收入的过程中更要特别注意增加低收入者和农民的收入，实现消费总水平的提高。

3. 缩小城乡差别，加快城镇化进程。要提高农民消费水平，一个重要措施就是加快城市化步伐，加快城镇化进程。城镇居民的收入、消费水平以及边际消费倾向均高于农村居民，城镇化人口比重的提高，同时也是农村人口比重的降低，加快城镇化进程将会拉动零售业的增长。

4. 提高商品有效供给，保障市场平稳运行。虽然价格上涨对零售业发展影响不大，但长此以往，除直接影响到部分低收入家庭的正常消费外，还会对人们的消费心理造成一定的负面冲击，进而影响到零售业的持续发展。要保持价格总水平的基本稳定，除了做好重要商品价格的调控外，还要提高商品的有效供给，调整产业和产品结构，支持短缺商品的生产，保障市场的平稳运行。

(国家统计局贸易外经司　蔺　涛)

中国地区零售业竞争力实证研究

零售业是实现商品消费的重要流通渠道，也是商品流通过程的最终环节，承担着实现商品价值、满足广大消费者实物商品消费需求的任务。经济运行现状显示，我国当前经济工作的重点是转变经济增长方式，努力促进经济增长由主要依靠投资、出口拉动转向依靠消费、投资、出口协调拉动，消费在经济中的作用将得到进一步加强。零售业的行业特点及其在经济中的作用表明，扩大内需、促进经济转型离不开零售业的发展，只有零售业的健康快速发展，才能更好地实现消费需求，发挥消费在经济发展中的支撑作用。

零售业竞争力是衡量零售业发展的重要综合性指标。从微观角度出发，零售业竞争力可以定义为一个区域的零售业企业的价值创造能力和财富集聚能力，即零售业的盈利能力、扩张能力和控制能力；从宏观角度出发，零售业竞争力应体现在与零售业发展相关区域环境要素的发展情况，包括地区经济现状、人口情况、收入水平等。将上述微观与宏观因素结合起来进行研究，共同构成地区零售业竞争力研究的主要内容。

本文根据地区零售业的相关统计数据，对我国地区零售业竞争力做初步研究，以期找出影响地区零售业发展的关键因素，并提出促进地区零售业发展的政策建议。

一、我国零售业发展背景介绍

(一)零售业保持健康较快增长

第一次全国经济普查数据显示，零售业企业个数不断增加，单个企业的营业额大幅增长，企业类型更加开放。2004 年底，我国零售业法人企业有 35.3 万个，个体户 1616.2 万个，与 1990 年比较，从事零售业的单位数年均增长 4.7%；平均年营业收入 29.4 万元，年均增长 15.2%；从业人数 3402.1 万人，是 1990 年的 3.2 倍。零售业发展的一个突出特点是所有制类型发生了巨大变化，股份有限公司、私营企业占有较大比重。2004 年底，在企业法人单位中，国有企业、国有独资公司有 2.5 万个，占 7.3%，集体、集体联营和股份合作企业共有 6.2 万个，占 17.6%；私营企业有 21.0 万个，占 59.6%。

(二)零售业发展存在东中西部地区差距

从地区分布来看，零售企业及就业人员多集中在东部地区。2004 年底，东部地区零售业企业数占总数的 63.5%，就业人员占 55.4%，销售额占 68.4%；中部地区企业数占 19.1%，就业人员占 26%，销售额占 17.6%；西部地区企业数占 17.3%，就业人员占 18.6%，销售额占 14.1%；港澳台商企业、外商投资企业和私营企业主要分布在东部地区，分别占 73.3%、71.8%和 69.8%。从各地区零售业登记注册类型结构看，东部地区零售业中私营企业所占比重最高，为 65.5%，中部地区和西部地区分别为 48.3%、50.3%；东部地区私营企业的产业活动单位数所占比重也超过了 50%，达到 53.1%，中、西部地区分别为 34.4%、37.7%。

(三)城乡居民消费升级为零售业发展带来新机遇

城乡居民消费的快速发展和不断升级，加强了消费在国民经济中的作用。从产业地位来看，表现为人们对第三产业的重视，理论界已经把第三产业的发展程度作为衡量国家和地区经济发展水平的核心标准。从生活必需品到享受型商品的消费，中国的消费市场在悄然升级，家用电器、汽车等商品走进寻常百姓家，作为商品流通主要渠道的零售业，它的发展历程伴随着居民消费结构的升级过程。1999—2007 年城镇居民每百户拥有汽车和电脑的数量变化情况如下图：

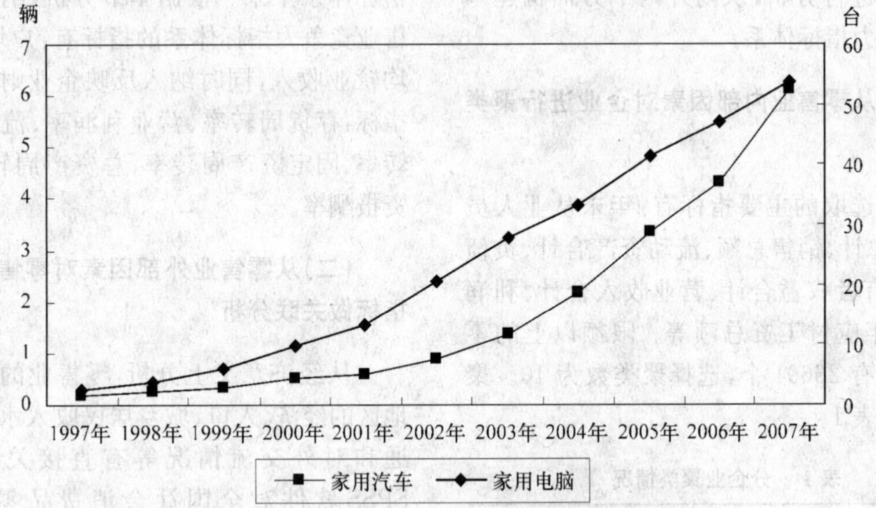

图 1　1997—2007 年城镇居民每百户拥有汽车和电脑情况

(四)总体经济进入新的发展阶段，为零售业发展提供了良好的宏观条件

较长一段时期以来，投资和出口一直作为主要动力拉动中国经济的增长，而消费对于经济增长的拉动作用相对比较疲弱。中国经济进入到 21 世纪后，随着经济发展阶段的推进，以及国际环境的变化，当投资、出口这两驾马车被收紧缰绳的时候，消费开始成为拉动中国经济持续快速增长的一支生力军。下图为历年最终消费、资本形成和净出口对 GDP 增长的贡献率变动图。从中可以看出，最终消费贡献率自 1999 年的最高峰开始回落，2005 年起稳步上升，并在 2007 年重新超过投资的贡献率。

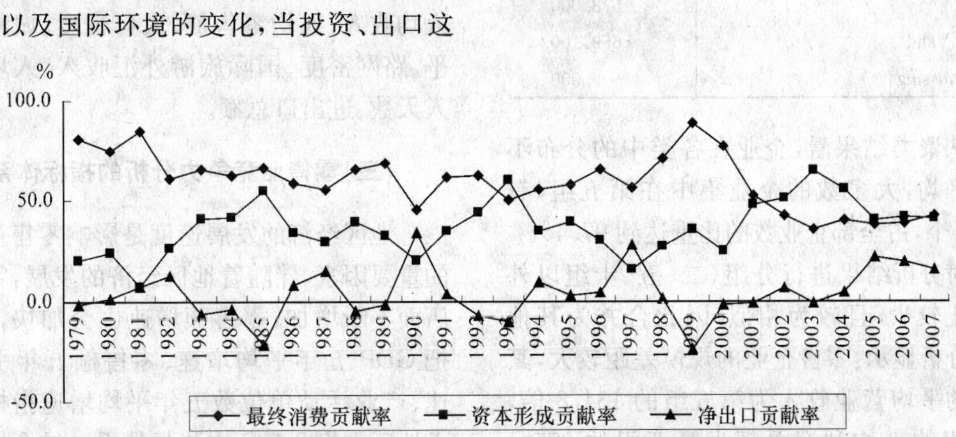

图 2　1978—2007 年 GDP 增长的三因素贡献率

二、地区零售业竞争力研究指标选择

从零售业竞争力的定义可以看出，地区零售业的竞争力是一个综合研究指标，有必要构建一个指标体系来分析研究地区零售业的竞争力情况。本文通过对零售业 2007 年年报数据进行分析，从内外两个方面构建零售业竞争力指标体系。

（一）从零售业内部因素对企业进行聚类分析

聚类选取的主要指标有：年末从业人员数、资产总计、销售总额、流动资产合计、负债合计、所有者权益合计、营业收入合计、利润总额、本年应付工资总额等。限额以上的零售业企业有 26691 个，选择聚类数为 10。聚类结果如表 1。

表 1　分企业聚类情况

Cluster	1	2.000
	2	71.000
	3	2.000
	4	16.000
	5	25998.00
	6	2.000
	7	1.000
	8	17.000
	9	4.000
	10	578.000
Valid		26691.00
Missing		.000

从聚类结果看，企业在各类中的分布不是很平均，大多数的企业集中在第五组，有 25998 个，占全部企业数的比重达到 97.4%。

对分析结果进行分组（二、五、十组以外的企业较少，且较为相似，因此合并为其他组），分析显示：零售企业的规模差距较大，其他组的平均营业收入为第五组的 134.8 倍，其他组的平均利润总额为第五组的 375.1 倍，第五组的营业利润率、成本费用利润率、总投资报酬率等指标也低于另外几组。第五组的各项财务分析指标低于其他组，说明企业规模与企业的经营情况有着正向的相关关系。根据财富理论，产业竞争力的核心内容是创造增加值和国民财富，分析结果说明，企业规模越大，企业的效益越好，因此，我们可以把反映企业规模的指标纳入零售业竞争力指标体系中来。根据本节分析，纳入地区零售业竞争力指标体系的指标有：户均资产、户均营业收入，同时纳入反映企业财务情况的指标：存货周转率、营业利润率、流动资产周转率、固定资产周转率、总资产周转率、总投资报酬率。

（二）从零售业外部因素对零售额与相关指标做关联分析

从经济意义上分析，零售业的发展还与地区的经济、人口、城乡居民收入水平以及交通和对外交流情况等有直接关系。使用 SPSS 软件对全国社会消费品零售总额、GDP、全国总人口、城镇居民可支配收入、农村居民人均纯收入、旅游外汇收入、公路里程、进出口总额做相关分析，全国社会消费品零售总额与各指标的相关系数分别为 0.998、0.947、0.999、0.987、0.992、0.922、0.965，显示出较高的相关性，说明这些指标是地区零售额增长的重要支撑因素。因此，纳入地区零售业竞争力指标体系的指标有：人均 GDP、人均收入、人均零售额、人口密度、城市化水平、路网密度、国际旅游外汇收入、入境旅游人天数、进出口总额。

（三）零售业竞争力分析的指标体系构建

地区经济的发展速度是影响零售业发展的重要因素，伴随着地区经济的发展，零售业店面不断增加，零售额增速也会加快，因此，把 GDP 五年平均增速、零售额五年平均增速、产业活动单位数五年平均增速指标也纳入地区零售业竞争力指标体系。结合以上分析结果，可以构建零售业竞争力评价指标体系如下表：

表 2　地区零售业竞争力指标体系

零售业区域竞争力评价指标体系	零售业发展的内部指标	1. 户均资产(万元) 2. 户均营业收入(万元) 3. 零售额五年平均增速(%) 4. 产业活动单位数五年平均增速(%) 5. 存货周转率 6. 营业利润率 7. 流动资产周转率 8. 固定资产周转率 9. 总资产周转率 10. 总投资报酬率
	零售业发展的外部指标	11. 人均 GDP(元) 12. 人均收入(元) 13. 人均零售额(元) 14. 人口密度(人/平方公里) 15. 城市化水平(%) 16. GDP 五年平均增速(%) 17. 路网密度(公里/平方公里) 18. 国际旅游外汇收入(百万美元) 19. 入境旅游人天数(万人天) 20. 进出口总额(亿美元)

三、地区零售业竞争力实证分析

(一)零售业竞争力评价方法

目前，产业竞争力评价主要有两种方法：一是层次分析法，二是因子分析法。本文采用因子分析法。因子分析的模型为：

$$\begin{cases} x_1=a_{11}F_1+a_{12}F_2+\cdots+a_{1n}F_n+\varepsilon_1 \\ x_2=a_{21}F_1+a_{22}F_2+\cdots+a_{2n}F_n+\varepsilon_2 \\ \cdots\cdots \\ x_m=a_{m1}F_1+a_{m2}F_2+\cdots+a_{mn}F_n+\varepsilon_m \end{cases}$$

其中，x_1、$x_2\cdots$、x_m 为实测变量，a_{ij} 为因子荷载，F_i 为公共因子，ε_i 为特殊因子。

(二)竞争力因子分析

本文分析数据资料来源于《中国统计年鉴 2008》和 2007 年零售业统计年报。

运用 spss 软件，得出总方差解释表，前 5 个主成份包含了全部指标所具有的信息，累计方差贡献率已达到 83.261%，且无变量丢失，故提取 5 个主成份。使用 Varimax 法进行因子旋转，KMO 检验和 Bartlett 检验结果显示，本研究的 KMO 值为 0.542，在 0.5 和 1 之间，表明可以进行因子分析，说明因子分析是可以接受的。Bartlett 球形检验的卡方统计值为 960.006($p<0.000$)，拒绝原假设，说明相关矩阵不是单位阵，可以考虑进行因子分析。

由因子荷载矩阵可以看出，第一主成份与人均 GDP、人均收入、人均零售额、城市化水平、人口密度、户均资产、户均营业收入、路网密度等指标显著相关，说明这些指标在第一主成份上有较高荷载；固定资产周转率、入境旅游人天数、国际旅游外汇收入、进出口总额在第二主成份上有较高的荷载，说明第二主成份基本反映了这些信息；营业利润率、总资产周转率等在第三主成份上有较高载荷，说明第三主成份基本反映了这几个指标的信息；存货周转率、总资产周转率、流动资产周转率在第四主成份上有较高的荷载，说明第四主成份基本反映了这些信息；GDP 五年平均增速、零售额五年平均增速、产业活动单位数五年平均增速在第五主成份上有较高的荷载。

我们分别把第一主成份看作零售业规模

和发展水平因子，第二主成份看作地区开放度因子，第三主成份看作零售业营利能力因子，第四主成份看作零售业营运能力因子，第五主成份看作零售业扩张速度因子。

计算得到各地区的因子得分，为了便于比较各地区在各因子上的得分情况，对得分进行标准化处理，使其处于[0,10]的区间内。计算地区竞争力综合得分时，根据方差贡献率确定各因子权重，计算得到各地区零售业竞争力综合得分。分析结果如下：

因　子	前10位地区
零售业竞争力综合排名	上海、北京、广东、天津、江苏、内蒙古、浙江、山东、辽宁、吉林
零售业规模和发展水平因子	上海、北京、天津、浙江、江苏、山东、辽宁、内蒙古、吉林、湖北
地区开放度因子	广东、江苏、福建、云南、北京、浙江、四川、山东、广西、上海
零售业营利能力因子	西藏、内蒙古、海南、上海、四川、天津、广东、甘肃、吉林、湖北
零售业营运能力因子	海南、吉林、重庆、内蒙古、甘肃、广东、四川、辽宁、湖北、山西
零售业扩张速度因子	内蒙古、山东、河南、山西、江苏、天津、广西、陕西、北京、宁夏

（三）地区零售业竞争力研究基本结论和评价

实证分析结果显示：本文对地区零售业竞争力的研究结果，基本反映地区实际情况，体现出地区零售业的发展水平和不同地区间的差异，说明构建的零售业竞争力指标体系比较合理。地区零售业竞争力主要特点如下：

1.东部地区零售业竞争力总体上较强，主要体现在零售业规模较大、地区开放度较高。零售业竞争力前10名中，东部地区占了8位，中西部地区排名比较靠后。从总体上看，上海排名第一，上海的竞争力主要体现在规模和发展水平因子、营利能力因子。从具体指标上看，上海的户均资产、户均营业收入、人均GDP、人口密度、人均收入、人口密度、城市化水平、路网密度等指标排名靠前，说明上海零售业的发展水平比较高，发展的环境良好。北京在总得分上排名第二，竞争力主要体现在规模和发展水平因子、地区开放度因子和零售业扩张速度因子。从具体指标来看，人均零售额、固定资产周转率、人均GDP、人均收入、人口密度、城市化水平、路网密度、国际旅游外汇收入、入境旅游人天数等指标排名靠前。广东排名第三，地区开放度因子、零售业营运能力因子、零售业营利能力因子都排进了前十，其中地区开放度因子排名首位，体现了广东外向型经济的特点。天津在总体上排名第四，主要体现在零售业规模和发展水平因子、零售业营利能力因子和零售业扩张速度因子。江苏在总体上排名第五，各项指标中排名比较平均，体现出江苏均衡发展的特点。

2.中西部地区零售业发展速度较快，企业收益率较高。中西部地区近几年的发展速度比较快，从分析结果看，零售业扩张速度因子前10名中，中西部地区占了6位，说明中西部地区近几年的发展较快，带动了零售业的发展。另外，中西部地区的营利能力因子和运营能力因子得分也相对较高，营利能力因子得分前10名中，中西部地区占6位，营运能力因子得分前10名中，中西部地区占7位。从具体指标看，中西部地区在营业利润率、总资产报酬率、零售额五年平均增速、产业活动单位数五年平均增速、GDP五年平均增速等指标的排名上靠前。

四、增强地区零售业竞争力的建议

（一）促进东中西部经济互动发展，加强人财物流动，实现地区零售业竞争力同步增强

分析结果显示，我国地区零售业竞争力

呈现出非均衡性，体现在不同的竞争力因子中，东中西部地区表现不同。零售业竞争力的非均衡性与经济发展水平的差异相似。从前述分析中可以看出，零售额与GDP、城镇居民家庭人均可支配收入、农村居民家庭人均纯收入的相关系数分别为0.998、0.999、0.987，属于高度相关。另外，零售业的发展和基础设施建设、人口密度等指标有较强的相关关系。因此，可以从两个方面促进零售业竞争力的提高：一是促进东中西部地区的经济合作，积极吸引东部地区的资金流入中西部地区，促进中西部地区的经济发展和城乡居民收入水平提高；二是加强中西部地区的基础设施建设，加强旅游的宣传力度，促进东中西部地区的人财物流动，在协调发展中增强地区零售业竞争力。

(二)适度扩大规模，努力提高零售业规模竞争力

从企业的聚类分析结果看，规模相对较大的企业，在各项财务指标上，要好于规模相对较小的企业。跨国零售企业大规模扩张的现实和最新的理论研究表明：相对于制造业，零售业的规模竞争力对其综合竞争力更为重要，零售企业的规模经济性显著。零售企业可以在规模基础上实现节约采购成本、分摊固定成本、提高风险抵御能力、提高单位面积交易量等，还可以通过高度统一的连锁经营模式，低成本地“复制”扩张来实现较强的规模经济。因此，应鼓励零售业的扩张，通过扩张促进零售业效率的提高，凭借规模经济增强零售业竞争力。

(三)采用信息技术提高效率，不断提高经营能力和水平

分析显示，外资零售企业的经济效益要高于内资企业，外资企业广泛应用信息技术以及对市场信息的深入研究是其维持竞争力的重要因素。根据生产成本理论，在一个较长时期内，随着企业生产规模的扩大，平均单位产出成本趋于下降，但是，这种下降不是无止境的，下降到一定程度，长期平均费用曲线逐渐变平，此时，生产规模进一步扩大，平均单位产出成本不变，若再扩大，平均单位产出成本转而逐渐上升。想要继续保持健康增长，应充分利用信息技术，快速有效处理庞大的采购、销售等流量数据。沃尔玛的计算机中心是全世界最大的计算机中心之一，其全球先进的采购中心、科学的配送系统、迅捷的运输系统及先进的数据传送系统共同支撑起了一个“沃尔玛神话”。因此，中国零售业的发展，也要紧跟科技、经济发展潮流，充分利用新的技术和手段，运用科学的经济分析方法，提高经营能力和水平。

(四)创造良好的消费环境，提高城乡居民的消费意愿

地区零售业的发展除了自身因素之外，还与整个地区的经济环境和社会环境息息相关，如城乡居民的收入、消费场所的环境、消费者权益是否得到有效保护等。因此，提高消费意愿，促进零售业发展，可以从以下几个方面着手：一是增强地区总体经济的发展，促进城乡居民收入水平提高；二是完善社会保障，加快医疗、教育、住房等方面的改革进程，解除百姓消费的后顾之忧，提高消费意愿；三是通过完善法律制度来改善消费环境，消除乱收费、乱涨价、危害安全的违法行为等现象，以法律来保护消费者权益不受侵犯，实现放心消费，从而实现零售业的进一步发展。

（国家统计局贸易外经司　叶盛）

河北贸易经济发展情况与沿海地区比较

在河北省以港口建设为突破口，以打造沿海经济隆起带为战略重点，加快沿海经济社会发展强省建设的同时，我们将先导产业——贸易业与沿海发达地区进行了对比，通过对比，探寻河北贸易发展特征，剖析形成此种特征的因素，进而提出河北贸易业崛起思路，以期在加快沿海经济社会发展强省建设步伐中为领导决策提供依据。

河北省第七次党代会提出把河北建成沿海经济社会发展强省的宏伟目标。为更好地实施这一战略决策，在全省以港口建设为突破口，以打造沿海经济隆起带为战略重点，加快沿海强省经济建设的同时，我们从先导产业——贸易业这一角度来审视河北省与沿海发达地区发展异同，通过对比，探寻河北贸易发展特征，以期推动沿海经济社会发展强省建设步伐。

一、对比特征

——贸易业总体规模相对较小。河北贸易业增加值为598.6亿元①，在全国居第9位，在沿海12②个地区中居第8位，高于福建、天津、广西和海南，比全省GDP在沿海地区中第5位的位置落后3个位次；贸易业增加值占全省GDP比重为5.9%，在沿海地区中位居最后一名，北京、上海、江苏、浙江、广东均在9%左右，和沿海发达地区相比，河北省贸易业规模较小。

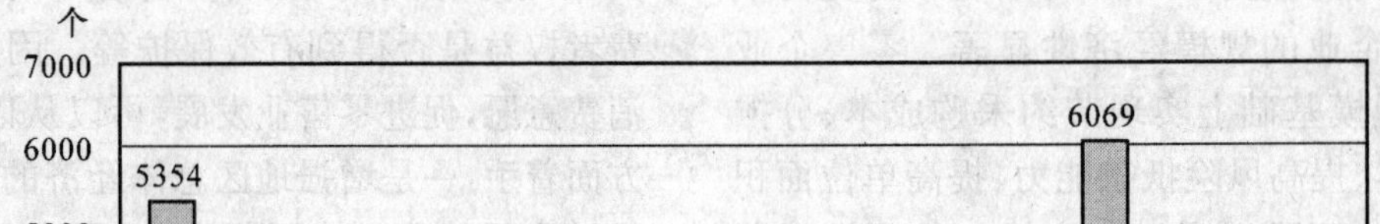

图1　沿海地区限额以上企业个数

① 本篇引用统计数字均为2005年数据（特殊加注说明的数据除外）。

② 12个沿海地区：北京、天津、河北、辽宁、上海、江苏、浙江、福建、山东、广东、广西、海南。

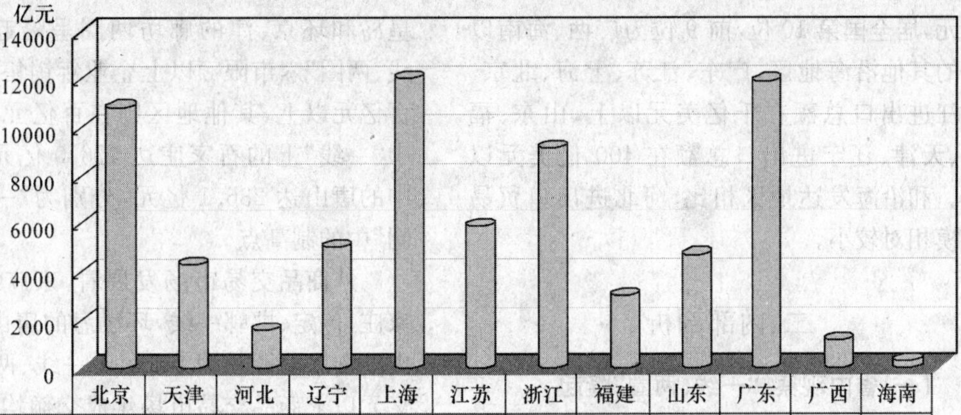

	北京	天津	河北	辽宁	上海	江苏	浙江	福建	山东	广东	广西	海南
▫限上销售总额	10854.4	4316	1600.1	5070.4	12050.8	5936.7	9164.1	3051	4722.9	11933.3	1168.2	271.8

图 2　沿海地区限额以上企业销售总额

——批发零售贸易企业发展偏弱。河北限额以上批发、零售贸易法人企业数为 1000 个，居全国第 15 位，在沿海地区中居第 10 位，高于广西、海南，仅分别相当于广东、北京的六分之一和五分之一。沿海发达地区均在 1500 个以上，其中广东和北京达到 5000 个以上。

从限额以上批发零售贸易企业销售总额看，沿海地区销售规模由大到小基本分三个层次：规模最大层次分别由“长三角”的上海、“珠三角”的广东和“环渤海”的北京组成，销售总额达万亿元以上；规模较大层次有浙江、江苏、辽宁、山东、天津、福建六省，销售总额在 9000—3000 亿元之间；规模最小层次有河北、广西、海南三省，销售总额在 1000 亿元左右。和沿海发达地区相比，河北限额以上企业销售规模相当于第一层次省(市)的六分之一左右。

——商品交易市场发展强劲。河北拥有 240 个亿元以上商品交易市场，在全国和沿海地区均居第 5 位，浙江、江苏、山东、广东分别居前 4 位，市场个数分别为 520、459、378 和 268 个。

河北亿元以上商品市场成交额达 2322.9 亿元，居全国和沿海地区第 4 位，浙江、江苏和山东位居前 3 位，成交额分别为 6257.3 亿元、4814.6 亿元和 2820.0 亿元，浙江和江苏成为东部沿海地区商品交易市场发展最兴旺地区。

——进出口贸易规模相对较小。从进出

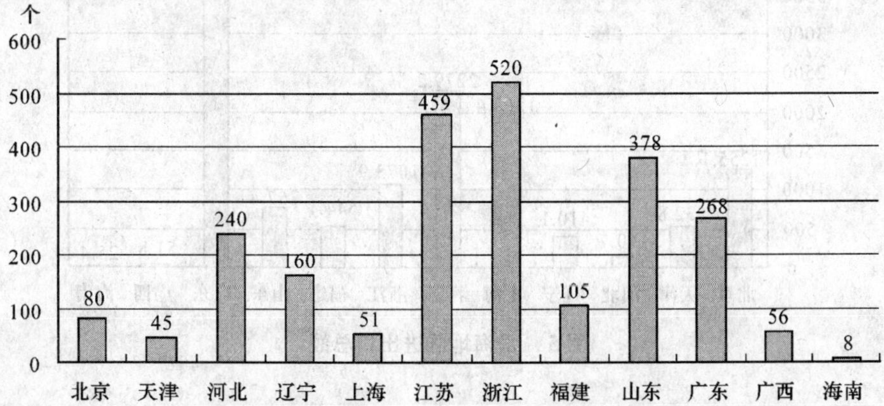

图 3　沿海地区亿元以上商品交易市场个数

口贸易总额①看，河北进出口总额为160.7亿美元，居全国第10位，前9位为广西、海南以外的其他沿海地区，广东、江苏、上海、北京、浙江进出口总额在千亿美元以上，山东、福建、天津、辽宁进出口总额在400亿美元以上。和沿海发达地区相比，河北进出口贸易规模相对较小。

二、内部剖析

(一)省内观察："一线、两圈"隆起

在全省11个设区市中，无论是批发零售贸易企业发展还是商品交易市场发展，基本形成"一线、两圈"隆起带。

从批发零售贸易企业发展看，京广线上的石家庄、保定、邯郸一线，环渤海的唐山、秦皇岛和环京、津的廊坊两圈呈隆起状。"一线、两圈"六市限额以上企业年销售总额均达百亿元以上，其他地区则在百亿元以下。其中"一线"上的石家庄达476.0亿元，渤海圈中的唐山达236.1亿元，分别为"一线"、"两圈"中的制高点。

从商品交易市场发展看，京广线上的石家庄、保定、邯郸一线，环渤海的唐山、沧州和内陆衡水两圈呈隆起状。"一线、两圈"六市亿元以上商品交易市场年成交额均达百亿元以上，其他地区则在百亿元以下。其中"一线"上的石家庄、保定、邯郸商品交易市场发展强于两圈地区，三市亿元以上商品交易市场年成交额在200亿元以上，省会石家庄亿

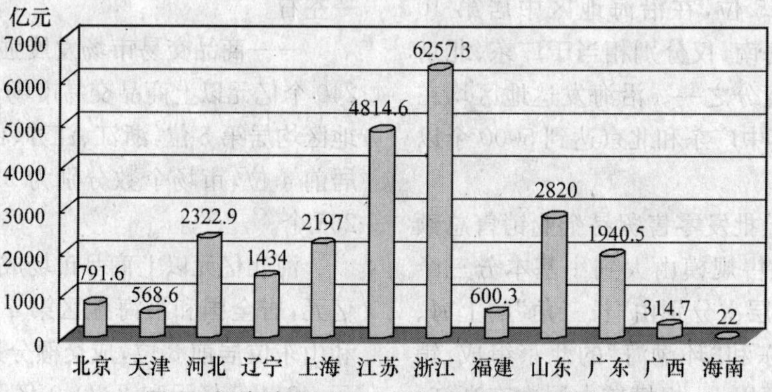

图4　沿海地区亿元以上商品交易市场成交额

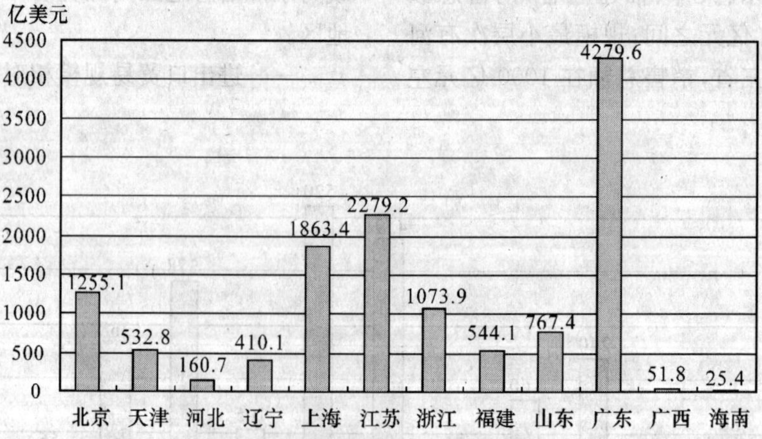

图5　沿海地区进出口总额

① 进出口贸易总额是按经营单位所在地分货物进出口总额。

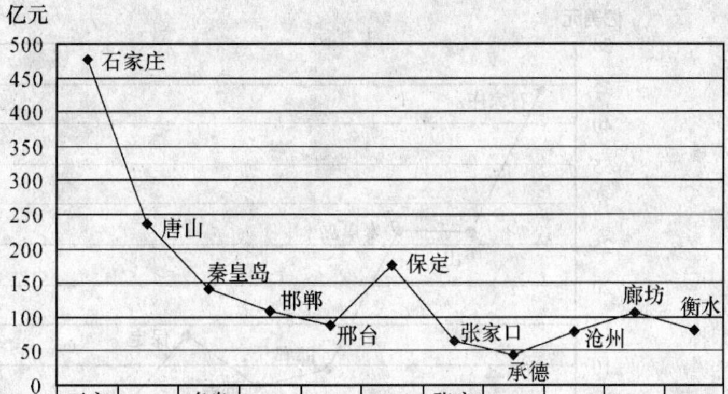

	石家庄	唐山	秦皇岛	邯郸	邢台	保定	张家口	承德	沧州	廊坊	衡水
限上批零销售总额	476	236.1	140.1	109.8	88	175.1	65.7	44.6	77.6	105.9	81.2

图6　设区市限上批发零售企业销售总额

元以上市场成交额达 877.4 亿元；即将成为河北省第二大交通枢纽的衡水①市场成交额为 125.8 亿元。

从进出口贸易规模看，京广线上的石家庄、保定、邯郸一线，环渤海的秦皇岛、唐山和环“京、津”的廊坊两圈呈隆起状。“一线、两圈”六市进出口总额在 10 亿美元以上，沿海地区优势明显，除省会石家庄达 44.3 亿美元外，秦皇岛、唐山两市分别达 26.7 和 26.5 亿美元，分列全省第 2 和第 3 位。

(二)因素分析

河北贸易经济发展特征的形成受多种因素影响，本省省情、地理位置、居民消费能力和贸易业自身建设等是主要影响因素。

——农业大省的省情制约着批发零售企业快速发展。河北省乡村人口占全省总人口 62.31%，比重之高在沿海地区中居第二位（广西最高为 66.38%），而上海仅为 10%，北京、天津在 20%左右，广东、辽宁、浙江在四成

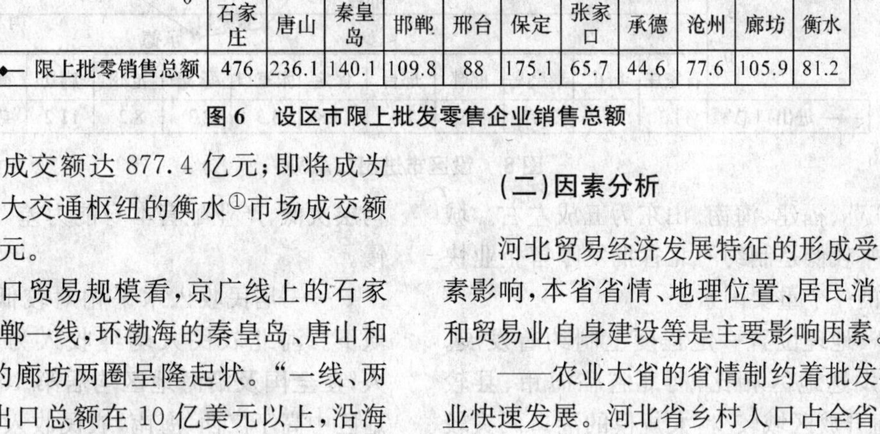

	石家庄	唐山	秦皇岛	邯郸	邢台	保定	张家口	承德	沧州	廊坊	衡水
市场成交额	877.4	182.3	56.3	250.7	87.3	416.5	49.2	20.2	164.4	92.7	125.8

图7　设区市亿元以上商品交易市场成交额

① 我国又一条南北大通道——大广（大庆至方州）高速公路衡大段即将开工建设。届时，衡水将成为河北省第二大交通枢纽。

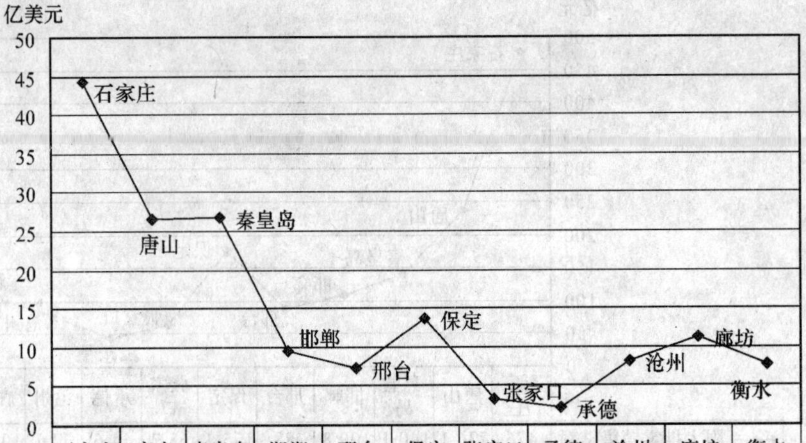

	石家庄	唐山	秦皇岛	邯郸	邢台	保定	张家口	承德	沧州	廊坊	衡水
—◆— 进出口总额	44.3	26.5	26.7	9.5	7.3	13.8	3.3	2.3	8.2	11.2	7.7

图8　设区市进出口总额

左右，江苏、福建、海南、山东为五成左右。城市化水平较低是制约河北省批发零售企业快速发展的一个重要因素。

——地理位置一定程度上制约着发展。和沿海发达地区相比，河北省临海市、县较少，沿海开放区域较少，大规模的港口码头较少，海岸线长度、沿海区域的广度不及东部沿海发达地区，以“煤码头”为主的港口难以达到综合码头总吞吐量的贸易规模，而“珠三角”、“长三角”和山东、辽宁的优良港口几乎全都建成了国家级的集装箱枢纽港和大型专业性深水码头，依赖于这些码头，南方各省发展起大规模的临港物流产业和重化工业，沿海优势得到充分发挥。地理位置的局限性，使河北省沿海经济集群化、国际化、市场化进程滞后于沿海发达地区。“长三角”、“珠三角”是跨国公司在华投资的重点地区，世界500强企业有400多家在此落户，两地区更快地分享到国际资金、技术、资源和市场机会。两地区块状经济发达，产业集聚明显，不少具有特色的国际性产业集群正在形成之中。完善的产业配套能力成为外资选择区域的重要因素，外资向产业优势区域集聚的趋势愈加明显。比较而言，河北省沿海经济带产业结构层次低，产业配套本身能力差，经济发展较慢。

——居民收入水平相对较低、消费能力低下。河北农民人均纯收入为3481.6元/人，在全国及沿海地区均居第10位，在沿海地区中高于广西、海南，农民收入水平相当于上海、北京、浙江的一半左右，和山东、辽宁水平大体相近；城镇居民人均可支配收入为9107.1元/人，在全国居第16位，在沿海地区中高于海南居第11位，上海、北京、浙江、广东、天津、福建、江苏、山东城镇居民可支配收入均在万元以上，其中，上海、北京、浙江在1.5万元以上。和沿海发达地区比，相对较低的收入水平抑制着消费增长，河北人均社会消费品零售总额为4310.2元/人，在沿海地区中高于广西、海南居第10位，消费水平相当于北京、上海的四分之一，相对低下的消费水平环境一定程度上抑制了商业企业的规模扩大。

——农产品综合市场发展相对较慢。河北农业增加值占GDP的14.89%，在沿海地区中高居第3位。亿元以上农业品综合市场有37个[①]，在全国与福建并列排第5位，浙江则拥有144个农业品综合市场。2007年国家

① 该数据为2004年数据。

将在沿海经济较发达的北京、天津、上海、江苏、浙江、福建、山东、广东和辽宁9个省市全面推开开拓农村市场的工作，河北省相对较慢的农产品综合市场发展将会和沿海发达地区的发展差距有所拉大，进而不能充分发挥市场的先导作用，制约农业的进一步发展和农民收入水平的提高。

——省域人文、经济封闭性较强。主要反映在配套行业住宿、餐饮业规模较小，沿海发达地区限额以上住宿、餐饮业个数均在千个以上，其中广东一枝独秀是唯一达到2000个以上的地区；沿海欠发达地区限额以上住宿、餐饮企业个数均在千个以下，河北仅有385个，在12个沿海地区中排位第10，相当于一般发达地区的三分之一，仅为广东的六分之一左右；相对封闭的人文、经济特征抑制了市场发展的开放性，从而一定程度上影响了大生产、大流通经济格局的形成。

综合上述分析，和沿海发达地区相比，河北省贸易业呈现出一定内陆性的封闭特质，在城乡二元经济结构以“乡”偏重的背景下，贸易业形成了在商品交易市场的发展上呈凸起状，但在批发零售贸易企业发展上呈凹地状态特征。

三、崛起思路

实现建设沿海经济社会发展强省这一宏伟目标，贸易业崛起需找准支点启动扛杆、协调联动做好配套工作，抓住全省大力推进沿海地区开放开发，加快培养沿海经济隆起带的有力时机，大力推动贸易业发展。总体思路是：以沿海经济隆起带建设为突破口，加强现代化港口建设；加快铁路、公路、航运交通建设；创造条件，引导块状经济形成与发展；借国家在沿海经济发达地区（北京、天津、上海、江苏、浙江、福建、山东、广东、辽宁等9省市）率先全面推开开拓农村市场工作的东风，积极部署、提早谋划农村市场发展与建设；借助环渤海、环京津的有利区位，打造贸易经济隆起带，全面推动贸易业快速发展。具体做好四项基础工作，找准五个突破口。

强化四项基础工作：

——打通梗阻，加快立体化交通网络建设。加快曹妃甸港口建设，强化老港口货物吞吐能力，加速高速公路建设和村村通公路建设，加强铁路和航运建设，全方位提升河北省的流动性和开放性，为商贸经济快速发展构筑强有力的运营平台。

——加快升级，提升交易运行的现代化水平。构建先进的信息技术和现代物流配送体系，加强产、需信息的开放性，强化资金结算网络建设，以现代化交易手段，加速贸易业发展。

——加快国企改革，推进现代企业组织建设。商贸流通企业要深化产权制度改革，加速国有企业退出竞争性贸易领域，使企业经营管理机制科学化，提高企业竞争力。

——加强多功能服务环境建设，提升市场化、国际化的吸引力。加强软环境、硬环境建设，健全市场法规、中介服务，提高管理体系及其运作机制，拓宽服务消费领域，积极吸引国内外资金、先进技术和管理方式，支持企业跨国家、跨地区开办企业及市场，提升商贸流通业的开放性和辐射性。

找准八个突破口：

——以港口建设为契机，加快现代物流园区建设工作。以现代化立体交通（公路、铁路、海运网络）平台为依托，建设集商流、物流、信息流、资金流为一体，融现代仓储、多式联运、市场批发和配送加工于一身，现代化、多功能的物流园区。

——以现代化交易运行平台为基础，加快电子商务发展。运用社会网络资源、通信资源、信息资源，大力发展电子商务，建设一个以商贸为主体的标准化的网上信息资源集散中心、信息网络传输中心和网上交易商务中心。

——努力提高城乡居民收入水平。以大项目为依托增加经济增量，同时，以现代企业组织平台为基础，加快改革步伐，提高存量资产创收能力，以沿海经济隆起带的建设，激活区域经济活力，努力提高居民收入水平，以消费促生产、以消费促贸易，为商贸流通业发展提供稳定的市场保证。

——努力培育国际性产业集群，提升市场的国际性。推进产业链招商，加强外资与块状经济的融合，培育国际性产业集群，提升市场国际竞争力。

——大力提升高等教育产业和城市功能。增强区域经济知识、人才支撑。多方筹资，积极发展高等教育事业，储备人才、引进人才，为流通业发展提供较高的人员素质。

——大力发展现代化交易市场。重点抓好现有市场的改造和提升，选择流通规模较大、辐射能力较强的交易市场进行改扩建，积极引导乡镇企业向专业化、特色化方向发展，以产业促流通，以流通促发展。加大宣传力度，增强交易市场知名度，实现量的扩张和质的提高，振兴河北市场发展?。

——加快推进城市化进程。加快农业发展步伐，为城市化提供前提条件；加速工业发展，为城市化提供动力；加快服务性行业发展，提高城市化水平。

——大力开拓农村市场。开拓农村市场是党中央、国务院提出的战略性决策。开拓农村市场可分两步走。一是在农民收入较快增长的地区率先全面推开开拓农村市场工作。积极探索连锁经营、物流配送等现代流通方式向农村延伸，培育和满足农村消费需求，逐步建立起适应农村经济发展要求的现代农村商品流通体系，通过发展一批大型贸工农一体化的龙头企业，进一步完善和提升农副产品批发市场功能，发展农村流通合作组织，培育农村经纪人队伍，加强农产品市场信息网络建设，大力推行工商联手，构建多层次、全方位的新型农村流通网络。力争“十五”期末能够在较发达地区建立符合当地经济发展要求的高效、通畅的现代农村市场流通体系。开拓农村市场必须与农业结构调整相结合，与发展乡镇企业和小城镇建设相结合，与发展现代流通方式相结合，与建立农村“双向”流通体系相结合，与开拓国际市场相结合，与改善农村消费环境相结合，与整顿和规范市场经济秩序相结合，与减轻农民负担和增加农民收入相结合。二是积极创造条件推动经济欠发达地区开拓农村市场工作的开展。经济欠发达农村地区，要以增加农民收入为切入点，发展小城镇、发展第三产业、进行农业结构调整、活跃农产品流通等方式，实现农民收入的快速、稳步增长，积极借鉴经济发达农村地区开拓农村市场的经验，努力促进农村市场的形成。

（河北省统计局国内贸易统计处）

新疆餐饮业发展潜力研究

随着经济的持续稳定增长和旅游业的快速发展。新疆餐饮市场规模迅速扩大，从业人员不断增加，在扩大内需、繁荣市场、促进就业、推动旅游业发展、改善人民生活质量等方面做出了积极贡献。十七大报告明确提出，要加快发展现代服务业，餐饮业作为消费前沿的风向标，在第三产业发展中起着非常重要的推动作用。当前，如何定位新疆餐饮市场，发挥新疆特色餐饮作用，研究制定新疆餐饮业的发展战略，全面提升餐饮业的经营管理水平和综合实力，成为新疆第三产业协调发展的重要研究课题。

一、餐饮业发展现状

(一)餐饮业成为高成长行业，市场集中度逐渐提高

2007年，新疆餐饮业实现零售额129.03亿元，同比增长16.6%，比上年净增18.34亿元，高出社会消费品零售总额增幅0.1个百分点，占社会消费品零售总额的比重达到15.2%，对社会消费品零售总额的增长贡献率为15.3%。"十五"期间，新疆餐饮业零售额占社会消费品零售总额的比重为14.2%，高于全国1个百分点，年均增长18.9%。餐饮市场的进一步繁荣，也催生了餐饮企业市场规模的不断壮大。2007年底，新疆限额以上餐饮企业资产总额达到7.19亿元，比上年增长48.6%。其中，营业额增长幅度在50%以上的企业达到4家，10%以上的达到9家；企业营业额超过500万元的共有45家，比上年增加了9家，呈现出大型餐饮企业营业额增速加快，市场占有率快步提高的发展态势。与此同时，新疆前10家限额以上企业的营业额达到3.27亿元，占限额以上餐饮企业的比重为44.7%，市场集中度明显增强。

(二)企业经营成本降低，发展后劲不断增强

餐饮业是国内消费需求市场中发展最快的行业。2007年底，新疆法人餐饮企业达到420家，从业人员20121人。从2000年到2007年法人餐饮业单位数以年均12.4%的速度增长。从餐饮业整体情况看，呈现餐饮企业数量增加，企业规模不断扩大，市场迅速扩张的态势。

资产负债率较低。新疆餐饮企业资产总额7.19亿元，负债总额3.54亿元，资产负债率为49.2%。比全国标准低10.8个百分点。

国家资本和个人资本在实收资本中占的比重最大。新疆餐饮业实收资本3.48亿元，其中：国家资本和个人资本分别占实收资本73.6%和17.9%。

2007年，新疆限额以上餐饮企业经营管理水平得到加强，在原材料购进价格增幅较高的情况下，经营成本大幅降低，经济效益明显提高。据统计，限额以上餐饮企业的成本占主营业务收入的44.4%，比上年下降2.8个百分点。

(三)连锁经营成为餐饮业发展的主导模式

餐饮业是我国最早实行连锁经营的行业之一。2007，新疆限额以上餐饮企业连锁门店总数36个，均为直营店。内资、外资企业

则多以直营连锁发展进行品牌渗透。目前已经有鑫都、肯德基、名流餐饮、顺萍食府、苏式餐饮等连锁企业进驻新疆，成为餐饮企业发展的新亮点。

(四)餐饮业成为吸纳社会就业、扩大内需的重要渠道

餐饮业的快速发展，吸纳大批就业人员，特别是给一大批文化程度比较低的劳动者提供了就业岗位，增加了就业机会。

2007年，全区餐饮企业单位约5.7万个，从业人员约16万人；个体户约5.3万个，从业人员接近12万人。餐饮业从业人员占全部批发零售业、住宿餐饮业从业人员的比重接近21%。餐饮业已成为吸纳就业、扩大内需的一个重要渠道。

(五)个体私营餐饮业发展迅猛，日益繁荣餐饮市场经济

九十年代，新疆的餐饮业市场基本上是国有经济一统天下，由商业局饮食服务公司等国有、集体单位垄断，私营餐饮企业、个体餐馆很少，餐饮业发展还处在初级起步阶段.随着市场经济的进一步搞活开放，国家陆续出台了一系列鼓励和扶持个体、私营经济发展的政策和法规，个体、私营经济也在国民经济各行业中焕发出勃勃生机，发展势头强劲，尤其在餐饮消费市场的表现更加突出。

2007年新疆个体餐饮业发展到52965户，占批发零售和餐饮业个体户总数的16.9%；年末从业人员113256人，占批发零售和餐饮业个体从业人员总数的22.4%。在从事餐饮业约5.7万个单位中，私营餐饮企业就有3954家，占全部餐饮企业的6.9%，飞速发展的个体、私营餐饮经济不仅在促进新疆社会再就业、解决吸纳下岗职工和农村剩余劳动力等方面做出了积极贡献。同时还带动了相关产业诸如房屋租赁、房地产等行业的发展和市场的经济繁荣。个体、私营餐饮业在新疆经济建设中也发挥着越来越重要的作用。

个体私营餐饮经济的发展，有力的推动了餐饮市场的繁荣，为居民生活提供了方便。开辟就业门路，缓解就业压力，为失业职工提供就业岗位。

二、餐饮业市场特点

新疆餐饮业呈现以下特点：

(一)中西特色荟萃、品类齐全

大量的外地餐饮风味汇聚新疆。川、鲁、淮、粤、山西、东北、湖南、湖北、陕西、贵州、杭州、不胜枚举，内地少数民族美食：内蒙、傣家、苗家、台湾以鲜明的民族或地区特色斗艳边城。国外餐饮名牌纷纷落户新疆，肯德基、必胜客以及韩国，日本，巴西，意大利等国餐饮数不胜数。餐饮荟萃精华，不仅丰富繁荣了餐饮市场，而且也为餐饮企业带来了新的理念、新的服务方式。

新疆酒吧、茶楼、主题餐厅、休闲餐厅、园林餐厅等大量的出现，引发了新的饮食时尚，给新疆餐饮市场注入了无限活力。

农家乐特色休闲餐饮方兴未艾。“乡村游”逐渐成为城市居民旅游的新时尚.农家乐旅游项目受到旅游者青睐.生态旅游，天然绿色食品迎合城市人新的消费需求，带动了农家乐休闲餐饮快速兴起，并渐成规模.新疆从事农家乐特色旅游餐饮的个体约上千户，其中达到星级农家乐有213户。主要集中在城市郊区和农村自然景色秀丽，空气清新、生态环境好、交通比较方便的地方，以果园，菜园，花园和农家特色菜为依托建立的农家乐，是人们旅游休闲度假的首选之地，在南疆一些农家乐还颇具规模，浓郁的民俗风情和少数民族独具特色的饮食文化，歌舞文化为农家乐赋予了新的内涵，吸引了更多中外游客.日益发展的农家乐为农民增加了新的经济来源，成为少数农民致富的重要途径。

一些以地方餐饮文化为特色的餐饮、购

物、娱乐为一体的饮食一条街在各地逐渐兴起，新疆各地通过打造美食街区，不断展现地方餐饮特色，特色餐饮一条街悄然兴起，引导了餐饮业集中连片发展，成为展现新疆民族特色餐饮的重要区域。

西式快餐引领新疆餐饮业市场标准化管理。现代快餐竞争的是品牌，支撑品牌的是管理体系.外企特色快餐之所以成功进入中国各地，靠的是一套标准的工业化管理体系和本土战略思想，肯德基花了几十年建立起来的标准化操作体系，实现了食品生产的工业化，从而在单位时间里可以生产更多的同质产品，降低成本.肯德基、必胜客等西式快餐有效地运用本土化战略，在不违背企业利益，不损害品牌形象的前提下，使产品和服务尽量迎合当地的饮食特色，消费习惯和民风民俗.避免了水土不服和文化差异，确立了以满足新疆消费者需求为核心的营销战略。肯德基连续两年在全区营业额排行榜上，名列榜首，营业额达1.26亿元。

内地特色餐饮和少数民族美食汇聚新疆，结合新疆特殊的地域风情形成了新的特色餐饮，丰富新疆餐饮市场，并在新疆餐饮业市场大放光彩，丰富繁荣了新疆餐饮市场。内地原生态餐饮保持着特有的风味，满足了不同口味的顾客。如:新疆顺萍饮食文化有限公司的汉餐川菜抢占了新疆餐饮业的一席之地，2007年位居16位，营业额达1289.9万元。

川菜、湘菜、东北菜肴等特色餐饮，遍布全疆各地，改变了顾客单一口味的格局。随着韩剧的热播，朝鲜菜肴也已风靡全疆，为新疆特色餐饮增添又一风景。

(二)本土特色餐饮不断扩张

餐饮企业做大主要靠品牌、靠特色。新疆本土特色产品“百富烤霸”在新疆、陕西等西北省市，拥有大批消费群体，受到市场青睐，与洋快餐品牌分割快餐市场。“百富烤霸”快餐，在十年间迅速崛起并让洋快餐也感到了压力。目前，百富烤霸已经覆盖了全疆的主要城市，面对洋快餐的竞争，百富在短短两年已全面占领西安市场，开业直逼10家餐厅。在西安、重庆、郑州百富的加盟体系也已经建立。

新疆各地一些本土的个体餐饮也不满足于本地经营，开始进军首府餐饮市场，并已取得很好的业绩。新疆的大盘鸡已覆盖全疆，并延伸到疆外。

新疆是中国清真餐饮的发源地和集散地之一.新疆对中国清真餐饮的创建与发展，有着不可磨灭的贡献。新疆穆斯林食用的、符合伊斯兰教规的食物，就有一定的规范和标准。“清真”是中国穆斯林对民族习俗、饮食的专用称谓，一般多用于一些固定的场所，如“清真寺”、“清真饭店”等。新疆是全国最大的穆斯林聚集区，因而“清真饭馆”也最多，“清真”标志已成为新疆餐饮业最大最亮的金字招牌和亮丽的风景线;同时也成为新疆民族饮食文化的一个显著特征，有着巨大的召唤力和无形资产价值。清真饮食文化悠久灿烂。我国拥有2200多万穆斯林人口，有着1200多年的清真食品用品生产的悠久历史，长期以来，我国的穆斯林群众创造了丰富灿烂的饮食文化。我国的穆斯林在同汉文化和其他民族文化的和谐相处和交流当中，吸收了很多优秀元素，从而在产品特色和创新上拥有其他单一穆斯林文化国家无法比拟的优势。

由于新疆绝大多数少数民族是一个全民信仰伊斯兰教的民族，清真餐饮在新疆饮食中占举足轻重的地位，并且十分有特色;但又因其分布地域较广，食俗也不完全一致;风味、风格各带有鲜明的地域特色。特别是在繁华城市与汉族杂居的穆斯林，吸收了当地汉族烹饪技法，提高、充实了清真菜烹饪技法，使清真餐饮从单一走向丰富，形成了新的特色。新疆维吾尔族的烧烤系列、别有异域风味备受喜爱。

现在新疆的各大城市，出现了许多清真

风格的西餐厅,环境幽雅,装修华美,烹饪考究,再加上分餐制的食用方式、民族风格的背景音乐,都代表了一种新的时尚和口味,展现出清真餐饮文化兼容并蓄、中西合璧的新的发展趋向。

随着新疆各民族的生活水平不断提高,少数民族也开始研究营养配餐,有的民族饭店配了营养配餐员,营养药膳菜成了招牌菜。新疆野生植物制作而成的"清蒸阿魏菇",回民特色风味"面肺子",曾获得九三年第三届全国烹饪大赛的金牌和银牌。即有特点又有保健功能的新疆特色菜肴"薄饼焖肉"、"烤全羊"。"雪莲乌鸡"、"枸杞牛尾"深受国内外宾客的欢迎。"雪莲孟德鸡"等数十道名菜均获得中华名菜奖。新疆民族特色饮食文化,在我国烹饪领域占有一定的地位。

讲究荤素营养配餐,适应新潮流,有利于身体健康。新疆少数民族长寿者居多,与他们饮食有很大的关系。

目前,新疆星级宾馆饭店372家,其中:五星级8家,四星级47家.星级宾馆引领和支撑着新疆清真饮食业名菜名肴的发展与创新。国际大巴扎宴会厅、回府君悦大饭店、君邦大饭店都成为新疆装修豪华的清真饭店;沈派西域老回民成为新疆回族菜肴继承传统与创新力度最大的餐饮企业;另外,新疆古博尔餐饮管理有限公司,胖老汉饮食文化有限公司等也有不俗的表现。

普通清真饭馆遍布全疆。现有清真饭馆上万家,从业人员达十余万之众。普通清真饭馆遍布全疆是新疆清真餐饮业的主力军,它支撑着新疆餐饮业的半壁江山。这中间既有优秀的清真餐饮文化典型代表,也有大众化经营的,还有的才刚刚起步的,处于摸索阶段.

旅游度假村家常菜、农家乐清真餐饮及地方特色小吃是新疆清真餐饮的重要组成部分和有效补充,目前它正以前所未有的发展势头,发挥着其十分重要的作用。近年来,新疆民俗旅游度假村发展迅速,度假村家常菜、农家乐清真餐饮及地方特色小吃颇具代表性,前景喜人。

(三)餐饮市场格局呈现多样化

新疆居民餐饮消费连续几年不断上升,从2000年在外用餐240.6元/人,增加到2007年的621.38元/人,年平均递增14.5%。在外用餐消费比重提升,既丰富了居民餐饮消费的形式和内容,又减轻了居民家务劳动,同时节约了更多时间.目前,已经成为人们餐饮消费的"习惯"行为。

1. 餐饮超市开始在一些城市涌现

新疆铜锣湾有限公司的四海一家、新疆沸腾酒家、百花村海世界等等餐饮超市以全天候的客源市场、多功能的经营布局、全品味的周期循环,汇集地方风味、外国风味、乡土风味于一体,实施"明厨、明炉、明档、明价"的全透明经营模式。在餐饮超市里,顾客能对自己所点菜肴的规格、分量、定价、加工、烹调、销售等一条龙服务一目了然。顾客自称斤两、自定口味,因人而异。

2. 高、中、低档餐饮正全面发展

新疆餐饮企业在获得最大经济效益的同时,还扮演着向大众传播新疆餐饮文化的角色,使人们了解新疆美食、钟情新疆美食、享受新疆美食。目前中低档餐饮场所,已占据了较大比例新疆餐饮市场份额。同时,高档饭店的餐饮经营在新疆各地发挥着引领美食潮流、影响餐饮业时尚的重要作用。新疆高档餐饮企业设施先进,技术力量雄厚,形象设计完美,这些优势抓住了当地的高端客源市场,并在当地政治、经济、文化活动中扮演重要的角色。目前排名居前位的餐饮企业几乎都是大型经营企业。通过经营扩大了企业规模,提升了企业管理水平,增加了市场渗透力、适应力和抗风险的能力,有力地推动了餐饮业的产业化进程。

3. 经营模式多元化,环境布局人性化,文化品位得到提升

餐饮业在新疆的迅猛发展和日趋激烈的

市场竞争,促进了餐饮市场的经营模式和风格发生了极大的变化。由过去单一的饭馆和简单的吃饭,到现在的火锅店、连锁店、加盟店、酒店和星级宾馆,并集休闲、娱乐、享受为一体的转变,由过去只经营普通简单的饭菜,到现在各种不同模式、不同档次、不同风格,中西合璧的正餐、快餐、中餐、西餐、南北大菜、特色小吃以及火锅等的相映成辉。配有空调、彩电、卡拉OK音响等设施的饭店、酒店、火锅店比比皆是,内部装潢和规模也越来越高档,中、高、低档消费环境满足了不同层次的消费需求。

餐饮消费越来越讲究"情景消费",不仅要提供食物,同时要提供良好的环境,要渗透和餐饮消费融为一体的文化味道,为进一步满足消费者对餐饮更高次层的需要,向经营多元化道路发展,引入娱乐形式结合发展,特别是引入当地具有民族特色歌舞文化,这在一定程度上丰富了餐饮业,使原本具有饮食功能的餐厅,也具有社交功能,商业功能和娱乐功能,既有利于旅游业、娱乐业,对餐饮经营者而言,餐饮多为让利销售,薄利多销,而娱乐形式与餐饮经营相结合,使餐饮也上一个台阶。在餐饮活动中增添了酒吧、茶吧等,而时装表演、民族歌舞、艺术展览等也是餐饮业中高档可拓展的经营渠道。

三、餐饮市场存在的主要问题

改革开放以来,虽然新疆餐饮发展很快,但与国民经济整体发展和人民生活日益提高的需求相比,仍存在总量不足、水平不高、结构不尽合理等问题,与全国发达城市相比还存在很大差距。具体表现在几个方面:

(一)餐饮文化发展相对滞后

餐饮业发展的相对滞后,使得餐饮业总量不足的矛盾更加突出。虽然企业经营者有较雄厚的经济实力、发达的经济头脑、灵敏的商业思维、独到的市场运作方式,使经营的饭店或公司一直较稳定地发展。但总是发展得很缓慢,在管理、菜品、服务、宣传等方面都能找到原因,就是找不到问题的关键。其实根子就在文化方面。客观地说,近几年来新疆清真餐饮业在经营上也在不断力求与文化接轨,有的在装修和服饰上面下得功夫就不少。走进新疆清真饭店,有的环境高档讲究,有的装修风格别致,有的服务员着装俏丽,但总让人觉得缺少新疆(西域)清真饮食的内在文化——小吃菜肴文化。有人说进入中国的"麦当劳"、"肯德基"等不仅仅是出售炸鸡腿、汉堡等,而是在经营一种美国民族的饮食文化,这些话很有道理。

(二)名店黯然消失,新店叠换频繁

改革开放的三十年,既是我国经济发展的最好时期,也是全国各地餐饮业发展最快的时期。新疆的各民族因善于经商而闻名。据有关数据统计,新疆的城镇居民中,最先致富的一批人,大部分都是少数民族餐饮业主。然而,经过三十年的发展和积累,许多行业和产业,大都有了较大的发展成为较好的民营企业,而新疆的少数民族餐饮业却在做大做强上始终步履艰难,发展缓慢。更有甚者,原来,名噪一世的"老字店",也在一片大好发展形势下,却顺水而隐,黯然消失;如,乌鲁木齐市的"东来顺"、"鸿春园"、昌吉的"第二食堂"等等;一些十分有名的地方风味小吃,也荡然无存。

商战是残酷的,市场不相信眼泪。品牌在市场中发挥着巨大的威力。当很多企业在花大价钱做广告、创品牌的时候,新疆清真餐饮界的名牌企业则逐渐淡出人们的视线。

(三)传统精髓断承,招牌创新无规

新疆清真饮食本应有较快较大发展,原因是:新疆清真饮食文化渊源正宗,底蕴深厚,参照物多,借鉴性强。具体来说,它既有阿拉伯饮食文化的边缘基因,又有中华传统精华菜系后天养分的丰厚熏陶,更有新疆其

他少数民族饮食技法的相互借鉴与并蓄。可结果却令人沮丧。如,新疆昌吉的“沙湾大盘鸡”很早就申请注册,这本是好事一件,企业本应该有所作为,但结果恰恰相反,冒牌的产品太多,抢占了正牌的市场。正牌得不到有效支持和保护,严重影响着经营者进一步去研发与创新。

(四)本土特色餐饮业优势不明显

发展新疆民族特色餐饮具有对资源依赖小、投资少、安置就业多的特点。近年来新疆民族特色餐饮走向全国的势头迅猛。在北京、上海、广州等地,新疆民族特色餐饮店都在100家以上,而且大多生意兴隆,利润可观。新疆民族特色餐饮虽然有自身的独特优势,但始终未能像“小肥羊”、“肯德基”那样做大做强。其原因:没有统一的用料和制作标准,直接导致了品质的不恒定,这是新疆民族特色餐饮不能做大做强的重要原因,也是新疆民族特色餐饮至今没有申请专利和创立品牌的重要原因,探究其原因仍有潜力可挖。

一是新疆民族特色餐饮只注重传统,在品质和制作工艺上始终没有得到应有的提升。新疆民族特色餐饮虽然好吃,有特点,但千百年来这些独特的品质始终依靠的是民间的自然流传,是师傅对徒弟的言传身教。有些好的做法得到了继承,也有一些随着时间的推移失传了。一个品牌饮食要走向市场,确立、提升它在色、香、味、形等方面的品质是非常重要而且必不可少的工作,但对于新疆民族特色餐饮来讲这也正是最严重的缺失所在。至今没有人对它进行专业的研究,在用料和制作工艺上没有任何的改进。现在拉面、烤肉等食物的做法仍然十分传统。

二是没有创立品牌,标准化成为发展“瓶颈”。拉面、抓饭和烤肉等食物的做法,至今没有人进行专业的研究,比如,拉面和面的水温应该是多少度?多少面应该兑多少水?发面需要多长时间最易于拉抻、口感最好?这些并不困难而且必须要搞清楚的问题到现在仍然没有人能提供出标准的操作数据,正因为没有一个统一的标准,所以具体做法,很大程度上依赖于厨师的经验,尽管都是新疆拉面,但同一店铺,甚至同一师傅做出来的味道很难做到一致。没有统一的用料和制作标准直接导致了品质的不恒定,这是新疆民族特色餐饮不能做大做强的重要原因,也是新疆民族特色餐饮至今没有申请专利和创立品牌的重要原因。人们熟知的“大娘水饺”的厨房里都放着一个“宝典”——厚达300多页的质量手册.手册上规定了涉及保证产品规格和质量恒定的“标准化”内容,如每10公斤馅使用1袋调料,每6只饺子重120克,每6个饺子皮重55克,和多少面兑多少水,从顾客点餐到食品上桌不得超过10分钟等等。统一的品牌必须坚持在统一的品质之上。在当今这个商品社会,没有品牌的商品要走向全国乃至世界也是不可能的。

三是经营者大多素质不高,缺乏管理现代企业的能力和经验。从实际的情况看,经营新疆民族特色餐饮的经营者大多文化水平不高,对当前经济社会的发展现状、趋势,饮食行业的发展潮流,消费者的消费心理等没有足够的认识,对现代企业的经营管理知识更是知之甚少。要把新疆民族特色餐饮作为一个产业做大做强,就必须在文化素质上下功夫。

(五)本土特色餐饮业竞争压力大

不可否认的是,机遇与挑战并存,利润与风险同在,我们在看到发展机遇的同时,也不能忽视面临的挑战。新疆的餐饮业面临着如下竞争压力:

1. 品牌的竞争。国内外大型餐饮公司以丰富的菜品和独特的文化进入新疆,他们比我们更能够吸引消费者、引导消费者、同化消费者,国内外著名品牌既快又多地进入新疆市场,必将给我们本土的餐饮企业带来极大的冲击。

2. 专业人才竞争。来自国内外的餐饮企业，将以各种手段、优惠条件、雄厚的资金实力、科学规范的管理环境来吸引餐饮技术、管理、服务、文化等方面的人才，本土餐饮业面临专业人才流失的挑战。

3. 企业规模的竞争。新疆餐饮企业普遍是中小企业，很难同国内外大企业相提并论，而规模的大小对竞争的实力和成本有较大的影响。

4. 综合素质的竞争。少数民族企业家的综合素质目前还相对较弱，观念比较落后，思路尚不开阔，汉语能力较差，许多人基本不会使用电脑科技检索和查询各种信息，缺乏相应的现行法律和政策知识，更谈不上运用国家现行法律和政策保护自己的合法权益，合理合法地拓展自己的市场空间，资本运作能力差，企业规模小等等。新疆各少数民族目前的各种条件比过去好多了，从小事做起，自强不息，奋发图强，利用一切可以利用的环境和条件，循序渐进地发展少数民族经济。只有脚踏实地，一步一步地做大自己，将少数民族特色农业，特色园艺，民族餐饮，民俗旅游，民族食品等民特企业做强做大了，才有可能获得更大的发展空间。

新疆少数民族餐饮企业家，找准自己在经济体制框架内的位子，大力发展自身具备优势的特色产业，充分利用并用足用尽现有的自身优势和各种政策、资源和市场等条件，顺应时代潮流，抓住机遇，鼎力发展各种特色产业，充分占领应该占有的民族特需品市场，争取少数民族经济更大的发展空间。

四、餐饮业发展潜力巨大

随着社会主义市场经济的发展，新疆餐饮市场呈现快速发展的势头。多层次，多主体，多元化的餐饮市场在新疆经济发展中发挥了重要作用。传统的以早点、正餐为主的比较单一的经营方式被打破。快餐、小吃、自助餐、大排档等多种新的形式纷纷涌现。随着餐饮业快速发展，餐饮业发展前景将更加广阔。

(一)经济的稳定增长和居民生活水平的不断提高成为餐饮业快速发展的坚实基础

近几年新疆各行业在创新中求发展，努力开拓市场，调整结构，深化改革，国民经济保持了稳定增长，为新疆餐饮业的发展打下了坚实的基础。随着国民经济实现跨越式发展和人民生活质量的显著提高，必将带动餐饮业迈向一个新的发展阶段。2007年新疆实现国内生产总值3494.42亿元比上年同期增长12.2%。而餐饮业实现零售额129.02亿元，同比增长16.6%，比生产总值的增长速度高出4.4个百分点。

(二)改革的深入，体制的创新，将进一步推动餐饮业发展

近几年新疆餐饮业深化体制改革，加大结构调整力度，取得了显著的成效。打破了过去单一经营封闭管理的模式，学习新的管理方法，引进新的经营理念。外商及港澳台资本也进驻新疆餐饮市场，为新疆餐饮业的发展带来了繁荣和现代化的管理机制，同时，也使竞争更加激烈。各种独具特色的中小餐馆为基础的多层次，多元化，多主体和多姿多彩的餐饮市场体系。各种菜系和特色小吃为一体，在经营品种和经营模式上实现了错位经营。有川菜、粤菜、湘菜等各大菜系的餐馆；有以海鲜、火锅、饺子为主的餐馆，有餐饮、娱乐为一体的餐馆等，这将进一步推进新疆餐饮市场快速发展。

(三)生活节奏加快，公共关系的发展对餐饮业市场需求增大

随着城市居民工作和生活节奏的加快，劳动力价值的提高，时间价值的升值，越来越多的人不愿将时间花费在烧菜做饭上，到餐厅吃饭已成了一种需求。对快餐的需求将会越来越大，为快餐业的发展提供了广阔的空间。快餐业成为餐饮行业的重要组成部分，

发展空间巨大的新疆快餐业在肯德基独领风骚的同时，还有许多颇具特色的各式快餐店，得到了消费者的认同。

社会的不断发展与进步，使人与人之间的交往也在不断地增多，人们出于各种各样的需要，到餐厅就餐已成为家常便饭。这也需要加速餐饮业的不断发展。

（四）社会消费观念的转变，成为促进餐饮业市场发展的内在动力

过去，凡新建一个企业，就要建一个食堂，以解决职工吃饭问题。目前，大多数新建企业都不建食堂，职工的早餐、午餐问题只能由单位附近的餐厅来解决，这使餐饮业担负的社会职能大大加强了。工作餐的社会化也是餐饮业发展的一个良机。

随着商业往来、社会交往活动的增多，人们相互间的联系会更加密切，接触更加频繁，探亲访友、观光度假、商务会议等活动也会增多。一起用餐聊天、洽谈业务、联络感情的几率也将大大增加，餐厅无疑将成为首选之地。新疆的餐饮业企业还有很大的发展空间，潜力十分巨大。

（五）流动人口、职业女性的增多对餐饮市场创造了有利发展条件

自从改革开放以来，外出旅游观光的人越来越多，旅游业已成了热门行业，旅游业的发展加速了餐饮业的不断发展。另外，大量的农村富余人口到城市去务工或经商，他们绝大部分要在外就餐。这些流动人口的增加，扩大了对餐饮业的市场需求，这是餐饮业发展的重要契机。2007年新疆第三产业就业人员比重占35.5%，企业经营规模仍然偏小。不仅低于发达地区，而且低于世界低收入国家的平均水平，需要更好地挖掘新疆服务业吸纳就业的潜力。

今天的女性，许多已经走出家庭并有了自己的职业。要掌握职业需要的知识和技能，就要用大量的时间来学习。这些职业女性很少有时间从事家务劳动，而随着生活水平的不断提高，使职业女性能够用外购食品或在外就餐的方式来解决家人的吃饭问题。

餐饮业是一个永具魅力、前景无限的行业，但关键在于要懂得管理和经营。建立严格的管理制度，树立正确的经营思想，具备相应的知识，拥有一定的经验，是走向成功的立足点。

（六）家宴、婚庆消费时尚化催生餐饮市场的进一步繁荣

家宴、婚庆消费成为经营亮点，经营特色化和市场细分化更加明显，大众消费进一步成为餐饮业的消费主流。使居民在外就餐将继续增加，大众化餐饮经营的市场空间也将不断延伸，节日消费的空间继续看好，大众经营品种和餐饮食品开发将不断加快，由此推动新疆餐饮业有大的发展潜力。

（七）巨大的农村餐饮市场将为新疆餐饮经济提供广阔的发展空间

目前餐饮消费需求主体来自城镇居民，而农村餐饮这个庞大的市场还没有启动。从长远来看，梯级式的需求格局决定了餐饮市场具有较大的连续性和可开拓性，巨大的农村餐饮市场将为新疆餐饮经济提供广阔的发展空间。

餐饮业的发展促进了市场的发育，提高了国民经济整体经济效益和效率，缓解了资金、资源供求矛盾和就业的压力，为第一产业的加强和第二产业的优化和升级创造了良好的环境，有力地促进了国民经济各产业的协调发展。

五、餐饮业发展的对策建议

（一）充分认识餐饮业发展的重要性

餐饮业在扩大内需、增加就业、促进国民经济发展，以及满足人民生活和繁荣市场等方面的拉动作用正在逐年加大。2007年限上餐饮业为国家直接提供税收5211.1万元，同比增长6.3%，并连续保持税收水平高增长。目前，新疆餐饮业已经形成了一支约12万人的从业队伍，餐饮业的农副产品和工业品年消耗量已分别超出30000万元和4000万元，产业互动作用和产业链效益日益增强。各有关方面要高度重视促进餐饮业发展的重要性。

（二）发展连锁经营需配套体系的支持

现代化是促进餐饮业发展的根本。应当从加快餐饮业的体制创新和结构调整入手，全面推进餐饮业现代化。用现代技术和经营理念改造传统餐饮业，营造良好的餐饮发展环境，坚持“请进来，走出去”的方针和本土化经营战略，积极参与内地合作和竞争，在竞争中进一步发展壮大。大力发展连锁经营，连锁的本质就是实现餐饮经营活动的标准化（店名、店貌、食品、服务）、专业化（采购、配送、销售、管理等职能分离）、统一化（原料采购、物流配送、宣传广告、员工培训）和单纯化（各岗位、各环节的简单与规范，减少经验因素的影响）。而制定具有完整齐备的标准方案、完整有效的连锁体系以及强大的服务支撑系统。因此，我们在积极推行餐饮业连锁经营的同时，要致力于创造加快连锁经营发展的规范体系和制度环境。

（三）进一步抓好餐饮食品安全和卫生工作

餐饮业应在各个关键点上对餐饮业食品质量与安全卫生经济全方位的控制。有关方面应当考虑建立区域性餐饮食品原材料采购网络服务平台，控制假冒伪劣产品的流入，保障食品质量，实现集中采购、统一配送，降低运行成本。发展放心早点工程，早点虽然在整个餐饮市场中所占份额不大，但由于直接涉及千家万户，与人民生活密切相关而显得十分重要。经营早餐面向大众，方便购买为主执行标准化的经营方式，确保服务、质量、卫生，提高新疆餐饮业在居民心目中的形象和地位，从而促进新疆餐饮业整体水平的提高。

（四）进一步提升本土特色餐饮业的发展水平

1. 成立行业机构，实行统一管理

按照市场经济的原则，这些工作应当由市场来完成，其主体应当是企业或个人，但正如前文所说，目前新疆民族特色餐饮的经营者大多文化素质不高，不具备现代企业经营、管理的能力，不能承担起一个产业领头人的重任。作为服务型政府，出于对发展经济、帮助老百姓致富、安排劳动力就业的考虑，我们有责任承担一些工作，比如对企业经营者的组织、引导和帮助，甚至必要时可以出钱出人，建议成立专门的机构负责组织实施。机构的职责主要是在不同特色餐饮领域各选定一家企业，为其提供相关的信息、政策咨询，争取相应的政策扶持，帮助制定发展方略和规划，帮助企业做好相关工作。

2. 制定统一标准，规范操作流程

新疆民族特色餐饮不能随着时代的发展而进行必要的改良，而且同一师傅在不同时间做出来的食品之所以很难保持品质的恒定性，根本原因就是没有专业人员进行科学的研究，没有制定出一套相对固定而统一的技术参数和制作标准，对工艺流程也没有进行科学的设计和规范，操作起来有很大的盲目性和随意性。当前急需要做的工作就是组织有经验的师傅在继承传统特色的基础上提炼配方、制定标准、改进工艺、提升品质，尽量提高机械化操作程度，研究出一套技术参数和科学的操作流程，减少人为因素的误差，确保食品品质的优良和同一食品在色、香、味、形等方面品质的恒定性。

3. 提升店面档次，创立专属品牌

新疆民族特色餐饮流传了千百年，但至今没有属于自己的专利品牌，而且餐饮店面大多面积狭小，档次不高。这与当今人们饮食消费追求精美和享受的社会大环境是极不相称的。要做大做强餐饮产业，必须尽快选择一两家有实力有基础的民族特色餐饮经营企业，引导、帮助他们在制定统一标准的基础上申请专利、注册商标，同时要帮助他们高起点、高标准地设计店面，统一着装，规范操作和服务流程，改变人们特色餐饮就是风味小吃，就是路边店的传统观念。从食品本身的品质、店面设计装潢、经营管理模式、服务等方面都要高标准地创立自己的品牌形象。

4. 发展连锁经营，创新运营模式

饮食产业，尤其是快餐企业的发展只有追求规模效应才能得以生存和发展，必须注重规模效益和规模优势的体现。这是已经被世界饮食行业证明的真理。新疆民族特色餐饮也不例外。我们在申请专利、注册商标以后，在乌鲁木齐推出一家高标准（包括食品本身和店面档次、服务水平等各方面）的示范店，就是将来连锁店的总店。第二步就是要在适当的时候、适当的地方推出连锁店。这个适当的时候主要是经营者在操作流程和经营模式成熟、经验积累完善以后。适当的地方是新疆境内的一些大中城市。主要是让经营企业总结经验教训，熟悉连锁模式的过程。第三步可以利用现在很多省市对口扶贫新疆的有利条件，通过有关部门或人员的帮助直接到内地开连锁店，也许这是条捷径。最后当然就是遍地开花，在全国有市场的地方都开上连锁店。

5. 加强人员培训，培养专业人才

要做大做强一个产业，要有一支高素质的人才队伍。从现在新疆民族特色餐饮的从业人员来看，企业经营者的组织管理能力、经营促销能力；技术人员的专业水平和经验积累；服务人员的服务水平都还达不到一定要求，不能完全满足社会的发展和消费者的需求。有关部门可以牵头组建专门的培训机构，通过全疆职业教育的师资力量、下岗再就业培训基金等资源有针对性地对上述人员进行专业培训。可以组织有经验的各种食品制作师傅进行讲课，也可以通过师傅带徒弟的办法，把好的做法传承下来。在民族特色餐饮行业内可以通过考职称、资格认证等形式鼓励包括大中专毕业生在内的社会人员从事民族特色餐饮行业，从人力资源上确保新疆民族特色餐饮业的长盛不衰，同时可以与全国各地新疆民族特色餐饮企业建立用人关系，最大限度地安排劳动力就业。

6. 延伸产业链条，发展相关行业

如果新疆民族特色餐饮业能像“小肥羊”、“肯德基”一样走向全国、走向世界，我们就可以根据市场发展情况适时开展组建专门的羊育肥基地、胡萝卜种植基地、民族特色餐饮店职员服饰加工基地、专业人员培训基地等。

大力发展少数民族特色餐饮业，这不仅符合特色经济的要求，而且对地域有形资源依赖程度低，投资小，安置劳动力就业多，发展潜力巨大，这是少数民族地域发展的一个新视点。

（五）进一步在发展中寻找机遇，不断开拓市场

餐饮业有“百业以餐饮为王”之说，是最具吸引力的行业之一。它利润高，资金回流快。如开一间特色小吃店，投资不多，店面不大，员工也不需要很多。它既能满足顾客的口味，价格又便宜，往往受欢迎。据了解，中高收入国家平均每268人就拥有一家餐馆，而在我国约2000人才拥有一家餐馆。这一数字表明，中国的餐饮市场远远没有饱和，潜力很大，巨大的商机在等着准经营者去施展自己的聪明才智去挖掘。

西部大开发战略实施以后，为新疆的清真饮食文化带来了前所未有的机遇：社会经济的快速发展、城市化的高速形成、旅游食客量的急剧增加等等，这些有利的外部环境和条件，对清真饮食文化的发展都十分有利。然而，综观新疆清真饮食文化的现状，还有许多地方并不近人意。如，清真饭店上档次的不多；老字号名店不多；影响大的名品不多；

有文化底蕴的名肴不多等等，这与新疆社会经济发展的大好形势、与各地各族食客群众的殷切期望、与民族自治地区的社会发展要求都很不相适宜。因此，抓着有利机遇，总结经验，找出问题症结，对比发展差距，然后因地制宜，对症下药，及时整改，综合治理，迎头赶上，才是我们的当务之急。

新疆餐饮业要以民族特色为契机，以满足人们日益增长的餐饮需求为目的，大力推进餐饮产业与假日经济、旅游经济、会展经济，与食品工业的相结合，提高餐饮业文化内涵，促进餐饮业向品牌化、连锁化、多样化、现代化、国际化和规范化方向发展，实现传统餐饮业的结构优化和产业升级，把新疆特色餐饮建设成为“西部美食之都，中国餐饮之窗”，把新疆餐饮业推向繁荣发展的新阶段。

2007年是落实党的十七大报告开局之年，在增加居民消费，扩大消费需求政策的推动下，新疆餐饮业将进一步增强自主创新能力，向规模化、产业化、现代化方向发展，餐饮经济市场活力不断增强.将在促进农业、林果业、畜牧业、旅游业、食品加工业等相关产业的发展，拉动消费需求、缓解就业压力，促进经济发展等方面发挥越来越重要的作用。新疆餐饮业既面临着巨大机遇，又面临着重大挑战，需要我们认清形势、把握机遇、乘势而上，把优势变动力，把优势变财富。

（新疆维吾尔自治区统计局贸易外经处）

山东省物流产业发展研究

近几年来，在中国大地上，“物流”概念热浪滚滚，不同领域、不同性质、不同规模的企业纷纷争相搞物流。山东省的物流产业也是蓬勃发展，各种类型的物流企业如雨后春笋般地大量涌现，成为山东省服务业发展的重要推动力。如何更客观理性地反映山东物流业发展状况，使其更好地促进山东省经济又好又快发展，本文粗浅探析，以期对山东省物流产业发展有所启示。

一、物流业是现代社会发展的产物

物流对许多人来讲很生疏，但实际上，物流无处不在，无时不在。国家离不开物流，市场离不开物流，企业离不开物流，个人离不开物流。从一定意义上讲，物流是一种先进模式，是一种先进方法，是一种先进生产力。“物流”起源于美国，也发展于美国。从军事到经济，从美国到世界。

物流业是社会发展的产物。随着经济社会发展和工业化程度的不断提高，生产资料的节约和劳动生产率的提高这两个利润源逐步被企业最大程度地发挥，人们需要寻找新的利润源泉，这一背景下现代物流应运而生。

（一）物流业是“第三利润源”

根据国家质量技术监督局发布的《物流术语》，物流就是物品从供应地向接受地的实体流动过程。从宏观上看，物流是保证社会再生产顺利进行的必要条件，是支撑国民经济顺畅运行的基础性活动。从微观上看，它是对原材料、产成品从起点至终点伴随相关信息有效流动的全过程的管理活动，是将运输、仓储、装卸、加工、整理、配送与信息等服务有机结合，形成完整的供应链，为用户提供多功能、一体化综合性服务的过程。

物流业也被称为“第三利润源”。现代物流业连接着生产与消费，是一种先进的组织方式和管理技术，对于加快经济循环、合理配置资源、节约成本，提高经济运行的质量和效益，有着十分重要的作用。著名经济学家厉以宁重新界定“三个产业”新概念时，将新兴的现代物流划归为“第三产业”，显而易见是把现代物流看作是降低物质消耗、提高劳动生产率以外的“第三利润源泉”。

可以预计，现代物流业必将成为新世纪我国经济发展的重要产业。目前，山东物流业正处于从起步到快速发展的阶段，现代物流业正准备迈过起步期，在“十一五”期间进入快速发展期。

（二）物流产业是聚合性产业

物流产业是物流资源产业化而形成的一种复合性或聚合性产业。物流资源产业化进而形成了运输业、仓储业、装卸业、包装业、加工配送业、物流信息业等。这些物流资源分散在多个领域，包括制造业、农业、流通业等。而所有产业的物流资源不是简单的累加，是一种整合，可以起到“1＋1＞2”的功效，因此，物流产业是一种复合性产业或聚合性产业。社会物流活动涉及多个国民经济行业，物流主要相关行业有：铁路运输业、道路运输业、水上运输业、航空运输业、管道运输业、装卸搬运和其他运输服务业、仓储业、邮政业、批发业、零售业、商业服务业。

(三)现代物流企业是物流业发展的主要载体

所谓"现代物流"是相对"传统物流"来讲的，最本质的区别在于，前者由"物流信息"搭建平台，而后者则没有。根据以往的研究成果，现代物流企业应当具备以下突出特征：物流功能的专业一体化、物流活动的规模化、物流管理的信息化、物流服务的社会化。

根据现代物流企业突出特征和物流服务基本功能不同侧重，现代物流企业可按以下三类企业来界定：(1)现代运输型物流企业；(2)现代仓储型物流企业；(3)现代综合服务型物流企业。

现阶段，山东省物流企业普遍处于传统业务向现代物流发展的时期。目前，由于现有的物流行业统计无法取得现代物流的相关资料，只有在经济普查的基础上，通过对具备现代物流性质的企业认定，实行企业直接统计，才能全面、真实地反映山东省现代物流的发展状况。

二、加快发展山东省物流产业的意义

现代物流业是21世纪的新兴朝阳产业，也是未来社会经济发展的主导产业，是促进经济增长的"加速器"。现代物流业的发展，对优化产业结构、增强发展后劲、提高经济运行质量，将起到巨大的促进作用。因此，在新的形势下，研究山东省物流产业及现代物流企业发展，并促其加快发展具有更加特殊的、长远的意义。

第一，加快发展物流业是国民经济发展的客观需要，更是山东省加快现代化建设所必需的。随着市场经济的发展，山东省物流业有了长足的发展，并正在逐步向第一、第二、第三产业全面延伸，其先导作用凸显。物流业已由过去的末端行业，上升为引导生产、促进消费的先导行业。在农业方面，现代物流业可使农村经济得到高效有序地发展，是解决"三农"问题的极为重要措施。在工业方面，现代物流业可促进产供销有效地结合，推动我国现代工业发展。在商业方面，现代物流业促成了商业经营形式的变革和规模的迅速扩大。在科技方面，现代科学技术使得社会生产过程中的各种"流"，主要是人流、? 物流?、商流、信息流、资金流的数量大大增加，流动速度不断加快。

现代物流产业发展程度是衡量一个国家或地区现代化水平和综合竞争力的重要标志。目前，我国正处于全面建设小康社会和实现工业化的发展阶段。2007年山东省GDP总量已达25887.7亿元，人均GDP达到27723元，社会消费品零售总额达8438.8亿元，进出口贸易总额达到1226.2亿美元。如此大的市场规模，没有现代物流就难以保证经济持续健康运转。可以肯定地说，没有现代物流业的充分发展，就难以实现一个国家或地区的现代化。

第二，加快发展现代物流业是提升产业素质、振兴第三产业的必然选择。第三产业的发展水平，是衡量一个国家、一个地区现代化进程和整体实力的重要标志。从全国比较看，山东省的第三产业发展相对滞后。2007年以来，国务院及山东省相继出台政策、召开会议，明确提出要从促进扩大内需，实现经济持续快速发展的战略高度，把服务业摆到经济工作的重要位置，在2007年的山东省加快服务业发展纲要中，已将加快发展现代物流业作为服务业发展的六大重点措施之一。这为物流业的发展提供了一次难得的机遇。因此，应该把现代物流业作为优化经济结构、加快发展第三产业的切入点，并尽快培大培强，才是我们的最佳选择。

第三，加快发展现代物流业是提高经济运行质量和效益的有效途径。现代物流是流通方式的一场革命，是企业降低物资消耗、提高劳动生产率以外的第三利润源泉。山东省一些企业的实践也充分证明了这一点。如：

在海尔集团，物流的出现给这个家电制造企业的发展带来了前所未有的巨大推动力。海尔集团通过发展物流业，在国内外建立了42个配送中心、1550个专卖店和9000多个营销点，仓储面积由50万平方米下降到2.5万平方米，呆滞物资下降73.8%，库存资金周转天数由30天下降为12天，对客户订单的响应速度由36天降低为10天以内，营销人员和采购人员减少了1/3，每年降低采购费用10亿元，节约仓储费用上千万元。

第四，加快发展现代物流业可以探索企业发展的新路子。在经济发展中，现代物流对企业在市场上能否取胜有非常重要的战略意义。从本质上来讲，企业在市场上的表现主要是由产品的质量、价格、以及产品的供给三个因素所决定的，其中任何一个因素都对企业的竞争力起着重要的作用，而这三个因素都分别直接或间接的受到物流能力的影响，企业界采用物流技术和物流管理方式之后，能够有效地增强企业的活力，提高企业的效率和效益，从而增加企业的利润。国内外成功企业的发展经历也告诉我们，建立或运用先进的物流体系，能更快地提高企业的竞争力。如美国戴尔计算机公司、美国波音飞机公司、通用汽车公司和山东省的海尔集团，无不借助先进的物流体系提升其核心竞争力。

第五，加快发展现代物流业是扩大就业的重要渠道。随着企业改革的不断深入，就业和再就业的压力越来越大。据调查，山东省每年需要安置的下岗职工、待业青年、大中专毕业生、复转军人和部分农村剩余劳动力多达数百万人，而新增就业岗位缺口相当大。要解决这些问题，最根本的是靠二、三产业的发展。而第三产业属劳动密集型产业，同样的投入能创造比第二产业多得多的就业岗位。随着山东省经济结构的不断调整，就业人口的行业结构也发生了一些变化，物流业涉及的几大行业就业人口增长较快。“十五”期间，全省从事交通运输、仓储及邮政业的劳动者共计145.6万人，比2000年增长47.5%。从事批发和零售业的劳动者共有317.4万人，比2000年增长47.5%。其中，零售业增加113.6万人，而批发业减少13.7万人。说明零售业尤其是现代零售业规模在迅速扩大，吸纳就业潜力很大。个体、私营企业劳动者已占到全省就业人口的五分之一。由此可见，山东省多元化就业格局初步形成，非公有单位已成为吸纳劳动力的主渠道，而山东省的物流企业有80%属非公有制。因此，只有大力发展以现代物流业为重点的第三产业，才能更有效地缓解就业压力。

三、山东省物流业发展现状综述

(一)山东省物流业发展具备良好条件

现代物流业是一个新兴产业，对拓宽山东的经济增长空间，提高城市经济的国际化、信息化、市场化和法制化水平具有十分重要的意义。山东省国民经济连续多年高速增长，为现代物流企业的发展创造了良好的条件。随着市场竞争对物流需求的高涨和南方城市物流的兴起，如何发展山东省现代物流企业的问题已摆在各级政府面前，并引起了各级领导的重视，积极推动现代物流产业化。可以说，市场需求的迅速增长，政府的高度重视，使山东省现代物流业正进入一个新的发展阶段。

(二)物流基础设施具有较坚实基础

山东省具有得天独厚的交通优势、资源优势、地理位置优势，经济持续快速发展，为现代物流业的发展奠定了良好的基础。近几年来，物流基础设施建设不断完善。山东的货运总量高居全国第一位，沿海港口货物吞吐量居全国第四位。外货吞吐量居全国第三位，青岛港集装箱运输跻身世界大港前十名。全省现有各类公路近21万公里，17个省辖市都有高速公路连接；铁路营运里程3100多公里，沿海港口24处，生产泊位284个，其中万吨级泊位 106 个，形成了青岛、烟台、日照三个亿吨大港，成为江北唯一拥有这样多亿吨大港的省份；建成机场 7 个，营运航线 229 条。

(三)物流产业初具规模，收入总量位居前列

由于物流产业主要分布在第三产业，通过五年一次的经济普查，物流产业总体发展情况可以基本摸清。从第一次经济普查结果看，山东省物流产业发展迅速，已经初具规模。作为物流产业的主体行业，2004 年末，山东省交通运输、仓储及邮政业的法人单位 4642 个，实现主营业务收入 640.8 亿元、利润总额 48.8 亿元，拥有资产 1630.6 亿元；批发和零售业法人单位 5.7 万个，实现主营业务收入 5888.4 亿元、利润总额 139.4 亿元，拥有资产 3136.5 亿元。交通运输业个体经营户为 45.6 万户，实现营业收入 1159.8 亿元；批发和零售业个体经营户为 12.6 万户，实现营业收入 4306.3 亿元。目前，全省建成和在建的物流园区 67 个，等级货运站 490 多个；建成配送中心 249 个，物流配送额达到 720 亿元。山东省物流收入列全国第三位。

(四)现代物流技术逐步得到应用

为适应市场竞争的需要，一些大型工业企业开始重视现代物流技术的应用，以订单为中心改造现有业务流程，在生产组织、原材料采购及产品销售、配送和运输等方面实行一体化运作，降低库存，减少资金占用。商业企业则加快改制重组，发展连锁经营、统一配送和电子商务的步伐。全省已有 392 家企业，结合实际在不同领域采用了现代物流管理方法，取得直接经济效益 11.5 亿元。

(五)物流企业蓬勃发展并形成一批骨干企业

目前，山东省已经形成了一批主营业务突出，核心竞争力强的物流企业，培育了一批具有国内先进水平和具有国际竞争力的现代物流骨干企业，涌现了盖家沟、骏骑、佳怡等一批第三方物流企业。到目前为止，山东省进入 A 级物流企业行列的企业有 8 家。其中，5A 级 2 家(山东海丰国际航运集团有限公司、山东盖家沟国际物流有限公司)，4A 级 4 家(山东佳怡物流有限公司、三联家电配送中心有限公司等)，3A 级、2A 级企业各 1 家。众多国有控股、外资和私营物流企业的纷纷涌现，推进了山东省物流产业多种所有制市场主体的共同发展，为建立社会化、专业化、现代化的物流服务体系奠定了坚实的基础，提供了良好的开端。目前，全省从事物流业务的企业有 4000 多家，其中 80%为民营企业。山东交运集团、山东中邮物流公司、山东佳怡物流公司等 15 家企业入选全国物流百强，入选总数列全国第三位。青岛在运作现代物流方面已有相当基础，海尔、青啤等企业通过整合内外部资源建立了成熟的物流体系，并已取得较好的经济效益，成为山东现代物流企业发展的典范。目前，山东省挂物流招牌的企业越来越多，但具有相当规模、设施完善、服务规范的大型第三方物流企业还寥寥无几。

四、当前山东省物流业发展存在的问题与制约因素

山东省现代物流业呈现出良好的发展态势，但由于受传统运输观念的影响，相对于国外及先进省市，还只是处于起步阶段，还有许多阻碍发展的问题和制约因素，归纳起来主要有以下几点：

一是对发展现代物流业的认识不足，协调不够。近几年虽然政府的推动力明显加大，但许多部门、企业各自为政，并没有形成合力，没有形成全面支持物流业发展的氛围，还没有从战略高度来认识现代物流业。目前山东省现代物流产业的发展在管理体制上还存在一定障碍，一方面，行业或部门之间条块

分割问题严重，妨碍了现有物流资源的科学合理配置和其自身具有的社会化优势的发挥，束缚了物流业的发展。另一方面，与物流企业发展相关的融资制度、土地使用制度、市场准入与退出制度等方面的政策与法规尚不完善，也制约了现代物流业的发展。

二是第三方物流水平不高，发展存在一定困难。第三方物流是指生产经营企业为集中精力搞好主业，把原来属于自己处理的物流活动，以合同方式委托给专业物流服务企业，同时通过信息系统与物流服务企业保持密切联系，以达到对物流全程的管理和控制的一种物流运作与管理方式。目前山东省一些工商企业还没有按照现代物流理念，对企业内部物流进行整合和重组，习惯“大而全”、“小而全”的经营模式，自办物流比重较高，存在“小、散、弱”现象。企业物流与第三方物流不能有效融合，导致社会物流需求不足。从总体上看，受传统观念的影响，山东省存在企业物流“越位”，第三方物流缺位的问题。

三是信息化程度低，现代营销和经营水平不高。山东省的网络资源开发不够，许多企业至今没有上网，现代水平不高，物流渠道不畅，业务受限。全社会没能建立起统一的信息网络，各部门之间信息不能共享，滞迟了物流周转。中国物流企业与国外物流企业的差距，主要在两方面：一是信息网络技术落后；二是服务理念较差。在全球化浪潮的推动下，如何利用现代物流的理念，结合各项技术来推动山东省的物流产业升级与整合，参与全球化竞争，提高国际竞争力，开拓出一条跨越式的发展道路来，已经成为必须面对并应解决的问题。

四是物流成本偏高，物流企业经营模式有待改进，集约化程度有待提高。国际上通常把物流成本占 GDP 的比重作为衡量物流效率和效益的重要指标。发达国家及地区经过推行现代物流，这项指标已控制在 10%左右(美国为 10.5%，日本为 11.4%，台湾为 13.1%，新加坡为 13.9%，香港为 13.7%)。而我国企业长期以来“重生产、轻物流”，使得国内企业物流费用平均占商品价格的 40%左右，高于美国等发达国家 1－3 倍。山东省物流成本占 GDP 的比重也是居高不下。从总体上来说，目前山东省大多数物流企业的经营模式还停留在比较粗放和初级的阶段，现代物流理念尚未形成，企业服务能力不强，集约化程度较低，质量和效益有待提高。

五是物流人才严重匮乏。? 物流人才是物流行业发展的关键，也是物流企业成长的保障。随着现代物流业的兴起，国内人才市场出现了物流人才热，一些外国公司或合资企业对物流高层人才需求若渴，符合要求的物流人才，尤其是物流企业经理、物流部门经理，物流策划人员、物流信息系统开发人员严重紧缺。目前山东省从事物流具体工作的队伍十分庞大，但真正受过物流专业系统教育的人不多，精通物流知识的人才寥寥无几，高层次人才更是缺少，与企业的需要形成巨大反差。这种情况严重影响了现代物流业的发展。

五、加快发展山东现代物流业的对策建议

加快现代物流业的发展，是贯彻科学发展观、提高资源利用效率、提高经济效益和质量、提高国民经济整体竞争力的重要途径，也是广大工商企业的客观需要。现代物流业作为一个新兴产业，具有广阔的发展前景。大力发展现代物流势在必行。

(一)要用科学发展观认识和指导物流发展

要更新观念，提高认识，加强规划管理和协调。现代物流是一种先进生产力，对国民经济的贡献率将逐步增大。因此，要把加快发展现代物流提升到战略的高度来认识，各部门密切配合，要像支持民营经济那样支持物流业，在全省上下形成一种浓烈的氛围。各级政府应设立协调小组，就像一个交响乐

团一样,需要总指挥。要实现政府推动、企业运作、行业自律协调发展。要以调整经济结构、转变经济增长方式为动力,推动山东省现代物流健康、快速、全面发展。

(二)完善配套政策,优化发展环境

要对山东省现代物流发展中存在的问题逐一进行研究,找出解决办法,有针对性出台政策,政策要做到一旦出台就具有引导性,就能起到推动作用,一是结合国内外经验和山东省实际情况,在各方面给予优惠。二是针对现代物流业发展的相关产业分别扶持。三是围绕建立统一开放、公平、规范的市场体系和营造良好的发展环境,有关部门特别是金融、工商、税务等部门,都要出台支持物流的配套政策,规范执法行为,做出服务承诺。

(三)统筹规划,协调发展

搞好规划是确保现代物流业健康发展的关键。物流发展规划要与城市规划和国民经济发展结合起来,坚持政府扶持、多方投资、市场运作、立足整合的原则,合理布局,防止盲目建设,重复投资。切不可你上、我上、大家上,因为现代物流时空性极强,又是微利行业,一拥而上,必然导致重复建设,使新兴行业一开始就陷入资源浪费的泥坑。

(四)加快发展重点城市物流

中心城市是物流活动高度密集的区域,也是物流发展的重要节点。要依据中心城市的功能定位、经济发展水平和基础设施等条件,以港口带动、产业带动、消费拉动、交通运输枢纽带动等模式,加快发展中心城市物流业。要重点发展区位优势明显、基础设施完善、物流规模较大、市场发育良好的城市,特别是要加快发展国际型物流城市。

(五)搭建信息平台,强化科技支撑

电信部门要继续加大投入,在现有基础上以扩大信息容量、提高传输速度为重点,进一步搞好信息网络建设,增强对现代物流业发展的科技支撑能力。要逐步构筑起覆盖宽泛和现代物流信息平台,将制造商、供应商以及货主、用户联系起来,实现对物流各环节的时时跟踪,有效控制和全程管理,达到资源共享,信息共用。

(六)引导企业剥离自营物流,大力发展第三方物流

第三方物流被誉为企业发展的"加速器"和21世纪的"黄金产业"。要积极引导工商企业扩大物流需求,逐步将生产制造和商贸领域以外的原材料采购、运输、仓储和产成品流通领域的加工、整理、配送等业务有效分离出来,对整合重组分离出来的有效物流资源交由第三方物流企业来实行专业化经营。鼓励工商企业将部分物流业务进行物流外包,提高专业化程度,降低企业物流成本,高效合理配置资源,促进第三方物流企业发展。一般企业,特别是中小企业都没有必要建立"小而全"的物流业,完全可以利用第三方物流,以较小投入达到最大的经济效益。

(七)发展国有物流业与发展民营物流业相结合,当前重点要扶持民营物流业的发展

作为国民经济的命脉和支柱产业,没有国有物流业是不行的,深化国有物流业的改革,必须转换机制,增强实力,加速市场化进程,发挥以干线运输为主体的国有物流业的主导和示范作用。同时,要制定相关政策,鼓励支持民营资本,民营企业进入物流产业,特别是在资金、税收、土地征用上要予以政策扶持。要形成国有物流业、民营物流业与外资物流业三足鼎立、相互补充、相互竞争、相互制衡、共同发展的市场格局。

(八)积极培养和引进现代物流人才

采取各种培训办法,全面提高现代物流从业人员的素质,重点培训一批懂现代物流、新型业态、连锁经营等现代物流管理知识人才，特别是兼备金融、法律、资本运营和外语等知识的复合型人才。要树立“以人为本”的管理观念，全面建立起有利于优秀人才脱颖而出的新机制，培养造就一支高素质的现代化物流人才队伍。

（山东省统计局贸易外经处）

打造现代物流业　促进陕西服务业快速发展

加快现代物流业的发展，打造符合现代物流发展趋势的陕西物流产业，是陕西省调整优化产业结构，增强综合竞争实力，拓展经济发展空间的重要途径。对陕西省经济又好又快发展，建设西部强省具有十分重要的意义。

一、陕西省物流业的发展现状和主要特点

1. 社会物流总额快速增长，物流需求进一步扩大。 2007 年，全省社会物流总额为 10071.26 亿元，比上年增长 33.0%（按现价计算，下同）。当年 GDP 总量与物流总额相比（物流需求系数）为 1:1.84，即每 1 个单位 GDP 产出，需要 1.84 个单位的物流总额来支持，表明陕西经济社会发展对现代物流需求的增长。

2. 物流业对国民经济贡献作用增大。 随着社会物流总额快速增长，物流业也实现了较好经济效益。2007 年，全省物流总产出 944.81 亿元，比上年增长 19.6%；实现物流业增加值 500.72 亿元，比上年增加 72.10 亿元，占全省 GDP 的比重为 9.2%，占第三产业增加值的比重为 26.2%，反映出物流业发展对陕西第三产业与国民经济的贡献作用增大。

3. 社会物流总费用与 GDP 比率走高，物流的运行效率有待提高。 受油价上涨、劳动力成本增加等因素影响，2007 年，全省社会物流总费用为 1239.6 亿元，比上年增长 21.5%，高于全国平均增幅 3.3 个百分点。物流总费用与 GDP 的比率为 22.7%，高于全国费用水平 4.3 个百分点。

4. 运输费用、保管费用和管理费用全面增长。 从全省物流总费用结构来看，一是运输费用呈加快增长态势。2007 年，运输费用为 960.08 亿元，比上年增长 20.4%，运输费用占物流总费用 77.5%，成为物流总费用的主要部分。二是保管费用增长较快。2007 年，保管费用为 202.47 亿元，增长 15.3%，三是管理费用增长。2007 年，管理费用为 77.04 亿元，增长 19.7%。各种运价上涨和银行利率的提高是运输费用、保管费用增长的主因，也是导致物流总费用大幅上升的主要因素。

5. 运输能力增强，货物运输业务得到快速发展。 2007 年，全省货物运输量 56959 万吨，比上年增长 16.5%；货物周转量 1374.06 亿吨公里，增长 16.0%，是近年来增长速度最快的一年。铁路、公路、管道运输发展较快。从货运量看，公路运输是拉动全省货物运输增长的主要方式，占货运总量的 69.8%；铁路货运量次之，占货运总量的 29.9%。管道货运量总量、比重虽小，但发展较快，增长 19.8%。在货运周转量中，铁路运输货运周转较快，优势较为明显，其货运周转量 1110.84 亿吨公里，增长 17.1%，占全部货运周转量的 80.8%，公路货运周转量为 255.15 亿吨公里，增长 11.6%，所占比重为 18.6%，管道货运周转量增长 21.8%。水运、航空货运量与上年基本持平，货物周转量中，水运增长 10.0%，航空下降 28.0%。

6. 物流行业固定资产投资大幅增长，现代物流基础设施建设初具规模。 2007 年，全

省完成物流业固定资产投资 439.99 亿元，同比增长 24.4%，高出全国平均增幅 7 个百分点，占全省固定资产投资比重的 12.1%。交通运输业完成投资 459.91 亿元，增长 1.3 倍，一批重大铁路、公路等项目投入建设，其中投资 167.33 亿元的包西铁路增建二线（陕西段）以及投资 134.80 亿元的太中铁路（陕西段）开工建设；投资 135.92 亿元的户县—洋县—勉县高速路、投资 67.74 亿元、43.02 亿元的榆林子王高速公路、吴子高速公路相继建成通车；榆林飞机场累计完成 4.99 亿元投资，已建成通航。

7. 现代物流业项目建设加速，为企业发展增强后劲。2007 年，全省仓储业完成投资 15.42 亿元，增长 2 倍。其中，陕西贝斯特物流有限公司仓库信息中心、上海益昱祥投资管理公司化工料生产储备、陈仓区物流园区项目，分别完成投资 1.07 亿元、1.02 亿元、0.56 亿元；投资 4200 万元、4000 万元的洛川县苹果产业管理局冷库建设及宝鸡优钢配送中心库房建设项目分别建成投产。2007 年，全省批发和零售业完成投资 113.88 亿元，新增固定资产 81.85 亿元，分别增长 73.9%、1.2 倍，企业信息化系统和先进物流设备应用水平有了明显改善，提高了物流效率，降低了企业成本。

8. 合理布局物流区域，物流建设项目得到较快发展。按照"十一五"物流业发展规划（以下简称《规划》）确定的物流体系建设目标，物流建设项目正在有条不紊的实施。截至 2007 年底，重点建成了西北邮政物流集散中心、西北出版物物流配送中心、西安西万路现代建材大世界。同时，在各级政府积极推动下，物流园区和物流中心的招商引资工作也在不断加快，物流园区、物流中心和货运枢纽、场站建设稳步推进。

二、陕西省物流业发展的有利条件和优势

陕西省物流体系建设发展较快，初步具备了加快发展现代物流业的基本条件和优势。

1. 交通网络日益完善，物流基础设施建设步伐加快。发展现代物流业需要完善的基础设施和交通网络。近年来，陕西不断加强基础设施建设，"十五"期间交通运输邮电投资 1089.87 亿元，年均增长 11.3%，基础设施投资占总投资的比重达到 26.4%。特别是近年来，陕西加快了道路、机场建设步伐，在加强城市道路建设的同时，农村道路建设步伐加快，城乡道路网初具规模。2008 年，永寿—长武（陕甘界）已建成通车，蓝田—商州、商州—陕豫界、柞水—小河口、宁强—棋盘关即将通车，陕西省"米"字形高速公路网络初步形成，年底高速公路里程将新增 385 公里。铁路线路贯通南北，连接东西，不仅通达省内的 10 个地级市，而且通达全国各省会城市。西安火车站是全国铁路的中心枢纽之一，也是陕西省南北铁路的交汇点。咸阳国际机场以其"承接东西，联结南北"的区位优势成为中国国内干线重要的航空港和国际定期航班机场，是中国民用航空总局规划建设的大型区域性枢纽机场之一，此外，规划中的榆林、延安、汉中、安康支线机场的建设，将使陕西逐渐成为西北地区重要的交通枢纽及物资集散地。

2. 区位优势、产业优势、科技和教育资源优势，为物流业的发展提供了广阔空间。陕西省是"新亚欧大陆桥"亚洲段的中心和进入中国大西北的"门户"，具有承东启西、沟通南北的区位和交通优势，适合发展区域性商品中转集散市场。2007 年，陕西八大工业支柱产业完成工业总产值 5575.41 亿元，占全省规模以上工业企业的 97.9%，能源化工工业增速较快，其产品天然气、煤炭、原油产量均居全国前列；装备制造业工业总产值占全省规模以上工业的 22.2%，在陕西工业占有重要地位。陕西省科技实力居全国前列，是国家航空、机械、电子、农业等重要领域的科研和生产基地，西安高新技术产业开发区、宝鸡

高新技术产业开发区、杨凌农业高新技术产业示范区等五个国家级骨干开发区，形成了关中高新技术产业带，具有“国家传播产业基地”、“国家软件出口基地”四大双基地之一的西安软件园。陕西省科研、教育实力雄厚，适合建设发展依托科研、教育和技术等智能优势，适合发展各类具有产业依托和地方特色的产区型商品物流。

3. 市场布局不断优化，流通网络初具规模。陕西不断加强区域建设规划，按照关中率先发展、陕北跨越式发展、陕南突破性发展模式，逐步建成以西安为枢纽，宝鸡、榆林、汉中、安康、渭南、商洛为节点的现代物流体系，构筑立足陕西、承东启西、辐射全国和延伸国际市场的流通网络体系。城乡流通网络日益完善，现代流通方式迅速扩展。2007 年全省商业网点 44.29 万个，以连锁业为代表的新型流通业迅速扩展，除单一的传统百货商店、副食店的销售形式以外，越来越多的连锁超市、专卖店、专营店、便利店等新型销售形式成为现代流通方式的主体。2007 年，全省共有限额以上批发零售业、住宿和餐饮业连锁门店 1468 个，商品销售额 161.47 亿元。亿元以上商品交易市场 31 个，全年成交额 183.91 亿元，其交易规模大，辐射范围广、集约化程度高，已成为西北商品流通主要集散地。

4. 初步具备了发展现代物流业的信息技术基础。信息网络是现代物流的生命线。物流领域是现代信息技术应用比较普遍和成熟的领域，物流企业正在转变为信息密集型企业。现代信息技术在物流领域的广泛应用，对物流产业的发展起到直接的推动作用。随着通讯技术装备水平的不断提高，陕西省网络通信能力得到持续提高，基础传输网进一步完善。2007 年全省移动、联通、铁通、网通、卫通、电信六大企业电信业务总量完成 506.62 亿元，短信业务量达到 1246023 万条，国际互联网用户已达 166.78 万户，据第五次中国互联网信息资源调查报告显示，2005 年包括域名、网站及网页等在内的陕西互联网络信息资源网站数为 6728 个，列西部省份第四。部分企业已实现网上交易。陕西信息技术与应用的快速发展，为现代物流业的发展提供了信息支撑和保障。

5. 政府相关政策与规划的实施，推动和引导了现代物流业的快速发展。近年来，省政府高度重视物流业发展，印发了《陕西省人民政府关于加快现代物流业发展意见》，制定了《陕西省现代物流业第十一个五年发展规划》，对加快陕西省现代物流业的发展起到了有力推动作用。在政府的大力推动和广大现代物流企业的共同努力下，陕西省现代物流业快速发展，一批有实力、有影响的物流企业正在迅速成长，特别是中央驻陕物流企业，实力强、运作规范，在陕西省有较大的影响。与此同时，股份制、私营物流企业发展也很快，具备了较强的竞争力。一些大中型企业对降低采购成本，减少资金占用，节省销售费用等环节也日益重视。现代物流理念，特别是供应链管理的思想得到普遍认可。同时，陕西省投资环境近几年有了较大改善，对外开放步伐进一步加快，交通、通信等基础设施条件不断完善，使全省现代物流业呈现良好的发展态势。

从总体上看，陕西发展现代物流业的优势明显，宏观条件和基础条件均已具备，为陕西加快物流业发展奠定了坚实基础。

三、陕西省现代物流业发展的建议和对策

1. 加大农业集约化生产进程，加快农产品集散中心建设。陕西省是农业大省，传统的农业经营模式占很大比重，农产品销售与生产经营规模化有限，农产品商品化规模较小。由于销售与生产难以实现规模化，使农产品物流总额占农业总产值的比重偏低。2007 年，全省农林牧渔业总产值 1002.85 亿元，农产品物流总额占其比重为 42.7%。为

此，应加大农业集约化生产进程，加快农产品集散中心建设，扩大农产品销售规模。

2. 加快发展服务业步伐。发展现代物流业是优化区域产业结构，振兴服务业的必然选择。现代物流业的本质是服务业，属于技术密集型和高附加值的高科技产业，是现代社会分工和专业化高度发展的产物，具有资产结构、技术结构、劳动力高度化的特征，能够促进传统的运输、仓储企业的转型，整合传统经营业务，延伸服务范围。目前陕西省服务业增加值占全省GDP的比重与发达省份相比仍然偏低。因此，要以发展现代物流业为契机，发挥物流业对经济发展的支撑作用，带动服务业的快速发展。

（陕西省统计局贸易外经处）

发挥毗邻区位优势 做大做强安徽旅游产业

——对加快安徽省旅游业对接长三角的分析与思考

东向发展，已经成为促进安徽省旅游业奋力崛起的一大战略。这一战略的实施为安徽省旅游业的发展拓宽了空间，加快了安徽省与长三角地区的产业关联，推动了安徽省旅游资源和客源市场的紧密联接。从历史看，安徽省与东部地区山水相连、人文相亲、合作交往、源远流长；从现实看，安徽省接待省外国内游客中有一半以上来自江浙沪，安徽省对东部游客有着极大吸引力；从长远看，随着东向快捷立体交通网的建设，以及产业集群式发展和全面融合，必将促进商务旅游兴起和发展，这对安徽省旅游业的发展十分有利。如何更好发挥毗邻区位优势，进一步做大做强安徽省旅游产业，已成为业内人士普遍关注的问题。为此，根据国内旅游抽样调查数据，对长三角地区来安徽省旅游的游客现状、结构和存在问题进行分析，以期对加快安徽省旅游业对接长三角地区的发展有所启示。

一、长三角地区游客来皖旅游情况

1. 长三角地区来皖游客占安徽省国内游客的三成以上

根据 2007 年全省国内旅游抽样调查数据分析，2007 年来自长三角地区（江苏、浙江和上海，下同）游客占安徽省接待国内游客总量的 30.6%，比 2002 年提高 3.2 个百分点。其中，来自江苏的游客占 15.7%，比 2002 年提高 1.4 个百分点；来自浙江的游客占 8.7%，比 2002 年提高 2 个百分点；来自上海的游客占 6.2%，比 2002 年下降 0.1 个百分点。经测算，2007 年安徽省共接待长三角地区国内游客总人数超过 2400 万人次，比 2002 年增长 1.3 倍，占外省来皖旅游总人数的 52.6%。安徽省从长三角地区游客获得旅游总收入 199.94 亿元，比 2002 年增长 2.1 倍，占全省国内旅游总收入的 36.8%。

2. 一日游增长迅猛，但过夜游客仍占主体

随着安徽省道路交通设施的不断改善，以及私家车日益增多，居民出游十分便捷，自驾一日游蔚然成风。2007 年，来皖旅游的长三角地区游客中，一日游游客达 277.7 万人次，比 2002 年增长 3.1 倍，占长三角地区来皖旅游总人数的 11.6%，比 2002 年提高 5.2 个百分点；过夜游游客为 2124.1 万人次，比 2002 年增长 1.1 倍，占 88.4%，比 2002 年下降 5.2 个百分点。

3. 来皖游客人均花费较高

2007 年，来皖旅游的长三角地区游客人均总花费 832.4 元，比全省游客人均花费多 118.6 元。其中，一日游人均花费 435.6 元，比全省多 120 元；过夜游人均花费 882.5 元，比全省多 51.7 元。与 2002 年相比，长三角地区游客人均花费增长 35.6%，高于全省人均花费增幅 11 个百分点。其中，一日游人均花费增长 1 倍，比全省高 49 个百分点；过夜游人均花费增长 34.7%，比全省高 9 个百分点。

4. 来皖游客逗留时间增加

2007 年，来皖旅游的长三角地区游客在安徽省平均逗留时间 1.9 天，比全省游客平均逗留时间多 0.26 天，比 2002 年增加 0.1

天。逗留时间的增加，一方面说明安徽省旅游丰富，景点景区众多，值得游客可览可观；另一方面游客在消费方面的支出势必增加，这有利于安徽省旅游收入的提高。

5. 游客来皖旅游的目的地差异较大

从总量看，2007年安徽省17个市接待长三角地区游客均大幅度增加，全年接待长三角地区游客最多的是黄山市，达385.6万人次；其次是安庆市，为337.1万人次；接待量最少的是亳州市，为26.6万人次（各市具体情况见表1）。

从增幅看，2007年与2002年相比，全省17个市接待量成倍增长的有7个市，安庆增长3.8倍，宣城增长2.6倍，宿州增长2.2倍，蚌埠增长2倍，芜湖增长1.4倍，池州和巢湖市均增长1.1倍。从分布看，2007年，黄山、安庆、宣城、池州、芜湖和滁州等市，接待长三角地区的游客相对较多，分别占全省接待长三角地区游客总量的16.1%、14%、10.2%、9.7%、6.5%和6%；接待量相对较少的是亳州、淮北和阜阳3个市，分别占全省接待总量的1.1%、1.2%和1.3%。从分布变化看，2007年与2002年相比，接待长三角地区游客所占比重上升的有安庆、宣城、宿州、蚌埠和芜湖等5个市，比重分别上升7.4个、3.9个、1.4个、1.1个和0.5个百分点，其他12个市所占比重均有不同程度的下降，其中降幅较大的主要是滁州、黄山、马鞍山和铜陵4个市，分别下降3个、2.2个、1.6个和1.6个百分点。

表1　2007年各市接待长三角地区国内游客情况

市　名	各市接待长三角地区游客人数（万人次）	2007年比2002年增长（%）	各市接待长三角地区游客占全省的比重（%）	2007年比2002年增减百分点
合　肥	134	87.3	5.6	−1.1
淮　北	28.3	40.1	1.2	−0.7
亳　州	26.6	40.2	1.1	−0.7
宿　州	108.6	222.8	4.5	1.4
蚌　埠	110.8	197.1	4.6	1.1
阜　阳	30.5	46.9	1.3	−0.7
淮　南	52	73.6	2.2	−0.6
滁　州	144.2	51.1	6	−3
六　安	100.1	90.3	4.2	−0.8
马鞍山	121	70.6	5	−1.6
巢　湖	105.8	105.8	4.4	−0.4
芜　湖	155	143.6	6.5	0.5
宣　城	246	262.4	10.2	3.9
铜　陵	83.1	54.5	3.4	−1.7
池　州	233	108.2	9.7	−0.8
安　庆	337.1	379.2	14	7.4
黄　山	385.7	98.9	16.1	−2.2

二、长三角地区来皖游客结构、目的及花费情况

1. 长三角地区来皖游客结构情况

分职业看，2007年长三角地区来皖游客中以企事业管理人员最多，占全部游客的31.1%；其次为公务员与服务销售人员，分别占26.5%和14.5%；学生、离退休人员、农民、军人等职业旅游者比例均在5%以下。

表 2　长三角地区来皖游客职业结构构成情况(%)

职　业	2007 年	2002 年	2007 年比 2002 年增减百分点
公务员	26.5	12.2	14.3
企事业管理人员	31.1	30.3	0.8
军人	2.3	2.1	0.2
工人	6.6	6.6	—
服务销售人员	14.5	21	−6.5
农民	1.1	1.1	—
文教科技人员	11.6	12.5	−0.9
离退休人员	4.2	4.9	−0.7
学生	2.1	3.1	−1.0
其他	——	6.2	−6.2

分性别看，男性是来安徽省旅游者的主体。但与 2002 年调查结果相比，男性游客所占比重明显下降，女性游客则不断上升。由此表明，随着妇女受教育程度的提高和家务劳动的解放，将会有越来越多的妇女加入到旅游的行列中去，妇女旅游市场有着较大的发展潜力。

表 3　长三角地区来皖游客

性　别	2007 年	2002 年	2007 年比 2002 年增减百分点
男　性	67.9	74.2	−6.3
女　性	32.1	25.8	6.3

分年龄看，25—44 岁年龄段旅游者是安徽省旅游市场的主力军。2007 年与 2002 年相比，长三角地区来安徽省旅游者的年龄结构变化不大；变化最大的是 65 岁以上年龄段游客，所占比重略有上升。由此说明，随着社会不断发展，老龄人越来越重视生活质量的提高，他们把外出旅游作为锻炼和修心养性重要方式之一。

2. 长三角地区来皖游客目的及出游方式情况

从旅游目的看，长三角地区游客来皖观光、度假和休闲的居多，占一半以上；其次是探亲访友和商务，均占一成以上；其他如疗养、会议等的则较少。2007 年与 2002 年相比，观光、度假和休闲的游客比重上升较多，提高了 4.2 个百分点；而以商务活动、健康和疗养为目的的游客比例有明显下降，分别下降了 6 个和 3.1 个百分点。

表 4　长三角地区来皖游客年龄结构情况(%)

年　龄	2007 年	2002 年	2007 年比 2002 年增减百分点
65 岁以上	2.7	1.4	1.3
45—64 岁	24.6	23.6	1.0
25—44 岁	64.4	65.7	−1.3
25—24 岁	8.1	9.2	−1.1
14 岁以下	0.2	0.1	0.1

表 5　长三角地区来皖游客旅游目的情况(%)

旅游目的	2007 年	2002 年	2007 年比 2002 年增减百分点
观光/度假/休闲	54.3	50.1	4.2
探亲访友	14.5	11.3	3.2
商　　务	14.9	20.9	−6.0
文化/教育/科技/交流	2.6	2.6	—
健康/疗养	1.9	5.1	−3.1
宗教/朝拜	2.9	1.4	1.5
会　　议	2.5	1.7	0.8
其　　他	6.4	6.9	−0.5

从出游方式看，个人或亲朋结伴游仍是主要出游方式。游客来皖的目的不同，其各自所选择的出游方式也不尽相同，有的是单位集体组织旅游，有的是个人或与亲朋结伴旅游，有的选择旅行社组织的旅游方式。2007 年长三角地区个人或亲朋结伴的散客游比例比 2002 年提高了 18.7 个百分点。这就要求旅游部门尽快转变观念，建立国内旅游散客服务中心，以适应散客化日益增强的趋势。

3. 长三角地区来皖游客花费构成情况

2007 年，长三角地区游客来皖旅游其人均花费中，居首位的是购物消费，占总消费的 22.5%；其次是餐饮和住宿消费，分别占总消费的 19.3% 和 18.8%。与 2002 年相比，各类消费在总消费中的比重有升有降，其中购物消费比例上升明显，比 2002 年提高了 4.3 个百分点(见表 7)。

表 6　长三角地区游客来皖旅游

出游方式	2007 年	2002 年	2007 年比 2002 年增减百分点
单位组织	14.4	26.7	—12.3
个人或亲朋结伴	75.7	57.0	18.7
旅行社组织	9.9	16.3	—6.4

表 7　长三角地区来皖游客人均花费构成情况(%)

项　目	2007 年	2002 年	2007 年比 2002 年增减百分点
长途交通费	7	7.4	—0.4
住宿费	18.8	25.3	—6.5
餐饮费	19.3	18.0	1.3
游览费	10.7	13.2	—2.5
娱乐费	6.8	3.9	2.9
购物费	22.5	18.2	4.3
市内交通费	1.9	2.6	—0.7
通讯费	0.9	0.9	—
其他及旅行社费	12.1	10.5	1.6

三、长三角地区来皖游客对安徽省旅游服务质量的评价

1. 八成以上的来皖游客对安徽省旅游服务满意

长三角地区游客来安徽省，通过亲身感受旅游服务的方方面面，形成对安徽省旅游服务质量的综合印象。2007 年，接受调查的长三角地区游客对安徽省旅游服务质量的总体评价趋好，认为旅游服务综合评价“好”的占全部调查者的 33.9%，比 2002 年提高了 14.6 个百分点；认为“较好”的占 49.5%，比 2002 年下降 8 个百分点；认为“一般”的占 15.8%，比 2002 年下降 6.1 个百分点；认为“较差”的仅占 0.5%。对安徽省服务质量综合印象满意度达 83.4%。

2. 游客对安徽省住宿、餐饮及景点建设的满意度较高

在调查游客对安徽省的旅游住宿、餐饮、交通、文化娱乐、旅游购物、景区景点建设、导游服务等与旅游密切相关的七个方面服务质量评价时，游客认为服务“很好”和“好”的比例除导游服务占 33.8%外，其他六个方面均超过 50%以上。其中，对旅游住宿设施和餐饮的服务质量评价最佳，认为“好”或“较好”的人数分别占被调查总数的 72.9%和 75.7%；其次是对景区景点的评价，有 68%的游客认为安徽省景区景点建设“好”或“较好”；对“文化娱乐”和“导游服务”的评价较差，认为“好”或“较好”的分别占 53.3%和 43.3%，认为“较差”或“差”的分别占 3.5%和 2.1%。

表 8　长三角地区游客对安徽省旅游服务质量的评价(%)

项　目	好	较好	一般	较差	差	未评价
综合印象	33.9	49.5	15.8	0.5	0.3	—
交通	21.1	42.6	31.0	3.7	0.7	0.9
住宿	30.3	42.6	20.9	1.0	0.1	5.1
餐饮	28.6	47.1	21.8	1.6	0.2	0.7
娱乐	18.3	35.0	26.9	3.0	0.5	16.3
购物	18.8	39.6	30.9	2.8	0.7	7.2
景区/景点	30.8	37.2	14.7	1.5	0.4	15.4
导游	18.5	24.8	14.6	1.5	0.6	40.0

四、安徽省旅游业对接长三角地区应关注和重视的问题

近年来，安徽省旅游业在实施东向发展战略上虽取得了一定发展，但安徽省旅游业要真正融入长三角旅游经济圈仍任重道远。从调查数据分析来看，有不少值得关注和重视的问题。

1. 浙沪游客客源有待于进一步提高

2007年，长三角地区来皖旅游虽占安徽省全部国内游客的30.6%，但从分省、市来看，其中江苏来皖游客占长三角地区来皖游客的比重超过了一半以上，达到51.3%；浙江和上海分别占28.4%和20.3%。与2002年相比，上海、江苏来皖游客占长三角地区的比重分别下降2.9个和0.9个百分点；浙江上升3.8个百分点。因此，浙沪游客客源有待于我们进一步开发。

2. 游客人均花费和逗留时间有待于进一步提高

2007年，长三角地区来皖游客的人均花费和逗留时间虽高于全省平均水平，但均低于其他27个省市来皖旅游的游客花费水平。与其他27个省市的来皖游客相比，长三角地区来皖游客人均花费少54.5元，平均逗留时间少0.2天。游客人均花费水平低、平均逗留时间短直接影响安徽省旅游总收入的增加。

3. 部分市开发长三角游客力度有待于进一步加大

2007年，全省17个市中接待长三角地区游客占全省比重最高的黄山市为16.1%；最低的亳州市为1.1%，最高与最低相差15个百分点。从占比变化来看，2007年与2002年相比，全省17个市接待长三角地区旅游者所占比重上升的仅有5个市，其他12个市均呈不同程度下降，特别是近离长三角地区的滁州、马鞍山和巢湖以及旅游资源丰富的池州等市，所占比重比2002年分别下降3个、1.6个、0.4个和0.8个百分点。由此说明，安徽省部分市应加大对长三角地区游客的开发力度。

4. 旅游软、硬件设施有待于进一步完善和提高

目前，长三角地区来皖游客对安徽省旅游环境总体印象是好的和比较好的，对安徽省旅游服务质量也满意或基本满意，但也有不少游客对安徽省旅游软、硬件方面提出不少意见。如，交通设施环境方面，在接受调查的受访游客中，认为安徽省一般的、较差的或差的占36.2%；文化娱乐服务方面，认为一般的、较差的或差的占30.4%；导游服务方面，认为好的、较好的仅占43.3%，是所有评价中满意度最低的。

5. 旅游宣传促销力度有待于进一步加强

安徽省作为旅游资源较为丰富的省份，虽然具备毗邻长三角地区的区位优势，但由于过去形成了旅游南热、中温、北冷的现象，加上各级政府财力有限和有实力的旅游企业不多等因素，宣传促销的资金投入较少，难于形成较为系统、长久和较大规模的促销；对旅游促销对象缺乏详尽了解，对不同旅游需求进行有针对性的产品促销宣传活动相对较少，宣传促销手段和办法还比较单一，旅游形象宣传与产品经营常常相脱节。一些节庆活动重形式而轻内容，短期热闹一阵，长期效果不明显。同时，有经验的宣传促销人才缺乏，也使得旅游宣传促销难于出新、出彩。一些旅游热点地区没有充分发挥当地主要旅游产品的辐射作用，在产品包装策划宣传时，没有把周边县市旅游产品很好融入组合包装，形成有机整体，客源共享度低。因此，市场营销对加快安徽省旅游业对接长三角地区意义重大。

五、加快发展安徽省国内旅游市场的对策建议

1. 进一步加大旅游营销力度

旅游营销对旅游业发展的作用越来越明显，近年来，安徽省通过举办各式各样的“旅

游节"、"文化节"、"旅游大篷车"等活动，各地旅游知名度有了明显提高，但专业性质的营销活动仍然比较缺乏。要以走出去和请进来的方式进行旅游促销，积极策划有创意的促销方案。要充分利用传播媒体和互联网定期、分批地宣传旅游资源，健全和完善旅游信息系统，它不但为管理部门和相关企业提供信息服务，而且更重要的是为旅游者提供游、行、住、购等多方面的信息，利于旅游者做出旅游决策。

2. 正确处理旅游开发与资源保护的关系

旅游开发与生态环境保护是一对矛盾，解决好这一矛盾，必须正确处理好三个关系：一是人与自然的关系，对生态旅游实行合理开发，打造名符其实的生态旅游产品。二是人与资源的关系，保护生态资源，就是保护生态的内在品质。三是"人与人的关系"，包括竞争关系，景区服务者和游客的关系，等等。近年来，安徽省先后虽出台了有关环境保护政策措施，取得了一定的成绩，但一些不合理的开发建设严重地破坏了自然景区的和谐和美观，同时，部分旅游者的不文明行为、旅游交通工具带来的大气污染、噪声污染和视觉污染等等，都使旅游区环境受到了严重的破坏和污染。要积极倡导文明旅游，加强文明旅游宣传，同时，要加大旅游环境保护的投资力度，实现旅游开发与资源保护协调发展

3. 加快发展乡村旅游步伐

所谓乡村旅游，是指以农民为市场经营主体，以农民所拥有土地、庭院、经济作物和地方资源为特色，以为游客服务为经营手段的农村家庭经营方式。换言之，乡村旅游是以乡野农村风光和活动为吸引物，以城市居民为目标市场，以满足旅游者娱乐求知和回归自然等为目的的一种旅游方式。乡村旅游作为一种旅游形式，其在旅游业中的产业关联带动、吸纳当地就业和促进改革开放、脱贫致富等诸多方面，都能够发挥独特而显著的作用，是推动广大农民奔小康的重要途径。目前，乡村旅游不仅在国际旅游中成为热门，国内也渐成时尚，但必须克服自发增长期乡村旅游遍地开花、良莠不齐、特色不显、内容不丰、规范不力、服务不周、规模不大、品牌不响等诸多问题。

4. 加大旅游商品开发力度

"食、住、行、游、购、娱"是旅游业的六大要素，从国际旅游业看，"食、住、行"和"游、购、娱"一般各占50%。近年来，安徽省在旅游产品开发上相继出台了一系列的政策和措施，游客旅游花费中，购物花费所占比重有所上升，但安徽省的旅游业"食、住、行"仍占大头，"游、购、娱"的比重偏小。要加快旅游业发展，须在"购"字上继续做文章，力争在短期内使"购"的方面有更大突破。首先，要充分利用各地丰富特产资源开发绿色产品，广开发、巧包装，使绿色产品尽快上品位、上规模，形成特色优势。其次，要着力开发具有地方特色，对游客能产生吸引力又便于携带的工艺品和纪念品。再次，要实行统一征集商标、命名、评定、注册，采用定点生产，定点销售，使旅游商品在质量、品牌、包装等方面有新的突破，带动旅游商品生产企业的发展。第四，要广开渠道，增加货源，多方引进国内外特色产品，设置固定的旅游商店和流动的销售摊点，促进旅游商品流通，有效提高旅游商品的经营效益。

5. 加大行业管理力度

政府应加大旅游行业的管理力度，保护合法经营，打击无证经营、超范围经营、采取不正当竞争手段等非法经营现象，制止不合理收费，减轻旅游企业负担，切实保护旅游企业的合法权益。同时，进一步深化旅游企业改革，建立现代旅游企业制度，制定优惠政策，放开搞活旅游企业，使企业真正成为自主经营、自负盈亏、自我约束、自我发展的法人实体和市场主体。

（安徽省统计局贸易外经处）

对促进吉林省旅游业发展成为经济支柱产业的思考

近几年来，经过努力，吉林省旅游产业已建设成为最具活力、最具竞争力、最具国际化风格、最具特色的产业，2007 年全省接待国内外旅游总人数达 3757.95 万人次，为全省年平均人口的 137.6%；旅游总收入 350.16 亿元，占全省 GDP 的 6.7%，均创历史最高水平。旅游业的高成长，已对全省经济发展产生了十分重要的影响，旅游业的快速发展对全省经济发展举足轻重，因此，如何推进吉林省旅游业跨越式发展，把旅游业尽快培育成为全省的经济支柱产业，是我们当前需要认真研究关注的问题。

一、把旅游业培育成为全省经济支柱产业的优势

(一)发展旅游业适合省情和具有经济比较优势

1. 具有关联度高的特点。旅游业发展对一、二、三产业均有巨大的带动作用。据“世界旅游组织”测算，旅游业每直接收入 1 元，相关行业就可增收 4.3 元；旅游业每直接就业 1 名人员，社会就可新增 5 个就业机会。加快旅游开发可以为本地区带来“一业兴，百业旺”的乘数效应。而吉林省旅游业与经济发展关系及其紧密，它的两大功能，对扩大利用外资、对外贸易和增加吉林省外汇收入，显现巨大作用，同时，旅游业的发展也使旅行社和涉外宾馆、饭店直接受益，并有力地带动了商业、交通和服务业的快速发展。

2. 实现可持续发展目标。旅游业以生态环境为主要资源，在本质上与环境保护有着内在的一致性，是资源节约型和可持续性发展的产业，被誉“无烟工业”。只要规划和保护工作做得好，合理开发利用资源，旅游业将是“人与自然和谐”的时代要求中，“产业与环境互利”的双赢产业，是在资源开发中，减轻经济发展对自然环境压力，克服生态脆弱劣势和有效利用资源的最佳选择。

3. 旅游业具有投资少，见效快，报酬率高的比较优势。相对于工矿业等传统产业，旅游投资见效快，具有可观的经济效益和社会效益，市场潜力巨大。

4. 利于发挥后发优势。旅游业是一个最具发展活力和潜力的产业，它自“二战”后规模兴起至今不过百年历史，已跃居为当今世界第一大产业，其对全球国民经济的贡献已超过了汽车业、石油业、钢铁业、电子业和农业；从发展趋势看，旅游业还将因为全球经济的发展和市场需求的日益旺盛而成为“朝阳产业”。正因为如此，旅游业不仅早已为诸多发达国家所青睐，而且正在被越来越多的发展中国家和地区所重视并列为优先发展产业。吉林省发展旅游业不仅具有资源丰富和劳动力价廉的相对优势，而且可以拥有国际和国内两个市场，有着更大的生存发展空间。

(二)丰富的资源为旅游业发展提供了广阔的空间

自然的：

1. 生态资源：吉林省纵跨多个纬度带，从陆地上极高点到极低点各类地形兼备，长白山原始森林神秘旅游资源，生物品种丰富，自

然景观雄奇壮丽。由于受人为破坏较少，目前这些资源大都保留了未经雕饰的原始风貌，给人以强烈的新奇感，符合世界旅游求新、求异、求知、求乐的需求和趋势，具有强烈的吸引力。

2. 水域资源：吉林省水域资源丰富。江河湖泊众多，著名的松花江（一松、二松）、鸭绿江、图们江、松花湖、查干湖、红石湖、白山湖、净月潭、向海、莫莫格、月亮泡等都是著名的旅游度假的理想之地。

3. 冰雪资源：吉林省冰雪旅游资源得天独厚。长春市莲花山滑雪场被评为 4A 级景区；吉林市拥有"天外来客"、雾凇奇观，10 余个滑雪场，被誉为"滑雪天堂"、"冰雪香格里拉"；松原市查干湖冰雪捕鱼旅游，这些形成了吉林省旅游产业的核心品牌。

冰雪旅游资源和南方市场有双重互补性，若能得到较好的开发利用，必将成为吉林省旅游最大的增长点。

人文的：

1. 历史资源：神奇珍稀的古迹遗存，如：末代皇帝溥仪在长春市居住过的"伪皇宫"，是来中国的绝大多数日本游客要看的景点；松原市历史上是蒙族游牧民族的集居地和元代始祖成吉思汗生活过的遗址。

2. 民俗资源：民族文化和民俗艺术形式多姿多彩。朝鲜族、满族、蒙古族等少数民族古朴浓郁的民俗风情、积淀深厚的文化底蕴有很多看点。如：韩国游客来吉林省大多数必上朝鲜族的发源地"长白山"朝拜。

3. 乡土资源：中央电视台播出《闯关东》、《圣水湖畔》电视剧把浓郁的东北农村生活景象，展现在全国百姓面前，很多人对东北农村"农家院"特别感兴趣。

吉林省人文景观异彩纷呈，堪称旅游资源宝库，这些旅游资源不仅品位高、独具魅力，而且垄断性、独特性强。

（三）旅游业初露经济支柱产业的端倪

吉林省的旅游业兴起于改革开放之初，发展于 20 世纪 90 年代之后，特别是近几年，旅游产业进入了持续快速发展阶段，形成了一门独立的经济行业，是新的经济增长点，对经济发展的带动作用越来越大，地位显著提升。目前，吉林省旅游产业正在显示出巨大的发展潜力和强劲的发展势头，对拉动全省经济增长，带动群众脱贫致富，提高群众收入，扩大对内对外开放，促进可持续发展等方面发挥了重要的作用。而经过多年的积极探索和发展努力，吉林省旅游工作积累了大量的经验，成果十分显著，旅游产业已经具备了加快发展的坚实基础和条件。

1. 入境旅游持续稳步增长。吉林省 1978 年成立旅游局，最初的国际旅游得到了迅速的发展，从 1981 年全省接待入境旅游人数 0.73 万人次到 2007 年全省接待入境旅游人数 54.36 万人次，26 年间入境旅游人数增长 73.5 倍，年均增长了 18.0%；从 1981 年全省旅游外汇收入 135 万美元到 2007 年全省旅游外汇收入 17931.42 万美元，26 年间旅游外汇收入增长 131.8 倍，年均增长了 20.7%。吉林省国际旅游成果表现为：

（1）港澳台同胞持续增长。2007 年吉林省共接待澳台同胞已达 10.18 万人次，其中接待港澳同胞 5.24 万人次，同比增长 24.8%，占接待入境旅游总人数的 9.6%；接待台湾同胞 4.94 万人次，同比增长 28.3%，占接待入境旅游总人数的 9.1%。多年来，吉林省举办的丰富多彩的宣传促销和冰雪活动，积极而富有策略的市场开发和特色旅游效果十分显著，使得冬季期间的冰雪旅游空前火爆，吸引了众多的澳台同胞游客。

（2）近邻国家是主要客源国。2007 年接待外国游客 44.18 万人次，比上年同期增长 24.7%，占入境旅游者总人数的 81.3%，近邻韩国、俄罗斯、日本、是吉林省的主要客源国，分别列接待外国游客的第一、二、三名，游客均呈强劲增长态势。接待韩国游客 18.34 万人次，占接待外国游客总人数的 33.7%；接待俄罗斯游客 13.93 万人次，占接待外国游客总人数的25.6%;接待日本游客6.30人次,占接待外国游客总人数的11.6%,分别比上年同期增长19.4%、26.1%、19.4%。

(3)海外旅游市场得到进一步拓宽。近几年,吉林省旅游部门积极拓展国际市场,在开发日本、韩国及东南亚等周边国家旅游市场的同时加快了澳新、欧美旅游市场的开发。从客源市场看,接待美洲游客0.82万人次,比上年增长8.6%;接待欧洲游客7.32万人次,同比增长13.6%。国际旅游市场规模的拓宽,使吉林省国际旅游的后劲得到了增强。

2. 国内旅游业迅猛发展。我国实施改革开放后,特别是1997年随着国内经济形势的趋好,吉林省国内旅游业进入快速发展时期,二十世纪进入新一轮的快速增长,全省共接待国内旅游人数由1997年的1240万人次增加到2007年的3703.59万人次;国内旅游收入由1997年的16.71亿元增加到2007年的336.51亿元,增长19倍。成果十分显著。主要表现为:

(1)对发展旅游业重要的认识进一步提高。近几年吉林省各地区,纷纷提高对发展旅游业的认识,将旅游业确定为当地的支柱产业或优势产业,并因地制宜地制定促进发展的政策措施,为旅游业的健康发展提供了动力和保障。初步建立了政府主导、企业运作、社会参与的旅游经济运行机制和多元化投资格局,加大了对旅游投资开发的力度,于2006年筹建了吉林省旅游投资公司。

(2)旅游产品开发水平不断提高。吉林省初步开发形成了中华名山长白山、中国四大自然奇观之一吉林雾凇、世界文化遗产集安高句丽古迹、中国最大的电影主题公园长影世纪城"四大"旅游精品和绿色生态、冰雪娱乐、温泉度假、历史遗迹、边境风光、民俗风情、工业农业旅游、电影文化、关东美食和节庆会展十大旅游产品。推出了长白山生态观光健身游、集安高句丽世界文化遗产游、长春电影文化体验游等30条精品线路。

(3)旅游市场开拓能力显著增强。在特色旅游产品、重点旅游景区和区域旅游热线开发等三个层面上都不同程度地取得进展,各地都已形成了自己的王牌旅游产品,竞争能力明显提高。省及各地每年举办的有特色、有影响、有规模的节庆活动多达二十多项,其中,长春冰雪旅游节暨净月潭瓦萨国际越野滑雪节、吉林雾凇冰雪节等近十项节庆活动已成为国内乃至世界品牌。客源市场已从2002年的周边省(区)市扩展到全国各地和韩国、俄罗斯、日本、港澳台等世界十几个国家和地区。

(4)旅游产业规模日益扩大,接待能力和服务水平大幅度提高。目前,全省旅游景点发展到300多处,依托和发挥旅游资源特色,已建成吉林北大湖、长春净月潭等6个旅游经济开发区。设立了长白山和旅游度假区和长白山松江旅游度假区等7个省级旅游度假区。建成吉林北大湖、莲花山、长春净月潭等22座滑雪场。全省旅游服务企业总数达到760余家,其中,国家A级旅游景区67家,工业农业旅游示范点11家,旅行社315家,星级饭店198家。旅游从业人员达到7.8万人,基本形成了"行、游、住、食、购、娱"六要素综合协调发展的旅游产业体系。

3. 旅游业收入大幅增加。2007年吉林省旅游总收入达350.16亿元,比上年增长26.8%,旅游业总收入增长速度高于全国平均水平,在全国各省区旅游总收入增速中列第12位。

以上情况显示,随着旅游产业规模不断扩大,旅游经济总量持续快速增长,旅游业逐渐成为吉林省国民经济支柱产业之一是符合现实的。

(四)经济强劲增长,旅游业大发展符合趋势

近年来,人民生活水平大幅度的提高使消费结构发生了新的变化,新一轮消费需求已悄然发动,吉林省在"黄金周"期间,明显呈现出消费升级,最鲜明的特点是旅游市场的

十分火爆，这也预示着旅游市场潜力巨大。目前，伴随着我国经济的强劲增势，人民收入和人民生活水平不断的大幅度提高，旅游成为消费热正在升级，吉林省旅游行业面临更大的发展和机遇，也必将有力地支持着旅游业的较快发展。另外，国家坚持扩大内需和加快产业结构调整政策，将给旅游业带来更多的发展机会；我国正在迈入全面建设小康社会的崭新发展阶段，必将给旅游业带来更大的国际和国内市场需求；东北大开发正在加快实施，《国务院关于进一步加快旅游业发展的通知》的贯彻落实，将为吉林省旅游业带来更多的实际支持。而近几年，吉林省各地区普遍尝到了发展旅游业的甜头，干部、群众信心增强，积极性高涨，已形成了上下联动、共同参与的可喜局面。可以肯定地说，加快地区旅游开发，是大势所趋，也一定会大有作为。

二、旅游业发展成为经济支柱产业的困难和障碍

在充分肯定旅游开发的重大进展和主要成绩的同时，我们必须清醒地认识到，与国际旅游发达的国家和国内旅游先进的地区相比，与吉林省旅游资源和经济社会发展的需要相比，旅游产业目前的总体发展水平还比较低，总量还不大，还存在较大的差距。

1. 对旅游产业发展重视程度不够

有的地区领导对发展旅游业认识不足，忽视了发展迫切性，没有估计到对于经济发展的巨大促进作用，个别地区发展旅游业的热情虽然很高，但领导方式与具体措施仍未摆脱计划经济思路；旅游业体制改革相对滞后，旅游业与其他产业间的关系都有待于理顺。

2. 旅游总量较小，比重较低

目前吉林省旅游总收入占经济总量的比重较低，如下表：

2007年各省区旅游总收入情况

单位：亿元

省　份	旅游总收入	名　次	旅游总收入占GDP比重（%）
北　京	2102	3	23.3
天　津	745	11	14.8
河　北	580	15	4.2
山　西	581	14	10.2
内蒙古	393	24	6.5
辽　宁	1308	8	11.9
吉　林	350	25	6.7
黑龙江	429	23	6.1
上　海	1966	5	16.4
江　苏	2772	1	10.8
浙　江	2026	4	10.9
安　徽	570	16	7.8
福　建	1003	10	10.9
江　西	464	20	8.5
山　东	1654	6	6.4
河　南	1351	7	9.0
湖　北	641	13	7.0
湖　南	730	12	8.0
广　东	2452	2	8.0
广　西	446	21	7.6
海　南	173	27	14.1
重　庆	444	22	10.8
四　川	1219	9	11.6
贵　州	514	18	19.0
云　南	560	17	11.9
西　藏	49	29	14.3
陕　西	505	19	9.4
甘　肃	116	28	4.3
青　海	47	30	6.2
宁　夏	32	31	3.8
新　疆	205	26	5.9

注：旅游总收入和GDP相比，不太合适。因为旅游总收入指标是一个总量指标，GDP是一个地区在一定时期内生产活动的最终成果。但由于旅游业不是一个单一的行业，在国民经济核算中体现不出来，必须开展“旅游卫星账户”调查，才能核算出旅游业的增加值。目前，国家旅游局和国家统计局已经开展了这项工作。吉林省正在筹备开展这项工作以解决这个问题。

从表中数据可以看出，吉林省旅游总收入排在全国各省区的第 25 位，比经济总量的位次第 21 位落后 4 位，占经济总量的比重仅为 6.7%，比占经济总量比重最高的北京低 16.6 个百分点；比邻省辽宁省低 5.2 个百分点；比黑龙江省高 0.6 个百分点。

3. 资金匮乏，政府投资有限

吉林省部分地区的经济发展水平在全国相对落后，大规模引进外来资金的环境和条件还不具备，目前还难以对旅游资源进行成片开发，有效开发利用的旅游资源很有限，旅游开发建设进展较慢，导致旅游产品开发不力，产品种类还不丰富，精品名牌还不多，实际产出与资源丰富程度不协调。如慕名而来的去“长白山”游客普遍反映，起早贪黑走好几天路，只能看到“天池”一个景点，而且受天气限制，有的还看不到。沿途景区开发建设不足，景点不多，游客不尽兴。由于游客在吉林省逗留时间较短。人均消费低，影响了吉林省旅游总收入。我国旅游搞得较好的省、区随便一抓就是一个景点，这方面需要我们学习。

4. 品牌意识不强，对外宣传尚未形成合力

由于缺乏宣传经费，加之各自为战，地区旅游的整体形象还不够鲜明、生动、突出，很多旅游精品至今“藏在深山人未识”，如吉林省磐石秋天枫叶谷的景色；白山市“十五道沟”的景观；松原市“查干湖”冬季捕鱼等等旅游项目，游客看过后赞叹不已，认为可以或超过国内和国外同类景点，但是知名度不高。

5. 旅游资源保护意识亟待提高

有些地区存在匆忙上马、盲目开发，近距离重复建设问题：如：前一阶段，拆除了一些盲目建设在长白山上的宾馆；个别地方脱离实际搞建设，高档宾馆饭店增长过快，超过市场需求；也有的地方重开发轻保护、重建设轻管理，致使出现如旺季游客数量失控、白色污染、文物古迹遭破坏等问题。

6. 旅游六要素中，“购”是目前吉林省最为薄弱环节

发达国家和地区旅游纪念商品收入占总收入比重，一般在三分之一左右，而吉林省旅游纪念商品收入占旅游总收入的比重很小。游客购物需求得不到满足，旅游业整体效益受到了影响。

三、把旅游业发展为吉林省经济支柱产业的建议

目前，国内外旅游业呈现出蓬勃发展的势头，国际上许多国家和国内一些省区市，都把旅游业作为支柱产业来抓，旅游产业的市场竞争日趋激烈，吉林省旅游产业的发展面临着“不进则退、慢进也退”的严峻形势。旅游产业真正成为吉林省经济支柱产业，关键是要确保旅游行业能有较大的发展，因此，在当前新的发展时期，我们要适应旅游需求的发展趋势和世界旅游发展的潮流，遵循旅游产业发展规律，增强加快发展的紧迫感和责任感。进一步理清思路，明确任务，突出重点，抓住关键，及时对吉林省旅游行业发展做出调整，完善与开发并举，夯实发展基础，壮大产业规模，全面提升产业素质。为使吉林省旅游业成为经济支柱产业应做好以下几方面的工作：

1. 真正提高对发展旅游的认识，进一步强化宏观调控，加强对旅游开发的领导

旅游业作为一个新兴的综合性产业，其支柱地位和龙头作用并不是自发形成的，需要在市场机制运作基础上，采取政府主导型的强有力措施进行扶持和培育。为此，建议应充分考虑旅游资源开发的特殊作用，并予重点支持；有关部门尽快对旅游资源进行全面普查、系统研究和科学评价，并帮助在发展方向、市场定位、开发步骤、保护措施等方面进行综合规划，以利于合理开发和利用宝贵资源；建议设立高层次的工作协调机构，定期研究并协商解决旅游开发中的重大问题；建议理顺管理体制，在充分发挥旅游部门主导

职能的同时，进一步调动有关方面、地区的积极性，形成旅游开发的合力。

2. 要加大财政性资金投入

有计划、切实地加大对旅游资源开发投资力度，增加资金投入。进一步改善旅游业发展条件及投资环境，支持搞好重点旅游景区的路、电、水、通讯等基础设施建设，加强自然环境、文化遗产资源保护，以及开展资源开发规划和特色旅游项目启动等；另一方面，通过发挥国家投入的基础性和导向性作用，以利吸引更多的社会资金参与旅游开发建设。

3. 要全力打造旅游精品名牌，提升旅游产业整体素质

统一规划，构建以长白山为中心、旅游重点城市为主的旅游集散中心和旅游目的地体系。建设和完善一批资源品位高、吸引力强的精品、发展潜力大的旅游景区；一批环境优美、干净舒适，适应各种档次需求的精品旅游宾馆饭店；一批设计新颖、功能完善、设备先进的精品会展设施；一批经营规范、信誉良好的精品旅游购物场所和旅游商品生产企业；一批具有地方文化特色的精品旅游城市、旅游小镇和民族文化生态旅游村；一批优秀的旅游文艺表演节目；一批内容丰富、交通便捷、竞争力强的精品旅游线路。

4. 要加快淡季旅游产品开发

吉林省各地区受气候影响，都存在着旅游旺季短、淡季长的问题。在每年 6 月中旬至 9 月中旬的旅游旺季，游客蜂拥而至，人满为患，服务设施和交通运输超负荷运转；而在长达五六个月的淡季，游人寥寥，设施大量闲置。因此，研究开发淡季旅游产品，搞好均衡旅游已成当务之急。建议深度开发冰雪资源，争取实现四季旅游不淡的状况；此外，民族地区的民俗风情、民族文化资源开发才刚刚开始，对于游客来讲，这才是最具吸引力的东西，而且受气候条件的限制又比较小，大有文章可作，应加大开发力度。

5. 加大旅游纪念商品的开发与经营力度

结合吉林省资源，发动社会力量来推动设计、开发出有吉林特色的高科技含量的土特产品和档次高而有艺术性和收藏性的旅游纪念商品，满足游客购物需求，同时要在主要旅游城市的商业区建立大型的吉林特产专卖店或大型超市设专卖柜台，有商品，有购处，扭转旅游购物滞后局面。

6. 要加大对旅游业的宣传推销力度

建议结合吉林省的实际情况，有针对性地采取行之有效的形式加强宣传，提高吉林省的知名度。在增加旅游宣传促销经费的同时，进一步将旅游宣传纳入吉林省外宣计划和对外经贸洽谈、会展计划之中；利用电视、广播、报刊等舆论媒体，对旅游资源进行公益宣传。搞好网上信息发布和促销，使吉林省旅游业尽快融入世界大市场。

（吉林省统计局贸易外经处）

把山西旅游资源优势转化为产业优势的思考

山西省是我国的旅游资源大省，五千年绵延不绝的历史传承，给山西留下丰厚的三晋文化积淀和得天独厚的旅游文化资源，丰富的旅游文化资源转化为产业优势和经济优势的大文章正在破题。

一、推动山西省旅游业不断升级

山西省旅游产业经过20多年的发展，经历了从"接待事业型"到"一般产业型"，再到"新的支柱产业"的转变和升级。从全国来看，山西旅游业规模不是很大，但是特色鲜明，体系较为完善。近几年来，山西旅游产业在基础设施、旅游规划、旅游运行质量等方面下了很大功夫，使旅游业获得了长足发展。

(一)旅游相关设施不断完善

到2008年连接周边客源市场的京大、大运、邯长、晋焦、运三高速公路全线贯通，形成了以省会太原为中心的3小时旅游圈，干线公路到景区连接段基本通畅，全省主要旅游城市和重点景区均在京、津、冀、豫、陕等省5小时车程范围。太原机场升格成国际机场，大同机场、运城机场、长治机场相继投入使用。国内外航线可直通全国38个大城市和香港地区，这些都大大增强了山西省旅游的可进出性。在旅游资源开发方面，据统计，仅"十五"期间，山西全省用于旅游基础设施建设和旅游资源开发投资达69.64亿元，比"九五"时期增长了5倍，重点景区基础设施条件明显改善。到目前全省共有世界遗产2处，A级以上旅游景区68家，其中5A级景区2家，4A级景区31家。有6家景区列入国家级"红色旅游经典景区"。

(二)旅游产业体系不断完善

近年来，山西省旅游产业体系不断完善，产业发展呈现出全方位、多元化的格局。截至目前，全省旅游产业共有各类旅游经营单位6790个。其中，旅游景区632处，列入国家级旅游线路和景区20余处，各类旅游接待设施3998个(含宾馆、饭店、招待所、度假村等)，星级饭店335家(五星级7家、四星级52家、三星级121家)。旅游餐饮单位368个，旅行社712家(国际社52家、国内社660家)。旅游运输单位52家，旅游生产销售单位164个，旅游娱乐单位724家。全省共有持证导游14854人，初步形成了一支高、中、初级结合的职工队伍和要素市场基本配套的产业体系。基本形成了食、住、行、游、购、娱在内的完整旅游新体系。

(三)旅游经济持续快速发展

2000年以来，山西省海外、国内、出境三大旅游市场实现了快速发展，旅游对经济和社会的贡献力量日益增强。但2003年是个非常特殊的年份，由于SARS的影响，山西旅游业受重创，2004年则是旅游业发展的恢复期。值得欣慰的是，经过近两年多时间的努力，到目前山西旅游业得到了很好的恢复，并且又有了新的发展，基本上又回到本世纪初的增长态势，并为今后旅游业的发展奠定了良好的基础。

1. 三大旅游市场的发展。一是入境旅游

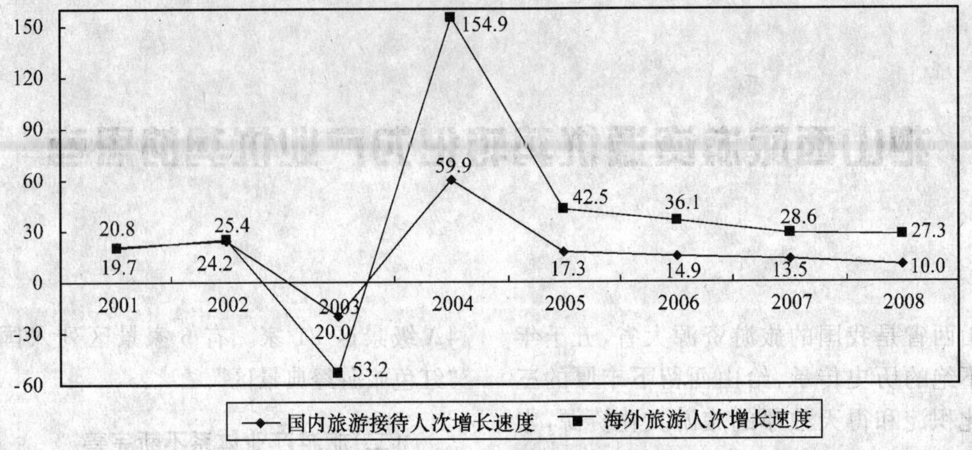

2001—2008年山西省国内旅游接待人次与海外旅游人次增速比较(%)

市场振兴。入境旅游接待人数从2001年的19.8万人次增加到2008年的93.9万人次，增长3.7倍，年均递增24.7%；二是国内旅游市场活跃。2008年全省接待国内旅游人数达9383.8万人次，比2001年增长1.7倍，年均递增15.1%；三是出境旅游市场攀升。从改革开放以来到现在，经国务院批准的中国公民出国旅游目的地国家和地区达到109个，已经实施了69个。山西省公民自费出国旅游人数由2000年末的7279人次增长到2008年的70091人次，年均递增107.9%。

2. 旅游业发展对国民经济增长的贡献。一是旅游总收入增长速度快于GDP的增长。2008年全省旅游总收入增长27.2%，比同期GDP的增长10.7%，快16.5个百分点；二是旅游总收入相当于全省GDP的比重不断提高。到2008年，全省旅游总收入达739.3亿元人民币，比2001增长了6.362倍，相当于全省GDP的10.7%。比2001年的5.6%，提高了5.1个百分点；三是旅游总收入占全国的比重不断提高。到2008年，全省旅游总收入占全国的比重为6%，比2001年的2.1%，提高了3.9个百分点。

3. 旅游业发展与中部六省比较。从近年

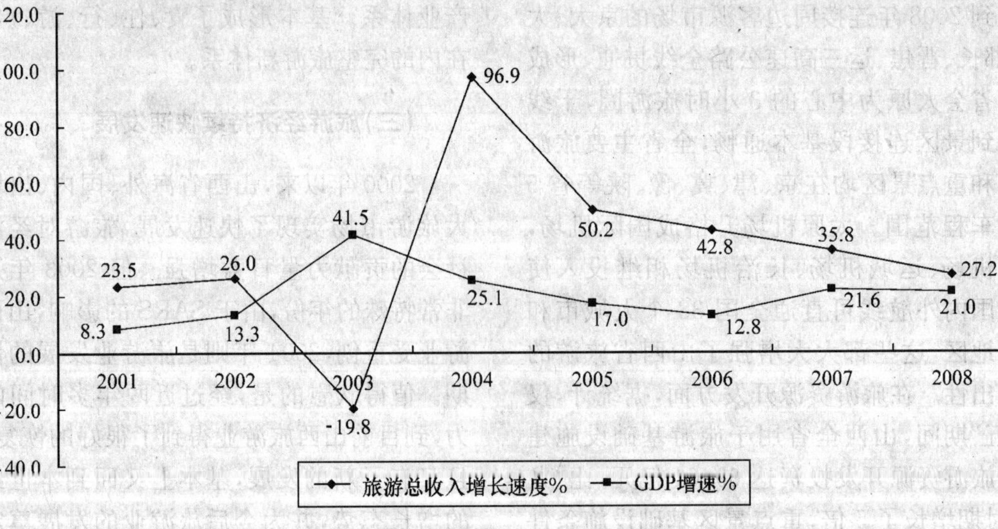

2001—2008年山西省旅游总收入与GDP增速比较(%)

注：GDP增速为现价。2003年旅游业受"非典"重创，增速为历史最低，进入2004年以后我省旅游业增速一直高于GDP的增速。

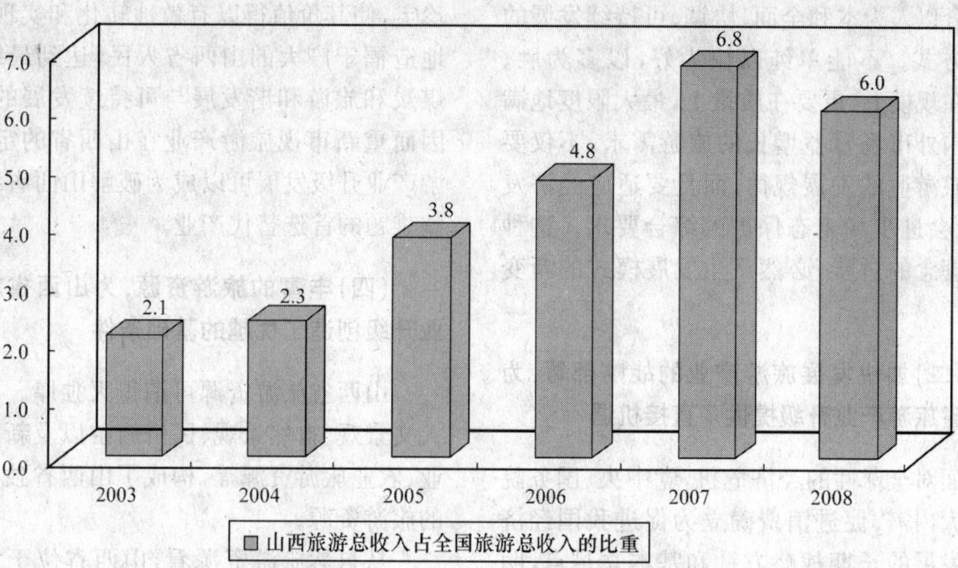

山西省旅游总收入占全国旅游总收入的比重(%)

来山西省旅游业发展与中部六省比较看，发展速度明显加快，但总量收入偏低。旅游总收入由 2003 年 101.5 亿元，位于中部第末位，上升到 2008 年 739.32 亿元，居中部第四位，是 2003 年的 6.3 倍，增长速度居中部之首。分析表明，旅游业步伐明显加快，体现强劲的后发之势。但从收入总量收看，2003 至 2008 年山西旅游总收入完成 2305.49 亿元，在中部六省中排第五位，仅比江西省高出 134.7 亿元，低于第一位河南省 1.47 倍。

二、把握好山西省旅游产业升级机遇

(一)科学发展观的确定，为山西旅游产业升级指明了方向

旅游业的发展，必须用科学发展观的本质要求去重新审视，不能沿袭过时的做法和照搬他人的经验。旅游业发展的目标和思路

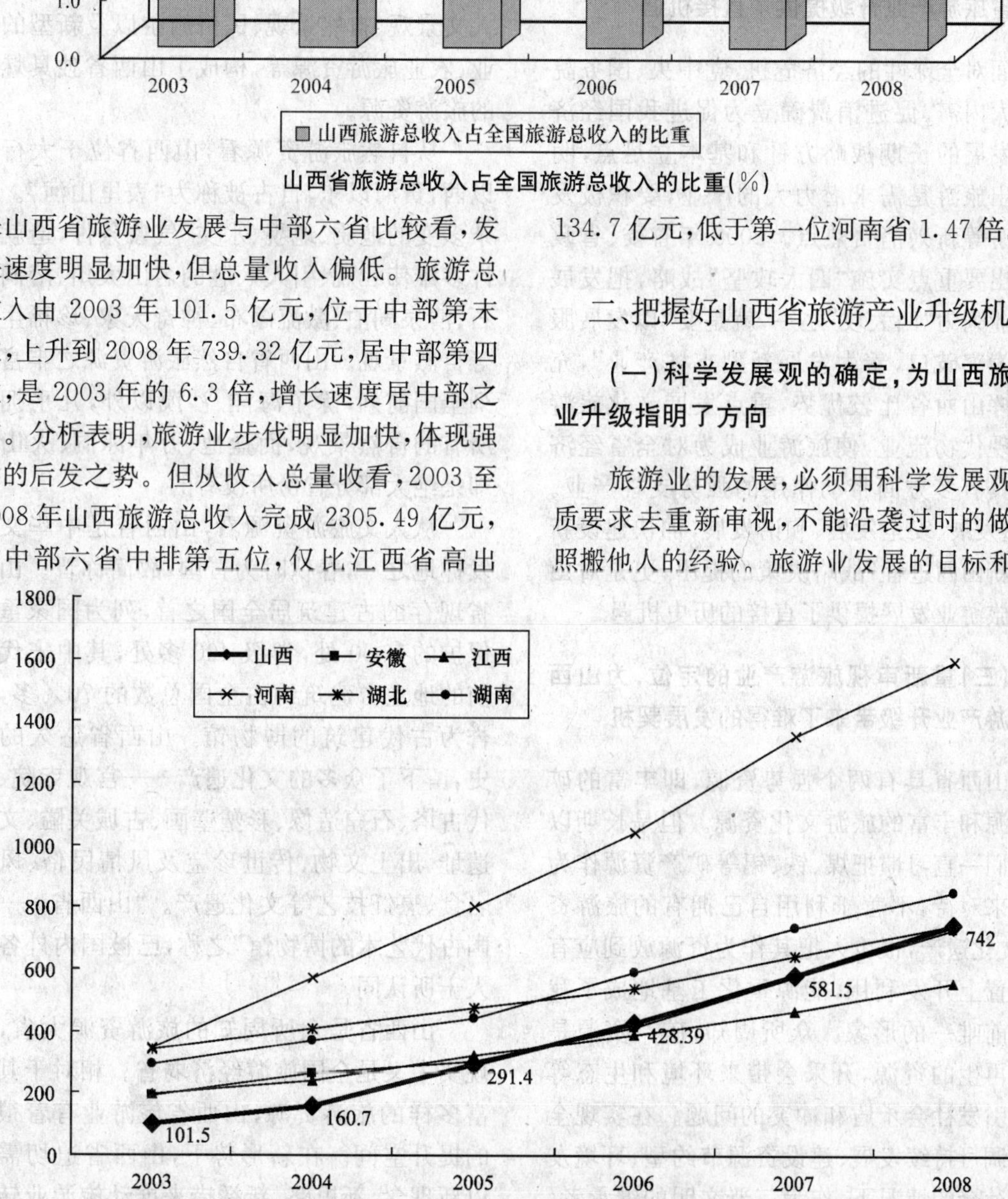

2003—2008 中部六省旅游总收入(亿元)

要符合以人为本和全面、协调、可持续发展的发展方式。不能单纯以快为好，以多为胜。既要在规模上，更要在质量上，最大限度地满足国内外市场日益增长的旅游需求，不仅要遵循旅游业的发展规律，而且要适应经济发展、社会进步和生态保护的综合要求。这种发展理念的进步，必然产生发展模式的新变化。

(二)加快发展旅游产业的战略部署，为山西省旅游产业升级提供了直接机遇

面对全球性的经济危机，党中央、国务院把扩大内需、促进消费确立为促进我国经济社会发展的长期战略方针和基本立足点，明确指出旅游是需求潜力大的产业，要积极发展旅游等新兴消费热点。2008 年省委、省政府提出要重点实施“四大攻坚”战略，把发展服务业列为“四大攻”之一，就是要“以发展服务业为突破口，着力发展新型支柱产业”，充分发挥山西省比较优势，重点发展文化旅游业和现代物流业，使旅游业成为对全省经济社会具有多方面带动作用的强势支柱产业。“转型发展、安全发展、和谐发展，加快建设新基地新山西进程”战略决策的提出，更是对山西省旅游业发展提供了直接的历史机遇。

(三)重新审视旅游产业的定位，为山西省旅游产业升级带来了难得的发展契机

山西省具有两个强势资源，即丰富的矿产资源和丰富的旅游文化资源。但是长期以来我们一直习惯把煤、铁、铝等矿产资源作为资源来对待，不善于利用自己拥有的旅游资源、文化遗产，很少人把其作为资源放到应有的位置上开发利用，能源重化工基地成了我们目前唯一的形象。众所周知，矿产资源是不可再生的资源，开采会带来环境和生态等容易引发社会矛盾和冲突的问题。在实现全面协调可持续发展、建设资源节约型、环境友好型社会的情况下，作为三晋文明的继承者、接力者，如何充分保护、挖掘和利用这些稀世珍宝，使其价值得以有效地转化和实现，真正地造福于广大的山西省人民，达到最终实现煤炭和旅游和谐发展与可持续发展的目的。因而重新审视旅游产业在山西省的定位，旅游产业升级发展可以成为破解山西省结构调整难题的首选替代产业。

(四)丰富的旅游资源，为山西省旅游产业升级创造了优越的基础条件

山西省旅游资源可谓得天独厚。丰富的人文景观、自然景观、民俗旅游以及新型的工业、农业旅游资源等，构成了山西省独具魅力的旅游资源。

从自然旅游资源看，山西省位于太行山以西，黄河以东，自古被称为“表里山河”。复杂多变的地质、地貌、水文、气象条件，造就了许多雄伟壮观、引人入胜的名山大川、溶洞怪石、清泉湖泊、激流瀑布、神奇天象、珍稀生物等自然景观。山西省自然旅游资源之丰富位列全国前列，除了海洋、沙漠以外，几乎拥有所有的自然景观，而盐池、万年冰洞、火山群却是绝大部分省份所没有的。

从人文旅游资源看，山西省是中华文明发祥地之一，春秋时为晋国，故简称晋。山西省现存的古建筑居全国之首，列为国家重点保护的有 50 处，省级 400 多处，其中宋代以前的地上古建筑约占全国总数的 70%多，被誉为古代建筑的博物馆。山西省悠久的历史，留下了众多的文化遗产——宫观寺院、历代古塔、石窟造像、彩塑壁画、古城关隘、文化遗址、出土文物、传世珍宝及风情民俗、风味名食、烹饪技艺等文化遗产。“山西省——中国古代艺术的博物馆”之称，已被国内外各界人士所认同。

山西省是众所周知的旅游资源大省，而现实中又是全国旅游经济弱省。相对于其丰富多样的旅游资源，山西省旅游业有着很大的提升空间。在新形势下，山西省迫切需要以新理念、新思路、新举措来推动旅游业转型发展。

(五)支柱产业地位的初步确立,为山西旅游产业升级奠定了坚实基础

纵观改革开放 30 年的历程。山西省旅游业逐渐步入了一个稳步、健康、快速发展的轨道,尤其“十五”以来,山西省旅游业发展速度明显加快,产业规模迅速扩大,优势产业地位和新型支柱产业地位正在逐步形成。旅游业从小到大,产业形象日益鲜明,产业规模不断壮大,山西省旅游业发展虽起步较晚,但发展成就令人瞩目,旅游业在国民经济中发展的地位和作用越来越显重要。

(六)国民经济的快速增长,为山西省旅游产业升级能够保障财力支撑

近年来山西省的经济发展呈现出喜人局面,统计数据显示,党的十六大以来,山西省地区生产总值(GDP)连续 6 年两位数增长。2008 年全省实现国内生产总值 6939 亿元,比 2001 增长 2.9 倍。从 2001 至 2008 年国内生产总值年均增长速度为 21.4%。旅游产业是高投入的产业,特别是在起步阶段,国民经济的快速增长可以使政府有资金和精力发展旅游产业,加快向旅游大省迈进的步伐。

(七)五台山申遗成功将进一步为山西省推动社会文化以及区域经济的发展带来新的机遇

五台山风景区在第三十三届世界遗产大会上被正式列入《世界遗产名录》,这是山西省继平遥古城、云冈石窟之后的第三处世界文化遗产。五台山申遗的成功不仅将进一步提升五台山在国际上的知名度,同时也将进一步为山西省社会文化以及区域经济的发展带来新的机遇。作为国际化的旅游品牌进入国际市场,最关键的是对推动山西省的旅游国际化水平会发生重大作用。并使五台山这份世界遗产得到永续利用和传承。

三、探索突破制约旅游业发展的瓶颈

(一)旅游业升级发展面临的困境和问题

目前旅游产业作为山西省支柱产业的地位初步形成,但与山西省旅游资源大省以及区位优势的地位都不相匹配,山西省旅游产业正面临着一个升级的节点。如欲寻求提升山西省旅游产业的市场发展水平和目标,就必须找出、找准山西省旅游业发展面临的问题。

1. 金融危机引发的影响

一是入境游客源市场萎缩。2008 年第 4 季度以来,金融危机引发的全球性经济衰退对山西省旅游业产生了巨大影响,旅游业发展面临着严峻考验。受金融危机冲击,山西省传统入境游客源市场韩国、日本、欧美等国家股市暴跌,经济放缓,私人消费锐减,而人民币升值削弱了我国入境游市场的价格优势,造成入境游客源市场萎缩。从主要统计指标看,2008 年全省入境游市场接待量达到 93.9 万人次,同比增长 27.3%,但增速回落 1.3 个百分点。

二是国内旅游市场遭受冲击。金融危机存在的诸多不确定因素和潜在风险,让人们对未来的就业状况和收入预期不甚乐观,旅游等非必需性消费被压缩,国内游市场一度萧条、冷落。市场的不景气也使旅游企业受创严重,很多中小旅行社经营难以为继,一些干脆关门或转行,此前转型做旅游的煤焦企业因资金困顿,也相应减少或停止了对旅游项目的投入。2008 年全省实现国内旅游接待人数达 9383.8 万人次,同比增长 10.02%,但增速回落个 3.5 百分点。

2. 面临的主要问题

从当前山西省旅游业发展形势看,旅游经济呈逆势而上之势。2009 年以来,山西积极应对金融危机对旅游产业造成的冲击和影响,筹划部署了一系列扩大旅游消费的措施。根据省内实际情况采取了诸如“一卡通”、“消费券”等方式拉动山西省旅游业的发展。1—5月份全省实现旅游总收入达328.2亿元,比2008年同期增长15.9%,入境游市场接待量达到32.9万人次,同比增长16.3%,入境旅游创汇达到12347.98万美元,同比增长29.01%;国内旅游接待人数4264.1万人次,同比增长6.6%,国内旅游收入实现318.2亿元,同比增长15.9%。

但要走出危机的阴影,真正实现山西旅游产业的升级发展,目前存在的一些问题,仍需引起高度关注。主要表现在:一是旅游企业“小、散、弱、差”的状况还没有得到根本改善,企业的竞争力弱,缺乏抵御市场风险的能力,金融危机对一些弱小的旅行社冲击尤为明显;二是旅游交通的瓶颈问题依然没有从根本上解决;三是旅游经营秩序不够规范。旅游法规不健全,旅游者的正当权益得不到保护,使得一些外地游客最终放弃旅游计划;四是旅游环境污染问题亟待解决。五是投资不足是制约旅游业发展的关键。

(二)推动山西省旅游产业升级发展

随着旅游业发展国内、国际环境的变化,在危机中各级旅游部门企业要坚定信心,应对挑战。要实现旅游产业升级,适应国内外旅游消费需求多样化,休闲度假需求明显增长的趋势,旅游产业的发展思路与对策的调整需要做出新的选择。

1. 加快推进旅游产业改革发展

一是要在旅游发展机制体制上进行改革,取得突破。二是重点项目带动全面推进旅游产业的转型升级。三是在统筹城乡发展上进行探索。四是在旅游发展与促进生态文明建设互动上进行探索。

2. 以全新的理念,精心构筑山西省旅游支柱产业的产品体系

发展旅游业是经济社会发展和对外开放具有先导作用和关联带动作用的产业,是山西省实现资源环境和社会经济协调发展的最佳结合点。因而以转变发展方式为核心的升级是山西省旅游业今后一个时期的中心任务。

第一,在发展目标上,实现由旅游资源大省向旅游产业大省的转变。根据山西省“十一五”规划纲要的要求,全省要以邓小平理论和“三个代表”重要思想为指导,坚持用科学发展观统领旅游产业发展大局,围绕“转型发展、安全发展、和谐发展,加快建设新基地新山西进程”的总体目标,改善过于依赖煤炭资源的局面,加强旅游产业项目建设和基础设施配套建设,在旅游开发上严格按照“规划为纲,市场为先,线路为形,文化为魂”的方针,实现由旅游资源大省向旅游产业大省健康发展的目标,将旅游业真正培育成为山西省的新兴支柱产业之一。

第二,在发展模式上,要实现由粗放型向集约型的转变。由依赖资源开发、投资拉动的规模扩张为主,转向更多依靠管理和技术提高经营水平,依靠服务创造价值,要将扩大旅游产业规模与提高产业质量、提升产业增长的效益有机结合起来。

第三,在发展导向上,要实现由旅游观光型向度假休闲型的转变。由过去以供给为主导,转向更多地以市场需求为主导,在完善和提升观光产品的同时,大力发展休闲度假产品,全面提升山西省旅游业在国际、国内旅游市场上的竞争力。

3. 以“大旅游”的思路,用积极的产业政策推动山西省旅游业的升级

依据旅游产业功能作用方向的变化,依托山西省旅游业的资源优势和产业基础,以“大旅游”的思路,围绕山西旅游景区的文化特色和自然生态特色,是山西省旅游产业,真正形成以度假休闲为主、观光为辅的旅游产业体系。一是要坚定信心,走出困境。金融危机一来,山西省推出十大举措拉动旅游消费,扩内需、保增长。全省各级旅游部门要抢抓机遇,树立走出危机坚定信心;二是要树立“大旅游”的观念发展旅游业,就要跳出旅游看旅游,把旅游业作为满足人们消费需求、拉动国民经济增长的产业聚合体来用作，必须用大产业的观念来谋划山西省旅游业的发展；三是要充分挖掘旅游资源的文化内涵。发展旅游业，就要充分挖掘山西省文化内涵，着力提高文化品位，以独特鲜明的文化特色吸引游客，形成旅游产业与文化产业互促、互补、互兴的格局。

4. 以鲜明的产业布局形成竞争优势，推动山西省旅游业的转型发展

站在新的历史起点上，破解山西省旅游业发展，我们要以科学发展观为指导，加速旅游目的地和精品名牌建设为突破口，推进旅游产业结构优化升级，尽快使山西省旅游产业成为带动作用强势的支柱产业。一是加快旅游基础设施与要素市场配套建设，提高旅游综合供给能力。继续解决交通瓶颈问题，协助交通部门继续完善干线至重要景点区断头路连接与旅游专线公路建设，启动自驾车营地建设试点；二是抓好重点产品优化升级，增强市场吸引力与核心竞争力。围绕古建宗教、晋商文化、寻根觅祖、太行山水 4 条重点线路产品，提升和完善五台山、临汾—壶口、运城、太行山、晋中等五大旅游循环圈，启动一批旅游演艺、展示、娱乐、休闲、购物等重点项目，努力提升市场吸引力与旅游创新能力；三是实施旅游市场开发调整战略，在抓好国际重点市场巩固提高的同时，集中抓好国内、省内旅游市场深度拓展。

（山西省统计局贸易外经处）

四川旅游灾后恢复重建研究

改革开放以来，四川省旅游依托有力的政策保障，凭借其得天独厚的自然条件，初步形成以观光旅游、生态旅游、乡村旅游、民俗文化旅游等为特色的休闲度假旅游模式，不断壮大了四川省旅游产业基础，呈现出良好发展势头。

但突如其来的四川省汶川8级强烈地震，波及四川省全境，成都、阿坝、德阳、绵阳、广元、雅安等市州部分县(市区)受灾严重，其余市州也遭受不同程度的影响。地震发生后，国家旅游局紧急叫停四川省旅游，省旅游局随即宣布停止所有入川旅游接待，四川省旅游在一瞬间跌入了冰点。

四川省旅游业如何在较短的时间内恢复振兴，是各方面非常关注的问题。为此，省统计局、省旅游局联合对四川省旅游业灾后发展趋势和恢复重建的机遇进行了分析，提出了加快四川省旅游业恢复振兴的对策建议。

一、四川省旅游震前资源优势及发展基础

四川省是旅游资源大省。经过近几年的加快发展，壮大了四川省旅游产业基础，提升了四川旅游发展水平。

(一)四川省旅游发展基础条件较好

四川省是旅游资源大省。现有世界自然和文化遗产5处，包括九寨沟、黄龙、青城山—都江堰、峨眉山—乐山大佛、大熊猫栖息地。列入联合国《人与生物圈保护网络》的自然保护区4处，国家级重点风景名胜区15处，国家级自然保护区22处，国家级森林公园28处，世界地质公园2处、国家级地质公园11处，全国重点文物保护单位128处，国家A级旅游景区137个，中国历史文化名城7座，中国优秀旅游城市21座，中国最佳旅游城市1座。

四川省的旅游资源历史悠久。据考古证明，旧石器时期今四川境内就有人类活动，在距今4000～5000年时期，成都平原地区是长江上游区域文化的起源中心。其中广汉三星堆和成都金沙遗址，是古蜀国政治经济和文化中心。在四川省居住的民族也不少，有汉族、彝族、藏族、回族、羌族等民族。西有青藏高原相扼，东有三峡险峰重叠，北有巴山秦岭屏障，南有云贵高原拱卫，形成了闻名于世的四川省盆地。历来有“天下山水在于蜀”之说，并有“峨眉天下秀，夔门天下雄，剑门天下险，青城天下幽”之誉。

改革开放以来，四川省旅游业蓬勃发展，作为四川省旅游中心的成都已成为中国西部的一座现代化城市。成都双流国际机场是我国四大空港之一，现有国内国际航线200余条，可直飞首尔、东京、新加坡、泰国、香港等地，开通了到吉隆坡、莫斯科、伊尔库克茨、尼泊尔、加德满都、哈萨克斯坦、阿拉木图的直航包机。以成都为中心的宝成、成昆、成渝、达成等八条铁路干线横贯东西；成都至重庆，成都至雅安，成都至乐山，成都至都江堰，成都至绵阳、广元，成都至遂宁、南充、广安、达州，以及内江至自贡、宜宾高速公路，成都至九寨沟旅游环线已建成通车，成都至西安高速公路使来川旅游交通十分便捷。省内主要

城市和风景区国际直拨电话可达世界 200 个国家和地区。全省星级酒店达 510 余家；有国际国内旅行社 690 余家；综合性的国际展览中心、会议中心、体育中心、艺术中心拔地而起。

(二)四川省旅游在经济发展中的地位不断增强

2003 年以来，四川省旅游业增加值占 GDP 的比重不断上升，4 年提高了 2.2 个百分点，占第三产业的比重保持了稳步上升势头，4 年提高了 7.1 个百分点。旅游业在第三产业中的地位得到不断巩固和提升（见下表）。

(三)四川省旅游发展快于经济增长

旅游总是伴随着经济的增长而发展。从旅游要素看，吃、住、行、游、购、娱六大要素构成了旅游消费的主体，作为最终消费的组成部分对拉动 GDP 增长发挥了重要作用。

2003—2007 年四川省旅游产业增加值

年　份	地区生产总　值（亿元）	旅　游总收入（亿元）	旅游总收入相当于 GDP 比例（%）	旅游业增加值（亿元）	旅游业增加值占 GDP 比重（%）	旅游业增加值占三产业增加值比重（%）
2003	5456.3	420.8	7.71	208.8	3.83	9.5
2004	6556.0	566.2	8.64	280.9	4.29	11.2
2005	7385.1	721.3	9.77	357.9	4.85	12.6
2006	8637.8	979.6	11.34	509.3	5.90	15.6
2007	10505.3	1217.3	11.58	632.9	6.02	16.6

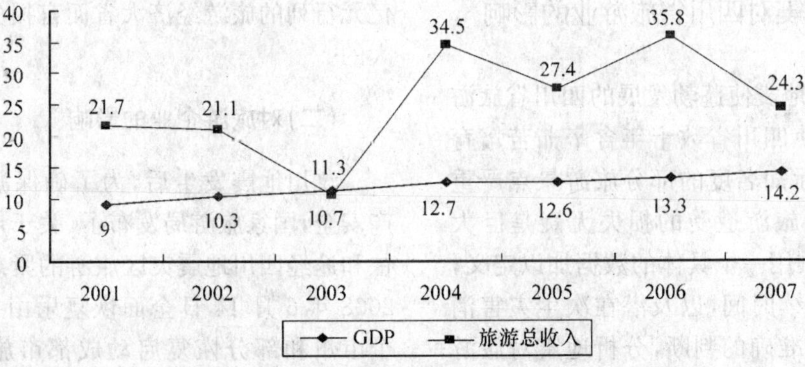

四川省历年来旅游总收入与 GDP 增速对比示意图

从上图可以看到，自 2001 年以来，四川省旅游总收入的增长与四川省经济增长在波动趋势上基本保持一致，所不同的是旅游总收入的波动区间远远大于经济增长的波动区间，并具有明显的波动周期性。此外，旅游总收入对于突发事件的反映则更为直接和敏感，比如受 2003 年“非典”的影响，增速回落加剧。从长期趋势看，排除不确定因素的影响，四川省旅游业的增长速度远高于四川省经济的增长速度。

(四)四川省旅游发展的潜力较大

四川省与东部发达省市相比，旅游在产业规模、产品质量、资源开发和市场结构等多方面都存在着明显差距，具有相当大的发展潜力。以 2007 年为例，2007 年四川省旅游总收入占当年全国的 11.1%，只相当于广东省的 49.6%，北京市的 57.9%。从游客消费来看，人均消费偏低是旅游发展中的一个突出问题,也可以看出四川省旅游发展的潜力所在。以 2007 年为例,2007 年四川省入境游客人均消费 179.29 美元,列全国第 14 位,比北京少 73.16 美元,比上海少 63.51 美元,比江苏少 29.77 美元。四川省国内游客人均消费 635 元,列全国第 19 位,不仅大大低于江浙沪等旅游发达地区,同时也低于吉林(908 元)、新疆(907 元)、海南(845 元)、贵州(810 元)、河南(780 元)、山东(862 元)、辽宁(736 元)等省份。2007 年四川省接待国内游客 1.86 亿人次,接待人次总量仅次于山东(2.03 亿人次)和浙江(1.91 亿人次),列全国第 5 位,但四川省国内旅游收入 1179.9 亿元,排名全国第 9 位,四川省国内旅游收入排名比接待人数排位低了 4 个位次。

差距就是潜力。随着经济实力的增强,旅游资源优势的充分开发和利用,四川省旅游的发展潜力具有很大空间,必将成为推动四川省经济发展的优势产业。

二、汶川地震对四川省旅游业的影响

汶川特大地震使蓬勃发展的四川省旅游业遭受重创,使四川省数十年含辛茹苦培育出的、具有国际知名度的部分旅游景点严重毁损。四川省旅游遭受的损失无疑是巨大的,其损失很难用一个具体的数据加以定义,由于对余震持续时间,以及潜在次生灾害消除时间等缺乏准确的判断,分析地震对旅游业的影响显得异常复杂。总体来看,对旅游业的影响主要有以下方面。

(一)对旅游基础设施的影响

在这场灾难中,四川省主要旅游景区受到不同程度破坏。位于震中区的两个世界级文化遗产(都江堰、卧龙自然保护区)损失尤为严重。其中,青城山一都江堰景区主要建筑二王庙、伏龙观损坏严重;以九龙沟、银厂沟、龙池、虹口等为代表的龙门山旅游经济带几乎损毁殆尽;绵阳猿王洞、千佛山、窦团山三个景区严重损毁,三星堆博物馆建筑物轻微受损。据统计,全省共有 65 处全国重点文物保护单位、109 处省级文物保护单位遭受不同程度的损失,许多已经全部垮塌或濒临垮塌;近 60 余家博物馆、文管所、纪念馆及文物库房受损,馆藏文物损失 841 件,其中珍贵文物 148 件。位于重灾区绵阳平武县的报恩寺,整个建筑群受灾情况相当严重,江油云岩寺、李白故居、安县文星塔等许多文物古迹损毁严重。地震使通往各景区的交通道路损毁严重,包括游客接待中心、宾馆、索道等的景区旅游服务基础设施损失惨重。

地震发生后,省旅游局对全省主要景区景点的受灾情况进行了统计。地震造成旅游业直接经济损失近 550 亿元,其中旅游景区基础设施损失约 337.3 亿元,宾馆饭店、旅行社、旅游城镇接待设施损失约 191.3 亿元。此外,大量分布在受灾山区乡镇从事旅游经营活动的私营个体户及农户的经济损失目前尚无法估量。对于一个旅游收入刚刚跨入千亿元行列的旅游经济大省而言损失无疑是巨大的。

(二)对旅游企业的影响

汶川地震发生后,为了确保游客人身财产安全,国家旅游局发布了《关于停止组团前往和途经四川地震灾区旅游的紧急通知》,至 2008 年 6 月 14 日全面恢复乐山、凉山等 13 个市州和部分恢复启动成都市旅游市场为止,四川省旅游市场连续中断 30 多天,导致国内游客、入境游客显著减少,宾馆饭店经营状况明显不佳,旅游收入大幅减少。据不完全统计,四川省有 104 家旅游景区因地震被迫关闭。其中:成都市关闭的旅游景区有 19 个,主要有青城山一都江堰、龙池、虹口、银厂沟、龙门山、回龙沟、丹景山、西岭雪山等;绵阳市旅游景区共 20 个全面停业,主要有猿王洞、千佛山、王朗白马景区、小寨子沟、窦圌山、寻龙山、罗浮山温泉等;阿坝州所有 31 家旅游景区全部关闭,包括 5 家重点旅游景区:

九寨沟、黄龙、四姑娘山、达古冰川、卧龙景区;雅安市喇叭河、东拉山两处景区关闭;广元市关闭的旅游景区有9个,主要有皇泽寺、红军渡、梨博园、剑门关、唐家河、昭化古城等;巴中市15个景区全部关闭。

作为"敏感"行业,涉旅企业遭受的损失更为直接。据调查,四川省中国国际旅行社每年旅游收入的70%以上来自受灾景区业务。旅行社工作人员表示,地震造成的损失已使他们面临生存危机;四川省康辉国际旅行社表示,地震发生后,旅行社车队全部调入灾区,除积极疏散游客外,其他各项业务全部暂停,由于退团造成酒店、车、船、飞机等合同预付资金损失惨重。大型企业如此状况,中、小企业经营更是举步维艰。由于地震重灾区旅游活动已全部停止,进一步加剧涉旅企业的生存压力。其余市、州也受到不同程度的影响,游人稀少,宾馆、饭店、景区、旅游购物场所经营惨淡。

(三)对旅游产业结构的影响

从旅游总收入地域构成看,成都、阿坝、德阳、绵阳、广元、雅安等6个受灾严重的市州旅游总收入合计约占全省旅游总收入的55%,其中成都旅游收入占全省的35%左右。特别是包括都江堰、卧龙两个世界遗产在内的成都周边山区旅游景区景点的毁损给成都市旅游业造成了严重的损失。从产业结构分析,成都、德阳、绵阳、广元、阿坝5市州旅游收入占各自第三产业比重分别为14%、18%、18%、17%和70%。其中,地震给阿坝旅游及阿坝经济的影响最为突出,尽管九寨沟、黄龙景区未受大的影响,但是由于震后山区地质结构变得更为复杂、道路交通全面恢复难度较大,使得主要依靠陆路交通为主的阿坝旅游短期内将面临很多困难。

(四)对旅游收入结构的影响

从旅游总收入的构成分析,旅游外汇收入约占总收入的3%、国内旅游占97%。从游客结构看,省内游客约占国内游客的52.8%左右,其旅游收入约占国内旅游收入的36.4%,入境与入川旅游收入占旅游总收入的63.6%。地震前4个月保持较高增长,已实现旅游总收入376亿元,同比增长17.5%。地震后旅游市场全面下滑,入境游与入川游旅客大幅度下降,5、6月份全省旅游总收入同比分别下降64.9%、63.7%。虽然在2008年下半年有所恢复,但影响仍然较大。

(五)对游客心理的影响

地震对游客心理造成的负面影响远远大于"非典"、雪灾等。受地震及震后次生灾害的影响,游客存在"去四川旅游不安全"的心理状态,对四川境内及其周边地区的旅游行业形成较大的冲击。这种心理的负面影响在短时间内难以改变,成为四川旅游走出困境的最大障碍。地震后相当长的一段时间内阿坝州所有景点未接待一例团队游客,甚至散客也几乎为零,直至到地震两个月后才有极少量零星游客绕道至九寨沟、黄龙等世界级景区旅游,该州其余省级甚至国家级景区、景点在地震发生后3个月仍然无人光顾。乐山大佛、峨眉山、宜宾蜀南竹海等受地震影响较小的世界级旅游风景区也是经营惨淡。攀枝花—凉山地震使全省旅游雪上加霜,再次动摇了国内外游客到四川省旅游的信心。

三、四川省旅游业灾后发展趋势

汶川特大地震灾害对四川省旅游的破坏之大、影响之广是前所未有的,但没有根本改变全省旅游发展的态势,四川省旅游发展基础和发展潜力的基本面没有改变,灾后恢复重建又孕育了新的发展机遇。

(一)地震给四川省旅游造成的破坏是严重的,但只是局部性的

世界遗产中,都江堰—青城山、大熊猫栖

息地的核心景区——卧龙只是局部受损，九寨沟、黄龙、峨眉山—乐山大佛的旅游资源和产品基本未受损。除成都市区外，灾区的旅游业大多是依靠各地的自然优势资源形成的资源导向型布局，在优势资源没有根本改变的情况下，通过后期的原地修复与重建，旅游业的布局将会更加科学、经济。

就全省而言，除受到地震影响的九环线、三国线、小西环线等外，省内其他区域的绝大多数旅游线路仍然完好，全省旅游接待能力和旅游市场并没有垮掉，到四川旅游的消费需求仍然旺盛。

(二)地震灾害挫伤了游客的消费信心，但旅游市场恢复振兴潜力较大

境内外旅游业界和游客对四川旅游的信心遭受打击。据灾后调查，50%的国内旅客认为四川省在地震一年后才适合旅游，47%的游客认为四川省大部分景点遭受了破坏，而主要入境客源地 80%的游客对震后到四川旅游有所顾虑。重塑四川省灾后旅游形象和恢复、提振游客消费信心必将是一个较长期的过程。但是，由于汶川特大地震，四川省受到了全世界的关注，在世界范围内的知晓度进一步提升，旅游市场的潜在需求和恢复振兴潜力巨大。

(三)地震使四川省旅游发展受到重挫，但灾后恢复重建孕育了新的机遇

地震后的首要任务是灾后重建。影响旅游业灾后恢复时间取决于三个方面的因素：一是灾后重建的时间进度，二是旅游接待能力的恢复程度，三是游客的信心恢复过程。国家灾后重建首期安排为 3 年。重点景区全部恢复大约需要 1—2 年的时间。以二王庙抢修恢复为例，据国家文物局、清华大学等专家初步预计需要二年左右的时间。客观上说，四川省旅游长期向好的趋势不会因地震而发生根本的改变，游客对灾后旅游的信心恢复过程将决定四川省旅游的恢复时间。四川省旅游全面恢复将会经历低迷—回升—繁荣三个阶段。初步判断，四川省旅游的恢复时间大体在二年左右。同时，灾后恢复重建进一步明确了四川省旅游发展的定位，有利于全面提升四川省旅游发展水平。

(四)实施乡村旅游提升行动，乡村旅游恢复势头好

由于郊区乡村游安全性较高，灾后乡村旅游增长十分强劲。为此，在巩固四川省“农家乐”旅游成果的基础上，全面推进乡村旅游转型升级，开展“震后乡村依然美丽”为主题的乡村旅游活动，深度报道乡村旅游提升行动，使乡村旅游得到了强劲恢复。成都、宜宾、乐山、雅安、资阳等部分乡村旅游景区已经超过地震前接待水平。

四、四川省旅游灾后恢复重建

地震发生后，党中央、国务院十分重视地震灾区的恢复重建工作，国务院确定以旅游业作为四川省震区灾后重建先导产业和优势产业，加大投入，提高旅游设施和服务水平，促进旅游企业发展。

(一)制定重建规划，确立先导产业地位

根据国家灾后恢复重建出台的相关政策措施，要求在适度重建区重点发展以旅游、生态农业为主的特色产业，建设精品旅游区，适度开发优势矿产资源。生态重建区在不影响主体功能的前提下，适度发展旅游业和农林牧业，严格限制其他产业发展，原则上不得在原地恢复重建工业企业。这些政策，有利于四川省旅游的快速恢复发展。

国家发改委对以龙门山为核心的地震灾区今后产业发展定位(一产适当发展、二产限制发展，重点发展以旅游为龙头的第三产业)，为四川省特别是“两带”旅游整体开发带来了历史性机遇。通过对灾区旅游业受损情况和产业结构的分析，按照灾后重建生产力布局和产业调整的要求，国家把旅游产业定位为灾后恢复重建的先导产业和优势产业。一是有形的旅游生产能力的恢复重建，以旅游项目规划重建为重点；二是无形的旅游生产能力的恢复，以恢复振兴市场为重点。同时，确立了旅游产业灾后重建原则，即安全性原则；安民富民原则；突出重点、分步实施原则；重建为主、发展为辅原则。通过灾后重建，四川省旅游产业将达到转型升级，再上新台阶的目的。

按照旅游业发展的特点和规律，对有形的旅游生产能力的恢复重建，提出了建设"三个产业带"、"四个旅游经济区"、"五条主题精品线路"。"三个产业带"，分别是平原丘陵地区以旅游城镇为中心的乡村休闲旅游产业带，低山至中山山地观光休闲度假旅游产业带，高山生态保护及科考、探险专项旅游产业带。"四个旅游经济区"，包括羌文化旅游区、大龙门山旅游区、三国文化旅游区、大熊猫国际旅游区。"五条主题精品线路"，即九环线精品旅游线、羌文化旅游走廊、中国汶川地震遗址旅游线、大熊猫栖息地旅游线、三国文化旅游线。

针对无形的旅游生产能力的恢复，编制了旅游市场恢复规划，以恢复游客对四川旅游的信心为核心，提出了旅游市场恢复的战略和阶段性行动计划。

根据《汶川地震灾后恢复重建总体规划》，确立了旅游产业在灾后恢复重建中的先导产业地位，在土地利用、市场服务体系、生态修复、农村建设、城镇体系、公共服务设施、城乡住房10个专项规划中，充分对接和吸收了旅游产业恢复重建规划的意见。

(二)实施灾后重建项目建设，提升四川省旅游基础设施水平

中央明确提出，灾后恢复重建力争在两年内基本完成原定三年的目标任务。全省旅游业确定的指标是灾后重建旅游业估算总投资和累计完工项目均达到90%以上。为保证规划落实，编制了旅游重点项目库，以项目为载体保证旅游规划的实现，提出了八大重点建设项目和五大发展提升项目，共计173个，投资额达50亿元。在灾后恢复重建项目的建设过程中，省旅游局成立了旅游业灾后重建项目督查组，并对灾后重建项目有关信息在四川省旅游信息网上进行公示，主动接受新闻媒体的采访、报道和社会舆论监督。

截至2009年5月31日，旅游灾后恢复重建在建项目64个，已累计完工项目6个，累计完成投资7.16亿元，其中：中央资金5373.96万元。同时，积极争取扩大内需项目，2008年落实两个项目，资金4400万元，2009年落实一个项目，资金500万元。已有62个重点旅游项目进入省发改委项目储备库，需要中央扩大内需资金投资额112亿元。省旅游局目前已完成了旅游业灾后重建规划，一共300多个旅游项目，总投资800多亿元，其中，国家投资占30%。据悉，这些资金主要用于灾区有形资产的恢复重建，包括景区、景点、宾馆、饭店、基础设施、道路等。

地震的重灾区纷纷实施灾后重建项目建设。绵阳将创建世界级地震遗址旅游品牌，抢救提升羌藏文化，发展壮大三国文化和绵阳城市科技(工业)旅游，将绵阳建设成为具有世界影响、全国一流的观光、会议、休闲、度假旅游目的地，提出了七大恢复重建项目和九个发展提升项目，以及旅游市场恢复振兴项目，并对建设内容、建设时序和资金预算进行了计划安排。

(三)实施游客信心提振行动，加快四川省旅游市场恢复

针对震后游客到川旅游意愿减弱，为提振游客信心，制定了市场恢复启动步骤。将全省旅游市场恢复振兴分为三个阶段：

第一阶段，2008年下半年，消除潜在旅游者疑虑，增强来川旅游信心，开展"四川人游四川"活动，全面恢复性启动非灾区旅游，轻灾区力争达到震前水平。树立"汶川地震百年不遇，四川省旅游依然美丽”的安全旅游形象。

第二阶段，2009年，积极稳妥开展城市周边的乡村旅游，增强人气，配合逐步开放的灾区和轻灾区的旅游景区，全面推广性恢复四川省旅游，树立“天下四川有爱，熊猫故乡更美”的舒适旅游形象，力争旅游发展水平达到或超过2007年水平。

第三阶段，2010年，旅游市场全方位恢复，逐渐推出震后形成的新资源和新产品，使灾区的旅游业成为主导产业，重塑“天下四川熊猫故乡”的完美旅游形象，推动四川省旅游的全面发展，实现四川省旅游业的新跨越。

为了感恩和回报社会各界对四川省旅游灾后重建的大力支持，进一步提振游客信心，拉动内需，促进旅游产业快速恢复振兴，各地都推出了旅游“价格洼地”的优惠政策。九寨沟、黄龙、峨眉山、乐山大佛、都江堰、青城山、海螺沟等全省数百景区在5月12日当天，免费向游客开放；成都市向海内外发行2千万张“熊猫卡”，都江堰等11个国有景区(点)全年减免门票；阿坝州向省外赠送18万多张门票；还有数百景区在5月其余时间，实行门票半价优惠，不少景区还对2009年持有台北动物园“团团、圆圆参观门票”的游客实行门票全免或半价的优惠。“价格洼地”的推出得到了游客的欢迎，取得了良好的社会效益和经济效益。

同时，传递安全旅游信息。地震发生后，先后在北京、上海等地的口岸，投放宣传广告，设置宣传专栏等。与中国国际广播电台举办“美在四川”全球旅游知识竞赛活动，以53种语言宣传四川省，听众超过1亿；中央电视台主要频道、旅游卫视等播放四川省旅游形象宣传片；与海内外大型旅游集团和主流媒体合作，多渠道对外开展宣传推广；与各大网站合作，为四川省旅游灾后恢复重建设置专栏、专页，建设“四川省旅游频道”，及时发布四川省安全旅游的信息。

五、加快四川省旅游恢复振兴的对策措施

面对地震灾害对全省旅游业的影响较深，旅游经济恢复的时间较长，旅游产业恢复难度较大的情况，省委、省政府给予了高度的重视，采取了一系列措施，全省旅游产业恢复态势良好。当前重要的是加强政策措施的落实和深化，建议重点抓好以下工作。

(一)以加快灾后重建为重点，全面提升四川省旅游基础设施水平

实现灾后四川旅游产业的恢复振兴，最重要的是灾后重建。省委、省政府通过对国际国内形势和旅游发展趋势的正确研判，确立了省四川旅游业为灾后恢复重建和拉动内需的先导产业的发展思路。“恢复和发展旅游业，增强灾区发展能力”，把旅游业作为灾后重建先导产业和扩内需、促增长的重要抓手，作为恢复重建的先导产业，优先安排恢复重建基金和鼓励各类投资基金等用于旅游基础设施和旅游企业的恢复重建，以尽快全面恢复旅游业的发展，充分发挥其带动就业、拉动消费和增加收入的重要作用。

面对灾后的旅游发展形势，面临灾后重建的重大任务，为积极应对地震灾害和金融危机，扩大旅游消费，助推四川省旅游快速发展，省政府相继出台了《关于加快恢复振兴旅游业的意见》和《关于做强做大旅游企业加快旅游产业发展的实施意见》，及时提出了加强政府引导性投入夯实旅游发展基础、加大税收信贷支持力度、增强旅游市场主体活力、打造竞争优势、鼓励旅游消费工作政策措施。

针对灾后旅游产业重建实际，依托旅游重点骨干企业，充分利用和发挥好对口援建省市资源，做好承接产业转移的前期规划工作。跟踪重大旅游公共项目的深度规划和项目实施，重点抓好项目落实。实施重振旅游工程，加强重点旅游区和精品旅游线建设。

(二)以游客信心提振和旅游市场恢复为关键,实现四川省旅游的恢复振兴

旅游业是一个敏感性行业,是关联度高、带动性强、就业容量大、可整合资源多的先导产业。因此,恢复市场信心、吸引人气、维护形象、重树品牌、营造环境是抓好旅游业的恢复重建工作的当务之急。

加强旅游市场宣传,及时通报旅游安全保障状况,恢复中外游客信心。加强旅游新资源、新产品的促销。加强旅游市场的宣传促销。加大媒体宣传报道力度。积极开展"请进来"的宣传活动,拓展海外市场。通过举办灾后重建发展国际论坛、灾后重建招商项目推介、旅游推介说明会和邀请海内外更多的旅行商、媒体考察四川省旅游线路,重塑四川省安全旅游目的地的良好形象,全面启动国内外旅游市场。同时,对海外主要客源市场进行宣传促销,为入境旅游市场的恢复振兴打下基础。

(三)以开发地震遗址旅游为机遇,加快四川省旅游产业恢复振兴

纵观全球旅游业发展,人类的旅游活动,却从来没有因灾害而完全放弃。人类社会在发展进程中,曾遭受各式各样的灾害。但是,旅游业往往在灾害过后,都能获得新生。从远期来看,最典型的例子,当然就是意大利的庞贝。公元 79 年 8 月被维苏威火山摧毁的这座城市,1960 年挖掘出土至今,旅游业一直呈现出兴旺的景象。从国外近期来看,2004 年东南亚海啸让普吉岛变成了人间地狱,可海啸过后三个月,各国游客又开始来到了普吉岛旅游,一年以后再次恢复了往日的繁华。从国内来看,1996 年 2 月 3 日云南丽江地震就是一个很好的例子。当年丽江地震使丽江古城成为全世界关注的地方,云南在震后重建中重点发展旅游业,使得丽江成为一个著名的旅游胜地。汶川地震,使得四川省(汶川)的知名度在全世界大幅提升。因此,学习借鉴国际上遭受重大自然灾害后旅游产业迅速得到恢复和发展的经验,开发好四川省地震遗址旅游,加快四川省旅游产业恢复振兴。

(四)以加强旅游管理为手段,全面提升四川省旅游发展水平

地震对四川省旅游造成了较大影响,恢复发展有一个过程。但同时也给加强旅游市场管理,全面提升行业管理水平提供了重要机遇。因此,应以加强旅游管理为手段,加强旅游人才队伍建设,全面提升四川省旅游发展水平。

加强旅游人才队伍建设。加大培训力度,加快专业人才培养,通过旅游企业和管理部门整合现有的人才资源,制定优惠政策,培养高素质的旅游人才,加速培养一支高素质的旅游从业队伍。

加强行业管理,规范旅游市场秩序。加强旅游企业服务质量的规范管理,强化旅行社和导游人员管理,规范导游解说和团队运作。

建立服务体系,提高旅游服务质量。提高涉旅企业人员管理水平和诚信意识,充分发挥旅游行业组织的桥梁和纽带作用,完善旅游要素行业组织体系,更好地发挥行业自律、区域自律功能。

强化旅游安全。在旅游活动的各个环节都要建立健全安全制度,防止各类安全事故特别是重、特大恶性事故的发生。

(四川省统计局贸易外经处)

发挥新疆特色资源优势　谋划红色产业战略

——新疆番茄产业现状、问题及提升竞争能力的思考

番茄是世界范围内广泛栽培的作物，也是营养价值极高的植物。番茄富含有机酸、蛋白质、维生素A、C、可溶性糖等多种营养物质。由于番茄及其制品的独特食用、保健及辅助治疗的功效，在世界农业生产和贸易中占有重要的地位。近几十年来，世界范围内的番茄产量和制品贸易增长迅速，中国番茄及制品贸易在世界番茄贸易的地位也越来越重要，对世界番茄贸易产生了重要的影响。

自20世纪90年代我国开始大规模种植加工用番茄以来，逐渐成为世界番茄制品生产和出口基地，而新疆是中国番茄制品的主产区和主要出口区域，生产能力约占全国的90%。近年来，新疆番茄产业随着国际市场需求增长快速发展起来，番茄制品出口增长迅速，全国七成番茄酱从新疆出口，主要输入日本、欧盟、俄罗斯等国家和地区。尽管新疆番茄及制品贸易发展迅速，但影响其健康发展的因素依然存在。本文力图通过对新疆番茄及制品发展现状和出口贸易进行业绩分析和评价，客观反映新疆特色产业的竞争优势和劣势，对新疆进一步提升番茄产业的国际竞争能力，做大做强番茄产业出口提出对策建议。

一、新疆番茄产业发展现状

新疆光热资源丰富，适合多种作物的栽培。光照充足、昼夜温差大，使番茄具有较高的红色素和可溶性固形物含量；而降雨量少、空气干燥以及灌溉农业减少了病虫害的发生及烂果，并能进行无支架栽培，新疆准葛尔盆地南缘和塔里木盆地北缘的大片内陆地区，是世界上最适宜种植番茄的区域。

1.番茄种植规模不断扩大

新疆加工番茄种植规模从无到有，从小到大，呈现出周期性螺旋状上升态势，2001年—2004年，种植面积和总产量分别由22.09千公顷、139.13万吨增加到70.53千公顷和486.97万吨，年均分别增长47.3%和51.8%。2005年—2008年，番茄种植面积和产量分别由49.41千公顷、360.72万吨增加到75.56千公顷、619.56万吨，年均分别增长15.2%和19.8%。总产量年均增长23.8%，比播种面积年均增速高4.6个百分点。

2.新疆番茄加工企业快速成长

番茄的主要保健和食用功效，逐渐催生了番茄加工行业的快速发展。为了适应出口需要，1978年，新疆开始进行番茄种植和加工，产品首次出口日本市场。新疆得天独厚的自然条件使番茄红色素含量指标远远高于国内其它地区，可与世界其它地区的番茄产品相媲美，新疆番茄因此名扬海外。

1984年，新疆建成第一条番茄酱生产线，90年代初，新疆番茄生产企业已经增加到30多家，产量、出口量连年增加，番茄加工成为新疆发展速度最快的产业之一。2007年，新疆注册的番茄加工企业发展为53家，较2006年增长16.7%。中粮新疆屯河股份有限公司、新疆中基实业股份有限公司、新疆天业股份有限公司三大主营番茄制品的上市公司产量占新疆番茄酱总产量的90%以上。其中，中粮新疆屯河股份有限公司番茄酱产量名列全国第一、世界第二。

3. 新疆在世界番茄酱市场上具有举足轻重的地位

目前，全国年加工番茄酱生产能力超过100万吨，新疆日处理番茄能力达到5.5万吨，番茄加工总装备能力接近全国的90%，2008年，新疆番茄酱出口量达50.5万吨。约占全国出口量的70%以上。

世界番茄组织近期报告称，中国番茄酱出口份额从8年前占世界贸易量的近8%跃升到2008年的30%，其中，新疆的出口量已占世界贸易总量的1/4，这意味着新疆已经成为继美国、意大利之后第三大番茄制品产地。众多国际番茄酱采购商表示，新疆完全有条件成为世界番茄加工中心。

4. 番茄制品国际贸易不断上升

1990年—2008年，新疆番茄酱出口量年均增长27.1%，出口额年均增长27.8%。如图1和图2所示：1995年—1999年间番茄酱出口量、出口额出现第一次大幅波动，经过1995年—1998年3年的持续增长后，1999年有所回落。1999年—2003年，番茄酱出口量和出口额均呈递增趋势，尤其是2003年增速较快，出口量和出口额分别达到34.8万吨、17578万美元。2003年—2006年间又出现第二次大幅波动；2007年再次迅速增长，出口量52.95万吨，增长39.1%；出口额31372万美元，增长57.7%。2008年，受全球金融危机的影响，出口数量出现了第三次大幅波动，出口50.5万吨，同比下降4.6%，增速同比回落43.7个百分点；出口额在番茄酱国际市场价格一路上涨的带动下快速增长，达到46237万美元，同比增长48.5%。

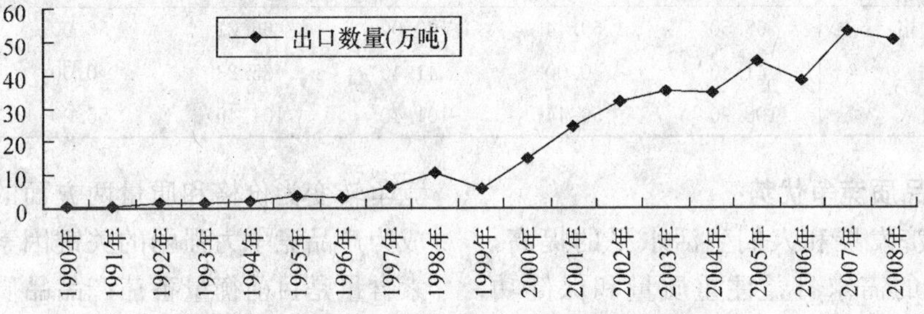

图1　1990—2008年番茄酱出口数量示意图

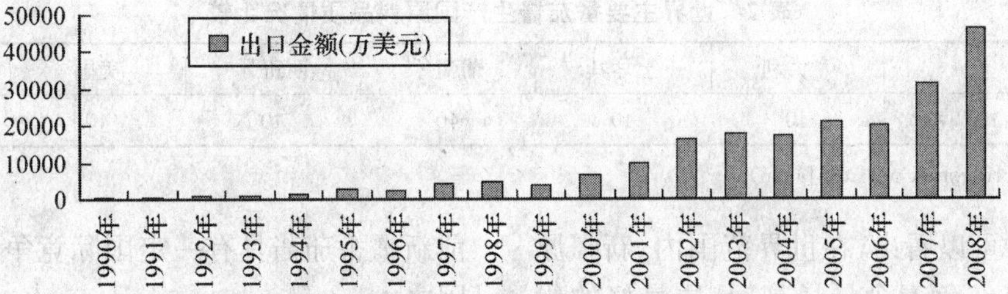

图2　1990—2008年番茄酱出口金额示意图

5. 番茄制品出口均价波动上升

1990—2008年的18年间，新疆番茄酱出口单价年均提高0.5%，如图3所示：番茄酱年平均出口单价出现三个低点，即1992年473.19美元/吨、1998年463.91美元/吨、2001年402.39美元/吨。2002年—2006年出口价格比较平稳，均在500美元/吨左右。2007年，番茄酱价格一路飚升，均价接近600美元/吨。2008年创下历史最高纪录，均价达到915.53美元/吨。

二、新疆番茄产业竞争优势比较

1. 价格竞争优势

价格是影响产品国际竞争力的最基本要素，即相同的产品在同一市场上价格较低就

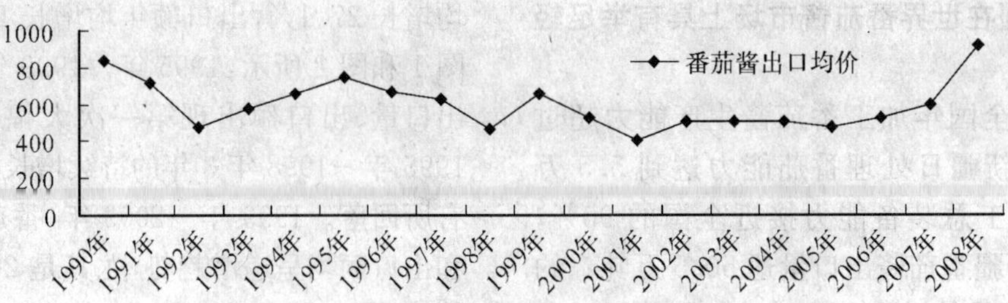

图3　1990—2008年番茄酱出口均价

具有较强的竞争力。而价格由成本决定，原料番茄作为番茄酱生产最重要的中间投入品，直接关系到番茄酱制品的生产成本。

与国外相比，新疆番茄酱具有明显的价格比较优势，其原因主要在于：

一方面新疆原料番茄集中上市特征明显，成熟期集中在7—9月，农民在这段时间集中交售番茄导致原料番茄季节性供大于求，使收购价格偏低；另一方面，番茄从采摘到收购入库的待售时间较长，造成原料番茄质量有所降低，价格相应进一步下调。

表1　2004年世界主要番茄酱生产国原料番茄价格比较

单位：美元/吨

	意大利	土耳其	葡萄牙	西班牙	美国	中国
原料番茄价格	67.50	59.44	60.00	66.21	56.00	32.00
给农民补贴	41.40	0.00	41.40	35.23	0.00	0.00
实际农民收入	108.90	59.44	101.40	101.40	56.00	32.00

2. 原料品质竞争优势

随着经济发展和人们生活水平的提高，人们对食品的需求日益注重质量和保健功能。相应地，国际竞争也日益从单纯的价格竞争转变为价格和质量两方面的竞争。质量成为产品竞争力强弱的关键因素。番茄红色素含量是目前衡量番茄产品品质的一个重要指标。

表2　世界主要番茄酱生产国原料品质情况比较

国　　家	意大利	土耳其	葡萄牙	西班牙	美国	中国新疆
含量（毫克/100克）	40	40	40	40	40	62

资料来源：KagomeCo.，Ltd(Japan)

从表中可以看出，在世界范围内，新疆原料番茄具有红色素含量最高、品质最好的优势。我国出口番茄酱70%以上出自新疆，新疆日照时间长，昼夜温差大，气候干燥，番茄红色素含量高，霉菌含量少，具备天然的品质优势。

3. 生产成本竞争优势

原料番茄生产和番茄制品加工均属于劳动密集型产业，新疆劳动力资源充足，劳动力成本远远低于其他番茄酱生产出口国，是当前新疆番茄酱具有一定国际竞争力的主要原因之一。

三、影响番茄制品出口竞争力的主要因素

新疆番茄制品科技含量不足，主导产品以低档次和初级加工的“桶”酱为主，产品质量不高，精深加工水平低，产品附加值低，严重影响了出口竞争力发挥。造成这种现象的

主要原因在于：

1. 生产和加工环节粗放经营导致产品质量下降

新疆拥有世界上品质上乘的原料番茄，但番茄酱制品质量和其他国家相比还有很大的差距。一是原料番茄种植面积缺乏稳定性保障。番茄和棉花都是新疆农户的主要经济作物，种植面积变化的弹性较大，往往取决于上一年两种作物价格的比较收益。上一年棉花价格相对较好，就会影响到农民种植番茄的积极性。在番茄种植面积下降的年份，番茄企业为了保持正常生产，往往会降低番茄收购的质量标准，由此造成产品质量波动。二是加工企业冷藏保鲜设备有限，每年在番茄集中成熟季节，番茄酱加工企业来不及对收购的番茄及时加工处理，导致许多番茄发酵，乳酸菌含量超标，番茄制品的质量水平总体下降，也导致新疆出口番茄酱在国外"绿色壁垒"前频频碰壁，既影响出口数量又减少创汇收入。三是加工环节粗放，新疆番茄加工企业在生产冷破碎和热破碎番茄酱时，使用的原料番茄没有区别，影响了番茄酱的产品质量。

2. 育种问题间接影响新疆出口番茄酱质量

新疆从事原料番茄种子生产和销售的单位有许多家，包括科研所、种子公司、加工企业甚至原料番茄种植单位。多数单位没有完善的良种繁育体系，缺乏亲本资源和人才资源，无法提供行业必要的技术支持，造成种子质量良莠不齐，销售环节混乱，尤其在供不应求的年份，套购、换包、以次充好的不法行为时有发生。而美国、意大利、土耳其三国的番茄种子都是由专门的种业公司培育和提供的，平均单产和可容性固型物含量较高。

3. 出口番茄酱质量升级指数没有明显提高

出口产品质量升级指数是通过计算报告期相对基期每单位产品出口价格的变化，间接反映出口产品质量变化的指标。新疆出口番茄酱质量升级指数 1996 年以前呈上升态势，但从 1997 年起出现明显的下降趋势，2001 年以后质量水平又有所提高，近几年保持相对稳定。与世界其他国家相比，中国新疆番茄酱质量指数除 2002 年较高外，2003 年至 2004 年基本上没有变化，而同期其他国家质量升级指数显著高于中国。

表 3　世界主要番茄酱生产国质量升级指数情况

国　家	1993—1996 年	1997—2000 年	2001 年	2002 年	2003 年	2004 年
意大利	1.07	0.90	0.97	1.15	1.21	1.10
土耳其	1.03	0.90	1.13	1.02	1.08	1.09
葡萄牙	1.07	0.92	0.90	1.09	1.14	1.07
西班牙	1.08	0.88	0.88	1.00	1.09	1.14
美　国	0.97	1.00	0.98	0.98	0.92	1.03
中　国	1.03	0.93	0.88	1.28	1.01	1.00

资料来源：联合国粮农组织官方网站

4. 出口市场集中度偏高极易招至贸易风险

新疆番茄酱出口市场相对集中。1993—2000 年，出口市场主要以日本、韩国、也门、意大利为主；2000 年之后，则主要以日本、意大利、俄罗斯为主。番茄酱出口市场集中度过高容易受到主要出口国家的社会经济形势、贸易壁垒、国际运输成本、国际关系等因素的影响，番茄酱出口的潜在市场风险较大且较为集中。

5. 低附加值产品为主导致品牌优势缺乏

在日益激烈的国际竞争中，品牌优势对

提高产品国际竞争力发挥着越来越重要的决定作用。名牌战略作为提高产品附加值的有效手段,已成为发达国家争夺国际市场、获得竞争优势的有利武器。在国际市场上,新疆初级番茄制品有少数几个名牌产品,中国生产的“屯河”、“CHALKIS”、“丹泉”牌番茄酱在国际市场有一定的影响力。但至今为止,新疆番茄酱深加工领域还没有一个能在国际市场上具有较高知名度和市场占有率的品牌,导致国际番茄制品市场上出现“购中国的番茄酱、贴国外的商标、售国际市场的价格”的奇特现象。

缺少名牌,出口档次低、创汇能力差已成为新疆番茄酱出口额增长的硬伤。

由于没有足够数量的国际品牌,新疆番茄酱的创汇水平十分有限。2004年,新疆番茄酱的创汇能力为503.97美元/吨,而同期西班牙创汇能力为1055.37美元/吨,比新疆同期创汇能力高1.1倍;意大利为953.42美元/吨,比新疆同期高89.2%;希腊为849.83美元/吨,比新疆同期高68.6%。2008年,尽管新疆番茄酱(吨)创汇能力915.53美元,达到有史以来的最高水平,但仍然低于西班牙、意大利两国2004年的创汇能力。

6. 低价营销策略导致各国门槛进一步提高

价格优势一向被许多企业视为百试不衰的法宝,然而,低价营销不利于国际市场的公平竞争,常常会引发国际市场的贸易争端。新疆番茄酱绝大多数出口欧盟、日本和东南亚等国,由于出口数量激增和出口市场过于集中,国内企业的低价出口战略对国际市场上其他传统番茄酱出口国产生了较大的冲击,一度引起了这些国家的关注和不安。欧洲同行对本国番茄酱生产企业实行特保措施,对进口番茄酱实施更加严格的技术壁垒。欧盟和日本实施了新的食品安全法规标准,特别是日本对番茄农药残留项目检测已经增加到328项,再次抬高了番茄制品进入国际市场的门槛。新疆番茄制品产业无疑将面对国际市场更加严峻的考验。

据新疆出入境检查检疫局报告,新疆出口菲律宾、韩国、沙特、斯里兰卡等国的大批加工番茄酱均被要求出具非转基因证书。出口到澳大利亚的加工番茄酱被检出亚硝酸盐含量高而中止了购买合同。出口到德国的加工番茄酱要求检验杀灭聚酯、百菌清、功夫聚酯等项目和出具符合欧盟标准农药残留标准的证明,并且杀灭聚酯检出量不得超过0.05mg/kg、百菌清不超过2.0mg/kg,从2001年起产品不得使用甲霜灵农药。出口到英国的加工番茄酱要求检测厌氧菌、平酸菌。出口到沙特的加工番茄酱要求出具不含有机磷和有机氯残留、人工色素等防腐剂、稳定剂以及化学毒物等的证书。

7. 本土番茄加工企业低价竞争为外企提供商机

价格内战在压缩国内企业利润空间的同时,也给境外企业提供了大量商机,一些国外客户通过两头压价,使中国企业雪上加霜,一方面是亨氏、联合利华等国外厂商把中国企业初加工的大包装番茄酱换成小包装,再贴上自己的商标进行销售,获得丰厚利润,另一方面则是中国企业由于效益滑坡,资金难以回笼。

8. 新疆红色产业无序竞争导致特色产业持续发展面临危机

尽管新疆番茄酱产业经过新一轮整合,出现了屯河、中基和天业三个在国际市场上举足轻重的企业集团,但天山南北的50多家番茄加工企业仍未完全摆脱无序竞争的局面,目前新疆原料番茄只能满足现有加工量的一半,番茄制品企业总体面临原料不足,开工不足的困境。

尽管部分企业与农户签订番茄收购合同时明确规定,如果番茄农药超标或使用违禁农药,企业将拒绝收购,但这往往造成农户在遭拒后转而交售给其他企业。在每年的原料收购大战中,部分企业降低标准收购番茄,导致原料番茄质量波动不定。新疆是全国乃至亚洲最大的番茄酱生产地区，番茄系列产品的研发是新疆优势资源转化战略的重要内容之一。目前新疆出口的番茄制品中，初级粗加工产品占总量的80%以上，终端产品依然较少，虽然新疆原料番茄生产成本比世界平均水平每吨低160美元以上，但销售地过于集中，成本低的优势有可能引起出口国家实施反倾销。此外，由于企业与农户利益联结机制尚未完全建立，每年企业或农民违反订单合同的行为时有发生。

四、提高新疆番茄产业国际竞争力的思考

1. 延长番茄酱后续加工链条

延长番茄酱后续加工链条可以获取产品的高额附加值，改变我国处于世界番茄制品粗加工产品基地的尴尬境地。为此，番茄加工企业应该从长计议，通过多渠道融资，加强番茄酱后续产品的研发投入。在价格内战中伤痕累累的中国番茄加工企业，应逐步把目光转向调整产品结构和加强质量管理上来，积极调整产品结构，丰富番茄制品品种。目前，新疆部分实力较强的企业已不再满足为国外企业提供原料，开始尝试进入高端市场。小包装番茄、番茄粉、番茄红素等高附加值产品的开发，极大地拉长了新疆红色经济的产业链条。不少企业与世界知名番茄产品采购商建立了销售联盟，中基公司两年前通过收购法国最大的番茄制品生产企业普罗旺斯食品公司，将自己的销售舞台直接搭建在了欧洲消费者的餐桌上，使一半法国人吃上了中国品牌的番茄酱。

2. 继续开拓国际市场，积极培育国内市场

继续开拓国外市场，重点关注国外番茄酱市场供求信息，国内番茄酱加工企业也可以通过加入世界番茄加工企业理事会等组织来获取这方面的消息；有效降低因出口市场过于集中带来的潜在市场风险，免受出口国际环境的影响。

除开拓国际市场的同时，积极培育国内市场是抵御国际市场风险的有效选择。国内市场培育的关键是加强对番茄酱保健作用的宣传力度，引导国内消费者合理提高对番茄制品的消费水平。

3. 政府加强对番茄产业链中薄弱环节的扶持力度

针对严重影响番茄制品质量的各个薄弱环节，政府应有针对性地提出保护或扶持措施，从生产、收购、加工各个环节严把质量关，提高原料番茄的种子质量，稳定原料番茄种植面积。对番茄种植农户进行间接补贴或采用其他手段保障农户利益，保证一线种植户的生产积极性和主动性。尽快解决由于采摘期过于集中而产生的番茄交售难、价格低、质量差等问题。政府应鼓励并扶持农业产业化龙头企业和番茄加工骨干企业进一步加大科研开发力度，在番茄反季节生产、储藏、保鲜、质量分级等方面花功夫、下力气，切实解决番茄产业发展中的“老大难”问题，促使新疆番茄产业持续、快速、健康发展。

4. 强化质量管理攻克贸易壁垒

新疆生产番茄制品的原料成本低、劳动力成本低既是新疆的竞争优势，也是招致贸易争端的主要原因，中国番茄酱制品企业惊人的发展速度让国外同行感到担忧，对这一优势能维持多久绝不能盲目乐观。真正意义上的竞争优势在于推动工农业生产进入管理水平高、组织程度强、劳动生产率提高，产品质量快速提升的现代化生产过程，只有这样，才可能绕过国际贸易壁垒的冲击，实现新疆番茄产业由“大”到“强”的转变，实现红色产业由“量”到“质”的完美蜕变。

（新疆维吾尔自治区统计局贸易外经处）

2009

四、专题分析篇

近几年来我国商品交易市场发展状况分析

商品交易市场作为一种新型的商品流通组织形式，伴随着我国社会主义市场经济的建设与发展而不断发展壮大。它虽然起源于过去的集市贸易活动，但其真正繁荣兴旺是在改革开放以后特别是加入世贸组织以后。

经过改革开放30年的培育和发展，商品交易市场的规模不断扩大。入世以后，中国经济的增长速度逐步加快，与世界经济的联系越来越密切，商品交易市场的发展也呈现加速之势。现在的商品交易市场已经成为我国商品流通的重要组织形式，成为人民群众日用消费品和生产、建设所需物资的重要集散地，在活跃商品流通，方便居民生活，扩大城乡就业，应对国际金融危机，推动国民经济发展等方面，发挥着重要作用。

一、商品交易市场总体发展情况

（一）市场总体规模持续扩大

截止2008年底，全国亿元以上商品交易市场数量达4567个，比2007年增加446个，比入世初期的2002年增加1309个；市场摊位数、营业面积分别为283.9万个、2.1亿平方米，年成交额52458亿元，分别比上年增长5.9%、7.1%和19%；比入世初期增长了29.6%、1.2倍和1.6倍。

从成交额的变化看：2003年突破2万亿元；2005年突破3万亿元；2007年突破4万亿元；2008年突破5万亿元；年均增速始终保持在15%以上。

（二）超大型市场发展迅速

2008年成交额10亿元以上的商品交易市场有1005个，比上年增加150个，比入世初期增加590个；其中成交额50－100亿元的市场有108个，比上年增加19个，比入世初期增加80个；成交额100亿元以上的市场有89个，比上年增加18个，比入世初期增加65个。

2008年10亿元以上市场的成交额占全部亿元市场成交额的比重为79.5%，比上年高1.6个百分点，比入世初期高15.6个百分点；其中100亿元以上市场成交额已占全部亿元市场成交额的34.5%，比上年高2.8个百分点，比入世初期高16.4个百分点。

（三）单个市场和摊位规模与效益增速显著

2008年最大的亿元市场成交额达900多亿元，比上年多9.1亿元，比入世初期多800多亿元。排在第100位的市场成交额2002年为31.1亿元，到2008年提高到85.6亿元。

2008年亿元商品交易市场平均摊位营业面积达74.8平方米，平均摊位年成交额184.8万元，单位营业面积创造的年成交额24714.9元，分别比上年增长1.2%、12.4%和11.1%，比入世初期增长58.8%、1倍和28.5%。

统计显示，市场规模越大，平均摊位年成交额越高。100亿元以上市场的摊位年平均成交额达583.8万元，比10亿元以下的市场高8倍，比10－50亿元市场高1.6倍，比50

—100亿元市场高18%；单位营业面积创造的年成交额100亿元以上市场达6.4万元，比10亿元以下市场高5倍多，比10—50亿元市场高1.6倍，比50—100亿元市场高40.3%。

(四)专业市场占主导，增速强劲；综合市场比重下降，增势趋缓

2008年专业市场数量、摊位数、营业面积、成交额分别为3319个、179.8万个、1.6亿平方米和42203.1亿元，占全部亿元市场的比重为72.7%、63.3%、75.2%和80.5%，比上年分别提高5.7、4.4、7和9.3个百分点。增速与上年相比分别达20.3%、13.7%、18.1%和34.5%。

2008年综合市场数量、摊位数、营业面积和成交额分别为1248个、104.1万个、5254.8万平方米和10254.8亿元，分别占全部亿元市场的27.3%、36.7%、24.8%和19.5%，比重大体呈下降态势，增速均在10%以下，其中营业面积呈负增长。

(五)区域经济的发展，推动了商品交易市场的建设

东部地区是我国工业生产的主要基地，在企业改制和经济体制完善方面占有绝对的优势，又具有较好的人文、经济和社会基础，商品交易市场发展较快。浙江、江苏、山东、广东、河北、辽宁等六省，2008年亿元市场数和成交额分别占全国的54.9%和60.2%，比上年增长7.6%和15.5%，比入世初期增长31.5%和1.5倍。单位营业面积创造的年成交额为2.49万元/平方米，比上年增长5.7%。东部沿海三大地带(环渤海、长三角、珠三角)亿元市场数和成交额占全国的39.7%和54.8%，比上年分别增长8.9%和15.6%；单位营业面积创造的年成交额为3.58万元/平方米，高出全部亿元市场44.7%。

中西部地区如山西、贵州、云南、陕西、甘肃、青海、宁夏、新疆等地经济基础较薄弱，商品交易市场发展较为缓慢，亿元市场数和成交额仅占全国6%和4%；单位营业面积创造的年成交额仅为1.42万元/平方米，比全国低近一半。

值得指出的是，近几年来一些中西部地区逐渐重视商品交易市场的发展，如湖北、广西、重庆、四川、内蒙古、吉林、黑龙江、陕西、新疆等地，亿元市场成交额的增幅均超过30%，有的甚至高达60%以上。

二、商品交易市场发展中存在的问题

近几年来商品交易市场发展虽然取得了显著的成绩，但也存在一些问题，主要是：

(一)流通方式初级，交易方式传统，组织化程度低，交易的集约化和集中化较弱，缺乏现代交易市场应有的规范与效率，制约了商品交易市场的发展。

(二)市场长效监管机制不健全、不完善，法制建设相对滞后。政府有关部门对商品交易市场的监管仍停留在一般水平，缺乏现代化的管理方法与技术手段，特别是在市场长效监管机制方面不够健全完善。一些商品交易市场对市场准入与运作不规范，对摊位租赁者和进驻厂家、商家没有进行严格的资质审查，造成市场上“三无”商品与假冒伪劣产品不能从根本上得到杜绝，对于如何把商品交易市场纳入规范化管理的轨道还缺乏系统的制度建设和配套措施。

(三)市场信息化建设相对滞后，信息渠道不畅通，信息质量不高，生产者和消费者不能及时了解和掌握有关信息，生产与消费之间的隔离比较严重，生产者不了解消费者需求，给生产带来一定的盲目性，商品交易市场指导生产、调节消费的信息功能发挥的不够充分。

(四)新型业态的快速发展对商品交易市场提出挑战。近几年来，超级市场、便民店、专卖店、仓储式商店及购物中心等新型流通业态蓬勃发展，它们运用配送、代理制等现代商业组织形式和规范化流通运作模式，在商品流通领域不断扩大自己的份额，对传统的商品交易市场的发展提出挑战。在这种情况下，商品交易市场如果继续沿用传统经营方式和管理手段，将很难在日益激烈的市场竞争中占据优势。

三、进一步促进商品交易市场发展的对策建议

(一)加强市场法制和基础设施建设，提高市场管理水平，提升市场功能和档次

首先，要进一步健全完善有关市场管理的法律法规体系，加强市场准入与运作的规范化管理，坚决打击和杜绝假冒伪劣商品和市场欺诈行为，保护消费者合法利益，维护市场公平竞争。其次，要围绕加强市场科学管理，进一步加快市场的基础设施和配套设施建设，有条件的市场要积极开展电子统一结算、产品质量检测，发挥信息网络的作用，以提升市场档次、改善市场形象。第三，要积极扶持产区交易市场建设，提高市场主体的组织化程度。加强城乡商品交易市场的功能建设，企业性的交易市场可以外建基地连接生产者，内建零售系统直接面对消费者，成为产销衔接、供需一体的生产经营性场所。

(二)加快培育规模化经营的现代批发商

一方面，市场的管理者应引导经营者按照现代流通方式，朝着现代企业方向发展；另一方面，要积极引进大生产商、大批发商、大代理商入场经营，对在国际和国内都享有很高知名度的品牌企业，要积极创造条件吸引它们进入市场，加强品牌实力、品牌形象和品牌认知的经营建设。以名牌产品和龙头企业引导产业链的延伸和优化，通过他们的规范化经营带动商品交易市场整体素质的提高。

(三)将现代经营理念和技术引入商品交易市场运营管理

通过资本运营、收购、兼并、重组等现代手段，改变商品交易市场经营模式，通过资源优化，构建大型批发集团，形成以大型批发集团为核心的产品供销链，从而降低流通成本，增强市场整体竞争力。

(四)政府部门要为商品交易市场的发展进一步拓展空间

实践证明，商品交易市场只有通过健全的法律法规、高效运行的竞争机制、严格的市场准入制度和现代化的交易方式和手段作保障，才能不断完善、发展、提高，才能在激烈的市场竞争中取得突破，实现可持续发展。政府应在指导商品交易市场发展方面发挥职能作用。未来的商品交易市场不应仅是经营摊位的简单集合，而更多的应成为商品、信息、交通和服务的集合地，成为批发企业之间、批发企业与零售企业之间、批发企业与生产企业之间的横向联合基地，不断地从传统的市场存在形式转向新型现代化流通组织形式，从传统的交易手段转向现代营销方式和现代交易方式，不断地扩大经营规模，在发展中求得最佳经济效益。

(国家统计局贸易外经司　王克臣　李　敏　刘晓燕)

入世以来我国农产品市场发展状况研究

入世以来，农产品市场不论在数量还是规模等方面都取得了突飞猛进的发展。农产品市场已经成为我国农产品流通体系的重要组成部分，成为农业生产者向消费者提供商品的重要交易平台，在促进农业生产发展、提高农民收入、增加农民就业、保证城市商品供应等方面都在发挥着重要的基础性作用。回顾入世以来农产品市场的发展过程，研究在经济全球化的背景下，如何适应形势发展需要，进一步建设和发展好我国的农产品市场，构造一个更加开放、更具竞争力、更加规范、活跃、顺畅、高效的国内农产品流通体系，对于进一步加强农业基础地位，保持和促进国民经济平稳、健康、快速发展，具有十分重要的现实意义。

一、现状和特点

(一)市场发展迅猛，规模增速惊人

入世以来，我国亿元以上农产品交易市场(以下简称农产品市场)快速发展。2002年末，全国有亿元以上农产品交易市场1189个，到2007年末已发展到1562个，年均增速近5%。由于农产品市场数量的增加推动了市场摊位数、营业面积和成交额的快速增长，2007年末全国农产品市场摊位数、营业面积分别为94万个、4776.6万平方米，年成交额突破1万亿元，分别比上年增长5.7%、9.6%、12.2%和20.4%；比入世初期(2002年，下同)分别增长了36.4%、113%和158%。2007年农产品市场数和摊位数均占全部亿元市场数和摊位数的1/3，营业面积和年成交额均占1/4，增速十分惊人。

农产品市场在整体规模扩大的同时，单个市场的平均规模也在增大。2007年农产品市场平均摊位营业面积达50.8平方米，比2006年增长了6.2%，比入世初期增长了56.1%；2007年平均摊位年成交额达104.6万元，比2006年增长了8.1%，比入世初期增长了66%。

表1 农产品市场基本情况

指标	2002年	2003年	2004年	2005年	2006年	2007年
市场数(个)	1189	1198	1213	1268	1497	1562
摊位数(个)	688725	664152	671447	740724	888977	939699
营业面积(平方米)	22426611	24185252	24637414	31042205	42562626	47765947
成交额(万元)	43395196	47595091	54781678	71695305	93002211	111943480

成交额超过10亿元的农产品市场由2002年的78个、2006年的216个增至2007年的279个，其中，成交额超过100亿元的农产品市场由2002年的仅1个、2006年的4个增至2007年的10个。2007年10亿元以上的农产品市场成交额达7519.4亿元，占亿元农产品市场成交额的67.2%，比2006年增长29.3%，比入世初期增长了3.5倍。其中，2007年100亿元以上的农产品市场成交额达1364.4亿元，占亿元农产品市场成交额的

18.1%,比2006年增长6.1%,比入世初期增长了10.1%。

(二)市场经济效益显著

农产品市场在规模扩大的同时,经济效益也十分显著。2007年农产品市场单位营业面积创造的年成交额达23435.8元/平方米,比2006年增长了7.3%,比入世初期增长了21.1%。其中,干鲜果品市场、水产品市场、蔬菜市场、肉食禽蛋市场2007年单位营业面积创造的年成交额分别达25754.4元/平方米、55346.7元/平方米、16422.3元/平方米和46442.2元/平方米,比2006年分别增长了1.7%、6.5%、10.7%和68.9%;比入世初期分别增长了79.2%、71.6%、27.8%和124.1%。在农产品市场中,水产品市场和肉食禽蛋市场2007年单位营业面积创造的年成交额分别为农产品市场平均值的1.4倍和1倍。

表2 农产品市场单位营业面积创造的年成交额

单位:元/平方米

指标	2002年	2003年	2004年	2005年	2006年	2007年
农产品市场	19349.9	19679.4	22235.2	23096.1	21850.7	23435.8
#粮油市场	26206.6	24920.1	25655.1	20415.9	17956.8	26836.1
干鲜果品市场	14370.7	15283.0	18232.2	21855.5	25332.9	25754.4
水产品市场	32247.1	31789.8	34233.1	44251.3	51966.7	55346.7
蔬菜市场	12845.7	12843.1	15463.6	21179.6	14829.5	16422.3
肉食禽蛋市场	20721.6	23166.4	36777.6	30945.6	27500.2	46442.2
土畜产品市场	12178.8	16784.6	19577.0	59401.0	31458.4	25129.5
花卉市场				3228.1	4205.6	2240.3

(三)批发经营特色突出

我国大宗农产品流通多数是通过大型农产品批发市场来完成的。由于我国农产品品种多、数量大、交易集中,特别是区域之间的农产品流通基本上都是以批发形式,通过中心农产品交易市场和区域性农产品交易市场实现,因此,在目前情况下,以批发经营为主的农产品市场无论是在规模上,还是在实现的经济效益上都明显优于零售经营的农产品市场。

从规模上看,以批发经营为主的农产品市场平均摊位数由2002年的595.9个、2006年的633.2个增至2007年的645.1个;而以零售经营为主的农产品市场却由2002年的567.1个、2006年的551.9个减少至2007年的551.3个。

2007年以批发经营为主的农产品市场平均摊位营业面积和平均摊位年成交额分别达73.1平方米和174.3万元,是以零售经营为主市场的3.2倍和3.6倍。

从经济效益上看,以批发经营为主的农产品市场单位营业面积创造的年成交额由2002年的17757.8元/平方米、2006年的21732.9元/平方米增至2007年的23834.4元/平方米;而以零售经营为主的农产品市场却由2002年的22398.3元/平方米、2006年的22318.7元/平方米降至2007年21710.1元/平方米。

表3 不同经营方式的农产品市场基本情况

年份	农产品批发市场				农产品零售市场			
	市场数（个）	摊位数（个）	营业面积（平方米）	成交额（万元）	市场数（个）	摊位数（个）	营业面积（平方米）	成交额（万元）
2002	503	142183	14732551	26161789	686	361939	7694060	17233407
2003	523	137219	16476784	30439550	675	350889	7708468	17155541
2004	542	147972	17324883	37838679	671	340689	7312531	16942999
2005	611	109821	23930858	54270761	657	237696	7111347	17424544
2006	772	170811	34004973	73902641	725	335788	8557653	19099570
2007	838	190052	38803960	92486954	724	340385	8961987	19456526

(四)专业市场发展迅速，综合市场效益优势明显

入世以来，农产品专业市场由355个，发展到2006年的686个，2007年的732个，六年中农产品专业市场的数量增加了一倍多，仅2007年就比2006年增加了46个。2007年农产品专业市场的摊位数、营业面积、成交额分别达40.9万个、2903.4万平方米、6146.5亿元，比2006年增长了7%、23.7%、23.9%；比2002年增长了1.2倍、2.1倍、2.8倍。

农产品综合市场的发展速度低于农产品专业市场，但是，农产品综合市场由于单个市场规模小，周转速度快，成本低，经济效益好于农产品专业市场，其单位营业面积创造的年成交额2007年达26948.5元/平方米，比2006年增长18.5%，比农产品专业市场高27.3%。

表4 农产品综合市场和农产品专业市场基本情况

年份	农产品综合市场				农产品专业市场			
	市场数（个）	摊位数（个）	营业面积（平方米）	成交额（万元）	市场数（个）	摊位数（个）	营业面积（平方米）	成交额（万元）
2002	834	504122	13043064	27406153	355	184603	9383547	15989043
2003	820	488108	14158995	30070579	378	176044	10026257	17524512
2004	816	488661	14115611	33001084	397	182786	10521803	21780594
2005	539	347517	10096934	24120444	729	393207	20945271	47574861
2006	811	506599	19086033	43392938	686	382378	23476593	49609273
2007	830	530437	18731473	50478541	732	409262	29034474	61464939

(五)市场交易环境改观，推动整体经济效益提升

从交易形式上看，农产品市场由露天式改进为顶棚式，再到楼层式、商场型的高档次市场，经历了一个逐步发展的过程。2007年露天式农产品市场有309个，占农产品市场的19.8%；条件较好的全封闭式市场有981个，占62.8%；半封闭式市场有272个，占17.4%。2007年露天式市场的成交额占19.1%，封闭式市场和半封闭式市场分别占61.5%和19.4%。交易环境的改善，提升了农产品市场的形象，迎来了更多的商机，也推动了市场经济效益的增长。2007年封闭式市场单位营业面积创造的年成交额达32458.4元/平方米，比2006年增长15.3%，比2002年增长34.8%；而2007年露天式市场单位营业面积创造的年成交额仅为13683.4元/平方米，比2006年下降0.4%，比2002年下降2.1%。

表 5　不同经营环境的农产品市场基本情况

年　份	露天式农产品市场				封闭式农产品市场			
	市场数（个）	摊位数（个）	营业面积（平方米）	成交额（万元）	市场数（个）	摊位数（个）	营业面积（平方米）	成交额（万元）
2002		153958	6041627	8444610		407162	11140372	26829026
2003	217	163330	6515244	9265967	760	380270	11410493	29102798
2004	195	146604	6236904	8224085	786	393653	12894548	34588593
2005	217	159474	7089689	12831551	801	411178	16324358	43216630
2006	259	190170	11573892	15908209	952	498254	20293338	57141369
2007	309	230542	15631234	21388879	981	524155	21223160	68887041

（六）城市农产品市场向超市化发展

城市农产品流通主要是通过农产品进入超市这一渠道来完成的。农产品通过交易市场进入城市超市，在一定程度上缓解了小规模生产方式与大市场的矛盾，减少了农产品生产的市场风险。与此同时，一些超市也逐渐吸取了农产品市场的经营特点，如前店后厂的手工作业、摊位式经营等。城市农产品市场的发展已呈现农进超、农改超、农加超等模式，这些新型模式提升了农产品市场的形象和经济效益。2007 年农产品市场在大、中、小城市的单位营业面积创造的成交额分别为 29637 元/平方米、21212 元/平方米、18648 元/平方米，比入世初期分别增长 19.3%、21.7%、25.4%。

表 6　城市农产品市场基本情况

城　市	指　标	单　位	2002 年	2003 年	2004 年	2005 年	2006 年	2007 年
大城市	市场数	个	412	415	424	427	487	517
	摊位数	个	236553	231937	242586	264765	309516	315648
	营业面积	平方米	8371272	9502581	9994532	12786004	17510203	17113630
	成交额	万元	20798381	21969602	25850646	32390507	42198189	50719068
中城市	市场数	个	386	376	365	368	491	476
	摊位数	个	206388	193276	184609	190567	259629	260416
	营业面积	平方米	6621031	6480949	5871332	7413378	12034471	15850739
	成交额	万元	11537502	12439088	14315488	20371214	27478085	33622432
小城市	市场数	个	391	407	424	473	519	569
	摊位数	个	245784	238939	244252	285392	319832	363635
	营业面积	平方米	7434308	8201722	8771550	10842823	13017952	14801579
	成交额	万元	11059313	13186401	14615544	18933584	23325937	27601980

二、农产品市场经营模式的优势

（一）有利于产需衔接，扩大农产品交易规模

家庭联产承包经营制是我国农村的基本经营制度，在一定程度上强化了农业生产的分散性和小规模生产的特点，由此带来了大量小规模交易的需求，而农产品市场较好地适应了我国农业生产的这一根本特点，将分散生产而形成的农产品相对集中在一起进行交易，较好地解决了农产品产需衔接问题。

(二)有利于降低信息费用,减少交易成本

农业生产不同于工业生产,常年面临自然风险,易受天气、温度、雨水等影响,很难保证产出的均衡,而自然条件不可能完全预测,农产品产量和价格将发生相应波动,最终加大交易的难度。而通过农产品市场集中交易能以更低的费用获取交易信息,减少交易成本。

(三)有利于以市场为导向对农业资源进行合理配置和开发

农产品市场对农业资源的合理配置和开发能够起到导向作用,形成以农产品市场为核心的综合产业群,带动农产品生产、加工、运输、仓储、包装、餐饮、住宿、金融、通讯等相关产业的发展,通过培育农产品经销户和农民经纪人,使部分农民从生产领域分离出来,专业从事农产品运输和销售,一方面可以解决农村剩余劳动力的就业问题,另一方面也可以提高城乡居民对农产品需求的质量和档次。

(四)有利于工商、税务等政府相关部门监管

农产品市场内交易门店(摊位)集中,政府监管部门制定的政策易于传播,便于监督和检查。

(五)有利于农产品市场对外开放,与国际市场逐步接轨

入世以来,我国农产品对外开放程度不断提高,与国际农产品市场的关联程度日益增强,农业贸易依存度逐年增加,与国际农产品市场逐步接轨。通过农产品市场集中起来的农产品经销商可以协同作战,共同参与国际农产品市场贸易和竞争,有利于自我保护和创农产品国际品牌。

三、存在问题

(一)流通方式初级,市场组织化程度低

目前,我国农产品流通主要是采取"产地收购—产地市场集散—销地市场集散—城乡商贩零售"的路径进行现货交易。农民在生产前与流通者签订购销合同的不多,一般是先将产品生产出来,再寻找收购者,除一些地方的专业协会外,农民进入流通领域基本上是单独进行。由于与购买方之间没有建立稳定的供销关系,没有签订购销契约,规模化、组织化程度比较低,无法通过交易次数的集约化和商品储存的集中化来实现规模效益,加大了农产品流通环节的风险。

(二)交易方式传统,品牌意识淡薄

目前,大部分农产品市场仍是传统型市场,以现货交易为主,代理结算还不普遍,会员制和竞价拍卖交易方式尚处于萌芽阶段。市场经营者品牌意识淡薄,自身经营特色不突出,提供的服务简单。发达国家的农产品市场通常都具有商品分级整理、加工包装、质量验证、结算服务、委托购销、代理储运、信息提供、代办保险等配套功能,相比之下,我国农产品市场的功能非常有限,无法在市场管理者与经营者之间形成良性互动。加之,许多市场内商品摆放杂乱,交易起点低,缺乏现代交易市场应有的规范与效率,客观上制约了农产品流通新模式的孕育,制约了农业产业化的发展。

(三)市场信息化建设相对滞后

一是对于全国市场来说,信息量远远不够,许多地区的农业生产还不能得到信息的指导;二是信息渠道不畅通,有的到不了乡村基层,使众多的龙头企业、种植户和运销大户对市场需求不甚了解;三是信息质量不高,信息包含的要素不全、不准确;四是信息滞后,即时信息十分短缺。农产品生产者和消费者如果长期处于被隔离状态,生产者不了解消费者需求,难以提高产品质量,也不利于农产品市场的发展。

(四)市场长效监管机制不健全、不完善

目前,政府有关部门对农产品市场的监管

仍停留在一般水平，缺乏现代化的管理方法与技术手段，特别是在市场长效监管机制方面不够健全完善，对于如何把农产品市场纳入规范化管理的轨道还缺乏系统的制度建设和配套措施。

四、对策和建议

（一）合理布局农产品市场，避免近距离重复建设和相互间恶性竞争

农产品市场在规划布局方面还存在着一定的盲目性，缺少统一的管理与协调，近距离重复建设现象仍然存在，有些地区市场布局过密，致使需求不旺、农户和经营者利益受损。要扭转这种状况，最根本和有效的措施在于政府有关主管部门要制定科学合理的农产品市场布局规划，根据粮食、棉花、食糖、蔬菜、肉禽蛋、土畜产品、水产品等主要农产品的特点，区别产地、销地、集散地和口岸的不同情况进行合理布局，使农产品在全国范围内合理流动，减少不合理的地区差价以及为追求这种地区差价而进行的投机贩运所带来的市场资源浪费，提高市场整体效益。

（二）加强基础设施建设，提升农产品市场的档次和功能

首先，要围绕加强市场科学管理，进一步加快市场的基础设施和配套设施建设，有条件的市场要积极开展电子统一结算、加强农药残留和产品质量检测，引导农产品分级分类包装和销售，发挥信息网络的服务功能作用，以提升市场档次、改善市场形象。其次，要积极扶持产区交易市场建设，提高市场主体的组织化程度。加强城市农产品市场功能建设，企业性的交易市场可以外建基地连接生产者，内建零售系统直接面对消费者，成为产销衔接、供需一体的农产品生产经营性场所。

（三）培育规模化经营的现代批发商

未来的农产品市场应该成为批发企业的集合，改变个体摊位经营的现状。一方面，交易市场的管理者应引导经营户按照现代流通方式，朝着现代企业方向发展；另一方面，引进大生产商、大批发商、大代理商入场经营，对在国际和国内都享有很高知名度的品牌企业，要积极创造条件吸引它们进入市场，加强农产品品牌实力、品牌形象和品牌认知的经营建设。以名牌产品和龙头企业引导产业链的延伸和优化，通过他们的规范化经营带动农产品交易市场整体素质的提高。

（四）将现代经营理念和技术引入农产品市场

通过资本运营、收购、兼并、重组等现代手段，改变农产品市场经营模式，通过资源优化，构建大型批发集团，形成以大型批发集团为核心的农产品供销链，从而降低流通成本，增强市场整体竞争力。

（五）加快监管方式转变，努力为市场创造平等竞争环境

随着政府职能的转变和市场体系的日臻完善，政府有关部门要进一步转变市场监管方式，加大为市场服务力度。一方面，要完善行政执法、市场监管体系，健全产品质量监管机制，严厉打击制假售假、商业欺诈等违法行为，维护和健全市场秩序；另一方面，要建立信用分类管理和失信惩戒制度，逐步开放信用服务体系，通过诚信宣传和法律服务，引导市场商户文明经营，诚信守约。

（国家统计局贸易外经司　王克臣　李敏）

我国区域经济发展差距的成因与走向实证分析

改革开放30年来，我国国民经济保持了9.8%的年均增长速度，取得了举世瞩目的成就。伴随着经济的高速增长，经济发展不平衡、不协调的问题也随之产生，主要表现为区域经济发展差距扩大，发展不协调的矛盾日渐突出，并呈逐步扩大之势，特别是东部沿海地区与其他地区的经济发展差距越来越大。作为一个发展中的大国，区域经济发展差距不仅成为当前社会关注的热点问题之一，也成为未来经济和社会发展中的重大挑战。

区域经济发展差距长期持续扩大所造成的现实和潜在的负面影响是不容忽视的。面对区域差距日益扩大的现实，国家实施了推进西部大开发、振兴东北等老工业基地、促进中部地区崛起等一系列重大的区域经济政策，以协调区域经济发展。

目前，我国新的区域发展格局正在形成，即：西部提速、东北攻坚、东部保持、东西互动、拉动中部。统筹区域发展，建立和健全区域经济协调发展的机制，对于促进我国经济社会协调发展的意义是不言而喻的。

从发展趋势看，缩小区域发展差距，推动区域经济协调发展依然任重道远。如何促进我国区域经济协调发展，成为保证我国经济社会全面、持续、稳定和健康发展的关键所在。

本文运用人均GDP的基尼系数和泰尔指数，对1978—2007年我国区域经济发展差距的水平、程度和构成进行测量，并建立了一个因素分析基本模型和三个要素扩展模型，分别探讨各要素的投入量差异和边际效益差异对区域经济发展差距的影响方式和程度。最后，采用定性与ARIMA时间序列模型方法，对区域发展的差距变化趋势进行分析预测，提出缩小区域发展差距的几点建议。

一、区域发展差距水平及其演变

目前，我国区域发展的战略格局正由传统的沿海、内地两大板块，演化为改革开放后的东、中、西三大经济地带，再发展到目前的东部、东北、中部、西部四大经济区域。本文根据这种新变化，把全国从东向西划分为四大经济区域：

东部地区：北京、天津、河北、上海、江苏、浙江、福建、山东、广东和海南；

东北地区：辽宁、吉林和黑龙江；

中部地区：山西、安徽、江西、河南、湖北和湖南；

西部地区：内蒙古、广西、重庆、四川、贵州、云南、西藏、陕西、甘肃、青海、宁夏和新疆。

度量区域差距大小的指标较多，可以采用多种指标对区域经济差距进行测度和分解，包括基尼系数（Gini）、泰尔指数（Theil）、变异系数（coefficient of variation）、加权变异系数、标准差、离均差系数等。本文主要从经济发展水平的角度来观察区域发展差距，在利用1982—2006年人均GDP、人均固定资产投资额和居民消费水平分析区域经济发展绝对差距的基础上，用人均 GDP 指标的基尼系数①和泰尔指数②对区域经济发展差距进行测度与分解。基尼系数和泰尔指数的数值越小，说明区域间不平衡程度越小；泰尔指数可以将区域总体差距分解为区域内差距和区域间差距。

近 30 年来，我国区域发展差距经历了由逐年缩小演变为持续扩大，后转为相对平稳的演变过程，其变化有以下几大特点：

(一)区域间的绝对差距呈扩大态势

按区域计算的人均 GDP、人均固定资产投资额和居民消费水平结果显示(具体数据请参见附表 1)，我国区域间的差距是显而易见的。如 2006 年我国西部地区人均 GDP 仅相当于东部地区 1997 年的水平，大约落后 10 年左右；西部地区人均固定资产投资额 2006 年相当于东部地区 2002 年的水平，相差 4 年左右；西部地区居民消费水平与东部地区相比，也相差 10 年左右。

从区域间差距程度看，西部地区人均 GDP 与东部地区的差距由 1982 年的 2.56 倍扩大到 2006 年的 2.73 倍；居民消费水平由 1.52 倍扩大到 2.52 倍；人均固定资产投资额西部与东部区域差距由 1982 年的 2.40 倍扩大到 1995 年 4.07 倍。最近 10 多年来，国家加大了对西部地区的投资力度，使东、西部的差距缩小到 1.89 倍。

(二)发展差距由逐年缩小演变为持续扩大

如图 1 所示，用人均 GDP 的基尼系数和泰尔指数测度的我国区域经济发展差距的总体走势类似“V”型(具体数据请参见附表 2)。基尼系数由 1978 年的 0.3573 降低到 1990 年的 0.2595，达到 1978 年以来的最低点；90 年代以后，区域差距的上升幅度明显加大，基尼系数进入快速提升的通道，由 1991 年的 0.2630 上升到 2004 年的 0.3193；最近 3 年表现相对稳定，在 0.30 至 0.31 之间，呈逐年下降趋势。泰尔指数的变化与基尼系数基本同步。

(三)区域差距水平与经济发展速度逆向变化

从我国经济发展速度与区域差距水平的关系看出，两者呈逆向变化：在经济发展速度越快的阶段，区域发展差距越大；在经济发展速度缓慢的阶段，区域发展差距相对缩小。1978－1990 年，我国人均 GDP 年均增长 6.9%，而这一期间基尼系数逐年降低；1991－2004 年，人均 GDP 年均增长为 7.8%，基尼系数稳步上升；2005－2007 年，虽然人均 GDP 增长率达 10.7%，但在此期间，国家出台的多项扶持中、西部发展政策陆续产生效应，如西部大开发、振兴东北老工业基地、中部崛起和农村税费改革等政策相继实施，成效显著。促进区域协调发展为主的宏观政策，缓解了区域差距扩大的势头，没有出现经济快速增长与区域差距显著扩大的现象。

(四)区域总体差距由区域内差距为主逐步转变为以区域间差距为主

图 2 描述的是人均 GDP 的泰尔指数的一级分解项的走势图。从区域差距的内部构成看，区域内差距对总体差距的贡献率由 1978 年的 68.47% 逐年下降至 1997 年的最低点 28.03%，之后几年内一直在 30% 左右徘徊；此消彼长，区域间差距对总体差距的贡献率由 1978 年的 31.53% 逐年上升至 1997

---

① 基尼系数的计算公式为：$G=\frac{1}{2Y}\cdot\frac{1}{n(n-1)}\sum_{i}^{n}\sum_{j}^{n}|Y_i-Y_j|$。

② 泰尔指数的一级分解公式为：$Tp=\sum_{i}\left(\frac{Y_i}{Y}\right)Tp_i+\sum_{i}\left(\frac{Y_i}{Y}\right)\log\left(\frac{Y_i/Y}{N_i/N}\right)=Twr+Tbr$，其中，$Tp_i=\sum_{j}\left(\frac{Y_{ij}}{Y_i}\right)\log\left(\frac{Y_{ij}/Y_i}{N_{ij}/N_i}\right)$为第 i 区域内的省际差距系数，Twr 为区域内差距，Tbr 为区域间差距。

年的最高点71.97%，之后几年内在70%左右徘徊，表明我国区域经济发展总体差距已由区域内差距为主转变为以区域间差距为主。

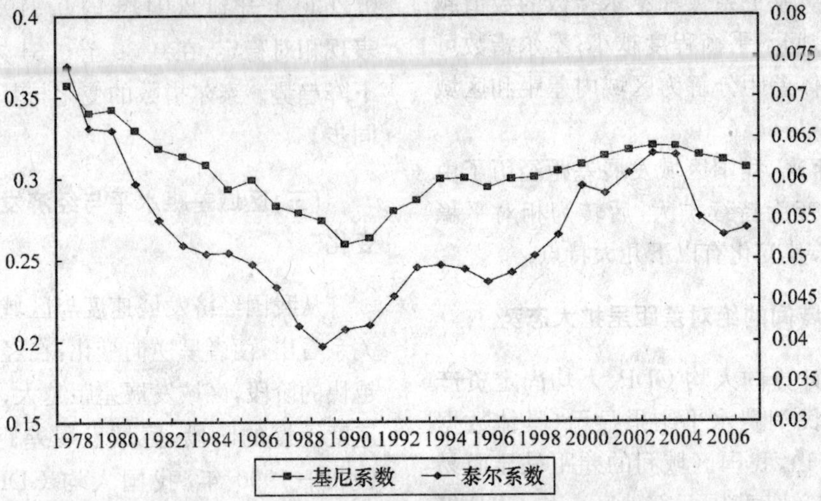

图1　人均GDP的基尼系数和泰尔指数走势图

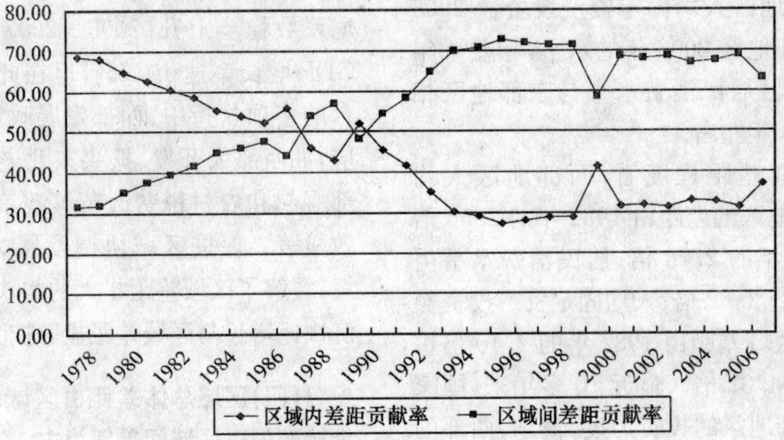

图2　人均GDP的泰尔指数一级分解项走势图

（区域内差距贡献率vs区域间差距贡献率）

二、区域发展差距因素分析模型的建立与分析

（一）模型理论假设

新经济增长理论指出，资本、劳动力、技术创新、制度创新和土地等是促进经济增长的主要因素。一方面，资本和劳动力的投入量大小、自然资源的拥有程度、技术和制度的创新程度等方面的差异，是导致区域经济发展差距的主要原因；另一方面，由于省际之间的地理区位、经济发展政策取向等方面存在很大差异，导致各经济增长要素在不同地区会有不同的边际效益，也是导致区域经济发展差距的重要原因。

根据这一理论，本文首先建立一个因素分析基本模型，从中找出促进区域经济增长的要素机制，用以说明各要素的投入量差异对区域经济发展差距的影响。然后，引入区域虚拟变量与主要经济增长要素的交叉项，建立要素扩展模型，试图找出各要素在不同区域内的不同弹性系数，用以说明各要素的边际效益差异是形成区域经济发展差距的另一方面主要原因。

(二)模型设定

本文采用人均GDP的自然对数①(LnGDP)作为模型的因变量。在自变量的选择方面，从资本因素、人口因素、制度因素、对外开放程度、基础设施状况、科技创新水平和产业结构等七个方面，选取相应变量进入模型。如表1所示。

表1　自变量列表

因　素	变　量	含　义	计量单位	符号表示
资本因素	人均固定资产投资(自然对数)	资本投入	元	ln INV
	实际税率：地方财政收入与地区生产总值之比	资本积累	%	
人口因素	人口自然增长率	人口增长	‰	GPOP
	城镇化率：非农人口比重	人口迁移	%	RUP
制度因素	国有企业职工比重	国企改革	%	RSOE
对外开放程度	人均出口额(自然对数)	开放程度	美元	lnEX
基础设施状况	万人公路里程(自然对数)	基础设施	公里	lnROAD
科技创新水平	每万人专利申请受理数量(自然对数)	科技创新	个	lnPATENT
产业结构	第二产业增加值占地区生产总值比重	产业结构	%	C_2
	第三产业增加值占地区生产总值比重	布局和调整	%	C_3

因素分析基本模型的表达式如下：

$$\begin{aligned}\ln GDP_{it}=&\beta_0+\beta_1\ln INV_{it}+\beta_2 RTAX_{it}\\&+\beta_3 GPOP_{it}+\beta_4 RUP_{it}\\&+\beta_5 RSOE_{it}+\beta_6\ln EX_{it}\\&+\beta_7\ln ROAD_{it}+\beta_8\ln PATENT_{it}\\&+\beta_9 C_{2it}+\beta_{10}C_{3it}+\mu_i+\upsilon_t+\varepsilon_{it}\end{aligned}\quad(1)$$

因素分析要素扩展模型的表达式如下：

$$\begin{aligned}\ln GDP_{it}=&\beta_0+\beta_1\ln INV_{it}+\beta_2 RTAX_{it}\\&+\beta_3 GPOP_{it}+\beta_4 RUP_{it}\\&+\beta_5 RSOE_{it}+\beta_6\ln EX_{it}\\&+\beta_7\ln ROAD_{it}+\beta_8\ln PATENT_{it}\\&+\beta_9 C_{2it}+\beta_{10}C_{3it}+\beta_{11}d_2*[\,]_{it}\\&+\beta_{12}d_3*[\,]_{it}+\beta_{13}d_4*[\,]_{it}\\&+\mu_i+\upsilon_t+\varepsilon_{it}\end{aligned}\quad(2)$$

其中，d_2、d_3 和 d_4 为三个区域虚拟变量，分别代表东北三省、中部六省和西部十二省(区、市)；$[\,]_{it}$ 表示相应的要素变量；μ_i 为不可观测的地区效应；υ_t 为不可观测的时间效应；$\varepsilon_{it}\sim N(0,\sigma^2)$ 为随机扰动项，服从于标准正态分布。

(三)模型的实证检验

用于模型实证检验的数据为1995—2006年全国31个省(自治区、直辖市)的面板数据，对名义指标数据进行了可比价预处理。各指标数据均来源于国家统计数据库和《中国统计年鉴》。需要说明的是，对重庆市1995年和1996年两年的数据进行插补，并调整了四川省相应的数据。

表2为因素分析基本模型、固定资产投资扩展模型、城市化率扩展模型、出口扩展模型的估计结果。在四个模型中，Breusch－Pagan拉格朗日乘数检验和Hausman设定检验都拒绝了零假设，表明固定效应(Fixed Effect)模型的估计结果更加有效。

① 当因变量为对数形式时，模型中某自变量的beta系数( )的经济含义是：在控制其他自变量的情况下，该自变量每增加1个计量单位，可以引起人均GDP变动(上升或下降) 个百分点。

表 2　因素分析基本模型和三个要素扩展模型的估计系数和 t—检验 P 值

变量/检验	因素分析基本模型（固定效应）	固定资产投资扩展模型（固定效应）	城市化率扩展模型（固定效应）	出口扩展模型（固定效应）
lnINV	0.4748 (0.000)	0.5361 (0.000)	0.4873 (0.000)	0.4805 (0.000)
RTAX	0.0115 (0.078)	0.0111 (0.087)	0.0129 (0.049)	0.0099 (0.138)
GPOP	−0.0076 (0.047)	−0.0126 (0.002)	−0.0092 (0.021)	0.0041 (0.013)
RUP	0.0125 (0.000)	0.0099 (0.000)	0.0121 (0.000)	0.0114 (0.000)
RSOE	−0.0031 (0.018)	−0.0022 (0.097)	−0.0029 (0.030)	−0.0028 (0.040)
lnEX	0.0305 (0.065)	0.0357 (0.030)	0.0429 (0.012)	0.0570 (0.018)
lnROAD	0.0335 (0.137)	0.0310 (0.170)	0.0246 (0.276)	0.0308 (0.177)
lnPATENT	0.0588 (0.002)	0.0510 (0.007)	0.0495 (0.009)	0.0524 (0.007)
C_2	−0.0045 (0.122)	−0.0052 (0.087)	−0.0057 (0.062)	−0.0055 (0.068)
C_3	0.0056 (0.022)	0.0051 (0.037)	0.0048 (0.057)	0.0051 (0.041)
$d_2 * INV$		−0.0724 (0.022)		
$d_3 * INV$		−0.0264 (0.291)		
$d_4 * INV$		−0.0735 (0.002)		
$d_2 * RUP$			−0.0043 (0.700)	
$d_3 * RUP$			0.0059 (0.122)	
$d_4 * RUP$			−0.0077 (0.044)	
$d_2 * EX$				−0.0491 (0.125)
$d_3 * EX$				0.0018 (0.942)
$d_4 * EX$				−0.0294 (0.175)
常数项	5.3166 (0.000)	5.2453 (0.000)	5.3432 (0.000)	5.3302 (0.000)
B—P 检验	chi2(1) = 494.51 (0.000)	chi2(1) = 357.56 (0.000)	chi2(1) = 360.87 (0.000)	chi2(1) = 381.79 (0.000)
Hausman 检验	chi2(10) = 220.33 (0.000)	chi2(13) = 345.99 (0.000)	chi2(13) = 339.45 (0.000)	chi2(13) = 280.50 (0.000)

(四)模型解释

从因素分析基本模型的估计结果中,可以看出:

1. 除万人公路里程和第二产业比重的系数未通过10%置信水平的显著性检验外,其他变量的系数分别在10%、5%和1%显著水平上显著。

2. 人均固定资产投资的系数显著(1%置信水平)为正,且系数值最大,成为影响地方经济增长的最主要因素。系数估计值为0.4748,表明在控制其他因素不变的情况下,人均固定资产投资额每增长1个百分点,就能带动人均地区GDP平均增长0.4748个百分点。由于东部地区是我国改革开放的前沿,特别是1992年邓小平同志南巡讲话之后,全国掀起了东部投资热,整个二十世纪九十年代,无论是投资总额还是投资增长速度,东部地区都远远超过东北、中部和西部地区,这是区域经济发展差距急剧扩大的最主要原因之一。2000年以来,国家陆续实施了西部大开发、振兴东北、中部崛起等区域发展战略,加大了对西部地区、东北三省和中部地区的投资规模,成为2003年以后区域经济发展差距由逐年扩大转变为基本稳定的主要原因之一。

3. 人均出口额的系数显著为正,系数估计值为0.0305,表明在控制其他因素不变的情况下,出口每增长1个百分点可以带动地区GDP平均增长0.0305个百分点。由于90年代以来我国85%以上的出口额发生在东部地区,出口对经济增长的促进作用成为拉大东部地区与其他地区经济发展差距的重要推动力之一。

4. 城镇化率的系数显著为正,估计值为0.0125,表明在控制其他因素不变的情况下,非农人口比重每提高1个百分点,可以带动地区GDP平均增长0.0125个百分点。农业人口从劳动生产率低下的第一产业转移到劳动生产率较高的第二产业和第三产业,提高了地区平均劳动生产率,带动了地区经济发展。我国东部地区的城镇化率水平最高、上升最快;东北地区的城镇化率水平较高,但十几年来基本不变;中部地区和西部地区的城镇化率不仅水平很低,而且提高速度较慢。由此可以看出,东部地区农业人口向城镇人口的快速转移,也成为扩大我国区域经济发展差距的一个原因。

5. 实际税率、万人专利申请受理数和第三产业比重的系数也显著为正,说明资本的积累、科技创新、以及产业结构的升级调整都可以在一定程度上促进地区经济增长;人口自然增长率显著为负,说明在目前中国人口已处于饱和状态,人口增长已经严重阻碍了地方经济的快速发展;国有企业职工比重的系数显著为负,表明通过引入竞争、减员增效等措施的国有企业改革,促进了地方经济的快速发展。区域间在这些方面存在的差异,也就成为影响区域经济发展差距的因素。

在三个扩展模型中,我们重点关注与被观察的要素有关的四个变量的系数。在固定资产投资扩展模型中,lnINV的系数为0.5361,这是作为对比基准的东部地区的人均固定资产投资的弹性系数(相对于人均地区GDP,下同)。也就是说,在东部地区,人均固定资产投资增长1个百分点,可以带动人均地区GDP增长0.5361个百分点。$d2INV$和$d4INV$的系数显著为负,分别为-0.0724和-0.0735,说明东北地区和西部地区人均固定资产投资的弹性系数要分别比东部地区小0.0724和0.0735,表明在东北地区和西部地区,在控制其他因素不变的情况下,人均固定资产投资增长1个百分点,带动地区GDP增长的幅度分别比东部地区减少0.0724个百分点和0.0735百分点。$d3INV$的系数没有通过显著性检验,显示出中部地区的弹性系数和东部地区的弹性系数没有显著性差异,人均固定资产投资对经济的拉动作用在两个地区是没有显著性差异。由于东部和中部地区的投资的边际效益要高于东北和西部地区，同样的投资增长率，对东部和中部地区经济的拉动作用要大于东北和西部地区。

结合在因素分析基本模型中的结果，我们认为，投资因素作为影响区域经济发展差距的主要因素，不仅体现在投资总额和投资增长率的区域不均衡，而且体现在区域间投资的边际效益差异上。

从城市化率扩展模型看，在三个区域虚拟变量与城市化率的交叉项中，只有西部地区交叉项的系数显著为负，说明人口迁移因素对经济的带动作用在东部、东北和中部地区没有显著性差异。而西部地区人口迁移因素的带动作用要比东部、东北和中部地区略小，从而构成了区域发展不平衡的另一个因素。

在出口扩展模型中，三个区域虚拟变量与人均出口额的交叉项的系数均未通过显著性检验，说明出口对经济增长的边际效益没有区域差异。

三、区域发展差距的基本走向预测

区域发展差距的走向也一直是社会各界关注的焦点问题。我们采用定性与定量模型的两种方法，对区域发展的差距变化趋势进行分析预测。

（一）定性分析

从因素分析模型的分析中可以看出，资本等要素的投入量差异和边际效益差异是区域经济发展差距的主要成因。综合各方面因素判断，在今后较长的时期内，中国经济仍将保持持续快速增长，宏观面决定了区域发展差距将会继续存在，难以从根本上消除。但国家实施的多种区域协调发展政策将会逐渐产生积极效应，并将会有效缩小或减缓区域间的经济发展差距。主要依据是：

1. 缓解区域差距进一步扩大的政策环境已基本形成

促进区域协调发展、逐步缩小区域发展差距，已成为全国深入贯彻落实科学发展观、全面建设小康社会的重大战略任务。今后，国家将会更加关注并实施更多的扶持政策，不断增强落后地区的发展能力，为中、西部提供更多的区域间分工和合作机遇，从而使中、西部具有一定的后发优势，这些都将有效遏制发展差距的进一步扩大。

2. 经济发展的初始条件仍将会对区域差距形成直接影响

发展起点越是低下，对后续发展的制约作用就越强，而且对一定发展过程中的绝对差距拉大具有重要影响。区域资源与能源分布不均，资源配置不合理仍然是区域发展的制约因素。自然地理条件、经济发展基础、体制文化等差异将继续存在甚至进一步强化。同时，促进中、西部快速增长的某些周期性、政策性因素和结构性问题，如资源约束的缓解、国债资金投入的减少和产业发展与基础设施建设不同步等，也有可能对中、西部地区下一步的发展产生一些不利影响。

3. 投资带来的边际收益差异仍会继续加剧经济发展的不平衡

幅员辽阔、经济发展水平差异大的国情，决定了投资产生的边际收益难以在不同的区域均等分布，市场产生的自发力量将可能导致区域间的发展差距难以在短期内得到明显缩小。

（二）定量模型分析

运用ARIMA时间序列模型，分别对用人均GDP的基尼系数和泰尔指数测度的区域差距程度进行预测的结果显示，我国区域发展差距在近期内将会稳定在一定水平，并有逐步缩小趋势。

1. 基尼系数ARIMA预测模型

在建立预测模型之前，首先需要对时间序列数据进行单位根检验，并通过绘制自相关图和偏相关图等方面对时间序列数据的基本特征进行描述和判断。

对人均GDP基尼系数的时间序列数据进行单位根检验的结果（表3）显示，1978年以来的基尼系数时间序列数据是一阶稳定序列，在建立模型时需要考虑使用一阶差分。

原序列的偏相关图显示存在一阶自相关，原序列的自相关图显示存在周期性因素。从一阶差分序列的自相关图和偏相关图中看不出任何周期性和自相关因素。

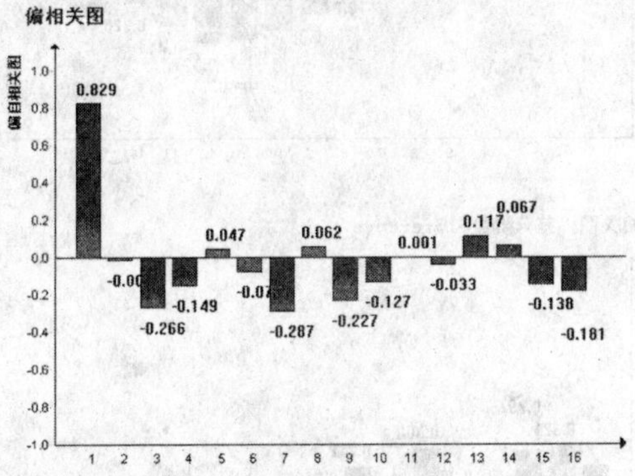

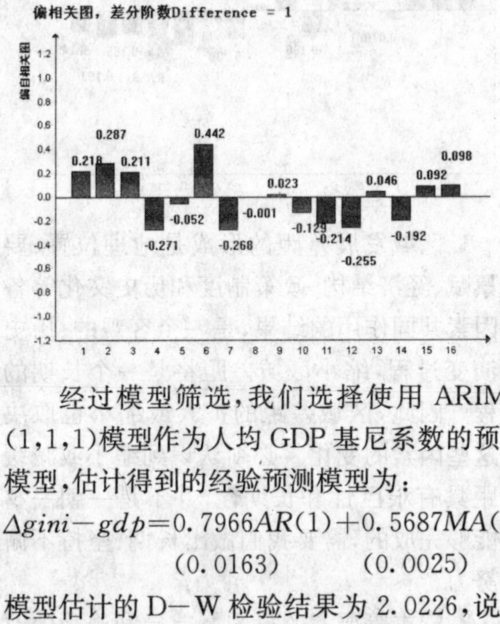

经过模型筛选，我们选择使用 ARIMA(1,1,1)模型作为人均 GDP 基尼系数的预测模型，估计得到的经验预测模型为：

$$\Delta gini-gdp=0.7966AR(1)+0.5687MA(1)$$
$$(0.0163)\qquad(0.0025)$$

模型估计的 D－W 检验结果为 2.0226，说明残差不存在自相关。残差通过了正态性检验。

通过模型，我们预测 2008 年和 2009 年用人均 GDP 的基尼系数测度的我国区域差距度分别为 0.3042 和 0.3028，比 2007 年的值略小。

2. 泰尔指数 ARIMA 预测模型

1978 年以来的人均 GDP 泰尔指数序列数据与基尼系数序列数据的基本特征完全一

表 3　单位根检验统计量

——AugmentedDickey－Fuller 检验

	原序列	一阶差分序列
检验统计量	－1.3044	－4.3775
临界值(水平 5%)	－1.9500	－1.9500

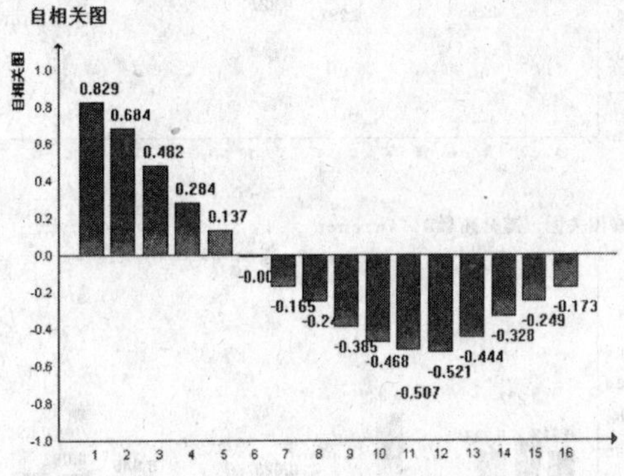

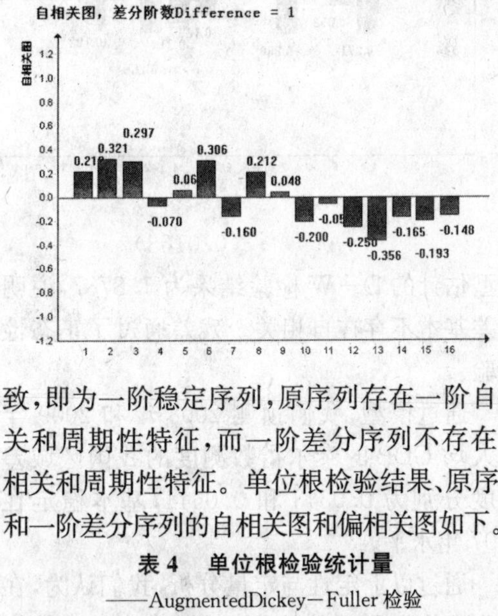

致，即为一阶稳定序列，原序列存在一阶自相关和周期性特征，而一阶差分序列不存在自相关和周期性特征。单位根检验结果、原序列和一阶差分序列的自相关图和偏相关图如下。

表 4　单位根检验统计量

——AugmentedDickey－Fuller 检验

	原序列	一阶差分序列
检验统计量	－1.5176	－3.8593
临界值(水平 5%)	－1.9500	－1.9500

原序列一阶差分序列检验统计量－1.5176－3.8593 临界值(水平 5%)－1.9500－1.9500

经过模型筛选，我们选择了 ARIMA(1,1,0)模型作为泰尔指数的预测模型，估计得到的经验模型为：

$$\Delta tp-gdp=0.3905AR(1)$$

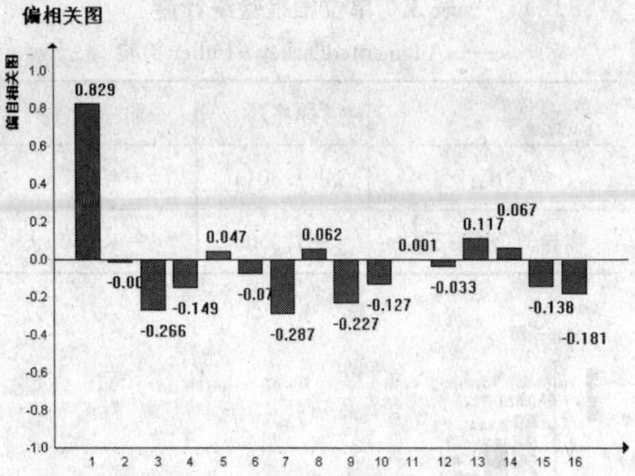

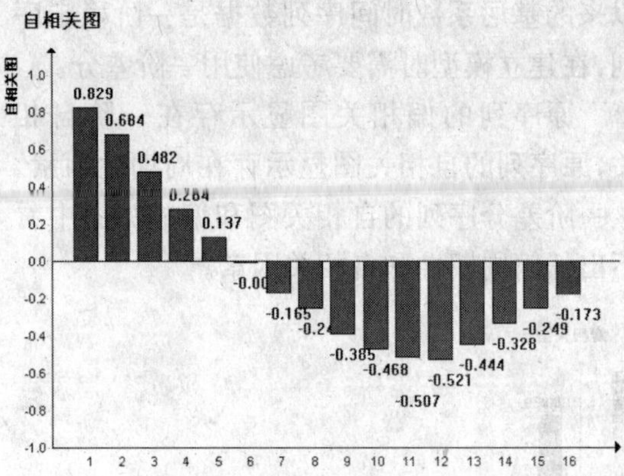

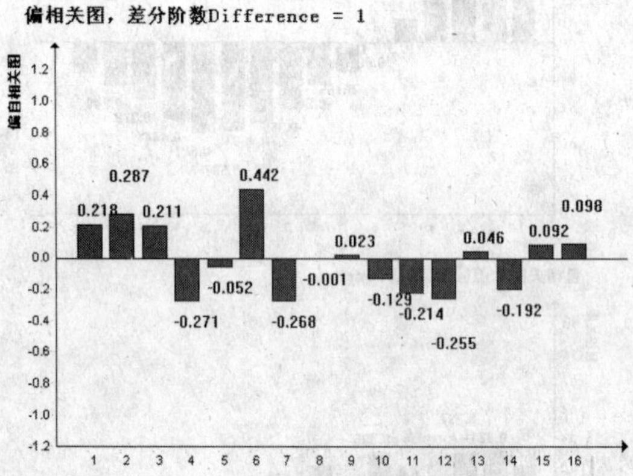

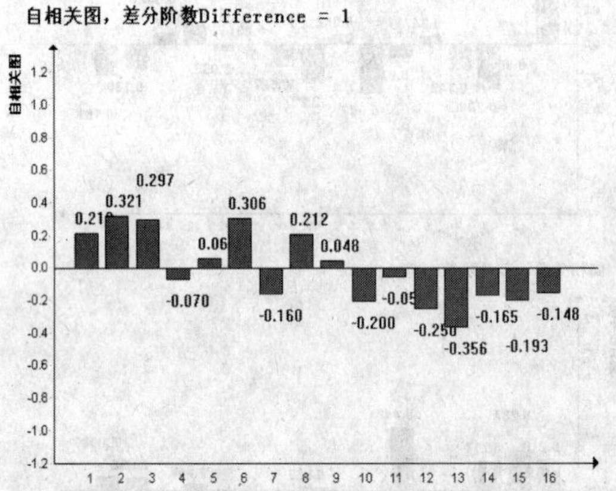

(0.0163)

模型估计的D－W检验结果为1.8787，说明残差基本不存在自相关。残差通过了正态性检验。

通过模型，我们预测2008年和2009年用人均GDP的泰尔指数测度的我国区域差距度分别为0.0543和0.0544，基本稳定在2007年水平。

通过以上定性与定量分析，我们认为，在国家大力发展和扶持中、西部经济的政策推动下，区域发展差距扩大态势可以得到一定程度的抑制，在短期内将会控制在一定区间范围内，逐步缩小的可能性较大。

四、结论与政策建议

(一)结论

根据以上分析与判断，我们得出三点结论：

1. 区域发展差距的形成是地理位置、要素禀赋、经济结构、政策制度和历史文化等各种因素共同作用的结果，是一个客观的、历史的演变过程，缩小区域差距将是一个长期的过程。因此，区域差距的扩大或缩小也取决于这些因素的变化。必须认识到缩小或减缓差距具有艰巨性和长期性，并不是一朝一夕就能够完成的，需要我们做出长期、坚持不懈的努力。

2. 资本等要素的投入量差异和边际效益差异是形成区域经济发展差距的主要成因，区域差距的扩大或缩小也取决于这些因素的变化。

3. 在今后较长的时期内，中国经济仍将保持持续快速增长，宏观面决定了区域发展差距将会继续存在，难以从根本上消除。但在科学发展观的指引下，积极推动区域间协调发展，区域发展差距进一步扩大的苗头将会得到有效的抑制，在短期内将会控制在一定区间范围内，逐步缩小的可能性较大。

(二)缩小区域发展差距的几点建议

1. 继续加大对中西部地区的政策扶持力度

从目前国家现有的经济实力和财力考虑，缩小区域经济发展差距，中央政府要发挥积极的主导作用。要建立以促进基本公共服务均等化为目的的公共财政体系，加大对中、西部地区的财政转移支付，增强地方政府提供公共服务的能力，缩小中、西部地区与东部地区在享有公共服务方面的差距。

2. 逐步提高在西部地区投资的比重

国家应逐步提高在西部地区投资的比重，在能够调控的全社会固定资产投资总量中更多地向西部地区倾斜，在项目安排和资金分配上也要向西部地区倾斜。采取适当的政策鼓励外资和内资到西部地区发展"瓶颈"产业、电力建设、交通通讯设施及矿产资源开发，增强西部地区的造血机能和对内外资的吸引力。

3. 进一步调整和完善区域经济协调发展的税收政策

新的税收政策应有利于促进资源丰富的中、西部地区加快发展，消除当前形式上不公平、效果上更不公平的税收政策对区域经济差距的逆向调节。税收政策应配合产业政策向交通运输、邮电通讯、能源和原材料工业倾斜，提供所得税减免的优惠。由于这些行业正是西部地区比较薄弱的产业或具有资源优势的产业，实施面向产业的税收倾斜实际上是对西部地区的区域倾斜，有利于西部地区的发展，能够起到促进区域经济协调发展的作用。

需要指出的是，衡量区域发展差距是一项十分复杂的工作，它受所选择的经济指标、分析时期、地域单元、选择模型、测量方法以及价格水平等诸多因素的影响，在研究中难免出现不尽人意之处，尚需我们今后做更进一步的深入探讨和研究。

（国家统计局贸易外经司　卢山　严先溥　刘晓燕）

附表 1:区域经济发展差距分析表

年份	人均地区生产总值					人均固定资产投资					居民消费水平				
	全国	东部	东北	中部	西部	全国	东部	东北	中部	西部	全国	东部	东北	中部	西部
1982	631.6	1025.5	705.7	426.2	401.2	148.2	243.2	163.0	84.6	101.1	288	419.6	398.3	265.5	275.3
1983	696.7	1114.8	814.5	473.0	444.6	168.7	273.1	177.0	104.0	116.3	316	453.4	437.0	286.8	295.1
1984	805.3	1282.3	939.8	559.1	512.7	220.6	346.7	226.3	138.8	160.5	361	516.4	499.3	319.7	328.5
1985	886.5	1384.1	1015.9	628.3	584.9	275.3	419.4	298.2	174.3	206.3	446	643.3	568.0	376.7	380.3
1986	1021.1	1612.8	1192.2	709.7	660.2	332.5	538.9	367.0	206.1	223.3	497	739.6	632.3	418.5	425.4
1987	1126.3	1706.2	1387.2	792.5	744.9	369.0	591.0	425.7	228.5	240.1	565	808.8	718.7	463.8	479.8
1988	1248.2	1893.0	1523.0	854.2	839.1	416.9	702.2	466.6	234.3	258.0	714	1023.9	876.0	559.3	570.6
1989	1414.4	2150.4	1717.1	985.1	940.0	410.9	732.9	443.8	206.4	236.7	788	1158.0	989.3	628.2	640.7
1990	1772.3	2673.1	2065.0	1257.0	1206.1	480.6	858.7	451.4	249.6	288.4	833	1249.1	1017.0	683.8	691.5
1991	1945.1	2965.2	2258.6	1315.9	1331.3	569.1	1007.8	518.7	288.3	356.6	932	1384.9	1113.7	727.5	774.0
1992	2303.6	3634.3	2662.5	1503.6	1504.9	721.4	1244.9	745.9	366.0	456.6	1116	1609.4	1308.3	824.5	861.0
1993	2728.1	4348.7	3247.5	1753.9	1734.9	1090.9	1989.2	1103.9	515.1	626.9	1393	2105.1	1582.0	1015.0	1011.8
1994	3339.0	5489.5	3847.8	2047.9	2065.2	1368.3	2701.7	1223.4	606.6	674.2	1833	2841.1	2030.7	1250.3	1285.8
1995	4385.2	7290.3	4800.1	2811.8	2647.2	1686.5	3366.7	1366.3	766.1	826.5	2355	3581.9	2540.3	1601.5	1570.4
1996	5475.6	9028.5	5984.4	3580.5	3335.2	2051.5	4052.1	1568.9	1006.3	1027.5	2789	4179.4	2858.3	1931.5	1854.3
1997	6458.9	10725.9	6895.7	4257.6	3894.6	2328.4	4445.0	1782.8	1165.2	1282.7	3002	4659.2	3098.0	2063.5	1996.2
1998	7234.6	12038.2	7619.5	4714.6	4395.4	2694.4	4973.4	2080.5	1367.1	1612.3	3159	4913.8	3176.7	2098.2	2088.2
1999	7767.9	13014.6	8189.9	4963.4	4692.4	2818.6	5086.3	2229.8	1424.4	1773.1	3346	5216.0	3308.7	2164.0	2244.3
2000	8465.1	14188.3	9027.1	5381.8	5096.8	2913.3	4911.2	2511.3	1578.6	2016.1	3632	5666.9	3591.0	2423.8	2410.7
2001	9236.9	15619.6	9548.2	5952.5	5482.3	3355.8	5648.9	2824.5	1806.1	2352.7	3869	6030.7	3843.7	2619.5	2530.0
2002	10374.2	17654.9	10503.6	6588.2	6167.6	3931.0	6503.7	3243.8	2142.3	2853.2	4106	6721.2	4079.3	2882.2	2778.3
2003	11860.8	20251.0	11681.7	7541.1	7073.4	4913.7	8085.0	3889.0	2739.4	3614.4	4411	7469.6	4400.3	3254.3	3031.0
2004	13581.0	23216.5	12792.4	8727.7	8175.1	5829.0	9370.9	4861.7	3407.7	4329.9	4925	8509.6	4791.3	3788.0	3449.7
2005	15947.0	26960.6	15266.1	10410.3	9707.7	7242.5	10966.4	6876.1	4579.3	5562.3	5463	9581.8	5424.7	4291.7	3928.9
2006	18362.3	30860.7	17622.7	12014.9	11305.6	8814.5	12813.0	9432.8	5883.6	6793.4	6138	10906.3	5926.7	4853.3	4322.2

附表 2:1978—2007 年人均 GDP 的基尼系数和泰尔指数

年份	基尼系数	泰尔指数	区域内差距	区域间差距	区域内差距贡献率(%)	区域间差距贡献率(%)
1978	0.3573	0.0739	0.0506	0.0233	68.47	31.53
1979	0.3404	0.0663	0.0451	0.0212	68.03	31.97
1980	0.3427	0.0659	0.0427	0.0231	64.87	35.13
1981	0.3293	0.0593	0.0371	0.0222	62.55	37.45
1982	0.3181	0.0549	0.0332	0.0217	60.52	39.48
1983	0.3132	0.0518	0.0303	0.0215	58.46	41.54
1984	0.3083	0.0507	0.0280	0.0227	55.17	44.83
1985	0.2932	0.0508	0.0274	0.0234	53.95	46.05
1986	0.2989	0.0494	0.0259	0.0236	52.34	47.66
1987	0.2829	0.0466	0.0260	0.0205	55.89	44.11
1988	0.2786	0.0418	0.0193	0.0226	46.05	53.95
1989	0.2741	0.0393	0.0169	0.0224	43.09	56.91
1990	0.2595	0.0414	0.0215	0.0199	51.86	48.14
1991	0.2630	0.0419	0.0191	0.0228	45.57	54.43
1992	0.2794	0.0454	0.0189	0.0265	41.71	58.29
1993	0.2864	0.0490	0.0173	0.0317	35.22	64.78
1994	0.2994	0.0493	0.0148	0.0345	30.07	69.93
1995	0.3001	0.0488	0.0142	0.0345	29.20	70.80
1996	0.2940	0.0472	0.0129	0.0343	27.32	72.68
1997	0.2994	0.0484	0.0136	0.0348	28.03	71.97
1998	0.3005	0.0504	0.0145	0.0359	28.75	71.25
1999	0.3042	0.0530	0.0152	0.0378	28.72	71.28
2000	0.3081	0.0591	0.0245	0.0346	41.43	58.57
2001	0.3132	0.0581	0.0183	0.0398	31.49	68.51
2002	0.3172	0.0606	0.0193	0.0413	31.85	68.15
2003	0.3194	0.0630	0.0197	0.0433	31.29	68.71
2004	0.3193	0.0627	0.0207	0.0420	33.02	66.98
2005	0.3137	0.0552	0.0180	0.0372	32.59	67.41
2006	0.3108	0.0530	0.0165	0.0365	31.17	68.83
2007	0.3059	0.0539	0.0199	0.0340	36.88	63.12

消费品市场繁荣活跃　国际贸易中心建设成效显著

改革开放30年来，随着国民经济的持续快速发展和居民生活水平的不断提高，以及流通体制改革的深化，上海商业取得了跨越式的大发展。特别是“九五”以来，上海仅用十几年时间完成了发达国家近五十年的业态演进过程。经过30年经济发展的量变积累，上海消费品市场呈现出空前的繁荣活跃，商业对全市国民经济发展的拉动作用日益增强；物资短缺、供不应求的供求格局发生了根本性的变化；多层次、全方位、多种经济成份和运行方式并存的商品流通格局已经形成；国际贸易中心建设取得显著成效。30年来，上海大规模的城市改造，为上海商业提供巨大的发展空间；以浦东开发开放为契机的改革开放而引发的经济飞跃，有力地带动和支持上海商业的现代化和国际化；人民生活水平的不断提高及其消费结构的变化，又为商业的结构调整与业态创新提供厚实的基础。上海商业将持续提高自主创新能力，充分发挥在促进经济发展、提高人民生活质量、扩大就业和建设节约型社会等方面的作用，为进一步构建国际贸易中心的基本框架做出应有的贡献。

(一)商业发展已成为上海经济快速增长的重要推动力

改革开放以来，特别是1990年浦东开发开放以后，随着流通体制改革的逐步深入，市场逐渐成为配置社会资源的重要手段。按照“三、二、一”产业发展方针和优先发展商业的要求，在国家一系列扩大内需、促进消费的宏观调控措施的积极作用下，上海商业加快发展步伐，经历了快速发展、规模不断扩大的过程，在调整结构的基础上实现超常发展，推动商业经济跃上一个新台阶，对经济发展的拉动作用日益增强。商业增加值由1978年的23.15亿元提高到1297.12亿元，增长55倍；占GDP的比重由8.5%提高到10.6%，提高2.1个百分点；30年来，上海社会消费品零售总额平均以每年15%的速度递增。2007年，全市实现社会消费品零售总额3847.79亿元，在全国35个大中城市中居首位，比1978年增长近70倍(见图1)。从商品类别看，吃的商品零售额由1978年的26.51亿元提高到1524.23亿元，增长56.5倍；穿的商品零售额由11.60亿元提高到476.65亿元，增长40.1倍；用的消费品零售额由15.16亿元提高到1796.05亿元，增长117.5倍；烧的消费品零售额由0.83亿元提高到50.86亿元，增长60倍。市场消费需求强劲、购销活跃，呈现出持续、快速增长的态势，保持着繁荣活跃的景象。

(二)商业网点优化布局，市场建设快速发展

改革开放以前，上海商业主要职能是保障基本供应。在这个阶段，消费品市场总体处于供不应求状态，商业基本建设的投入很少，新建的商业设施更少，商业街主要是“三街一场”(南京路、淮海路、四川路、豫园商场)，商业网络不足的问题比较突出。改革开放以来，特别是在建立和完善社会主义市场组织体制过程中，上海加快流通体制改革与市场建设步伐。上海商业加强调整行业结构、优化商品结构的力度，充分重视日益个性化、多样化、多层次化的消费趋势，以满足不同消费层次人口的消费需求。在商业网点的建设和配置上，更加严格优化布局，充分重视妇女、儿童、老人的特殊消费需求和提供尽可能系列化的服务，充分重视年轻人对结婚系列商品、系列服务的需求及相当部分家庭为改善生活质量对家电、家具等耐用消费品的需求，充分重视占人口相当比重的知识分子和学生对文具和其他文化用品、艺术商品等“精神粮食”的消费需求，充分重视家庭小型化趋势及大众化的消费需求。经过多年的努力，上海基本上形成了商业规模、行业结构、商品结构和网点布局与人口规模、人口结构和人口地域分布相协调，市场与消费需求基本相一致的平衡发展格局，已经发展为“四街四城”等10大市级商业中心，24个区域商业中心、20条商业特色街、100个居住区、新城、新市镇和居民新村商业，再加“万村千乡”农家店等，形成了多层次、广地域的商业网络体系。

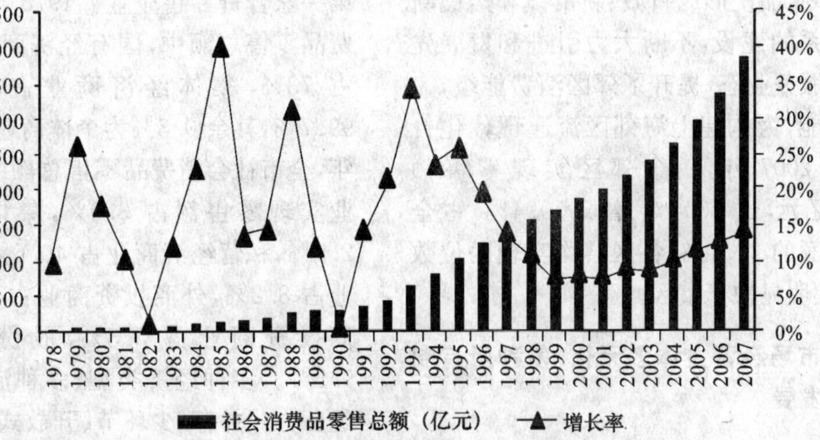

图1　上海社会消费品零售总额30年变化状况

2007年末，上海商业（批发、零售、餐饮）产业活动单位为33.53万个，比1978年的2.34万个增加31.19万个，增长13.3倍。全市商业从业人员（不包括生活服务业）204.46万人，比1978年的39.62万人增加164.84万人，增长4倍多。全市商场店铺建筑面积为4029万平方米，比1978年末的228万平方米增长16倍多。按户籍人口计算，全市人均商业营业建筑面积为2.92平方米，比1978年末的0.21平方米增长12倍多。

(三)城郊市场建设两翼齐飞，市场销售同步扩大

改革开放以来，在国家一系列三农政策的推进下，上海城郊之间、区域之间市场呈现出均衡、协调发展的良好态势。为解决郊区市场体系建设滞后，不适应经济和社会发展需要的状况，上海推行一系列政策措施，畅通流通渠道，活跃城郊市场。尤其是近几年积极实施工业反哺农业、城郊统筹发展、电网改造等多项措施，加快工业品进入郊区市场的速度，也促进更多的农产品进入城市市场，为工业品以稳定的质量和合理的价格进入郊区，为农产品以比较合理的价格走向城市搭建一个桥梁，实现了工业品和农产品、城市和郊区的双向交流。

随着上海建设国际大都市总体规划的推进，以中心城区为都市核心，以郊区为都市层，以长三角区域为腹地的都市圈框架越来越清晰。总体上形成了以若干个市级商业中心和区域商业中心为主导，以大量分布的社区商业中心为基础，以不同主题、功能的商业

街区为特色，以郊县、农村等城市延伸区域的商业为补充的多层次市场格局。中心商业区体现出“繁荣繁华、集中消费”的特点。通过加快推进中心区商圈地标性商业建设，形成国际化购物中心和国际品牌集聚地，辅以20个商业特色街区，满足特色消费需求，丰富商业层级。2007年，上海9个中心区实现社会消费品零售额1722.51亿元，比2004年增长28%，占全市社会消费品零售总额的44.8%。同时，郊区商业则体现出“功能改善、错位发展”的特点，增幅快于市区。通过结合城镇居住体系规划，加快形成新城、新市镇和居民新村商业体系的建设，不断大力引进和发展先进的商业服务业态，提升了郊区消费能级，完善商业功能，为构建上海郊区流通现代化打下基础。2007年，9个郊区实现零售额1505.19亿元，比2004年增长59.4%，占全市零售总额的39.1%，各区县均实现两位数增长，增幅明显快于市区。

(四)市场经营主体多元化，多种所有制经济共同发展

改革开放以来，上海流通业公有经济一统天下的局面被彻底打破，多种所有制经济呈现共同发展的态势，市场活力大增。1979年初恢复建立了农副产品集贸市场，开始允许农民和个体户经营部分商品；1980年开始发展城镇个体户并扶持个体商业发展；1987年6月，全国第一家商业股份制公司上海豫园商城股份公司成立，拉开了上海股份制改革的序幕；进入上世纪90年代，特别是1992年邓小平南巡讲话后，市场进一步对外开放，外资企业直接进入上海零售市场。当年，上海第一八佰伴有限公司被国务院批准为全国第一家合资零售企业。1978年，全市社会消费品零售总额中，国有经济商业实现零售额占73%，集体经济商业占26.7%，共占99.7%，其余0.3%为个体商业零售额。2007年，全市社会消费品零售总额中，国有经济商业实现零售额占3.9%，集体经济商业占2.9%，私营经济商业占40.6%，个体经济商业占8.2%，外商投资商业占9.5%，港澳台商投资商业占5.3%，股份公司商业占9.5%。多种经济类型、多种流通渠道、多种经营方式并存，少环节、开放式的商品流通体系和繁荣局面已经形成(见图2)。

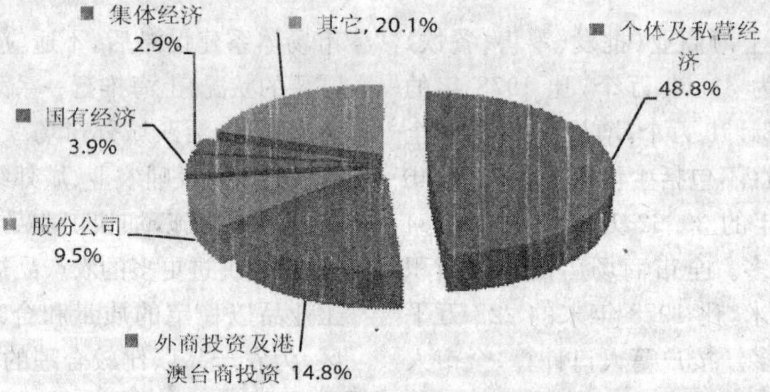

图2　2007年社会消费零售总额构成(按登记注册类型分)

(五)经营方式不断更新，流通行业齐头并进

改革开放以来，上海商品流通领域完成了由计划经济向市场经济的转变，市场建设快速发展和市场组织形式多元化，促进了市场组织体系多层次竞相发展和经营方式的不断更新。上海零售市场一直是国内外零售商争夺的重要“战场”。依托巨大的市场需求和“先入为主”优势，上海的零售企业发展迅速，规模不断扩张，各种并购和合作更加快了规模膨胀的进程，也加剧了市场竞争；而国际零售商的进入则带来了新的业态形式和经营理念。在国际零售商的推动下，零售业的各种业态和不同的经营方式被一并引入上海，在一定程度上推动着上海零售业的发展和升级。各类连锁商业如超级市场、便利店、大卖场、专卖店、专业店、折扣店、快餐店、高星级宾馆迅速崛起，邮购、自动售货机等无店铺销售不断涌现。

电子商务作为一种新兴的交易方式，在上海得到迅猛的发展。2002—2007 年，上海电子商务交易额从 254 亿元提高到 2426 亿元，增长近 9 倍，年均增长率达 57%（如图3）。

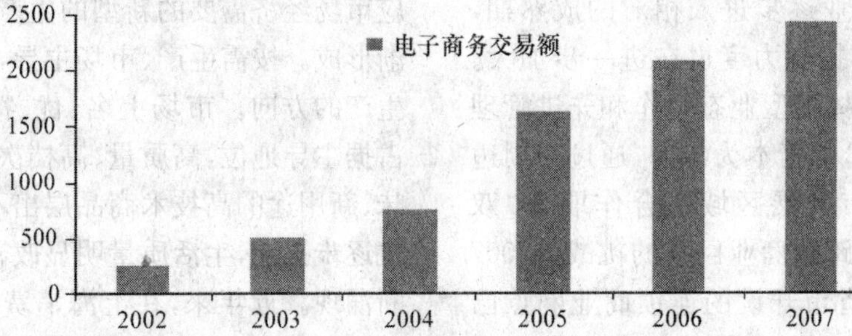

图 3　2002—2007 年上海电子商务交易额情况

随着城市建设和商业的快速发展、居民消费需求新的变化和调整，由多种零售和服务业态组合经营形成的购物中心在上海蓬勃兴起，是近年来零售市场发展的一道亮丽风景线，发展速度令世人瞩目。截至 2007 年末，上海已建成营业的购物中心有 54 家，建筑面积 626.28 万平方米，其中单体面积 10 万平方米以上的大型购物中心有 24 家。2007 年实现营业总收入 454.11 亿元，比 2005 年增长 81%，其中商品销售收入 378.98 亿元，占营业总收入的 83.5%。上海商品交易市场建设也取得突破性进展，由改革开放前简单的集贸市场发展成现代化程度高、专业化程度强、辐射范围广的各类商品交易市场。2000 年，全市拥有各类商品交易市场 935 个，成交额为 1118.61 亿元。2007 年，全市拥有各类商品交易市场 974 个，成交额达 3911.71 亿元。

流通各行业齐头并进。从行业结构看，批发和零售业零售额由 1978 年的 49.2 亿元增加到 2007 年的 3278.25 亿元，年均增长 15.6%；餐饮业零售额由 2.39 亿元增加到 556.48 亿元，年均增长 20.7%。从所占比重看，批发和零售业零售额由 90.9 下降为 85.2%，下降 5.7 个百分点，但仍为市场商品销售的主体；餐饮业零售额由的 4.4%提高到 14.5%，提高 10.1 个百分点，成为国内市场的重要推动力量之一。

(六)商业经营业态多元化，辐射能力不断扩展

改革开放以来，上海商业在改造传统商业、发展新型业态上，坚持以发展超市为突破口。从 1992 年上海第一家超市—联华超市曲阳商场开业至今，超市发展令人瞩目，已形成纵横交错、相互渗透的营销网络。作为粗放型商业向集约化商业转化的重要形式，上海连锁经营改革向纵深推进，连锁经营迈入规模化、规范化的发展轨道。2007 年末，上海连锁商业企业门店达到 11809 家。其中，连锁超市门店 2787 家，大型综合超市 146 家，便利店 4135 家。全年实现零售额 1025.39 亿元，比 1998 年增长 5.3 倍，占社会消费品零售总额的 26.7%。连锁经营的业态业种已达 100 种，引进国际知名消费品牌超过 600 个。在商业业态发展过程中，标准超市在兼并、调整中发展，2007 年，实现市内零售额 154.55 亿元，比 1998 年增长 66.2%；大型综合超市竞争激烈，实现市内零售额407.78亿元，增长10.3倍；便利店在调整中壮大，实现市内零售额112.81亿元，增长33倍。与此同时，越来越多行业的零售市场在发生变革，新兴业态被不断引入并得到快速的发展，如服饰、眼镜、西点、家电、通讯店等专业专卖店大量涌现。

随着连锁商业逐步进入相对的成熟期，上海市外网点的拓展力度也在进一步加大。商业企业积极发挥新型业态运作和先进管理理念方面的优势，以资本为纽带，通过与周边地区和兄弟省市开展区域性合作取得"双赢"，来抗衡国外跨国商业巨头的挑战。2007年末，上海在外省市开设的连锁商业网点已达5393家，比1998年增加5010家，增长13倍。其中在华东地区开设的网点数为4290家，占市外连锁网点总数的79.5%，为各地区之首，全年实现销售额972.19亿元。

(七)市场供应持续扩大，消费结构升级换代

改革开放以前，经济发展缺乏活力，商品生产能力不能满足市场需求，消费品市场长期处于卖方市场，大众日用商品如粮食、食用植物油、猪肉、糖和许多轻工产品都实行凭票供应。改革开放以来，伴随着经济的快速发展、经济结构的不断优化，上海消费品市场的商品品种、数量增多，质量档次明显提高。尤其是随着消费升级换代速度的加快，供应市场上吃、穿、用等各类商品琳琅满目，品种更加丰富多彩。消费者在购物消费方面的自由度和选择空间达到前所未有的高度。从基本生活品到发展、享受消费品，从以吃、穿为主到住、行并重，消费结构由衣、食消费在向住、行消费转移，并步入快速转型期。特别是以手机、计算机为代表的IT商品，方便居民出行的汽车，用于改善人们居住条件和生活质量的住房装饰商品、家用电器等商品大量增加，极大地满足居民多层次、多样化的消费需求。

改革开放以来，经过经济发展的量变积累，上海消费品市场已步入一个崭新的发展阶段。随着城乡居民收入水平的显著提高，人们的消费需求、消费心理、消费模式发生了质的变化，消费结构不断升级，消费水平呈阶梯式递进，消费需求向多元化、高质量方面发展。市场对生产者起着重要的导向作用。适应市场经济需要的新型的生产与消费关系逐渐形成。按需生产、市场主导，成为企业产品生产的方向。市场上名、优、特、新商品逐渐占据主导地位，高质量、高档次、高营养、新口味、新用途的高技术商品层出不穷，消费者地位逐步提高，生活质量明显改善，消费热点不断涌现。近年来，在上海消费品市场掀起了以住、行、讯、餐为主导的新的销售热潮。主要体现在：家居类商品快速增长。居民收入的提高、居住条件的不断改善和家电类商品更新换代周期的来临，给家居类商品销售带来了契机。2007年，上海家居类商品持续旺销，实现零售额467.96亿元，比2003年增长1倍。其中家用电器及音响类、建筑装潢材料类和家具类商品零售额分别增长80%、1.4倍和1.3倍；汽车市场方兴未艾。上海私人小客车虽然总量受控，但代表消费结构升级的汽车类商品需求依然旺盛，有效拉动了汽车及相关商品销售快速增长。2007年，上海轿车类商品实现零售额230.01亿元，比2003年增长30.2%；通讯器材类商品销售旺盛。随着移动电话普及率的不断提高和更新换代速度的不断加快，通讯器材类商品已成为现代家庭特别是青年学生的必备用品。2007年，通讯器材类商品实现零售额112.73亿元，比2003年增长1.5倍；餐饮市场发展加快。伴随着生活水平的提高，居民外出就餐、亲友团聚的次数增加，加之社会上各种类型的公务、商务活动频繁，国内旅游市场快速发展等因素的共同作用，餐饮业保持持续、快速的增长格局，在零售总额中的份额不断扩大，呈现淡季不淡、旺季更旺的局面。2007年，餐饮业实现零售额556.48亿元，比1978年增长232倍。

(八)扩大对外开放,国际贸易中心建设成效显著

改革开放以来,对外开放促进了上海商业的提升和发展,1989年11月全国第一家中外合资餐饮公司—肯德基公司外滩门店开业;1992年全国第一家中外合资零售商业企业—上海第一八佰伴成立。外资投资商业企业逐步进入上海商业各个业态和各个行业。超市、便利店、大卖场、购物中心、折扣店等新型业态不断涌现,连锁、加盟、特许经营等各种经营方式也迅速推开。上海商业用十年左右时间完成了发达国家五十年的业态演进过程,初步实现了现代化和市场化,缩短了与国际现代商业的差距,保持全国领先水平。

改革开放以来,商业作为现代服务业的支柱产业,已成为上海经济发展的重要组成部分,成为现代服务业全面发展的主要基础,成为提升人民生活质量的主要保障。上海商业新一轮改革开放将更好地服务长三角、服务全国,发挥辐射和带动,为上海实现"四个中心"和社会主义现代化国际大都市目标做出新贡献。上海围绕建设国际贸易中心的长期目标,进一步丰富"国际化购物天堂"和"时尚之都"的内涵,从优化商业布局、促进产业发展和完善商务环境三个方面着手,全面提升商业的能级和功能,提高商贸业现代化、国际化水平,进一步凸现出海纳百川、万商云集、繁荣繁华的国际化购物天堂的魅力,体现出"城市、人和商业"的和谐发展。

(上海市统计局贸易外经处)

山东省亿元以上商品交易市场拉动内需功不可没

在国家和山东省委、省政府扩大内需等政策引导下，作为山东省商品交易市场的“航母”和“龙头”的亿元以上商品交易市场，积极应对全球金融危机不利影响，在复杂多变的国内外经济发展环境下，依然显示出良好的发展态势，继续保持繁荣活跃，在加快商品流通、活跃城乡经济、方便人民生活、安置就业人员等方面起到了积极作用。

一、山东省亿元以上商品交易市场的基本情况

(一)亿元以上商品交易市场首次突破500家，位居全国第三

2008年山东省亿元以上商品交易市场在2007年数量大幅增加的基础上再度增加37个，首次突破500家，达到520个，居全国第三位，略少于浙江和江苏，占全国亿元市场总数的比重为11.4%。摊位总数34.6万个，比上年增长17.7%，居全国第二位，占全国的比重为10.9%。年末出租摊位数31.7万个，占全国的比重为11.2%。年末摊位出租率为91.7%，高于浙江和江苏。年成交额4688.3亿元，比上年增长19%，居全国第三位，占全国的比重为9%。

(二)超大型商品交易市场龙头作用显著

从市场数量看，2008年山东省成交额10亿元以上的商品交易市场有118个，比上年增加24个。其中成交额30－100亿元的市场有35个，比上年增加12个；成交额100亿元以上的市场有6个，比上年增加2个。从成交额看，2008年山东省最大的亿元市场，博兴县兴福镇黑白铁市场成交额达280亿元，比上年增加100亿元；10亿元以上市场的成交额占全部亿元市场成交额的比重为75.4%，比上年提高3.3个百分点；100亿元以上市场成交额占全部亿元市场成交额的比重为17.9%，比上年提高4.6个百分点。

(三)批发市场所占份额逐步扩大

近几年，山东省商品交易市场逐步从单纯的小商贩聚集地向大批发商、大代理商、大经销商的模式转变，批发经营的比重快速提高。2008年，山东省以批发为主的市场有356家，比上年增加40家；以零售为主的市场有164家，比上年减少3家。其中批发市场的摊位数量为24.8万个，年成交额为3960亿元，分别比上年增长27.3%、19.5%。随着批发市场的发展壮大，在全部亿元市场中所占份额也在逐步扩大。其中，批发市场摊位数量占全部亿元市场摊位数量的比重为71.7%，比上年提高5.5个百分点；成交额所占比重为84.5%，比上年提高0.4个百分点。

(四)市场专业化程度进一步提高

经过多年的发展和近几年的完善，山东省专业市场发展较快，已建成的市场涵盖了工业原材料、日用消费品、农副产品和生产资料等一批专业和综合性市场，形成了门类齐全、协调配套、特色鲜明，综合市场和专业市场互为依托，共同发展的商品市场体系。到2008年末，在全省520个亿元市场中，综合市场83个，占全省亿元市场总数的16%，较上

年上升1.1个百分点;年成交额545.1亿元,占全省亿元市场年成交额的11.6%。

专业市场有437个,占全省亿元市场的比重为84.1%,较上年上升4.8个百分点;年成交额4143.2亿元,占全省亿元市场年成交额的88.4%。全省各类亿元市场中,与人民生活密切相关的商品市场居多。其中,农产品市场最多,达146个,占28.1%;其次为生产资料市场,达84个,占16.2%;第三为纺织服装鞋帽市场64个,占12.3%。以上三类专业市场占全省市场总数的比重达56.5%。

(五)市场经营结构与城乡消费需求变化相适应

2008年山东省亿元市场经营结构进一步优化。从已出租的摊位数看:粮油、食品、饮料和烟酒类摊位最多,为143826个,比上年增长2.9%,占已出租摊位总数的45.4%。其次是服装鞋帽、针、纺织品类,为67296个,与上年基本持平,占已出租摊位总数的21.2%。

从实现的商品成交额看:粮油、食品、饮料和烟酒类达1584.3亿元,比上年增长27.4%,占全部成交额的33.8%;服装鞋帽、针、纺织品类实现成交额589.4亿元,比上年增长6.9%,占全部成交额的12.6%。种子饲料类、金银珠宝类、建筑及装潢材料类分列年成交额增长的前三位,分别增长232.5%、113.4%、113.2%。

(六)市场分布区域相对集中

从亿元市场的分布看,主要集中在济南、青岛、潍坊、临沂、德州和菏泽等6个市。以上6个市的亿元市场共计346个,占亿元市场总数的66.5%。从亿元市场年成交额看,居前6位的分别为德州市(941.7亿元)、青岛市(784.8亿元)、临沂市(594.5亿元)、滨州市(426亿元)、济南市(319.4亿元)、潍坊市(314.5亿元)。以上6市的成交额达3381亿元,占全省亿元市场总成交额的72.1%。

(七)亿元市场对山东省经济的拉动作用明显

亿元市场的作用不仅仅体现在服务经济发展、加快商品流通、活跃城乡经济等方面,在推进山东省城镇化发展进程、方便人民生活、安置就业人员等方面的影响也是显著的。据测算,每个摊位按平均3个人来算,亿元市场至少可解决就业103.7万人;如果每个市场按50个管理人员算,就可解决就业2.6万人,此外,许多市场还能带动当地的住宿与餐饮、物流与配送、旅游、信息、金融、房地产等相关行业的迅速发展。

二、目前山东省亿元市场存在的问题及对策

(一)"航母"整体规模偏小,"龙头"数量缺乏,组织方式亟待进一步改革

虽然山东省亿元市场个数和年成交额都位居全国第三位,但从成交额上看,与排名第一和第二的浙江和江苏两省差距较大。山东省平均每个市场的年成交额不足10亿元,不仅大大落后于江苏省16.5亿元和浙江省14亿元,并且也低于全国11.5亿元的平均水平。

在全国亿元商品交易市场年成交额100强中,山东省仅有6家,分别是排在第18位的博兴县兴福镇黑白铁市场(280亿元),第63位的青岛市城阳蔬菜水产品批发市场有限公司(119.3亿元),第64位的即墨市服装批发市场(118.7亿元),第71位的山东泰山钢材大市场(110亿元),第73位的淄川建材城(109亿元)和第86位的青岛金属集团有限公司市场管理服务分公司(101.6亿元)。与江苏17家,浙江16家等市场发达的省差距明显。

山东省市场的组织形式单一,明显落后于浙江、广东、江苏等市场发达的省市。如成立于1989年10月深圳市布吉农产品批发市

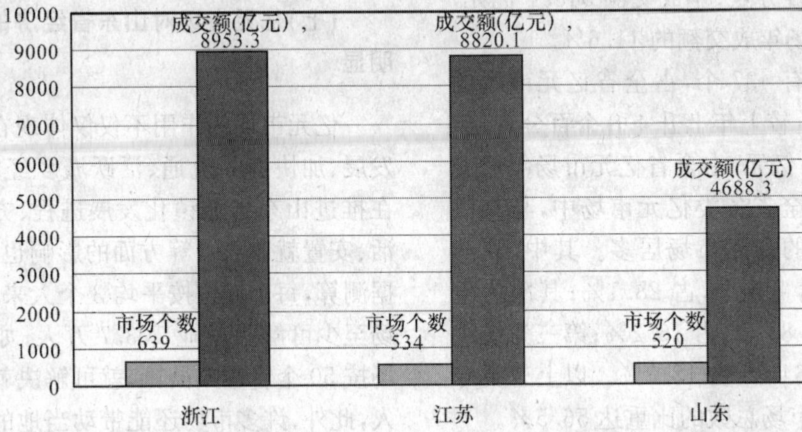

场采取股份制形式，并于1998年上市，开创了"企业办市场"模式；中国轻纺城（绍兴）是我国第一家上市的股份制市场，2002年国有股退出；中国小商品城（义乌）于2002年5月9日成功上市；2002年10月上海建成我国第一家中外合资市场"世富上海"服装批发市场。此外还有非上市的股份制商品批发市场，如宁波轻纺城；会员制市场，如中国郑州粮食批发市场、上海华通有色金属现货中心批发市场（国家指定白银交易市场）等，这些组织方式都为山东省今后市场的发展提供了鲜活生动的经验。

就山东省情况而言，可针对规模较小，经营产品相近，区域性邻近的等市场进行资源配置，优化组合，也可将即将破产或倒闭的市场进行兼并、重组，还可强强联合，逐步发展股份制市场，形成巨型"航母"和"龙头"。

（二）商品交易市场集群发展缓慢，规模较小，市场规模亟待进一步扩大

山东省大部分市场都由传统集货市场发展而来，仍处于自我循环的初级阶段，市场间相互联系不够，市场信息化水平不高，交易结算方式单一，制度设置不够健全，市场管理不够完善，交易环境不太理想等问题，从而难以形成较大规模的市场集群，在应对行业挑战和回避风险等方面能力较差。

当前商品交易市场规模不断扩大并逐步形成市场集群，逐步形成商品交易市场上的"集团军"，不但可以直接吸引全国各地乃至世界的商家来此投资经营，不断加强市场的辐射范围和影响力，还可带动当地各行业的共同发展，缓解就业压力等，更可以有效的应对市场上恶性竞争和复杂多变的经济形势。比如义乌市当前共有11个亿元以上商品交易市场，成交额达到476亿元，共同形成了规模庞大的市场集群，其中有中国小商品城（382亿元），义乌汽车城等5个十亿元以上超大规模市场，其在我国小商品交易市场上的地位是难以撼动的，其竞争力和抗风险能力也是显而易见的。2009年1月9日，一个比深圳华南城大2.5倍、比义乌小商品批发市场大2倍，全国最大的国际采购大平台"广州国际商品展贸城"在广州番禺区化龙镇正式奠基。山东省作为一个经济大省，理应在扩大市场的规模上走在全国前列，理应积极培育大型骨干批发市场，着力打造和做强大型流通产业市场集群，形成连接南北、辐射周边区域的全国重要商品集散中心。

（三）高端及特色市场缺少，同质化现象严重，市场结构亟待进一步调整

山东省大部分市场处于市场发育的初级阶段，商品以简单、初级、低档的日用消费品和生产资料为主，缺之高端和特色市场，商品交易市场同质化现象严重。在国际金融危机不断蔓延、国内外经济环境错综复杂的形势下，同质市场间恶性竞争日益突出，面临着生

存与发展的严重挑战。应根据国家的相关政策和国内外经济发展形势，及时应调整市场的产品结构。如中央提出“要积极开拓农村市场，用现代流通方式建设和改造农村流通网络，改善农村消费环境。要加强农产品市场体系建设，支持大型连锁超市和农产品流通企业开展农超对接，建设农产品直接采购基地。”以及 2009 年《食品安全法》出台，对农产品相关的商品交易市场的提档升级和发展都将起到深远的影响。

建设一批特色化和高端化、新兴化的商品市场也是促进山东省市场发展的必由之路。如上海市物贸中心有色金属交易市场年成交额就可达到近千亿元，其一个市场相当于山东省全省总成交额的近四分之一；北京女人街市场经营管理者投资 1000 万元对市场软硬件改造升级为外贸特卖型市场，届时英语能力不达标的商户将被全部请出；山东省寿光蔬菜批发市场的全程电子交易，蔬菜产品的电子标签推广也受到社会的广泛关注。一些贴近并适应人民生活消费需求的新兴市场，如：商品租赁、旅游、文化、房地产、旧货等市场也应逐步扩大规模。

（四）交易方式单一，亟待进一步升级

在经济快速发展，科学技术日新月异的今天，商品市场的交易方式产生了重大变化。目前，以电子商务市场为发展方向，网上交易市场正在进入发展期。近几年来，粮食、食糖、棉花、蔬菜、水果等农产品电子商务，在农产品采购、销售、国家储备的轮换和抛售等方面起到了重要作用。如中国郑州粮食批发市场采用自由交易、协商交易、竞价交易、合同转让、栈单交易等多种交易形式的创新，许多就是在其电子商务网站——中华粮网上完成的。“中华食糖网”、“布吉农产品批发市场网站”、“中国农产品交易市场（网）（新疆）”等诸多市场网站在市场交易中发挥了重要作用。而山东省的市场交易方式单一，落后于当前经济和科技的发展水平。有网站的市场也仅仅局限于市场基本情况介绍或是招商引资等。应加大对交易方式的建设与投入，积极采用现代流通技术，逐步完善商品交易市场的信息、结算、价格等功能，建立现代化的电子报价、电子信息发布、电子统一结算系统，引导市场向现代化、国际化方向发展。

（五）管理方法滞后，亟待进一步创新

当前山东省大多数市场重建设轻管理，市场管理部门仅停留在收取摊位租金，提供复印、电话等一般性商务服务。为客户进一步制定一系列规范化、标准化、科学化的市场管理体系，如：提供交易信息、经营策划、法规咨询及援助、统一结算等全方位的服务，加强市场品牌建设和品牌化经营，提升市场形象，加大市场立法和执法力度，强化市场监管职能等，应尽快提到日程上来。只有不断促进管理和服务水平上台阶，上质量，才有利于降低交易成本，扩大交易规模，提高经济效益，市场也才能做大、做强。

当前，我国商品交易市场正在朝着大型化、专业化、国际化、特色化、标准化、规范化等方向发展，山东省亿元商品交易市场亟需调整方向，找准对策，提升水平，快速发展。只有市场发展规模化，结构多样化，组织方式多元化，管理方法创新化，山东省亿元商品交易市场才能继续保持繁荣稳定活跃的良好发展态势。

（山东省统计局贸易外经处）

陕西省重点商品交易市场发展现状简析

以农副产品交易市场、日用工业品交易市场以及生产资料交易市场为主的商品交易市场，是改革开放后商贸流通领域出现的新型商业形式。商品交易市场以其旺盛的生命力和便民、富民、利民的重要特征，在扩大商品交流，活跃城乡市场，拓展劳动就业，满足人们生产、生活需求等方面，发挥着重要作用，成为促进商品经济发展的重要渠道。2007年，陕西省对31家重点商品交易市场成交情况进行了调查。调查统计结果显示，被调查的31家重点商品交易市场共有摊位数18091个，全年总成交额183.91亿元，平均摊位成交额101.66万元。

一、陕西省商品交易市场的特点

(一)市场区域分布相对集中

从全省重点市场区域分布情况看，商品交易市场的数量及规模与经济社会发展水平密切相关，商品交易市场相对集中于经济较为发达的西安市。2007年，全省31家重点商品交易市场的分布为：西安市15家，占48.3%；汉中市4家，占12.9%；安康市3家，占9.6%；铜川、宝鸡、渭南、商洛市各2家，分别占6.5%；咸阳市1家，占3.2%。全省31家重点商品交易市场中成交额在亿元以上的有21家，其中：西安市11家、宝鸡市2家、咸阳市1家、渭南市2家、汉中市4家、商洛市1家。

(二)市场成交规模不断扩大

经过多年的培育，商品交易市场逐步向规模化方向发展，交易规模不断扩大，对全省商品流通业的发展产生了积极影响。2007年，全省31家重点商品交易市场总成交额183.91亿元，其中：西安市139.54亿元，占75.9%；铜川市0.73亿元，占0.4%；宝鸡市4.06亿元，占2.2%；咸阳市12.00亿元，占6.5%；渭南市2.63亿元，占1.4%；汉中市21.18亿元，占11.5%；安康市2.02亿元，占1.1%；商洛市1.75亿元，占1.0%。全省年成交额在10亿元以上的商品交易市场有6家，当年实现成交额128.25亿元，占市场成

重点商品交易市场数量和成交额

名　称	重点市场数量(个)	比重(%)	成交额(亿元)	比重(%)
全省合计	31	100	183.91	100
西安市	15	48.3	139.54	75.9
铜川市	2	6.5	0.73	0.4
宝鸡市	2	6.5	4.06	2.2
咸阳市	1	3.2	12.00	6.5
渭南市	2	6.5	2.63	1.4
汉中市	4	12.9	21.18	11.5
安康市	3	9.6	2.02	1.1
商洛市	2	6.5	1.75	1.0

交总额的69.7%。西安康复路工业品批发市场是陕西省唯一年成交额突破50亿元的市场，当年实现成交额达到65.48亿元，占市场成交总额的35.6%。

(三)市场交易商品种类繁多

近年来，陕西省重点商品交易市场经营范围不断扩大，涉及商品种类丰富，涵盖了粮油、肉禽蛋、水产品、蔬菜、水果、饮料、服装鞋帽、针纺织品、日用品、五金电料、体育娱乐用品、家用电器和音像器材、中西药品、家具、通讯器材、建筑及装潢材料、汽车等类商品。2007年，全省重点商品交易市场共成交食品、饮料、烟酒类商品56.67亿元，占总成交额的30.8%；成交服装鞋帽、针纺织品类商品58.44亿元，占总成交额的31.8%；成交五金电料类商品20.06亿元，占总成交额的10.9%；成交建筑及装潢材料类商品5.51亿元，占总成交额的3.0%；成交汽车类商品10.85亿元，占总成交额的5.9%。

二、陕西省商品交易市场存在问题和建议

商品交易市场是流通业的重要组成部分，不仅可以汇聚大量的人流、物流、资金流和信息流，使市场所在地成为商品集散中心，而且可以带动交通运输、金融、通讯、旅游、商贸、餐饮、娱乐等相关行业的发展。经过30年的培育、建设和发展，陕西省商品交易市场已成为全省商贸流通业的重要组成部分，对陕西经济社会发展产生了积极的推动作用。但是，商品市场体系建设中还存在着市场总体规模偏小，整体辐射能力较弱，组织化程度较低，市场功能不齐全，交易方式过于传统，营销方式相对单一等问题，制约了陕西市场规模的发展壮大。为了加快发展陕西大型商品交易市场，充分发挥商品交易市场的作用，提出如下建议：

(一)加大市场重组调整力度

要对市场进行结构调整和战略重组，通过企业兼并、投资参股、资产授权经营或股份制等形式，组建跨部门、跨地区、跨所有制的企业集团；对有条件的市场可以建立生产基地，以本地的优势产业和技术来支撑市场建设与发展，走“市场连基地、基地促市场”的发展路子，形成贸工农、产供销一体化的市场发展模式，实现商品市场与工业经济的互促共荣，形成制造业、流通业良性互动健康发展的新局面。

(二)大力发展专业化市场

要大力发展专业化市场，对综合性市场要按经营品种的商品特性进行分类，建立专业交易区。专业性市场要重点培育代表市场特色的品种，建立起各具特色的市场群体。要围绕专业市场提高工业发展水平，增强本地产业对专业市场的支撑能力。

(三)加强市场信用环境建设

要在市场中提倡诚信经商的良好风气，严格实施市场准入制度，严格把好进入市场的商品质量关，加强对经营户商品质量的监督，规范市场经营秩序，对无证经营、掺杂使假、假冒伪劣、骗买骗卖、缺斤短两等行为要坚决予以打击，切实保护公平交易行为，努力提高市场信誉度，促进市场的健康发展。

(四)着力提高市场经营管理水平

要积极建设商品市场的信息网络，逐步形成联网的信息网络体系，推动市场运用现代管理技术，逐步走出千篇一律的摊位制对手交易模式，积极探索新型交易方式，把连锁、代理、配送、拍卖等现代营销方式引入商品交易市场。不断提高科学经营管理水平，实施统一结算，促进交易方式的提升和经营管理水平的提高。

(陕西省统计局贸易外经处)

关于辽宁省家电下乡和扩大农村市场的对策建议

辽宁省作为第二批推广“家电下乡”的省份之一，自2008年12月1日起到现在，“家电下乡”活动已实施5个多月。从总体进展情况看，在各级政府的推动下，“家电下乡”活动取得了初步成效，对搞活农村商品流通、促进农村居民消费起到了较好的政策效应和市场效应，但也存在一些问题，需要在今后的工作中加以解决。本报告通过对“家电下乡”活动的调研分析，就进一步促进辽宁省农村市场发展提出对策建议。

一、辽宁省“家电下乡”面临形势及取得的初步成效

1. 农村家庭耐用消费品需求潜力巨大。进入“十五”以来，辽宁省各级政府高度重视“三农”工作，加大县域经济扶持力度，实施一系列支农、惠农政策措施，促进了农业和农村经济持续发展，农民生活品质明显提高。从农村家庭主要耐用消费品拥有量看，2008年辽宁省农村平均百户拥有彩电109.8台、电冰箱44.4台、洗衣机72.3台、摩托车56.5辆，分别比2000年增加51.1%、196.9%、31.5%和137.1%。但与城市相比，农村家庭耐用消费品拥有量与城市仍有较大差距，彩电普及率及消费档次仅相当于城市10年前的水平，电冰箱、电脑的拥有量则有20年的差距。2008年，辽宁省每百户拥有电冰箱城乡比为1∶0.47，洗衣机为1∶0.78，热水器为1∶0.11，计算机为1∶0.08，手机为1∶0.59，小汽车1∶0.24。尽管农村电视机普及率比较高，每百户拥有109.8台，但许多农户的电视机样式老、功能少，甚至是“超期服役”。总体分析，辽宁省农村家庭新一代家电产品普及的空间相当宽广，潜在家电消费需求巨大。

2. 实施“家电下乡”的基本运作模式。按照国家要求，实施“家电下乡”的基本运作模式为：一是充分考虑节能、环保、耐用、安全等要求，制定下乡家电标准，改进不适合农村消费的功能，确保下乡家电产品质量可靠、功能实用。二是拟定最高限价，经严格的招标程序确定下乡家电的生产、销售企业，中标企业要缴纳履约保证金，设定家电下乡产品标识。三是流通环节上，对链条内的经销商在配送、维修等方面严格要求，确保下乡产品的供应、销售、维修、服务到位。在各县区及有条件的乡镇设立销售网点，设立家电下乡产品销售专区专柜，悬挂家电下乡门店统一标识，设立公示栏张贴农民购买需知，注明产品型号、中标销售价格、补贴比例、补贴金额。商家在第一时间登录“家电下乡信息管理系统”及时录入产品标示卡号、发票卡号及购买户身份证号等相关销售信息。四是告知农户持身份证、户口簿等证件就近购买，再一并携带购货发票、产品标识卡等材料到户口所在地乡镇财政部门申领补贴资金。五是财政部门认真核对销售网点、农户双方的信息后，直接把补贴资金发放到购买农户的储蓄账户上。上述基本运作模式，有效地调动生产厂家、销售者、农户各方参与的热情，把住了下乡家电的质量关，通过下乡产品信息、销售网点、实际

交易、补贴情况等信息公示管理平台，确保财政资金不被套取、挪用。

3. “家电下乡”取得的初步成效。辽宁省实施“家电下乡”5个多月，进展比较顺利，“农民买家电、政府给补贴”的家电直补政策，收到了农民得实惠、企业得市场、政府得民心的多赢局面。据统计，2008年12月至2009年4月，全省县及县以下社会消费品零售额实现395.6亿元，同比增长17.2%。截至2009年5月7日，全省已有家电下乡销售网点3360个，共销售家电下乡产品14.9万台(部)，实现销售额2.5亿元，全省平均每百户农民家庭有1.58户购买了家电下乡产品。从品种看，冰箱、冰柜类销售火爆，已销售9.8万台，占总销量的60.4%；彩电、洗衣机分别销售2.6万台和2.3万台，占总销量的比重为17.5%和15.4%；储水式热水器、电脑新增补贴品种也开始销售，销量分别为383台、615台。从地区销售情况看，大连市销量达到1.7万台，在全省排位首位；沈阳、丹东、铁岭、锦州、阜新5市的销量均超过了9000台。从具体家电种类和品牌的销售看，电视机的档次明显提高，冰箱成为消费的主要热点。青岛海尔、四川长虹、河南新飞、深圳康佳等许多中标企业在辽宁省的销售都大幅增加，其中，海尔电器更是一路走俏，冰箱的销量翻番。以财政补贴的方式推广“家电下乡”，把农村巨大的潜在消费需求转化为实现的购买力，扩大了农村居民消费；丰富了广大农民物质文化生活，提升了生活质量；也有利于引导企业建立起面向农村的生产和流通及售后服务网络，净化了农村市场环境。“家电下乡”正成为工业反哺农业、城市支持农村的新形式。

二、当前辽宁省“家电下乡”遇到的问题及一些思考

据调查，农民对“家电下乡”有“五盼”，一盼价格公道，二盼产品质量过硬，三盼操作手续简单便利，四盼品牌种类多、销售网点多，五盼售后服务周到快捷。当前，辽宁省在实施“家电下乡”的过程中，还遇到一些亟待解决的问题。

1. 农民的购买力缺乏可持续后劲。目前，辽宁省农村社会保障体系尚未健全，农民风险防范意识较强。多挣钱、多存钱，为今后的生产活动留足资金，让子女能接受好的教育，使自己老有所靠仍然是农民生活的主要方式。下乡家电一路走俏，大多是因为赶上儿女结婚、有政府补贴等因素作用的结果，并非完全出于改善生活质量的目的。从辽宁省农民收入水平和实际支出情况看，农民可用于改善生活质量和提高生活水平的资金并不宽裕。以2008年为例，辽宁省农民人均总收入为7680.4元，收入中有很大一部分要作为生产成本预留，再扣除基本的生活费用后，可支配收入所剩不多。加之，受农产品价格较低、农民工就业难等问题的困扰，多数农民在衣食住行、养老防病上的支出基本处于捉襟见肘的境地，相当有限的钱，用途却很多，且考虑到后续的电力、维修等费用支出，家电对很多农民家庭也只能是一种奢侈品。只有从根本上解决收入和后顾之忧问题，农民才会放心大胆地去消费、去对接“家电下乡”。

2. 下乡家电的品牌与种类存在缺口。家电下乡要想可持续进行，还得看农民对下乡家电是否满意。“价格实惠、功能实用、操作简便、节能省电、售后服务质量可靠”是大多数农民选购家电最看重的因素。不少农户认为当前市场上销售的下乡家电产品有很多是华而不实、操作不便、售后服务有待改进。中标厂商不能简单地认为把在城里销售的产品贴上“下乡”的标签就可以了，而是需要在研发上下功夫，生产出适合农村环境、满足农民需要的家电产品，尤其要注意“80”后新农民追求时尚、追求功能的实际需求。目前，受多种因素制约，具体到县区很多下乡家电产品在功能、外观、品质、种类、品牌上都有限，并且有的是前几年的老款，难以吸引和满足农村消费群体的需要。

3. 适合家电在农村使用的硬件环境有待改善。众所周知，购买洗衣机，就要修建相应的供排水设施；使用电脑，就应铺设线缆连接互联网；有了电视机，就要设立稳定的电视信号传输设备及有线电视网络。目前在农村，特别是偏远农村基础设施落后，主要表现为：电力供应不稳不足，不少农户家中供电线路老化，很难满足家用电器安全使用条件；农村里的电视信号弱，只能接收到有限的电视频道，且画面不清晰，出现了“买得起，看不了”的局面。而且，售后服务还没有及时跟进，修理不便，给使用者带来了很多麻烦。

“家电下乡”作为国家的一项宏观调控政策，不仅能拉动内需、给家电生产和销售企业带来新机遇，也提高了农村群众的生活质量，使百姓得到实惠。当前，要想使家电更广泛、更持久地进村入户，使“家电下乡”政策的功效尽情发挥，实施过程中还需研究以下几个问题。

第一，“家电下乡”应有一个好的市场环境。面对农村欠发达的市场环境，各级政府及相关部门必须要创造良好的市场环境，努力解决“家电下乡”中遇到的各种问题。一方面要加大宣传力度，不仅要加大“家电下乡”的政策宣传，同时还应通过真假对比，宣传家电选购知识和有关维权规定；另一方面要切实加强对产品质量和价格的监管，组织开展以打击“翻新家电”为主要内容的专项整治行动，防止“翻新家电”、质量不合格家电流入农村市场。还要充分发挥基层维权网的作用，对“家电下乡”开辟售后服务争议解决的绿色通道，切实解决农村消费者的实际诉求，为“家电下乡”提供特别保护。同时，还应大力提倡“以旧换新”等家电下乡的创新举措，以带动“家电下乡”产品销售，推动农民消费结构升级，促进农村循环经济、节约型社会的构建和发展。

第二，“下乡家电”产品应适销对路。应激励家电企业不断开发符合农民需要的产品，提高产品节能、环保、耐用及安全标准，建立和完善售后服务网络，解决农民的后顾之忧。实际工作中，应根据不同地区经济发展程度和农民消费水平，适时提高部分产品的最高限价和补贴比例，调整下乡家电的品质范围，扩充中高档产品种类，以满足“追时尚、求功能”新型农民的需要。以电视机为例，从长期着眼，应考虑电视数字技术发展进程，保证农民购买家电产品的可持续使用性；还应注意传统平板电视机易诱发农民眼部疾病等影响健康的问题，不让有害农民身体健康的家电流入农村，把保证农民健康的理念植入“家电下乡”活动中，在为农民朋友送去欢乐的同时也送上健康。

第三，领取“家电下乡”财政补贴程序设计应更方便农民。“家电下乡”实施以来，辽宁省在补贴领取上采取了一系列有效的措施，至此已有 8.8 万台家电下乡产品兑付补贴，补贴金额达 1943.1 万元，兑付率 59.1%。与农民的期盼相比，在简化补贴程序、缩短等候时间上，仍有努力的空间。当前，要注重学习借鉴外省“保证农户当天即可领到补贴款”的先进经验，采取多种方式，简化程序，提高效率。一是积极研究“农民申购、乡镇农信社代办审核”方式，确保补贴资金及时到户；二是研究采取“消费券”的方式，直接给农民发放家电产品售价 13%的消费券，减少农民购买后再去领取补贴的繁琐程序和环节。

第四，面对省内家电品牌缺失现状，应尽快调整产业结构，发挥“家电下乡”对全省家电产业的撬动作用。新一轮的“家电下乡”招标吸引了全国众多企业前来竞标，从中标情况看，扩容后的“家电下乡”工程中标厂商普遍为国内知名企业和品牌。辽宁省的“家电下乡”吸引了国内 85 家企业生产的彩电、冰箱、手机、洗衣机四大类 1133 个型号商品参与其中，具体看，冰箱类约有 34 家，彩电类约有 25 家，手机类约有 17 家，洗衣机类约有 25 家。新增补贴品种中，电脑类约有 12 家，燃气热水器约有 15 家，储水式电热水器约有 20 家，这些中标企业及品牌相对集中在华南、华东地区，辽宁省企业及品牌几乎为零。“家电下乡”虽然带动了省内农村消费品市场活跃繁荣，但由于家电企业及品牌多为外埠生产厂家，对省内扩大投资、促进就业的推动作用有限。为此建议，要采取措施，支持省内家电业的发展，尽快形成完整的产业链条，增强市场竞争力；还可研究制定扩大“家电下乡”的外延途径，将下乡产品的种类延伸到更多产品，着力培育、展示、推介辽宁省地产名优品牌商品，打造“辽宁品牌”。选择辽宁省具有发展优势，符合农业农村农民生产生活发展需要的工业产品下乡，以此推动辽宁工业经济的发展。

三、对促进辽宁省农村市场进一步活跃的对策建议

当前，辽宁省农村人口占总人口的51%，而农村市场消费品零售额仅占全省的17%，农村市场潜力巨大。目前，有许多消费品在城市市场已趋于饱和，可再度拓展的空间较小，与之相对应的农村市场则充满机遇。近几年农民消费需求增长较快，2008年全省县及县以下农村消费品零售额增长21.8%，基本与城市消费品零售额增速持平，进一步启动农村市场已成为推动全省经济持续发展的重要环节。在当前国际金融危机的情况下，扩大和启动农村市场，对辽宁省经济及相关行业调整和振兴大有裨益。对此，透过“家电下乡”活动，提出如下几点建议。

1. 扩大农民消费要牢牢扭住“农民增收”的关键点。收入乃支出之源，只有保证农民收入持续稳定有效增长，农民的消费购买力才会增强，农村市场才具备启动的条件。2008年辽宁省农民人均纯收入5576.5元，相对改革开放之初的185.2元翻了五番，可相对于日常众多支出，农民的收入水平还不够高。目前，受国际金融危机影响，农民增收同时也面临很多困难，辽宁省要采取积极的措施努力促进农民增收。一是继续稳定农业生产，调整农业产业结构，确保农民耕作收入稳步增长。认真落实“三农”政策，加大农业生产人力、物力、财力投入，促进粮食增产、农民增收；依靠产业结构调整，推进农产品深加工及增值，尽快实现由“粮仓”向“厨房”的转变，增强农产品整体竞争力，促进农业增效。二是提升农业科技服务水平。针对辽宁省大部分农村农业科技服务网“不够完善、力量比较薄弱”的现状，要增加投入保障经费，恢复健全服务基层农村的农业科技服务体系；还要进一步改善农业装备结构、提高农机化水平，继续结合辽宁省粮食、畜牧、水产、林果等倍增计划，坚持发展大农机、服务大农业，优化农机结构，提高劳动生产率，为农村劳动力实现更大转移创造条件。三是在经济增长较为放缓的背景下，要通过“以工代赈”的方式，组织农民开展较大规模的整治土地、疏浚河道、兴修水利等工程，夯实农业基础设施，增强农业抗击自然灾害能力，增加农民的劳动收入。四是多管齐下为农民拓展非农就业渠道，增加工资性收入。针对辽宁省特定气候条件下农民一年中劳作期较短的特点，建立多渠道的农民工就业服务保障体系，加强对农民工的就业指导、职业介绍和就业信息服务，降低农民工求职成本，并要创新农民工的就业培训方式，使技能培训与就业紧密相联，并给予有力的财政倾斜，支持企业多留用农民工。五是结合辽宁省重大工程建设项目的推进，尽可能多的吸纳和安排省内农民工，让广大农民也能分享老工业基地振兴政策带来的就业机会。

2. 加快推进农村公共社会事业建设。在农村，农民支出常以住房、婚丧嫁娶、医疗等大事为主，为基本的生活需求、不可预期的风险，而紧紧攥紧手中的钱，不敢消费，是辽宁省多数农民家庭的生活常态。农村社保体系不健全，农民们的风险意识较强，导致收入难以转化为消费，这也是农村市场建设长期相对滞后的原因之一。培育消费热点、拓展农村消费空间的关键是减少农民后顾之忧，提

振消费信心。从2006年"新农合"工作全面启动以来，全省97个县(市、涉农区、涉农开发区)全部建立了新农合制度，实现了县、乡、村全覆盖，使2156万农业人口受益，辽宁省目前"农村新型合作医疗"的参保率几乎是100%。这一惠及广大农村居民的医保制度大大缓解了农民"看病难、看病贵"的矛盾，提升了农村居民的幸福感指数和生活消费信心。距离农民的需求，这只是个起点，要继续提高省内新农合的保障水平，在其它公共基础设施建设上也要有新举动。尽管目前辽宁省农村基本建设投资不断加大，但农村基础设施薄弱依然成为制约农村市场发展的"瓶颈"。辽宁省1万多个行政村、5万多个自然村屯虽都基本通电，但农村供电不稳一直是个老问题，占全省51%的农业人口，用电量不足全省的16%；全省县乡公路里程虽然达到41902公里，但其中60.2%为三、四级标准。这种"瓶颈"既影响农民的生产经营，也抑制了农民的生活消费。当前要用好用足国家扩大内需、实施积极财政政策的时机，抓好以水利水源、电网改造、国土整治、生态环保、农房检修、村庄规划、农村交通道路整修等为重点的新农村建设项目，既加快农村基础设施建设，改善农民生活消费条件，又创造了就业岗位，吸纳更多农村剩余劳动力就地务工，增加农民收入，促进农民消费。

3. 鼓励消费政策措施要放大"四两拨千斤"的功效。"农民买家电、政府给补贴"的"家电下乡"活动有效推动了辽宁省农村家电市场的活跃，这是一次用政策刺激农村消费的实践。为进一步激活农村市场，农信社等农村金融机构应发挥更大作用。一方面要为农户提供相应额度的消费信贷，满足购置家电、农机具、自用车、农业生产资料等需求；另一方面，要对有愿望、有能力、但缺乏资金的返乡农民工提供小额生产经营性信贷，支持鼓励其创业，发展农村多种经济，培养致富带头人，增加农民收入，提升消费购买力，激发农村市场潜力。

"家电下乡"以财政补贴的方式支持农民消费，这是一次有益的探索。要从新农村建设的视角长远规划，有创造性地实施更多种类的"产品下乡"活动。以农机生产为例，建议各级财政继续安排一部分资金与中央财政资金统筹使用，尽快确立省财政的累加补贴比例和累加补贴制度，在国家确立的补贴种类基础上扩大省内自主补贴农机具的范围，如：适宜辽宁省农业生产特点的高秆作物割晒机等，以促进农机下乡。当前，特别是要结合国家汽车产业振兴规划，做好"汽车下乡"工作，进一步促进辽宁省汽车业的快速发展。2008年全省限额以上批零业汽车类实现零售额284.9亿元，占全省限上批零业实现消费品零售额的2.1%。"汽车下乡"亦是辽宁省汽车产业发展的良机，不仅有助于辽宁省"十一五"规划确立的汽车工业年平均增长35%发展目标的实现，还有助于带动钢铁、石化、电子等整个产业链条的发展。当前，要抓紧出台"购买省内生产或省内品牌汽车可获更多补贴，并减免相应的税费"等刺激措施，使省内汽车企业"近水楼台先得月"，赢得辽宁省农村广阔的市场空间。

4. 进一步健全农村市场流通网络建设，改善农村消费环境。针对辽宁省农村市场分散、网点少、流通服务成本较高的特点，要继续巩固"万村千乡市场工程"，尽快建立起"以城区店为龙头、乡镇店为骨干、村级店为基础"的农村现代流通体系，推进连锁经营向农村延伸。要开展多种形式的农产品展销会，切实解除"农产品销路难觅"的问题；还应继续加强农村各类商品交易市场建设，规范市场秩序，妥善解决"农民有钱不便花"的难题，增加农民就业渠道，促进农村消费品市场活跃。

5. 引导企业深入农村，想农民所想，做农民所需。农民由于信息接受面相对较窄，品牌意识薄弱，加之受收入水平和文化水平制约，消费依然以求廉、求实为主要价值取向。下乡企业要将壮大农村市场与让农民受益结合起来，要特别关注农民的消费福利，不仅要让农民去消费，更要考虑农民的消费是否物有所值，让其真切地感受到花钱消费确实带来了生活质量的改善。企业要加大研究农村市场，考虑农民对产品的特殊需求，不应简单的把城市里卖不出去的产品拿到农村去。农村市场是典型“口碑市场”，往往是“伤害一家，波及全村”。因此，各级政府及有关部门要引导企业正视城乡差异，注重农村市场消费热点的培育，树立服务农村、服务农民的意识，在产品质量上下功夫，在生产环节上把好每一道关口，坚决制止用劣质商品去应付农民。在“家电下乡”活动以及扩大农村市场工作中，努力达到既为农民谋福利，又为企业创利润，实现农村消费者与企业共赢局面。

（辽宁省统计局贸易外经处）

福建省"家电下乡"政策效应分析

实施家电下乡是当前经济形势下扩大内需的一项重要举措，是一项重大的支农惠农政策，也是财政政策、贸易政策及运作机制的一项创新。通过对农民购买家电给予一定比例的财政补贴，可以提高农民消费能力，扩大农村消费，改善农民生产生活条件，带动家电企业生产，促进产业结构优化与升级，完善农村流通体系。家电下乡在全省实施，既有利于增强消费对经济增长的拉动作用，也有利于改善农民生产生活条件，促进福建省社会主义新农村建设。

本文从统计角度出发，通过理论分析和实地调研相结合，分析福建省家电下乡政策所带来的实际效应及实施过程中存在的问题，进而提出对策建议，促使家电下乡政策能够落到实处，最终达到预期效果。

"家电下乡"工程是支农惠农的民生工程，是党和政府关心农村、关爱农民的具体体现，是当前经济形势下深入贯彻落实科学发展观、积极扩大内需的一项重要举措，也是在当前形势下拉动内需，扩大消费的重要措施，是财政政策和贸易政策的新突破。实施家电下乡政策既有利于增强消费对经济增长的拉动作用，也有利于改善农民生产生活条件，促进福建省社会主义新农村建设。随着2月20日"家电下乡"政策在福建省全面启动，这项新的惠农政策引起社会各界广泛关注。经过两个多月的运行，家电下乡初显成效。

一、福建省"家电下乡"初显成效

1. 农村居民对家电下乡政策的认可程度较高。自2月20日以来，福建省家电下乡工作不断加大推广力度，各地通过会议、简报、张贴公告、发放宣传单、悬挂标语、利用广播、电视、报纸等多种形式，对家电下乡政策进行了全方位的宣传，使福建省绝大多数农民基本了解家电下乡政策的主要内容，对这项支农惠农的好政策表示支持和拥护。4月下旬对福建省248户农民开展问卷调查，调查结果显示，对表示非常了解和基本了解家电下乡政策内容的有212户，占调查户的85.5%，其中非常了解的有63户，占调查户的25.4%，基本了解的149户，占调查户的60.1%。被调查农户中直接表示愿意购买家电下乡产品的有126户，占到被访总人数的50.8%，有61.7%的农户认为对享受补贴的家电产品设置的最高限价符合农村实际。从家电下乡产品看，广大农户对电冰箱、洗衣机等在农村普及率还较低的耐用消费品的需求较高，排在各种家用电器的前两位，分别占到调查人数的46.8%和36.3%。

2. 销售商对家电下乡产品销售前景充满信心。不仅农村居民对家电下乡政策的认可程度较高，经销商对家电下乡产品销售也充满信心，家电下乡推行两个多月来，福建省经销商实实在在地感受到了家电下乡给他们带来的实惠。4月下旬以来，我们走访了22个家电下乡产品经销商，被调查的企业均表示，家电下乡产品体现了薄利多销，相信随着相关政策的不断完善，家电下乡会有很好的前景，市场会逐步扩大，对家电下乡前景的预期普遍看好。被访的莆田市涵江区江口镇金希家电城负责人表示，下一步将专门做家电下乡产品，争取销售所有的中标品牌和型号，以满足不同的需求，尽可能把家电下乡这块蛋糕做大。

3. 家电下乡产品销售网点多面广，销售量发展迅猛。从家电下乡销售服务网点的备案情况看，全省所有市、县(区)均已设销售网点。目前，全省已备案通过的家电下乡销售服务网点达5432家。从下乡家电产品销售情况看，销售量发展迅速。据福建省家电下乡信息管理系统统计，截止5月12日，福建省已销售家电下乡产品71983台(部)，其中广大农村居民购买冰箱的热情比较高，冰箱销售量达40495台、占总销售量的56.3%，其次是洗衣机销售15283台、占21.2%，其它依次是彩电销售13958台、计算机1134部、手机1113台，分别占总销售量的19.4%、1.6%和1.5%；全省家电下乡产品实现销售总金额13412.31万元，其中销售冰箱、洗衣机、彩电、计算机、手机销售额分别为8473.05万元、2542.39万元、1959.92万元、375.52万元和61.43万元。至5月12日全省已发放补贴15144件、补贴额369.48万元，在全国第3批启动家电下乡工作的19个省市中福建省销售量和补贴数均排名第三，江苏省第一，河北省第二。

4. 家电下乡有效带动农村消费市场繁荣活跃。1—4月，农村消费市场实现良好开局，特别是2月份以来随着“家电下乡”在福建省全面启动，有效带动农村消费市场繁荣活跃。据统计，2009年2月份、3月份和4月份全省县及县以下市场零售额增幅连续3个月比城市市场分别高3.1个、5.2个和2.6个百分点。1—4月，全省县及县以下市场实现消费品零售额462.48亿元，增长15.2%，增幅比同期城市消费品市场高2.5个百分点，比全省社会消费品零售总额平均增长速度高1.7个百分点，拉动全省社会消费品零售总额增长5.0个百分点。其中，县级市场实现零售额128.24亿元，增长18.7%，县以下市场实现零售额273.17亿元，增长14.5%。在走访家电下乡经销商企业中，有的经销商2009年以来电冰箱、洗衣机的销量比上年同期增长30%左右，有的仅“五一”期间销量同比增长20%以上。

5. 家电下乡带动相关产品生产企业产销两旺。随着家电下乡不断深入推进，福建省的厦华、捷联、戴尔(含戴尔中国和戴尔厦门)、万利达等被列入全省家电下乡工程中标的企业和一些相关的配件供应商均出现了产销两旺的局面。4月份，上述五家企业实现总产值74.20亿元，分别比3月份和2月份增长59.4%和71.4%；实现销售产值72.80亿元，分别比3月份和2月份增长64.7%和89.6%；产销率分别比3月份和2月份提高3.2和9.4个百分点。在此带动下，1—4月，家用电力器具制造业和家用视听设备制造业两大行业实现总产值54.23亿元，销售产值51.49亿元，分别比1—3月增长47.4%和44.1%。

二、当前福建省“家电下乡”政策实施过程中存在的主要问题

通过对全省248户农户、22个家电下乡定点销售企业问卷调查并结合实地走访，我们认为当前福建省在家电下乡政策实施过程中也存在一些问题，需要引起有关部门的关注。

1. 农民购买家电下乡产品的观望气氛较重。在被调查的248户农村居民中，直接表示愿意购买家电下乡产品的农户有126户，占调查户的50.8%；表示不一定购买家电下乡产品的101户，占调查户的40.7%；而直接表示不愿意购买家电下乡产品的21户，占调查户的8.5%。以上调查结果表明，国家实施家电下乡产品的补贴政策，对广大农民具有一定的吸引力。但是目前还有14.5%的被访农民对国家家电下乡的有关补贴政策还不够了解，有49.2%的被访农民表式不一定购买或不愿意购买家电下乡产品，存在观望的心

理。

2. 家电下乡产品档次偏低、品种不多，不能完全满足农民需求。一是家电下乡产品档次偏低。随着农民收入的持续增加，农民生活水平日益提高，越来越多的农民在选购家用电器时眼光瞄准设计美观、质量上乘的中高档产品，如想购买大屏幕液晶电视，但目前这样的产品因价格超过2000元不在家电下乡产品之列，不能享受领取购机补贴的优惠政策。二是下乡产品种类偏少。福建省第一批家电下乡产品仅限冰箱、彩电、洗衣机、手机四类，农民需求量较大的摩托车、空调、热水器等产品目前还未推出。部分被访农民表示，很多中低档的家用电器在福建省农村已经相当普及，而国家目前针对家电下乡产品设置的最高限价没有考虑到不同地域农民生活水平不同、收入不同，致使目前的最高限价不能满足有些农民家庭对家用电器更新换代的需求。最高限价的设置，在一定程度上抑制了一部分层次较高的潜在消费者的需求。尤其是在福建省闽南地区26寸以下的小彩电在农民家庭普及率比较高，而下乡彩电品种多以26寸以下显像管电视为主，档次较低，在农村需求量不大。走访中也发现，部分基层经销商只有一两个品种的产品，一些需求量较大的品种出现断货，如：32寸以上彩电、手机等产品缺货现象较为严重。

3. 申领家电下乡产品补贴手续比较繁琐。根据家电下乡政策规定，目前家电下乡的补贴申领环节较多，手续比较繁锁，一般要经过买货－送货上门－开封取出标识卡－返回经销商处开发票－信息录入审核－到所在村开证明－到乡镇财政所申报－县级财政审批－通过银行将补贴打入农民户头等环节，其中任何一个环节不顺畅，都会影响补贴申领进度。尤其是一些偏远山区的农民，万一遇到乡镇财政所具体经办人有事不在，就必须改天再来，补贴的金额可能还抵不上来回跑的路费以及误工的费用，因此相当一部分农民被迫不申领补贴，这由此影响到其他农民购买家电下乡产品的积极性。在接受问卷调查的248户农民中，有94户认为补贴的申领手续很繁琐，占被调查数的37.9%；有84户认为比较繁琐，占33.9%；只有70户认为可以接受，仅占被调查总人数的28.2%。由此可见，有七成农民认为补贴申领手续繁琐或很繁琐，仅这两项人数占到被调查人数71.8%。由于家电下乡产品补贴手续比较繁琐，影响了申领补贴进度，截止5月12日，全省购买家电下乡产品申领补贴的件数仅占销售量的21.0%。调研中得知，莆田市涵江区江口镇财政所截止到5月6日，共受理20件补贴申请，而家电下乡电脑系统显示截止到5月6日全镇已销售家电下乡产品300余台，申请补贴的仅占销售量的6.7%。

4. 农民家对电下乡产品的质量问题心存疑虑。在被调查的248户农民中，表示最担心家电下乡产品质量问题的有151户，占调查户的60.9%；表示最担心家电下乡产品售后服务问题的60户，占调查户的24.2%；表示最担心家电下乡产品型号过时问题的37户，占调查户的14.9%。部分接受采访的农民表示，同样品牌的家用电器，有家电下乡标识的产品往往是一些新推出型号，这样不便于横向比较，对家电下乡产品的配置、质量问题心存疑虑。

5. 经销商认为销售家电下乡产品盈利情况不乐观。由于国家对中标产品实行限价销售，中标产品价格普遍较低，生产企业给经销商的利润空间较小，销售利润微薄。同时，农村用户一般距离较远，尤其是闽西、闽北农村以山区地貌为主，商场免费送货上门的成本比在县城高出很多。这两方面因素影响了经销商的积极性，制约了家电下乡活动快速推进的步伐。此次调查的22家经销商中，有6家认为家电下乡产品利润情况较好；有8家认为利润一般，有8家认为利润不太好。认为利润一般和不太好的占被访经销商总数的72.7%。有的经销商反映家电下乡产品的利润情况不乐观，虽然家电下乡带动销量和销售额双双上升，但利润却不如从前，扣去各种成本、促销费用，利润空间所剩无几，尤其是一些一线品牌的家用电器毛利率与上年同期比约下降5%左右。

6. 家电下乡产品市场还有待进一步规范。在调查中，部分经销商反映目前家电下乡产品市场竞争不够规范，政府配套政策还不够完善。一是不同批次中标的产品价格不一样，早中标的价格比较便宜；二是一些二线、三线品牌的中标产品和一些非家电下乡产品的利润空间比一线中标的产品大。因此，一线中标品牌的经销商在市场竞争中就处于不利的地位，尤其是有些农民的品牌意识还不是很强，对品牌的认知度不高，宁愿去购买促销力度更大的二线、三线品牌和非家电下乡产品，一线中标品牌的市场空间就会被二线、三线品牌所挤占，导致有的经销商，不愿意经销一线中标品牌家电产品，宁愿以种种促销手段介绍消费者购买利润空间更大的非家电下乡的产品。

三、进一步完善家电下乡工作的建议

总体来讲，"家电下乡"政策是农民得实惠、企业得市场、政府得民心的一项很好的支农惠农政策，通过两个多月的实施成效明显。但通过基层调研，我们认为要提高农民的购买能力，让广大农民及经销商完全认可并支持政策，进一步拉动农村内需，下一步需要进一步完善家电下乡工作。建议做好以下几方面工作：

1. 进一步加大宣传发动工作力度，消除农民对家电下乡产品质量问题的疑虑。从调查结果看，相当数量的农村居民对家电下乡政策的了解还不够深入，仅仅停留在表面上。这就需要经销商配合政府部门一起加强宣传发动工作力度，要继续利用报纸、电视等各种新闻媒体，采取灵活有效的方式，将家电下乡产品、销售服务网点、统一标识以及销售网点的产品公示和农民购买须知等家电下乡政策进行全方位宣传，让广大农民深入了解政策、懂得政策，在广大农村做到家喻户晓，人人皆知，消除农民对家电下乡产品质量问题的疑虑。同时要不断完善家电下乡产品的售后服务工作，让农民放心买家电。

2. 扩大家电下乡产品种类，提高产品档次。通过调研了解，当前农村居民更需要摩托车、空调、电磁炉、微波炉、热水器等产品，建议有关部门结合福建省实际，尽快推出摩托车、空调、电磁炉、微波炉、热水器等农民需求较大的家电下乡品种；同时建议取消一刀切的同类商品统一限价标准，将中标产品分高、中、低档设置不同的限价，以满足不同消费层次农民的需求。

3. 进一步简化手续，减少财政补贴申领环节。财政补贴申领手续繁锁是影响农村居民购买家电下乡产品积极性的重要因素之一，因此，进一步简化手续迫在眉睫。为此建议有关部门进一步改进财政补贴申领手续，改进的具体方法可以有以下几种：一是根据不同经销商的销售规模拨付一定的备用金，由经销商现场直接给予农村居民购买者13%的补贴，经销商凭销售发票和有关证件定期与财政部门结算；二是由农村居民凭相关证明材料直接与指定银行结算，由银行负责统一审核、划账，最终由银行与财政部门结算；三是由上级部门明确规定，由农村居民所在村的村干部集中收集本村居民购买家电下乡产品所需要的相关证明材料后，按照规定的时间到乡镇财政所集中办理财政补贴申领手续，提高工作效率。

4. 保障基层经销商合理的利润空间，提高其销售积极性。有关部门要加强与企业的联络和信息沟通，有效地组织货源，多位一体地保证销售渠道畅通。经销商在销售"家电下乡"产品的税率上应给予适当的降低，以保证其利润空间，只有这样，才能提高基层经销商销售家电下乡产品的积极性。

5. 加强科学监管，维护公平竞争。首先，建议政府在招标时根据不同品牌的产品设置不同的最高限价，保持一个相对统一的利润空间，维护公平竞争，防止二线、三线品牌过度挤占一线品牌市场。其次，相关部门应建立健全一套科学完善的监督考评制度，对一些不法商家坑农害农、扰乱市场秩序的行为，坚决予以打击。政府有关部门要定期对其产品和服务质量进行抽查，防止企业借机把落后、淘汰产品推向农村，损害农民利益。

（福建省统计局贸易外经处）

家电下乡扩大农村消费政策成效明显 存在的问题必须引起高度重视

——湖北省家电下乡成效、存在问题及建议分析

实施家电下乡，是应对当前国际金融危机，实施积极财政政策、扩大内需、促进消费的一项创新举措，对于拉动农村消费，提高农民生活质量，统筹城乡发展，具有重要意义。为了解和反映“家电下乡”政策实施半年多来在湖北取得的实际效果，湖北省统计局于近期对襄樊、黄冈、十堰、孝感、宜昌、荆门、恩施州等地进行了专题调查。调查结果表明，已列为湖北省人民政府2009年承诺的为民办十件实事之一的湖北省“家电下乡”工作，行动快、服务周到、程序简单、效果良好，工作处于全国前列，家电下乡活动得到广大农村群众的热烈拥护，群众真正得到了实惠，对促进农村居民消费起到了较好的拉动作用，农村消费市场更趋活跃，全省消费需求呈现农村市场快于城市市场的全新格局，成为消费增长的新亮点和新动力。同时，在该活动推广过程中也存在着一些亟待解决的问题，应引起有关部门的高度重视。本文从“家电下乡”在湖北省开展以来取得的各项成绩和农村消费市场的加速发展入手，分析了政策推行半年来存在的问题，展望了进一步扩大“家电下乡”政策对农村消费市场拉动作用，提出了相应的对策建议，供领导和决策部门参考。

一、“家电下乡”工作取得积极成效，为启动农村消费市场首创先机

（一）下乡家电销售势头不错，工作进入全国前列

自“家电下乡”试点工作开展以来，湖北“家电下乡”产品一直持续旺销。截至2009年7月15日，湖北省备案的家电下乡销售网点6865家，全省已累计销售下乡家电产品637683台（部），其中冰箱390121台、彩电72022台、洗衣机96379万台、手机4583部、电脑1703台，空调71211台、热水器1649台、微波炉4台、电磁炉11台，实现销售收入12.11亿元，全国排名第五位。“家电下乡”使农民得到补贴实惠，提高了生活质量。已补贴农民购买的家电下乡产品366380台（部），兑付补贴金额8864.6万元，全国排名第五位；均名列全国前茅。

（二）农民对家电下乡认知度很高

搞好家电下乡政策宣传，是确保家电下乡工作顺利实施的关键环节，湖北省利用网络、电视等各种媒体广泛宣传家电下乡政策，同时调动相关企业深入农村宣传家电下乡产品，让广大农民了解相关政策取得了较好成效。调查中，92.8%的农民表示了解或十分了解“家电下乡”政策，由此说明家电下乡政策普及程度较高。在知晓家电下乡政策的渠道上，大多数农户反映是从电视上知道的，通过电视知道的占调查人数比重的41.3%，其余的分别通过报纸、传单标语、听说和其他渠道知道的，分别占调查人数的比重为11.3%、11.7%和35.7%。不仅如此，调查还显示，94%的消费者认为家电下乡切合农村实际需求，对家电下乡产品的质量满意度很高。可见随着经济的发展，部分农村地区的生活水平显著提升，农民的购买力水平远比想象中

要高，他们迫切地希望缩小与城里人的生活差距，只不过在消费观念和习惯上有些保守，需要一定的引导。政府制定的“家电下乡”计划提供了13%的优惠补贴，极大地刺激了农民的购买欲望，满足了他们改善生活的心理需求。

（三）及时扩充适销产品，迎合农民需求的下乡产品种类、型号不断增多

近几年，随着农民收入的不断提高，外出务工人员的不断增加，农村的家电消费观念有了较大转变，除了要求最基本的功能及安全耐用以外，还要求美观、上档次。然而“家电下乡”政策推广初期，产品的最高限价偏低，且主要以中低档商品为主，型号也少，购买时选择的余地小，难以满足农户的需求。经过近半年多的推广，湖北省有关部门仔细分析了销售情况，充分考虑到上述情况。随着“家电下乡”惠及范围的扩展，下乡家电产品的品类也在逐渐丰富，在最初电视机、冰箱、洗衣机和手机的基础上，于2009年5月增加了电脑、空调、热水器（含燃气式、储水式、太阳能）、电磁炉、微波炉五大类产品，品种进一步丰富。同时，适当简化了家电的功能和包装来降低生产成本，使产品更加实用和实惠。政府还将每户每类家电下乡补贴的产品限购由过去的1台放宽到2台，与此同时，各类产品的最高限价也有了不同程度的调高。许多“家电下乡”的中标企业有针对性地开发了适合农村的新产品，增加了适应农村消费环境的新功能。比如，电冰箱加上了防鼠板，电视机增加了适应电压不稳和抗干扰等功能。高档、时尚的产品也更多的出现在补贴名单中：2009年5月，夏普、三洋、LG等外资品牌首次入选“家电下乡”中标名单，而海信、长虹、康佳、同方都推出了价格为3499元的42英寸平板电视。各种措施形成合力，极大地激发了农民的购买热情。

（四）简化补贴申领兑付手续，补贴兑付难问题得到改善

针对初期在“家电下乡”推广的过程中，湖北省各有关部门根据农民反映最多的补贴兑付不及时问题，已于2009年第二季度开始简化兑付程序，以提高农民购买“家电下乡”产品的积极性。据调查，现在全省都做到了不同程度的家电补贴“提速”，首先财政补贴资金提前预拨到地方，同时对流程大幅度“瘦身”，由过去的县乡两级审核，减为乡镇单向审核，由过去的人工兑付为现在县财政直接将补贴打入农户“一折通”。周期从最初的长达一个月，缩短到10天之内。正因为兑付问题得到了优化，湖北省二季度的销售量达到39万台，而一季度只有10万台，即流程简化后的销量是简化前的4倍。兑付提速大大提高了全省“家电下乡”工作补贴到位率，全省平均补贴兑付率达到52.4%，比3月底提高28.2%。

（五）家电下乡扩大农村消费政策成效明显，全省消费需求呈现农村市场快于城市市场的全新格局

据统计数据显示，2000—2007年间，湖北省消费品市场基本是城市快于农村，2008年两大市场也基本是同步发展，但2009年上半年这一态势发生了根本性变化，呈现出农村市场明显快于城市市场的新格局。1—6月，全省城市实现社会消费品零售额增长18.0%，农村实现社会消费品零售额增长20.2%，农村消费增长高于城市消费2.2个百分点。而2008年同期农村消费则慢于城市消费2.2个百分点。在国际金融危机的背景下，2009年农村消费的亮色，确实引人关注。从一些农业大市的情况来看，2009年农村消费明显加速，呈现出生机勃勃的景象。排在全省家电下乡销售第一位的黄冈市统计数据显示，2009年1—6月，县及县以下零售总额为115.46亿元，同比增长23.40%，其中县以下零售总额为 68.00 亿元，同比增长 24.30%，高于城市市场 8.3 个百分点。咸宁市上半年农村市场实现零售额 26.31 亿元，增长 25%，农村消费增速快于城市 4.6 个百分点。

1—6 月农村市场明显快于城市，说明国家和湖北省出台的系列刺激消费政策，使农村消费需求加快释放。其中，家电下乡的即期拉动作用尤其明显，家电下乡在拉动农村消费方面成效显著，农村消费增速明显加快，成为消费增长的新亮点和新动力。家电下乡等鼓励消费的政策效应日益显现，表明广大农村市场正在启动，长期以来城市消费快于农村的态势正在扭转，在政策作用下这一增长格局有望延续。

二、当前家电下乡活动开展中存在的主要问题

湖北省家电下乡启动较早，由于领导重视，措施得力，经过半年的运作，使农民群众得到实惠，提高了农村家电产品拥有率，撬动了农村潜在消费，为遏制经济持续下滑提供了强有力的支撑，工作富有成效。通过对有关部门、销售企业和消费者的调查，发现在实际开展过程中也存在一些问题，必须引起高度重视。

(一)职能部门方面

1. 部分县市区及乡镇家电下乡政策宣传力度不够，特别是深入基层宣传不够。尽管各级政府都召开了专门会议并对“家电下乡”的相关政策作了广泛宣传，但由于“家电下乡”中标企业和销售网点的宣传还不够深入，部分农民还是认为这是商家的促销手段，没有真正体会到这是党和政府拉动消费、扩大内需的一项惠民措施，导致部分农民还持观望态度。在家电下乡产品购买和补贴申购程序上，据调查，占 38%的农民不清楚申购程序的具体操作。

2. 由于各市州对家电下乡工作重视程度不同，导致湖北省各地家电下乡工作发展不平衡。从销售区域上来看，截止到 2009 年 6 月 30 日，黄冈市的销售额领先于其余各市州，已达 1.4 亿。襄樊、荆州和宜昌销售总额逾 8 千万元，而武汉、十堰、恩施州、孝感、荆门等销售额也已超过 5 千万元。但是，黄石、咸宁和鄂州“家电下乡”进展遇冷，销售额不足 5 千万元，其中鄂州仅有 2.1 千万。

(二)消费者(农民)方面

家电下乡政策直接关系到农村消费者的切身利益，应当受到农民的密切关注。但是，调查中发现，农民获得“家电下乡”的信息主要是从广播、电视上得知的，有的甚至是听亲戚朋友说的，对具体政策的实施步骤和途径、补贴标准和方式，都是一知半解，有的甚至在购置过程中，不清楚自己是否享受了家电下乡优惠政策。例如，有的农民在购置家电过程中，听信了售货员的引导，购置了打折产品，也以为是享受了家电下乡优惠政策；有的农民对下乡家电的产品不了解，对产品标识意义看不懂，因而对下乡家电的产品质量和价格产生质疑，部分农民担心家电下乡产品的质量不如从前的产品，认为是城里返修或淘汰、各生产厂家的积压库存产品过时产品；有一半以上的农民不知道家电下乡政策的优惠额度、补贴的具体品种、型号以及购买后如何领取补贴等相关问题；更有部分销售人员借下乡家电之名误导消费者购买非指定下乡家电产品，造成消费者经济损失。

(三)销售网点方面

1. 家电下乡产品利润低、销售网点的销售积极性不高，物流配送和售后服务有待改善。由于中标产品的销售价和进货价差价太小造成送货上门后利润偏低或没有利润，影响销售商的积极性。如荣事达 6.5 升洗衣机，中标销售价 558 元，进货价 502 元，差价为 56 元。经营成本为：税金 16.74 元，其他综合成本 7 元/台，送货每公里 0.4—0.5 元，

如果送货往返60公里，需要24—30元，节余8.26—2.26元，还有工作餐费等不算，利润几乎为零。这样导致许多销售网点不愿意销售家电下乡产品，或只以家电下乡名义作宣传，但销售的却是非家电下乡产品，农民买不到货真价实的家电下乡补贴产品。

2.由于非家电下乡产品和家电下乡产品利润悬殊较大，影响销售的积极性。如新飞BCD—189GSK(Z)冰箱，非家电下乡产品销售标价3150元，最低销售价2600元，进货价2200元，差价400元，税金78元，毛利润322元。家电下乡产品中标销售价2150元，进货价1935元，差价215元，税金64.5元，毛利润150.5元。毛利润对比悬殊为322—150.5＝171.5元。这样，导致有的经销商往往不愿意销售“家电下乡”产品，而更愿意推销价格贵、利润高的非下乡同品牌家电产品。

3.购买家电下乡产品由于要开具正规税务发票，造成非一般纳税人经销者无法承担税赋或者四年后定税大幅提高，影响销售积极性。目前许多家电经销售(主要是乡镇)为定税，一年卖多卖少交税是固定的；售卖家电下乡产品后，卖一台必须缴3%的税，利润空间大大降低。而且，家电下乡政策暂定为四年，最让经销商担心的是，一年或者四年后，税务机关以此为基准定税，其经营利润将长期降低或者因此无法承担。

4.个别经销商以次充好冒用“家电下乡”品牌。有少数经销商拿出个别非中标产品，打着“家电下乡”的招牌，以次充好、以旧充新，以农民不索要13%的财政补贴为前提，将返修机、翻新旧家电或积压产品打五折、六折卖给农民。有些农民认为打折价格更便宜，索要财政补贴麻烦，便上了当。

(四)宣传方面

1.宣传主要靠各级商务部门和商家，但由于政府投入的宣传经费不够，宣传面和深入基层不够。

2.对家电下乡产品的质量方面宣传不全面、不规范。

3.部分非家电下乡销售网点的经销商为了销售库存非家电下乡产品，诋毁家电下乡产品质量，扰乱家电下乡政策宣传。

(五)政策方面

1.农民兑付补贴手续比较繁琐，存在购买、备案审核、领取补贴资金3次的往返路费、复印证件的开支等负担；如果遇到身份证、户口本、储蓄账户信息不对等问题，最多会存在6次以上才可以完成，负担更重。

2.存在“家电转城”现象。在调研中有群众反映，一方面，有的城镇居民家庭借用农村户口有效证件乘机办理购买“家电下乡”商品并争取享受补贴优惠；另一方面，有不少代理销售网点的工作人员挪用前来办理补贴的农户的有效证件到财政部门要求享受补贴，以便从中渔利，使国家惠农政策被虚占冒领。此外，城市低保家庭、下岗人员等未纳入享受补贴对象。

3.未出台扰乱家电下乡工作秩序的处罚细则，责任主体不明确，不便于执法管理。

4. 基层商务、财政部门人手、经费不足。多数乡镇财政所仅一两人负责，没有足够的人手专门负责“家电下乡”的兑付事宜，虽然国家已经极力简化了兑付过程，但由于部分基层财政所每月仅能集中兑付一两次，造成兑付工作不能及时到位。并且因为基层各级商务、财政部门行政经费紧张，没有安排专门工作经费和购买相关设备，再加上兑付工作量普遍较大，直接影响了兑付效率的提高。如果可以从基层着手，改善人手、经费和设备不足等问题，使补贴兑付工作尽量做到一周一兑，甚至随来随兑，兑付效率在现有水平上还将有很大的提高空间。

(六)规范管理方面

1.由于缺少工作经费投入，全省统一的政策宣传文本和农民购买须知、家电下乡产品公示栏格式还没有得到全面落实。

2. 缺少中标生产和销售企业的县市区区域联系会议机制，涉及到企业方面的问题，商务部门难以协调解决。

(七)农村基础设施抑制正常消费，有待改善

与城市相比，目前不少农村基础设施仍不完善，尤其是山区农村道路、通讯、电网等基础设施的整体水平不高，影响了农民的生活质量，阻碍了农民对家电商品的消费需求。全省有近20%的自然村不通公路，不少乡村路况极差，交通不便，导致农民购买难、兑付难。偏远乡镇交通不便，经济社会发展程度低，乡镇没有电器店，中标企业无法布点，而县级销售点考虑到运输成本高、交易效果难，不愿意送货下乡开展推广，导致了农民购买“家电下乡”产品的困难。交通不便也造成了部分农民虽然购买了中标产品，却不愿意办补贴。这个情况反映在“家电下乡”手机这一块尤为明显。由于手机利润较高，农民不愿意为最高不过130元的补贴再花时间花路费去乡镇财管所办理补贴，经销商也图简便，便以低于中标价格100元左右的价格达成交易，直接造成了“家电下乡”手机的销售难题。全省有近60%的自然村尚没有安装有线电视；70%以上的农村居民户没有使用管道水，阻碍了家电商品在农村的快速普及。以农村用电为例，随着家电产品在农村的进一步普及，特别是农村经济近年来迅速发展，农村用电需求正大幅增长。据统计，自家电下乡实施至今，全省家电销量在全国名列前茅。与此同时，全省农村社会用电量增长提速，与之不相适应的是，由于农网改造相对滞后，其电力保障仍未完全到位，低压供电超半径现象普遍存在，变压器过载、超载频频发生，这一问题在“家电下乡”推行后尤显突出。不少农民抱怨到，“空调一开就跳闸，根本带动不起来”。一些偏远地区的电压偏低情况更为严重，即便在用电低谷期的电压也只在150伏至160伏之间，别说是冰箱了，有时候连电风扇都很难带动。由于以上种种原因的客观存在，使得农民即使有购买下乡家电产品的经济能力和实际愿望，也不得不放弃，因此，提高农村消费品市场基础设施功能显得十分紧迫。

(八)“维修难”成销售瓶颈，售后服务亟待普及

“家电下乡”工程在湖北省的逐步实施，给家电企业的售后服务工作带来了新的挑战。从湖北省家电维修行业管理办公室了解到，半数下乡家电品牌维修难以到位。以武汉为例，截至2009年2月，在103个中标品牌中(彩电10个、手机17个、冰箱冰柜40个、洗衣机36个)，有一半以上都存在售后服务不完善的问题。有的家电品牌从未在武汉设立过售后维修服务网点，有的则因各种原因已退出武汉市场。不仅如此，当前农村售后维修服务体系的现状能否承担起与家电下乡工程配套的售后服务重任，着实让人担忧，如网点数量少，网点布局缺少规划；服务行为随意性大，没有约束机制；维修人员技术素质低，检测设备不全，维修手段落后；维修配件不能保障供应等等。而在省内交通不便的部分乡镇，售后服务更成了农民选择“家电下乡”产品时一个重要的考虑因素。农民对产品的实用技术无法把握，对售后服务充满忧患。大多商家在农村并没有设立售后服务点，仅有的个体维修网点又不足以解决维修问题，农民购买了下乡家电以后，只能选择到县城维修，不仅费时费力，而且质量也没有保障。还有的个体网点由于维修不及时、售后服务不到位，严重影响了农民购买“家电下乡”产品的积极性。

三、完善家电下乡政策的若干对策建议

家电下乡政策在湖北省实施半年多来成效是明显的，农民得到了实惠，企业得到了发

展，国民经济得到了增长，但毕竟只运行了半年多时间，在实施过程中还存在着一些问题，其政策的落实，企业的配合，老百姓消费等方面还有不少需要进一步完善的方面，需要引起我们的高度重视，需要在实践中逐步加以解决。如果解决不好这些问题，就会使“家电下乡”的政策失去民心，使“家电下乡”扩大消费的作用大打折扣，使“家电下乡”工作逐步流于形式。对此，针对当前湖北省家电下乡实施过程中存在的突出问题，提出以下几点建议：

(一)进一步强化认识，切实加强对家电下乡的领导

当前，国际金融危机对我国、湖北省影响还在不断蔓延和深化，经济增速下滑的压力已经成为当前和今后一段时期经济运行的主要矛盾。家电下乡作为扩大农村消费、改善民生的一项重要举措，也是刺激企业增加投资、扩大生产的一项重大政策，对于保增长、保民生、保稳定目标的实现，具有重要的意义。当前，湖北省农村人口占总人口的54.8%，而农村市场消费品零售额仅占全省的29.4%，农村家庭耐用消费品需求潜力巨大。与城市相比，农村家庭耐用消费品拥有量与城市仍有较大差距，结构和档次依然偏低，仅相当于城镇居民80年代中后期的水平。2008年，湖北省每百户拥有电冰箱城乡比为1∶0.31，洗衣机为1∶0.39，热水器为1∶0.20，计算机为1∶0.06，手机为1∶0.76，小汽车1∶0.10。尽管农村电视机普及率比较高，每百户拥有102.2台，但许多农户的电视机样式老、功能少，甚至是“超期服役”。据调查，目前已推出的九类家电下乡产品中，最需要的是电脑，占调查人数的比重为28.3%，其他依次为冰箱、空调、洗衣机、热水器和手机。总体分析，湖北省农村市场的家电消费潜力很大，农民的消费结构亟待升级，家庭耐用消费品必然成为农民消费热点。“家电下乡”政策正是瞄准了这个农村消费热点，才取得了扩内需、保增长的积极效果。因此，各级主管部门要深刻认识家电下乡这一政策的深刻内涵，深刻认识家电下乡对全局工作的重大意义，把思想统一到党中央、国务院、省委、省政府的决策部署上来，切实加强对家电下乡工作的领导，完善办事机构，充实办事人员，落实工作经费，扎扎实实地做好家电下乡的各项工作，不折不扣地落实好中央关于家电下乡惠农惠民的各项政策。

(二)进一步加大家电下乡政策的宣传力度

让农民了解政策，懂得相关政策的目的和意义，消除各种顾虑，信任并积极购买家电下乡产品。

1.按照商务部公布的家电下乡政策问答手册或电子版教材，统一制定海报宣传画分发到每个销售网点，粘贴在醒目位置。

2.因部分山区农村无法收看有线电视，且大多通过自购的卫星接收器收看卫星电视，建议各县市区商务部门在各地收视率较高的地方台的公益广告时段专题播放家电下乡政策问答宣传片。

3.鉴于农民普遍不太相信商家自行印制的宣传品，建议由省商务部门制定统一规范的宣传品，由各地商务部门通过销售网点发放到农户，并放大粘贴在村务公开栏中进行宣传。还可以组织宣传队进村宣传等，长期和深入地宣传家电下乡政策，把宣传的重心放在乡镇和农村，把宣传的重点放在产品宣传和补贴政策上。销售网点要张榜明示下乡家电产品的标识、性能和价格，积极引导消费者正确认识下乡家电的优惠政策，打消消费者购买下乡家电产品的顾虑，并督促消费者及时申报和兑付补贴。

(三)通过适当增加终端零售经营者的利润，激发各销售网点销售家电下乡产品的积极性

1.要求中标生产企业和销售批发企业提

高终端经营者的利润点。

2. 建议出台对售卖家电下乡产品的非一般纳税人网点减征或免征税收，或给予一定补贴的扶持政策。

(四)加大对家电销售系统的维护和升级，灵活设置管理权限

具体建议为：

1. 保证网络的通畅，特别是上班的高峰期间，不能出现拥堵或网速过慢的情况。

2. 设置网络数据适时备份功能，建立应急处理预案。

3. 如遇系统升级最好选在晚上进行，并提前告知。

(五)完善家电下乡政策的设计，有力推进家电下乡工作的健康运行

1. 加强对家电下乡各环节的监管。在家电下乡过程中，各个环节都要监督检查，商务部门要发挥主管部门优势，协调配合。质监部门侧重生产领域的监督，把好进货渠道关，预防和杜绝一些不法分子采取不法手段把假冒伪劣商品带进家电下乡销售渠道中来。工商部门要侧重市场网点监管，切实抓好执法检查，要健全违规惩处制度，加大对中标企业营销渠道之外假冒伪劣产品的打击力度，对于假借家电下乡之名，行非法营销之实的行为要严惩。

2. 建议简化手续。发票填写只填产品型号和销售价格，财政审核只审核户口本(或公安局出具的户籍证明)、发票(审核后加盖已兑现印章)和产品专用标示卡，填写农民提供的储蓄账号并签字。复印标示卡、身份证和发票增加农民的负担，建议查验后由农民填写相关信息即可，不需复印。

3. 要扩大“家电下乡”的外延，建议将城市低保家庭和下岗人员纳入享受补贴范围。

4. 研究制定扶持家电下乡销售的优惠政策。

(六)加强对家电下乡工作的规范管理

1. 制定全省或全市统一的政策宣传文本和农民购买须知、家电下乡产品公示栏格式，供销售网点制作、粘贴。

2. 制定统一的扰乱家电下乡工作秩序的处罚细则，明确各责任主体的职责。

3. 建立中标生产和销售企业地市州区域联席会议机制，要求各企业明确各区域负责人并报商务部门备案。

4. 户口本、身份证和储蓄账户信息不统一，或者身份证丢失的，建议由当地公安派出机构出具一次性户籍证明予以解决。

5. 合理布局销售网点。目前经销下乡家电的商场大部分在县城和乡镇，这对住在偏远山区的农户购买带来许多不便。许多被调查户认为下乡家电应该进村销售或在农村设置销售网点。

(七)保障家电下乡工作经费

自 2008 年 12 月以来，湖北省及各市州家电下乡工作经费至今未落实，严重制约了家电下乡工作的开展。财建[2009]155 号文件对家电下乡政策宣传、业务培训、销售网点监管和乡镇财政所补贴审核兑付、监督检查、公示以及必要的设备购置等方面的工作经费和中央财政安排工作经费补助予以明确。为此，建议湖北省按各地家电下乡销售进度，由省财政部门先行垫付部分工作经费，届时待中央财政补贴的工作经费到位后，再按适当比例切块补助到省级财政、商务主管部门，弥补地方工作经费。同时，建议省级财政部门在服务业扶持资金中安排一定项目，通过“以补代奖”的形式支持建立完善家电下乡流通网络。

(八)加快推进农村公共社会事业建设，着力解决影响农民消费的“瓶颈”

1. 大力建设农村公用基础设施。尽管目前湖北省农村基本建设投资不断加大，但农村基础设施薄弱依然成为制约农村市场发展的"瓶颈"。这种"瓶颈"既影响农民的生产经营,也抑制了农民的生活消费。当前要用好用足国家扩大内需、实施积极财政政策的时机,抓好以水利水源、电网改造、国土整治、生态环保、农房检修、村庄规划、农村交通道路整修等为重点的新农村建设项目,既加快农村基础设施建设,改善农民生活消费条件,又创造了就业岗位,吸纳更多农村剩余劳动力就地务工,增加农民收入,促进农民消费。

2. 降低农村电价。家电下乡之后,需要降低农村电价,农民才用得起电,防止出现买得起家电用不起电的现象。

3. 售后服务要下乡。必须改变商家"重推广,轻服务"的做法,建议引导鼓励企业建设农村家电(维修)网点,提高服务网点覆盖率,增强服务保证能力。建立流动维修服务部,开设农村家电服务平台,实行上门服务。

(九)面对省内家电品牌缺失现状,应尽快调整产业结构,发挥"家电下乡"对全省家电产业的撬动作用

新一轮的"家电下乡"招标吸引了全国众多企业前来竞标,从中标情况看,扩容后的"家电下乡"工程中标厂商普遍为国内知名企业和品牌。这些中标企业及品牌相对集中在华南、华东地区,湖北省企业及品牌很少。湖北省拥有多家大型家电生产基地或工业园区,本应收获颇丰,然而,截至目前湖北省所销售的下乡家电中,湖北省本地的采购量仅为四分之一,其中由于冰箱(冰柜)、手机、洗衣机在湖北省有生产基地,在本地的采购量比重有所上升,分别为 33%、29%、30%左右。预计 2009 年年内,湖北省本地生产的家电产品约占总销售量的 20%。"家电下乡"虽然带动了省内农村消费品市场活跃繁荣,但由于家电企业及品牌多为外埠生产厂家,对省内扩大投资、促进就业的推动作用有限。为此建议,要采取措施,支持省内家电业的发展,尽快形成完整的产业链条,增强市场竞争力。省内生产企业应该利用自身的地理优势,借"家电下乡"之东风,努力提高"家电下乡"产品在省内的采购量,大力发展"湖北制造",提高湖北省家电生产企业在全省乃至全国的影响范围和辐射力度。还可研究制定扩大"家电下乡"的外延途径,将下乡产品的种类延伸到更多产品,如电风扇、饮水机等,着力培育、展示、推介湖北省地产名优品牌商品,打造"湖北品牌"。选择湖北省具有发展优势,符合农业农村农民生产生活发展需要的工业产品下乡,以此推动湖北工业经济的发展。

(湖北省统计局贸易外经处)

促进汽车消费对扩内需保增长可做出更大贡献

拥有私家车是居民收入和消费水平提高的重要体现，刺激汽车消费正成为国内不少城市拉动内需的重要手段。近年来，天津市私人汽车年均增加超过10万辆，私人汽车消费年增加100亿元以上，汽车消费已成为住房消费之后的第二大消费热点。当前，努力扩大汽车消费有利于拉动内需、繁荣市场、调整结构、增强活力，对于天津市应对国际金融危机冲击，保增长、渡难关、上水平具有十分重要的意义。

一、天津市私家车消费即将进入普及型的快速发展期

1. 私人汽车年均增加10万辆，汽车消费加速发展

近年来，天津市汽车消费迅猛发展。从2005年到2008年，天津市汽车拥有量从70.67万辆上升到109.23万辆，三年增加38.56万辆。其中，私人汽车拥有量从47.95万辆上升到80.61万辆，三年增加32.66万辆，占全市汽车拥有量增加的84.7%。私人汽车平均每年新增10.89万辆，其中，2008年新增达到13.05万辆，如果按每辆车8万元计算，天津市私人汽车购置消费一年超过100亿元。天津市城市居民家庭百户拥有汽车数从2005年的3辆上升到7.7辆，三年增长1.6倍。进入2009年，在国家完善汽车消费政策刺激下，天津市"车市"进一步火爆。截止2月末，城市居民家庭每百户拥有汽车数已达到9.2辆，比2008年年末又增加了1.5辆。

表1　2005—2008年天津市汽车发展情况

年　份	民　用机动车	民用汽车	私人汽车	新增私人汽车	城市居民家庭每百户拥有汽车数	汽车类零售额		石油及制品类零售额	
	万辆	万辆	万辆	万辆	辆	亿元	±%	亿元	±%
2005	112.65	70.67	47.95	6.23	3.0	62.48		58.77	
2006	119.60	81.66	57.21	9.26	4.6	84.97	36.0	70.69	20.3
2007	125.06	94.24	67.56	10.35	5.6	105.42	24.1	89.09	26.0
2008	134.29	109.23	80.61	13.05	7.7	150.65	42.9	150.83	69.3

"车市"火爆带动消费快速增长。从2005年到2008年，天津市限额以上批发零售贸易业企业销售类值中，汽车类零售额从62.48亿元上升到150.65亿元，三年增长1.4倍，年均增速达到34.1%。带动石油及制品类零售额从58.77亿元上升到150.83亿元，三年增长1.6倍，年均增速达到36.9%。2008年，两类商品合计实现零售额301.48亿元，占社会消费品零售总额的15.1%，贡献率为27.2%，在社会消费品零售总额24.5%的增长中拉动6.7个百分点。

2. 扩大内需，天津市汽车消费仍有较大空间

与国内大城市相比，天津市汽车消费仍

有较大空间，大力促进汽车消费发展，是当前扩大内需、特别是扩大消费需求的重要抓手。

从城市汽车总量看，天津市仍有较大增长空间。2007年，北京、上海、天津、广州、深圳、苏州和杭州七大城市中，北京的民用汽车数量超过200万辆，为277.80万辆。上海、深圳和广州的汽车数量在100～200万辆之间，分别为119.70万辆、112.45万辆和104.19万辆。天津、杭州和苏州的汽车数量在100万辆以下，分别为94.24万辆、71.24万辆和69.79万辆。天津市汽车数量仅相当于北京的三分之一(33.9%)，分别少于上海、深圳和广州25.46万辆、18.21万辆和9.95万辆，但比杭州和苏州分别多23万辆和24.45万辆。2008年，北京汽车数量已达到318.10万辆，天津市为109.23万辆。

从私家车拥有量看，天津市在七大城市中最低，潜力较大。2007年，七大城市中私家车拥有量最多的是深圳，为23.5辆/百户，北京第二为19.9辆/百户，杭州第三为15.4辆/百户，苏州第四为14.0辆/百户，广州第五为13.0辆/百户，上海第六为9.4辆/百户，天津第七为5.6辆/百户。按照发达国家私家车发展经验，每百户家庭汽车拥有量达到10辆时，私家车将进入家庭普及的快速发展期。北京、上海等六个城市已经达到了这一标准。截止2009年2月，天津市私家车拥有量已达到9.2辆/百户，也即将进入私家车发展的快速期。

表2　2007年七大城市汽车相关指标比较

	民用机动车(万辆)	民用汽车(万辆)	私人汽车(万辆)	城市居民家庭每百户拥有汽车数(辆)	车均道路面积(平方米)	人均可支配收入(元)
北京	307.20	277.80	212.10	19.9	—	21989
天津	125.06	94.24	67.56	5.6	62.2	16357
上海	253.60	119.70	61.29	9.4	—	23623
广州	182.28	104.19	75.70	13.0	49.4	22469
深圳	116.00	112.45	81.45	23.5	71.7	24870
苏州	167.22	69.79	50.83	14.0	31.9	21260
杭州	132.68	71.24	47.76	15.4	31.5	21689

注：车均道路面积按民用汽车做分母计算。北京和上海的道路面积统计口径与其他城市不同，因此车均道路面积不可比。

从道路容量看，天津市车均道路面积高于广州、苏州和杭州，仍有较大发展空间。2007年，天津市车均道路面积为62.2平方米，分别高于广州、苏州和杭州12.8平方米、30.3平方米和30.7平方米，低于深圳9.5平方米。

从收入消费能力看，天津市已具备私家车快速发展的基本条件。天津市城市居民人均交通通讯费用增长迅速，从2005年到2008年，三年增长57.1%，平均每年增长16.2%，其中，2008年增速高达19.7%。北京、上海等6个私家车拥有量超过10辆/百户的城市，人均可支配收入均在2万元以上。2008年，天津市人均可支配收入为19423元，预计在2009年也将迈上2万元台阶，天津市私家车快速发展已具备基本条件。

从居民购车意愿看，天津市一项居民汽车消费意愿抽样调查显示，大约有40%的市民正在考虑购车，其中两成左右的市民准备在两年之内跨入有车一族的行列。

3. 综合测算，促进汽车消费对当前保增长具有重要意义

汽车消费将是天津市居民住房消费之后的第二大消费热点，上连工业生产，下连销售服务，产业链长，辐射面广，带动力强，对当前应对国际金融危机冲击、保持经济平稳较快增长具有重要意义。从生产环节看，2008 年天津市轿车产量达到 53.81 万辆，交通运输设备制造业完成增加值 277.42 亿元，比上年增长 29.8%，拉动规模以上工业增加值增长 2.4 个百分点，拉动全市 GDP 增长 1.4 个百分点。从消费环节看，2008 年天津市私人汽车新增 13.05 万辆，城市居民家庭百户拥有汽车数达到 7.7 辆，比上年增加 2.1 辆，拉动 GDP 增长 0.2 个百分点。2009 年，天津市如能在国家鼓励汽车消费的大环境下，出台一些地方性的优惠政策，使汽车消费进一步扩大，私人汽车新增 18 万辆，比上年多增 5 万辆，家庭每百户拥有量在 2 月末 9.2 辆的基础上进一步提高到 12.3 辆，则可拉动 GDP 增长 0.5 个百分点左右。此外，扩大汽车消费还可以带动钢铁、石化、电子、金融、保险、维修、加油站、餐饮、休闲旅游等上下游产业的发展。

二、对促进天津市汽车消费的建议

大力鼓励汽车消费，是一项既针对当前又兼顾长远的重要战略举措。汽车消费的扩大，不仅有利于当前应对国际金融危机冲击，而且对于解决长期存在的投资消费结构比例失调的深层次矛盾具有重要意义。要看清汽车进入家庭的大趋势，把鼓励私家车发展作为一项长期战略，在规划、交通、养车、制度、市场等多方面进行综合考虑，出台配套措施，力促汽车消费的发展与成熟。

1. 以“汽车消费券”力促汽车消费升温

目前国内杭州、成都、厦门等城市纷纷发送各类消费券，促进消费、拉动内需。从天津市情况看，特别适合以发放“汽车消费券”的形式促进内需扩大。如发放一般性消费券，可能会出现花“消费券”而省现金的现象，消费总量扩大并不明显，不能起到充分挖掘消费潜力的作用，而发放“汽车消费券”能够起到“杠杆撬动”作用，带动数倍于消费券的消费增长。可通过发放“汽车消费券”、举办私家车消费节等促销活动促进汽车消费迅速升温，带动内需扩大。

2. 加大道路交通和停车场规划建设力度

目前，本市现有道路交通体系和停车场等配套设施还远远不能满足汽车发展的需要。在道路交通上，要继续加快城市干线公路的建设与改造，加大快速路建设力度，进一步推进城市交通体系立体化，解决道路交通拥堵、卡口路段多等行车难问题。在配套设施建设上，要从新建项目设计和规划上下手，提高建设项目、特别是新建住宅区的配建停车场标准。改造和完善现有配套设施，在主要商业中心地带增建一批停车场，改善用车环境，方便有车一族的出行和消费。

3. 进一步降低购车养车成本

鼓励更多的人加入“有车一族”，使更多的家庭养得起车，是居民家庭生活水平大幅度提高的重要标志。为刺激汽车消费，国家已出台一系列优惠政策，如燃油税改革、购置税降低(将 1.6 升及以下排量乘用车购置税由 10%降至 5%)、“汽车下乡”等。天津市在充分利用国家优惠政策的同时，应进一步研究出台地方性的优惠政策，在学车、购车、养车、信贷等多个环节巧挖潜力、降低成本，让利于消费者。

4. 加快用车制度改革，引导汽车消费意识

围绕降低行政成本、减轻财政负担，进一步加大公车改革力度。在总结部分区县公车改革试点经验的基础上，进一步扩大试点范围。鼓励有条件的事业单位、企业单位率先推出车补改革措施，引导全社会汽车消费意识，助推天津市汽车消费加快发展。

5. 积极扶持二手车市场

发展二手车市场是汽车消费进入成熟期的标志。按国际经验，在成熟车市中，二手车的销量约为新车销量的 2—4 倍，如美国为 2.5 倍。而天津市 2008 年的二手车交易量约为10万辆，占汽车拥有量的比重不到十分之一。应加强二手车市场建设，促进二手车市场的发展，规范优化交易环境，形成多层次梯度发展的汽车消费体系。

6. 加快城市规划布局调整，为汽车消费发展提供空间

汽车进入家庭，使人的自由活动空间大大增加。而目前的城市规划设计明显滞后，还不能适应汽车大量进入家庭生活的要求。要在大到地区城镇规划，中到道路交通体系建设、商业中心等功能区布局，小到社区规划建设等多方面体现适度超前的思想，充分考虑汽车消费的发展前景，提高城市发展的容量，扩展城市发展的空间，为汽车消费的普及提供外部条件。同时，规划布局调整本身也会带来新增的投资需求。

（天津市统计局贸易外经处）

汽车消费对内需市场的影响力浅析

党的十七大报告中提出"坚持扩大国内需求特别是消费需求的方针,促进经济增长由主要依靠投资、出口拉动向依靠消费、投资、出口协调拉动转变"。特别是当前世界经济正面临着金融危机的冲击,福建经济在出口拉力明显减弱的情况下,依靠内需,特别是消费需求来促进经济平稳较快发展显得尤为重要。近年来福建省消费品市场持续较快发展,居民消费结构逐步升级,2000 年—2008 年,每百户城市居民汽车拥有量由 0.4 辆提高到 8.1 辆,年均增长 45.6%,汽车消费逐渐成为内需增长的主要动力。

一、汽车消费对经济发展的作用

汽车消费上连工业生产,下连销售服务,产业链长,辐射面广,带动力强,对当前应对国际金融危机冲击、保持经济平稳较快增长具有重要意义。

(一)汽车消费产业链长,辐射面广

从经济学角度看,通过汽车消费的促进,可以拉动汽车上下游产业链的发展,为人们创造更多的收入以拥有更强的汽车购买力,形成良性的"生产—消费"循环,对经济发展起到推动作用。据有关资料表明,汽车业能带动钢铁、机械、电子、橡胶、玻璃、石化、建筑、服务等 156 个相关产业的发展。可见,汽车消费的拉动作用范围大、层次多,与社会生产和人民生活关系密切,可以产生突破一点、收获一片的效果。根据有关专家测算,中国私人汽车每增加 1 万辆,将拉动 GDP 增长 88.82 亿元,钢产量将增加 14.1 万吨,生铁产量增加 12.3 万吨,原油产量增加 2.03 万吨,玻璃产量将增加 16.7 万重量箱,合成橡胶产量增加 0.1 万吨,轮胎外胎产量增加 13.4 万条,公路里程增加 428.8 公里。如果按上述专家测算比例推算,福建省 2000—2008 年由于汽车消费量累计增加 15.26 万辆,拉动同期福建省 GDP 增加 1355.39 亿元,占同期福建省 GDP 累计增加量近两成,达 19.2%。汽车消费对服务业也有重要的带动作用。汽车产品需要大量的配套服务,汽车快修、售后服务、旅游、汽车旅馆、配件、汽车金融、保险、汽车用品等等。据测算汽车消费可以导致批发和零售贸易、储运、实业和商业服务、社会和个人服务等相关服务业增加 30%—80%的投入。

(二)汽车消费有效促进消费品市场发展

汽车作为一种价高值大的消费品,对消费品市场增长带动作用凸显。2000—2008 年,全省限额以上批发零售业汽车类商品零售额占全省社会消费品零售额的比重由 0.9%提高到 7.0%,对全省零售额增长的贡献率由 2001 年—1.7 个百分点提高到 7.9 个百分点。2008 年,福建省限额以上批发零售贸易业企业销售类值中,实现汽车类零售额 266.09 亿元,增长 23.6%,对社会消费品零总额增长的贡献率达 39.3%,远远高于其它消费。汽车消费增长拉动石油及制品类商品实现零售额 329.83 亿元,增速达到 29.0%,两类商品合计实现零售额 595.92 亿元,占社会消费品零售总额的 15.6%,拉动全省社会

消费品零售额增长 3.9 个百分点。

(三)汽车消费有效缓解就业压力

汽车属劳动密集型产业,可以创造大量的就业机会。据测算,汽车工业每提供一个就业岗位,上下游产业的就业人数是 10 到 15 个。截止至 2008 年底,福建省汽车制造业年平均从业人员数为 68042 人,按照此推算,福建省由汽车行业提供的就业人员就高达 100 万人以上,有效缓解福建省的就业压力。

二、汽车市场发展状况

自 2000 年以来,福建省汽车消费市场迅猛发展,汽车销量屡创新高,全省限额以上批发零售业汽车类商品零售额从 15.27 亿元增加到 2008 年 266.09 亿元,年均增长 42.9%,汽车零售量从 1.50 万辆上升到 16.76 万辆,年均增长 35.2%。这一快速发展时期,福建省汽车消费经历了起步、井喷、冷却到成长四个阶段。

第一个阶段为 2002 年之前的起步阶段。2000 年全省限额以上批发零售业实现汽车类商品零售额 15.27 万元,汽车零售数量为 1.50 万辆,2001 年实现汽车类商品零售额 13.15 万元,同比下降 13.9%,汽车零售数量为 1.32 万辆,同比下降 12.0%,主要原因为 2001 年中国加入 WTO 之前,汽车市场一直流传中国汽车价格将在加入 WTO 后大幅下降,许多消费者持币待购,购买能力没有完全释放。

第二阶段为 2002－2003 年之间井喷阶段。中国加入 WTO 后,汽车价格并没有出现消费者想象中的大幅降价情景,持币待购的能量集中释放出来,而且 2002－2003 年汽车市场品牌、车型少,汽车企业占据着市场主导地位,消费者选择余地不大,做出购买决定的时间相对较短,促成汽车消费市场“井喷”现象。据统计 2002 年和 2003 年全省限额以上批发零售业实现汽车类商品零售额为 38.76 亿元和 73.91 亿元,分别比上年同期增长 1.9 倍和 90.7%;汽车零售数量分别为 4.75 万辆和 5.86 万辆,比上年同期增长 2.6 倍和 23.3%。2003 年与 2001 年比,全省汽车类商品零售额年均增长 2.4 倍,汽车消费量年均增长 2.1 倍。

第三阶段为 2004 年的冷却阶段。经过前两年爆发式高增长之后,持续增长略显乏力。同时由于汽车工业生产的高速增长,品牌选择的空间更广,消费者有更加充分的选择权,为此出现了为期一年的调整回落。2004 年全省限额以上批发零售业实现汽车类商品零售额 88.37 亿元,同比增长 19.6%,增幅比 2003 年回落 71.1 个百分点。

第四阶段为 2005 年至今成长阶段。2005 年以来伴随着福建省经济稳步健康发展,消费者越来越理性消费,汽车消费市场在经过前几年起步、井喷和冷却阶段的发展后,逐步成长。2005 年和 2007 年全省限额以上批发零售企业汽车类商品零售额分别突破 100 亿和 200 亿元大关,2005 年－2008 年实现汽车类商品零售额 128.48 亿元、170.08 亿元、215.20 亿元和 266.09 亿元,比上年同期分别增长 45.4%、32.4%、26.5%和 23.6%;实现汽车零售量 10.70 万辆、12.39 万辆、14.36 万辆和 16.76 万辆,比上年同期分别增长 42.7%、15.9%、15.9%和 16.7%;福建省每百户城市居民拥有家用汽车数量分别为 1.7 辆、2.5 辆、4 辆和 8.1 辆。2009 年以来福建省限额以上汽车类商品零售增幅环比逐月提高,4 月份全省限额以上汽车类商品实现零售额 29.39 亿元,同比增长 25.7%,增幅分别比 1、2、3 月份提高 29.2、17.2 和 12.6 个百分点,比同期限上贸易企业零售额增幅高 16.3 个百分点,拉动同期全省社会消费品零售总额增长由上月 1.1 个百分点提高到 2.2 个百分点。

三、制约福建省汽车消费的因素

虽然近年来福建省汽车消费市场发展迅速，但与华东地区六省一市相比，福建省汽车消费水平偏低。从城市居民每百户汽车拥有量看，2008年华东六省一市中汽车拥有量最多的是浙江19.7辆，山东第二为12.9辆，上海第三为11.0辆，江苏第四为10.4辆，福建仅高于江西和安徽省，居第五为8.1辆。福建省每百户城市居民汽车拥有量不足浙江一半，仅为浙江的41.1%，与山东、上海和江苏比分别少4.8辆、2.9辆和2.3辆。福建省汽车消费水平低，当前促进汽车消费发展存在许多不利因素：

(一)国际金融危机影响居民消费需求

由美国"次贷危机"引发的金融危机有进一步加深和蔓延的趋势，并伴有全球性金融危机甚至经济危机的可能，困境中的全球经济环境在短期内难以逆转。首先，汽车出口将受到严重影响。由于各国本身受到经济衰退的冲击，消费需求下降；另外，贸易保护主义对本国工业的保护，会使我国其他行业的出口受到较大影响，企业倒闭和利润下降，直接影响到企业和个人的汽车消费。其次，虽然国家已经并将陆续出台相关鼓励政策，在宏观调控的基础上加大投资，从而间接推动汽车消费，但由于政府采购会受到一定限制，股市和房市下跌，居民财产缩水，企业利润下降，经营困难，消费需求将面临更大考验；第三，农村经济改革需要一定的时间才能见效，汽车消费很难短时间内在农村市场快速成长。

(二)汽车使用成本过高

中国已成为石油的净进口国，且进口量逐年增长，石油供需矛盾越来越突出，此次成品油价税费改革是在国际油价持续大幅度走低的背景下作出的，未来如果因欧佩克大幅减产或随着全球经济的逐渐恢复，油价重新走高，国内成品油的价格仍将有提高的可能，所以未来消费者用油成本提升乃是大势所趋。除此之外，目前，私人轿车在购买阶段除了要承担必要的增值税和消费税外，还要承担车辆购置税、验车费、车辆牌照费、入户费等多种费用，在使用阶段还要承担养路费和车船使用税、车辆保险费、年检费、保险费、停车费、路桥费和汽车零配件更换和意外修理费等。根据合理的消费支出比例计算，当一辆私家车一年的养车费用不超过居民家庭收入的30%时，居民家庭才有可能较为轻松的购买家庭轿车，按目前私家车一年养车费用约1.5—2.5万元折算，一个家庭养一部车的年收入应在4.5—7.5万元，这对年人均收入17961元的福建省城镇居民来说是一项不小的开支，对年均收入不足1万元的农村居民收入来说汽车消费更是可望而不可及的。因此消费者担心出现"买得起车而用不起车"的尴尬局面，严重制约了汽车消费。

(三)城市化综合配套措施发展落后

目前福建省城市化的迅速推进使市内交通基础设施超负荷运转，城市道路狭窄、道路非网络化的状况还没有根本改观，高速度、高效率的城市交通系统尚未形成，城市内混合交通、非交通占用道路的情况普遍；交通管理水平不高，与设计相应的通车能力相去甚远，降低了原本不足的交通设施的使用效率。城市道路拥挤造成城市的行车难，使得汽车的使用效益大幅度下降，对城市居民的汽车消费形成极大的制约。另外，城市小区建设停车场设置不足，由于汽车拥有量的增加且缺乏汽车停车场地，目前成为制约汽车消费的一大不利影响因素。同时城市人口的增长及居民消费结构的升级引致城市"三废"排放量的迅速增长，城市环境质量状况不容乐观，也降低了部分消费者购买汽车的信心。

(四)汽车信贷消费亟待完善

由于汽车消费信用体系不健全,加大了银行的汽车消费信贷风险,银行无法根据消费者的信用水平制定差别利率和归还保证手段,抵押登记制度一直是汽车消费信贷的瓶颈。在贷款利率受管制的情况下,为降低金融风险,银行被迫设置较高的门槛,将许多消费者阻挡在市场之外。有关调查结果显示,由于贷款手续复杂、还贷时间过短、贷款购车附加费用高、担保方式太少等原因,大多数消费者对现在实行的信贷购车方式很不满意,不愿选择信贷购车方式,导致福建省汽车消费信贷占信贷总规模的比例很低,消费信用不足,既影响到汽车产业结构的升级和生产规模的扩大,也影响了居民消费结构的升级。

四、加快福建省汽车消费的建议

大力鼓励汽车消费,是一项既针对当前又兼顾长远的重要战略举措。国际上通常用车价和人均 GDP 的关系来推测轿车进入家庭的时期,即当轿车的价格相当于人均 GDP 的 2 至 3 倍时,就是轿车进入家庭的转折点。福建省 2008 年人均 GDP30123 元,3 倍即为 90369 元,已经达到经济型轿车的平均价格,从经济基础上看轿车进入家庭的时机已经成熟。为此,要把鼓励汽车消费展作为一项长期战略,以经济发展为保障,以消费环境改善为条件,继续稳定和扩大汽车消费需求,积极培育汽车消费市场,完善社会保障体系,改革税收政策,加强基础设施建设,在养车、规划、交通、市场、金融制度、政策等多方面进行综合考虑,出台配套措施,力促汽车消费的发展与成熟。

(一)进一步降低购车养车成本

鼓励更多的人加入"有车一族",使更多的家庭养得起车,是居民家庭生活水平大幅度提高的重要标志。2009 年初,国家出台一系列优惠政策,如燃油税改革、购置税降低(将 1.6 升及以下排量乘用车购置税由 10% 降至 5%)等,对汽车需求产生一定的刺激作用,"汽车下乡"政策更直接推动了 1.6L 以下乘用车以及微型车销量的大幅增长。福建省在充分利用国家优惠政策的同时,进一步研究出台地方性的优惠政策,清理取消现行限制汽车购置的不合理规定,包括牌照注册数量、车型限制、各种区域市场保护措施、各类行政事业性收费、外地汽车进城收费,以及其他直接或间接影响汽车购置的措施,调整税费结构,减轻消费者税费负担,简化购车手续,在学车、购车、养车等多个环节巧挖潜力、降低成本,让利于消费者。

(二)加快城市规划布局调整

目前的城市规划设计明显滞后,还不能适应汽车大量进入家庭生活的要求。要在大到地区城镇规划,中到道路交通体系建设、商业中心等功能区布局,小到社区规划建设等多方面体现适度超前的思想,充分考虑汽车消费的发展前景,提高城市发展的容量,扩展城市发展的空间,为汽车消费的普及提供外部条件。在道路交通上,要继续加快城市干线公路的建设与改造,加大快速路建设力度,进一步推进城市交通体系立体化,解决道路交通拥堵、卡口路段多等行车难问题。在配套设施建设上,要从新建项目设计和规划上下手,提高建设项目、特别是新建住宅区的配建停车场标准。改造和完善现有配套设施,在主要商业中心地带增建一批停车场,改善用车环境,方便有车一族的出行和消费。

(三)积极扶持二手车市场

发展二手车市场是汽车消费进入成熟期的标志。福建省要积极发展专业二手车经销企业,倡导汽车品牌经销商开展"以旧换新"、"以旧换旧"等二手车置换业务,简化二手车交易手续,降低交易成本。建立二手车市场公共信息服务平台,支持二手车交易市场技术改造，加强二手车市场建设，规范优化交易环境，形成多层次梯度发展的汽车消费体系，满足不同层次购车需求，使低收入的人拥有低价的二手轿车，高收入的人可以经常更换和使用新轿车，既可以促进轿车的循环使用，也可以活跃汽车消费市场。同时加快老旧汽车报废更新，鼓励有条件的地区集中建立报废汽车破碎中心，支持有条件的回收拆解企业技术改造，引导有条件的汽车生产企业通过参股、并购回收拆解企业等方式开展报废汽车回收、拆解业务。

（四）鼓励汽车消费信贷

鼓励金融机构开展新车和二手车消费信贷业务，降低汽车消费的门槛，不断扩大汽车信贷消费。推动金融机构根据信贷原则和汽车流通企业的特点，制定差别化授信条件，创新担保方式，加大信贷支持力度，满足汽车流通企业的合理信贷需求。稳步发展汽车消费贷款保证保险业务，推动保险机构与汽车消费信贷机构进一步加强合作，加大汽车消费信贷的比例。大力扶持以汽车金融公司为主的汽车消费信贷，拓宽汽车金融公司的融资渠道，降低其融资成本，促进汽车消费市场平稳发展。通过发展消费信用，促使居民消费模式从自我积累型向信用支持型转变，可以提前实现汽车等高价值商品的消费，解决“购上不足，购下有余”的消费断层问题。相信随着对汽车消费信贷的进一步松绑，汽车消费信贷将成为撬动汽车市场需求的重要工具。

（五）启动农村汽车消费市场

在党的一系列惠农、利农政策推动下，近年来农民收入实现较快增长。随着农村改革发展进程进一步加快，农村基础设施建设力度加大，潜力巨大的农村汽车市场将启动，尤其是低速汽车、微型车、低端客车和经济型轿车需求可能加速。对于开拓农村汽车市场，要积极研究培育和发展农村汽车市场的政策和措施，探索适合农村地区发展的汽车经营模式，引导企业开发和生产适合农村地区使用的低价位节能型汽车，建立和完善农村地区汽车销售服务和回收网络，确保汽车下乡产品质量和售后服务。严厉打击坑农害农、虚假开具报废汽车回收证明等违法行为，切实把汽车下乡政策落到实处。

（福建省统计局贸易外经处）

江苏开发区发展绩效与面临的新挑战

江苏是我国开发区兴办时间早、发展快、规模大的省份之一。经过上世纪八十年代的创业探索阶段、九十年代的迅速发展阶段和新世纪以来的发展中提高阶段，江苏开发区在发展开放型经济和新兴产业方面发挥了吸纳集聚和辐射作用，在体制创新和技术创新方面发挥了先行示范和带动作用，在整体建设速度和发展水平方面全国领先，已成为全省深度融入经济全球化的重要区域和促进经济平稳较快增长的强大引擎。

一、开发区发展历程回眸

1984年，中央决定在十四个沿海城市设立经济技术开发区。同年12月，南通、连云港两个经济技术开发区率先成立，由此拉开了江苏开发区建设的帷幕。1985年，昆山在全国率先“自费”开发，可以说是“第一个吃螃蟹”式的壮举，几年里他们又兴办了全省第一家外商独资企业。经过多年的建设，昆山已初步形成了电子信息、精密机械、民生用品三大主导产业，综合投资环境在全国开发区中名列前茅，走出了一条“敢闯、敢试、探索、创新”的昆山之路。

“春风得意马蹄疾”。1990年浦东开放开发，1992年小平同志南巡讲话，为江苏外向型经济全面发展提供了契机，江苏开发区建设也迎来了新的春天。张家港人敢为人先，设立了全国唯一的内河保税区；南京、苏州、无锡、常州等四个国家级高新技术产业开发区相继设立；由东向西，由南向北，太仓、吴江、常熟、江阴、锡山、镇江、江宁、扬州等一批省级开发区先后设立。1994年5月，苏州工业园区作为中国和新加坡政府最大的经济合作项目破土动工。十四年光阴荏苒，苏州工业园已经从当年阡陌纵横的乡村，发展成为生气勃勃的现代化新城，成为中国对外经济技术合作成功的范例，成为中国发展最快、质量最高、竞争力最强的开发区之一。到2007年底，共引进了外商投资企业3175家，其中76家世界500强企业在区内投资119个项目，累计实际利用外资140亿美元，内外资总投入750亿美元，每平方公里工业用地投资强度达17亿元人民币。

江苏开发区在“九五”时期得到快速成长，特别是经过“十五”时期的演进、发展和深化，江苏开发区进入从数量扩张到质量提升的转变阶段。目前江苏共有开发区136个，在全国仅次于山东（171家），位列第二。其中，国家级综合经济类12个、出口加工区13个、其它2个（特殊园区：张家港保税物流园和南京海峡两岸科技工业园），省级109个；按类型划分，有综合类经济开发区124个，高新技术产业开发区10个，旅游度假区2个（见表1）。如今，已形成了经济技术开发区、高新技术开发区和出口加工区功能配套，苏南、苏中、苏北开发区共同发展的新格局，并在产业布局上形成了以开发区为重要载体的沿沪宁线高新产业带、沿江基础产业带和东陇海线加工产业带。

表1　江苏开发区分类情况表

单位:个

综合经济类		高新类		旅游类		总计
国家级	省级	国家级	省级	国家级	省级	
21	103	4	6	2	0	136

二、开发区建设硕果累累

二十多年来尤其是近几年来,江苏开发区贯彻落实科学发展观,坚持走集约发展、协调发展之路,产业发展水平和环境建设水平逐步提高,综合实力不断跨上新台阶,在全省经济社会发展中的作用日益明显,地位日益突出。

(一)经济持续快速增长,成为全省经济的重要增长极

随着开发区的不断发展壮大,开发区对全省经济的引领和贡献日益凸显,特别是2001年入世以来,开发区经济步入了新一轮的快速增长时期。截至2007年底,全省开发区累计业务总收入突破15万亿元大关。2007年达到43713.61亿元,与2002年相比,五年年均增长41.5%,分别于2003、2004、2005、2006年跃上1万亿元、1.5万亿元、2万亿元、3万亿元台阶;实现税收收入1414.84亿元,地方一般预算收入697.80亿元,比2002年分别增长4.4倍和6.3倍。2007年开发区税收、一般预算收入均占全省的近三分之一,增幅分别比全省快5.3个和9个百分点。同时,开发区的发展有效地扩大了就业,推动了和谐社会建设。2007年期末从业人员654.86万人,比2002年增长3.3倍。

(二)产业发展水平不断提高,成为全省先进制造业的集聚区

江苏各开发区结合自身特点,围绕重点产业加快企业集群建设,园区产业聚集效应凸显,产业规模进一步扩大。2007年全省开发区实现工业总产值33100.64亿元,比2002年增长5倍。其中规模以上工业总产值28936.17亿元,占开发区工业总产值的87.4%,比2005年提高4.2个百分点。开发区主动承接国际制造业转移,积极引进高新技术项目,促进产业链向两端延伸,形成了电子信息、装备制造、光机电一体化、新材料、新医药、石油化工等高新技术产业群,成为参与国际市场竞争的主力军。2007年实现工业增加值7333.19亿元(见表2),其中主导产业增加值5142.13亿元(注:主导产业增加值是指以GB/T4754－2002《国民经济行业分类与代码》大类划分,并且增加值名列各自开发区前三位行业合计),占工业增加值的比重达到70.1%,比2005年上升3个百分点。

表2　2007年开发区工业增加值位居前8位的行业

行业类别名称	增加值(亿元)	同比(%)
通信设备、计算机及其他电子设备制造业	1840.66	38.5
通用设备制造业	465.68	80.1
化学原料及化学制品制造业	373.39	74.6
电气机械及器材制造业	340.21	47.7
黑色金属冶炼及压延加工业	258.07	30.6
交通运输设备制造业	253.92	48.0
纺织业	233.63	65.5
石油加工、炼焦及核燃料加工业	163.89	52.7

(三)对外贸易取得新突破，利用外资成为全省主要聚集区

伴随全球市场的日益融合以及入世过渡期结束国内市场的进一步开放，江苏开发区充分发挥对外开放窗口的示范作用，与其它国家和地区之间商品和服务贸易交流越来越频繁，市场资源配置效率明显提高。全省开发区进出口规模继2004、2006年跨上1000亿美元、2000亿美元台阶后，2007年进出口总额达到2532.59亿美元，与2002相比年递增45.8%。其中出口总额1418.43亿美元，年递增50.0%。开发区进出口、出口五年年均增长分别比全省同期快8个和10.4个百分点。与此同时，开发区积极营造良好的投资环境，不断创新招商方式，吸纳了大量国际资本。截至2007年底，全省开发区累计投入基础设施建设资金超过4000亿元。尤其在2003—2007年，累计达到3377.10亿元，五年平均增长38.7%。建成投产开业的各类企业113207家，其中外商投资企业14678家。累计利用外资超过900亿美元。2004—2007年累计实际外商直接投资462.33亿美元，占到全省同期外资总额的71.5%。江苏开发区在外资总量增加的同时，努力提高利用外资水平和质量。全省引进的1亿美元以上大项目，90%以上落户在开发区；世界500强企业在江苏开发区内投资企业已有700多家，有力地支撑和带动了全省经济的快速平稳增长。

(四)推进机制体制科技创新，可持续发展能力不断提升

江苏开发区在建设和发展过程中，积极贯彻科学发展观，按照循环经济的要求，规划园区发展、提升产业层次、优化产业结构，高度重视土地的规划、管理和利用，注重提高引进项目的投资强度、产出效益、环保标准，努力降低资源消耗，从源头上对“两高一资”产业进行把关；同时，不断完善综合考评体系，提高了环保指标权重，加大了对生态环境质量、循环经济发展、环保工作绩效的考核力度。目前，江苏136个开发区全部通过了区域环境评价，85家通过了ISO14000认证，其中国家级开发区全部通过了认证，有17家正在进行国家级或省级生态工业园区试点。沿江开发区域已建成全国最大的环保模范城市群、生态示范区群和较密集的循环经济产业链。

此外，江苏开发区始终把创新作为发展的动力，在规划、建设、管理、公共服务等方面，充分借鉴国际成功经验，体制机制与国际接轨。到2007年末，开发区内现有高新技术企业3354家，实现高新技术企业业务总收入12571.86亿元，比上年增长45.8%。开发区内还设有高新技术创业服务中心(孵化器)136家，在中心(孵化器)内共有企业3908家、研发中心2029家。园区充分发挥孵化中心、创业中心、留学生创业园的作用，着力建设了一批创新型开发区、区中园，成立了一批高水平的重点实验室和工程技术研究中心，开发区的单位面积技术集中度正在加速提高。

(五)实施沿江开发、南北共建，区域共同发展取得新突破

2003年江苏启动实施了以“黄金水道”为中心的沿江开发计划，拥有850公里岸线的沿江地区先后设立了51个开发区，像一条绚丽的彩带，从东向西划过江苏版图，从苏南越过长江，辐射苏中，拉动苏北，目前已取得突破性进展。2007年沿江开发区以40%增长速度，实现了工业总产值15108.34亿元，工业增加值3358.6亿元，均占到全省开发区的45%以上；实现业务总收入突破2万亿元大关，地方一般预算收入接近300亿元，分别占全省开发区的46%和42.3%；以30%增幅实现当年全社会固定资产投资2630.08亿元，基础设施投入469.51亿元，分别占全省开发区的44.2%和49.1%。长江岸线两侧，基本形成了汽车及零部件、船舶制造、新材料、电子信息等四大产业集群。

近几年，苏北以资源加工为主导产业的开发区依托各自地域、资源、交通等优势蓬勃发展，在一些领域的增幅不仅超过全省水平，而且超过苏南。2007年苏北开发区进出口、出口增幅分别比全省快22个和23.3个百分点，比苏南快22.6个和23.7个百分点；实际到帐注册外资增速快全省67.4个百分点、快苏南73.6个百分点。2006年，省政府提出了南北挂钩共建苏北开发区的战略部署，成为进一步放大苏南开放优势、推动苏北对外开放、落实区域共同发展战略的重大举措。首批10家试点共建园区已全部获准设立，一批项目落户共建园区，累计新签约1000万元以上项目近90个，总投资达110亿元。由此开创了江苏开发区南北共建、各展所长、优势互补、利益共享的新局面。

（六）特殊功能区展现优势，开发区发展层次得到提升

开发区特殊功能区具有在保税、通关、物流、商品展示等方面的优势，这是提升地区开放型经济发展水平最为有利的基础和不可多得契机。目前，江苏13个出口加工区已全部实行封关运作，苏州工业园综合保税区是全国批准设立的4家保税港区之一，具有整合叠加保税区、出口加工区和保税物流园区的政策，集聚了综合保税功能，在税收、外汇等方面实行更为开放的管理模式和政策，是目前国内开放程度最高、特殊优惠政策最全面的海关特殊监管区。昆山出口加工区是全国7家功能叠加试点单位之一，已经实现保税加工与保税物流的功能叠加。张家港保税物流园区综合了保税区和出口加工区两者功能，既享受保税区的优惠政策，在进出口税收方面又比照执行出口加工区的相关政策，2007年业务流量在全国同类园区中名列前茅。由此推动了开发区的功能升级，保持了开发区的功能优势和竞争优势。

三、开发区发展面临新的挑战

随着开发区的不断发展壮大和宏观经济环境的变化，加上依靠特殊优惠政策的优势逐渐弱化，目前江苏开发区发展中也出现了一些新情况新特征，面临着在发展模式转变、产业结构调整等新的严峻挑战。

一是产业发展不均衡，特别是服务业发展不够快。从江苏开发区经济结构看，工业经济占有绝对优势，而服务业不但投资少，增加值比重也不高，尤其是现代服务业和新兴服务发展不充分，与工业企业相配套的生产性服务业发展缓慢。服务业投资的重点行业，主要是集中在房地产、仓储物流、酒店服务等领域，涉及总部经济、服务外包、工业设计、创意等高端领域的还不多。目前，江苏开发区GDP中，第二产业约占75%，第三产业不到25%。

二是数量规模扩张仍是出口的主要途径，产品附加值不够高。以电子出口为例，2007年江苏出口的电子类商品大多是以出口数量大、价格低的优势抢占国际市场份额（见表3）。从表中可以看出出口的多数商品均价同比下降幅度较大，出口数量、出口金额却增长较快。并且这些产品大多处于产业链中低端，研发和销售主要在国外，产品利润率较低。开发区出口份额已占到全省出口的七成左右，并且出口商品主要是以电子类产品为主。此外，2007年开发区高新技术企业业务总收入仅占开发区业务总收入的28.8%。

三是缺乏自主创新能力，市场竞争力不够强。江苏开发区规模大、发展快，尽管科技创新型企业有了较大发展，但总体上看市场竞争力不强。有自主知识产权的技术不多，许多开发区引进的外资项目大都处于产业链的末端，核心技术和关键部件大量依靠进口，生产过程主要集中在劳动密集型的一般加工组装环节，缺乏自主知识产权的核心技术和知名品牌。工业专利的70%集中在传统产业，高新技术产业专利的80%集中在产业链的中低端。江苏开发区经济发展同广东有许多相似之处，都是以加工贸易为主，出口以机电产品为主。到2007年末，广东的外资研发中心有261家，江苏只有167家，而且层次相对不高，人才引进不够是一个重要因素。另外，重引进轻消化吸收，再创新成果少，技术本土化率低，风险投资机制尚未形成，也成为影响开发区竞争力的重要因素。

表3　2007年江苏出口电子类商品累计数量及均价情况表

单位：万美元

商品名称	计量单位	出口数量	同比%	出口均价	同比%	出口金额	同比%
液晶显示器	万台	2254	1.7	168.3	−8.5	379329	−7.0
液晶显示板	万个	30007	17.4	33.0	9.9	989694	29.0
便携式电脑	万台	2843	27.8	662.4	−6.3	1883226	19.7
复印机	万台	2020	901.0	139.1	−77.7	280904	123.5
数码相机	万台	2393	22.6	91.7	−6.4	219475	14.8
键盘、鼠标器	万台	7332	17.3	6.5	2.0	47422	19.7
手持或车载无线电话机	万台	4921	−25.3	37.5	−0.8	184521	−25.8
手持式无线电话机零件	吨	6941	34.2	51.5	−18.2	357771	9.8

四是要素驱动增长难以为继，集约发展水平不够高。江苏部分开发区规划层次低，片面追求园区规模，土地集约利用效益低，新设立的开发区普遍存在基础设施差、粗放型发展等问题。2004年在清理整顿开发区时，就核减土地面积2355平方公里。同时，开发区的土地使用情况，有关部门需要加大监管力度。

五是产业集聚效应发挥不够，产业配套能力不够强。在现代经济发展中，产业配套能力直接影响到一个地区对资本要素的吸附能力，直接影响到企业的商务成本。产业配套包括内外资企业的配套、大中小企业的配套、产业内部上下游产品的配套等。江苏中小企业比较发达，加工配套能力强，但目前无论在开发区内部还是外部，本土企业与外资企业的合作协作不够紧密，产业配套率低。

四、推进开发区发展转型的政策建议

当前和今后一个时期，江苏开发区发展已进入转型升级的关键阶段。必须以又好又快发展为目标，加快推进产业优化升级、科技创新、节约集约发展和配套服务，全面提升江苏开发区的质量效益、核心竞争力和可持续发展能力。

（一）加快产业转型升级，提高质量效益

开发区要加快从规模扩张为主向注重质量效益转变，从发展制造业为主向发展先进制造业和现代服务业并重转变，从以生产经营型模式为主向技术开发型模式转变，坚定不移地以发展高新技术产业和现代服务业为重点，以更高的目标和更加有力的措施，加快产业升级，实现腾笼换鸟，全面提升国际竞争力。重点在以下四个方面下更大功夫：

1.加快发展服务业特别是生产服务业。开发区制造业发展快速和高度集聚，既对现代服务业提出了多样化、专业化的市场需求，也为现代服务业的快速发展提供了广阔的空间。要突出引进和发展金融、物流、科技研发、信息和软件服务、商务服务等生产型高端服务业。

2.加快制造业优化升级。引导外资投向技术含量高、产品附加值高、资源消耗低的“两高一低”产业，鼓励发展电子信息、新能源、新医药、新材料和环保等市场潜力大、成长性好的产业，提高高新技术产业带动力。

3. 加快加工贸易转型升级。加工贸易在江苏出口中占重要地位，就业容量大，关键是提高经济效益。要更加重视加工贸易项目的技术含量、投资强度和税收贡献，严格控制低层次项目，加快从加工装配向研发和服务两端延伸，拉长产业链，提高附加值。

4. 加快发展服务外包。服务外包是全球新一轮产业转移的重要形式，技术含量高，产品附加值高，国际化水平高，资源消耗少，环境污染少，是现代服务业的新兴产业，可以在更高层次上参与国际分工合作。

（二）大力推进自主创新，增强核心竞争力

为实现开发区由投资拉动向创新驱动转变、资源依赖向科技依托转变、江苏制造向江苏创造转变，开发区必须加快推进自主创新，增强核心竞争力。重点是强化企业自主创新主体地位，推动产学研紧密结合，走引进消化吸收再创新的发展路子。突出抓好以下三方面：

1. 建立完善创新体系，积极促进产、学、研深度合作。把强化企业自主创新的主体地位与发挥高校院所的引领作用结合起来，把技术成果与市场需求对接起来，把建设创新服务平台与优化创业创新环境统一起来，聚集国内外科技成果、高科技项目、科研机构等各类创新资源，特别要把江苏科教优势与开发区良好的科技创新环境紧密结合，转化为创新优势、发展优势和竞争优势。

2. 注重引进消化吸收基础上的再创新，不断提高自主创新能力。根据日本、韩国的经验，在引进消化吸收基础上再创新，是提高自主创新能力和产业竞争力的有效途径。重引进轻消化吸收，再创新成果少，技术本土化率低，这是影响开发区竞争力的重要因素。

3. 做好招才引智，为高水平发展提供智力支撑。科技创新，人才为本。建设产业高地，必须构筑人才高地。要完善人才激励机制，优化创新创业环境，大力吸引海外留学生到开发区工作；注重引进高水平科技创新人才和高层次管理人才，以高层次人才带来高水平项目。同时，通过职业教育和技术培训，加快培养适应高新技术产业和现代服务业发展的高素质人才人力资源。

（三）提升综合服务功能，完善发展环境

十届全国人大五次会议通过了企业所得税法，统一内外资企业所得税率，并将高新技术企业所得税 15%的优惠政策扩大到开发区之外，不仅为发展民营经济提供了有利条件，也为加快发展高新技术产业增添了动力。这方面政策的调整，要求开发区的建设和发展，更多地从依靠土地、环境等要素优势向增创综合环境优势转变。为此，要着重从以下三方面积极推动开发区的功能升级，保持开发区的功能优势和竞争优势。

1. 提高企业配套服务能力。通过产业配套服务，推动产业结构调整，提升民营企业发展层次，促进外资企业落地生根。要采取有力措施，鼓励外资企业本土化，推动本土企业国际化。引导民营企业与外资企业配套合作，开展投资合作、品牌合作、技术合作，为外资企业提供原材料、零部件、产品包装、运输、仓储、维护和其他方面的配套合作。鼓励外资企业采用国产料件，提高产品本土化比重。

2. 发挥特殊功能区作用。要用足用好江苏特殊功能区在保税、通关、物流、商品展示等方面的优势资源，加强功能区内外的协作协调，支持条件成熟的开发区与出口加工区、保税区和保税物流园区联动试点，促进资源共享，放大体制优势，保持开发区的功能优势和竞争优势。

3. 完善经济服务和社区服务功能。在继续提高硬件配套能力、增强基础设施支撑能力的同时，进一步完善开发区的经济服务功能和社区服务功能，积极发展金融、物流、中介服务、信息咨询等产业，强化技术、商务、法律、人才等专业服务，为企业提供高质量、低成本的社会化服务。

(四)强化节约集约发展观念,实现可持续发展

江苏土地资源少,环境容量小,土地和生态是开发区最宝贵的资源,也是最短缺的资源。各级各类开发区要坚定不移地贯彻节约优先、环保优先方针,落实最严格的土地管理制度,优化用地结构,严格土地用途,全面清理闲置土地,提高土地利用效率;实行最严格的环境保护政策,坚决拒绝高消耗高污染项目,决不能走先污染后治理、边治理边污染的老路。继续做好生态工业园试点工作,积极发展循环经济,大力推行清洁生产,搞好环境保护和生态建设,促进开发区的可持续发展。

(五)更新规划理念,提高开发区规划水平

要更新规划理念,注重规划的前瞻性、协调性、开放性,使规划充分体现科学发展的要求,体现经济社会协调发展、生产生活与生态统筹兼顾、开发区建设与城市建设衔接配套的要求。引导和推动"工业向园区集中,人口向城镇集中、住宅向社区集中",促进土地节约和集约利用;按照"布局合理、用地集约、产业集聚、功能配套"的原则,完善发展和建设规划;做到产业特色定位与产业发展规划相衔接,建设规划与城区规划相衔接,总体规划与专项规划相衔接,以科学规划带动又好又快发展。

(六)创新体制机制,不断提高发展活力

以机制体制创新增强发展动力,形成与国际经济接轨的经济运行机制、精简统一高效的行政管理体制,形成亲商安商的投资环境、稳定透明的政策环境、依法办事的法制环境、优质高效的服务环境。政府职能定位明确,政企、政事、政社分开,管理制度健全,服务体系完善。积极探索新的制度,使开发区始终走在改革开放的前列。强化开发区的功能创新,进一步创办好各类特色园区,形成整体优势和竞争合力,共享出口加工区、保税区的政策优势,共享产业优势和区位优势,放大出口加工区的政策效应,优势互补,相互促进,共同发展。

(注:文中开发区有关数据为省有关部门统计资料)

(江苏省统计局贸易外经处)

山东省开发区发展模式转型与升级研究

一、山东省开发区发展历史及现状

开发区作为改革开放的先行先试区，从1984年，山东省的烟台、青岛开发区成为首批国家级经济技术开发区，经过二十多年的开发建设，目前开发区正处在转型升级的关键时期。纵观开发区的发展历程，大致经历了三个发展阶段。一是上世纪八十年代的初创和起步阶段。当时的开发建设主要是在沿海开放城市划定出小块的区域，实行特殊管理和特殊的优惠政策，注重的是开发区的硬环境建设，开发区的数量和规模都相对较小；二是上世纪九十年代到2003年的规模扩张阶段。这一时期过分强调开发区外延的扩张，对土地、基础设施等基础性的资源依赖较大，总体数量和单体规模都呈不断增加之势，甚至出现了乡一级的开发区；三是从2003国家清理整顿开发区至今的平稳快速发展阶段。在此阶段，开发区开始注重发挥自身优势，突出园区特色，着力调整产业结构，积极改善投资环境，不断提高企业的自主创新能力，开发区的一些主要经济指标都保持在30%—40%的平稳较快增长，成为全省经济发展的重要增长极。

开发区从初创、彭胀再到精简，走过了一条不平凡的发展之路。山东省开发区的清理整顿工作从2003年7月开始，第一个阶段是2003年7月到2004年底。全省各类开发区数量由清理整顿前的990个减少为251个，减少了739个，保留总规划面积1100平方公里，减少了3774平方公里，清理整顿工作取得初步成效。第二个阶段是2005年初至2006年底。山东省紧紧抓住国家清理整顿开发区的有利时期，对全省开发区的数量和布局进行了重新规划和调整，重点加大了中西部地区的开发区数量。截止到目前，山东省拥有各类省级以上开发区171个，其中国家级开发区16个，省级开发区155个。有82个由原省级以下经济开发区在2006年升格为省级开发区。在新增的82个省级开发区中，大都分布在中西部地区。其中，临沂、济宁、菏泽、聊城、德州五市合计44个，占到新增开发区的53.7%。特别是菏泽、聊城、德州三市，由原来的6个省级开发区增加到现在的31个，占全省开发区的比重由5.6%上升到18.1%，充分体现了山东省加速开发建设西部的战略意图和决心，同时也将为西部地区的经济社会发展拓展新的空间和活力。

从地域分布看，开发区的数量仍然呈现出由东向西逐步递减的趋势。国家级经济技术开发区、出口加工区、高新技术产业开发区全都集中在东部地区。究其原因，从地理情况看，东部地区的城市化水平、投资环境、基础设施建设等都明显优于中西部地区，这是东部开发区多于中西部的根本原因。对于开发区来说，完善的基础设施、便捷的交通、畅通的网络、优秀的人才都是必不可少的。因此，不管国外企业还是国内企业，东部开发区是首选的建厂地区。另外，东部沿海优良的港口和先进的港口设施，对招商引资有着极大的诱惑力，而这种优势是中西部所没有的，这也是东部开发区相对集中的一个重要原因。从总体看，通过2006年的清理整顿，核减了开发区数量，压缩了规划面积，突出了产业特色，优化了布局。2007 年，全省 171 个开发区实现地方财政一般预算内收入 504.3 亿元，比上年增长 35.6%，占全省的 30%，全年实现出口 483.1 亿美元，比上年增长 40.7%，占全省出口额的 64.2%。到 2007 年底，开发区内共有规模以上工业企业 12455 家，占全省规模以上工业企业的 35%，实现利税总额 1972.4 亿元，比上年增长 36.4%，占全省规模以上工业企业利税总额的 36.2%；实现主营业务收入 20918.7 亿元，增长 37.7%，占全省规模以上工业的 42.3%。14 家高新技术产业开发区技工贸总收入达 5431.2 亿元。从投资强度看，2007 年，开发区内平均每平方公里工业用地入区项目合同投资额 11.9 亿元，固定资产投资 6.7 亿元，规模以上工业销售产值 23.3 亿元，主营业务收入 25.8 亿元，利税总额 2.4 亿元，资产总计 17.1 亿元，各类开发区在项目准入、单位土地面积投资强度、容积率及生态环境保护等方面的标准明显提高，为开发区规范发展营造了良好的环境。171 个省级以上开发区代表了全省开发区的先进水平和未来的发展方向，为山东省经济社会的可持续发展拓展了新的发展空间，积蓄了发展的动力。171 个开发区分布情况见表。

山东省开发区数量分布(个)

	合计	开发数量								
		按开发区级别分		按开发区类型分						
		国家级	省级	经济开发区	高新开发区	经济高新合一区	出口加工区	保税区	保税物流园区	旅游度假区
济南	10	2	8	8	1		1			
青岛	15	6	9	9	2		1	1	1	1
淄博	12	1	11	11		1				
枣庄	7		7	6	1					
东营	6		6	5		1				
烟台	14	2	12	12	1		1			
潍坊	16	2	14	14	1		1			
济宁	15		15	14	1					
泰安	7		7	4		3				
威海	9	3	6	7	1		1			
日照	5		5	5						
莱芜	3		3	2		1				
临沂	13		13	12		1				
德州	12		12	11	1					
聊城	9		9	9						
滨州	8		8	8						
菏泽	10		10	10						
合计	171	16	155	148	9	7	5	1	1	1

二、当前影响和制约山东省开发区发展的主要问题

随着加入 WTO 过渡期的结束，内外资企业所得税统一，国家进一步深化金融体制改革和严格加强土地管理，开发区发展的外部环境较之过去已经发生重大变化，开发区单靠优惠政策的生存空间已经越来越有限，影响和制约山东省开发区发展的因素越来越

多，开发区的发展已经站在一个新的历史起点，发展模式的转型升级已经势在必行。

（一）依法行政的新形势下与开发区缺乏法律地位的矛盾愈益突出

目前，各级开发区管委会不是一级政府，虽经地方人大批准，制定了《经济技术开发区管理条例》、《高新技术产业开发区管理条例》等一些地方性法规，赋予开发区管委会一定的职权，但在具体实施中，开发区的行政和执法地位经常受到质疑，面临很多尴尬。在依法行政的新形势下与开发区缺乏法律地位的矛盾愈益突出，在一定程度上影响了开发区管理体制的行政效能。同时，随着开发区所承担的社会管理事务的日益繁重，管理机构和管理人员增多，开发区"小政府、大社会"、"精简、高效"的体制优势也在逐渐弱化。开发区原先享有的许多职权随着行政审批制度的改革被逐渐收回，开发区在规划、登记等诸多方面都必须"层层通、关关过"，致使开发区"一站式服务"受到挑战，行政效率降低。

（二）土地资源紧缺，发展空间受限

随着开发区招商引资的规模不断扩大，一批发展较好的国家级开发区在坚持土地集约利用的前提下，原有土地资源已基本用尽，而国家的一系列土地政策，表明了国家对于土地调控的坚决态度，使得这些开发区无法及时补充进一步发展所需的适量土地资源，致使一些好的项目无法"落地"，发展空间受到限制，已经成为当前制约开发区发展的重要瓶颈。

（三）优惠政策的淡化，WTO过渡期的结束，金融危机的影响将会对开发区下一步的发展带来诸多不利影响

从上世纪90年代末开始，国家相继取消了改革开放初期赋予开发区的财政返还等特殊政策优惠，加上内外资企业两税合一，开发区吸引外资的政策优惠开始趋于弱化。近年来，我国开始实施区域经济社会协调发展的政策，区域政策均等化趋势日益明显，加入WTO过渡期的结束，所有这一切都会对开发区的下一步发展带来诸多不利的影响。特别是在当前国际金融危机的加剧，银行贷款难度大大增加，尤其是对2006年刚刚升格的82个省级开发区，在下一步的发展中资金筹措会更加困难。开发区在告别依靠特殊政策优惠的传统模式后，亟须进行新的模式探索与转型。

（四）多数开发区产业集群度和产业关联度相对薄弱

目前，山东省建区较早的国家级开发区特别是1984年国务院批准设立的第一批国家级开发区，产业集群度和产业关联度相对较高。如青岛经济技术开发区已经成功培育了以家电、电子、石油化工、汽车船舶、新型材料、高新技术、港口物流等为支撑的主导产业，形成了以"大港口、大工业、特色旅游"为主体的区域特色经济，产业集群度和产业关联度已经相当高，成为当地经济的重要增长极，同时也在推动当地城市工业化、城市化和信息化的进程中发挥了重要作用。但多数园区是典型的外力驱动型经济增长方式。正因为如此，就使得很多工业园区在发展的过程中，没有很好的考虑自己的区域背景，致使园区的产业定位与周边地区相脱节，缺少与当地企业的联系，不能实现园区与所在区域产业的联动发展。应该看到，在山东省现有的171个中，还有相当数量的开发区尚未形成真正的产业集聚。不少开发区在招商引资时，什么都招，只要进来投资就行，很多开发区缺少鲜明特色，致使进区的企业关联度并不高，缺少相互支援、相互依存的专业化分工网络。特别是06年新升格的82家省级开发区和山东省西部的一些开发区，区内的产业集群度和产业关联度还是相对薄弱，区内企业多数是单兵作战，各自为政，形不成规模，搞不出特色，区内只有企业没有产业，在一定程度上严重影响和制约了当地开发区的发展质量、发展速度和发展规模。

(五)过分注重规模扩张和增长速度，偏重“快”

应该说过去的开发区建设发展在一定程度上过分强调经济增长速度和规模的扩张，偏重于“快”。规模型扩张的发展方式，在一定程度上造成了质量效率的相对滞后，主要表现为：一是强调外延的扩张。对土地、基础设施等基础性的资源依赖较大，土地开发是主要的形式，总体数量和单体规模呈不断增加之势。二是产业还比较单一。区内产业多以加工制造型产业为主，相关的核心技术、研发能力和销售市场大都不在当地，产业关联度太低。三是效益的低度化。比较强调发展速度和绝对的产出规模，与土地资源、基础设施投入及投资产出相比，实际的开发效益偏低。四是较为注重短期的开发效果。开发区内的产业大都自成一体，与当地经济联系较少，对本地企业的影响较小。部分开发区尽管在发展进程中也兼顾了提升经济发展的质量，但在实践中速度和规模似乎更加紧迫，在一定程度上造成了土地、资源的浪费，导致了当前很多开发区发展缓慢、包袱过重的弊症，造成了发展质量和效率的相对滞后，实际的开发效益偏低。

(六)开发区的研发能力还不够强

开发区的研发能力还不够强，尤其“产学研”合作机制比较欠缺，创新能力受到制约。虽然有些高新技术开发区邻近大学或者研究机构，但由于缺乏良好的合作机制，这些大学或者研究机构并未很好的成为高新区创新的重要外溢来源。究其原因，一方面与大学和科研机构管理体制改革的滞后有很大关系，另一方面则是合作机制中的各方之间的互动模式尚未建立，风险投资机制还未真正建立。

(七)东西部开发区发展不平衡的趋势依然存在

西部的菏泽市有10个开发区，2007年地方财政预算内收入12.3亿元，实际利用外资1.4亿美元，出口额4.8亿美元，规模以上工业企业384家，实现工业增加值109.9亿元，主营业务收入412.5亿元。东部的青岛市有15个开发区，2007年地方财政预算内收入84.5亿元，实际利用外资18.9亿美元，出口额124.8亿美元，规模以上工业企业达到1480家，实现工业增加值797.8亿元，主营业务收入2012.7亿元。由此可见，东西部开发区发展不平衡的趋势依然存在。

三、开发区转型升级的目标任务和实现途径

山东省的开发区建设已经走到了一个关键的转折阶段，改革和发展的新形势、新特点、新任务迫切要求我们在总结历史经验的基础上，对开发区发展提出预见性的对策。在全国上下贯彻落实科学发展观和构建和谐社会的大背景下，要求开发区摒弃传统的发展模式，探索战略转型的新模式，集约地利用土地资源、集约地完善基础设施、集约地实现资源要素优化利用，最大限度地保护环境，是开发区更好更快发展的必然选择。

(一)创新体制机制、再造新的优势

尽快确立开发区管委会的法律主体地位紧迫而必要，明确开发区管委会作为一级特殊开放经济区域的行政管理机构的地位，享有经济和行政管理权限，为保证开发区管理体制的科学性、规范性和稳定性提供法律依据。把开发区的规格地位、领导权限等涉及体制的重大问题，以地方人大立法的形式确定下来，确保开发区的权责能保持相对稳定性，特别是要创新行政管理体制，建立能充分发挥整体优势、实现共同发展的体制模式，再

造开发区管理体制新优势。

(二)优化招商方式,提高引资成效

根据国家宏观调控的新形势,资本和产业转移的新情况,适时调整招商方式,实行有目的、有针对性的科学招商。在外商密集、资本和产业外迁活跃的地方,选派精兵强将推进驻外招商,充分利用已有的招商渠道,进一步加大宣传推介的力度,扩大招商成果。推进实施产业招商。要围绕产业配套、资源开发、园区建设,精心编制包装项目,加强对外推介,吸引客商投资开发;紧紧围绕与开发区内产业发展关联度大的重点客商、关键项目,主动出击,精选招商项目,提高引资质量。按照宏观调控和科学发展的要求,结合近几年招商实践经验,确保进区项目能够按照开发区的功能规划和设计指标的要求实施设计和建设,确保园区有序开发,集约发展。

(三)提高土地集约利用水平,进一步节约资源能源

土地越来越成为开发区项目建设的紧缺资源,《国务院关于加强土地调控有关问题的通知》进一步规范和严格了土地管理,依赖土地等要素驱动的增长方式难以为继。开发区要把单位面积土地的投资强度和产出量作为供地的重要指标,优先保证高新技术项目和大项目用地,进一步规范土地利用,向集约化要效益。要变招商引资为招商选资,严把项目入区关,提高项目的准入门槛。对投资强度、产出率、绿化率、能耗、环境污染等达不到标准的项目,要坚决拒之门外。积极探索无地招商,鼓励现有企业增资扩股,做到增资不增地。扶持现有企业做大做强,在现有土地投入的基础上实现产出的增长,从而提高土地产出率。就投资来说,企业得到发展后,需要扩大投资而不增加土地就是在集约利用土地,企业发展壮大了,同样是招商引资,并且是在土地集约利用原则下招商引资的新理念。

(四)加强对东中西部开发区的分类指导,做到相互促进,合作双赢,共同发展

要大力支持中西部特别是西部的开发区和全省06年新增的82个省级开发区加快基础设施建设,扩大贷款规模,加大财政扶持力度。积极促进东部地区开放型产业向西部开发区的转移,通过建立合作园区,使东部开发区在产业转移、建设资金、管理经验、人才培训等方面全力支持西部开发区,形成优势互补,东西互动,相互促进,合作双赢,共同发展的新格局。只有把西部开发区这块全省园区经济木桶中最短的一块补齐,才有山东省园区经济的真正跨越。

(五)促进开发区与周边地区产业集群和产业链的发展,在产业链延伸和特色产业上下功夫

产业集群是把产业发展与区域经济,通过分工专业化与交易的便利性,有效地结合起来,从而形成一种有效的生产组织方式,是推动地方区域经济增长的重要方式。地方产业集群已经构成当今区域经济的基本空间构架,是一个地区竞争力之所在,要发挥政府的规划和宏观管理职能,提出一些特色优势产业的集群发展规划,通过政府所掌握的各类资源和资金项目,实现在不同空间和不同产业上的重新配置,进一步促进开发区产业集群的发展。在开发区内聚集起一批有较大影响力的产业集群,真正成为拉动区域经济发展、提高产业竞争力、实现跨越式发展的重要方式。开发区要立足现有产业基础,加大产业链上游、下游产业的招商引资,不断延伸产业链。另一方面把产业聚集同优势资源开发、主导产业、特色产业结合起来,真正使开发区成为聚集产业、聚集人才、聚集外资、带动出口的重要平台。

(六)经济增长方式由要素驱动向创新驱动转型

努力提高自主创新能力,实现增长方式由要素驱动向创新驱动方式的转型,推进产业链和价值链从低端向上游攀升。坚持原始创新、集成创新和引进消化吸收再创新的紧密结合,大力推进具有一流自主知识产权、市场广阔、应用前景显著的重大科技成果的转化。加强科技创新载体建设,培育具有自主知识产权、引领产业发展的重大战略产品。尽快建立起以企业为主体、市场为导向、产学研相结合的布局合理、良性互动、开放配置、运行高效、富有开发区特色的区域创新体系,以知识创新、技术创新、体制创新和机制创新为动力,以提高技术创新能力为重点,增强自主发展高新技术产业的意识,加大对技术创新的鼓励扶持力度,尽快完善支持区内企业自主创新的政策体系,使开发区真正成为科技创新、体制创新、管理创新、优化和提升经济结构的重要基地。

(七)大力推进开发区内产业结构的优化升级

推进开发区内产业结构的优化升级,是实现经济增长方式的重要途径。一是要着力发展高新技术产业,努力掌握核心技术和关键技术,支持开发重大产业技术,制定重要技术标准,构建自主创新的技术基础,加快高技术产业从加工装配为主向自主研发制造的延伸。发展一批具有先导作用且具备比较优势的信息、生物、新材料、新能源等产业,尽快在开发区内形成高新技术产业的群体优势和局部强势,充分发挥国家高新技术开发区的集聚、引领和辐射作用。

二是要改造和提升传统产业。大力提升传统产业,重点培育一批中高档纺织产业、品牌服装及皮革产业、电子信息及电气产业、交通运输及专用装备产业等产业集群。运用高技术和先进适用技术改造提升制造业,提高自主知识产权、自主品牌和高端产品比重。三是要加快发展现代服务业,不断提高服务业比重和发展水平。坚持市场化、产业化、社会化的方向,进一步创新、完善服务业发展的体制和机制,建立公开、平等、规范的行业准入制度。发展竞争力较强的大型服务企业集团,把发展服务业放在优先地位,有条件的要逐步形成服务经济为主的产业结构。大力发展金融、保险、物流、信息和法律服务、知识产权、咨询服务等现代服务业。跨国公司继制造业大规模向发展中国家转移之后,相继将非核心业务实行服务外包。开发区要紧紧抓住当前世界产业结构调整的机遇,积极承接国外服务业外包和转移,山东省的青岛经济技术开发区在这方面已经走在了前头。

(八)坚持环保优先,实现开发区由工业园区向生态工业园区的转变

生态工业园区是依据循环经济理念和工业生态学原理建立的一种新型工业园区。它通过成员之间的副产物和废物的交换、能量和废水的逐级利用、基础设施的共享来实现园区在经济效益和环境效益的协调发展,是区域层面循环经济的表现形式和具体实践。生态环境是我们最为珍贵的资源,保护和利用好这一资源是我们最大的优势。要克服过去把开发区作为工业企业叠加的陈旧观念,树立开发区就是一个新城区的理念,努力形成企业之间相互协作、相互配套、相互循环的生态系统。落实国家产业政策,严格限制高能耗、高物耗、高污染项目,加快淘汰落后工艺、设备、技术和产品,把符合开发区产业发展方向、满足产业链需要的资源消耗低、环境污染少、科技含量高的项目作为优先招商项目,致力于绿色招商、环境招商。致力于科技创新,发挥科技在资源节约利用和环境保护方面的重要作用,实现开发区由单纯工业园区向生态工业园区的转变。

(九)走出“区域孤岛”,实现开发区与母城的功能对接

开发区的优势是在相对独立的环境下形成的,是“孤岛效应”。随着改革开放的进一步深入,开发区走出孤岛,融入母城经济建设将成为必然。在走出孤岛与城市融合过程中,开发区如何通过制度创新继续保持优势,是每个开发区管委会都应高度关注的问题。随着母城城市化进程的加快,也日益呼唤开发区拆除篱笆,从而在区域经济发展中更好地发挥示范、带动、辐射作用。在当前国家进行土地政策转变和产业结构调整转移的情况下,传统封闭式的“孤岛”式经济开发区必须寻求新的变化和突破。打破旧有的封闭式的“院墙经济”,工业化和城镇化紧密结合,充分利用背靠城镇的资源、市场和人才优势是开发区发展的必然选择。充分考虑开发区与周边经济区域的功能衔接,坚持把开发区的发展与母城的发展紧密结合在一起,服务母城,在开发区与母城之间建立起相互促进、良性循环的互动机制,根据母城不同时期的发展战略部署和经济社会发展的实际需求,准确把握开发区的发展定位,调整修编发展规划,调整自身的发展目标、功能定位、产业结构,实现开发区与母城之间的功能对接,促进开发区与母城之间的协调与可持续发展。

(十)解决好失地农民的安置问题,实现开发区的和谐发展

随着开发区的开发建设,一些农村土地被转为了建设用地,失地农民的安置问题成为开发区的新课题。如何解决好失地农民的生产生活问题,统筹城乡发展,维护社会稳定成了开发区发展过程中必须解决的问题。开发区要实现和谐发展,必须树立以人为本的理念,切实把保护被征地农民利益作为大事来抓,努力把开发区建设成集约用地的示范区和失地农民的保险区。通过建立土地补偿的长效机制、就业扶持机制、居民安置机制和社会保障机制,切实保护好被征地农民的利益。在开发区内逐步扎实稳妥地推进农村向城市转变,农业向二、三产转变,农民向城市居民的转变,切实解决好失地农民的安置问题,实现开发区的和谐发展。

(山东省统计局贸易外经处)